DUDEN LEXIKON DER VORNAMEN

W0191303

DUDEN-TASCHENBÜCHER
Praxisnahe Helfer zu vielen Themen

Band 1   **Komma, Punkt und alle anderen Satzzeichen**

Band 2   **Wie sagt man noch?**

Band 4   **Lexikon der Vornamen**

Band 8   **Wie sagt man in Österreich?**

Band 9   **Wie gebraucht man Fremdwörter richtig?**

Band 10   **Wie sagt der Arzt?**

Band 11   **Wörterbuch der Abkürzungen**

Band 15   **Wie sagt man anderswo?**
          Landschaftliche Unterschiede im deutschen
          Wortgebrauch

Band 17   **Leicht verwechselbare Wörter**

Band 21   **Wie verfasst man wissenschaftliche Arbeiten?**

Band 22   **Wie sagt man in der Schweiz?**

Band 23   **Wörter und Gegenwörter**

Band 24   **Jiddisches Wörterbuch**

Band 25   **Geographische Namen in Deutschland**

Band 26   **Die Neuregelung der deutschen Rechtschreibung**
          Regeln, Kommentar und Verzeichnis
          wichtiger Neuschreibungen

Band 27   **Schriftliche Arbeiten im technisch-
          naturwissenschaftlichen Studium**

Band 28   **Die neue amtliche Rechtschreibung**
          Regeln und Wörterverzeichnis

DUDEN
LEXIKON DER
VORNAMEN

3., neu bearbeitete und erweiterte Auflage

von Rosa und Volker Kohlheim

DUDENVERLAG
Mannheim · Leipzig · Wien · Zürich

Die Deutsche Bibliothek – CIP-Einheitsaufnahme

Kohlheim, Rosa: Duden, Lexikon der Vornamen:
  Herkunft, Bedeutung und Gebrauch von mehreren
  tausend Vornamen / von Rosa und Volker Kohlheim. –
  3., neu bearb. und erw. Aufl. –
  Mannheim; Leipzig; Wien; Zürich: Dudenverl., 1998
  (Duden-Taschenbücher; Bd. 4)
  2. Aufl. u. d. T.: Drosdowski, Günther: Duden, Lexikon
  der Vornamen
  ISBN 3-411-04943-X

Das Werk wurde in neuer Rechtschreibung verfasst.

Satz: Mitterweger & Partner GmbH, Plankstadt
Druck: Ebner Ulm
Bindearbeit: Schöneberger Buchbinderei, Berlin
Printed in Germany
ISBN 3-411-04943-X

Vorwort

Woher stammt der Name Abigail, warum ist Alexander so beliebt geworden, und welche Berühmtheiten haben Namen wie Albrecht und Agatha getragen? Solche und ähnliche Fragen beantwortet dieses Vornamenlexikon, das aber nicht nur über Schreibung, Herkunft und Bedeutung unserer Vornamen Auskunft erteilt, sondern auch Eltern die Wahl des Vornamens für ihr Kind erleichtert.

In den letzten drei Jahrzehnten hat sich bei den Vornamen und in der Namenkunde viel getan. Dass zahlreiche neue Vornamen in Gebrauch gekommen sind, ist selbstverständlich. Viele sind aus dem Namenschatz benachbarter und auch entfernter Nationen zu uns gekommen, andere sind auch schon früher bei uns vergeben worden, wären aber noch vor einigen Jahrzehnten als ungewohnt oder sogar altmodisch belächelt worden.

Diese und weitere mehrere tausend weibliche und männliche Vornamen werden im Lexikonteil des Buches behandelt. Natürlich sind dies nicht alle Namen, die im deutschen Sprachgebiet vorkommen; aber nur vereinzelt auftretende Namen oder Künstlernamen (keine Taufnamen) konnten nicht aufgenommen werden. Für die gängigen Vornamen wird angegeben, aus welchen Sprachen sie stammen, über welche anderen Sprachen sie vermittelt wurden und was sie bedeuten. Manche berühmte Persönlichkeit ist mit ihrem Namen auch Vorbild für die Namengebung geworden, was in den Artikeln ebenso vermerkt wird wie Gestalten aus Märchen und Sagen, aus der erzählenden Literatur, aus Opern, Operetten usw., die wichtige Namensträger sind. Nicht zuletzt sind Märtyrer und Heilige, die mit ihren Festtagen genannt sind, bekannte Vorbilder für die Namengebung. Das Namenlexikon enthält auch die wichtigsten Entsprechungen der verzeichneten Vornamen in anderen Sprachen, z. B. dem Englischen oder Italienischen. Schließlich illustrieren Schwarzweißabbildungen bekannter Namensträgerinnen und -träger den Text.

Dem eigentlichen »Lexikon der Vornamen« stehen Vorbemerkungen voran, die Auskunft geben über Namenmoden, ihr Entstehen und ihren Wandel. Im Überblick stellen diese außerdem die Herkunft unseres Vornamengutes dar und erklären die richtige Namenschreibung sowie die rechtlichen Bestimmungen zur Namengebung. Einige Überlegungen zur Namenwahl runden die Vorbemerkungen ab. Besonders an werdende Eltern wenden sich zwei Namenlisten im Anhang: »Namenwahl leicht gemacht« versammelt die beliebtesten Mädchen- und Jungennamen der letzten Jahre. Für gezieltes Suchen nach einem Vornamen schließen sich nach weiblichen und männlichen Namen getrennte Verzeichnisse der im Vornamenlexikon behandelten Namen sowie ein nach den Endungen sortiertes Gesamtverzeichnis an.

In ihrem Aufbau orientiert sich diese neue Auflage des Duden-Taschenbuchs 4 an den zuvor von Günther Drosdowski bearbeiteten Auflagen, die beim großen Publikum wie bei der Fachwelt breite Resonanz und Anerkennung gefunden hatten. Natürlich wissen wir heute über die sprachliche Herkunft (Etymologie) mancher Namen, die vor einem knappen Vierteljahrhundert noch ungeklärt waren, dank neuerer Forschungen mehr, was seinen Niederschlag in den einzelnen Artikeln dieses Vornamenlexikons gefunden hat. Hinsichtlich der zeitlichen und räumlichen Verbreitung der Vornamen gibt das im Erscheinen begriffene »Historische deutsche Vornamenbuch« von Wilfried Seibicke, dessen ersten Band (A–E) wir schon für dieses Lexikon benutzen konnten, genaue Auskunft. Im Literaturverzeichnis am Ende des Buches kann der interessierte Leser die weitere herangezogene Literatur finden.

Danken möchten wir an dieser Stelle Herrn Prof. Dr. Dr. h. c. Ernst Eichler, Leipzig, der uns bei der Abfassung der Artikel über slawische Namen beraten hat. Frau Dr. theol. Jutta Sperber, Bayreuth, möchten wir für ihre wertvollen Hinweise hinsichtlich der Namen arabischer Herkunft, Frau Erika Kohlheim und Herrn Oberstudienrat i. R. Heinz Kohlheim, Bad Kissingen, für ihre Unterstützung bei der Auswahl bekannter Namensträger danken. Schließlich gilt unser Dank Frau Dr. Annette Klosa von der Dudenredaktion, die das Entstehen dieses Lexikons hilfreich begleitet hat.

Bayreuth, im Dezember 1997   Rosa und Volker Kohlheim

Inhalt

Vorbemerkungen 9
   Maria und Alexander: Namenmoden und Modenamen
   in unserer Zeit 11
   Zur Herkunft unserer Vornamen 16
   Zur Rechtschreibung der Vornamen 26
   Zu den rechtlichen Bestimmungen der Namengebung 30
   Zur Namenwahl 34

Vornamenlexikon A–Z 37

Anhang 267
   Abkürzungsverzeichnis 269
   Namenwahl leicht gemacht
   Beliebte weibliche Vornamen 271
   Beliebte männliche Vornamen 272
   Verzeichnis weiblicher Vornamen 273
   Verzeichnis männlicher Vornamen 287
   Gesamtverzeichnis nach Endungen 301

Literaturverzeichnis 325

Bildquellenverzeichnis 331

VORBEMERKUNGEN

Vorbemerkungen: *Namenmoden, Namenherkunft, Namenschreibung, Namenrecht und Namenwahl*

Maria und Alexander: Namenmoden und Modenamen in unserer Zeit

Ganz anders als der Familienname ist der Vorname der persönlichste Teil unseres offiziellen Gesamtnamens. Er ist für uns, wie Goethe feststellte, »nicht etwa wie ein Mantel«, der bloß um uns »herumhängt und an dem man allenfalls noch zupfen und zerren kann«, sondern sozusagen unsere »zweite Haut«. Mit unserem Vornamen werden wir von klein auf gerufen, in ihm erkennen wir uns wieder. Zu unserem Vornamen entwickeln wir im Verlauf unseres Lebens ein ganz besonderes Verhältnis. Den Namen können wir uns nicht selbst aussuchen. Wir haben ihn von anderen bekommen. Deshalb müssen wir uns als Kind erst an ihn gewöhnen, bis wir ihn schließlich bejahen und uns mit ihm identifizieren. Manche Psychologen haben behauptet, der Name habe Einfluss auf den Charakter und das Wesen des Benannten. Ob das stimmt, mag dahingestellt bleiben. Jedenfalls haben Eltern schon immer ihre Wünsche für das Kind durch die Namengebung zum Ausdruck zu bringen versucht. Das ist vielleicht auch in unserer Zeit noch gelegentlich so. Im Vordergrund steht heute jedoch meist das Bestreben, dem Kind einen schönen, wohlklingenden Namen auf seinen Lebensweg mitzugeben. Und Wohlklang ist nicht das schlechteste Motiv, das einer Namenwahl zugrunde liegen kann. Es gilt nämlich als erwiesen, dass wir uns, sobald wir den Namen einer Person hören, schon eine gewisse Vorstellung von ihr machen. Der Name weckt Assoziationen in uns. So kann ein schöner Name einem neuen Erdenbürger den Gang durchs Leben durchaus erleichtern.

Was aber ist ein »schöner« Name? Als »schön« werden Namen offensichtlich empfunden, wenn sie mit *M* oder *L* beginnen, mit stimmhaften Gleitlauten also. Beispiele hierfür sind *Maria, Marie, Michelle, Marcel, Michael, Maximilian* und *Max* sowie *Laura, Lena, Lisa, Lukas,* die heute zu den beliebtesten Vornamen gehören. Auch die gegenwärtige Vorliebe für Jungennamen mit der vokalreichen Endung *-ian,* wie der schon genannte *Maximilian,* dann *Christian, Florian, Sebastian* und *Bastian,* lässt sich durch den

Wunsch nach Wohlklang – nach Euphonie – erklären. Im Übrigen gilt ganz generell, dass die in Deutschland zurzeit beliebtesten Namen viele Selbstlaute enthalten, vorzugsweise die Vokale *A* und *I*. Es sind dies die schon genannten Namen *Maria* und *Marie*, dann *Julia*, *Lisa*, *Katharina*, *Anna* und *Anne*, *Laura*, *Sophia* und *Sophie*, *Sarah*, *Lena*, *Michelle*, *Vanessa*, *Jessica*. Die beliebtesten Jungennamen sind derzeit *Alexander*, *Maximilian* und *Max*, *Lukas*, *Daniel*, *Michael*, *Christian*, *Florian*, *Philipp*, *Marcel*, *Jan*, *Tobias*, *Kevin*, *Felix* und *Paul*.

Natürlich kommt es bei der Wahl eines Namens nicht nur auf dessen Klang an. Auch vielfältige andere Motive sind ausschlaggebend. Der Name soll zum Beispiel »modern« und unverbraucht sein, nicht zu gewöhnlich. Er soll etwas Besonderes darstellen. Film, Funk und Fernsehen liefern zahlreiche Anregungen, und Reisen eröffnen Einblicke in fremde Namenwelten. So kann das allgemeine Streben nach Originalität und Individualität leicht befriedigt werden. Trotzdem geschieht die Namengebung auch heute nicht völlig willkürlich. Vielmehr lassen sich Modeströmungen verfolgen, die keineswegs so schnelllebig sind, wie man vielleicht annehmen könnte. So sind *Christian*, *Michael*, *Daniel* und *Alexander* schon seit 1977, also seit mehr als zwanzig Jahren, in der Gruppe der zehn in den alten Bundesländern am häufigsten vergebenen Jungennamen zu finden; ähnlich beständig ist bei den Mädchennamen *Julia*, während *Katharina* und *Anna* immerhin schon seit 1981, *Sarah* seit 1984 unter den zehn beliebtesten Mädchennamen rangieren.

Betrachtet man die genannten Vorzugsnamen, fällt auf, dass sich kein einziger Name germanisch-altdeutscher Herkunft unter ihnen befindet. Sie sind seit dem Ende des Zweiten Weltkriegs außer Mode gekommen, zunächst die Mädchen-, dann auch die Jungennamen. In den Siebzigerjahren waren bei den Jungen *Stefan*, *Michael*, *Thomas*, *Andreas*, *Markus*, *Matthias* und *Christian* und bei den Mädchen *Gabriele*, *Petra*, *Sabine*, *Stephanie* und *Christine* typische Modenamen. Alle sind hebräisch-griechisch-lateinischen Ursprungs und wurden auch schon in früheren Jahrhunderten als christliche Heiligennamen oder biblische Namen vergeben. Es folgten die ebenfalls christlichen Namen *Sebastian* und *Florian*, *David*, *Daniel*, *Benjamin* und *Philipp*. Doch im Gegensatz zu früher wäre es wohl verfehlt, diese Vorliebe auf eine gesteigerte Religiosität zurückzuführen. Eher lässt sich daran die zunehmende Internationalisierung bei der Namengebung ablesen. So deutet schon die Schreibweise einiger Namen (»Sarah« zum Beispiel schrieb man früher – und in deutschen Bibelübersetzungen auch heute noch – ohne *h*) auf angloamerikanischen Einfluss. Bei

Patrick und *Patricia* werden wohl die wenigsten wissen, dass hier einmal der Apostel der Iren Pate stand. Der Bezug zur christlichen Religion ist zum Beispiel auch bei *Kevin*, dem Namen eines irischen Heiligen, verloren gegangen. *Kevin* kann heute getrost als internationaler Modename ohne religiösen Hintergrund angesehen werden. Bei anderen aus dem Englischen übernommenen Namen hat es so einen christlichen Bezug nie gegeben. *Jennifer* ist die englische Form des keltischen Namens *Guenevere* – so hieß die Gattin des Königs Artus, der in grauer Vorzeit die Ritter seiner Tafelrunde auf die Suche nach dem Heiligen Gral gesandt haben soll –; *Jessica* wurde von Shakespeare, vielleicht in Anlehnung an den biblischen Namen *Jiska*, für eine Figur im »Kaufmann von Venedig« geprägt, und die ebenfalls beliebte *Vanessa* ist eine Erfindung des irischen Schriftstellers Jonathan Swift (17./18. Jh.). Es ist vor allem ihr Klang, der diese Namen attraktiv macht, mehr als ihre religiöse oder literarische, mehr auch als ihre sprachliche oder nationale Herkunft. Weder *Patricia* noch *Vanessa* klingen ja besonders englisch, dafür aber reizvoll neuartig. So lassen sich auch die Entlehnungen aus dem nordischen Namenschatz *(Sven, Thorsten; Kerstin)*, aus den slawischen Sprachen *(Sascha; Anja, Tanja)*, aus dem Französischen *(René, André, Marcel; Nadine, Michelle, Nicole)*, Italienischen *(Mario, Marco; Bianca)* und Spanischen *(Manuel; Manuela, Inés)* erklären, die seit der Nachkriegszeit in allerdings schwächer ausgeprägten Modeströmungen aufgetreten sind.

Bei dem überaus reichen Angebot an neuen, teilweise exotischen Namen stellt sich die Frage, wie es überhaupt zu Modenamen oder auch Modeströmungen kommen kann. Schon die Wochenausgabe einer beliebigen Fernsehzeitschrift enthält derart viele ungewohnte und dabei auch gut klingende Namen, dass man sich fragen muss, warum zum Beispiel gerade *Kevin*, warum gerade *Jessica* in die Liste der zehn häufigsten Namen aufsteigen konnten. Viele meinen, es seien eben die Vorbilder aus Sport und Showgeschäft, die sozusagen automatisch durch ihre Präsenz in den Medien zur Entstehung von Namenmoden führen. Hierbei wird aber der Einfluss der modernen Unterhaltungsindustrie weit überschätzt. Sicherlich liefert diese oft eine erste Information über neue Namen, doch sind es am Anfang in der Regel nur sehr wenige wagemutige Eltern, die einen ungewöhnlichen Namen nur aufgrund der Tatsache vergeben, dass ihn ein Medienstar trägt. Meistens sind solche Einzelfälle ohne Einfluss auf die Allgemeinheit. Damit ein Name zum Modenamen werden kann, muss erst ein Nachahmungseffekt eintreten. Dann sind Vorbilder in der Nachbarschaft, im Bekanntenkreis oder gar in der eigenen Familie entscheidender als einzelne Namensträger, die in der Öffentlichkeit sehr bekannt sind. Amerikanische Kommunikationswissenschaftler, die das Phänomen der Verbreitung von Neuerungen schon in den Vierziger- und Fünfzigerjahren untersucht haben, sprechen daher von einem »multi-step flow of communication«, von einem mehrstufigen Kommunikationsfluss, der sich bei der Verbreitung von Waren oder Techniken ebenso wie bei der Entstehung von Namenmoden beobachten lässt. In früheren Jahrhunderten konnten die einflussreichen Neuerer in der Namengebung sogar recht genau bestimmt werden: Im Spätmittelalter war es zum Beispiel das städtische Patriziat, das mit neuen Namenströmungen, wie der Einführung der Heiligennamen, voranging. Ihm folgten in gewissem zeitlichen Abstand die nachgeordneten sozialen Schichten. Heutzutage ist ein derartiges soziales »Absinken« von Modenamen und Namenmoden nicht mehr so eindeutig festzustellen, wenn es auch noch subtile Unterschiede in den Namengebungsgewohnheiten unterschiedlicher Gesellschaftskreise gibt. Neuerungen scheinen in der Gegenwart vor allem von der Gruppe der Selbstständigen auszugehen.

Wenn den modernen Medien auch ein gewisser Einfluss auf Namenmoden zugesprochen werden muss, so darf doch nicht übersehen werden, dass es hinsichtlich der Namengebung auch einen Rückkopplungseffekt gibt, der verstärkend auf bestimmte Trends einwirken kann. Denn bei der Wahl von Künstlernamen oder Namen für Serienhelden und andere werden oft sehr sorgfältig Moden berücksichtigt, die sich gerade anbahnen. Mancher Autor fragt da schon einmal bei einem statistischen Amt an, welche Namen gerade »in« sind. So beeinflussen sich das Publikum und die Medien bis zu einem gewissen Grad gegenseitig. Und noch eines ist für Modenamen charakteristisch: Sie treten selten als sprachliche Einzelgänger auf, sondern haben viel größere Chancen, häufig gewählt zu werden, wenn sie dem Klang- und Schriftbild nach ähnliche Gruppen bilden. Das beginnt bei den Namenpaaren von Jungen- und Mädchennamen wie *Christian* und *Christine*, *Stefan* und *Stefanie*, *Manuel* und *Manuela* und setzt sich fort über rein äußerliche Ähnlichkeit, unabhängig von der jeweiligen sprachgeschichtlichen Herkunft. Beispiele hierfür sind *Sabina*, die offensichtlich *Sabrina* nach sich zog, obwohl diese eine ganz andere etymologische Herkunft hat, oder *Lukas*, in dessen Gefolge *Niklas* in Mode kam.

In den Sechziger- und Siebzigerjahren hatten nordische und slawische Namen Konjunktur. Danach nahm der Anteil an alttestamentlichen und französischen Namen deutlich zu, ein Trend, der bis in die Gegenwart reicht. Auch hier spielen nicht

primär wechselnde Vorlieben für die eine oder andere Sprache oder
Kultur eine Rolle, als vielmehr die bereits erwähnte lautliche Ähnlichkeit. Eine *Anja* zieht leicht eine *Tanja* nach sich, ein *Jonas*
schnell auch einen *Josua* oder einen *Jonathan*. Es ist nicht uninte-
ressant, dass derartige Namenmoden schon im Mittelalter vor-
kamen. So bewirkten zum Beispiel in Regensburg zur Zeit der
Einführung der Heiligennamen im 13./14. Jahrhundert Namenformen wie *Johan, Christan, Jordan, Stephan, Urban, Sebastian*, dass
auch der Apostelname *Thomas* als *Thoman* erschien und dass die
korrekte Endung *-ei/-ey (Sophey, Offmey)*, die sich bei der Eindeutschung von *Sophia* und *Euphemia* ergibt, auch bei Namen, wo sie
lautgesetzlich nicht zu erwarten gewesen wäre, wie *Salmey* (aus
Salome) und *Katrey* (aus *Katharina*) auftrat. Wenn auch die Entlehnungen aus fremden Sprachen besonders auffallen, so zeigen doch
Namen wie *Maria, Marie, Julia, Lisa, Anna, Sophie; Alexander,
Lukas, Maximilian/Max, Michael, Christian, Felix, Philipp, Paul*,
alles Namen, die gegenwärtig außerordentlich beliebt sind, dass
Namen, die seit langem im deutschen Sprachraum eingebürgert
sind, aber zeitweilig als unmodern galten, wieder in neuem Glanz
auferstehen können.

Im Zeitalter der globalen Telekommunikation und des Mas-
sentourismus ist die Welt klein geworden. Deshalb ist es
nicht erstaunlich, dass auch in England und Amerika, in Holland,
in Frankreich, in Italien und sogar in Spanien, das doch eine recht
selbstständige Namentradition hat, teilweise dieselben Namen wie
in Deutschland ganz oben auf der Beliebtheitsskala stehen. Dass
einige davon aus dem angelsächsischen Sprachraum stammen, ergibt sich fast von selbst, wenn man an die bedeutende Rolle denkt,
die England zum Beispiel auf dem Gebiet der modernen Musik
oder Amerika auf dem der Film- und Fernsehproduktionen spielt.
In Frankreich steht *Kevin* in der Beliebtheit ganz oben, gefolgt
von *Thomas, Alexandre, Maxime, Nicolas, Julien, Jérémy, Anthony,
Romain, Florian*. Bei den Mädchen sind die Unterschiede größer,
doch finden sich zumindest auch *Laura, Julie* und *Sarah* unter den
beliebtesten Namen dieses Jahrzehnts. Und *Daniel, Laura, María,
Sara* und *Ana* gehören zu den zurzeit meistvergebenen Vornamen
in Spanien.

Der Blick auf die »Hitlisten« der letzten Jahre soll jedoch nicht
den Eindruck erwecken, als sei die gegenwärtige Namengebung auf einige wenige Favoriten beschränkt. Das Gegenteil ist der
Fall: Noch nie, vielleicht abgesehen von der altgermanischen Zeit,
war die Namengebung so vielfältig und individuell wie heute. Die
beliebtesten Namen tragen derzeit höchstens noch drei bis vier Pro-

zent eines Altersjahrgangs. Ganz anders dagegen im Spätmittelalter, als die Heiligennamen die Namengebung europaweit und
vor allem in den Städten eroberten. Im Regensburg des 14. Jahrhunderts trugen 18,8 % der Frauen den Namen *Elisabeth*, im
15. Jahrhundert waren 22,6 % der Männer auf den Namen *Johannes*
getauft.

Zur Herkunft unserer Vornamen

G ünter, Johannes und *Alexander; Ulrike, Lisa* und *Julia* sind drei
Jungen- und drei Mädchennamen, wie sie uns heute – wenn
auch vielleicht nicht unbedingt in einer Generation – häufig
begegnen. Trotz ihrer Alltäglichkeit stehen hinter diesen sechs
Namen 3 000 Jahre europäischer Kultur- und Religionsgeschichte;
man muss sie nur aufzuschlüsseln verstehen. Ihrer sprachlichen
Herkunft nach handelt es sich um zwei germanische Namen
(Günter, Ulrike), um zwei hebräische Namen *(Johannes, Lisa* aus *Elisabeth)*, einen griechischen und einen lateinischen Namen *(Alexander, Julia)*. Nimmt man die griechischen und lateinischen Namen,
die bereits im Rom der Kaiserzeit und des frühen Christentums
nebeneinander vergeben wurden, zusammen, hat man mit diesen
sechs Namen die drei Hauptquellen, aus denen sich unser Namenschatz nicht erst in der Gegenwart speist. Dabei prägte jeden dieser
sechs Namen eine eigene Geschichte, der er sein Fortleben bis in die
Gegenwart verdankt und in der sich Kultur- und Religions- oder bes-
ser Frömmigkeitsgeschichte vielfältig verzahnen. Um dies zu ver-
anschaulichen, soll jeweils am Ende der folgenden Erklärungen der
germanischen, hebräischen und griechisch-lateinischen Namen die
Geschichte dieser sechs Namen exemplarisch dargestellt werden.

Vornamen germanischer (altdeutscher) Herkunft

B is weit in das Mittelalter hinein – Familiennamen bildeten
sich bei uns erst ab dem 12. Jh. heraus – trugen die Angehörigen der verschiedenen germanischen Stämme nur einen Namen, sodass wir hier eigentlich noch nicht von Vornamen sprechen
können. Diese Personennamen waren größtenteils aus zwei Bestandteilen (Gliedern) zusammengesetzt, die ursprünglich eine
Sinneinheit darstellten: *Theoda-rīch (Dietrich)* »im Volk mächtig«,
Kuon-rāt »kühn in der Beratung«. Parallelen in anderen indoeuropäischen Sprachen zeigen, dass diese Art der Namenbildung
weit in die Frühzeit, wohl ins 3. Jahrtausend vor Christus,
zurückreicht. Diese Annahme bekräftigen insbesondere solche Namen, deren Bestandteile dieselbe indoeuropäische Herkunft auf-
weisen, wie zum Beispiel dt. *Wolf-gang* und griech. *Lykó-phrōn*
(griech. *lýkos* »Wolf« ist mit dt. *Wolf* urverwandt). Andere Namen

deuten auf intensive Kontakte zwischen den indoeuropäischen Völkern hin. Ihre Bestandteile sind oft sprachlich nicht miteinander verwandt, haben aber dieselbe Wortbedeutung. So entspricht der deutsche Name *Konrad* (ahd. *kuon* »kühn« + ahd. *rāt* »Rat, Beratung, Ratgeber«) dem griechischen *Thrasýboulos* (griech. *thrasýs* »kühn, tapfer« + *boulé* »Wille, Ratschluss«). Der russische Name *Borislav* (zu urslaw. **borti* »kämpfen« + urslaw. **slava* »Ruhm«) ist bedeutungsgleich mit dem deutschen *Hadmar* (ahd. *hadu* »Kampf« + *māri* »bekannt, berühmt, angesehen«), und dem althochdeutschen *Gundorih* (ahd. *gund* »Kampf« + *rīhhi* »Herrschaft, Herrscher, Macht; reich, mächtig, hoch«) geht der keltische *Caturix* (*cad* »Kampf« + *rīx* »Herrscher«) voraus. Größtenteils um Christi Geburt und in den ersten nachchristlichen Jahrhunderten zur Zeit der germanischen Völkerwanderung bis zum Festwerden neuer politischer Ordnungen in Europa entstanden, bezeichnen die ältesten dieser Namen auf poetisch-bildliche Weise den Mann als Krieger, als Herrscher, als Angehörigen eines Stammes. Dabei wird nicht »der Krieger« genannt, sondern Wörter mit der Bedeutung »Kampf« *(hadu, hiltja, gund)*, Bezeichnungen für bestimmte Waffen (*brant* »Schwert«, *rant* »Schild«, *helm* »Helm«) oder für gewisse Tiere (*bero* »Bär«, *wolf* »Wolf«, *hraban* »der Rabe«) treten dafür ein. Auch *-fried*, was so viel heißt wie »Bewahrer des Friedens innerhalb des Stammes«, erscheint. Durch das Anfangsglied wird die dichterische Mannes(Krieger-)bezeichnung weiter präzisiert. Mit dieser Funktion treten zum Beispiel Wörter auf, die verherrlichend wirken, wie *beraht* »glänzend« in *Beraht-walt (Berthold)* = »glänzender Herrscher«, die das Kriegsvolk bezeichnen *(heri-, folk-, thiot-* in *Heribert, Volkmar, Dietmar)*, die auf Waffen anspielen *(brunja* »Rüstung« in *Brunhild)*. Auffällig ist, dass auch die meisten Frauennamen aus Bestandteilen mit kriegerischer Bedeutung gebildet sind. Bevorzugte Endglieder sind *-burg (Walburg)*, *-gund (Hildegund)*, *-heid (Adelheid)*, *-hild (Gunhild)*, *-lind (Dietlind)*, *-trūd (Gertrud)*, *-rūn (Siegrun)*. Daneben wurde die Endung *-a* zur Bildung weiblicher Namen (Movierung) benutzt. Bei der Bildung zweigliedriger Namen wurden genaue Gesetze beachtet. Stabreim wurde ebenso vermieden wie Binnenreim. Namen wie **Haduhild* oder **Rātflāt* konnten also nicht gebildet werden. Auch wurde vokalischer Anlaut beim zweiten Namenglied vermieden. Wo das scheinbar doch der Fall ist, wie zum Beispiel bei *Adal-olf, Adolf,* handelt es sich um einen späteren Ausfall des Anfangskonsonanten, hier des *-w* von *-wolf.* Neben diesen zweigliedrigen Namen treten zunächst nur sehr wenige eingliedrige (das heißt nicht unbedingt einsilbige) Namen auf, die aus dem gleichen Sinnbezirk stammen: *Ernust* (ahd. *ernust* »Ernst, Eifer, Kampf, Sorge«), *Karl* (»Mann, Ehemann«), *Franko* (»der Franke«).

D ie germanischen Namen aus der ältesten Schicht ergeben also als Ganzes einen Sinn, doch finden wir daneben eine Überzahl von Namen, die offensichtlich »sinnlos« sind, wie zum Beispiel *Gundhild, Hildegund, Hedwig,* die alle »Kampf-Kampf« bedeuten würden, *Dieter, Volker* (*thiot-heri, folk-heri:* »Kriegsschar, Volk« + »Kriegsschar, Heer«) usw. Sie sind spätere Bildungen (so genannte Sekundärbildungen im Gegensatz zu den Primärbildungen), die dadurch entstanden sind, dass man schon sehr früh begann, Namenglieder frei zu kombinieren, ohne auf einen durchgehenden Sinn zu achten. Ihre Bedeutung lag vor allem darin, die sippenmäßige Zusammengehörigkeit der Namensträger zum Ausdruck zu bringen. So konnte ein Ehepaar namens *Hildebrand* und *Gertrud* die Söhne *Gerbrand, Trudbrand, Hildger, Brandger, Trudger* und die Töchter *Hiltrud, Brandtrud, Gerhild, Brandhild* und *Trudhild* nennen. Eine andere, uns zum Beispiel aus dem althochdeutschen Hildebrandslied bekannte Variation der Namenglieder verfuhr stabreimend: *Hiltibrant, Heribrantes sunu* (Hildebrand, Heribrands Sohn) und *Hadubrant [...] Hiltibrantes sunu* (Hadubrand, Hildebrands Sohn). Zusätzlich zum gemeinsamen Zweitglied *-brant* bringt hier der gleiche Anfangskonsonant *H* die Familienzugehörigkeit dreier Generationen anschaulich zum Ausdruck. Die oft sinnlos anmutende Zusammenfügung von Einzelwörtern zu zweigliedrigen Namen wurde auch dadurch erleichtert, dass man bereits im frühen Mittelalter viele der alten Namenglieder, die ja vorwiegend poetisch motiviert waren, nicht mehr verstand. So »übersetzte« zum Beispiel der Gote Smaragd, der im 9. Jh. Abt des Klosters St. Mihiel an der Maas war, die Namen *Ratmund* (ahd. *rāt* »Rat, Beratung, Ratgeber« + ahd. *munt* »Schutz, Schützer«) als »consilium oris« = »Rat des Mundes«, *Richmund* (ahd. *rīhhi* »Herrschaft, Herrscher, Macht; reich, mächtig, hoch« + ahd. *munt* »Schutz, Schützer«) als »potens bucca« = »mächtiger Mund« und *Richmir* (ahd. *rīhhi* »Herrschaft, Herrscher, Macht; reich, mächtig, hoch« + ahd. *māri* »bekannt, berühmt, angesehen«) als »potens mihi« = »für mich mächtig«.

A ber auch bei sprachgeschichtlich korrekter Deutung muss man bei manchen Namengliedern eine Überlagerung verschiedener Bedeutungen annehmen, zum Beispiel bei *Agi-, Agil-, Agin-, Egin-* aus germ. **agi-,* das zunächst »Schrecken« bedeutete, dann aber auch als ahd. *ekka* »[Schwert-]Schneide, Spitze« verstanden wurde. Ähnlich konnte das als Endglied für Frauennamen beliebte *-lint,* das zunächst den Schild aus Lindenholz meinte, später die heutige Bedeutung von lind = »weich, sanft« annehmen. Bei einigen Namengliedern war die Bedeutung auch schon derart verblasst, dass sie praktisch als bedeutungslose Namenendungen

(Suffixe) aufgefasst wurden. Ähnlich wie wir heute von einem
»Trunkenbold« sprechen, wobei *-bold* eigentlich das alte Namenglied *-bald* (»kühn«) ist, konnte schon Notker der Deutsche
(† 1022) einen Reichen als *rîhholf* bezeichnen. Die ursprüngliche
Bedeutung von *wolf* »Wolf« ist hier bereits ganz geschwunden. Diese Sinnentleerung führte in späteren Jahrhunderten dazu, dass
sich ursprünglich nicht zusammengehörige Namenglieder vermi-
schen konnten: So konnte zum Beispiel ein und derselbe Mann in
der Überlieferung einmal als *Gundolf (gund + wolf)*, dann als
Gundolt (gund + -olt aus *-walt,* zu ahd. *waltan* »herrschen«) auftauchen. Diese Sinnentleerung hatte allerdings, solange überhaupt
altdeutsche Namen gebildet wurden, keinen Einfluss auf die oben
erwähnten Bildungsgesetze. Sie wurden auch weiterhin beachtet.
Da in der uns erhaltenen Überlieferung bereits sinnvolle Primärbildungen und sinnlose Sekundärbildungen nebeneinander vorkommen, ist es im Einzelfall sehr schwer zu entscheiden, welche
Art der Bildung vorliegt. Deshalb werden in diesem Vornamenlexikon in Fällen, in denen der ursprünglich beabsichtigte Sinn einer
Namenform nicht mehr eindeutig ermittelt werden konnte, die
einzelnen Namenbestandteile getrennt erklärt; eine gewaltsame
Deutung wird vermieden.

Schon von Anfang der Überlieferung an treten neben den vollen Namen, den Vollformen, auch Kurzformen auf. Man unterscheidet einstämmige Kurzformen, bei denen ein Namenglied,
meist ist es das zweite, ganz weggelassen wurde *(Wolf* aus *Wolfger)*,
von zweistämmigen, bei denen meist der erste Konsonant des
zweiten Namenglieds mit dem ersten Namenbestandteil verbunden wurde. Dabei wurde der letzte Konsonant des ersten Namenglieds in der Regel vollständig an den darauffolgenden Konso-
nanten angeglichen, sodass er verschwand *(Tammo* aus *Thankmar,
Thiemo* aus *Thietmar, Dietmar, Uffo* aus *Ulfried)*. Im vorliegenden
Namenbuch wird zwischen diesen beiden Arten von Kurzformen
der Einfachheit halber nicht unterschieden. Diese Kurzformen
wurden entweder mit den männlichen oder weiblichen Endungen
-o und *-a* versehen. Oft wurde aber auch eine verkleinernde Endung
angehängt, die meist eine affektive Ausdruckskomponente ent-
hielt; wir sprechen dann vom Kosesuffix und von einer Koseform.
Bevorzugte Suffixe sind *-i* (aus älterem *-ja*-Suffix), Suffixe mit *-z-*
(zum Beispiel in *Fritz, Heinz, Lutz)*, Suffixe mit *-k-* (zum Beispiel
in *Elke* aus *Adelheid)*, Suffixe mit *-l-* (zum Beispiel *Friedel* aus *Friedrich)* und das Suffix *-in* (zum Beispiel *Fridolin* aus *Fridel + -in)*. Auch
-man, -wîb und *-kint* konnten in kosender Funktion an Kurzformen
treten. Dies ist zum Beispiel bei den Namen *Karlmann* (Sohn Karls
des Großen), *Azwip* (in Regensburg noch im 13. Jh. bezeugt) und

Widukint (Sachsenführer, der sich 785 Karl dem Großen unterwerfen musste) der Fall. Neben den ein- und zweistämmigen Kurzformen treten auch so genannte Lallnamen, das sind Namenformen, die im Kindermund entstanden sind, auf. Beispiele hierfür aus dem Mittelalter sind *Poppo* aus *Volkmar* und *Atto* aus *Adalbert*. In der Gegenwart findet sich *Didi* aus *Dietrich*. Wenn die Zugehörigkeit einer Kurzform zu einer Vollform nicht mehr empfunden wird (etwa im Fall *Elke* zu *Adelheid*), wenn eine bestimmte Kurzform (zum Beispiel *Berta*) seit dem Mittelalter häufiger auftritt als die entsprechenden Vollformen (etwa *Berthilde, Bertrun*), wenn heute Kurzformen vorkommen (zum Beispiel *Amalie, Amelie*), deren Vollformen *(Amalberga, Amalgunde)* schon lange aus der Namengebung ausgeschieden sind, dann sprechen wir im Duden-Vornamenlexikon von »verselbstständigten Kurzformen«. Von den bisher erwähnten Kurzformen unterscheidet die Sprachwissenschaft die erst ab dem 13./14. Jh. auftretenden »unechten Kurzformen«, das sind Zusammenziehungen (Kontraktionen) und Verschleifungen wie *Bernd* aus *Bernhard, Gerd* aus *Gerhard* und *Kurt* aus *Konrad*. Derartige Formen werden im Namenlexikon der Einfachheit halber auch als Kurzformen bezeichnet. Dagegen werden Zusammenziehungen und Kürzungen, die nur ein Namenglied betreffen (zum Beispiel *Albrecht* aus *Adalbrecht*), als »jüngere Formen« bezeichnet. Zwei Beispiele für Namen germanischen Ursprungs sind *Günter* und *Ulrike:*

G ünter: Bei diesem Namen (ahd. *gund* »Kampf« + ahd. *heri* »Kriegsschar, Heer«) handelt es sich schon nicht mehr um eine Primärbildung. Dies ist auch weiter nicht erstaunlich, wenn man sich daran erinnert, dass König Gunther im Nibelungenlied der ältere Bruder von Giselher und Kriemhild (= Grimhild) ist; das Bestreben, die Geschwisternamen durch Stabreim aneinander zu binden, ist offensichtlich. Der Gunther des Nibelungenliedes hat sein historisches Vorbild in dem burgundischen König Gundahar (5. Jh.). Vor allem aufgrund der Nibelungensage blieb *Gunther* dem gesamten Mittelalter geläufig. Daneben war der Name traditionell im thüringischen Fürstenhaus Schwarzburg. Wenn es auch – wie für fast alle Namen – einen mittelalterlichen Heiligen namens *Gunther* gegeben hat, den auch politisch nicht ganz unbedeutenden heiligen Gunther von Niederaltaich († 1095), übrigens auch ein Mitglied der Familie der Schwarzburger, so dürfte sein lokaler Kult kaum zum Fortleben des Namens beigetragen haben. Seit dem 13./14. Jh., als die Namen der Apostel, Märtyrer und anderer in der gesamten Christenheit verehrter Heiliger die Namenlandschaft auch in Deutschland bestimmen, spielt *Gunther* zunächst kaum noch eine Rolle, bis der Name dann, als das deutsche Altertum und vor allem auch das Nibelungenlied im Gefolge der Romantik wieder allgemeine Wertschätzung erfuhr, besonders in der umgelauteten Form *Günter* wieder recht häufig wurde.

U *lrike:* Bei diesem Namen handelt es sich um die weibliche Form des altdeutschen Namens *Ulrich* (ahd. *uodal* »Besitz, Erbgut, Heimat« + *rihhi* »Herrschaft, Herrscher, Macht; reich, mächtig, hoch«). Die männliche Form war im Mittelalter sehr verbreitet. Dem Namen war durch die Verehrung des heiligen Ulrich, Bischof von Augsburg, der bereits 993 in der ersten förmlichen Kanonisation heilig gesprochen wurde, ein Fortleben in der Namengebung auch dann gesichert, als sich statt der Weitergabe der altdeutschen Namen die Namengebung nach Heiligen durchgesetzt hatte. Die movierte (weibliche) Form des Namens kam im 17./ 18. Jh. zusammen mit vergleichbaren Namen, die mit den Endungen *-ike* oder *-ine* versehen wurden, zunächst beim Adel in Mode. Solche Namen fanden, teils wegen ihres Sozialprestiges als Adelsnamen, teils, weil sie es bei der damals vorherrschenden Sitte der Patennamengebung ermöglichten, von jedem beliebigen Namen eine weibliche Form zu bilden, schnell internationale Verbreitung. Auch heute gehört *Ulrike*, wohl aufgrund seiner besonderen Bildungsweise, zu den wenigen Vornamen deutscher Herkunft, die eine Rolle in der Namengebung spielen.

Vornamen hebräischer Herkunft

D ie meisten Namen der Bibel sind hebräischen Ursprungs; in die deutsche Namengebung dringen sie in drei zeitlich klar zu unterscheidenden Wellen ein. In geringer Zahl werden einige alttestamentliche Namen bereits in althochdeutscher Zeit (8.–10. Jh.), vorwiegend von Geistlichen, getragen. Eine weitaus größere Anzahl hebräischer Namen fand dann seit dem 12./13. Jh. bleibende Aufnahme in unseren Namenschatz, als sich bei uns die Namengebung nach Heiligen und anderen verehrten Personen aus dem Alten und Neuen Testament für Jahrhunderte durchsetzte. Es sind dies vor allem die Namen aus dem Umfeld der Familie Jesu, allen voran Johannes – nach dem Täufer – und Elisabeth – nach deren Mutter, einer Verwandten Marias –, dann die Namen der Apostel und des Erzengels Michael. Im Gegensatz zu einigen südeuropäischen Ländern (Griechenland, Spanien) wird allerdings der Name »Jesus« (span. *Jesús*) oder »Christus« (griech. *Christós*) aus religiöser Scheu bei uns bis heute nicht vergeben, und auch *Maria* fand erst seit dem 16. Jh. weitere Verbreitung. Eine im Vergleich zur zweiten wesentlich schwächere Welle von Namen aus dem Neuen und Alten Testament lässt sich im Zusammenhang mit der Internationalisierung der Namengebung seit dem Zweiten Welt-

krieg feststellen. Die hebräischen Namen sind größtenteils Satznamen, die eine Aussage über Gott – Lobpreis, Dank – enthalten.
Entsprechend oft erscheint in ihnen der Gottesname »Jahwe« (am
Anfang der Namen meist in verkürzter Form als *Jo-*, am Ende als
-ja) oder die Wörter *El* »Gott« oder *Ab* »Vater« in gleicher Bedeutung: *Jo-natan, Netan-ja,* beide mit der Bedeutung »Jahwe hat gegeben«. Auch Kurzformen *(Natan)* sind sehr häufig. Vielen dieser
Namen gibt man bereits im Alten Testament eine neue, volksetymologische Erklärung, um die sich dann oft zahlreiche Geschichten ranken (vgl. zum Beispiel ▸ *Jakob*). Neben den Satznamen tritt
in der Bibel eine geringere Anzahl von einfachen Bezeichnungen
auf (zum Beispiel *Susanna* zu hebr. *schoschanna* »Lilie«), die auch
Spitz- und Spottnamen sein können (zum Beispiel *Lahad* »lang-
sam, träge«).

Die hebräischen Namen waren durch die Septuaginta- und
Vulgata-Tradition der Bibelübersetzungen, die auf die Über-
tragungen des heiligen Hieronymus (4./5. Jh.) zurückgeht, in griechisch-lateinischer Form bekannt. Bei ihrer Aufnahme in den spät-
mittelalterlichen deutschen Namenschatz wurden sie so schnell
und gründlich dem Laut- und Namensystem des Deutschen ange-
passt, dass sie bald nicht mehr als Fremdnamen zu erkennen waren. Aus *Johannes* wurde *Hans,* aus *Bartholomäus Bartel,* aus *Elisabeth Else.* Daneben bestand natürlich die auf kirchlicher Seite
benutzte offizielle Form weiter. Seit der Reformation gibt es bei
vielen Namen Unterschiede zwischen katholischer, auf der Septua-
ginta-Vulgata-Tradition beruhender, und evangelischer, durch die
Lutherbibel geprägter, Schreibung. 1966 beschloss man, diese Dif-
ferenzen durch eine evangelisch-katholische Kommission zu be-
seitigen, wobei das Ziel war, die Namen näher als bisher an das
hebräische Original anzugleichen. Das Ergebnis sind die so genannten »Loccumer Richtlinien« (nach einer Arbeitssitzung der
Kommission im evangelischen Kloster Loccum), die 1970 von der
Deutschen Bischofskonferenz und dem Rat der Evangelischen Kirche gebilligt wurden; Österreich und die deutschsprachige Schweiz
schlossen sich an. Diese Richtlinien, die die traditionellen Namenformen zum Teil entscheidend verändern (zum Beispiel *Jojakim*
statt *Joachim*), haben ihren Niederschlag in der Einheitsüberset-
zung der Bibel und in liturgischen Büchern gefunden, in die all-
tagssprachliche Realität sind sie jedoch noch nicht eingedrungen,
und das ist auch so schnell nicht zu erwarten. Sie sollen jedoch im
Vornamenlexikon nicht ganz fehlen. Sie werden – wo nötig – nach
dem Eintrag der allgemein gebräuchlichen Form mit der Bemer-
kung: »(jetzt auch:) ...« aufgeführt. Auch zu den Namen hebräischen Ursprungs hier zwei Beispiele:

Johannes ist die griechische Form von hebr. *Johanan* (»Jahwe
hat Gnade erwiesen«). Als Name des Lieblingsjüngers Jesu,
des Apostels und Evangelisten, und in allererster Linie als der Name des Täufers Jesu fand *Johannes* schon sehr früh Verbreitung in
der östlichen und westlichen Christenheit. In einer Urkunde der
süditalienischen Stadt Barletta heißen bereits im 11. Jh. 14 von 66
Personen *Johannes.* Das Wirken des 1050 in Palästina gegründeten
Johanniter-Ordens, durch den der Täufer Patron zahlreicher Burg-
kapellen und Spitäler wurde, vor allem aber das Bild des asketi-
schen Bußpredigers, das in einer religiös bewegten Zeit einen
hohen Stellenwert hatte, ließ den Namen im Spätmittelalter fast
überall zum häufigsten Rufnamen werden. Im Regensburg des
15. Jh.s heißen bereits 22,6 % aller männlichen Personen *Hans.* Im
17./18. Jh., als sich die Sitte verbreitete, mehrere Vornamen zu vergeben, wurde *Johann* fast regelmäßig als erster Vorname, dem der
eigentliche Rufname an zweiter Stelle folgte, in die Taufregister
eingetragen; man denke nur an Johann Sebastian Bach, Johann
Wolfgang Goethe und weitere berühmte Namensträger. Auch in
anderen europäischen Ländern wurde *Johannes* als *Giovanni, Juan,
Jean, John, Jens, Jan, Iwan* zum oftmals beliebtesten Namen. Heute
ist bei uns gerade die Vollform *Johannes* wieder recht modern.

Elisabeth (hebr. *Elischeba* »Gott ist sieben«, d. h. »vollkom-
men«) wurde im Mittelalter zunächst nach der Mutter Jo-
hannes' des Täufers vergeben. Seine große Beliebtheit verdankt der
Name aber in Deutschland der Verehrung der heiligen Elisabeth
von Thüringen, deren aufopferungsvolle Tätigkeit im Dienste der
Armen und Kranken die mittelalterlichen Menschen tief bewegte.
Bereits vier Jahre nach ihrem Tod wurde sie 1235 heilig gesprochen.
Schon vorher hatte die volkstümliche Verehrung ihrer Grabstätte in
Marburg a. d. Lahn begonnen. Bereits um 1370 heißen in Regensburg 18,8 % aller Mädchen und Frauen *Elisabeth.* Zahlreiche Kurz-
formen *(Else, Ilse, Liesel, Lisa, Betti, Bettina)* zeugen bis heute für die
große Volkstümlichkeit dieses Namens.

Vornamen griechisch-lateinischer Herkunft

Wie die hebräischen Namen kamen die Namen griechischen
oder lateinischen Ursprungs vor allem als Heiligennamen
seit dem 12./13. Jh. nach Deutschland. Voraussetzung hierfür war
ein tief greifender Wandel in der Volksfrömmigkeit und der im Gefolge der Kreuzzüge zunehmende Heiligen- und Reliquienkult, die
einhergingen mit einer vermehrten Verarmung des altdeutschen
Rufnamenschatzes. Zahlreiche dieser Namen prägen das Bild der
deutschen Namenlandschaft bis heute. *Felix, Florian, Martin, Cäcilia, Beatrix, Lucia, Nikolaus, Katharina, Sophia, Franziskus (Franz)*

und *Clara* sind nur einige wenige von vielen. Die meisten griechischen Namen bestanden wie die germanischen aus zwei Gliedern, *Nikolaus* zum Beispiel aus *níkē* »Sieg« + *laós* »Volk«. Zur Zeit der Märtyrer waren aber auch viele Beinamen wie *Erasmus* (aus griech. *erásmios* »liebenswürdig, begehrenswert«) oder *Margarete* (aus griech. *margarítēs* »Perle«) in Gebrauch gekommen.

Das alte römische System der drei Namen, Praenomen (Vorname) – Nomen [gentilicium] (Geschlechtername) – Cognomen (Beiname), war aus sozialen und sprachlichen Gründen in den ersten nachchristlichen Jahrhunderten weitgehend untergegangen. Man trug jetzt im Allgemeinen, wie auch die Griechen, nur einen persönlichen Namen. Das war meistens ein Cognomen, ein Beiname, doch hatten sich viele ältere Geschlechternamen (Gentilicia), vor allem diejenigen der Kaiserfamilien, als Beinamen von Freigelassenen und Neubürgern im Römischen Reich erhalten. Bekanntlich unterschieden sich die Namen der Römer von Anfang an von denen der übrigen Indoeuropäer, insofern sie kurz und unpoetisch waren. Als Beispiel seien *Quintus* (»der Fünfte«) oder *Paulus* (»klein«) angeführt. Die Christen verwendeten zunächst die alten Namen weiter, wobei einige heidnische Namen in christlichem Sinne umgedeutet wurden. Hierzu zählen *Felix* (»beglückt, gesegnet«), *Victor* (»der Sieger«), *Renata* (»die Wiedergeborene«). Einige wenige christliche Namen wie zum Beispiel *Dominicus, -a* (»dem Herrn zugehörig«) wurden neu geprägt. Zu den griechisch-lateinischen Vornamen im Folgenden auch zwei Beispiele:

Alexander (griech. *aléxō* »wehre ab, schütze, verteidige« + *anér, andrós* »Mann«) war im alten Griechenland ursprünglich kein angesehener Name, war doch *Alexander* oder *Aléxandros* in der Ilias des Homer (8. Jh. v. Chr.) der Beiname des Trojaners Paris, des Sohnes des Priamos, der die schöne Helena ihrem Gatten Menelaos entführte und damit den Trojanischen Krieg auslöste. Und da die Trojaner in der Ilias, die jedem gebildeten Griechen bekannt war, als die Feinde der Hellenen nicht in dem besten Licht erschienen, ist es nur natürlich, dass trojanische Namen, und darunter auch *Alexander/Aléxandros*, im griechischen Kernland zunächst gemieden wurden. Derartige Vorbehalte kannte man dagegen in Makedonien, das alte Verbindungen zur kleinasiatischen Troas hatte, nicht, sodass der Name dort schon vor Alexander dem Großen in Mode kam. Der erste historisch bezeugte *Alexander* ist der Makedonenkönig Alexander I., genannt der Philhellene (498–454 v. Chr.), doch war es erst der dritte makedonische König dieses Namens, den wir als »den Großen« kennen (356–323

v. Chr.) und der durch seine Staunen erregenden Taten die Verbreitung des Namens bis heute sicherte. Sein kometenhafter Aufstieg,
seine Abenteuer in Persien und im geheimnisvollen Indien be-
schäftigten die Menschen seit der Antike. Im Mittelalter war sein
Ansehen weit größer als das aller anderen antiken Helden. Über 80
mittelalterliche Alexanderdichtungen in 35 Sprachen sind uns noch
bekannt. Alexander wird auch in der Bibel erwähnt (I. Makkabäer
1,1–8) und hat für das christliche Mittelalter somit auch einen fes-
ten Platz im Ablauf der Heilsgeschichte. Es ist daher nicht erstaunlich, dass sein Name vor allem in Herrscherfamilien von Byzanz
und Russland bis Schottland immer wieder erscheint. Auch als
Papstname bedeutet *Alexander* ein Programm. Papst Alexander II.,
der sich im 11. Jh. diesen Namen zulegt, bezieht sich zwar noch auf
den legendarischen Märtyrerpapst Alexander I. (2. Jh.?) und begründet selbst eine Tradition von Päpsten, die sich *Alexander* nennen. Alexander VI. (1430?–1503) aber, der Renaissancepapst, der
seinen Sohn Cesare (Cäsar) nennt, bezieht sich wieder auf den
großen Makedonenkönig. In Deutschland gehört *Alexander* seit
dem Mittelalter zu den immer wieder vergebenen Namen. Wahrscheinlich hat nach den Befreiungskriegen gegen Napoleon auch
das Vorbild des Zaren Alexander I. (1777–1825) anregend gewirkt.
Zurzeit ist *Alexander* ein international geschätzter Name, der in
Deutschland, Frankreich und Spanien zu den Spitzenreitern gehört.

Julia ist die weibliche Form von *Julius,* einem altrömischen
Geschlechternamen, der wahrscheinlich von *Iovilius* »dem
Jupiter geweiht« abzuleiten ist. Der bekannteste Angehörige des
Geschlechts der Julier war Gaius Julius Caesar. *Julia* ist schon der
Name einer römischen Christin im Neuen Testament, und es gibt
im 3. und 4. Jh. mehrere Heilige dieses Namens, die ihm eine ge-
wisse Kontinuität, vor allem in Italien, gesichert haben. In der Neu-
zeit wurde *Julia* vor allem als literarischer Name beliebt. Neben
dem Trauerspiel »Romeo und Julia« (engl. *Juliet* von italien.
Giulietta) von Shakespeare trugen auch die Übersetzung von Rousseaus Roman »La nouvelle Héloïse«, der 1785 unter dem Titel
«Julie oder die neue Heloise« erschien, und andere literarische
Vorbilder zur Beliebtheit von *Julie* und *Julia* bei. In der Gegenwart
ist *Julia* wohl auch seines Wohlklangs wegen sehr in Mode.

Neuzeitliche Entwicklungen in der Vornamengebung

Mit den drei in den vorigen Abschnitten beschriebenen Na-
mengruppen ist unser Namenbestand fast schon erschöp-
fend behandelt. Einige neuzeitliche Entwicklungen müssen aber
doch noch erwähnt werden. Die Reformation hat am Namenbestand, wie er sich bis zum Beginn des 16. Jh.s herausgebildet

hatte, wenig geändert. In geringem Maß wurden in den protestantischen Gebieten Deutschlands mehr alttestamentliche Namen ver-
geben als zuvor, doch sorgte schon die Sitte der Patennamen-
gebung dafür, dass der traditionelle Bestand an Heiligennamen
(*Hans, Georg, Nikolaus, Martin; Elisabeth, Anna, Katharina, Mar-
garete* u.a.) erhalten blieb. In katholischen Gegenden brachte die
Gegenreformation einige neue Heiligennamen in Gebrauch:
Ignatius, (Franz) Xaver, Alois, Alfons; Theresia, Veronika, Kreszentia.
Auf altdeutsche Namenbildungsweisen besinnt sich dagegen der
Pietismus des 17./18. Jh.s. Sprachlich durchsichtige Namen wie
Gotthold, Gottlieb, Leberecht, Traugott, Fürchtegott drücken das
fromme Gefühl der Zeit aus.

I m 17./18. Jh. prägte das Vorbild Frankreichs Kultur und
Mode. Später wurde es teilweise durch England abgelöst.
Das führte schon damals zur Aufnahme von französischen und
englischen Namen wie *Louis, Eduard, Charlotte, Henriette, Luise;
Harry, Alfred, Betty, Edith, Jenny.* Im Zeitalter des Sturm und
Drangs begeisterte sich nicht nur der junge Goethe für die Lieder
eines angeblichen mittelalterlichen schottischen Barden namens
Ossian, die sich bei näherer Betrachtung bald als Fälschung he-
rausstellten. Immerhin verdanken wir ihnen die Namen *Selma* und
Oskar. Echtes keltisches Namengut war schon in geringem Maß
durch die mittelalterlichen Artusepen zu uns gekommen. Hierzu
gehören *Artur, Tristan, Gawein,* während *Isolde* wohl germanischen
und *Parzival* und *Lancelot* altfranzösischen Ursprungs sind. An
keltischen Namen kamen in der Gegenwart vor allem noch *Jennifer*
(englisch für *Guenevere,* Name der Gemahlin König Artus') und *Kevin* aus England zu uns. Es sollte aber insgesamt deutlich geworden
sein, dass bis auf wenige Ausnahmen all diese so neu anmutenden
Namen, die aus England, Italien, Spanien, Frankreich, Skandina-
vien und den slawischen Ländern zu uns kamen und kommen,
meist nur aus dem alten Grundbestand hebräischer, griechisch-
lateinischer und teils auch germanischer Namen stammen. Sie
treten lediglich in einem neuen Gewand auf.

Zur Rechtschreibung der Vornamen

F ür die Schreibung der Vornamen gelten im Allgemeinen die
heutigen Rechtschreibregeln, wie sie im Duden verzeichnet
sind. Soweit die Eltern keinen besonderen Wunsch äußern, trägt
der Standesbeamte den oder die Vornamen des Neugeborenen in
der üblichen Rechtschreibung ins Stammbuch ein und legt sie damit amtlich fest. Gewisse Abweichungen von den regelmäßigen
Schreibungen sind zulässig. Sie ergeben sich vielfach aus der ge-

schichtlichen Entwicklung unseres Namenschatzes. In vielen Fällen wirken aber auch modische Vorbilder mit, so wenn etwa *Kathrin* und *Karoline* heute gern *Cathrin* und *Caroline* geschrieben werden. Geläufige Namen nichtdeutscher Herkunft sind meist in der Schreibung eingedeutscht worden, doch kommt die fremde Schreibung daneben vor. So steht *Luise* neben *Louise*, *Veit* neben *Vitus*. Namen aus anderen Sprachen, für die es keine geläufigen eindeutschenden Schreibungen gibt, sollten in der originalen Schreibweise übernommen werden *(Kevin, Jennifer, Jeannette, Jeannine)*. Dass wir germanische Namen wie *Gerhard, Waltraud, Hildegund, Konrad* heute mit einem *d* am Ende schreiben, ist eine Folge der jahrhundertelang in den Urkunden, später in (katholischen) Kirchenbüchern und in Studentenlisten (Matrikeln) der Universitäten angewandten Latinisierung einheimischer Namen. Man schrieb *Gerhardus, Waltrudis, Hildegundis, Conradus*. Daneben aber lebten die deutschen Formen fort, die sich auf die Schreibung der entsprechenden Grundwörter in der deutschen Allgemeinsprache stützen konnten: *Gerhart* (nach dem Eigenschaftswort *hart*), *Waltraut* (nach dem Eigenschaftswort *traut*).

Im Folgenden sind einige typische Fälle von Doppel- und Mehrfachschreibungen herausgestellt:

Der Wechsel zwischen th und t

Soweit das *h* nicht durch Anlehnung an die Namen historischer Persönlichkeiten gestützt wird, wird es heute oft auch da zu *t* reduziert, wo es sprachgeschichtlich berechtigt ist. Die Schreibungen *Günter, Walter* (mit dem Namenbestandteil ahd. *heri* »Kriegsschar, Heer«) stehen neben *Günther, Walther*. Durch falsche Analogie ist das *h* in Namen wie *Berta, Helmut* eingedrungen, wo es sprachgeschichtlich nicht hingehört. Hier sollte man nicht mehr der älteren Schreibtradition folgen, sondern die Schreibung ohne *h* wählen. In Vornamen, die aus dem Griechischen stammen oder durch das Griechische überliefert sind, steht *th* als Umschrift für den griechischen Buchstaben Theta (θ, ϑ). Hier ist *th* relativ selten zu *t* eingedeutscht worden. Man schreibt allgemein *Theodor, Katharina, Dorothea, Thomas, Ruth, Martha*. Die »Loccumer Richtlinien« empfehlen die *h*-lose Schreibung grundsätzlich für Namen hebräischer Herkunft (also *Tomas, Rut*). Auch bei Entlehnungen aus anderen Sprachen begegnet man Schwankungen zwischen Schreibungen mit *t* und *th (Artur – Arthur, Torsten – Thorsten)*.

Der Wechsel zwischen ph und f

Die Schreibung *ph* ist eine Umschrift für den griechischen Buchstaben Phi (ф, φ), sie hat daher nur in solchen Namen

Sinn, die griechischer Herkunft sind oder durch das Griechische vermittelt wurden. Hierzu gehören etwa *Philipp, Christoph, Sophie, Stephan, Joseph*. Bei den meisten dieser Namen wird das *ph* zu *f* eingedeutscht *(Stefan, Sofie, Josef)*. Diese Schreibung empfehlen auch die »Loccumer Richtlinien« für Namen aus dem Hebräischen. In deutsche Namen hatte das *ph* zum Teil durch Latinisierung Eingang gefunden. Aber Schreibungen wie *Adolph* (aus *Adolphus*), *Rudolph* (aus *Rudolphus*) sind heute veraltet und sollten nicht mehr verwendet werden.

Der Wechsel zwischen f und v

Bei den mit ahd. *folk* »Haufe, Kriegsschar, Volk« gebildeten deutschen Vornamen hat sich bereits früh (unter lateinischem Einfluss) die Schreibung mit *v* durchgesetzt. Besonders in Kurzformen und landschaftlichen Nebenformen ist aber auch die alte *f*-Schreibung erhalten geblieben. Als Beispiele seien die Nebenform *Folker* zu *V*olker sowie die Kurzformen *Folke* und *Focke* genannt.

Der Wechsel zwischen c, k und z

Die *c*-Schreibung in lateinischen und durch das Lateinische vermittelten Namen wird zu *k* oder *z* eingedeutscht. Das ist zum Beispiel in *Markus, Veronika, Nikolaus, Katharina, Felizitas* ebenso wie in den Kurzformen *Klaus* und *Kät(h)e* der Fall. Die Namensform *Cäcilie* wird dagegen gewöhnlich mit *C* geschrieben; nur mit *C* schreibt sich natürlich der historische Name *Cäsar*. Die Umlaute in *Cäcilie, Cäsar* u.a. werden nicht mit *ae* wiedergegeben, sondern nur mit *ä*. Bei einigen Namen ist aber zurzeit unter modischen Einflüssen die *C*-Schreibung stärker verbreitet. Das gilt zum Beispiel für *Claudia, Cornelia, Caroline, Carla, Carola, Claus*. Auch für den deutschen Namen *Karl* (latinisiert *Carolus*) kommt die Schreibung *Carl* vor. Bei *Christoph, Christine* und anderen lateinisch-griechischen Namen bleibt *Ch* gewöhnlich erhalten, jedoch besteht gegenwärtig unter Anlehnung an niederdeutsche und nordische Formen eine Neigung zu *K*-Schreibungen *(Kristof, Kristine)*.

Der Wechsel zwischen ai und ei

Bei einigen alten deutschen Vornamen ist neben der Schreibung mit *ei* die auf eine alte oberdeutsche Schreibtradition zurückgehende Schreibung *ai* stark verbreitet. Das trifft u.a. zu für *Rainer* und *Rainold*.

Der Wechsel zwischen i und ie

Die alten deutschen Namenbestandteile *sieg* und *fried* schreibt man in der Regel nur noch mit *ie*: *Siegfried, Friedrich*. Die ältere Schreibung mit einfachem *i* ist heute bis auf einige Ausnahmen wie *Fridolin* und *Sigmund* auf nordische Namen (zum Beispiel *Sigrid, Sigurd*) begrenzt.

Kurzformen mit -i oder -y

Mit der Endung *-i* werden die Koseformen *Rudi* und *Susi* zu *Rudolf* und *Susanne* gebildet. Im Englischen entspricht ihr die Endung *-y* (zum Beispiel *Betty* zu *Elizabeth, Jimmy* zu *James*), die auch bei uns Boden gewonnen hat. In der Schweiz werden die Formen auf *-y* sogar bevorzugt. Häufig tritt das *-y* bei solchen Kurzformen auf, die als selbstständige Vornamen gebraucht werden, so etwa bei *Willy* und *Gaby* zu *Wilhelm* und *Gabriele*. Familiäre Gelegenheitsbildungen und Rufnamen, die nur als Koseformen empfunden werden, schreibt man mit *-i*, also *Barbi* (zu *Barbara*), *Wölfi* (zu *Wolfgang*), *Hansi* (zu *Hans, Johannes*).

Häufige Falschschreibungen

Wie im Vorstehenden Schwankungen der Schreibform behandelt wurden, die allgemein als zulässig gelten, so muss nun auch auf eine Reihe von Fehlern hingewiesen werden, die immer wieder auftauchen, und zwar meist bei Vornamen fremder Herkunft. Fremde Vornamen werden gewöhnlich in der fremden Schreibweise geschrieben, zum Beispiel französisch *André, René, Jacqueline, Yvonne,* englisch *Mike, Brian, Jennifer, Jane, Janet,* italienisch *Beatrice, Bianca, Claudio, Marco.* So schreibt man auch *Anita* nach spanischer Weise nur mit einem *n,* aber französisch *Annette* mit zwei. Willkürliche Eindeutschungen wie »Brain« für engl. *Brian,* »Shanin« für franzős. *Jeannine* sind nicht zulässig. Akzente, die wie bei *René* und *André* für das Erkennen der korrekten Aussprache erforderlich sind, dürfen nicht weggelassen werden. Unzulässig ist umgekehrt die Schreibung mit falschen Akzenten, um die gewünschte Betonung auf der letzten Silbe zu erzielen (etwa *Michél, Irén*). Bei französischen Namen wie *Nadine, Aline* ist es nicht korrekt, das *-e* wegzulassen, da die Endung *-in* im Französischen männlich ist. Es empfiehlt sich, statt französischer bzw. englischer Transkriptionen russischer Vornamen *(Sacha, Dounia, Aliosha, Natasha)* die entsprechenden deutschen Transkriptionen *(Sascha, Dunja, Aljoscha, Natascha)* zu verwenden. Die hebräisch-griechischen Namen *Matthäus* und *Matthias* sind mit *tth* zu schreiben. Besondere Schwierigkeit macht *Sibylle,* das als griechischer Name das *y* in der zweiten Silbe hat (vgl. dazu den geographischen Namen *Libyen*). Da diese Lautung für uns ungewohnt ist, sprechen wir den Vornamen *Sibylle* meist als »*Sybille*« aus und schreiben ihn auch häufig in dieser Weise. Die Schreibung »*Sybille*« ist demnach nicht richtig, sie wird aber –

wenn Eltern sie ausdrücklich wünschen – von Standesbeamten anerkannt.

Zur Schreibung von Vornamenkombinationen

Z wei oder mehrere Vornamen können in beliebiger Weise zusammengestellt werden, wenn man dabei auch auf einen guten Zusammenklang achten sollte. Hierbei stehen im Allgemeinen die jeweiligen Vornamen unverbunden nebeneinander. Ein Komma darf nicht dazwischengesetzt werden. Man schreibt also zum Beispiel *Klaus Jürgen Fischer, Heike Barbara Schmidt, Thomas Martin Eberhard Schwab.* Zwei Vornamen können auch mit Bindestrich gekoppelt werden *(Karl-Heinz, Eva-Maria).* Rechtlich gilt ein Bindestrichname als *ein* Vorname; im amtlichen Verkehr muss er immer ganz geschrieben werden. Ungewöhnliche und vor allem allzu lange Koppelungen wie *Alexander-Maximilian* können für den Namensträger beschwerlich sein und für die Umwelt oft herausfordernd wirken. Mehr als zwei Namen sollte man nicht mit Bindestrich verbinden. Unter Doppelformen versteht man solche Namen, die aus der Verbindung zweier selbstständiger Vornamen hervorgegangen sind: *Annemarie* aus *Anne + Marie, Karlheinz* aus *Karl + Heinz.* So gibt es bei der Kombination zweier Namen drei mögliche Schreibweisen: *Karl Heinz, Karl-Heinz* und *Karlheinz.* In solchen Fällen müssen sich die Eltern von vornherein über die gewünschte Schreibweise klar werden; sie darf nicht eigenmächtig geändert werden, wenn sie einmal standesamtlich registriert ist.

Zu den rechtlichen Bestimmungen der Namengebung

N ach den Grundsätzen des deutschen Rechts sind die Eltern in der Wahl des Vornamens (oder der Vornamen) grundsätzlich frei, doch ist dies ein Fürsorgerecht, das sich am Kindeswohl auszurichten hat. Bei der Erteilung eines Vornamens haben die Eltern dem Kind daher in einer Phase seines Lebens, in der es zur Selbstbestimmung noch nicht fähig ist, Fürsorge zu gewähren. Das Kind hat ein Recht darauf, nicht mit einem anstößigen, lächerlichen oder sonstwie unpassenden Vornamen belastet zu werden, der ihm die Selbstidentifikation erschweren oder zu herabsetzenden Reaktionen seiner Umwelt Anlass geben könnte. Vor allem sollte das Kind durch den Vornamen nicht zum Aushängeschild elterlicher Vorlieben gemacht werden. Allgemein verbindliche Vorschriften darüber, was tatsächlich als Vorname zuzulassen ist, gibt es derzeit in Deutschland nicht, doch sind die Standesbeamten verpflichtet, Namenwünsche, die die allgemeine Sitte und Ordnung verletzen, oder Wörter, die ihrem Wesen nach keine Namen sind, zurückzuweisen. Die Eltern haben das Recht, dagegen Einspruch zu erheben. Ein solcher Einspruch hat ein gerichtliches Verfahren zur Folge, das sich unter Umständen über mehrere Instanzen hinziehen kann. Die Standesbeamten haben als Richtlinien die »Dienstanweisung für die Standesbeamten und ihre Aufsichtsbehörden«. Darin wird insbesondere auf folgende Grundsätze aufmerksam gemacht: Es dürfen nur solche Namen gewählt werden, die ihrem Wesen nach Vornamen sind. Darum sind Wörter des allgemeinen Sprachgebrauchs, Bezeichnungen für Gegenstände, Eigenschaften, Vorstellungen u. dgl. als Namen ausgeschlossen. Niemand kann also sein Kind etwa *Pfeil, Feder, Anmut, Klug* nennen. Diese Regelung gilt natürlich nicht für Wörter, die bereits seit Jahrhunderten zum deutschen Vornamenbestand gehören, wie zum Beispiel *Ernst* und *Kraft*. Schwierig ist dagegen die Abgrenzung bei Namen, die aus gleich lautenden Pflanzenbezeichnungen gewonnen sind. Gegen *Rose, Violetta, Fleur* und *Jasmin* wird niemand etwas einwenden; weniger geeignete Bezeichnungen wie neuerdings *Pfefferminze* wurden abgelehnt.

Auch Namen anderer Art dürfen nicht als Vornamen benutzt werden. Insbesondere gilt das für Familiennamen. Es ist im deutschen Namenrecht nicht erlaubt, etwa den Familiennamen des Großvaters mütterlicherseits oder eines anderen Vorfahren als zweiten Vornamen zu führen. Nur Ostfriesland macht hier eine Ausnahme; dort sind solche »Zwischennamen« aus landschaftlicher Überlieferung heraus noch üblich und werden vom Standesamt anerkannt (auch in der Weise, dass der Vorname des Vaters im Genitiv als zweiter Vorname der Kinder erscheint, zum Beispiel Enno *Hinrichs* Timmermann, Gesa *Hinrichs* Timmermann als Namen von Bruder und Schwester). In die Vereinigten Staaten von Amerika ist die Sitte der Zwischennamen (engl. *middle names*) seinerzeit aus England gekommen, sie gilt heute als typisch amerikanisch: *John Fitzgerald Kennedy, Franklin Delano Roosevelt, Pearl Sydenstricker Buck*. Diese amerikanischen Zwischennamen werden meist abgekürzt: *John F. Kennedy, Franklin D. Roosevelt, Pearl S. Buck*. In ähnlicher Weise und teilweise sicher nach amerikanischem Vorbild wird heute in Deutschland vielfach ein zweiter Vorname abgekürzt (zum Beispiel *Hans P. Meier* statt *Hans Peter Meier*). Aber das hat mit der amtlichen Feststellung der Vornamen nichts zu tun – schon deshalb, weil in standesamtlichen Urkunden überhaupt keine Abkürzungen zulässig sind.

Wahrscheinlich werden heute nur noch wenige Eltern versuchen, ihrer politischen Überzeugung durch die Wahl eines Familiennamens als Vornamen Ausdruck zu geben, wie dies in früheren Zeiten vereinzelt mit »Vornamen« wie *Bismarck, Zeppelin,*

Hindenburgia geschah (vgl. aber ▸ *Che*), doch geben andererseits aus dem Angloamerikanischen übernommene Namen, die, aus Familiennamen entstanden, in England oder Amerika als Vornamen gebraucht werden, Anlass zu Streitfällen. Dies betrifft auch Ortsnamen, die bei uns auch nicht als Vornamen gegeben werden sollen. Dabei wird die Rechtslage dadurch erschwert, dass das gelegentliche Vorkommen eines solchen Namens in England, den Vereinigten Staaten oder Kanada von deutschen Gerichten nicht als Beweis dafür gewertet wird, dass es sich bereits um einen Vornamen handelt, da diese Länder überhaupt keine gesetzlichen Beschränkungen der Vornamenvergabe kennen. Lediglich häufiger oder vielleicht auch prominenter Gebrauch in diesen Staaten vermag die Gerichte im Allgemeinen zu überzeugen. So sind *Byron, Clifford, Gordon* inzwischen anerkannt; den Ortsnamen *Chelsea* als Vornamen durchzusetzen, gelang Eltern mit Hinweis auf die gleichnamige Tochter des amerikanischen Präsidenten Clinton. Obwohl der alte deutsche Vorname *Frank* aus einer Stammesbezeichnung hervorgegangen ist, ist *Navajo* abgelehnt worden, *Cheyenne* aber als Mädchenname zugelassen, weil dies ein in den USA üblicher Vorname sei.

Eindeutiger ist das Verbot von Titeln oder irreführenden Namen wie *Princess Ann* oder *Don Juan Carlos* und von unterscheidenden Namenzusätzen wie *(Karl) der Große, jun.* oder *jr.* Erlaubt sind dagegen freie Erfindungen, wenn sie den Charakter eines Vornamens haben und vor allem das Geschlecht des Namensträgers erkennen lassen. Wird diese wichtige Forderung der »Dienstanweisung« nach Ansicht des Standesbeamten nicht erfüllt, so wird die Hinzufügung eines zweiten, geschlechtsoffenkundigen Vornamens verlangt. Gerade viele der heute beliebten Entlehnungen aus fremden Sprachen lassen nicht eindeutig erkennen, ob es sich um einen männlichen oder weiblichen Vornamen handelt. Im Grunde gibt es aber auch schon bei deutschen Namen, wenn man Kurz- und Koseformen berücksichtigt, Zweifelsfälle. Namen, die mit *-a* oder *-e* enden, sind traditionsgemäß weiblich, doch sind niederdeutsch-friesisch *Eike* und *Heike* und viele andere auch männliche Vornamen. Koseformen auf *-lein* oder *-chen*, auf *-el* oder *-le* (»*Hänsel* und *Gretel*«) sind der Form nach ebenfalls nicht als männliche oder weibliche Namen zu erkennen, werden aber selten als Namen eingetragen. Auch bei Entlehnungen aus den nordischen Sprachen (männlich *Arne, Helge*) widerspricht diese Endung unserem Sprachgefühl. Das gleiche Problem tritt bei vielen männlichen Namenformen auf, die aus den slawischen Sprachen übernommen worden sind und auf *-a* enden: *Sascha, Wanja* usw. Hier handelt es sich um Koseformen, doch viele männliche Namen aus

der Bibel enden ebenfalls auf -a: *Noa(h)*, *Elija*, *Jona*, *Jeremia* und
andere. Da verwundert es nicht, dass Eltern versucht haben, auch
Andrea und *Luca* unter Berufung auf den italienischen Sprachgebrauch als männliche Namen durchzusetzen. In solchen Fällen
entscheiden die Gerichte neuestens oft nach dem Grundsatz, dass
der Name unabhängig vom Namenklang in Deutschland in erster
Linie mit dem Geschlechtsgebrauch im Ursprungsland überein-
stimmen muss. Ausnahmen hiervon stellen nur Namen dar, die
schon lange in Deutschland für das gegenteilige Geschlecht gebraucht werden. Also darf der bei uns ungewohnte italienische
männliche Vorname *Luca* (die weibliche Form ist übrigens *Luchina*) vergeben werden, *Andrea*, das bei uns seit ungefähr 200 Jahren
als weiblicher Vorname eingebürgert ist, für Jungen nicht. Auf eine
in der Tradition begründete Ausnahme muss noch hingewiesen
werden: *Maria* darf, auch durch Bindestrich mit dem vorhergehen-
den Vornamen verbunden, Jungen als besonderer Beivorname gegeben werden.

Die Zahl der Vornamen, die ein Kind bekommt, ist offiziell
nicht geregelt, doch beschränkt man sich heute im Allgemeinen auf die Vergabe von zwei Vornamen, oft nur eines ein-
zigen Vornamens. Mehr als vier Namen werden in der Regel abgelehnt, da sie im praktischen Leben nur belastend wirken
können. Unabhängig von der Anzahl der eingetragenen Vornamen ist in den meisten Fällen im Alltag nur der Rufname bekannt,
der heute üblicherweise als erster Name eingetragen wird. Rechtlich gesehen spielt der Rufname aber seit einiger Zeit keine Rolle
mehr; eine Anweisung zum Unterstreichen des Rufnamens beim
standesamtlichen Eintrag, wie sie früher existierte, ist fortge-
fallen.

Den oder die gewählten Namen für das Neugeborene teilen die
Eltern dem Standesamt gewöhnlich gleich bei der Anmel-
dung der Geburt mit. Es ist darum gut, wenn sie sich schon vorher
über die mit der Namengebung verbundenen Aspekte klar werden,
auch über die Schreibung, die ja, wenn einmal eingetragen, nicht
mehr verändert werden kann. In Zweifelsfällen wird der Standesbeamte die Eltern gern beraten. Ist die Namenfrage bei der Anmel-
dung der Geburt noch nicht geklärt, dann kann der Vorname auch
nachträglich gemeldet werden. Das soll innerhalb eines Monats
nach der Geburt geschehen. Warten die Eltern länger als ein Vier-
teljahr mit der Meldung, dann müssen sie damit rechnen, dass für
die Eintragung der Namen eine besondere Genehmigung der Ver-

waltungsbehörde verlangt wird. Ist das Kind inzwischen verstor-
ben, dann ist keine nachträgliche Meldung des Vornamens erforderlich. Für tot geborene Kinder werden grundsätzlich keine
Namen eingetragen.

Zur Namenwahl

D ie vorangegangenen Kapitel haben gezeigt, dass die Namenwahl heute so »frei« ist wie noch nie zuvor. Motive wie die
Namengebung nach Heiligen, nach den Paten oder Familienan-
gehörigen spielen heute nur noch eine untergeordnete Rolle. Das
Bestreben, einen möglichst besonderen Namen zu geben, führt oft
zur Entlehnung von Namen aus fremden Sprachen, auch solcher
Namen, die bei uns noch nicht eingebürgert sind. Man sollte derartige Namen aber nur dann vergeben, wenn die Namenwahl durch
einen intensiven Bezug zur fremden Kultur begründet werden
kann und davon auszugehen ist, dass dieser Bezug auch für das
Kind von Bedeutung wird. Jedenfalls sollte man sich über Aussprache und Bedeutung des Namens völlig im Klaren sein, damit es
später zu keinen unliebsamen Überraschungen kommt. Seine ursprüngliche Bedeutung kann als Motiv für die Vergabe eines Namens – sei es eines deutschen, sei es eines aus fremden Sprachen
entlehnten – immer noch eine Rolle spielen. Neben diesen sprachgeschichtlichen (etymologischen) Aspekt tritt ein kulturgeschicht-
licher, bei dem es um die Beziehungen des Namens zur Tradition
bedeutender Namensträger und -trägerinnen aus der jüngeren
oder weit zurückliegenden Vergangenheit geht. Auch diese bestimmen das Bild eines Namens mit. Über beide Aspekte findet der
Benutzer genaue Auskunft im folgenden Vornamenverzeichnis.

E in guter Rat zum Schluss: Es empfiehlt sich, bei der Wahl
des Vornamens auf das Zusammenspiel mit dem Familiennamen zu achten. Zu einem langen Familiennamen wird oft ein
kurzer Vorname, zu einem kurzen Familiennamen ein langer Vorname als passend empfunden *(Dirk Rosenberg, Katharina Weiß)*.
Betonte und unbetonte Silben sollten in einem harmonischen
Wechsel stehen. Namenfolgen, die mit dem gleichen Buchstaben
beginnen (Alliteration), werden von vielen als wohlklingend empfunden *(Marie Messner, Daniela Daum)*, endreimende oder sogar
vollreimende Verbindungen gelten als weniger schön *(Rainald
Kobald, Rose Klose)*. Lautet der Vorname auf den gleichen Buchstaben aus, mit dem der Familienname beginnt, ist die Grenze zwischen Vor- und Familiennamen nicht deutlich zu hören *(Susanna
Aspe, Maria Anger, Frank Kohler)*. Fällt die Wahl zwischen zwei Vornamen sehr schwer, lässt man am besten beide eintragen. Welcher

davon der Rufname wird, ist im Nachhinein immer noch festleg-
bar. Auch kann derjenige, der sich mit dem von den Eltern ausge-
wählten Rufnamen gar nicht anfreunden mag, diesen später
problemlos gegen den anderen Vornamen austauschen. Das
Nebeneinander von verschiedenen Varianten oder Kurzformen
desselben Namens (zum Beispiel *Kathrin Katharina*) sollte man
ebenso wie historische Koppelungen nach dem Muster *Julius Cäsar*
vermeiden. Wer sich für eine Kurz- oder Koseform entscheidet,
sollte dennoch die volle Namensform im Stammbuch eintragen
lassen. Manche *Susi* möchte als erwachsene Frau vielleicht lieber
als *Susanne* unterschreiben, auch wenn sie sich von Familienan-
gehörigen, Freunden und Kollegen durchaus weiterhin gern *Susi*
nennen lässt.

VORNAMENLEXIKON A — Z

A

Aalke: ▸ Alke.

Aaltien, (auch:) A͟altine; A͟altje: weibl. Vorn., friesisch-niederländische Kurzform von Namen, die mit »Adel-« gebildet sind, besonders von ▸ Adelheid.

Aaron, (auch:) A͟ron: aus der Bibel übernommener männl. Vorn., dessen Bedeutung nicht sicher geklärt ist; wahrscheinlich zu hebr. *aharon* »erleuchtet«. Im Arabischen entspricht »Aaron« der Name Harun. Nach der Bibel war Aaron der ältere Bruder des Mose, sein Begleiter und Vertreter beim Zug zum Sinai. Durch die Hinwendung zu alttestamentlichen Namen in der heutigen Namengebung ist es zu einer Wiederbelebung dieses Vornamens seit den 60er-Jahren gekommen. ◇ Bekannte Namensträger: Aaron Copland, amerikanischer Komponist (20. Jh.); als zweiter Name: John Aaron Lewis, amerikanischer Jazzmusiker (20. Jh.).

Abbo, (auch:) A͟bo: männl. Vorn., Kurzform von Namen, die mit »Adal-« gebildet sind, gewöhnlich von ▸ Adalbert.

Abe: männl. Vorn., Kurzform von ▸ Albert, ▸ Albrecht oder ▸ Abraham.

Abel: aus der Bibel übernommener männl. Vorn. (zu hebr. *häbäl* »Hauch, Vergänglichkeit«, vielleicht aber Entlehnung aus dem Akkadischen: *aplu* »Sohn«). Nach der Bibel war Abel der zweite Sohn Adams, der von seinem Bruder Kain erschlagen wurde. Eine literarische Gestalt ist der Junge Abel in Manfred Hausmanns Roman »Abel mit der Mundharmonika«.

Abel͟ena, (auch:) Abel͟ene; Abel͟ina: weibl. Vorn., Erweiterung von A͟bel(a), einer älteren niederdeutschen Kurzform von ▸ Apollonia, ▸ Adalberta, oder von einem alten weibl. Vorn., der aus altsächs. *aval* »Kraft« gebildet wurde.

Abelke: weibl. Vorn., niederdeutsche Koseform von ▸ Alberta.

Abi, (schweiz.:) A͟bi: männl. Vorn., Kurzform von ▸ Abraham. ◇ Bekannter Namensträger: Abi Ofarim, israelischer Sänger und Produzent (20. Jh.).

Abigail, (jetzt auch:) Abig͟ajil: aus der Bibel übernommener weibl. Vorn. hebräischen Ursprungs (»der Vater hat sich gefreut«). Nach dem Alten Testament war Abigail die schöne und kluge Frau Nabals, nach dessen Tod die Frau König Davids. Bekannte literarische Gestalten sind die Abigail in Eugène Scribes »Das Glas Wasser« und die Abigail in Arthur Millers »Hexenjagd«. Engl. Form: Abigail ['æbɪgeɪl].

Abo: männlicher Vorname, Nebenform von ▸ Abbo.

Abraham: männl. Vorn. hebräischer Herkunft. Nach der Bibel lautete der Name des ersten Erzvaters Israels ursprünglich Abram (»der Vater ist erhaben«) und wurde von Gott in Abraham (»Vater der Menge«) umgewandelt. Im Arabischen entspricht »Abraham« der Name Ibrahim. ◇ Bekannte Namensträger: Abraham a Sancta Clara, deutscher Prediger und Volksschriftsteller (17. Jh.); Abraham Bloemaert, niederländischer Maler (16./17. Jh.);

Abraham Lincoln, 16. Präsident der Vereinigten Staaten (19. Jh.).

Absalom, (früher meist:) Absalon, (jetzt auch:) Abschalom: aus der Bibel übernommener männl. Vorn. hebräischen Ursprungs, dessen Bedeutung als »der Vater ist Heil« oder »der Vater ist Friede« ausgelegt wird. Nach der Bibel war Absalom der dritte Sohn Davids. Um die Ehre seiner Schwester Tamar zu rächen, ließ er seinen Halbbruder Ammon ermorden. Schwed. Form: Axel.

Achatius, (auch:) Achaz, Achaz, (als biblischer Name jetzt auch:) Ahas: männlicher Vorname hebräischen Ursprungs, Kurzform von Joahas (»der Herr hat ergriffen«). ◇ Bekannter Namensträger: der heilige Achatius, Märtyrer (2. Jh.), einer der 14 Nothelfer; NAMENSTAG: 22. Juni.

Achill, (auch:) Achilles: männl. Vorn. griechischen Ursprungs, der auf griech. Achilleús, den Namen des griechischen Helden, der im Trojanischen Krieg Hektor im Zweikampf besiegt, zurückgeht. Nach der Ilias fällt Achill, nachdem ihn Paris mit einem Pfeil an der Ferse verwundet hat. In Deutschland ist der Name seit dem 12. Jh., vor allem aber seit der Zeit des Humanismus und der Renaissance gelegentlich anzutreffen. In Frankreich und Italien kommt er häufiger vor. ◇ Bekannter Namensträger: Albrecht III. Achilles, Kurfürst von Brandenburg (15. Jh.). Französ. Form: Achille [a'ʃil]. Italien. Form: Achille [a'kile].

Achim: männl. Vorn., Kurzform von ▸ Joachim. ◇ Bekannter Namensträger: Achim von Arnim, deutscher Dichter der Romantik (18./19. Jh.).

Achmed, (auch:) Ahmed: aus dem Arabischen entlehnter männl. Vorn. (»der Preiswürdige«). Türkische Form: Ahmet.

¹**Ada,** (auch:) Adda: weibl. Vorn., Kurzform von Namen, die mit »Adel-« gebildet sind, gewöhnlich von ▸ Adelheid.

²**Ada:** aus der Bibel übernommener weibl. Vorn. hebräischen Ursprungs (adah »die [vom Herrn] Geschmückte«). Nach der Bibel war Ada eine der Frauen Esaus.

Adalbero, (auch:) Albero: alter deutscher männl. Vorn. (ahd. adal »edel, vornehm; Abstammung, [edles] Geschlecht« + ahd. bero »Bär«). ◇ Bekannter Namensträger: der heilige Adalbero, Bischof von Würzburg (11. Jh.), NAMENSTAG: 6. Oktober.

Adalbert, (auch:) Adelbert; Edelbert: alter deutscher männl. Vorn. (ahd. adal »edel, vornehm; Abstammung, [edles] Geschlecht« + ahd. beraht »glänzend«; etwa »von glänzender Abstammung«). Im Verlauf des Mittelalters setzten sich die durch Zusammenziehung des ersten Namenbestandteils entstandenen Formen ▸ Albert und ▸ Albrecht zunehmend durch. Adalbert wurde durch die Ritterdichtung und romantische Bewegung zu Beginn des 19. Jh.s neu belebt. Eine bekannte literarische Gestalt ist der Adalbert von Weislingen in Goethes »Götz von Berlichingen«. ◇ Bekannte Namensträger: der heilige Adalbert, Erzbischof von Magdeburg (10. Jh.), NAMENSTAG: 20. Juni; der heilige Bischof Adalbert von Prag, Apostel der Preußen (10. Jh.), NAMENSTAG: 23. April; Adelbert von Chamisso, deutscher Dichter der Romantik (18./19. Jh.); Adalbert Stifter, österreichischer Dichter (19. Jh.).

Adalberta, (auch:) Adalberte: weibl. Vorn., weibliche Form von ▸ Adalbert.

Adalfried, (auch:) Alfried: alter deutscher männl. Vorn. (ahd. adal »edel, vornehm; Abstammung, [edles] Geschlecht« + ahd. fridu »Schutz vor Waffengewalt, Friede«).

Adalger, (auch:) Elger: alter deutscher männl. Vorn. (ahd. adal »edel, vornehm; Abstammung, [edles] Geschlecht« + ahd. gēr »Speer«). ◇ Bekannter Namensträger: der heilige Adalger, Erzbischof von Hamburg (9./10. Jh.), NAMENSTAG: 9. Mai.

Adalie: weibl. Vorn., Kurzform von Namen, die mit »Adal-« gebildet sind.

Adam: aus der Bibel übernommener männl. Vorn., dessen Herkunft nicht sicher geklärt ist (sumerisch ada-mu »mein Vater«?, assyrisch admu »mein Kind«?). Die Bibel sieht in dem Namen 'adamah den rotbraunen, weil gepflügten Ackerboden und versteht ihn zugleich als ha'adam »der Mensch, die Menschheit«. Nach der Bibel war Adam der erste, von Gott erschaffene Mensch, aus Ackerboden gebildet und mit Lebensodem erfüllt. ◇ Bekannte Namensträger: Adam Kraft, deutscher Bildhauer (15./16. Jh.); Adam Ries (volkstümlich: Riese), deutscher Rechenmeister (15./16. Jh.); Adam Elsheimer, deutscher Maler (16./17. Jh.); Adam Smith, britischer Moralphilosoph und Volkswirtschaftler (18. Jh.); Adam Opel, deutscher Industrieller (19. Jh.). Italien. Form: Adamo.

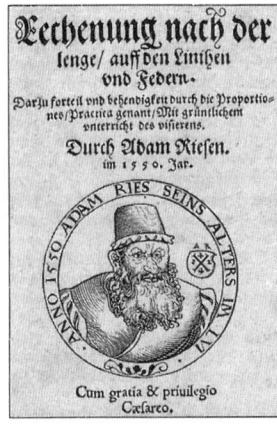

Fechenung nach der
lenge/ auff den Linißen
vnd Federn.
Darzu forteil vnd behendigkeit durch die Proportio=
nes/Practica genant/Mit gründlichem
vnterricht des vifierens.
Durch Adam Riesen.
im 1 5 5 0. Jar.

Cum gratia & priuilegio
Cæfareo.

Adam: *Adam Ries auf dem Titelblatt seines Werkes "Rechnung nach der lenge/auff den Linihen und Federn" (Ausgabe von 1550)*

Ad<u>a</u>mo, (auch:) <u>A</u>damo: männl. Vorn., italienische Form von ▸ Adam.

<u>A</u>dda: weiblicher Vorname, Nebenform von ▸ ¹Ada.

<u>A</u>ddi, (auch:) <u>A</u>ddy: männl. Vorn., Kurzform von Namen, die mit »Ad(al)-«, »Ad(el)-« gebildet sind.

<u>A</u>ddie, (auch:) <u>A</u>ddy: weibl. Vorn., Kurzform von Namen, die mit »Ad(el)-« gebildet sind.

<u>A</u>ddo: männl. Vorn., Nebenform von ▸ Ado.

¹<u>A</u>ddy: ▸ Addi.

²<u>A</u>ddy: ▸ Addie.

Adela, (auch:) <u>A</u>dele: alter deutscher weibl. Vorn., Kurzform von Namen, die mit »Adel-« gebildet sind, besonders von ▸ Adelheid. ◇ Bekannte Namensträgerinnen: die heilige Adela, Gründerin und Äbtissin des Frauenklosters Pfalzel bei Trier (8. Jh.), NAMENSTAG: 24. Dezember; Markgräfin Adela von Thüringen (12. Jh.).

Adela<u>i</u>de: aus dem Französischen übernommene Form des weiblichen Vornamens ▸ Adelheid. Bekannt ist der Name heute vor allem durch Beethovens Lied »Adelaide«. ◇ Bekannte Namensträgerin: Adélaide, Prinzessin von Orleans (18./19. Jh.). Französ. Form: Adélaïde [adelaˈid].

<u>A</u>delbert: männl. Vorn., Nebenform von ▸ Adalbert.

Ad<u>e</u>le: aus dem Französischen im 19. Jh. übernommener weibl. Vorn., der seinerseits aus dem Deutschen entlehnt ist, und zwar aus ▸ <u>A</u>dela, <u>A</u>dele (mit Anfangsbetonung). Eine bekannte Operettenfigur ist die Adele in der Operette »Die Fledermaus« von Johann Strauß. ◇ Bekannte Namensträgerin: Adele Schopenhauer, deutsche Schriftstellerin (18./19. Jh.). Französ. Form: Adèle [aˈdɛl].

Adel<u>e</u>na, (auch:) Adel<u>e</u>ne: weibl. Vorn., Neubildung aus »Adel-« (▸ Adelheid) + Lena/Lene (Kurzform von ▸ Magdalena oder ▸ Helene).

<u>A</u>delgard, (auch:) <u>E</u>delgard: alter deutscher weibl. Vorn. (ahd. *adal* »edel, vornehm; Abstammung, [edles] Geschlecht« + german. **gardaz* »Zaun, Einfriedung«, vgl. ahd. *garto* »Garten«).

<u>A</u>delg<u>u</u>nde, (auch:) <u>A</u>delgund; <u>A</u>lgund: alter deutscher weibl. Vorn. (ahd. *adal* »edel, vornehm; Abstammung, [edles] Geschlecht« + ahd. *gund* »Kampf«). ◇ Bekannte Namensträgerinnen: die heilige Adelgunde aus dem Hennegau (7. Jh.), NAMENSTAG: 30. Januar. Als zweiter Vorname: Luise Adelgunde Viktorie Gottsched, deutsche Schriftstellerin (18. Jh.).

<u>A</u>delhard, (auch:) <u>A</u>delhart; <u>E</u>hlert: alter deutscher männl. Vorn. (ahd. *adal* »edel, vornehm; Abstammung, [edles] Geschlecht« + ahd. *harti, herti* »hart, kräftig, stark«).

<u>A</u>delheid, (auch:) <u>A</u>lheid, <u>A</u>lheit; <u>A</u>leid: alter deutscher weibl. Vorn. (ahd. *adal* »edel, vornehm; Abstammung, [edles] Geschlecht« + ahd. *heit*, dem german. **haidu-* »Art und Weise, Gestalt« zugrunde liegt; etwa »von edler Art, edlem Wesen«). Der Name war im Mittelalter überaus beliebt. Er wurde durch die Ritterdichtung und romantische Bewegung zu Beginn des 19. Jh.s neu belebt. Eine bekannte literarische Gestalt ist die Adelheid in Goethes »Götz von Berlichingen«. ◇ Bekannte Namensträgerin: die heilige Adelheid, Gemahlin Kaiser Ottos des Großen (10. Jh.), NAMENSTAG: 16. Dezember. Französ. Form: Adélaïde [adelaˈid]. Engl. Form: Adelaide [ˈædəleɪd].

<u>A</u>delhilde, (auch:) <u>A</u>delhild: alter deutscher weibl. Vorn. (ahd. *adal* »edel, vornehm; Abstammung, [edles] Geschlecht« + ahd. *hiltja* »Kampf«).

Ad<u>e</u>lia: weibl. Vorn., Weiterbildung von ▸ Adele.

Adel<u>i</u>na: ▸ Adeline.

Adel<u>i</u>nde, (auch:) <u>A</u>delind; <u>A</u>linde: alter deutscher weibl. Vorn. (ahd. *adal* »edel, vornehm; Abstammung, [edles] Geschlecht« + ahd. *lind*

»sanft, weich, mild«, auch beeinflusst durch ahd. *linta* »Linde, Schild aus Lindenholz«).

Adeline, (auch:) Adelina: weibl. Vorn., Weiterbildung von ▸ Adele, Adèle. Französ. Aussprache: [adˈliːn].

Adeltraud, (auch:) Adeltrud; Edeltraud, Edeltrud; Altraud, Altrud: alter deutscher weibl. Vorn. (ahd. *adal* »edel, vornehm; Abstammung, [edles] Geschlecht« + german. *þrūþi* »Kraft, Stärke«, in althochdeutscher Zeit umgedeutet zu *trūt* »vertraut, lieb«).

Adeodatus: männl. Vorn. lateinischen Ursprungs (zu lat. *ā* »von«, *deus* »Gott« und *datus* »gegeben, geschenkt«, etwa »der von Gott Geschenkte«). ◇ Bekannter Namensträger: der heilige Adeodatus I., Papst (7. Jh.), NAMENSTAG: 8. November.

Adi: männl. Vorn., Kurzform von männlichen Vornamen, die mit »Ad(al)-« gebildet sind, besonders von ▸ Adolf.

¹Adina, (auch:) ¹Adine: weibl. Vorn., Weiterbildung von ▸ ¹Ada.

²Adina, (auch:) ²Adine: weibl. Vorn., Weiterbildung von ▸ ²Ada.

Ado, (auch:) Addo: männl. Vorn., Kurzform von männlichen Vornamen, die mit »Ad(al)-«, »Ad(el)-« gebildet sind, besonders von ▸ Adolf.

Adolar: männl. Vorn., vermutlich Umdeutung von Adalher(i) (ahd. *adal* »edel, vornehm; Abstammung, [edles] Geschlecht« + ahd. *heri* »Kriegsschar, Heer«) zu Adelar, Adolar (ahd. *adal* + ahd. *aro* »Adler«, etwa »edler Adler«). Der Name spielte im 19. Jh., ausgelöst durch die Ritterdichtung und die romantische Bewegung, eine gewisse Rolle. Bekannt ist er durch den Grafen Adolar in Webers Oper »Euryanthe«.

Adolf, (veraltet auch:) Adolph: männl. Vorn., jüngere Form von Adalwolf (ahd. *adal* »edel, vornehm; Abstammung, [edles] Geschlecht« + ahd. *wolf* »Wolf«). Zu der früheren Beliebtheit des Namens bei Protestanten in Norddeutschland hat viel der Schwedenkönig Gustav Adolf (16./17. Jh.) beigetragen. Hingegen ist die Bedeutung Adolf Hitlers als Namensvorbild als gering zu veranschlagen. In den 30er-Jahren kommt es insgesamt nur zu einer leichten Zunahme der Häufigkeit dieses Vornamens. Aus nahe liegenden Gründen wird der Name seit 1945 gemieden. ◇ Bekannte Namensträger: Adolf Kolping, Begründer des katholischen Gesellenvereins (19. Jh.);

Adolph von Menzel, deutscher Maler (19./20. Jh.); Adolf von Harnack, deutscher Theologe (19./20. Jh.); Adolf Butenandt, deutscher Chemiker (20. Jh.); Adolf Muschg, schweizerischer Schriftsteller (20. Jh.). Span. und italien. Form: Adolfo. Französ. Form: Adolphe [aˈdɔlf].

Adolfa, (veraltet auch:) Adolpha: weibl. Vorn., weibliche Form von ▸ Adolf.

Adolfine, (auch:) Adolfina; (veraltet auch:) Adolphine, Adolphina: weibl. Vorn., weibl. Form von ▸ Adolf mit der seit dem 17./18. Jh. beliebten Endung -ine/-ina.

Adolfo: männl. Vorn., italienische und spanische Form von ▸ Adolf.

Adolphe [aˈdɔlf]: männl. Vorn., französische Form von ▸ Adolf.

Adriaan, (älter auch:) Adriaen: männl. Vorn., niederländische Form von ▸ Adrian. ◇ Bekannte Namensträger: Adriaen de Vries, niederländischer Bildhauer (16./17. Jh.); Adriaen Brouwer, flämischer Maler (17. Jh.).

Adrian, (älter auch:) Hadrian: männlicher Vorname, lat. [H]adriānus »der aus der Stadt [H]adria«. Der Beiname des Kaisers Publius Aelius Hadrianus (2. Jh.) geht nach antiker Tradition auf den Herkunftsort seiner Eltern, Hadria, heute Atri, Provinz Teramo (nicht Adria südlich von Venedig), zurück. Zu seiner Regierungszeit wurde Adrianus häufiger Name freigelassener Sklaven. Eine bekannte literarische Gestalt ist Adrian Leverkühn, der »Doktor Faustus« des gleichnamigen Romans von Thomas Mann. ◇ Bekannte Namensträger: der heilige Adrian von Nikomedia, Märtyrer (3./4. Jh.), NAMENSTAG: 8. September; der heilige Adrian III., Papst (9. Jh.), NAMENSTAG: 8. Juli; Adrian VI. (15./16. Jh.), der erste niederländische Papst. Französische Form: Adrien [adriˈɛ̃]. Englische Form: Adrian [ˈeɪdrɪən]. Niederländische Formen: Adriaan, Adriaen. Italienische Form: Adriano.

Adriana, (auch:) Adriane: weibl. Vorn., weibl. Form des männl. Vornamens ▸ Adrian. Eine bekannte Gestalt ist Adriana Lecouvreur in der gleichnamigen Oper von F. Cilea. Französ. Form: Adrienne [adriˈɛn].

Adriano: männl. Vorn., italienische Form von ▸ Adrian. ◇ Bekannter Namensträger: Adriano Celentano, italienischer Schlagersänger und Schauspieler (20. Jh.).

Adrien [adriˈɛ̃]: männl. Vorn., französische Form von ▸ Adrian.

Adrienne [adri'εn]: weibl. Vorn., französische Form von ▸ Adriana.

¹**Ady:** weibl. Vorn., Kurzform von weiblichen Vornamen, die mit »Adel-« gebildet sind.

²**Ady:** männl. Vorn., Kurzform von männlichen Vornamen, die mit »Ad(al)-« gebildet sind.

Aegid, (auch:) Aegidius: ▸ Ägid.

Afra, (auch:) Afra: weibl. Vorn. lateinischen Ursprungs mit der Bedeutung »Afrikanerin« (zu lat. *āfer, āfra, āfrum* »afrikanisch«). ⬦ Bekannte Namensträgerin: die heilige Afra, Märtyrerin (3./4. Jh.), NAMENSTAG: 7. August.

Agathe, (auch:) Agatha: weibl. Vorn. griechischen Ursprungs (zu griech. *agathós, -ễ, -ón* »gut«). Bekannt ist der Name durch die Agathe in Carl Maria von Webers Oper »Der Freischütz«. Eine literarische Gestalt ist Agathe, die Schwester Ulrichs, in Robert Musils Roman »Der Mann ohne Eigenschaften«. ⬦ Bekannte Namensträgerinnen: die heilige Agathe von Sizilien, Märtyrerin (3. Jh.), NAMENSTAG: 5. Februar; Agatha Christie, englische Kriminalschriftstellerin (19./20. Jh.).

Agda: weibl. Vorn., schwedische und dänische Form von ▸ Agathe.

Aggie, (auch:) Aggy ['ægi]: weibl. Vorn., englische Koseform von ▸ Agathe und ▸ Agnes.

Agi: weibl. Vorn., Koseform von ▸ Agathe.

Ägid, (auch:) Ägidius; Aegid, Aegidius; Egid, Egidius: männl. Vorn. griechischen Ursprungs (zu griech. *aigís, -ídos* »Ziegenfell«, Bezeichnung des Schutzmantels oder Harnischs des Zeus oder der Athena, auch als Schild gebraucht; etwa »Schildhalter«). ⬦ Bekannte Namensträger: der heilige Ägidius, Einsiedler, dann Abt von St.-Gilles, einer der 14 Nothelfer (7./8. Jh.), NAMENSTAG: 1. September; Egid Quirin Asam, deutscher Stuckator und Baumeister (17./18. Jh.). Französ. Form: Gilles [ʒil]. Engl. Form: Giles [dʒaɪlz].

Agilolf: alter deutscher männl. Vorn. Den Namen, die mit »Agi(l)-« beginnen, liegt german. **agi-* »Schrecken«, später überlagert von ahd. *ekka* »[Schwert-]Schneide, Spitze«, zugrunde; der zweite Bestandteil ist ahd. *wolf* »Wolf«. ⬦ Bekannte Namensträger: Agilolf, Stammvater des ältesten bayerischen Herzogsgeschlechts der Agilolfinger; der heilige Agilolf, Bischof von Köln (8. Jh.), NAMENSTAG: 9. Juli.

Aglae: weibl. Vorn., italienische Nebenform von ▸ Aglaia.

Aglaia, (auch:) Aglaja: weibl. Vorn. griechischen Ursprungs (zu griech. *aglaós* »glänzend, prächtig«). »Aglaia« kam als Name einer der drei griechischen Göttinnen der Anmut auf. Eine bekannte literarische Gestalt ist die Aglaja in F. M. Dostojewskijs Roman »Der Idiot«.

Agnes: weibl. Vorn. griechischen Ursprungs (zu griech. *hagnós, -ễ, -ón* »keusch, rein; hehr; geheiligt«; aufgrund der Klangähnlichkeit an lat. *agnus* »Lamm« angelehnt). Im Mittelalter fand Agnes zunächst durch dynastische und adlige Vorbilder Eingang in die deutsche Namengebung. Im 19. Jh. trugen literarische Bearbeitungen und Vertonungen des tragischen Schicksals der Augsburger Baderstochter Agnes Bernauer, der Geliebten Herzog Albrechts III. von Bayern (15. Jh.), zur Beliebtheit des Vornamens Agnes bei. Bekannt sind vor allem Friedrich Hebbels »Agnes Bernauer« (1851) und C. Orffs Oper »Agnes Bernauerin« (1946). ⬦ Bekannte Namensträgerinnen: die heilige Agnes von Rom, Märtyrerin (3./4. Jh.), NAMENSTAG: 21. Januar; Agnes von Poitou, Gemahlin Kaiser Heinrichs III. (11. Jh.); die heilige Agnes, Schwester der heiligen Klara von Assisi (13. Jh.); Agnes Sorel, Geliebte Karls VII. von Frankreich (15. Jh.); Agnes Günther, deutsche Schriftstellerin (19./20. Jh.); Agnes Miegel, deutsche Dichterin (19./20. Jh.); Agnès Varda, französ. Regisseurin (20. Jh.). Span. Form: Inés. Französ. Form: Agnès [a'ɲɛs].

Agnesa, (auch:) Agnese: weibl. Vorn., Weiterbildung von ▸ Agnes.

Agneta, (auch:) Agnete: weibl. Vorn., Weiterbildung von ▸ Agnes.

Agnette: weibl. Vorn., Weiterbildung von ▸ Agnes.

Agnita: weibl. Vorn., Weiterbildung von ▸ Agnes.

Ago: männl. Vorn., verselbstständigte Kurzform von Namen, die mit »Agi-« (zu german. **agi-* »Schrecken«, später überlagert von ahd. *ekka* »[Schwert-]Schneide, Spitze«) gebildet wurden (z. B. Agimar, Agimund).

Ahmed: ▸ Achmed.

Ahmet: männl. Vorn., türkische Schreibweise von ▸ Achmed.

Aida: weibl. Vorn., der auf die Gestalt der äthiopischen Sklavin in G. Verdis Oper »Aida« (1871) zurückgeht. Der Name wurde von dem Autor der Vorlage, Auguste Mariette, vielleicht nach dem altägyptischen Namen 'Iiti, geschaffen.

Aiko: männl. Vorn., Nebenform von ► ¹Eike.

Aila: ► Ayla.

Aileen, (auch:) Ayleen [aɪˈliːn]: aus dem Englischen übernommener weibl. Vorn., Schreibvariante von ► Eileen.

Ailina: weibl. Vorn., an die deutsche Schreibweise angepasste Erweiterung von ► Aileen.

Ailt: männl. Vorn., verselbstständigte ostfriesische und niederländische Kurzform von Namen, die mit »Agil-« (zu german. *agi-»Schrecken«, später überlagert von ahd. ekka »[Schwert-]Schneide, Spitze«) gebildet wurden (z. B. Agilbert, Agilhard, Agilwart).

Aimé [ɛˈme]: männl. Vorn., französische Form von ► Amatus.

Aimée [ɛˈme]: weibl. Vorn., französische Form von ► Amata.

Aimo: männl. Vorn., verselbstständigte Kurzform von Namen, die mit »Agi-« (► Ago) gebildet wurden.

Aischa: weibl. Vorn. arabischen Ursprungs (arab. 'ā'ischa »lebendig, wohlauf«). ◇ Bekannte Namensträgerin: Aischa, Lieblingsfrau Mohammeds (7. Jh.).

¹Akim: männl. Vorn., dänische Kurzform von ► Joachim.

²Akim: männl. Vorn., russische Kurzform von ► Joachim.

Alain: *Alain Delon, französischer Schauspieler*

Alain [aˈlɛ̃]: aus dem Französischen übernommener männl. Vorn. keltischen (bretonischen) Ursprungs (vielleicht zu al- »Fels«). ◇ Bekannte Namensträger: Alain Resnais, französischer Filmregisseur (20. Jh.); Alain Delon, französischer Filmschauspieler

(20. Jh.); Alain Robbe-Grillet, französischer Schriftsteller (20. Jh.).

Alan, (auch:) Allan; Allen [ˈælən]: aus dem Englischen übernommener männl. Vorn. keltischen (bretonischen) Ursprungs (vielleicht zu al- »Fels«), der durch die normannischen Eroberer im Mittelalter nach England kam. ◇ Bekannter Namensträger: Edgar Allan Poe, amerikanischer Schriftsteller (19. Jh.).

Alba: weibl. Vorn. lateinischen Ursprungs (lat. albus, -a, -um »weiß«).

Alban, (auch:) Albạn: aus dem Lateinischen übernommener männl. Vorn. (lat. Albānus »der aus der Stadt Alba Stammende«). ◇ Bekannte Namensträger: der heilige Alban von Mainz, Märtyrer (4./5. Jh.), NAMENSTAG: 21. Juni; Alban Berg, österreichischer Komponist (19./20. Jh.). Italien. Form: Albạno.

Albạno: männl. Vorn., italienische Form von ► Alban.

Alberich, (auch:) Ẹlberich: alter deutscher männl. Vorn. (ahd. alb »Elf, Naturgeist« + ahd. rîhhi »Herrschaft, Herrscher, Macht; reich, mächtig; hoch«). Eine bekannte Gestalt ist der Zwerg Alberich im Nibelungenlied und in Richard Wagners »Ring des Nibelungen«.

Albero: männl. Vorn., jüngere Form von ► Adalbero. ◇ Bekannter Namensträger: Albero, Erzbischof von Trier (†1152).

Albert: männl. Vorn., jüngere Form von ► Adalbert. ◇ Bekannte Namensträger: der heilige Albertus Magnus, bedeutender Gelehrter des Mittelalters (13. Jh.), NAMENSTAG: 15. November; (Gustav) Albert Lortzing, deutscher Opernkomponist (19. Jh.); Albert Schweitzer, elsässischer Arzt, Theologe und Philosoph (19./20. Jh.); Albert Einstein, deutschamerikanischer Physiker (19./20. Jh.); Albert Camus, französischer Schriftsteller (20. Jh.); Albert Ehrismann, schweizerischer Schriftsteller (20. Jh.). Engl. Form: Albert [ˈælbət]. Französ. Form: Albert [alˈbɛːr]. Italien. und span. Form: Albẹrto.

Albẹrta, (auch:) Albẹrte: weibl. Vorn., weibliche Form von ► Albert.

Albertịna, (auch:) Albertịne: weibl. Vorn., weibliche Form von ► Albert mit der seit dem 17./18. Jh. beliebten Endung -ine/-ina.

Albẹrto: männl. Vorn., italienische und spanische Form von ► Albert. ◇ Bekannte Namensträger: Alberto Moravia, italienischer Schriftsteller (20. Jh.); Alberto Giacometti, schweizerischer Bildhauer und Maler

Albert: *Albert Einstein, deutschamerikanischer Physiker*

(20. Jh.); Alberto Tomba, italienischer Skirennfahrer (20. Jh.).

¹**Albin:** männl. Vorn., Nebenform von ▸ Albuin.

²**Albin,** (auch:) Albin, Albinus: männl. Vorn. lateinischer Herkunft, ursprünglich römischer Beiname (zu lat. *albus* »weiß«).

Albina, (auch:) Albine: weibl. Vorn., weibliche Form von ▸ ²Albin.

Alboin: männl. Vorn., langobardisch-italienische Form von ▸ Albuin. ◇ Bekannter Namensträger: Alboin, Langobardenkönig, Gründer des italienischen Langobardenreiches (6. Jh.).

Albrecht: männl. Vorn., jüngere Form von Adalbrecht (▸ Adalbert). ◇ Bekannte Namensträger: Markgraf Albrecht der Bär (12. Jh.); Albrecht von Scharfenberg, mhd. Dichter (13. Jh.); Albrecht Dürer, deutscher Maler (15./16. Jh.); Albrecht Altdorfer, deutscher Maler (15./16. Jh.); Herzog Albrecht von Preußen, letzter Hochmeister des Deutschen Ritterordens (15./16. Jh.); Albrecht Haller, deutscher Dichter (18. Jh.); Albrecht Graf von Roon, preußischer Feldmarschall (19. Jh.); Albrecht, Herzog von Bayern (20. Jh.).

Albuin, (auch:) ¹Albin: alter deutscher männl. Vorn. (ahd. *alb* »Elf, Naturgeist« + ahd. *wini* »Freund«).

Alda: aus dem Italienischen übernommener weibl. Vorn., verselbstständigte Kurzform von Namen, die mit »Alde-« (zu ahd. *alt* »alt, er-

fahren« oder ahd. *adal* »edel, vornehm; Abstammung, [edles] Geschlecht«) gebildet wurden (z. B. Aldegund). Der Name verdankt seine Verbreitung auch der Alda aus den karolingischen Epen. Alda ist hierin Rolands Braut.

Aldina, (auch:) Aldine: weibl. Vorn., Weiterbildung von ▸ Alda.

Aldo: aus dem Italienischen übernommener männl. Vorn., verselbstständigte Kurzform von Namen, die mit »Aldo-« (zu ahd. *alt* »alt, erfahren« oder ahd. *adal* »edel, vornehm; Abstammung, [edles] Geschlecht«) gebildet sind (z. B. Aldegardo, Aldobrando).

Alec [ˈælɪk]: männl. Vorn., englische Kurzform von ▸ Alexander.

Aleid: weibl. Vorn., jüngere Form von ▸ Adelheid; besonders in Norddeutschland gebräuchlich.

Alek: männl. Vorn., Kurzform von ▸ Alexander.

Aleka, (auch:) Aleke: weibl. Vorn., niederdeutsche Kurzform von Namen, die mit »Adel-« gebildet sind, besonders von ▸ Adelheid.

¹**Alena,** (auch:) Alene: weibl. Vorn., tschechische Kurzform von ▸ Magdalena. Tschechische Betonung: Alena.

²**Alena:** weibl. Vorn., russische Kurzform von ▸ Alexandra oder ▸ Jelena. Russische Aussprache: [alˈjɔna].

Alenka: weibl. Vorn., Koseform von ▸ ¹Alena oder ▸ ²Alena.

Alessa: weibl. Vorn., italienische Kurzform von Alessandra (▸ Alexandra).

Alessandra: weibl. Vorn., italienische Form von ▸ Alexandra.

Alessandro: männl. Vorn., italienische Form von ▸ Alexander. ◇ Bekannter Namensträger: Alessandro Manzoni, italienischer Dichter (18./19. Jh.).

Alessia: weibl. Vorn., Erweiterung von ▸ Alessa oder weibliche Form von ▸ Alessio.

Alessio: männl. Vorn., italienische Form von ▸ Alexis.

Aletta, (auch:) Alette: weibl. Vorn., französische [aˈlɛt] bzw. friesische Koseform von ▸ Adelheid.

Alex: männl. Vorn., Kurzform von ▸ Alexander oder ▸ Alexis.

Alexa: weibl. Vorn., Kurzform von ▸ Alexandra.

Alexander: männl. Vorn. griechischen Ursprungs (griech. Aléxandros, zu *aléxō* »wehre ab, schütze, verteidige« + *anḗr, andrós* »Mann«; etwa »der Männer Abwehrende,

Schützer«). Der Name fand bereits im Mittelalter Eingang in die deutsche Namengebung, auch gefördert durch die Beliebtheit der Alexandersage. Die Bewunderung für Zar Alexander I. von Russland, der den deutschen Befreiungskampf gegen Napoleon unterstützte, trug z. T. zur Vergabe dieses Vornamens nach den Freiheitskriegen bei. Seit den 6oer-Jahren gehört Alexander zu den beliebtesten männlichen Vornamen. ◇ Bekannte Namensträger: Alexander der Große (4. Jh. v. Chr.); Papst Alexander I. (2. Jh.); der heilige Alexander, legendärer Märtyrer (Anf. 2. Jh.), NAMENSTAG: 3. Mai; Alexander Sergejewitsch Puschkin, russischer Dichter (18./19. Jh.); Alexander von Humboldt, deutscher Naturforscher und Geograph (18./19. Jh.); Alexander Lernet-Holenia, österreichischer Schriftsteller (19./20. Jh.); Alexander Dubček, tschechoslowakischer Politiker (20. Jh.); Alexander Mitscherlich, deutscher Psychoanalytiker und Publizist (20. Jh.); Alexander Kluge, deutscher Schriftsteller und Filmregisseur (20. Jh.). Italien. Form: Alessandro. Französ. Form: Alexandre [alɛkˈsãːdr]. Engl. Form: Alexander [ælɪgˈzɑːndə].

Alexandra: weibl. Vorn., weibliche Form von ▸ Alexander. Italien. Form: Alessandra.

Alexandre [alɛkˈsãːdr]: männl. Vorn., französische Form von ▸ Alexander. ◇ Bekannte Namensträger: Alexandre Dumas, Vater und Sohn, französische Schriftsteller (19. Jh.).

Alexandrine, (auch:) Alexandrina: weibl. Vorn., weibl. Form von ▸ Alexander mit der seit dem 17./18. Jh. beliebten Endung -ine/ -ina.

Alexei, (auch:) Alexej: männlicher Vorname, russische Form von ▸ Alexis. Eine bekannte literarische Gestalt ist der Alexej (Aljoscha) Karamasow in F. M. Dostojewskijs Roman »Die Brüder Karamasow«. ◇ Bekannter Namensträger: Alexej von Jawlensky, russischer Maler (19./20. Jh.).

Alexia: weibl. Vorn., Kurzform von ▸ Alexandra oder weibliche Form von ▸ Alexis.

Alexis, (auch:) Alexius: männl. Vorn. griechischen Ursprungs (griech. álexis »Hilfe; Abwehr«). Eine bekannte literarische Gestalt ist Alexis Sorbas in dem gleichnamigen Roman von Nikos Kazantzakis. ◇ Bekannter Namensträger: der heilige Alexius (5. Jh.?), NAMENSTAG: 17. Juli. Russ. Form: Alexei, Alexej. Italien. Form: Alessio.

Alf: männl. Vorn., Kurzform von ▸ Alfred oder ▸ Adolf.

Alfa: weibl. Vorn., verselbstständigte Kurzform von Namen, die mit »Alf-« (ahd. alb »Elf, Naturgeist«) gebildet wurden (z. B. Alfhild).

Alfio: männl. Vorn. italienischer Herkunft (zu griech. alphós, -ḗ, -ón »weiß«). ◇ Bekannter Namensträger ist der heilige Märtyrer Alfio (3. Jh.), der in Sizilien hoch verehrt wird. Nach ihm wurde der »Alfio« in der Oper »Cavalleria Rusticana« von P. Mascagni benannt.

Alfons, (veraltet auch:) Alphons: männl. Vorn., dem die spanische Form eines westgotischen Namens zugrunde liegt (der erste Bestandteil entspricht german. *haðu »Kampf«; der zweite Bestandteil entspricht ahd. funs »eifrig, bereit, willig«; die lautliche Umgestaltung erfolgte durch Kreuzung mit dem Namen Hildefonso/Ildefonso sowie durch Anlehnung an das häufige Namenglied adal »edel, vornehm; Abstammung, [edles] Geschlecht«). Im mittelalterlichen Spanien begegnet Alfonso häufig als Königsname. In Deutschland fand Alfons erst im 19. Jh. größere Verbreitung bei Katholiken; Namensvorbild war der italienische Heilige Alfons von Liguori (17./18. Jh.; Heiligsprechung i. J. 1839), NAMENSTAG: 1. August. Eine bekannte literarische Gestalt ist Alfons, Herzog von Ferrara, in Goethes Schauspiel »Torquato Tasso«. Span. und italien. Form: Alfonso. Französ. Form: Alphonse [alˈfõːs].

Alfonsa: weibl. Vorn., weibliche Form von ▸ Alfons.

Alfonsina, (auch:) Alfonsine: weibl. Vorn., weibliche Form von ▸ Alfons mit der seit dem 17./18. Jh. beliebten Endung -ine/-ina.

Alfonso: männl. Vorn., spanische und italienische Form von ▸ Alfons.

Alfred: aus dem Englischen übernommener männl. Vorn. (altengl. Ælfred, zu altengl. ælf »Elf, Naturgeist« + altengl. rǣd »Rat«). Der Name fand in Deutschland seit dem 19. Jh. durch das Interesse für England und seine Kultur größere Verbreitung. Eine bekannte Operngestalt ist Alfredo Germont in »La Traviata« von G. Verdi. ◇ Bekannte Namensträger: Alfred der Große, angelsächsischer König (9. Jh.), der als Heiliger verehrt wird, NAMENSTAG: 28. Oktober; Alfred de Musset, französischer Dichter (19. Jh.); Alfred Kubin, österreichischer Zeichner und Grafiker (19./ 20. Jh.); Alfred Nobel, schwedischer Chemiker (19. Jh.); Alfred Brehm, deutscher Zoologe und Schriftsteller (19. Jh.); Alfred Döblin, deutscher Schriftsteller (19./20. Jh.); Alfred Hitchcock, britisch-amerikanischer Filmregisseur (19./20. Jh.); Alfred Andersch, deutscher Schriftsteller (20. Jh.); Alfred Hrdlicka, österreichischer Bildhauer, Grafiker und Maler (20. Jh.); Alfred Grosser, französischer Politikwissenschaftler und Publizist deutscher Herkunft (20. Jh.); Alfred Schnittke, russischer Komponist (20. Jh.); Alfred Biolek, deutscher Fernsehmoderator (20. Jh.). Italien. und span. Form: Alfredo.

Alfreda, (auch:) Alfrede: weibl. Vorn., weibliche Form von ▸ Alfred.

Alfredina: weibl. Vorn., weibliche Form von ▸ Alfred mit der seit dem 17./18. Jh. beliebten Endung -ina.

Alfredo: männl. Vorn., italienische und spanische Form von ▸ Alfred.

Alfried: männl. Vorn., der erst gegen Ende des 19. Jh.s nachzuweisen ist. Hierbei kann es sich entweder um eine jüngere Form von ▸ Adalfried oder um eine Umgestaltung von ▸ Alfred mit Anlehnung an das alte Rufnamenglied -fried handeln. ◇ Bekannter Namensträger: Alfried Krupp von Bohlen und Halbach, deutscher Industrieller (20. Jh.).

Algund: ▸ Adelgunde.

Alhard, (auch:) Alhart: männl. Vorn., jüngere Form von ▸ Adelhard.

Alheid, (auch:) Alheit: weibl. Vorn., jüngere Form von ▸ Adelheid.

¹Ali: männl. Vorn., Kurzform von Namen, die mit »Al-« beginnen. ◇ Bekannter Namensträger: Ali (= Alfons) Mitgutsch, Kinderbuchautor und Grafiker (20. Jh.).

²Ali: männl. Vorn. arabischen Ursprungs (arab. ʿAlī »der Erhabene, Edle«). ◇ Bekannter Namensträger: Ali, Schwiegersohn Mohammeds und vierter Kalif, erster Imam der Schiiten (7. Jh.).

Alice: weibl. Vorn., der auf Adaliz, Aliz, altfranzösische Kurzformen von ▸ Adelheid, zurückgeht. Der Name fand unter französischem und englischem Einfluss in der ersten Hälfte des 19. Jh.s Eingang in die deutsche Namengebung. Alice ist der Name einer Gestalt in der Oper »Robert der Teufel« von G. Meyerbeer. Sehr bekannt ist das englische Kinderbuch »Alice in Wonderland« von Lewis Carroll. ◇ Bekannte Namensträgerinnen: Alice Schwarzer, deutsche Journalistin und Feministin (20. Jh.); Alice Miller, schweizerische Schriftstellerin (20. Jh.). Engl. Formen: Alice [ˈælɪs], Alicia [əˈlɪʃɪə, əˈlɪʃə]. Französ. Form: Alice [aˈlis]. Italien. Form: Alice [aˈliːtʃe]. Span. Form: Alicia [aˈliθia].

Alice: *Alice Schwarzer, deutsche Journalistin und Feministin*

Alicia: weibl. Vorn., Latinisierung oder spanische Form [aˈliθia] von ▸ Alice.

¹Alida, (auch:) Alide: weibl. Vorn., niederdeutsche Kurzform von ▸ Adelheid.

²Alida: weibl. Vorn., verselbstständigte italienische Kurzform von germanischen Namen, die mit *adal* »edel, vornehm; Abstammung, [edles] Geschlecht« zusammengesetzt wurden. ◇ Bekannte Namensträgerin: Alida Valli, italienische Filmschauspielerin (20. Jh.).

Alina, (auch:) Aline: weibl. Vorn., aus dem Französischen im 19. Jh. übernommene Kurzform von ▸ Adeline. Französische Aussprache: [aˈlin].

Alinde: weibl. Vorn., jüngere Form von ▸ Adelinde.

Alisa: weibl. Vorn., Nebenform von ▸ Alice oder Koseform von ▸ Adelheid.

Alischa: weibl. Vorn., eindeutschende Schreibweise von engl. Alicia (▸ Alice).

Alison [ˈælɪsn]: aus dem Englischen übernommener weibl. Vorn., ursprünglich französische Koseform von ▸ Alice.

Alissa: weibl. Vorn., niederländische oder russische Koseform von ▸ Alice bzw. von ▸ Adelheid. Eine literarische Gestalt ist die Alissa in Martin Walsers Roman »Halbzeit«. ◇ Bekannte Namensträgerin: Alissa Walser, deutsche Schriftstellerin und Grafikerin (20. Jh.).

Alix: weibl. Vorn., altfranzösische Kurzform von ▸ Adelheid (vgl. auch ▸ Alice); heute wird

Alix auch als Kurzform von ▸ Alexandra verwendet.

Alja: weibl. Vorn., russische Kurzform von ▸ Alexandra.

Aljoscha: männl. Vorn., russische Koseform von ▸ Alexei. Eine bekannte literarische Gestalt ist Aljoscha Fjodorowitsch Karamasow in F. M. Dostojewskijs Roman »Die Brüder Karamasow«.

Alkandra: weibl. Vorn., der durch die Oberschwester »Alkandra« in dem Film »Ein Chirurg erinnert sich« (1972) bekannt wurde. Es handelt sich eigentlich um einen Ordensnamen, der auf den spanischen Ortsnamen Alcántara, von dem sich der Beiname des heiligen Petrus von Alkantara (vgl. die Vornamen ▸ Xaver, ▸ Xaveria) ableitet, zurückgeht.

Alke, (auch:) Aalke: weibl. Vorn., niederdeutsche Koseform von Namen, die mit »A(de)l-« gebildet sind, besonders von ▸ Adelheid.

Alkje: weibl. Vorn., ostfriesische Koseform von Namen, die mit »A(de)l-« gebildet sind, besonders von ▸ Adelheid.

Allan, (auch:) Allen: ▸ Alan.

Allegra: weibl. Vorn. italienischer Herkunft (italien. *allegro, -a* »fröhlich, heiter, lebhaft, munter«). Seit dem Spätmittelalter in Italien vergebener Wunschname, der ausdrückt, dass das Kind fröhlich aufwachsen möge.

Allmut: ▸ Almut.

¹Alma: aus dem Italienischen übernommener weibl. Vorname (zu lat. *almus, -a, -um* »nährend, Segen spendend, fruchtbar«, vgl. Alma Mater »nährende Mutter« als Bezeichnung für Universität). Der Name kam in Italien in der Renaissance in Gebrauch, in Deutschland erst im 19. Jh. Eine literarische Gestalt ist die Alma in dem Drama »Die Ehre« von H. Sudermann (1888). ◇ Bekannte Namensträgerinnen: Alma Sedina Henriette Cornelia Goethe, Enkelin des Dichters (19. Jh.); Alma Mahler-Werfel, Witwe des Komponisten Gustav Mahler und des Schriftstellers Franz Werfel (19./20. Jh.).

²Alma: weibl. Vorn., verselbstständigte Kurzform von Namen, die mit »Amal-« gebildet wurden (z. B. Amalberga, Amalgunde). Der Namenbestandteil »Amal-« ist kennzeichnend für die Namen des ostgotischen Königsgeschlechts der Amaler oder Amelungen; vgl. got. *amals* »tüchtig, tapfer«.

Almut, (auch:) Almute; Allmut: weibl. Vorn., jüngere Form von Adelmut (ahd. *adal* »edel,

vornehm; Abstammung, [edles] Geschlecht« + ahd. *muot* »Sinn, Gemüt, Geist«; etwa »von edlem Sinn«).

Alois, (auch:) Aloisius; Aloys, Aloysius: männl. Vorn., Latinisierung einer italienischen Koseform von Ludovico (▸ Ludwig), der eine altfranzös. Form dieses Namens (Looïs) zugrunde liegt. Die Verbreitung des Namens geht auf die Verehrung des Jesuiten Aloisius von Gonzaga (16. Jh.), heilig gesprochen i. J. 1726, zurück und blieb als Name der Gegenreformation im Wesentlichen auf Süddeutschland und Österreich beschränkt; NAMENSTAG: 21. Juni. ◇ Bekannte Namensträger: Alois Senefelder, österreichischer Erfinder des Steindrucks (18./19. Jh.); Alois Brandstetter, österreichischer Schriftsteller (20. Jh.).

Aloisa, (auch:) Aloise; Aloysa; Aloisia; Aloysia: weibl. Vorn., weibliche Form von ▸ Alois.

Alphons: ▸ Alfons.

Alphonse [al'fõːs]: männl. Vorn., französische Form von ▸ Alfons.

Alram: männl. Vorn., jüngere Form von Adalram (ahd. *adal* »edel, vornehm; Abstammung, [edles] Geschlecht« + ahd. *hraban* »Rabe«).

Alrich: männl. Vorn., jüngere Form von Adalrich (ahd. *adal* »edel, vornehm; Abstammung, [edles] Geschlecht« + ahd. *rīhhi* »Herrschaft, Herrscher, Macht; reich, mächtig, hoch«).

Alrik: männl. Vorn., niederdeutsche Form von ▸ Alrich.

Alrun, (auch:) Alrune, Alruna: weibl. Vorn., jüngere Form von Adelrune (ahd. *adal* »edel, vornehm; Abstammung, [edles] Geschlecht« + ahd. *rūna* »Geheimnis, geheime Beratung«).

Altje: weibl. Vorn., friesische Koseform von Namen, die mit »Adel-« oder »Alt-« (ahd. *alt* »alt, erfahren«) gebildet sind.

Altraud, (auch:) Altrud: weibl. Vorn., jüngere Form von ▸ Adeltraud.

Alwin: männl. Vorn., jüngere Form von Adalwin (ahd. *adal* »edel, vornehm; Abstammung, [edles] Geschlecht« + ahd. *wini* »Freund«). Der Name wurde zu Beginn des 19. Jh.s durch die Ritterdichtung und die romantische Bewegung neu belebt. ◇ Bekannter Namensträger: Alwin Schockemöhle, deutscher Springreiter (20. Jh.).

Alwine, (auch:) Alwina: weibl. Vorn., weibliche Form von ▸ Alwin.

Amadeo: männl. Vorn., spanische Form von ▸ Amadeus.

Amadeus: aus lateinischen Bestandteilen gebildeter männl. Vorn. mit der Bedeutung: »liebe Gott!«, d. i. »Gottlieb« (lat. *amā* »liebe!« zu *amāre* »lieben« + *deus* »Gott«). Das Auftreten dieses Vornamens im 17./18. Jh. steht in Zusammenhang mit der Vorliebe für christliche Namenprägungen wie Ehregott, Christlieb u. a. in pietistischen Kreisen. ◇ Bekannter Namensträger: Wolfgang Amadeus Mozart, deutscher Komponist (18. Jh.), wobei »Amadeus« (eigentlich Amadé) die Übersetzung des letzten seiner Taufnamen Johannes Chrysostomus Wolfgangus Theophilus ist. Die latinisierte Form wurde erst üblich, nachdem der Schriftsteller und Komponist Ernst Theodor Wilhelm Hoffmann (18./19. Jh.) seinen dritten Vornamen aus Verehrung für Mozart in »Amadeus« geändert hatte. Italien. Form: Amedeo. Französ. Form: Amédée [ame'de]. Span. Form: Amadeo.

Amalie, (auch:) Amalia; Amelie: weibl. Vorn., verselbstständigte Kurzform von Namen, die mit »Amal-« gebildet wurden (z. B. Amalberga, Amalgund). Der Namenbestandteil »Amal-« ist kennzeichnend für Namen des ostgotischen Königsgeschlechts der Amaler oder Amelungen; vgl. got. *amals* »tüchtig, tapfer«. Seit dem 15. Jh. ist Amalie als dynastischer, adliger und bürgerlicher Name häufig anzutreffen. Allgemein bekannt ist er durch die Amalia in Schillers Drama »Die Räuber«. ◇ Bekannte Namensträgerinnen: Herzogin Anna Amalia von Sachsen-Weimar (18./19. Jh.); Prinzessin Amalie von Preußen, Äbtissin von Quedlinburg (18. Jh.); Amalie Sieveking, Vorkämpferin der evangelischen weiblichen Diakonie (18./19. Jh.). Französ. Form: Amélie [ame'li:]. Engl. Form: Amely ['æməli].

Amand, (auch:) Amand: männl. Vorn., deutsche Form von ▸ Amandus.

Amanda: weibl. Vorn. lateinischen Ursprungs (lat. *amandus, -a, -um* »liebenswürdig, lieblich«, zu *amāre* »lieben«). Der Name fand im 19. Jh. Eingang in die deutsche Namengebung.

Amando: männl. Vorn., italienische Form von ▸ Amandus.

Amandus, (auch:) Amand, Amand: männl. Vorn. lateinischen Ursprungs (lat. *amandus, -a, -um* »liebenswürdig, lieblich«, zu *amāre* »lieben«). ◇ Bekannter Namensträger: der heilige Amandus, Apostel der Belgier (7. Jh.), NAMENSTAG: 6. Februar. Italien. Form: Amando.

Amarante: weibl. Vorn. griechischen Ursprungs (griech. *amárantos* »unverwelkbar, unvergänglich«, zu *maraínō* »lösche aus, vernichte«; eigentlich ein Blumenname: Amarant »Gartenfuchsschwanz«).

Amaryllis: weibl. Vorn. griechischen Ursprungs; Name einer Hirtin in der altgriechischen und lateinischen Hirtendichtung; im 18. Jh. auf die gleichnamige exotische Zierpflanze übertragen.

Amata: weibl. Vorn. lateinischen Ursprungs (lat. *amātus, -a, -um* »geliebt«, zu *amāre* »lieben«).

Amatus: männl. Vorn. lateinischen Ursprungs (lat. *amātus, -a, -um* »geliebt«, zu *amāre* »lieben«). ◇ Bekannter Namensträger: der heilige Amatus, Bischof von Sitten (7. Jh.), NAMENSTAG: 13. September.

Amber, engl. Aussprache: ['æmbə]: aus dem Englischen übernommener weibl. Vorn. (engl. *amber* »Bernstein«).

Ambrosia: weibl. Vorn., weibliche Form von ▸ Ambrosius.

Ambrosina: weibl. Vorn., weibliche Form von ▸ Ambrosius mit der seit dem 17./18. Jh. beliebten Endung -ina.

Ambrosius, (auch:) Ambros: männl. Vorn. griechischen Ursprungs (zu griech. *ambrósios* »zu den Unsterblichen gehörend, göttlich«. Hierher gehört auch der Name der Unsterblichkeit verleihenden Götternahrung Ambrosia). ◇ Bekannter Namensträger: der heilige Ambrosius, Bischof von Mailand, Kirchenlehrer (4. Jh.), NAMENSTAG: 7. Dezember.

Amédée, (auch:) Amédé [ame'de]: männl. Vorn., französische Form von ▸ Amadeus.

Amedeo: männl. Vorn., italienische Form von ▸ Amadeus. ◇ Bekannter Namensträger: Amedeo Modigliani, italienischer Maler und Bildhauer (19./20. Jh.).

Amei: weibl. Vorn., oberdeutsche Kurzform von ▸ Annemarie.

Amelia, (auch:) Amelie: weibl. Vorn., der wahrscheinlich auf den römischen Geschlechternamen Amelius (wohl etruskischer Herkunft) zurückgeht. Gelegentlich wird »Amelia« auch als Nebenform von ▸ Amalie empfunden. Amelie ist der Name einer Gestalt in Th. Fon-

tanes Roman »Vor dem Sturm«. Eine Opernfigur ist die Amelia in G. Verdis Oper »Ein
Maskenball«. Französ. Form: Amélie.

Amelie: weibl. Vorn., Nebenform von ▸ Amalie.

Amélie [ameˈliː]: weibl. Vorn., französische
Form von ▸ Amelia oder ▸ Amalie.

Amely [ˈæməli]: weibl. Vorn., englische Form
von ▸ Amelia oder ▸ Amalie.

Ämilia: ▸ Emilie.

Ämilius: ▸ Emil.

Amin: männl. Vorn. arabischen Ursprungs
(arab. *al-amīn* »der Vertrauenswürdige«).

Amina: weibl. Vorn. arabischen Ursprungs,
weibliche Form von ▸ Amin. In Europa wurde
der Name auch durch V. Bellinis Oper »La
Sonnambula« (1831), deren Heldin Amina
heißt, bekannt.

Amir: männl. Vorn. arabischen Ursprungs
(arab. *amīr al-mu'minīn* »Befehlshaber der
Gläubigen«, Beiname Alis, des Schwieger-
sohns Mohammeds).

Amira: weibl. Vorn., weibliche Form von
▸ Amir.

Amke: weibl. Vorn., verselbstständigte niederdeutsche Koseform von Namen, die mit
»Amal-« gebildet wurden. Der Namenbestandteil »Amal-« ist kennzeichnend für die
Namen des ostgotischen Königsgeschlechts
der Amaler oder Amelungen; vgl. got. *amals*
»tüchtig, tapfer«.

Amon: aus der Bibel übernommener männl.
Vorn. hebräischen Ursprungs (»treu«). Nach
der Bibel war Amon ein König von Juda.

Amöna: weibl. Vorn. lateinischen Ursprungs
(lat. *amoenus, -a, -um* »anmutig, lieblich«).

Amos: aus der Bibel übernommener männl.
Vorn. hebräischen Ursprungs (»der [von Gott]
Getragene«). Nach der Bibel war Amos ein
Viehhirte aus Tekoa, der von Gott zum Pro-
pheten berufen wurde und Kritik an dem un-
sozialen Verhalten der führenden Kreise Isra-
els übte. ✧ Bekannter Namensträger: Amos
Oz, israelischer Schriftsteller (20. Jh.).

Amrei: weibl. Vorn., ursprünglich süddeutsche
Kurzform von ▸ Annemarie.

Amy [ˈeɪmɪ]: weibl. Vorn., englische Koseform
von ▸ Amata.

Ana: weibl. Vorn., spanische, aber auch bulgarische, serbische, kroatische Form von
▸ Anna.

Anabel: weibl. Vorn., Nebenform von ▸ Annabella; auch spanische Doppelform aus ▸ Ana
und ▸ Isabel. Span. Betonung: Anabel.

Anahita: weibl. Vorn. altiranischen Ursprungs
(»die Makellose«), ins Griechische als Anaïtis
übernommen; Name einer altpersischen und
altarmenischen Fruchtbarkeitsgöttin.

Anais: weibl. Vorn., französische Form von
▸ Anahita, aber auch als Nebenform von
▸ Anna aufgefasst.

Anastasia: weibl. Vorn. griechischen Ursprungs, eigentlich »die Auferstandene« (zu
griech. *anástasis* »Auferstehung«). Eine bekannte literarische Gestalt ist die Anastasia in
Friedrich Dürrenmatts Stück »Die Ehe des
Herrn Mississippi«. ✧ Bekannte Namensträgerinnen: die heilige Anastasia, Märtyrerin (3./4. Jh.), NAMENSTAG: 25. Dezember;
Anastasia, Tochter des Zaren Nikolaus II.
(20. Jh.).

Anastasius: männl. Vorn. griechischen Ursprungs (zu griech. *anástasis* »Auferstehung«). ✧ Bekannte Namensträger: Anas-
tasios I. Dikoros, byzantinischer Kaiser (5./
6. Jh.); der heilige Anastasius (der Perser),
Märtyrer (7. Jh.), NAMENSTAG: 22. Januar;
Anastasius Grün, österreichischer Schriftsteller (19. Jh.).

Anatol: männl. Vorn. griechischen Ursprungs
(zu griech. *anatolḗ* »Sonnenaufgang; Gegend
des Sonnenaufgangs; Morgenland, Kleinasi-
en«). Den Vornamen Anatol gibt Max Frisch
seinem Helden Stiller in dem Roman »Stiller«. ✧ Bekannte Namensträger: der heilige
Anatol aus Alexandrien (3. Jh.), NAMENSTAG:
3. Juli; Anatole France, französischer Schriftsteller (19./20. Jh.). Französ. Form: Anatole
[anaˈtɔl].

Anders: männl. Vorn., Nebenform von ▸ Andreas, auch schwedisch.

Andi: männl. Vorn., Koseform von ▸ Andreas.

Andina, (auch:) **Andine:** weibl. Vorn., Nebenform von ▸ Antina.

Andór [ˈɔndɔr], (deutsch auch:) **Andor:** männl.
Vorn., ungarische Form von ▸ Andreas.

Andra: weibl. Vorn., Kurzform von ▸ Alexandra
oder Nebenform von ▸ Andrea.

András [ˈɔndraːʃ]: männl. Vorn., ungarische
Form von ▸ Andreas.

Andre, (auch:) **Andre:** männl. Vorn., oberdeutsche Form von ▸ Andreas, auch als Eindeutschung von französ. ▸ André gebraucht.

André [ãˈdre]: aus dem Französischen übernommener männl. Vorn., französische Form
von ▸ Andreas. ✧ Bekannte Namensträger:
André Gide, französischer Schriftsteller

(19./20. Jh.); André Malraux, französischer Schriftsteller und Politiker (20. Jh.); André Heller, österreichischer Chansonsänger, Schriftsteller und Schauspieler (20. Jh.); Andre Agassi, amerikanischer Tennisspieler (20. Jh.).

André: André Heller, österreichischer Chansonsänger, Schriftsteller und Schauspieler

¹**Andrea:** männl. Vorn., italienische Form von ▸ Andreas. In Deutschland wird dieser Vorname allgemein als Mädchenname empfunden. ✧ Bekannte Namensträger: Andrea Doria, genuesischer Admiral und Staatsmann (15./16. Jh.); Andrea Mantegna, italienischer Maler und Kupferstecher (15./16. Jh.); Andrea del Sarto, italienischer Maler (15./16. Jh.); Andrea Palladio, italienischer Baumeister (16. Jh.).

²**Andrea:** weibl. Vorn., weibliche Form von ▸ Andreas, in Deutschland erst seit dem 19. Jh. anzutreffen, besonders häufig ab 1945. Französische Form: Andrée [ãˈdreː].

Andreana: weibl. Vorn., wohl Weiterbildung von ▸ Andrea.

Andreas: männl. Vorn. griechischen Ursprungs (zu griech. *andreîos* »männlich, mannhaft, tapfer«). Der Name gelangte mit anderen griechischen Namen (z. B. ▸ Stephan) in hellenistischer Zeit nach Palästina und fand als Apostelname in der christlichen Welt schon früh große Verbreitung. In Deutschland gehört Andreas seit dem Mittelalter stets zu den beliebtesten männlichen Vornamen. Eine bekannte literarische Gestalt ist der Andreas aus der gleichnamigen Erzählung von Hugo v. Hofmannsthal. ✧ Bekannte Namensträger: der heilige Andreas, Apostel, Bruder des Simon Petrus, NAMENSTAG:

30. November; Andreas Gryphius, deutscher Dichter des Barocks (17. Jh.); Andreas Schlüter, deutscher Baumeister und Bildhauer (17./18. Jh.); Andreas Hofer, Tiroler Freiheitsheld (18./19. Jh.). Französ. Form: André [ãˈdreː]. Engl. Form: Andrew [ˈændruː]. Russ. Form: Andrei, Andrej. Ungar. Formen: Andór [ˈɔndɔr], András [ˈɔndraːʃ]. Italien. Form: Andrea. Span. Form: Andrés.

Andrée, (auch:) Andree [ãˈdreː]: französische Form von ▸ ²Andrea.

Andrei, (auch:) Andrej: männl. Vorn., russische Form von ▸ Andreas.

Andres: männl. Vorn., Nebenform von ▸ Andreas.

Andrew [ˈændruː]: männl. Vorn., englische Form von ▸ Andreas.

Andries: männl. Vorn., niederdeutsch-friesische Nebenform von ▸ Andreas.

Andy [ˈændɪ]: männl. Vorn., englische Koseform von Andrew (▸ Andreas). ✧ Bekannter Namensträger: Andy Warhol, amerikanischer Künstler und Filmregisseur (20. Jh.).

Anemone: weibl. Vorn., der mit dem Namen der Blume identisch ist. Dieser wurde im 16. Jh. aus gleichbedeutendem griech. *anemṓnē* entlehnt. Der eigentliche Ursprung des Wortes ist ungeklärt, doch wurde es schon im Griechischen mit *ánemos* »Wind« volksetymologisch verbunden.

Angela, (auch:) Angela: weibl. Vorn. (zu lat. *angelus* »Engel« aus griech. *ággelos* »Bote; Bote Gottes, Engel«). ✧ Bekannte Namensträgerinnen: die heilige Angela von Merici (15./16. Jh.), NAMENSTAG: 1. Juni; Angela Carter, englische Schriftstellerin (20. Jh.); Angela Krauss, deutsche Schriftstellerin (20. Jh.). Französ. Form: Angèle [ãˈʒɛl]. Italien. Form: Angela [ˈandʒela]. Engl. Form: Angela [ˈændʒɪlə]. Poln. Form: Aniela.

Angèle [ãˈʒɛl]: weibl. Vorn., französische Form von ▸ Angela.

Angelika, (auch:) Angelica: weibl. Vorn. (zu lat. *angelicus, -a, -um,* griech. *aggelikós* »zum Engel gehörend, engelhaft«, Ableitung von *ággelos* »Bote; Bote Gottes, Engel«). – Zur Verbreitung des Namens trug die Angelica in dem früher viel gelesenen Versepos »Der rasende Roland« von Ariost (1532) bei. Eine bekannte Operngestalt ist die Angelica in Puccinis Oper »Schwester Angelica«. ✧ Bekannte Namensträgerinnen: Angelika Kauffmann, schweizerische Malerin der Goethezeit; Angelika Mechtel, deutsche Schriftstellerin (20.Jh.); Angelica Domröse, deutsche [Film]schauspielerin (20.Jh.). Französ. Form: Angélique [ãʒeˈlik]. Italien. Form: Angelica [anˈdʒeːlika].

Angelina, (auch:) Angeline: weibl. Vorn., italienische Koseform von ▸ Angela. Italien. Aussprache: [andʒeˈliːna].

Angélique [ãʒeˈlik]: weibl. Vorn., französische Form von ▸ Angelika.

Angelo [ˈandʒelo]: männl. Vorn., italienische Form von ▸ Angelus.

Angelus: männl. Vorn. lateinischen Ursprungs (lat. *angelus* aus griech. *ággelos* »Bote; Bote Gottes, Engel«). Der Name wurde erst seit dem Mittelalter gebräuchlich; in Deutschland blieb er wesentlich seltener als in Italien. ◇ Bekannter Namensträger: Angelus Silesius (»Der Schlesische Bote«), Pseudonym des geistlichen Dichters Johannes Scheffler (17.Jh.). Italien. Form: Angelo [ˈandʒelo].

Angie [ˈændʒɪ]: weibl. Vorn., englische Koseform von ▸ Angela.

Anica [ˈanitsa]: weiblicher Vorname, serbische, kroatische, makedonische Koseform von ▸ Anna.

Aniela: weibl. Vorn., polnische Form von ▸ Angela.

Anissa, (auch:) Anisa: weibl. Vorn., russische umgangssprachliche Form von Anissija (zu griech. *ánysis* »Erfüllung, Vollendung«).

Anita: weibl. Vorn., spanische Koseform von ▸ Anna oder Kurzform von Juanita (▸ Johanna). Die Vergabe des Vornamens Anita setzt in Deutschland gegen Ende des 19.Jh.s ein. Wahrscheinlich erfolgte die Entlehnung nicht direkt aus Spanien, sondern durch italienische Vermittlung. In Italien geht die Verbreitung dieses Vornamens auf die Gattin des Freiheitskämpfers und Politikers Giuseppe Garibaldi, Anita (Anna Maria) Ribeira da Silva († 1849), zurück. ◇ Bekannte Namensträgerin: Anita O'Day, amerikanische Jazzsängerin (20.Jh.).

Anitra: weibl. Vorn., der auf eine arabische Sklavin in Henrik Ibsens dramatischem Gedicht »Peer Gynt« (1867) zurückgeht. Der Name wurde wohl von Ibsen selbst geprägt. Bekannt wurde der Name vor allem durch »Anitras Tanz« in Edvard Griegs gleichnamiger Suite.

Anja, (auch:) Anje: aus dem Russischen übernommene weibl. Vorn., russische Form von

▸ Anna. ◇ Bekannte Namensträgerin: Anja Silja, deutsche Opernsängerin (20.Jh.).

Anjuli, (auch:) Anjulie [ˈandʒuli]: weibl. Vorn., eigentlich indische Bezeichnung für die zum Gruß und zum Trinken aneinander gelegten Hände. Der Vorname wurde in Deutschland bekannt durch die Anjuli in Mary M. Kayes Roman »Palast der Winde« (deutsche Übersetzung 1979).

Anjuscha, (auch:) Anjuschka: weibl. Vorn., russische Koseform von ▸ Anna.

Anjuta: weibl. Vorn., russische Koseform von ▸ Anna.

Anka: weibl. Vorn., niederdeutsche oder polnische (auch bulgarische, slowenische) Koseform von ▸ Anna.

Anke: weibl. Vorn., niederdeutsche Koseform von ▸ Anna. ◇ Bekannte Namensträgerin: Anke Huber, deutsche Tennisspielerin (20.Jh.).

Anke: *Anke Huber, deutsche Tennisspielerin*

Ann: ▸ Anna.

Anna: weibl. Vorn. hebräischen Ursprungs (hebr. *hanna* »er [Gott] war gnädig«). – Anna hieß nach der christlichen Überlieferung die Mutter Marias. Während »Maria« aus religiöser Scheu als Vorname in Deutschland bis zum 16.Jh. gemieden wurde, war der Name ihrer Mutter bereits im 14.Jh. sehr verbreitet. Nach der Reformation war der Name gleichermaßen bei Protestanten und Katholiken beliebt. Bis heute gehört Anna zu den meistvergebenen weiblichen Vornamen; NAMENSTAG: 26.Juli. Eine bekannte literarische Gestalt ist die Anna Karenina in Leo Tolstois gleichnamigem Roman. ◇ Bekannte Namensträgerinnen: Anna Boleyn, Königin von England und 2. Gemahlin Heinrichs VIII. (16. Jh.); Anna Seghers, deutsche Schriftstellerin (20. Jh.); Anna Moffo, amerikanische Opernsängerin italienischer Herkunft (20. Jh); Anne-Sophie Mutter, deutsche Violinistin (20. Jh.). Engl. Form: Anne, Ann [æn]. Französ. Form: Anne [aːn, an]. Russ. Form: Anja. Span. Form: Ana.

Annabella, (auch:) Annabell; Anabel: weibl. Vorn., entweder Doppelform aus ▸ Anna und ▸ Bella oder Umgestaltung des weiblichen Vornamens Amabel (lat. *amābilis, -e* »liebenswert«, vgl. Mabel) zu Anabel und weiter zu Annabella. Engl. Form: An[n]abel [ˈænəbɛl]. Französ. Form: Annabelle [annaˈbɛl].

Annakathrin, (auch:) Annakatrin: weibl. Vorn., Doppelform aus ▸ Anna und Kathrin (▸ Katharina). Vgl. Annekathrin.

Annalena, (auch:) Annalene: weibl. Vorn., Doppelform aus ▸ Anna und Lena, Lene (Kurzformen von ▸ Magdalena oder ▸ Helene). Vgl. Annelene.

Annaliesa, (auch:) Annaliese, Annalies; Annalisa, Annalise: weibl. Vorn., Doppelform aus ▸ Anna und Liesa, Lies(e), Lisa, Lise (Kurzformen von ▸ Elisabeth). Vgl. Anneliese.

Annaluise, (auch:) Annaluisa; Annalouisa, Annalouise: weibl. Vorn., Doppelform aus ▸ Anna und ▸ L(o)uise bzw. ▸ L(o)uisa. Vgl. Anneluise.

Annamaria, (auch:) Annamarie: weibl. Vorn., Doppelform aus ▸ Anna und ▸ Maria. Vgl. Annemarie.

Annarosa, (auch:) Annarose: weibl. Vorn., Doppelform aus ▸ Anna und ▸ Rosa. Vgl. Annerose.

Annasophia, (auch:) Annasophie: weibl. Vorn., Doppelform aus ▸ Anna und ▸ Sophia.

Ännchen: weibl. Vorn., Koseform von ▸ Anna. Die Koseform ist durch das Volkslied »Ännchen von Tharau« bekannt.

Annchristin, (auch:) Annkristin: weibl. Vorn., Doppelform aus ▸ Anna und ▸ Christine.

Anne, (auch:) Änne: weibl. Vorn., Nebenform von ▸ Anna. ◇ Bekannte Namensträgerinnen: Anne Frank, Kind einer deutsch-jüdischen Familie, bekannt durch ihr im Amsterdamer Versteck geschriebenes Tagebuch (20. Jh.); Anne Duden, deutsche Schriftstellerin (20. Jh.).

Annedore, (auch:) Annedora: weibl. Vorn., Doppelform aus ▸ Anna und Dore/Dora (Kurzformen von ▸ Dorothea).

Annegret, (auch:) Annegrete: weibl. Vorn., Doppelform aus ▸ Anna und Grete (Kurzform von ▸ Margarete).

Annekathrin, (auch:) Annekatrin; Annkathrin, Annkatrin: weibl. Vorn., Doppelform aus ▸ Anna und Kathrin (▸ Katharina).

Anneke: weibl. Vorn., niederdeutsche Koseform von ▸ Anna.

Annelene, (auch:) Annelena; Anneleen: weibl. Vorn., Doppelform aus ▸ Anna und Lene, Lena (Kurzformen von ▸ Magdalena oder ▸ Helene).

Anneli, (auch:) Annelie; Annely: weibl. Vorn., süddeutsche Koseform von ▸ Anna.

Anneliese, (auch:) Annelies; Annelise, Annelis: weibl. Vorn., Doppelform aus ▸ Anna und Lies(e), Lis(e) (Kurzformen von ▸ Elisabeth). ◇ Bekannte Namensträgerin: Anneliese Rothenberger, deutsche Opernsängerin (20. Jh.).

Annelina, (auch:) Anneline: weibl. Vorn., Doppelform aus ▸ Anna und Lina, Line (Kurzformen von ▸ Karoline).

Annelise, (auch:) Annelis: ▸ Anneliese.

Annelore: weibl. Vorn., Doppelform aus ▸ Anna und Lore (Kurzform von ▸ Eleonore).

Annelotte, (auch:) Annelott: weibl. Vorn., Doppelform aus ▸ Anna und Lotte (Kurzform von ▸ Charlotte).

Annely: ▸ Anneli.

Annemarie, (auch:) Annemaria: weibl. Vorn., Doppelform aus ▸ Anna und ▸ Maria, die zu den beliebtesten Doppelformen des 20. Jh.s gehört. ◇ Bekannte Namensträgerin: Annemarie Renger, deutsche Politikerin (20. Jh.).

Annemarte: weibl. Vorn., Doppelform aus ▸ Anna und ▸ Martha.

Annemie: weibl. Vorn., Koseform von ▸ Annemarie.

Annemieke: weibl. Vorn., niederdeutsche Koseform von ▸ Annemarie.

Annerieke: weibl. Vorn., Doppelform aus ▸ Anna und Ri(e)ke (Kurzform von ▸ Friederike, ▸ Henrike oder ▸ Ulrike).

Annerose: weibl. Vorn., Doppelform aus ▸ Anna und Rose (▸ Rosa).

Anneruth: weibl. Vorn., Doppelform aus ▸ Anna und ▸ Ruth.

Annetraude, (auch:) Annetraud, Annetraut; Annetrude, Annetrud: weibl. Vorn., Doppelform aus ▸ Anna und Traude bzw. Trude (Kurzformen von ▸ Gertrud, ▸ Waltraud und anderen weiblichen Vornamen).

Ann̦ette, (auch:) Ann̦ett: im 17./18. Jh. aus dem Französischen übernommene Koseform von ▸ Anna, die als amtliche Namensform seit dem 19. Jh. gelegentlich erscheint, häufig erst im 20. Jh. verwendet wird. ◇ Bekannte Namensträgerinnen: Annette (eigentlich Anna-Elisabeth) Freiin von Droste-Hülshoff, deutsche Dichterin (18./19. Jh.); Annette (eigentlich Anne Mathilde) Kolb, deutsche Schriftstellerin (19./20. Jh.).

A̦nni, (auch:) A̦nnie: weibl. Vorn., Koseform von ▸ Anna.

A̦nnika, (auch:) A̦nnike; A̦nnik: weibl. Vorn., niederdeutsche, niederländische und skandinavische Koseform von ▸ Anna; Name einer Gestalt in dem Kinderbuch »Pippi Langstrumpf«.

Ann̦ina, (auch:) Ann̦ine: weibl. Vorn., Weiterbildung von ▸ Anna.

Annkathr̦in: ▸ Annekathrin.

Annkr̦istin: ▸ Annchristin.

A̦nno: alter deutscher männl. Vorn., Kurzform von ▸ Arnold. ◇ Bekannter Namensträger: der heilige Anno, Erzbischof von Köln (11. Jh.), NAMENSTAG: 4. Dezember.

Annsophi̦e, (auch:) Annsofi̦e: weibl. Vorn., Doppelform aus ▸ Anna und Sophie/Sofie (▸ Sophia).

Annunzi̦ata: aus dem Italienischen übernommener weiblicher Vorname (»die Angekündigte, Verkündigte«). Der Name bezieht sich auf das Fest Mariä Verkündigung (25. März).

Anouk [a'nuk]: aus dem Französischen übernommener weibl. Vorn., französische Koseform von ▸ Anna. ◇ Bekannte Namensträgerin: Anouk Aimée, französische Schauspielerin (20. Jh.).

A̦nsbert: alter deutscher männl. Vorn. (german. *ans-* »Gottheit« + ahd. *beraht* »glänzend«).

A̦nselm: alter deutscher männl. Vorn. (german. *ans-* »Gottheit« + ahd. *helm* »Helm«). Die latinisierte Form lautet Anselmus. Zur Verbreitung des Namens im Mittelalter trug die Verehrung des heiligen Anselm von Canterbury (11./12. Jh.) bei, NAMENSTAG: 21. April. ◇ Bekannte Namensträger: Anselm Feuerbach, deutscher Maler (19. Jh.); Anselm Kiefer, deutscher Maler (20. Jh.). Literarische Gestalten sind der Student Anselmus in E. T. A. Hoffmanns Kunstmärchen »Der goldene Topf« und der Anselm in Martin Walsers

»Anselm-Kristlein-Trilogie« (»Halbzeit«, »Das Einhorn«, »Der Sturz«). Italien. Form: Anse̦lmo.

Anse̦lmo: männl. Vorn., italienische Form von ▸ Anselm.

A̦nsgar: alter deutscher männl. Vorn. (german. *ans-* »Gottheit« + ahd. *gēr* »Speer«). ◇ Bekannter Namensträger: der heilige Ansgar, Bischof von Hamburg-Bremen (9. Jh.), NAMENSTAG: 3. Februar.

A̦nsgard: alter deutscher weibl. Vorn. (german. *ans-* »Gottheit« + german. *gardaz* »Zaun, Einfriedung«, vgl. ahd. *garto* »Garten«).

A̦nswald: alter deutscher männl. Vorn. (german. *ans-* »Gottheit« + ahd. *-walt* zu *waltan* »herrschen, walten«).

A̦ntal, ungar. Aussprache: ['ɔntɔl]: männl. Vorn., ungarische Form von ▸ Anton.

Anthe̦a: weibl. Vorn. griechischer Herkunft (zu griech. *ántheios* »blütenreich«), Beiname der Göttin Hera.

Anthony ['æntənɪ]: männl. Vorn., englische Form von ▸ Anton. ◇ Bekannte Namensträger: Anthony Quinn, amerikanischer Filmschauspieler (20. Jh.); Anthony Perkins, amerikanischer Filmschauspieler (20. Jh.); Anthony Burgess, englischer Schriftsteller (20. Jh.).

Anțina, (auch:) Anține; And̦ina, And̦ine: weibl. Vorn., ostfriesische und niederländische Erweiterung von ▸ Anna.

A̦ntje, (auch:) A̦ntja: weibl. Vorn., friesische und niederländische Koseform von ▸ Anna. ◇ Bekannte Namensträgerin: Antje Vollmer, deutsche Theologin und Politikerin (20. Jh.).

Antoine [ã'twan]: männl. Vorn., französische Form von ▸ Anton. ◇ Bekannter Namensträger: Antoine de Saint-Exupéry, französischer Schriftsteller (20. Jh.).

Antoinette [ãtwa'nɛt]: im 17./18. Jh. aus dem Französischen übernommener weibl. Vorn., Koseform von französ. Antoine (▸ Antonia). ◇ Bekannte Namensträgerin: Marie Antoinette, Gemahlin Ludwigs XVI. (18. Jh.).

A̦nton, (auch:) Anțonius: männl. Vorn. lateinischen Ursprungs, der auf einen altrömischen Geschlechternamen zurückgeht. Der Name fand in Deutschland vor allem durch die Verehrung des heiligen Antonius von Padua (12./13. Jh.) Verbreitung; NAMENSTAG: 13. Juni. Eine literarische Gestalt ist Anton Reiser in dem gleichnamigen Roman von K. P. Moritz. Eine bekannte Gestalt der Jugendbuchliteratur ist der Anton in Erich Kästners »Pünktchen und Anton«. ◇ Bekannte Namensträger: der heilige Antonius, Einsiedler in Ägypten, als Patriarch des Mönchtums verehrt (3./4. Jh.), NAMENSTAG: 17. Januar; Herzog Anton Ulrich von Braunschweig (17./18. Jh.); Anton Graff, schweizerischer Maler (18./19. Jh.); Anton Bruckner, österreichischer Komponist (19. Jh.); Anton Philipp Reclam, deutscher Verleger und Buchhändler (19. Jh.); Anton Tschechow, russischer Schriftsteller (19./20. Jh.); Anton Dvořák, tschechischer Komponist (19./20. Jh.); Anton Friedrich Wilhelm von Webern, österreichischer Komponist (19./20. Jh.). Französ. Form: Antoine [ãˈtwan]. Italien. und span. Form: Antonio. Engl. Form: Anthony [ˈæntənɪ]. Ungar. Form: Antal [ˈɔntɔl].

Antonella: weibl. Vorn., italienische Koseform von ▸ Antonia.

Antonetta: weibl. Vorn., italienische Koseform von ▸ Antonia.

Antonia, (auch:) Antonie: weibl. Vorn., weibliche Form von ▸ Anton(ius).

Antonietta: weibl. Vorn., italienische Koseform von ▸ Antonia.

Antonina: weibl. Vorn., weibliche Form des italienischen Vornamens Antonino, der auf den römischen Geschlechternamen Antoninus zurückgeht.

Antonio: männl. Vorn., spanische und italienische Form von ▸ Anton. ◇ Bekannte Namensträger: Antonio Vivaldi, italienischer Komponist (17./18. Jh.); Antonio Canova, italienischer Bildhauer (18./19. Jh.); Antonio Gaudí, spanischer Architekt (19./20. Jh.); Antonio Banderas, spanischer Filmschauspieler (20. Jh.).

Antonius: ▸ Anton.

Anuschka: weibl. Vorn., russische Koseform von ▸ Anna.

Apollonia, (auch:) Appollonie: weibl. Vorn., weibliche Form von ▸ Apollonius. Zur Verbreitung des Namens im Mittelalter trug die Verehrung der heiligen Apollonia (3. Jh.) bei; NAMENSTAG: 9. Februar.

Apollonius: männl. Vorn. griechischen Ursprungs (lat. Apollōnius, griech. Apollōnios zum griech. Götternamen Apóllōn). ◇ Bekannte Namensträger: Apollonios von Perge, Mathematiker und Astronom (3. Jh. v. Chr.); der heilige Apollonius, römischer Philosoph, Märtyrer (2. Jh.), NAMENSTAG: 18. April.

Arabella, (auch:) Arabelle: weibl. Vorn., wahrscheinlich schottischer Herkunft, vielleicht Nebenform (Dissimilation) von ▸ Annabella. Eine bekannte Operngestalt ist Arabella, die älteste Tochter des Grafen Waldner, in Richard Strauss' Oper »Arabella«.

Aranka, ungar. Aussprache: [ˈɔrɔŋkɔ]: weibl. Vorn. ungarischen Ursprungs, Übersetzung von ▸ Aurelia (ungar. arany »Gold«).

Arantxa [aˈrantʃa]: weiblicher Vorname baskischer Herkunft, Koseform des weiblichen Vornamens Arántzazu, der auf das gleichnamige Marienheiligtum im Baskenland zurückgeht. ◇ Bekannte Namensträgerin: Arantxa Sánchez Vicario, spanische Tennisspielerin (20. Jh.).

Arbo: männl. Vorn., einstämmiger Name (ahd. arbeo »der Erbe«).

Arbogast: alter deutscher männl. Vorn. (ahd. arbeo »der Erbe« + ahd. gast »Fremdling; Gast«). ◇ Bekannter Namensträger: der heilige Arbogast, Bischof von Straßburg (7. Jh.), NAMENSTAG: 21. Juli.

Archibald, engl. Aussprache: [ˈɑːtʃɪbəld]: männl. Vorn., englische Form (über altfranzös. Archimbald) von ▸ Erkenbald, bekannt durch Th. Fontanes Ballade »Archibald Douglas«.

Arend, (auch:) Arendt: männl. Vorn., niederdeutsche Kurzform von ▸ Arnold.

Arendje: weibl. Vorn., ostfriesische Koseform von ▸ Arend.

Areta, (auch:) Aretha: weibl. Vorn., vielleicht zu griech. areté »Tugend«. ◇ Bekannte Namensträgerin: Aretha Franklin, amerikanische Soul- und Rocksängerin und -pianistin (20. Jh.).

¹Ari: männl. Vorn., niederländische Kurzform von ▸ Arian.

²Ari, (auch:) Ary: männl. Vorn., Kurzform von ▸ Aribert.

Ariadne, (auch:) Ariadna: aus dem Griechischen entlehnter weibl. Vorn. vorgriechischen Ursprungs (griech. volksetymologisch als ari [verstärkende Vorsilbe] + hagné »die Heilige« gedeutet). Ariadne war der Name der Tochter des Königs Minos von Kreta. Nach der griechischen Sage gab Ariadne Theseus, den sie liebte, ein Wollknäuel, mit dem er nach seinem Kampf mit dem Minotauros aus dem Labyrinth herausfand. Das weitere Schicksal der Ariadne, die mit Theseus auf die Insel Naxos floh, dort aber von ihm verlassen wurde, behandelt z. B. Richard Strauss in der Oper »Ariadne auf Naxos«.

Arian: männl. Vorn., ostfriesisch-niederländische Nebenform von ▶ Adrian.

Ariane, (auch:) Ariana: weibl. Vorn., französische Form von ▶ Ariadne oder niederländische Form von ▶ Adriana. Der Name ist bekannt durch den Roman »Ariane« von Claude Anet. ◆ Bekannte Namensträgerin: Ariane Mnouchkine, französische Schauspielerin und Regisseurin (20. Jh.). Französ. Aussprache: [a'rjan]. Italien. Form: Arianna.

Arianka, (auch:) Arianke: weibl. Vorn., Koseform von ▶ Ariane.

Arianna: weibl. Vorn., italienische Form von ▶ Ariane.

Aribert: männl. Vorn., romanische Form von ▶ Heribert. ◆ Bekannter Namensträger: Aribert Reimann, deutscher Komponist und Pianist (20. Jh.).

Ariel, (auch:) Ariël: männl. Vorn. hebräischen Ursprungs, der als »Feuerherd, Opferaltar Gottes« oder »Löwe Gottes« ausgelegt wird. Nach der Bibel war Ariel ein Abgesandter Esras, der Diener für das Haus Gottes in Jerusalem werben sollte. In William Shakespeares Komödie »Der Sturm« ist »Ariel« der Name des Luftgeistes.

Arietta: weibl. Vorn., Koseform von ▶ Ariane.

Arjan, (auch:) Arjen: männl. Vorn., ostfriesisch-niederländische Form von ▶ Adrian.

Arleen, (auch:) Arlene; Arline: aus dem Englischen übernommener weibl. Vorn., vermutlich Neubildung aus ▶ Marlene oder Charlene (▶ Charleen). ◆ Bekannte Namensträgerin: Arleen Augér, amerikanische Opernsängerin (20. Jh.). Engl. Aussprache: [ɑː'liːn].

Arlette, (auch:) Arletta; Arlett: aus dem Französischen übernommener weibl. Vorn., dem vielleicht die Kurzform eines mit german. *harja (vgl. ahd. heri »Kriegsschar, Heer«) gebildeten Namens zugrunde liegt. Zur Verbreitung des Namens hat auch die französische Bühnen- und Filmschauspielerin Arletty (eigentlich Arlette-Léonie Bathiat; 19./20. Jh.) beigetragen. Französ. Aussprache: [ar'lɛt].

Arline: ▶ Arleen.

Armand [ar'mã]: männl. Vorn., französische Form von ▶ Hermann.

Armando: männl. Vorn., italienische Form von ▶ Hermann.

Armelle, (auch:) Armella: weibl. Vorn., weibliche Bildung zu dem französischen Vornamen Armel, dem Namen eines bretonischen Heiligen aus dem 6. Jh.

Armgard, (auch:) Armgart: weibl. Vorn., Nebenform von ▶ Irmgard; Name einer Gestalt in F. Schillers »Wilhelm Tell« und in Th. Fontanes Roman »Der Stechlin«.

Armida: weibl. Vorn. italienischen Ursprungs, dessen Verbreitung auf die Dichtung »Das befreite Jerusalem« von Torquato Tasso (1581) zurückgeht. Nach dieser Dichtung wurde Armida Gestalt in mehreren Opern (z. B. von Ch. W. Gluck, G. Rossini, A. Dvořák).

Armin: männl. Vorn., der auf den Namen des Cheruskerfürsten Arminius, der i. J. 9 n. Chr. über das römische Heer des Qu. Varus siegte, zurückgeht (einstämmige Kurzform zu einem mit german. *ermana, *irmina »allumfassend, groß« gebildeten Namen, wahrscheinlich german. *Ermin-mēraz, latinisiert *Ermino-merus). Im 18./19. Jh. wurde Arminius fälschlich mit ▶ Hermann gleichgesetzt. ◆ Bekannter Namensträger: Armin Müller-Stahl, deutscher Filmschauspieler (20. Jh.).

Arnd, (auch:) Arndt; Arnt: männl. Vorn., Kurzform von ▶ Arnold.

Arne: männl. Vorn., nordische Kurzform von Namen, die mit »Arn-« gebildet sind (z. B. Arnvald; vgl. Arnold).

Arnfried, (auch:) Arnfrid: alter deutscher männl. Vorn. (ahd. arn »Adler« + ahd. fridu »Schutz vor Waffengewalt, Friede«).

Arnhild, (auch:) Arnhilt; Arnhilde: alter deutscher weibl. Vorn. (ahd. arn »Adler« + ahd. hiltja »Kampf«).

Arnim: in neuerer Zeit aufgekommener männl. Vorn., ursprünglich Ortsname (bei Potsdam), vielleicht Vermischung mit ▶ Armin.

Arno: alter deutscher männl. Vorn., Kurzform von Vornamen, die mit »Arn-« gebildet sind, besonders von ▶ Arnold. ◆ Bekannte Namensträger: Arno Holz, deutscher Schriftsteller (19./20. Jh.); Arno Schmidt, deutscher Schriftsteller (20. Jh.).

Arnold, (auch:) Arnolt: alter deutscher männl. Vorn. (ahd. arn »Adler« + ahd. -walt zu waltan »walten, herrschen«). Zur Verbreitung des Namens im nordwestdeutschen Raum im Mittelalter trug die Verehrung des heiligen Arnold, Lautenspieler am Hofe Karls des Großen, bei. Der Name wurde um 1800 durch die Ritterdichtung und romantische Bewegung neu belebt. ◆ Bekannte Namensträger: Arnold Winkelried, schweizerischer

Volksheld (14. Jh.); Arnold Böcklin, schweizerischer Maler (19. Jh.); Arnold Zweig, deutscher Schriftsteller (19./20. Jh.); Arnold Schönberg, österreichischer Komponist (19./20. Jh.); Arnold Schwarzenegger, amerikanischer Filmschauspieler österreichischer Herkunft (20. Jh.).

Arnolda, (auch:) Arnolde: weibl. Vorn., weibliche Form von ▶ Arnold.

Arnoldina, (auch:) Arnoldine: weibl. Vorn., weibliche Form von ▶ Arnold mit der seit dem 17./18. Jh. beliebten Endung -ina/-ine.

Arnolf: ▶ Arnulf.

Arnolt: ▶ Arnold.

Arnt: ▶ Arnd.

Arnulf, (auch:) Arnolf: alter deutscher männlicher Vorname (ahd. *arn* »Adler« + ahd. *wolf* »Wolf«). ◇ Bekannter Namensträger: der heilige Arnulf, Bischof von Metz, Ahnherr der Karolinger (6./7. Jh.), NAMENSTAG: 18. Juli.

Aron: ▶ Aaron.

Arp: männl. Vorn., niederdeutsche Kurzform von ▶ Arbogast.

Árpád, ungar. Aussprache: ['a:rpa:d]: männl. Vorn. (zu ungar. *árpa* »Gerste[nkorn]«?), der auf den Anführer eines ungarischen Stammes (9./10. Jh.) zurückgeht. Der Name wurde erst im 19. Jh. neu belebt.

Art, engl. Aussprache: [a:t]: männl. Vorn., englische Kurzform von ▶ Arthur.

Artur, (auch:) Arthur: aus dem Englischen übernommener männl. Vorn., der in Deutschland erst seit dem Ende des 18. Jh.s allmählich Verbreitung fand. Engl. Arthur geht auf den sagenhaften König Arthur zurück. König Arthur und die Ritter seiner Tafelrunde sind der Mittelpunkt eines großen, ursprünglich keltischen Sagenkreises des Mittelalters. Der Name Arthur ist wahrscheinlich keltischer (walisischer) Herkunft (zu kelt. *artos* »Bär«), doch wird auch eine Ableitung von einem römischen Geschlechternamen (Artorius) erwogen, der dann durch römische Legionäre nach Britannien getragen wurde. ◇ Bekannter Namensträger: Arthur Schopenhauer, deutscher Philosoph (18./19. Jh.); Arthur Wellington, britischer Feldmarschall und Politiker (18./19. Jh.); Arthur Schnitzler, österreichischer Schriftsteller (19./20. Jh.); Arthur Honegger, französ.-schweizerischer Komponist (19./20. Jh.); Arthur Rubinstein, polnischer Pianist (19./20. Jh.); Arthur Mil-

ler, amerikanischer Dramatiker (20. Jh.). Englische Form: Arthur ['a:θə].

Arwed, (auch:) Arved; Arwid, Arvid: männl. Vorn. (schwed. Arved, schwed. und dän. Arvid, zu altnord. *ari* »Adler« + altnord. *viðr* »Baum, Wald« als poetische Umschreibung des Kriegers).

Arwin: männl. Vorn. (ahd. *aro* »Adler« + ahd. *wini* »Freund«).

Ascan, (auch:) Ascanius: männl. Vorn., latinisierte Form von ▶ Aschwin, angelehnt an griech. Askánios, Sohn des Äneas und der Eurydike.

Aschwin, (auch:) Aswin; (älter:) Askwin, Ascwin: alter deutscher männl. Vorn. (ahd. *ask* »Speer [aus Eschenholz]« + ahd. *wini* »Freund«).

Asgard: weibl. Vorn. (german. **ans-* »Gottheit« + german. **gardaz* »Zaun, Einfriedung«, vgl. ahd. *garto* »Garten«).

Ashley, (auch:) Ashleigh ['æʃlɪ]: aus dem Englischen übernommener weibl. Vorn., ursprünglich Orts- und Familienname (altengl. *æsc-léah* »Eschenhain«), seit 1860 in England auch als Vorname gebräuchlich, in Deutschland seit Beginn der 90er-Jahre anzutreffen.

Asja, (auch:) Assja: aus dem Russischen übernommener weibl. Vorn., Kurzform von ▶ Anastasia.

Asmus: männl. Vorn., Kurzform von ▶ Erasmus. ◇ Bekannter Namensträger: Asmus Jakob Carstens, deutscher Maler (18. Jh.).

Aspasia: weibl. Vorn. griechischen Ursprungs (griech. *aspásios* »willkommen; freudig«). ◇ Bekannte Namensträgerin: Aspasia, griechische Hetäre, zweite Frau des Perikles (5. Jh. v. Chr.).

Assja: ▶ Asja.

Assunta: aus dem Italienischen übernommener weiblicher Vorname (»die [in den Himmel] Aufgenommene«). Der Name bezieht sich auf das Fest Mariä Himmelfahrt (15. August).

Asta: weibl. Vorn., Kurzform von ▶ Anastasia, ▶ Astrid oder ▶ Augusta. Asta ist der Name einer Gestalt in H.v. Doderers Roman »Die Strudlhofstiege«. ◇ Bekannte Namensträgerin: Asta Nielsen, dänische Schauspielerin der Stummfilmzeit (19./20. Jh.).

Astrid: aus dem Schwedischen übernommener weibl. Vorn. (german. **ans-* »Gottheit« + *friðr* »schön«). ◇ Bekannte Namensträgerinnen: Astrid Varnay, schwedische Opernsängerin (20. Jh.); Astrid Lindgren, schwedische

Astrid: *Astrid Lindgren, schwedische Schriftstellerin*

Schriftstellerin (20. Jh.); Astrid Kumbernuß, deutsche Leichtathletin (20. Jh.).

Aswin: ▸ Aschwin.

Athanasia: weibl. Vorn., weibliche Form von ▸ Athanasius.

Athanasius: männl. Vorn. griechischen Ursprungs (zu griech. *a-thánatos* »unsterblich«). ❖ Bekannte Namensträger: der heilige Athanasius, Kirchenlehrer, Bischof von Alexandria (4. Jh.), NAMENSTAG: 2. Mai; Athanasius Kircher, deutscher Universalgelehrter (17. Jh.).

Athena, (auch:) Athene: weibl. Vorn. vorgriechischen Ursprungs, der auf Athénē, die griechische Göttin des Krieges und des Friedens und Schutzherrin von Athen, zurückgeht. Die Bedeutung des Namens ist unklar. Nach der griechischen Sage war Athene die Lieblingstochter des Zeus.

Attila: männl. Vorn., der auf den Namen des Hunnenkönigs Attila (6. Jh.) zurückgeht (wohl zu got. *attila* »Väterchen«). ❖ Bekannter Namensträger: Attila Hörbiger, österreichischer [Film]schauspieler (19./20. Jh.).

Audrey ['ɔːdrɪ]: englischer weibl. Vorn., der auf altenglisch Æðelþryð zurückgeht (altengl. *æðel* »edel« + *þryð* »Stärke, Macht«). ❖ Bekannte Namensträgerin: Audrey Hepburn, amerikanische Filmschauspielerin (20. Jh.).

August: männl. Vorn. lateinischen Ursprungs (lat. *augustus, -a, -um* »heilig; ehrwürdig; erhaben«). Lateinisch Augustus war ehrender Beiname des ersten römischen Kaisers Gaius Octavianus. Augustus ist durch das Weihnachtsevangelium allgemein bekannt. Ihm zu Ehren ist der achte Monat des Kalenderjahres benannt: lat. *[mēnsis] Augustus.* Der Name kam in Deutschland seit der Renaissance, vorwiegend als Adelsname, auf, nachdem der Humanismus das Interesse an der altrömischen Geschichte geweckt hatte. ❖ Bekannte Namensträger: August II., der Starke, Kurfürst von Sachsen (17./18. Jh.); August von Kotzebue, deutscher Dramatiker (18./19. Jh.); August Graf von Platen, deutscher Dichter (18./19. Jh.); August Oetker, deutscher Unternehmer (19./20. Jh.); August Bebel, Mitbegründer und Führer der deutschen Sozialdemokratie (19./20. Jh.); August Macke, deutscher Maler (19./20. Jh.); August Strindberg, schwedischer Schriftsteller (19./20. Jh.); August Everding, deutscher Regisseur (20. Jh.).

Auguste, (auch:) Augusta: weibl. Vorn., weibliche Form von ▸ August. Eine literarische Gestalt ist die Auguste in Dürrenmatts Komödie »Der Meteor«. ❖ Bekannte Namensträgerinnen: Augusta, deutsche Kaiserin und Königin von Preußen (19. Jh.); Auguste Viktoria, deutsche Kaiserin und Königin von Preußen (19./20. Jh.).

Augustin, (auch:) Augustinus: männl. Vorn., Weiterbildung von Augustus (▸ August). ❖ Bekannte Namensträger: der heilige Augustinus, Kirchenlehrer (4./5. Jh.), NAMENSTAG: 28. August; der heilige Augustinus, Apostel der Angelsachsen (6./7. Jh.), NAMENSTAG: 27. Mai.

Augustine, (auch:) Augustina: weibl. Vorn., weibliche Form von ▸ Augustin.

Augustinus: ▸ Augustin.

Aurel, (auch:) Aurelius: männl. Vorn. lateinischen Ursprungs, der auf einen altrömischen Geschlechternamen (wohl sabinischen Ursprungs, zu sabinisch *Ausel, Name einer Sonnengottheit) zurückgeht. ❖ Bekannter Namensträger: Marcus Aurelius, römischer Kaiser (2. Jh.). Italien. Form: Aurelio.

Aurelia, (auch:) Aurelie: weibl. Vorn., weibliche Form von ▸ Aurel(ius). Bekannte literarische Gestalten sind die Aurelie in Goethes Roman »Wilhelm Meisters Lehrjahre« und die Aurelie in E.T.A. Hoffmanns Roman »Die Elixiere des Teufels«.

Aurelio: männl. Vorn., italienische Form von ▸ Aurel.

Aurelius: ▸ Aurel.

Aurica, (auch:) Aurika: aus dem Rumänischen übernommener weibl. Vorn. (rumänisch *aur* aus lat. *aurum* »Gold«).

Aurora, (auch:) Aurore: weibl. Vorn. lateinischen Ursprungs (lat. *Auröra* »[Göttin der] Morgenröte«).

Ava: weibl. Vorn., dem vermutlich asächs. *aval* »Kraft« zugrunde liegt.

Axel: aus dem Schwedischen übernommener männl. Vorn. Schwed. Axel ist eine umgebildete Kurzform des biblischen Namens ▸ Absalom. Gelegentlich wird Axel auch als Koseform von ▸ Alexander aufgefasst. ◇ Bekannte Namensträger: Axel Munthe, schwedischer Arzt und Schriftsteller (19./20. Jh.); Axel Eggebrecht, deutscher Schriftsteller und Publizist (19./20. Jh.); Axel von Ambesser, deutscher Schriftsteller, Schauspieler und Regisseur (20. Jh.); Axel Caesar Springer, deutscher Verleger (20. Jh.); Axel Schulz, deutscher Boxer (20. Jh.).

Ayla, (auch:) Aila: weibl. Vorn. türkischer Herkunft (»Lichtkranz«).

Ayleen: ▸ Aileen, ▸ Eileen.

Azalee: weibl. Vorn., der mit dem Namen der Pflanze identisch ist (griech. *azaléa*, zu griech. *azaléos* »trocken, dürr«).

Babette, (auch:) Babett: im 19. Jh. aus dem Französischen übernommener weibl. Vorn., Koseform von ▸ Barbara oder ▸ Elisabeth. Eine literarische Gestalt ist die Babette in Max Frischs Schauspiel »Biedermann und die Brandstifter«. Französ. Aussprache: [ba'bɛt].

Bahne: nordfriesischer männl. Vorn., dessen Ursprung und Bedeutung unklar sind.

Balbina: weibl. Vorn. lateinischen Ursprungs (zu lat. *balbus, -a, -um* »stammelnd, lallend«). Balbina war der Name einer legendarischen Heiligen (4. Jh.), NAMENSTAG: 31. März, doch erscheint der Name in Deutschland erst seit dem 19. Jh.

Balder: ▸ Baldur.

Balduin: alter deutscher männl. Vorn., Nebenform von ▸ Baldwin. Balduin war im Mittelalter Traditionsname bei den Grafen von Flandern. Französ. Form: Baudouin [bo'dwɛ̃].

Baldur, (auch:) Balder: männl. Vorn.; Baldr (wohl zu german. **balðram* »Kraft«, **balðraz* »mutig, wehrhaft«) ist in der germanischen Mythologie der Sohn Odins, der strahlendste Gott unter den Asen, der Gott des Lichtes und des Frühlings. Als Vorname erscheint Balder/Baldur ganz vereinzelt seit Ende des 19. Jh.s, wird dann nach dem Namen des nationalsozialistischen Reichsjugendführers Baldur von Schirach (1907–74) zwischen 1933 und 1945 etwas häufiger vergeben und ist danach erst seit 1960 gelegentlich wieder nachweisbar.

Baldwin, (auch:) Balduin: alter deutscher männl. Vorn. (ahd. *bald* »kühn« + ahd. *wini* »Freund«).

Balthasar: männl. Vorn., griechische Form eines akkadischen Namens (*Bel-scharra-usur* »Gott [Baal] erhalte den König«). Diesen Namen gab der oberste Kämmerer Nebukadnezars dem Propheten Daniel. In Deutschland wurde »Balthasar« im Mittelalter vor allem als Name eines der Heiligen Drei Könige bekannt (vgl. die Vornamen ▸ Kaspar und ▸ Melchior). ◇ Bekannte Namensträger: Balthasar Neumann, deutscher Baumeister der Barockzeit (17./18. Jh.); Baltasar Gracián y Morales, spanischer Philosoph und Schriftsteller (17. Jh.).

Baptist: männl. Vorn. griechischen Ursprungs (zu griech. *baptízō* »tauche ein; taufe«, *baptistḗs* »Täufer«). Der Name ist eigentlich der Beiname Johannes des Täufers und kommt gewöhnlich in dem Doppelnamen Johann Baptist vor. ◇ Bekannter Namensträger: Johann Baptist Zimmermann, deutscher Stuckateur und Maler (17./18. Jh.).

Barb: weibl. Vorn., Koseform von ▸ Barbara.

Barbara: aus dem Lateinischen übernommener weibl. Vorn. (lat. *barbarus, -a, -um* »fremd, ausländisch, barbarisch« aus gleichbedeutend griech. *bárbaros*). Zu der Verbreitung des Namens hat die Verehrung der heiligen Barbara aus Nikomedien (3./4. Jh.) beigetragen, NAMENSTAG: 4. Dezember. Die heilige Barbara gehört zu den vierzehn Nothelfern und ist Schutzpatronin der Bergleute. ◇ Bekannte Namensträgerinnen: Barbara Blomberg, Geliebte Kaiser Karls V. (16. Jh.); Barbara Noack, deutsche Schriftstellerin (20. Jh.); Barbara Frischmuth, österreichische Schriftstellerin (20. Jh.); Barbra Streisand, amerikanische Schauspielerin, Regisseurin und Sängerin (20. Jh.).

Bärbel: weibl. Vorn., Koseform von ▸ Barbara.

Barbi: weibl. Vorn., Koseform von ▸ Barbara, besonders in Süddeutschland üblich.

Barnabas: aus der Bibel übernommener männl. Vorn., dessen Bedeutung nicht sicher geklärt ist (»Sohn der Prophetie« oder »Sohn des Trostes«). Barnabas ist der Beiname des Leviten Joseph aus Zypern, des Begleiters und Helfers des Apostels Paulus; NAMENSTAG: 11. Juni.

Bartel, (auch:) **Barthel:** männl. Vorn., Kurzform von ▸ Bartholomäus.

Barthold: männl. Vorn., niederdeutsche Nebenform von ▸ Berthold. ◇ Bekannte Namensträger: Barthold Hinrich Brockes, deutscher Dichter (17./18. Jh.); Barthold Georg Niebuhr, deutscher Historiker und Diplomat (18./19. Jh.).

Bartholomäus: aus der Bibel übernommener männl. Vorn. aramäischen Ursprungs (aramäisch Bar Tolmai »Sohn des Tolmai«, d. i. »des Verwegenen«, griech. Bartholomaios). Nach der Bibel war Bartholomäus einer der Jünger Jesu, NAMENSTAG: 24. August. ◇ Bekannte Namensträger: Bartholomäus Welser, Stifter des Welserhauses (15./16. Jh.); Bartholomäus Spranger, niederländischer Maler (16./17. Jh.).

Baruch: männl. Vorn. hebräischen Ursprungs (»der Gesegnete«). Baruch war Gefährte und Schreiber des Propheten Jeremia. ◇ Bekannter Namensträger: Baruch Spinoza, niederländischer Philosoph (17. Jh.).

Basil [bæzl]: männl. Vorn., englische Form von ▸ Basilius.

Basilius, (auch:) **Basil:** männl. Vorn. griechischen Ursprungs (zu griech. *basíleios* »königlich«). ◇ Bekannter Namensträger: der heilige Basilius, Kirchenlehrer, Erzbischof von Cäsa-

rea (4. Jh.), NAMENSTAG: 14. Juni. Engl. Form: Basil [bæzl]. Russ. Form: Wassili.

Bastian: männl. Vorn., Kurzform von ▸ Sebastian.

Bastien [bas'tjɛ̃]: männl. Vorn., französische Kurzform von ▸ Sebastian.

Baudouin [bo'dwɛ̃]: männl. Vorn., französische Form von ▸ Balduin. ◇ Bekannter Namensträger: Baudouin I., König von Belgien (20. Jh.).

Bea: weibl. Vorn., Kurzform von ▸ Beate.

Beat: männl. Vorn., Eindeutschung von ▸ Beatus.

Beate, (auch:) **Beata:** weibl. Vorn. lateinischen Ursprungs (lat. *beātus, -a, -um* »glücklich«).

Beatrice [bea'triːsə], italien. Aussprache: [bea'triːtʃe]: aus dem Italienischen übernommener weibl. Vorn., italienische Form von ▸ Beatrix. Allgemein bekannt ist der Name durch Beatrice Portinari (13. Jh.), die Jugendgeliebte Dantes. Bekannte literarische Gestalten sind die Beatrice in Schillers »Braut von Messina« und die Beatrice in Shakespeares »Viel Lärm um nichts«.

Beatrix, (auch:) **Beatrix:** weibl. Vorn. lateinischen Ursprungs. Mittellat. Beatrix ist eine Bildung zu lat. *beātus, -um* »glücklich«, etwa »die glücklich Machende«. Der Name begegnet in Deutschland bereits seit dem 11. Jh., seine Vergabe wurde vor allem durch adlige und dynastische Vorbilder angeregt. ◇ Bekannte Namensträgerinnen: die heilige Beatrix (3./4. Jh.), NAMENSTAG: 29. Juli; Beatrix von Burgund, 2. Gemahlin Friedrich Barbarossas (12. Jh.); Beatrix, Königin der Niederlande (20. Jh.). Franzö̈s. Form: Béatrice [bea'tris]. Italien. Form: Beatrice [bea'triːtʃe].

Beatus, (auch:) **Beat:** männl. Vorn. lateinischen Ursprungs (lat. *beātus, -a, -um* »glücklich«). Nach der Legende hieß der erste Glaubensbote im Schweiz Beatus (7. Jh.). Er wird als Patron der Innerschweiz verehrt; NAMENSTAG: 9. Mai.

Becky: weibl. Vorn., englische Koseform von ▸ Rebekka.

Beda: männl. Vorn., der auf Beda [Venerabilis], den Namen des angelsächsischen Kirchenlehrers (7./8. Jh.) zurückgeht; GEDENKTAG: 25. Mai. Ursprung und Bedeutung dieses Namens sind noch ungeklärt.

Beke, (auch:) **Beeke, Beka:** weibl. Vorn., wohl niederdeutsche oder friesische Koseform von ▸ Elisabeth, gelegentlich auch von ▸ Beate.

Béla, ungar. Aussprache: [ˈbeːlɔ]: aus dem Ungarischen übernommene männl. Vorn. Der Name »Béla« wurde in Ungarn mit dem deutschen Namen Adalbert gleichgesetzt. Seine Herkunft (ungarisch, türkisch, slawisch?) ist jedoch ungeklärt. ◇ Bekannter Namensträger: Béla Bartók, ungarischer Komponist (19./20. Jh.).

Bele: weibl. Vorn., Kurzform – eigentlich Lallform aus der Kindersprache – von ▸ Elisabeth, gelegentlich auch von ▸ Sybille, ▸ Gabriele. ◇ Bekannte Namensträgerin: Bele Bachem, deutsche Malerin (20. Jh.).

Belinda: im 20. Jh. aus dem Englischen übernommener weibl. Vorn. (der erste Bestandteil gehört vielleicht zu german. *badu-* »Kampf«, der zweite Bestandteil entspricht ahd. *lind* »sanft, weich, mild«, auch beeinflusst durch ahd. *linta* »Linde, Schild aus Lindenholz«). So hieß Rolands Frau im mittelalterlichen Karlsroman. Einfluss auf die englische Namengebung des 18. und 19. Jh.s übte Alexander Popes Versepos »The Rape of the Lock« aus, dessen schöne Heldin diesen Namen trägt. Die Vergabe des Vornamens »Belinda« im deutschsprachigen Raum ab den 60er-Jahren ist z. T. durch die englische Filmschauspielerin Belinda Lee (1935–1961) und den Schlager »Pretty Belinda« angeregt worden.

¹**Bella:** weibl. Vorn. italienischen Ursprungs (italien. *bello, -a* »schön«).

²**Bella:** weibl. Vorn., Kurzform von ▸ Isabella.

Ben: männl. Vorn., englische Kurzform von ▸ Benjamin.

Bendix: männl. Vorn., Kurzform von ▸ Benedikt.

Benedetta: weibl. Vorn., italienische Form von ▸ Benedikta.

Benedetto: männl. Vorn., italienische Form von ▸ Benediktus. ◇ Bekannter Namensträger: Benedetto Croce, italienischer Philosoph, Historiker und Literaturwissenschaftler (19./20. Jh.).

Benedict [ˈbɛnɪdɪkt]: männl. Vorn., englische Form von ▸ Benedikt.

Benedicta: ▸ Benedikta.

Benedikt, (auch:) Benedịktus: männl. Vorn. lateinischen Ursprungs (lat. *benedictus* »gepriesen, gesegnet«). Die Verbreitung des Namens geht auf den Hl. Benediktus von Nursia (5./6. Jh.) zurück, den Vater des abendländischen Mönchtums; NAMENSTAG: 11. Juli. Italien. Form: Benedetto. Französ. Form: Be-

noît [bɔˈnwa]. Span. Form: Benito. Engl. Formen: Benedict [ˈbɛnɪdɪkt]; Bennet [ˈbɛnɪt]. Schwed. Form: Bengt. Dän. Form: Bent.

Benedikta, (auch:) Benedicta: weibl. Vorn., weibliche Form von ▸ Benedikt. Italien. Form: Benedetta. Span. Form: Benita.

Benediktus: ▸ Benedikt.

Bengt: männl. Vorn., schwedische Form von ▸ Benedikt.

Benigna: weibl. Vorn. lateinischen Ursprungs (lat. *benignus, -a, -um* »gütig«).

Benita: weibl. Vorn., spanische Form von ▸ Benedikta.

Benito: männl. Vorn., spanische Form von ▸ Benedikt. Die Übernahme dieses Vornamens erfolgte in den 30er-Jahren durch italienische Vermittlung. Im 19. Jh. wurde »Benito« in sozialistischen Kreisen Italiens zu Ehren des mexikanischen Revolutionärs Benito Juárez (1806–1872) vergeben. Nach ihm wurde Benito Mussolini benannt, der später selbst zum Namensvorbild wurde.

Benjamin: aus der Bibel übernommener männl. Vorn. hebräischen Ursprungs (»Sohn von rechts, d. h. des Südens«). Eine volksetymologische Umdeutung findet sich bereits in der Bibel: Benjamin, der jüngste Sohn Jakobs, wird von seiner Mutter Rahel, die bei der Geburt stirbt, Benoni (»Sohn des Schmerzes«) genannt; Jakob ändert jedoch seinen Namen in Benjamin (»Sohn der rechten Hand, des Glücks«). Der Name kam in Deutschland bei Protestanten im 16. Jh. auf. Er war auch beliebt bei den Puritanern in England und Nordamerika. Wie andere biblische Namen gehört auch »Benjamin« seit den 70er-Jahren zu den beliebtesten Vornamen. ◇ Bekannte Namensträger: Benjamin Franklin, amerikanischer Staatsmann (18. Jh.); Benjamin Britten, englischer Komponist (20. Jh.).

Bennet [ˈbɛnɪt]: männl. Vorn., englische Form on ▸ Benedikt.

Benno: alter deutscher männl. Vorn., verselbstständigte Kurzform von Namen, die mit »Bern-« (german. *ber(a)nu-* »Bär«) gebildet sind. ◇ Bekannte Namensträger: Benno, Bischof von Meißen (11./12. Jh.), NAMENSTAG: 16. Juni; Benno von Wiese, deutscher Literaturwissenschaftler (20. Jh.).

Benny: männl. Vorn., englische Koseform von ▸ Benjamin. ◇ Bekannter Namensträger: Benny Goodman, amerikanischer Jazzmusiker (20. Jh.).

Benoît [bə'nwa]: männl. Vorn., französische Form von ▸ Benedikt.

Bent: männl. Vorn., dänische Form von ▸ Benedikt.

Benvenuto: männl. Vorn. italienischen Ursprungs (zu italien. *benvenuto, -a* »willkommen«). Dieser Vorname gehört zu einer Gruppe zwischen dem 11. und 13. Jh. vor allem in Mittelitalien neu gebildeter Vornamen, die entweder einen guten Wunsch für den Träger (vgl. Bonaventura) oder Dank für die Geburt ausdrücken. ◇ Bekannter Namensträger: Benvenuto Cellini, italienischer Goldschmied und Bildhauer (16. Jh.).

Berend: männl. Vorn., Kurzform von ▸ Bernhard.

Berendine, (auch:) Berendina: weibl. Vorn., weibliche Form von ▸ Berend mit der seit dem 17./18. Jh. beliebten Endung -ine/-ina.

Berengar: männl. Vorn., romanisierte Form von ▸ Bernger. Der heilige Berengar war im 11. Jh. Abt im Benediktinerkloster Formbach bei Passau; NAMENSTAG: 29. Oktober. ◇ Bekannter Namensträger: Berengar von Tours, französischer Theologe (11. Jh.).

Berenike, (auch): Berenice: weibl. Vorn. griechischen (makedonischen) Ursprungs (makedonisch für griech. *Phere-níkē* »die Siegbringerin«). ◇ Bekannte Namensträgerin: Berenike, jüdische Prinzessin, Geliebte des Titus (1. Jh.). Ihr Schicksal wurde von Corneille und Racine dramatisch bearbeitet.

Bergit, (auch:) Bergita: weibl. Vorn., Nebenform von ▸ Birgit.

Berhard: männl. Vorn., Nebenform von ▸ Bernhard.

Berit: aus dem Dänischen oder Schwedischen übernommener weibl. Vorn., Nebenform von ▸ Birgit.

Berna: weibl. Vorn., verselbstständigte Kurzform von Namen, die mit »Bern-« (german. *ber(a)nu*-»Bär«) gebildet sind.

Bernadette, (auch:) Bernadett: weibl. Vorn., französische Koseform von Bernarde (▸ Bernharde). Der Vorname ist allgemein bekannt durch die heilige Maria Bernarda (Soubirous) (19. Jh.), die in einer Grotte bei Lourdes mehrere Marienerscheinungen erlebte (literarisch behandelt von F. Werfel in dem Roman »Das Lied von Bernadette«); NAMENSTAG: 16. April. Französ. Aussprache: [bɛrna'dɛt].

Bernadina: ▸ Bernhardina.

Bernard: männl. Vorn., französische [bɛr'na:r] und englische ['bɔːnəd] Form von ▸ Bernhard. ◇ Bekannter Namensträger: George Bernard Shaw, irischer Schriftsteller (19./20. Jh.).

Bernarda: weibl. Vorn., italienische und spanische Form von ▸ Bernharde. Eine literarische Gestalt ist die Bernarda Alba in dem Drama »Bernarda Albas Haus« von Federico García Lorca.

Bernarde [bɛr'nard]: weibl. Vorn., französische Form von ▸ Bernharde.

Bernardina: ▸ Bernhardine.

Bernardo: männl. Vorn., italienische und spanische Form von ▸ Bernhard. ◇ Bekannter Namensträger: Bernardo Bertolucci, italienischer Filmregisseur und Schriftsteller (20. Jh.).

Bernd, (auch:) Bernt, Berndt: männl. Vorn., Kurzform von ▸ Bernhard. ◇ Bekannter Namensträger: Bernd Rosemeyer, deutscher Automobilrennfahrer (20. Jh.).

Bernfried: alter deutscher männl. Vorn. (german. **ber(a)nu*- »Bär« + ahd. *fridu* »Schutz vor Waffengewalt, Friede«).

Bernhard: alter deutscher männl. Vorn. (german. **ber(a)nu*- »Bär« + ahd. *harti, herti* »hart, kräftig, stark«). Zur Beliebtheit des Namens im Mittelalter trug die Verehrung des heiligen Bernhard von Clairvaux (11./12. Jh.) bei; NAMENSTAG: 20. August. Im 19. Jh. fand der Name vor allem durch die Ritterdichtung und romantische Bewegung größere Verbreitung. ◇ Bekannte Namensträger: der heilige Bernhard von Aosta, Patron der Alpinisten (11. Jh.), NAMENSTAG: 15. Juni; Bernhard Grzimek, deutscher Zoologe (20. Jh.); Bernhard Wicki, schweizerischer [Film]schauspieler und Regisseur (20. Jh.); Bernhard Minetti, deutscher Schauspieler (20. Jh.). Französ. Form: Bernard [bɛr'na:r]. Italien. und span. Form: Bernardo. Engl. Form: Bernard ['bɔːnəd].

Bernharde, (auch:) Bernharda: weibl. Vorn., weibliche Form von ▸ Bernhard. Französ. Form: Bernarde [bɛr'nard]. Italien. und span. Form: Bernarda.

Bernhardine, (auch:) Bernhardina: weibl. Vorn., weibliche Form von ▸ Bernhard mit der seit dem 17./18. Jh. beliebten Endung -ine/-ina.

Bernhild, (auch:) Bernhilde: alter deutscher weibl. Vorn. (german. **ber(a)nu*- »Bär« + ahd. *hiltja* »Kampf«).

Bernhold: ▶ Bernold.

Berno: alter deutscher männl. Vorn., verselbstständigte Kurzform von Namen, die mit »Bern-« (german. *ber(a)nu-* »Bär«) gebildet sind. ◇ Bekannter Namensträger: der selige Berno, Benediktiner, erster Abt von Cluny (9./10. Jh.), NAMENSTAG: 13. Januar.

Bernold, (auch:) Bernhold: alter deutscher männl. Vorn. (german. *ber(a)nu-* »Bär« + ahd. *-walt* zu *waltan* »walten, herrschen«). ◇ Bekannter Namensträger: der selige Bernold von Ottobeuren (11. Jh.?), NAMENSTAG: 25. November.

Bernt: ▶ Bernd.

Bernward: alter deutscher männl. Vorn. (ahd. *ber(a)nu-* »Bär« + ahd. *wart* »Hüter, Schützer«). ◇ Bekannter Namensträger: der heilige Bernward, Bischof von Hildesheim (10./11. Jh.), NAMENSTAG: 20. November.

Bero: alter deutscher männl. Vorn. (ahd. *bero* »Bär«).

Berold: männl. Vorn., Nebenform von ▶ Bernold.

Bert: männl. Vorn., Kurzform von Namen, die mit »Bert-« oder »-bert« gebildet sind, z. B. ▶ Berthold, ▶ Bertram oder ▶ Albert, ▶ Herbert. ◇ Bekannte Namensträger: Bert (Bertolt) Brecht, deutscher Schriftsteller und Regisseur (20. Jh.); Bert Kaempfert, deutscher Komponist und Orchesterleiter (20. Jh.).

Berta, (älter auch:) Bertha: alter deutscher weibl. Vorn. (zu ahd. *beraht* »glänzend«). Ursprünglich war Berta eine Kurzform von weiblichen Vornamen, die mit »Bert-« oder »-berta« gebildet wurden (z. B. ▶ Berthild oder Amalberta). Der Name, der im Mittelalter sehr beliebt war, wurde zu Beginn des 19. Jh.s durch die Ritterdichtung und romantische Bewegung neu belebt. Literarische Gestalten sind die Berta in L. Tiecks Märchennovelle »Der blonde Eckbert«, die Berta von Bruneck in Schillers Drama »Wilhelm Tell« und die Berta in F. Grillparzers »Die Ahnfrau«. ◇ Bekannte Namensträgerinnen: Bert[h]a von Avenay, Äbtissin (7. Jh.), NAMENSTAG: 1. Mai; Bertha (Berhta), Gemahlin Pippins des Kleinen, Mutter Karls des Großen (8. Jh.); Bertha von Suttner, österreichische Pazifistin und Schriftstellerin, Trägerin des Friedensnobelpreises (19./20. Jh.).

Bertfried: alter deutscher männl. Vorn. (ahd. *beraht* »glänzend« + ahd. *fridu* »Schutz vor Waffengewalt, Friede«).

Bertha: ▶ Berta.

Berthild, (auch:) Berthilde: alter deutscher weibl. Vorn. (ahd. *beraht* »glänzend« + ahd. *hiltja* »Kampf«).

Berthold, (auch:) Bertold, Bertolt: alter deutscher männl. Vorn. (ahd. *beraht* »glänzend« + ahd. *-walt* zu *waltan* »walten, herrschen«). Die Beliebtheit des Namens im Mittelalter vor allem in Süddeutschland wurde durch das Vorkommen in den Adelshäusern der Zähringer und Andechs-Meranier gefördert. ◇ Bekannte Namensträger: der heilige Berthold von Garsten, Benediktinermönch (11./12. Jh.), NAMENSTAG: 27. Juli; der selige Berthold von Regensburg, deutscher Franziskaner und Volksprediger (13. Jh.), NAMENSTAG: 14. Dezember; Berthold von Holle, niederdeutscher Dichter am Braunschweiger Hof (13. Jh.); Berthold der Schwarze, angeblich Erfinder des Schießpulvers (14. Jh.); Bertolt Brecht, deutscher Schriftsteller und Regisseur (19./20. Jh.).

Berti: männl. Vorn., Koseform von männlichen Vornamen, die mit »Bert-« oder »-bert« (ahd. *beraht* »glänzend«) gebildet sind. ◇ Bekannter Namensträger: Berti (Hans-Hubert) Vogts, deutscher Fußballspieler und Bundestrainer (20. Jh.).

Bertil: männl. Vorn., schwedische Kurzform von Namen, die mit »Bert-« oder »-bert« (ahd. *beraht* »glänzend«) gebildet sind.

Bertina, (auch:) Bertine: weibl. Vorn., Kurzform von Namen wie ▶ Albertina, Albertine oder Erweiterung von ▶ Berta.

Bertold, (auch:) Bertolt: ▶ Berthold.

Bertram: alter deutscher männl. Vorn. (ahd. *beraht* »glänzend« + ahd. *hraban* »Rabe«, etwa »glänzender Rabe«). Eine literarische Gestalt ist der junge Graf Bertram in Shakespeares Komödie »Ende gut, alles gut«. ◇ Bekannter Namensträger: Meister Bertram, deutscher Maler und Bildschnitzer (14./15. Jh.).

Bertrand: alter deutscher männl. Vorn. (ahd. *beraht* »glänzend« + ahd. *rant* »Schild«).

Bertus: männl. Vorn., Kurzform von latinisierten Namen wie ▶ Albertus und ▶ Hubertus.

Bertwin: alter deutscher männl. Vorn. (ahd. *beraht* »glänzend« + ahd. *wini* »Freund«).

Beryl, (auch:) Beryll: um die Mitte des 20. Jh.s aus dem Englischen übernommener weibl. Vorn., dem die engl. Bezeichnung für den glashellen Halbedelstein Beryll zugrunde liegt. In England ist z. B. auch Pearl (identisch mit *pearl* »Perle«) als weiblicher Vorname gebräuchlich. Engl. Aussprache: ['bɛrɪl].

Bess: weibl. Vorn., englische Koseform von Elizabeth (▶ Elisabeth). Eine bekannte Operngestalt ist die Bess in Gershwins Oper »Porgy and Bess«.

Bessy: weibl. Vorn., englische Koseform von Elizabeth (▶ Elisabeth).

Betsy: weibl. Vorn., englische Koseform von Elizabeth (▶ Elisabeth).

Betta: weibl. Vorn., italienische Koseform von Elisabetta (▶ Elisabeth).

Bette: weibl. Vorn., Koseform von ▶ Elisabeth, auch englisch [bɛt]. ◇ Bekannte Namensträgerin: Bette Davis, amerikanische [Film]schauspielerin (20. Jh.).

Betti: weibl. Vorn., Koseform von ▶ Elisabeth.

Bettina, (auch:) Bettine: weibl. Vorn., italienische Kurzform von Elisabettina, einer Weiterbildung von Elisabetta (▶ Elisabeth). ◇ Bekannte Namensträgerinnen: Bettina (eigentlich Anna Elisabeth) von Arnim, deutsche Dichterin (18./19. Jh.); Bettina Wegner, deutsche Liedermacherin und Chansonsängerin (20. Jh.).

Betty: weibl. Vorn., englische Koseform von Elizabeth (▶ Elisabeth).

Beverley, (auch:) Beverly ['bɛvəlɪ]: aus dem Englischen übernommener weibl. Vorn., dem ursprünglich ein Ortsname (Beverly in Yorkshire/England) bzw. der davon abgeleitete Familienname zugrunde liegt. In England ist der Name seit Ende des 19. Jhs., auch als männlicher Vorname, anzutreffen, wurde dann vor allem in den USA beliebt und kehrte von dort wieder nach Europa zurück.

Bianca, (auch:) Bianka: aus dem Italienischen übernommener weibl. Vorn. (zu italien. *bianco, -a* »weiß«, das aus dem Germanischen stammt, vgl. ahd., mhd. *blanc* »weiß, glänzend; schön«). Literarische Gestalten sind beispielsweise die Bianca in Shakespeares Komödie »Der Widerspenstigen Zähmung« und die Bianka in Eichendorffs Novelle »Das Marmorbild«.

Bibiana: weibl. Vorn. lateinischen Ursprungs (▶ Viviana). ◇ Bekannte Namensträgerin: die heilige Bibiana, Märtyrerin (4. Jh.), NAMENSTAG: 2. Dezember.

Biggi, (auch:) Bigi, Biggy: weibl. Vorn., Koseform von ▶ Brigitte oder ▶ Birgit.

Bilke: weibl. Vorn., niederdeutsche und friesische Kurzform von ▶ Sibylle.

Bill: männl. Vorn., englische Kurzform von William (▶ Wilhelm). ◇ Bekannte Namensträger: Bill Clinton, amerikanischer Präsident (20. Jh.); Bill Gates, amerikanischer Unternehmer (20. Jh.).

Bille, (auch:) Billa: weibl. Vorn., Koseform von ▶ Sibylle.

Billie: englische, als weiblicher Vorname gebrauchte Koseform von ▶ William; gelegentlich auch Koseform von ▶ Sibylle. ◇ Bekannte Namensträgerin: Billie Holiday, amerikanische Jazzsängerin (20. Jh.).

Billy: männl. Vorn., englische Koseform von ▶ Bill. Eine bekannte literarische Gestalt ist Billy Budd in Herman Melvilles gleichnamiger Erzählung, die Benjamin Britten als Stoff für seine Oper »Billy Budd« diente. ◇ Bekannter Namensträger: Billy Wilder, amerikanischer Filmregisseur österreichischer Herkunft (20. Jh.).

Bine, (auch:) Bina: weibl. Vorn., Koseform von Namen, die auf »-bine«, »-bina« ausgehen, besonders von ▶ Sabine, Sabina.

Birger: im 20. Jh. aus dem Nordischen (Dänischen, Schwedischen, Norwegischen) übernommener männl. Vorn., wohl Kurzform von Namen wie altschwed. *Biærgh-ulf* »Bergwolf«. Der Name wurde in Deutschland vor allem durch skandinavische Sportler bekannt. Schwed. Aussprache: ['birjər].

Birgit, (auch:) Birgid; Bergit: aus dem Schwedischen übernommener weibl. Vorn. (▶ Birgitta). ◇ Bekannte Namensträgerin: Birgit Nilsson, schwedische Opernsängerin (20. Jh.).

Birgitta: aus dem Schwedischen übernommener weibl. Vorn., der sich aus der älteren Form Brighitta entwickelt hat und mit ▶ Brigitte identisch ist. Zu der Verbreitung des Namens wie auch der Namensformen Brigitta, Brigitte hat die Verehrung der heiligen Birgitta von Schweden (14. Jh.) beigetragen; NAMENSTAG: 23. Juli. Die heilige Birgitta war eine bedeutende Mystikerin und gründete den Birgittenorden.

Birk: männl. Vorn., Kurzform von ▶ Burkhard.

Birke, (auch:) Birka: im 20. Jh. aufgekommener weibl. Vorn., bei dem man trotz der Möglichkeit, ihn von altdeutschen Namen mit »Burg-« oder »-burg« abzuleiten, heute an den gleichnamigen Baum denkt.

Birte: in neuerer Zeit aus dem Schwedischen oder Dänischen übernommener weibl. Vorn., Kurzform von ▶ Birgit.

Biruta: aus dem Polnischen übernommener weibl. Vorn. Es handelt sich um einen ursprünglich litauischen Namen (litauisch Birutė), dessen Bedeutung nicht geklärt ist.

Bjarne: männl. Vorn., norwegische Nebenform von ▸ Björn.

Björn: im 20. Jh. aus dem Nordischen übernommener männl. Vorn. (norweg. *bjørn*, schwed. *björn* »Bär«). Der Name wurde in Deutschland vor allem durch skandinavische Sportler bekannt. ◇ Bekannter Namensträger: Björn Borg, schwedischer Tennisspieler (20. Jh.).

Blanca: ▸ Blanka.

Blanche [blãːʃ]: aus dem Französischen übernommener weibl. Vorn. (zu französ. *blanc, blanche* »weiß«, das aus dem Germanischen stammt, vgl. ahd., mhd. *blanc* »weiß, glänzend; schön«). Eine bekannte literarische Gestalt ist die Blanche Dubois in dem Schauspiel von Tennessee Williams »Endstation Sehnsucht«.

Blanda: weibl. Vorn. lateinischen Ursprungs (zu lat. *blandus, -a, -um* »schmeichelnd; liebkosend; freundlich; reizend«).

Blandine, (auch:) Blandina: weiblicher Vorname, Weiterbildung von ▸ Blanda. Der Name ist in Deutschland erst seit Mitte des 16. Jh.s anzutreffen. Er verdankt seine Verbreitung wahrscheinlich vor allem seinem Wohlklang und der Bedeutung (lat. *blandus, -a, -um* »schmeichelnd, liebkosend; freundlich; reizend«).

Blanka, (auch:) Blanca: aus dem Spanischen stammender weibl. Vorn. (zu span. *blanco, -a* »weiß«, das aus dem Germanischen stammt, vgl. ahd., mhd. *blanc* »weiß, glänzend; schön«). Blanka fand als exotischer, wohlklingender Name seit der Mitte des 19. Jh.s eine gewisse Verbreitung. ◇ Bekannte Namensträgerin: die heilige Blanka (12./13. Jh.), Mutter König Ludwigs IX., des Heiligen, von Frankreich, NAMENSTAG: 1. Dezember.

Blasius: aus dem Lateinischen übernommener männl. Vorn., der auf einen altrömischen Geschlechternamen zurückgeht (wahrscheinlich zu lat. *blaesus* »lispelnd, lallend, stammelnd«). Der Name wurde im Spätmittelalter durch den heiligen Blasius (3./4. Jh.) volkstümlich; NAMENSTAG: 3. Februar. Der heilige Blasius ist einer der vierzehn Nothelfer. Der Blasiussegen wird zum Schutz gegen Halskrankheiten erteilt.

¹**Bo:** männl. Vorn. dänischer/schwedischer Herkunft, Nebenform von ▸ Boje. ◇ Bekannte Namensträger: Bo (eigentlich Boje) Skovhus, dänischer Opernsänger (20. Jh.); Bo Diddley, amerikanischer Blues- und Rocksänger (20. Jh.).

²**Bo:** weibl. Vorn. unbekannter Herkunft, vielleicht nach chinesisch »kostbar, wertvoll, unschätzbar«, doch eher frei erfunden. Künstlername wie Bo (eigentlich Mary Cathleen) Derek, amerikanische [Film]schauspielerin (20. Jh.). In Deutschland gilt der Name nicht als eindeutig weiblich und darf daher nur zusammen mit einem weiteren weiblichen Vornamen vergeben werden. Engl. Aussprache: [boʊ].

Boas, (auch:) Booz: aus der Bibel übernommener männl. Vorn. hebräischen Ursprungs (»in ihm ist Stärke«).

Bob: männl. Vorn., englische Koseform – eigentlich Lallform aus der Kindersprache – von ▸ Robert. ◇ Bekannte Namensträger: Bob Dylan, amerikanischer Rockmusiker (20. Jh.); Bob Marley, jamaikanischer Reggaemusiker (20. Jh.); Bob Wilson, amerikanischer Dramatiker und Regisseur (20. Jh.).

Bobby: männl. Vorn., englische Koseform von ▸ Robert.

Bodil: aus dem Dänischen übernommener weiblicher Vorname, verkürzte Form von dänisch Bothild (altsächsisch *bodo* »Gebieter«, später umgedeutet zu althochdeutsch *boto* »Bote« + ahd. *hiltja* »Kampf«). Dänische Aussprache: [ˈbuðil].

Bodo, (auch:) Boto, Botho: alter deutscher männl. Vorn., der auf asächs. *bodo* »Gebieter«, später umgedeutet zu ahd. *boto* »Bote«, zurückgeht. Zu Beginn des 19. Jh.s wurde der Name durch die Ritterdichtung und romantische Bewegung neu belebt. ◇ Bekannter Namensträger: Bodo Kirchhoff, deutscher Schriftsteller (20. Jh.).

Bogdan: aus dem Polnischen oder Russischen übernommener männl. Vorn., der – wie auch Theodor – eigentlich »Gottesgeschenk« bedeutet (zu urslaw. **bogъ* »Gott« + *dan*, zu urslaw. **dati* »geben«).

Bogislaw, (auch:) Bogislav: männl. Vorn., im Deutschen verbreitete Nebenformen von ▸ Boguslaw.

Boguslaw, (auch:) Boguslav; Bogislaw, Bogislav: aus dem Polnischen (Bogusław) über-

nommener männl. Vorn. (urslaw. *bogъ* »Gott« + urslaw. *slava* »Ruhm, Ehre«).

Boje, (auch:) B<u>o</u>; B<u>o</u>j, B<u>o</u>ie, B<u>o</u>i; B<u>o</u>y: männl. Vorn. friesischer, dänischer oder schwedischer Herkunft. Falls nicht einfach eine Kurzform zu ▸ Bodo vorliegt, ist der Name am wahrscheinlichsten zu altnord. *búa* (schwed. *bo*) »(be)wohnen«, asächs. *boio* »Bewohner« zu stellen. ◇ Bekannte Namensträger: Boy Gobert, deutscher Schauspieler und Regisseur (20. Jh.); Boje Skovhus, dänischer Opernsänger (20. Jh.).

B<u>o</u>lko: männl. Vorn., entweder verkürzte Form aus älterem Boldeko (Kurzform von Namen, die mit »Bald-« gebildet sind) oder Kurzform des polnischen Vornamens Bol<u>e</u>sław (urslaw. *bol'e* »mehr« + urslaw. *slava* »Ruhm, Ehre«).

Bonavent<u>u</u>ra: männl. Vorn. italienischen Ursprungs (italien. *buona ventura* »gutes Geschick«). Dieser Vorname gehört zu einer Gruppe zwischen dem 11. und 13. Jh. vor allem in Mittelitalien neu gebildeter Vornamen, die entweder einen guten Wunsch für den Träger oder Dank für die Geburt ausdrücken (vgl. Benvenuto). »Bonaventura« fand als Name des heiligen Bonaventura (13. Jh.) Verbreitung; NAMENSTAG: 15. Juli. Der heilige Bonaventura war ein bedeutender Kirchenlehrer. Der Name Bonaventura ist auch durch den Roman »Die Nachtwachen des Bonaventura«, eines der bedeutendsten Werke der Hochromantik, bekannt.

Bonif<u>a</u>tius, (auch:) Bonif<u>a</u>z, B<u>o</u>nifaz: männl. Vorn. lateinischen Ursprungs, eigentlich »der gutes Geschick Verheißende« (mittellat. Bonifatius, zu lat. *bonus, -a, -um* »gut« + lat. *fāri [for, fātum]* »verkünden, verheißen«). Der Name wurde später in Bonifacius umgedeutet, d. h. »der Gutes tut, Wohltäter« (zu lat. *facere* »tun, machen«). »Bonifatius« war im Mittelalter beliebter Papstname. Zur Verbreitung des Namens trug vor allem die Verehrung des heiligen Bonifatius, des Apostels der Deutschen (7./8. Jh.), bei; NAMENSTAG: 5. Juni.

B<u>o</u>oz: ▸ Boas.

B<u>o</u>rchard: männl. Vorn., niederdeutsche Form von ▸ Burkhard.

B<u>ö</u>rge: im 20. Jh. aus dem Nordischen (dän. Børge [bœʁɡ̍ə], schwed. Börje) übernommener männlicher Vorname, Nebenform von ▸ Birger.

B<u>o</u>rghild: weibl. Vorn., niederdeutsche Form von ▸ Burghild.

Boris, russ. Aussprache: [baˈris]: aus dem Russischen oder Bulgarischen übernommener männl. Vorn., Kurzform von Borislaw (zu urslaw. *borti* »kämpfen« + urslaw. *slava* »Ruhm, Ehre«). Eine literarische Gestalt ist der Boris in Heinrich Bölls Roman »Gruppen-

Boris: *Boris Becker, deutscher Tennisspieler*

bild mit Dame«. ◇ Bekannte Namensträger: Boris I., erster christlicher Herrscher Bulgariens (9./10. Jh.); der in der russisch-orthodoxen Kirche verehrte heilige Boris, Sohn des Fürsten Vladimir von Kiev und Bruder des heiligen Gleb (10./11. Jh.); Boris Godunow, russischer Zar (16./17. Jh.; vgl. die Oper von M. Mussorgskij); Boris Pasternak, russischer Dichter (20. Jh.); Boris Blacher, deutscher Komponist (20. Jh.); Boris Becker, deutscher Tennisspieler (20. Jh.); Boris Vian, französischer Schriftsteller und Chansonnier (20. Jh.); Boris Jelzin, russischer Politiker (20. Jh.).

Börries [ˈbœrjəs], (auch:) Borries [ˈbɔrjəs]: männl. Vorn., niederdeutsche Kurzform von ▸ Liborius. ◇ Bekannter Namensträger: Börries Freiherr von Münchhausen, deutscher Dichter (19./20. Jh.).

Borrom<u>ä</u>us: ▸ Carolus Borromäus.

B<u>o</u>sse, (auch:) B<u>o</u>sso: männl. Vorn., niederdeutsche Kurzform von ▸ Burkhard.

B<u>o</u>thild, (auch:) Both<u>i</u>lda, Both<u>i</u>lde: alter deutscher weibl. Vorn. (asächs. *bodo* »Gebieter«, später umgedeutet zu ahd. *boto* »Bote« + ahd. *hiltja* »Kampf«).

B<u>o</u>to, (auch:) B<u>o</u>tho: alter deutscher männl. Vorn., Nebenform von ▸ Bodo. Eine literarische Gestalt ist Botho von Rienäcker in Th. Fontanes Roman »Irrungen, Wirrungen«. ◊ Bekannter Namensträger: Botho Strauß, deutscher Schriftsteller (20. Jh.).

Boy: ▸ Boje.

Branka: weibl. Vorn. serbischer, kroatischer oder slowenischer Herkunft, weibliche Form von ▸ Branko.

Branko: männl. Vorn. serbischer, kroatischer oder slowenischer Herkunft, Kurzform von Branislav (zu urslaw. *borniti* »[be]kämpfen« + urslaw. *slava* »Ruhm, Ehre«).

Brenda: weibl. Vorn. schottischer/irischer Herkunft, vielleicht Kurzform eines mit »Brand-« gebildeten Namens (vgl. ahd. *brant* »Brand«, dichterische Umschreibung für das Schwert). Zur Verbreitung der Namensform Brenda in England trug Sir Walter Scotts Roman »The Pirate« (1821) bei, in dem eine der beiden Heldinnen den Vornamen Brenda trägt.

Brian, (auch:) Bryan ['braɪən]: aus dem Englischen übernommener männl. Vorn. irischen oder bretonischen Ursprungs (wahrscheinlich zu kelt. *brigonos* »hoch, erhaben, edel«). Der Name fand im Mittelalter in Irland als Name des irischen Nationalhelden Brian Bóroimhe (10. Jh.) große Verbreitung und wurde dann auch in England volkstümlich. ◊ Bekannter Namensträger: Bryan Adams, amerikanischer Popsänger (20. Jh.).

Bridget ['brɪdʒɪt]: weibl. Vorn., englische Form von ▸ Brigitte.

Brigida: weibl. Vorn., latinisierte Form von ▸ Brigitte.

Brigitte, (auch:) Brigitta: weibl. Vorn. keltischen Ursprungs (urkeltisch *briganti* »der/die Hohe, Erhabene«). Brigit war der Name einer altirischen Lichtgottheit, und viele ihrer Attribute wurden in die Legende über die heilige Brighid (5./6. Jh.), die Nationalheilige Irlands, übernommen, auf die die Verbreitung des Namens in Irland und England zurückgeht. Im Rahmen der Missionstätigkeit irischer und schottischer Mönche auf dem Festland fand ihr Kult dann schon früh auch in Deutschland, vor allem in West- und Süddeutschland, schnelle Verbreitung. Mit »Brigitte« identisch ist der aus dem Schwedischen übernommene weibliche Vorname ▸ Birgitta, der gleichfalls auf den Namen der irischen Heiligen zurückgeht. Auch die Verehrung der heiligen Birgitta oder Brigitta von Schweden (14. Jh.) hat zu der Verbreitung der

Namensform Brigitte in Deutschland beigetragen. Eine bekannte literarische Gestalt ist beispielsweise die Brigitta in Adalbert Stifters gleichnamiger Novelle. ◊ Bekannte Namensträgerinnen: Brigitte Horney, deutsche [Film]schauspielerin (20. Jh.); Brigitte Bardot, französische Filmschauspielerin (20. Jh.); Brigitte Fassbaender, deutsche Sängerin (20. Jh.); Brigitte Kronauer, deutsche Schriftstellerin (20. Jh.); Brigitte Burmeister, deutsche Schriftstellerin (20. Jh.). Französ. Form: Brigitte [bri'ʒit]. Engl. Form: Bridget ['brɪdʒɪt].

Bringfried: gegen Ende des Ersten Weltkriegs aufgekommener, den Friedenswunsch ausdrückender männl. Vorname.

Bringfriede: weibl. Vorn., weibliche Form von ▸ Bringfried.

Brinja: weibl. Vorn., dessen Herkunft und Bedeutung unbekannt sind.

Brit, (auch:) Britt: in neuerer Zeit aus dem Schwedischen übernommener weibl. Vorn., Kurzform von ▸ Birgit, Birgitta.

Britta: weibl. Vorn., Kurzform von ▸ Brigitte.

Broder: friesischer und dänischer männl. Vorn. mit der Bedeutung »Bruder«.

Bronja, (auch:) Bronia: weibl. Vorn. polnischer Herkunft, Kurzform von Bronisława (zu urslaw. *borniti* »[be]kämpfen« + urslaw. *slava* »Ruhm, Ehre«).

Bruce [bruːs]: aus dem Englischen übernommener männl. Vorn., der auf den Namen eines schottischen Adelsgeschlechts normannischen Ursprungs zurückgeht, aus dem mehrere schottische Könige hervorgingen, zurückgeht. Der Name leitet sich von einem bisher nicht genau bestimmbaren Ortsnamen in der Normandie ab. Durch die Verehrung des schottischen Nationalhelden und Königs Robert de Bruce (13./14. Jh.) wurde der Name im Mittelalter auch als Vorname gebräuchlich. ◊ Bekannte Namensträger: Bruce Lee, amerikanischer Filmschauspieler (20. Jh.); Bruce Springsteen, amerikanischer Rocksänger und -gitarrist (20. Jh.).

Brun: alter deutscher männl. Vorn. (zu ahd. *brūn* »braun«), ▸ Bruno. »Brun« war Beiname des Gottes Odin und verhüllender Name für den Bären.

Bruna: weibl. Vorn., Kurzform von ▸ Brunhild oder weibliche Form von ▸ Bruno.

Brunhild, (auch:) Brunhild, Brunhilde; Brünhild, Brünhild, Brünhilde: alter deutscher weiblicher Vorn. (ahd. *brunni* »Brünne, Brustpanzer«+ahd. *hiltja* »Kampf«). Der Name ist vor allem durch die Brunhild der Nibelungensage, die Gattin König Gunthers und Rivalin Kriemhilds, bekannt. Zur Verbreitung des Namens trug auch Richard Wagners Opernzyklus »Der Ring des Nibelungen« bei. Eine historische Persönlichkeit ist die merowingische Königin westgotischer Herkunft Brunichilde (†613), in der vielleicht das Vorbild für die Sagengestalt zu sehen ist.

Bruni: weibl. Vorn., Kurzform von ▸ Brunhild.

Bruno: latinisierte Form des alten deutschen männl. Vornamens ▸ Brun. Der Name, der im Mittelalter beliebt war und in der Namengebung im sächsischen Herzogsgeschlecht eine bedeutende Rolle spielte, wurde zu Beginn des 19.Jh.s durch die Ritterdichtung neu belebt. ◆ Bekannte Namensträger: der heilige Bruno, Erzbischof von Köln und Herzog von Lothringen, Sohn Kaiser Heinrichs I. und Bruder Kaiser Ottos I. (10.Jh.), NAMENSTAG: 11. Oktober; der heilige Bruno, Gründer des Kartäuserordens (11./12.Jh.), NAMENSTAG: 6.Oktober; Bruno Frank, deutscher Schriftsteller (19./20.Jh.); Bruno Walter, deutscher Dirigent (19./20.Jh.); Bruno Apitz, deutscher Schriftsteller (20.Jh.); Bruno Ganz, schweizerischer [Film]schauspieler (20.Jh.); Bruno Bettelheim, amerikanischer Psychologe österreichischer Herkunft (20.Jh.); Bruno Jonas, deutscher Kabarettist (20.Jh.); Bruno Kreisky, österreichischer Politiker (20.Jh.).

Bryan: ▸ Brian.

Burchard: ▸ Burkhard.

Burga: weibl. Vorn., Kurzform von Namen, die mit »Burg-« oder »-burg« gebildet sind (z. B. ▸ Burghild oder ▸ Walburga).

Burgel, (oberdeutsch auch:) Burgl: weiblicher Vorname, Koseform von ▸ Burga. Der Name ist vor allem in Süddeutschland gebräuchlich.

Burghard: ▸ Burkhard.

Burghild, (auch:) Burghilde: alter deutscher weibl. Vorn. (ahd. *burg* »Burg, Zufluchtsstätte, Schutz«+ahd. *hiltja* »Kampf«).

Burglind, (auch:) Burglinde: weibl. Vorn., Neubildung aus den alten Namenbestandteilen »Burg-«+»-lind« (ahd. *burg* »Burg, Zufluchtsstätte, Schutz«+ahd. *lind* »sanft, weich, mild«, auch beeinflusst durch ahd. *linta* »Linde, Schild aus Lindenholz«).

Burgunde, (auch:) Burgunda: weibl. Vorn., Neubildung zum Landschaftsnamen Burgund.

Burkhard, (auch:) Burchard; Burghard; Burkhart, Burkart; Borchard: alter deutscher männl. Vorn. (ahd. *burg* »Burg, Zufluchtsstätte, Schutz«+ahd. *harti, herti* »hart, kräftig, stark«). Der Name war früher besonders in Franken und Schwaben beliebt. ◆ Bekannte Namensträger: der heilige Burkhard, Bischof von Würzburg (8.Jh.), NAMENSTAG: 14.Oktober; Burkhart von Hohenfels, schwäbischer Minnesänger (13.Jh.).

Buss, (auch:) Busso: männl. Vorn., niederdeutsche Kurzform von ▸ Burkhard.

Byron ['bairən]: männl. Vorn. nach dem englischen Familiennamen Byron (zu altengl. *bȳre* »Stall, Schuppen, Hütte«). Der Name ist durch den engl. Dichter Lord Byron bekannt.

Cäcilie, (auch:) Cäcilia; Cecilie, Cecilia; Zäzilie, Zäzilia: weibl. Vorn. lateinischen Ursprungs. Lat. Caecilia ist die weibliche Form zu dem altrömischen Geschlechternamen Caecilius, der vielleicht etruskischen Ursprungs ist und später volksetymologisch zu lat. *caecus, -a,* -um »blind« gestellt wurde. Zur Verbreitung des Namens hat vor allem die Verehrung der heiligen Cäcilie (3.Jh.) beigetragen. Seit dem 15.Jh. wird die heilige Cäcilie als Schutzheilige der Musik verehrt; NAMENSTAG: 22.November. Eine literarische Gestalt ist die

Cäcilie in Goethes Schauspiel »Stella«. ◆ Bekannte Namensträgerinnen: Kronprinzessin Cecilie von Preußen (19./20. Jh.); Cecilia Bartoli, italienische Opernsängerin (20. Jh.). Französ. Form: Cécile [se'sil]. Engl. Form: Cecily ['sɪsɪlɪ, 'sɛsɪlɪ]. Italien. Form: Cecilia [tʃe'tʃiːlja].

Cajetan: ► Kajetan.

Cajetana: ► Kajetana.

Cajus: ► Kajus.

Calvin ['kælvɪn]: aus dem Englischen übernommener männl. Vorn., der auf den Genfer Reformator Johannes Calvin (16. Jh.) zurückgeht (zu lat. *calvus* »kahlköpfig«). Der Vorname wurde in Deutschland durch den amerikanischen Modeschöpfer Calvin Klein (20. Jh.) bekannt. ◆ Bekannter Namensträger: Calvin Coolidge, amerikanischer Präsident (19./20. Jh.).

Camilla, (auch:) Kamilla: weibl. Vorn., weibliche Form von ► Camillo. Der Name kam in Deutschland seit dem Humanismus auf. Eine literarische Gestalt ist die Camilla in Stifters Novelle »Zwei Schwestern«. Französ. Form: Camille [ka'mij]. ◆ Bekannte Namensträgerin: Camille Claudel, französische Bildhauerin (19./20. Jh.).

Camillo, (auch:) Kamillo: aus dem Italienischen übernommener männl. Vorn. lateinischer Herkunft. Camillus war der Beiname eines altrömischen Geschlechts. Man bringt ihn in Verbindung mit den *camillī*, edelgeborenen Knaben, die den Priestern bei den Opfern halfen. Im Unterschied zu ► Camilla tritt der männliche Vorname in Deutschland erst seit Beginn des 19. Jh.s auf. Der Vorname ist allgemein bekannt durch den Don Camillo in Guareschis Roman »Don Camillo und Peppone«.

Candid: ► Candidus.

Candida, (auch:) Kandida: weiblicher Vorname lateinischen Ursprungs (zu lat. *candidus, -a, -um* »blendend weiß; fleckenlos; heiter; rein, lauter, ehrlich«). Eine bekannte literarische Gestalt ist beispielsweise die Candida in George Bernard Shaws gleichnamigem Stück oder die Candida in der Komödie »Der Fächer« con Carlo Goldoni.

Candidus, (auch:) Candid; Kandidus: männlicher Vorname lateinischen Ursprungs, vgl. unter ► Candida. Der Name wurde als Klostername seit dem 17. Jh. in Deutschland bekannt.

Candy, (auch:) Candie ['kændɪ]: weibl. Vorn., vielleicht englische Kurzform von ► Candida, doch eher Neubildung zu amerikanisch-englisch *candy* »Süßigkeit, Konfekt«.

Cara, (auch:) Kara: weibl. Vorn. italienischen Ursprungs. Der Name kommt zwar in Italien seit dem Spätmittelalter vereinzelt vor, doch ist für diesen seit der zweiten Hälfte des 20. Jh.s in Deutschland anzutreffenden Namen eher eine Neubildung zu italien. *caro, -a* »lieb, teuer« anzunehmen.

Carda, (auch:) Cardy: weibl. Vorn., Kurzform von ► Ricarda.

Careen [kə'riːn]: aus dem Englischen übernommener weibl. Vorn., der erstmals als Name einer Gestalt in Margaret Mitchells Roman »Vom Winde verweht« (1936) begegnet. Es handelt sich hierbei entweder um eine Erweiterung von ► Cara mit dem beliebten irischen Kosesuffix -een oder um eine Nebenform von ► Carina.

Caren: ► Karen.

¹Carina: weibl. Vorn. italienischen Ursprungs. Obwohl die männliche Form des Namens als Beiname seit der römischen Kaiserzeit bezeugt ist (Carinus), ist der Name in Italien doch so selten anzutreffen, dass für Carina eher eine Neubildung nach italien. *carino, -a* »hübsch, lieb« anzunehmen ist. Der Name kommt in Deutschland seit der zweiten Hälfte des 20. Jh.s vor.

²Carina: ► Karina.

Caritas, (auch:) Charitas: weibl. Vorn. lateinischer Herkunft (lat. *cāritās* »[Nächsten]liebe«, eine der drei göttlichen Tugenden).

Carl: ► Karl. ◆ Bekannter Namensträger: Carl Lewis, amerikanischer Leichtathlet (20. Jh.).

Carla: weibl. Vorn., latinisierende Schreibung von ► Karla.

Carleen, (auch:) Carlin [kɑ:'liːn]: weibl. Vorn., englische Weiterbildung von ► Cara.

Carlina, (auch:) Carline: ► Karlina.

Carlo: männl. Vorn., italienische Form von ► Karl. ◆ Bekannte Namensträger: Carlo Goldoni, italienischer Dramatiker (18. Jh.); Carlo Carrà, italienischer Maler (19./20. Jh.); Carlo Schmid, deutscher Politiker (19./20. Jh.).

Carlos: männl. Vorn., spanische Form von ► Karl. Bekannt ist der Name durch das Drama »Don Karlos« von F. Schiller sowie durch G. Verdis Oper. ◆ Bekannter Namensträger: Carlos Fuentes, mexikanischer Schriftsteller (20. Jh.).

Carlota: weibl. Vorn., spanische Form von ▸ Charlotte.

Carlotta: weibl. Vorn., italienische Form von ▸ Charlotte.

Carmela: aus dem Spanischen oder Italienischen übernommener weibl. Vorn., Nebenform von ▸ Carmen. Die Namensform geht auf die lateinische Bezeichnung des Berges Karmel, Mōns Carmēlus, zurück.

Carmen: aus dem Spanischen übernommener weibl. Vorname. Span. Carmen bezieht sich auf die *Virgen del Carmen* (die »Jungfrau [Maria] vom Berge Karmel«), deren Fest (16. Juli) auf ein Marienbild zurückgeht, das sich in dem Karmeliterkloster auf dem palästinischen Berge Karmel befindet. Die Verbreitung des Namens in Deutschland wurde durch Georges Bizets Oper »Carmen« (1875) und zahlreiche weitere Verarbeitungen (auch Filme) dieses Stoffs angeregt.

¹Carol ['kærəl]: weibl. Vorn., englische Kurzform von ▸ Caroline.

²Carol: männlicher Vorname, der auf die latinisierte Form von ▸ Karl, »Carolus«, zurückgeht, auch rumänisch ['karol] und englisch ['kærəl].

Carola, (auch:) Karola: weibl. Vorn., latinisierte Form von ▸ Karla. Französ. Form: Carole [ka'rol].

Carolin, (auch:) Carolin; Karolin, Karolin: weibl. Vorn., zurzeit beliebte Verkürzung von ▸ Carolina und ▸ Caroline.

Carolina, (auch:) Karolina: weiblicher Vorname, Weiterbildung von ▸ Carola. Dieser Vorname wird in Deutschland seit dem 17. Jh. vergeben.

Caroline: ▸ Karoline, auch englisch ['kærəlaın] und französisch [karɔ'lin].

Carolus, (auch:) Carol: männl. Vorn., latinisierte Form von ▸ Karl.

Carolus Borromäus: männl. Vorn., latinisierte Form von Karl Borromäus, dem Namen des Kardinals und Erzbischofs von Mailand (italien. Carlo Borromeo). Karl Borromäus wurde im Jahre 1610 heilig gesprochen; NAMENSTAG: 4. November. Ob sich der Familienname Borromäus heute als Vorname verselbstständigt hat (vgl. Xaver) und deswegen als männlicher Vorname vergeben werden darf, ist umstritten.

Carolyn ['kærəlın]: aus dem Englischen übernommener weibl. Vorn., moderne Nebenform von ▸ Caroline.

Carrie, (auch:) Carry ['kærı]: weibl. Vorn., englische Koseform von ▸ Carol oder Caroline (▸ Karoline).

Carsta: ▸ Karsta.

Carsten: ▸ Karsten.

Cäsar, (auch:) Cesar: männl. Vorn. lateinischer Herkunft, vielleicht etruskischen Ursprungs. Die Antike kannte vier verschiedene (volksetymologische) Deutungen des Namens; die bekannteste stellte ihn zu dem Verb *caedere, caesum* »schlagen, hauen, [heraus]schneiden«, weil der erste Träger dieses Namens bei der Geburt aus dem Mutterleib herausgeschnitten worden sein soll. Cäsar war ein Beiname im Geschlecht der Julier. Der berühmteste Namensträger war Gaius Julius Cäsar, römischer Feldherr und Staatsmann (1. Jh. v. Chr.). Im Mittelalter war der Name in der Form Cäsarius gebräuchlich: der heilige Cäsarius, Erzbischof von Arles (5./6. Jh.), NAMENSTAG: 27. August; Cäsarius von Heisterbach, deutscher Geschichtsschreiber und Erzähler (12./13. Jh.). Der Name »Cäsar« kam in Deutschland in der Folge des Humanismus im 16./17. Jh. auf. ◇ Bekannte Namensträger: Cäsar Flaischlen, deutscher Schriftsteller (19./20. Jh.); Cesar Bresgen, österreichischer Komponist (20. Jh.). Italien. Form: Cesare ['tʃe:zare].

Casimir: ▸ Kasimir.

Caspar: ▸ Kaspar.

Cassandra: ▸ Kassandra.

Cassian, (auch:) Cassianus: aus dem Lateinischen übernommener männl. Vorn., Weiterbildung von ▸ Cassius. ◇ Bekannter Namensträger: der heilige Cassianus, Märtyrer (3./4. Jh.), NAMENSTAG: 13. August.

Cassius: männl. Vorn. lateinischen Ursprungs, der auf einen altrömischen Geschlechternamen zurückgeht. Der Name ist vor allem in den USA gebräuchlich. Engl. Aussprache: ['kæsıəs], amerikan. Aussprache: ['kæʃ[ı]əs].

Catalina: weibl. Vorn., spanische Form von ▸ Katharina.

Catarina: ▸ Katharina.

Caterina: weibl. Vorn., italienische Form von ▸ Katharina. ◇ Bekannte Namensträgerin: Caterina Valente, Schlager- und Jazzsängerin italienisch-spanischer Herkunft (20. Jh.).

Cathérine [kate'rin]: weibl. Vorn., französische Form von ▸ Katharina. ◇ Bekannte Namensträgerin: Cathérine Deneuve, französische Filmschauspielerin (20. Jh.).

Catherine ['kæθərɪn, 'kæθrɪn]: weibl. Vorn., englische Form von ▸ Katharina.

Cathleen, (auch:) Kathleen ['kæθli:n]: aus dem Englischen übernommener weiblicher Vorname irischer Herkunft, Koseform von ▸ Katharina.

Cathrin, (auch:) Cathrin; Cathrina, Cathrine; Kathrin: weibl. Vorn., seit den 60er-Jahren aufgekommene Nebenformen von ▸ Katharina.

Catina: weibl. Vorn., italienische Koseform von Caterina (▸ Katharina).

Catriona: weibl. Vorn., irisch-schottische (gälische) Koseform von ▸ Katharina. Eine bekannte literarische Gestalt ist die Catriona in dem gleichnamigen Roman von R. L. Stevenson.

Cay: ▸ ¹Kai und ▸ ²Kai.

Cécile [se'sil]: weibl. Vorn., französische Form von ▸ Cäcilie.

¹Cecilia, (auch:) Cecilie: weibl. Vorn., Nebenform von ▸ Cäcilie.

²Cecilia [tʃe'tʃiːlja]: weibl. Vorn., italienische Form von ▸ Cäcilie. ◇ Bekannte Namensträgerin: Cecilia Bartoli, italienische Opernsängerin (20. Jh.).

Cecily ['sɪsɪlɪ, 'sɛsɪlɪ]: weibl. Vorn., englische Form von ▸ Cäcilie.

Cedric, (auch:) Cedrik ['siːdrɪk, 'sɛdrɪk]: aus dem Englischen übernommener männl. Vorn., der von Walter Scott für eine Gestalt seines Romans »Ivanhoe« erfunden wurde. Vielleicht handelt es sich dabei um eine ungenaue Wiedergabe des Namens des angelsächsischen Gründers des Königreichs Wessex, Cerdic (6. Jh.).

Cees, (auch:) Kees: männl. Vorn., niederländische Kurzform von ▸ Cornelius. ◇ Bekannter Namensträger: Cees (Cornelis) Nooteboom, niederländischer Schriftsteller (20. Jh.).

Celia: weibl. Vorn. lateinischen Ursprungs, dem ein römischer Geschlechtername (vielleicht zu lat. *caelum* »Himmel«) zugrunde liegt. Heute wird »Celia« als Kurzform von ▸ Cäcilie aufgefasst.

Celina: weibl. Vorn. lateinischen Ursprungs (weibliche Form des römischen Namens Caelinus, ▸ Celia) oder Kurzform von ▸ Marcellina. Französ. Form: Céline [se'lin]. Italien. Form: Cellina [tʃel'liːna].

Cella: ▸ Zella.

Centa: weibl. Vorn., Kurzform von ▸ Vincenta.

Cesar: ▸ Cäsar.

Cesare [tʃe'zare]: italien. Form von ▸ Cäsar. ◇ Bekannter Namensträger: Cesare Borgia, italienischer Renaissancefürst (15./16. Jh.).

Chantal [ʃã'tal]: aus dem Französischen übernommener weibl. Vorn. Der Name geht zurück auf den Nachnamen der französischen Heiligen Jeanne Françoise Frémyot de Chantal (16./17. Jh.); NAMENSTAG: 12. Dezember.

Charis: weibl. Vorn. neugriechischen Ursprungs (griech. *cháris* »Anmut, Liebreiz; Huld, Gnade«).

Charitas: ▸ Caritas.

Charleen, (auch:) Charlene [tʃa'liːn]: weibl. Vorn. englischer Herkunft, weibliche Bildung zu Charles (▸ Karl).

Charles: *Charles, Prince of Wales, britischer Thronfolger*

Charles: männl. Vorn., englische [tʃaːlz] und französische [ʃarl] Form von ▸ Karl. ◇ Bekannter Namensträger: Charles Dickens, englischer Schriftsteller (19. Jh.); Charles Baudelaire, französischer Dichter (19. Jh.); Charles de Gaulle, französischer General und Politiker (19./20. Jh.); Charles Aznavour, französischer Chansonnier und Filmschauspieler armenischer Abkunft (20. Jh.); Charles, Prince of Wales, Duke of Cornwall, britischer Thronfolger (20. Jh.).

¹Charlie, (auch:) Charly ['tʃaːlɪ]: männl. Vorn., englische Koseform von Charles (▸ Karl). Allgemein bekannt ist der Charlie Brown aus der amerikanischen Comicserie »Die Peanuts«. ◇ Bekannte Namensträger: Charlie Chaplin, britischer Filmkomiker (19./20. Jh.); Charlie Parker, amerikanischer Jazzmusiker (20. Jh.).

²Charlie ['tʃaːlɪ]: weibl. Vorn., englische Koseform von ▸ Charlotte. Eine bekannte literarische Gestalt ist die Charlie in U. Plenzdorfs Roman »Die neuen Leiden des jungen W.«.

Charline [ʃarˈliːn]: weibl. Vorn. französischer Herkunft, weibliche Form von Charles (▸ Karl).

Charlotte, (auch:) Charlott, Charlotta: aus dem Französischen übernommener weibl. Vorn., weibliche Form von Charles (▸ Karl). Der Name kam in Deutschland im 17. Jh. auf und wurde im 18. Jh. zum Modenamen. ◇ Bekannte Namensträgerinnen: Charlotte Buff, Vorbild der Lotte in Goethes »Werther« (18./19. Jh.); Charlotte von Stein, Goethes Freundin (18./19. Jh.); Kurfürstin Sophie Charlotte von Preußen, nach der Charlottenburg in Berlin genannt ist (17./18. Jh.). Französ. Form: Charlotte [ʃarˈlɔt]. Italien. Form: Carlotta. Span. Form: Carlota.

Charmaine [tʃɑːˈmeɪn]: aus dem Englischen übernommener weibl. Vorn., entweder eine Nebenform zu dem weibl. Vorn. Charmian (zu griech. chárma »Freude«) oder Neuprägung nach engl. charm »Anmut, Charm«. In den Vereinigten Staaten von Amerika und in England ist der Name seit dem 20. Jh. als weiblicher Vorname gebräuchlich.

Che [tʃe]: in Deutschland vereinzelt vorkommender männl. Vorn., der auf den Spitznamen des aus Argentinien stammenden Politikers und Guerillaführers Ernesto Guevara (20. Jh.) zurückgeht. Im Spanischen ist »Che« kein Vorname, sondern eine Interjektion, mit der man in Argentinien, Bolivien und Uruguay Verwunderung ausdrückt bzw. Personen und Tiere ruft. Guevaras Spitzname zielte vor allem auf seine argentinische Sprechweise ab.

Chelsea [ˈtʃɛlsɪ]: aus dem Englischen übernommener weibl. Vorn., der auf den Namen eines Londoner Stadtteils zurückgeht.

Cheryl [ˈtʃɛrɪl]: aus dem Englischen übernommener weibl. Vorn., dessen Herkunft und Bedeutung unklar sind. ◇ Bekannte Namensträgerin: Cheryl Studer, amerikanische Opernsängerin (20. Jh.).

Cheyenne [ʃaɪˈæn, ʃaɪˈɛn]: in den 90er Jahren aus dem Angloamerikanischen übernommener weibl. Vorn., der auf den Namen eines zum Verband der Algonkin gehörenden Indianerstammes zurückgeht.

Chiara [ˈkjaːra]: weibl. Vorn., italienische Form von ▸ Clara.

Chlodwig: männl. Vorn., der auf den Namen des ersten katholischen Frankenkönigs

(5./6. Jh.) zurückgeht. Chlodwig (altfränkisch Chlodovech) entspricht ▸ Ludwig.

Chloe [ˈkloːə, ˈkloːə]: weibl. Vorn. griechischen Ursprungs (zu griech. chlóē »junges Grün; junger Trieb; junges Mädchen«). In der griechischen Mythologie ist Chloe der Beiname der Erd- und Muttergöttin Demeter. In der Literatur des Barock und des Rokoko tragen Mädchen in Hirtenidyllen häufig diesen Namen nach dem Vorbild des Schäferromans »Daphnis und Chloe« von Longos (3. Jh. n. Chr.).

Chlorinde: ▸ Klorinde.

¹Chris, (auch:) Kris: männl. Vorn., aus dem Englischen übernommene Kurzform von Christopher (▸ Christoph). ◇ Bekannte Namensträger: Chris Howland, englischer Diskjockey und Schauspieler (20. Jh.); Kris Kristofferson, amerikanischer Sänger und Schauspieler (20. Jh.).

²Chris, (auch:) Kris: weibl. Vorn., aus dem Englischen übernommene Kurzform von ▸ Christiane oder ▸ Christine.

Christa, (auch:) Krista: weibl. Vorn., Kurzform von ▸ Christiane. ◇ Bekannte Namensträgerinnen: Christa Ludwig, deutsche Opernsängerin (20. Jh.); Christa Wolf, deutsche Schriftstellerin (20. Jh.).

¹Christel, (oberdeutsch auch:) Christl: weibl. Vorn., Koseform von ▸ Christiane oder dessen Kurzform ▸ Christa. Bekannt ist der Name durch das Lied »Ich bin die Christel von der Post« aus Carl Zellers Operette »Der Vogelhändler« und durch G. Jarnos Operette »Die Försterchristel«. ◇ Bekannte Namensträgerin: Christel Goltz, deutsche Sängerin (20. Jh.).

²Christel, (oberdeutsch auch:) Christl: männlicher Vorname, Koseform von ▸ Christian; in Süddeutschland und Österreich gebräuchlich.

Christella: weibl. Vorn., latinisierte Form von ▸ Christelle.

Christelle [krisˈtɛl]: weibl. Vorn., französische Koseform von ▸ Christine.

Christen: männl. Vorn., Nebenform von ▸ Christian.

Christer, (auch:) Krister: männl. Vorn., schwedische und dänische Nebenform von ▸ Christian.

Christfried: in der Zeit des Pietismus (17./18. Jh.) gebildeter männl. Vorn. aus »Christ-« und dem alten Namenbestandteil

»-fried« (ahd. *fridu* »Schutz vor Waffengewalt, Friede«).

Christhard, (auch:) Christhart: im 20. Jh. gebildeter männl. Vorn. aus »Christ-« und dem alten Namenbestandteil »-hart« (ahd. *harti, herti* »hart, kräftig, stark«).

Christhild: im 20. Jh. gebildeter weibl. Vorn. aus »Christ-« und dem alten Namenbestandteil »-hild« (ahd. *hiltja* »Kampf«).

Christian, (auch:) Kristian: aus dem Lateinischen übernommener männl. Vorn. griechischen Ursprungs (lat. *Christiānus* »zu Christus gehörend, Anhänger Christi, Christ« zu *Christus* »Christus« aus griech. *Christós* »der Gesalbte«). Der Name fand bereits im Mittelalter Eingang in die deutsche Namengebung. Nach der Reformation war er vor allem bei Protestanten in Norddeutschland beliebt. Heute gehört Christian zu den beliebtesten männlichen Vornamen in Deutschland. Eine bekannte literarische Gestalt ist der Christian in Thomas Manns Roman »Buddenbrooks«.

Christian: *Christian Dior, französischer Modeschöpfer*

◇ Bekannte Namensträger: Christian Fürchtegott Gellert, deutscher Dichter (18. Jh.); Christian Morgenstern, deutscher Dichter (19./20. Jh.); Christian Rohlfs, deutscher Maler (19./20. Jh.); Christian Dior, französischer Modeschöpfer (20. Jh.). Als zweiter Vorname: Hans Christian Andersen, dänischer Schriftsteller (19. Jh.). Dän., schwed. Form: Kristian.

Christiane, (auch:) Christiana; Kristiane: weibl. Vorn., weibliche Form von ▸ Christian. ◇ Bekannte Namensträgerinnen: Christiane Vulpius, Goethes Gattin (18./19. Jh.); Christiane Hörbiger, österreichische [Film]schauspielerin (20. Jh.).

Christien: weibl. Vorn., niederländische Form von ▸ Christine oder Eindeutschung von französisch Christine [kris'tin].

Christin, (auch:) Kristin: weibl. Vorn., in neuerer Zeit aufgekommene Nebenform von ▸ Christine.

Christine, (auch:) Christina: weibl. Vorn., Nebenform von ▸ Christiane. Der Vorname ist heute in Deutschland sehr beliebt. Eine bekannte literarische Gestalt ist die Christina in »Christinas Heimkehr«, Komödie von H.v. Hofmannsthal. ◇ Bekannte Namensträgerinnen: die heilige Christina von Bolsena, Märtyrerin (3./4. Jh.); NAMENSTAG: 24. Juli; die selige Christina Ebner, deutsche Mystikerin (13./14. Jh.); Christine de Pisan, französische Dichterin (14./15. Jh.); Königin Christina von Schweden (17. Jh.); Christine Nöstlinger, österreichische Schriftstellerin (20. Jh.); Christine Brückner, deutsche Schriftstellerin (20. Jh.). Schwed. Form: Kristina. Dän. Formen: Kristine; Kirstine. Italien. und span. Form: Cristina. Französ. Form: Christine [kris'tin].

Christl: ▸ ¹Christel und ▸ ²Christel.

Christlieb: in der Zeit des Pietismus (17./18. Jh.) gebildeter männl. Vorname.

Christof: ▸ Christoph.

Christoffer: ▸ Christopher.

Christoph, (auch:) Christof; Kristof: männl. Vorn. griechischen Ursprungs (griech. *Christophóros* »Christus tragend«). »Christoph« fand im Mittelalter als Name des heiligen Christophorus (3. Jh.), der als einer der vierzehn Nothelfer verehrt wurde, Verbreitung; NAMENSTAG: 24. Juli. Um seinen Namen bildete sich die Legende von dem Riesen, der das Jesuskind auf den Schultern durch das Wasser trägt. ◇ Bekannte Namensträger: Christoph Columbus, Entdecker Amerikas (15./16. Jh.); Christoph Willibald Gluck, deutscher Komponist (18. Jh.); Christoph Martin Wieland, deutscher Dichter (18./19. Jh.); Christoph Meckel, deutscher Schriftsteller (20. Jh.); Christoph Eschenbach, deutscher Pianist und Dirigent (20. Jh.). Französ. Form: Christophe [kris'tɔf]. Engl. Form: Christopher ['krɪstəfə].

Christopher, (auch:) Christoffer ['krɪstəfə]; Kristofer: männlicher Vorname, englische Form von ▸ Christoph. ◇ Bekannter Namensträger: Christopher Wren, englischer Baumeister, Mathematiker und Astronom (17./18. Jh.).

Cilia, (auch:) Zilia: weibl. Vorn., Kurzform von ▸ Cäcilia.

Cilla: ▸ Zilla.

Cilli, (auch:) Cilly; Zilli: weibl. Vorn., Kurzform von ▸ Cäcilia.

Cinderella [tsɪndeˈrɛla]: weibl. Vorn. englischer Herkunft, nach der bekannten Märchenfigur; Cinderella ist die englische Bezeichnung für »Aschenputtel« (zu engl. *cinders* »Asche«).

Cindy, (auch:) Sindy [ˈsɪndɪ]: aus dem Englischen übernommener weibl. Vorn.; englische Kurzform von Namen wie Lucinda (▸ Lucinde), ▸ Cynthia und ▸ Cinderella. Seit Ende der 50er-Jahre ist der Name in Deutschland anzutreffen. ◇ Bekannte Namensträgerin: Cindy Crawford, amerikanisches Topmodell (20. Jh.).

Cinja: weibl. Vorn.; vielleicht Neubildung nach dem Pflanzenname Zinnie.

Cinzia [ˈtʃintsja]: weibl. Vorn., italienische Form von ▸ Cynthia.

Cissi: ▸ Zissi.

Claas: männl. Vorn., niederdeutsche und niederländische Kurzform von ▸ Nikolaus.

Claire, (auch:) Cläre; Kläre [ˈklɛːrə], franz. Aussprache: [klɛːr]: aus dem Französischen übernommener weibl. Vorn., französische Form von ▸ Clara. ◇ Bekannte Namensträgerinnen: Claire Waldorff, deutsche Kabarettistin (19./20. Jh.); Claire Bretécher, französische Zeichnerin (20. Jh.).

Clamor: männlicher Vorname lateinischen Ursprungs (lat. *clāmor* »Ruf, Schrei«). Der Name, der nicht vor Ende des 16. Jh.s erscheint, und dann wohl nur in protestantischen Familien Norddeutschlands, ist vermutlich aus dem liturgischen Gottesdienst entstanden. Dort begegnet öfters die Bitte: *Domine, exaudi orationem meam* (Herr, schenke meinem Gebet Gehör!), worauf die Antwort lautet: *Et clamor meus ad te veniat* (Und mein Ruf gelange zu Dir!). Eine literarische Gestalt ist der Clamor in Ernst Jüngers Roman »Die Zwille«.

Clara, (auch:) Klara: weibl. Vorn. lateinischen Ursprungs (lat. *clārus, -a, -um* »hell, leuchtend, klar, deutlich, berühmt«). »Clara« fand im Mittelalter als Heiligenname Verbreitung und zwar als Name der heiligen Klara von Assisi (12./13. Jh.), der Gründerin des Klarissenordens; NAMENSTAG: 11. August. Eine bekannte literarische Gestalt ist das Klärchen in Goethes Trauerspiel »Egmont«. ◇ Bekannte

Namensträgerinnen: Clara Josephine Schumann, deutsche Pianistin (19. Jh.); Clara Zetkin, deutsche Politikerin (19./20. Jh.); Clara Viebig, deutsche Schriftstellerin (19./20. Jh.). Italien. Form: Chiara [ˈkjaːra]. Französ. Form: Claire [klɛːr]. Engl. Form: Clare [klɛə]. Span. Form: Clara.

Cläre: ▸ Claire.

Clarissa, (auch:) Clarisse; Klarisse: weibl. Vorn., latinisierte Form des altfranzös. Namens Clarice, einer Weiterbildung von ▸ Clara. Der Name wurde in Deutschland im 18. Jh. durch Clarissa, die Heldin von Samuel Richardsons gleichnamigem Roman (deutsche Übersetzung 1748), weiteren Kreisen bekannt. Eine literarische Gestalt ist auch die Clarisse in Robert Musils Roman »Der Mann ohne Eigenschaften«.

Clarita: weibl. Vorn., spanische Koseform von ▸ Clara.

Clark [klɑːk]: männl. Vorn. angloamerikanischer Herkunft, ursprünglich Familienname (engl. *clerk* »Schreiber, Sekretär«). ◇ Bekannter Namensträger: Clark Gable, amerikanischer Filmschauspieler (20. Jh.).

¹**Claude** [kloːd]: aus dem Französischen übernommener männl. Vorn., französische Form von ▸ Claudius. ◇ Bekannte Namensträger: Claude Lorrain, französischer Maler (17. Jh.); Claude Monet, französischer Maler (19./20. Jh.); Claude Debussy, französischer Komponist (19./20. Jh.); Claude Dornier, deutscher Flugzeugkonstrukteur (20. Jh.); Claude Chabrol, französischer Filmregisseur (20. Jh.).

²**Claude** [kloːd]: weibl. Vorn., französische Form von ▸ Claudia.

Claudia, (auch:) Klaudia: weiblicher Vorname, weibl. Form von ▸ Claudius. Der Name, der vor dem 20. Jh. fast nur in Opern (»Doktor und Apotheker« von Karl Ditters von Dittersdorf, 1768) und in der Literatur (Claudia Fehleysen in »Abu Telfan« von W. Raabe, 1868) erscheint, gehört im 20. Jh. zu den beliebtesten weiblichen Vornamen. ◇ Bekannte Namensträgerinnen: Claudia Cardinale, italienische Filmschauspielerin (20. Jh.); Claudia Schiffer, deutsches Topmodell (20. Jh.); Claudia Keller, deutsche Schriftstellerin (20. Jh.).

Claudine, (auch:) Klaudine, franz. Aussprache: [kloˈdin]: weibl. Vorn., französische Koseform von ▸ Claudia. Eine literarische Gestalt ist die Claudine in den Romanen der französischen Schriftstellerin Colette.

Claudio: männl. Vorn., italienische und spanische Form von ▸ Claudius. Eine bekannte literarische Gestalt ist der Claudio in Hugo von Hofmannsthals Drama »Der Tor und der Tod«. ◇ Bekannte Namensträger: Claudio Monteverdi, italienischer Komponist (16./17. Jh.); Claudio Abbado, italienischer Dirigent (20. Jh.).

Claudius, (auch:) Klaudius: männl. Vorn. lateinischen Ursprungs, der auf einen altrömischen Geschlechternamen zurückgeht, der wiederum auf dem Beinamen Claudus »hinkend, lahm« beruht. »Claudius« kam in Deutschland als Name des römischen Kaisers Claudius (Tiberius Claudius Nero) in der Zeit des Humanismus (15./16. Jh.) auf.

Claus: ▸ Klaus. ◇ Bekannter Namensträger: Claus von Amsberg, Prinzgemahl der niederländischen Königin (20. Jh.).

Clea: weibl. Vorn. griechischen Ursprungs (latinisierte Form von griech. *kléō* »ich rühme«). Eine literarische Gestalt ist die Clea in dem gleichnamigen Roman von L. Durrell.

Clelia: weibl. Vorn., der auf lat. Cloelia, die weibliche Form zu dem altrömischen Geschlechternamen Cloelius (vgl. lat. *cluēre* »gepriesen werden«), zurückgeht. Eine literarische Gestalt ist die Clelia in Stendhals Roman »Die Kartause von Parma«.

Clemens, (auch:) Klemens; Clement: männl. Vorn. lateinischen Ursprungs (lat. *clēmēns* »mild, gnädig«). »Clemens« fand im Mittelalter vor allem als Name des heiligen Clemens Verbreitung. NAMENSTAG: 23. November. Nach altkirchlicher Überlieferung war der heilige Clemens, genannt Clemens Romanus, im 1. Jh. Bischof von Rom (Papst). ◇ Bekannte Namensträger: Clemens August, Kurfürst von Köln (18. Jh.); Klemens Fürst Metternich, österreichischer Staatsmann (18./19. Jh.); Clemens Brentano, deutscher Dichter der Romantik (18./19. Jh.); Clemens Krauss, österreichischer Dirigent (19./20. Jh).

Clementine, (auch:) Clementina; Klementine: weibl. Vorn., weibliche Form von ▸ Clemens mit der seit dem 17./18. Jh. beliebten Endung -ine/-ina.

Cleo: weibl. Vorn. griechischen Ursprungs. Verselbstständigte Kurzform von mit griech. *kléō* »ich rühme« zusammengesetzten Namen, z. B. Kleopatra.

Cliff: männl. Vorn., Kurzform des englischen Vornamens ▸ Clifford. ◇ Bekannter Namensträger: Cliff Richard, britischer Popsänger (20. Jh.).

Clifford, engl. Aussprache: [ˈklɪfəd]: männl. Vorn., der auf einen englischen Familiennamen (zum Ortsnamen Clifford) zurückgeht. Als Vorname fand »Clifford« erst seit Ende des 19. Jh.s Verbreitung.

Clio: weibl. Vorn. griechischer Herkunft, der auf den Namen der Muse der Geschichte zurückgeht (zu griech. *kleíō, kléō* »ich rühme, preise, verkünde«).

Clivia: weibl. Vorn., der mit dem Namen der nach der englischen Herzogin Lady Clive (19. Jh.) benannten Zierpflanze identisch ist.

Clytus: ▸ Klytus.

Coletta: weibl. Vorn., italienische Kurzform von ▸ Nicoletta.

Colette [kɔˈlɛt]: weibl. Vorn., französische Kurzform von ▸ Nicolette.

Colin [ˈkɔlɪn]: männl. Vorn., englische Kurzform von Nicholas (▸ Nikolaus).

Colleen [ˈkɔliːn]: aus dem Englischen übernommener weibl. Vorn. irischen Ursprungs (zu gäl. *cailín* »Mädchen«). Der Name ist besonders in den USA und Australien verbreitet. ◇ Bekannte Namensträgerin: Colleen McCullough, australische Schriftstellerin (20. Jh.).

Concetta [konˈtʃetta]: weibl. Vorn. italienischen Ursprungs (zu lat. *concepta*, Partizip von *concipere* »empfangen«). Der Name bezieht sich auf das Fest der Unbefleckten Empfängnis Marias (8. Dezember).

Conni, (auch:) Conny: männl. Vorn., Koseform von ▸ Konrad. ◇ Bekannte Namensträger: Conny Freundorfer, deutscher Tischtennisspieler (20. Jh.).

Connie, (auch:) Conny: weibl. Vorn., Koseform von ▸ Cornelia oder ▸ Constanze. »Connie« ist auch englische Koseform von ▸ Constance.

Conrad: ▸ Konrad.

Conradin: ▸ Konradin.

Conradine, (auch:) Conradine: ▸ Konradine.

Cölestin: ▸ Zölestin.

Cölestine: ▸ Zölestine.

Constantin: ▸ Konstantin.

Constance: weibl. Vorn., englische [ˈkɔnstəns] und französische [kõsˈtã:] Form von ▸ Constanze.

Constanze, (auch:) Konstanze: weibl. Vorn. lateinischen Ursprungs (lat. *cōnstantia* »Beständigkeit, Festigkeit, Standhaftigkeit«). Der Name, der im Mittelalter im Hochadel üblich war, kam im 18. Jh. unter französischem und italienischem Einfluss in Mode, vor allem in Österreich und in Bayern. Eine bekannte Opernfigur ist die Konstanze in Mozarts Oper »Die Entführung aus dem Serail«. Eine literarische Gestalt ist die Constanze in William Somerset Maughams Komödie »Finden Sie, dass sich Constanze richtig verhält?«. ◇ Bekannte Namensträgerinnen: Konstanze, Gemahlin Kaiser Heinrichs VI. (12. Jh.); Konstanze von Aragonien, erste Gemahlin Kaiser Friedrichs II. (12./13. Jh.); Konstanze Mozart, Gattin des Komponisten W. A. Mozart (18. Jh.). Engl. Form: Constance [ˈkɔnstəns]. Französ. Form: Constance [kõsˈtãːs].

Consuelo, (auch:) Consuela: aus dem Spanischen übernommener weibl. Vorn. (span. *consuelo* »Trost«), der auf einen Beinamen Marias zurückgeht. Die Namensform »Consuela« kommt vereinzelt in Italien vor, ist aber in Spanien nicht üblich.

¹Cora, (auch:) Kora: weibl. Vorn., Kurzform von ▸ Cordula, ▸ Cordelia oder ▸ Cornelia.

²Cora: ▸ ²Kora.

Coralie: im 18. Jh. in Frankreich aufgekommener weibl. Vorn. (zu lat. *corallium*, griech. *korállion* »Koralle«).

Corbinian: ▸ Korbinian.

Cord: ▸ Kord.

Cordelia, (auch:) Kordelia: weibl. Vorn., Nebenform von ▸ Cordula. Eine bekannte literarische Gestalt ist die Cordelia in Shakespeares Drama »König Lear«.

Cordula, (auch:) Kordula: weibl. Vorn. lateinischen Ursprungs (wahrscheinlich zu lat. *cordus* »spät geboren, spät entwickelt«, später mit lat. *cor, cordis* »Herz« in Verbindung gebracht; »Herzchen«). Zu der Verbreitung des Namens hat die Verehrung der heiligen Cordula, Märtyrerin aus der Schar der heiligen Ursula, beigetragen; NAMENSTAG: 22. Oktober.

Corentin [kɔrãˈtɛ̃]: aus dem Französischen übernommener männl. Vorn. bretonischer Herkunft (zu kelt. *car(a)e* »Freund«). ◇ Bekannter Namensträger: der heilige Corentin (4. Jh.), NAMENSTAG: 12. Dezember.

Corin [kɔˈrɛ̃]: männl. Vorn., französische Form von ▸ Quirin.

¹Corinna, (auch:) Corina, Corine; Corinne, Korinna: weibl. Vorn., Weiterbildung von ▸ ¹Cora.

²Corinna: ▸ ²Korinna.

¹Corinne: ▸ ¹Corinna.

²Corinne [kɔˈrin]: weibl. Vorn., französische Form von ▸ ²Korinna.

Cornelia, (auch:) Cornelie; Kornelia: weibl. Vorn., weibliche Form von ▸ Cornelius. Bekannt ist Cornelia, die Tochter des Publius Cornelius Scipio Africanus. Sie wurde wegen ihrer Tapferkeit, edlen Gesinnung und umfassenden Bildung zum altrömischen Frauenideal. Diesen Namen trug auch Goethes Schwester. ◇ Bekannte Namensträgerin: Cornelia Froboess, deutsche Schlagersängerin und [Film]schauspielerin (20. Jh.).

Cornelis: männl. Vorn., Nebenform von ▸ Cornelius.

Cornelius, (auch:) Kornelius: männl. Vorn. lateinischen Ursprungs, der auf einen altrömischen Geschlechternamen (vielleicht zu lat. *cornū* »Horn«) zurückgeht. Zur Verbreitung des Namens hat die Verehrung des heiligen Cornelius (Papst von 251 bis 253) beigetragen; NAMENSTAG: 16. September.

Cornell: weibl. Vorn., Kurzform von ▸ Cornelia.

Corona: weibl. Vorn. lateinischen Ursprungs (lat. *corōna* »Kranz, Krone«). ◇ Bekannte Namensträgerinnen: die heilige Corona, Märtyrerin (2. Jh.), NAMENSTAG: 14. Mai; Corona Schröter, Sängerin und Schauspielerin (18./19. Jh.).

Cosima: aus dem Italienischen übernommener weibl. Vorn. griechischen Ursprungs, weibliche Form von ▸ Cosimo. ◇ Bekannte Namensträgerin: Cosima Wagner, Gattin Richard Wagners (19./20. Jh.).

Cosimo: aus dem Italienischen übernommener männl. Vorn. griechischen Ursprungs (zu griech. *kósmios* »wohl geordnet; ordentlich; sittlich; ruhig«). Der Name war traditionell in der Familie der Medici (Cosimo I., Großherzog der Toskana, Förderer der Künste, 16. Jh.).

Cosmas: männl. Vorn., latinisierende Schreibung von ▸ Kosmas. ◇ Bekannte Namensträger: Cosmas Damian Asam, deutscher Maler und Baumeister (17./18. Jh.); Cosmas von Prag, böhmischer Geschichtsschreiber (11./12. Jh.).

Crescentia, (auch:) Kreszentia; Creszenz, Kreszenz: weiblicher Vorname lateinischen Ursprungs (zu lateinisch *crēscēns* »wachsend, gedeihend«). Zur Verbreitung des Namens hat die Verehrung der heiligen Crescentia

(3./4. Jh.), der legendären Amme des heiligen Vitus, beigetragen; NAMENSTAG: 15. Juni. Der Name, vor allem die Koseform Zenzi, war früher aufgrund der Verehrung der Kreszentia von Kaufbeuren (17./18. Jh.) in Bayern sehr beliebt; NAMENSTAG: 5. April.

Crispinus, (auch:) Crispin; Krispinus, Krispin: männlicher Vorname lateinischen Ursprungs (zu lateinisch *crispus* »kraushaarig«). ✧ Bekannter Namensträger: der heilige Crispinus (3./4. Jh.), Märtyrer, NAMENSTAG: 25. Oktober.

Cristina: weibl. Vorn., italienische und spanische Form von ▸ Christine.

Curd, (auch:) Curt: ▸ Kurt. ✧ Bekannter Namensträger: Curd Jürgens, deutscher Filmschauspieler (20. Jh.).

Curd: *Curd Jürgens, deutscher Schauspieler*

Curtis [ˈkəːtɪs]: männl. Vorn. englischer Herkunft, ursprünglich ein Familienname, der auf altfranzös. *curteis* »höfisch, zum Hof gehörig« zurückgeht. Der Name ist erst ab 1950 in Deutschland anzutreffen.

Cynthia: weibl. Vorn. griechischen Ursprungs (»die vom Berge Kynthos auf der Insel Delos Stammende«, Beiname der Göttin Artemis). Nach der griechischen Sage wurden Apollo und Artemis auf dem Berg Kynthos geboren.

Eine bekannte literarische Gestalt ist die Cynthia in Hans Carossas Roman »Der Arzt Gion«. ✧ Bekannte Namensträgerin: Cynthia Ozick, amerikanische Schriftstellerin (20. Jh.). Engl. Form: Cynthia [ˈsɪnθɪə]. Italien. Form: Cinzia [ˈtʃintsja].

Cyprianus, (auch:) Cyprian; Zyprianus, Zyprian: männl. Vorn. lateinischen Ursprungs (»der von der Insel Zypern Stammende« zu lat. *Cyprus* »Zypern«). ✧ Bekannte Namensträger: der heilige Cyprianus von Antiochien (3./4. Jh.), NAMENSTAG: 26. September; der heilige Cyprianus, Bischof von Karthago (3. Jh.), NAMENSTAG: 16. September.

Cyriacus, (auch:) Cyriac; Zyriakus, Zyriak: männlicher Vorname griechischen Ursprungs (griechisch *kyriakós* »zu dem Herrn [Gott] gehörend«). ✧ Bekannter Namensträger: der heilige Cyriacus, einer der vierzehn Nothelfer; NAMENSTAG: 8. August.

Cyrillus, (auch:) Cyrill; Kyrillus, Kyrill: männlicher Vorname griechischen Ursprungs (abgeleitet von griech. *kýrios* »Herr [Gott]«; vgl. ▸ Cyriacus). ✧ Bekannte Namensträger: der heilige Cyrillus, Bischof von Jerusalem und Kirchenlehrer (4. Jh.), NAMENSTAG: 18. März; der heilige Cyrillus, Patriarch von Alexandrien und Kirchenlehrer (4./5. Jh.), NAMENSTAG: 27. Juni; der heilige Kyrill[os] (Cyrillus), Apostel der Slawen (9. Jh.), NAMENSTAG: 14. Februar.

Cyrus, engl. Aussprache: [ˈsaɪərəs]: männlicher Vorname, dessen Bedeutung unklar ist. Die latinisierte Form Cyrus geht auf Kyros, die griechische Form von altpersisch *kuruš* zurück. Kyros war der Name des persischen Königs und Gründers des altpersischen Weltreichs (6. Jh. v. Chr.). In Deutschland ist der Name nicht volkstümlich geworden. In England war er besonders in puritanischen Familien beliebt und ist heute vor allem in den Vereinigten Staaten von Amerika gebräuchlich.

Dafne: ▶ Daphne.

Dag: männl. Vorn., verselbstständigte, nordische Kurzform von Namen, die mit »Dag-« (german. *daga- »Tag, helle Zeit«) gebildet sind. ◇ Bekannter Namensträger: Dag Hammarskjöld, schwedischer Politiker (20. Jh.).

Dagmar: um 1900 aus dem Dänischen übernommener weibl. Vorn. »Dagmar« ist ursprünglich kein germanischer Name, sondern eine Entstellung des alttschechischen Namens Drahomíra. Er kam durch die Tochter des böhmischen Königs Ottokar I. Přemysl, Dragomira Margareta (12./13. Jh.), die König Waldemar II. heiratete, nach Dänemark. Dort wurde Dragomira als Dagmar (wie altsächs. *dag* »Tag« + *mâri* »berühmt«) aufgefasst. Wirklich populär wurde der Name aber erst im 19. Jh. aufgrund der Dagmar in dem historischen Roman »Valdemar Sejr« von B. Ingemann (1826). Eine weitere literarische Gestalt ist die Dagmar in Th. Storms Novelle »Ein Fest auf Haderslevhuus«. ◇ Bekannte Namensträgerinnen: Dagmar Berghoff, deutsche Nachrichtensprecherin (20. Jh.); Dagmar Hase, deutsche Schwimmerin (20. Jh.).

Dagny: jüngerer nordischer weibl. Vorn., im 19. Jh. neu gebildet aus schwed. *dag* »Tag« + *ny* »neu«.

Dagobert: alter männl. Vorn. (wahrscheinlich kelt. [gallisch]-germanischer Mischname zu kelt. *daga* »gut, sehr« + ahd. *beraht* »glänzend«, also »der sehr Berühmte«). Dagobert war im 7. Jh. merowingischer Königsname. Der Name kam im Mittelalter außer Gebrauch und wurde erst im 19. Jh. neu belebt. Allgemein bekannt ist der Name durch die Comicfigur des reichen Geizhalses »Onkel Dagobert« (Dagobert Duck) von Walt Disney.

Dahlia, (auch:) Dalia: weibl. Vorn. nach dem Blumennamen, benannt nach dem schwedischen Botaniker A. Dahl (18. Jh.).

Daisy ['deːzi], engl. Aussprache: ['deɪzɪ]: aus dem Englischen übernommener weibl. Vorn. (engl. *daisy* »Maßliebchen, Gänseblümchen«, aus altengl. *dæges ēage* »des Tages Auge«). Der Vorname kam in England in der zweiten Hälfte des 19. Jh.s als Koseform von Margaret (Margarete) auf, da er mit franzöz. *marguerite* gleichgesetzt wurde. In Deutschland erscheint er seit der Jahrhundertwende. Eine literarische Gestalt ist die Daisy in Francis Scott Fitzgeralds Roman »Der große Gatsby«.

Dajana, (auch:) Dayana: weibl. Vorn., seit den 60er-Jahren in Deutschland anzutreffen. Falls es sich nicht einfach um eine eindeutschende Schreibweise des engl. Namens ▶ Diana handelt, könnte der Name aus dem Serbischen oder Kroatischen übernommen sein (wahrscheinlich zu türk. *dayanmak* »Widerstand leisten«, also »die Widerstehende«, oder zu arab. *dāya* »Amme«; von diesem arabischen Wort ist auch der Name der Dienerin Rechas, Daja, in Lessings Schauspiel »Nathan der Weise« abgeleitet).

¹Dalia: ▶ Dahlia.

²Dalia, (auch:) Daliah: weibl. Vorn., wahrscheinlich eine hebräische Kurzform des biblischen Namens Gedalja (hebr. »Gott hat Großes getan«), der als weibl. Vorn. umgedeutet wurde. Der Vorname wurde in Deutschland durch die israelische Sängerin und Schauspielerin Daliah Lavi (20. Jh.) bekannt.

Dalila: weiblicher Vorname, Nebenform von ▶ Delila.

Damaris: weibl. Vorn. griechischen Ursprungs (griech. Dámaris, wohl zu *dámar* »Gattin, Geliebte«).

Damian: männl. Vorn. (zu griech. *damázein* »bezwingen«). Der heilige Damian und sein Zwillingsbruder ▶ Kosmas, nach der Legende zwei Ärzte, erlitten im 4. Jh. den Martertod;

NAMENSTAG: 26. September. Französ. Form: Damien [daˈmjɛ̃]. Italien. Form: Damiano.

Damiano: männl. Vorn., italienische Form von ▸ Damian.

Damien [daˈmjɛ̃]: männl. Vorn., französische Form von ▸ Damian.

¹**Dan:** aus der Bibel übernommener männl. Vorn. hebräischen Ursprungs (»er [Gott] hat gerichtet«). Im Alten Testament kein Personenname, sondern Name eines der zwölf Stämme Israels.

²**Dan** [dæn]: männl. Vorn., englische Kurzform von ▸ Daniel.

¹**Dana:** weibl. Vorn., weibliche Form von ▸ ¹Dan oder Kurzform von ▸ Daniela.

²**Dana:** weibl. Vorn., Kurzform von slawischen Vornamen, die auf »-dana« ausgehen, wie z. B. poln., russ. Bogdana, tschech. Bohdana (▸ Bogdan).

Dania, (auch:) **Danja:** weibl. Vorn., slawische Kurzform von Namen, die mit »Dan-« beginnen, z. B. poln., tschech. Daniela, russ., weißruss. Daniila, ukrainisch Danyila.

Danica [ˈdanitsa], (eindeutschend auch:) **Danitza:** aus dem Kroatischen, Serbischen oder Slowenischen übernommener weibl. Vorn. mit der Bedeutung »Morgenstern«.

Danice [daˈnis]: weibl. Vorn., französische Form von ▸ Danica.

Daniel: aus der Bibel übernommener männl. Vorn. hebräischen Ursprungs (»Gott richtet«). »Daniel« fand als Name des alttestamentlichen Propheten (NAMENSTAG: 21. Juli) schon in altdeutscher Zeit Verbreitung und ist seit Beginn der 60er-Jahre, wahrscheinlich durch angloamerikanischen Einfluss, sehr modisch. Eine literarische Gestalt ist der Daniel in Siegfried Lenz' Roman »Stadtgespräch«. ◇ Bekannte Namensträger: Daniel Czepko, deutscher Dichter des Barocks (17. Jh.); Daniel Casper Lohenstein, deutscher Dichter des Barocks (17. Jh.); Daniel Chodowiecki, deutscher Kupferstecher, Zeichner und Maler (18. Jh.); Daniel Defoe, englischer Schriftsteller (17./18. Jh.); Daniel Gabriel Fahrenheit, deutscher Physiker und Instrumentenbauer (17./18. Jh.); Daniel Barenboim, israelischer Pianist und Dirigent (20. Jh.); Daniel Day-Lewis, irischer [Film]schauspieler (20. Jh.). Engl. Aussprache: [ˈdænjəl].

Daniela: weibl. Vorn., weibliche Form von ▸ Daniel.

Daniella: aus dem Italienischen übernommener weibl. Vorn., weibliche Form von ▸ Daniel.

Danielle [daˈnjɛl]: aus dem Französischen übernommener weibl. Vorn., weibliche Form von ▸ Daniel. ◇ Bekannte Namensträgerin: Danielle Darrieux, französische Filmschauspielerin (20. Jh.).

Danilo: männl. Vorn., italienische und russische, serbische, kroatische, bulgarische, makedonische Form von ▸ Daniel. ◇ Bekannter Namensträger: Danilo Dolci, italienischer Sozialreformer und Schriftsteller (20. Jh.).

Danitza: weibl. Vorn., eindeutschende Schreibweise von ▸ Danica.

Danja: ▸ Dania.

Dankmar, (auch:) **Thankmar:** alter deutscher männl. Vorn. (ahd. *thank* »Denken; Gedanke; Erinnerung; Dank« + *māri* »bekannt, berühmt, angesehen«).

Dankrad: alter deutscher männl. Vorn. (ahd. *thank* »Denken; Gedanke; Erinnerung; Dank« + ahd. *rāt* »Rat, Beratung; Ratgeber«).

Dankward, (auch:) **Dankwart:** alter deutscher männl. Vorn. (ahd. *thank* »Denken; Gedanke; Erinnerung; Dank« + *wart* »Hüter, Schützer«). Bekannt ist der Name durch Dankwart, den Bruder Hagens, im Nibelungenlied.

Danny [ˈdæni]: männl. Vorn., englische Koseform von ▸ ²Dan. Eine literarische Figur ist der Danny in John Steinbecks Roman »Tortilla Flat«. ◇ Bekannter Namensträger: Danny Kaye, amerikanischer Schauspieler russischer Herkunft (20. Jh.).

Dante: männl. Vorn italienischer Herkunft, alte Kurzform von dem spätlateinischen mittelalterlichen Wunschnamen Durante (zu lat. *dūrāns*, Partizip Präsens von *dūrāre* »ausdauern, aushalten«, auch im christlichen Sinn: »ausdauernd im Glauben«). Der Name verdankt sein Fortbestehen dem Ruhm des italienischen Dichters der »Göttlichen Komödie«, Dante Alighieri (13./14. Jh.). ◇ Weiterer bekannter Namensträger: Dante Gabriel Rossetti, englischer Maler und Dichter (19. Jh.).

Danuta: aus dem Polnischen übernommener weibl. Vorn. litauischer Herkunft. Er hängt möglicherweise mit dem litauischen Namen Danejko zusammen, der vielleicht von russ. Danilo (▸ Daniel) abgeleitet ist.

¹**Dany** [daˈni]: weibl. Vorn., französische Koseform von ▸ Danielle. ◇ Bekannte Namensträgerinnen: Dany Robin, französische Film-

schauspielerin (20. Jh.); Dany Saval, französische Filmschauspielerin (20. Jh.).

²Dany: weibl. Vorn., Koseform von ▸ Daniela.

³Dany: männl. Vorn., Koseform von ▸ Daniel.

Daphne, (auch:) Dafne: weibl. Vorn. griechischen Ursprungs (griech. *dáphnē* »Lorbeer; Lorbeerbaum«). Der Name geht zurück auf eine griechische Sagengestalt. Nach der griechischen Sage war Daphne eine Nymphe, die, von Apollo begehrt und verfolgt, auf ihre Bitte hin in einen Lorbeerbaum verwandelt wurde (von Richard Strauss in der Oper »Daphne« behandelt). Als Vorname wird Daphne in Deutschland nicht vor dem 20. Jh. gebraucht. Eine literarische Gestalt ist die Daphne in Annette Kolbs Roman »Daphne Herbst«. ◆ Bekannte Namensträgerin: Daphne du Maurier, englische Schriftstellerin (20. Jh.).

Dara: weibl. Vorn., bulgarische Kurzform von Božidara (urslaw. *boži* »göttlich« + *dar*, zu urslaw. *dati* »geben«) oder serbische, kroatische und makedonische Nebenform von ▸ Daria. Der Name ist in Deutschland erst seit den 70er-Jahren anzutreffen. Eine literarische Gestalt ist die Dara in dem Roman »Lavina« (dt. »Eine Lawine«) von Blaga Dimitrowa.

Daria: weibl. Vorn. persischen Ursprungs. Trotz einer gleichnamigen Heiligen (3./4. Jh.), Namenstag: 25. Oktober, wird der Name, der seit Mitte des 20. Jh.s gelegentlich erscheint, eher als weibliche Form von ▸ Dario/-us oder als Nebenform von ▸ Darja zu verstehen sein.

Dario: männl. Vorn., italienische Form von ▸ Darius. ◆ Bekannter Namensträger: Dario Fo, italienischer Dramatiker und Regisseur (20. Jh.).

Darius: männl. Vorn. persischen Ursprungs, der auf die gleichnamigen Perserkönige, vor allem Darius I., den Großen (550–486 v. Chr.), zurückgeht. Altpersisch *Dāraya-vauš* »das Gute festhaltend, Inhaber des Guten« ergibt griech. *Dareîos*, lat. *Dārīus*. ◆ Bekannter Namensträger: Darius Milhaud, französischer Komponist (19./20. Jh.).

Darja: weibl. Vorn. russischer/slowenischer Herkunft, weibliche Form von ▸ Darius.

Darko: männl. Vorn., tschechische, bulgarische, serbische, kroatische, makedonische Koseform von ▸ Darius.

Darleen, (auch:) Darlene [dɑ:ˈliːn]: aus dem Angloamerikanischen seit der 2. Hälfte des 20. Jh.s übernommener weibl. Vorn.; wohl eine Weiterbildung von engl. *darling* »Liebling«.

Dave [deɪv]: aus dem Englischen übernommener männl. Vorn., Koseform von ▸ David.

David: aus der Bibel übernommener männl. Vorn. hebräischen Ursprungs (»der Geliebte, Liebling«). Als Name des alttestamentlichen Königs und Ahnherrn Jesu kam David in Deutschland im frühen Mittelalter auf, wurde jedoch erst nach der Reformation in protestantischen Familien häufiger vergeben. Seine Beliebtheit seit den 60er-Jahren geht vor allem auf angloamerikanischen Einfluss zurück. Eine bekannte literarische Gestalt ist David Copperfield aus dem gleichnamigen Roman von Charles Dickens. Eine Opernfigur ist David, der Lehrjunge von Hans Sachs, in Richard Wagners Oper »Die Meistersinger von Nürnberg«. ◆ Bekannte Namensträger: David von Augsburg, deutscher Volksprediger (13. Jh.); David Hilbert, deutscher Mathematiker (19./20. Jh.); David Oistrach, russischer Geiger (20. Jh.); David Ben Gurion, israelischer Politiker (19./20. Jh.); David Bowie, britischer Popmusiker (20. Jh.); David Hockney, britischer Maler und Grafiker (20. Jh.). Engl. Aussprache: [ˈdeɪvɪd].

Davida, (auch:) Davide; Davidia: weibl. Vorn., weibliche Form von ▸ David.

Davina: weibl. Vorn., englische, besonders schottische Form von ▸ Davida.

Dayana: ▸ Dajana.

Dean [diːn]: aus dem Englischen übernommener männl. Vorn., der aus einem Familiennamen (zu mittelengl. *deen* aus lat. *decānus* »Vorsteher eines Kathedralkapitels« oder altengl. *denu* »Tal«) hervorgegangen ist.

Debbie, (auch:) Debby: weibl. Vorn., englische Koseform von ▸ Debora.

Debora, (auch:) Deborah: aus der Bibel übernommener weibl. Vorn. hebräischen Ursprungs (»Biene«). Nach der Bibel war Debora eine Richterin und Prophetin in Israel. Eine literarische Gestalt ist die Deborah in Adalbert Stifters Novelle »Abdias«. ◆ Bekannte Namensträgerin: Deborah Kerr, amerikanische Filmschauspielerin (20. Jh.).

Debra: weibl. Vorn., englische Kurzform von ▸ Debora.

Deda, (auch:) Dedda: weibl. Vorn., niederdeutsche und friesische Kurzform von Namen, die mit »Diet-« (niederdeutsche Form »Det-«; ahd. *thiot* »Volk«) gebildet sind.

Degenhard: alter deutscher männl. Vorn. (ahd. *thegan, degan* »[junger] Held, Krieger« + ahd. *harti, herti* »hart, kräftig, stark«).

Deike: weibl. Vorn., niederdeutsche Kurzform von Namen, die mit »Diet-« (ahd. *thiot* »Volk«) gebildet sind.

Deirdre [ˈdɪədrɪ]: weibl. Vorn. irischen Ursprungs, dessen Bedeutung unklar ist. Deirdre war der Name der Heldin einer irischen Sage aus dem 8. Jh. Der Name wurde erst zu Beginn des 20. Jh.s, u. a. durch gleichnamige Personen in Dichtungen von W. B. Yeats und J. M. Synge, wieder belebt.

Dela, (auch:) Dele: weibl. Vorn., Kurzform von ▸ Adele.

Delf: männl. Vorn., Kurzform von ▸ Detlef.

Delfina, (auch:) Delfine: ▸ Delphina.

Delia: weibl. Vorn. griechischen Ursprungs (»die von der Insel Delos Stammende«, Beiname der Göttin Artemis). Nach der griechischen Sage wurden Apollo und Artemis auf dem Berg Kynthos auf der Insel Delos geboren.

Deliane: weibl. Vorn., Weiterbildung von ▸ Delia.

Delphina, (auch:) Delphine; Delfina, Delfine: weibl. Vorn. griechischen Ursprungs (griech. *delphís* »Delphin«).

Demian: männl. Vorn., nach der russischen und ukrainischen Form Dem'jan von ▸ Damian. Eine bekannte literarische Gestalt ist der Demian in H. Hesses gleichnamigem Roman (hier allerdings Familienname).

Denis [dəˈni]: männl. Vorn., französische Form von ▸ Dionys[ius].

Denise [dəˈniːz]: aus dem Französischen übernommener weibl. Vorn., weibliche Form von ▸ Denis.

Dennis: aus dem Englischen übernommener männl. Vorn., der auf ▸ Dionys[ius] zurückgeht. Der Name ist heute modisch. ◇ Bekannte Namensträger: Dennis Hopper, amerikanischer [Film]schauspieler und Regisseur (20. Jh.); Dennis Gábor, britischer Physiker ungarischer Herkunft (20. Jh.).

Denny: männl. Vorn., englische Kurzform von ▸ Dennis.

Derk, (auch:) Derek; Derik; Derrick: männl. Vorn., niederdeutsche, auch englische Kurzform von ▸ Dietrich.

Desdemona, (auch:) Desdemona: weiblicher Vorname griechischer Herkunft (griechisch *dysdaimonía* »Unheil, Missgeschick«). Der Name ist aus Shakespeares Tragödie »Othello« bekannt. Seit den 60er-Jahren ist der Name in Deutschland gelegentlich anzutreffen.

Désirée [deziˈre], (eindeutschend auch:) Desiree: aus dem Französischen übernommener weibl. Vorn. (zu lat. *Desiderius, -a* »der/die Erwünschte, Ersehnte«).

Detlef, (auch:) Detlef; Detlev, Detlev: niederdeutscher männl. Vorn. (asächs. *thiad* »Volk« + asächs. *leva* »Erbe, Nachlass, Sohn, Tochter«). ◇ Bekannter Namensträger: Detlev (eigentlich Friedrich Adolf Axel Freiherr) von Liliencron, deutscher Schriftsteller (19./20. Jh.).

Detmar, (auch:) Dettmar: männl. Vorn., niederdeutsche Form von ▸ Dietmar.

Diana: *Diana, Princess of Wales*

Diana, (auch:) Diane: aus dem Lateinischen übernommener weiblicher Vorn. (lat. Diana, der Name der römischen Jagd- und Mondgöttin, wohl abgeleitet von **divia-na* »die Göttliche«). ◇ Bekannte Namensträgerinnen: Diane Keaton, amerikanische [Film]schauspielerin (20. Jh.); Diana, Princess of Wales (20. Jh.). Französ. Form: Diane [djan]. Engl. Formen: Diana [daɪˈænə], Diane [daɪˈæn].

Diandra: weibl. Vorn., vermutlich angloamerikanische Neubildung aus ▸ Diana und ▸ Alexandra.

Dianne: weiblicher Vorname, der entweder auf eine Nebenform von ▸ Diane oder auf eine Doppelform aus ▸ Diana und ▸ Anne zurückgeht.

Dick: männl. Vorn., englische Koseform von ▸ Richard.

Didi: männl. Vorn., Koseform von ▸ Dietrich und ▸ Dieter. ◇ Bekannter Namensträger: Didi (Dieter) Hallervorden, deutscher Komiker (20. Jh.).

Diebald: männl. Vorn., Nebenform von ▸ Dietbald.

Diederich, (auch:) Diederik: männl. Vorn., Nebenform von ▸ Dietrich.

Diedrich: männl. Vorn., Nebenform von ▸ Dietrich.

Diego: männl. Vorn., spanische Form von ▸ Jakob, die sich aus Sant Jago durch falsche Abtrennung des »t« entwickelt hat. ◇ Bekannte Namensträger: Diego Rodríguez de Silva y Velázquez, spanischer Maler (16./17. Jh.); Diego Rivera, mexikanischer Maler (19./20. Jh.).

Diemo: männl. Vorn., Kurzform von ▸ Dietmar.

Diemut: weibl. Vorn. (ahd. *thiot* »Volk« + ahd. *muot* »Sinn, Gemüt, Geist«). Im Spätmittelalter wurde dieser Name oft als mhd. *diemuot* »Demut« und somit als christlicher Name verstanden.

Dierk: männl. Vorn., niederdeutsche und friesische Kurzform von ▸ Dietrich.

Dieta: weibl. Vorn., Kurzform von Namen, die mit »Diet-« gebildet sind (z. B. ▸ Dietlind und ▸ Diethild).

Dietbald: alter deutscher männl. Vorn. (ahd. *thiot* »Volk« + ahd. *bald* »kühn«).

Dietbert: alter deutscher männl. Vorn. (ahd. *thiot* »Volk« + ahd. *beraht* »glänzend«).

Dietburg: alter deutscher weibl. Vorn. (ahd. *thiot* »Volk« + ahd. *burg* »Burg, Zufluchtstätte, Schutz«).

¹**Dieter,** (auch:) Diether [ˈdiːtɐ; ˈdiːthɛr]: alter deutscher männl. Vorn. (ahd. *thiot* »Volk« + ahd. *heri* »Kriegsschar, Heer«). Bekannt ist der Name durch Diether, den jungen Bruder Dietrichs von Bern, der nach der Sage im Kampf gegen Wittich getötet wurde. In der Neuzeit ist er mit ▸ ²Dieter, der Kurzform des männlichen Vornamens Dietrich, zusammengefallen. Eine Möglichkeit, die beiden Namen auseinander zu halten, besteht nicht, weil die Kurzform von Dietrich – älterer Orthographie folgend – gelegentlich mit »h« geschrieben wird. ◇ Bekannte Namensträger: Diet[h]er, Graf von Isenburg, Erzbischof und Kurfürst von Mainz, Gründer der Mainzer Universität (15. Jh.); Dieter Borsche, deutscher Schauspieler (20. Jh.); Dieter Hilde-brandt, deutscher Kabarettist (20. Jh.); Dieter Kürten, deutscher Fernsehmoderator und Journalist (20. Jh.); Dieter Thoma, deutscher Skispringer (20. Jh.).

Dieter: *Dieter Hildebrandt, deutscher Kabarettist*

²**Dieter,** (älter auch:) Diether: männl. Vorn., Kurzform von ▸ Dietrich. Die Kurzform ist mit dem alten männl. Vorn. ▸ ¹Dieter (ahd. *thiot* »Volk« + ahd. *heri* »Kriegsschar, Heer«) zusammengefallen.

Dietfried: alter deutscher männl. Vorn. (ahd. *thiot* »Volk« + ahd. *fridu* »Schutz vor Waffengewalt, Friede«).

Dietgard: alter deutscher weibl. Vorn. (ahd. *thiot* »Volk« + german. **gardaz* »Zaun, Einfriedung«, vgl. ahd. *garto* »Garten«).

Dietger: alter deutscher männl. Vorn. (ahd. *thiot* »Volk« + ahd. *gēr* »Speer«).

Dietgund: alter deutscher weibl. Vorn. (ahd. *thiot* »Volk« + ahd. *gund* »Kampf«).

Diethard: alter deutscher männl. Vorn. (ahd. *thiot* »Volk« + ahd. *harti, herti* »hart, kräftig, stark«).

Diethelm: alter deutscher männl. Vorn. (ahd. *thiot* »Volk« + ahd. *helm* »Helm«).

¹**Diether:** ▸ ¹Dieter.

²**Diether:** ▸ ²Dieter.

Diethild, (auch:) Diethilde: alter deutscher weibl. Vorn. (ahd. *thiot* »Volk« + ahd. *hiltja* »Kampf«).

Dietlind, (auch:) Dietlinde: alter deutscher weibl. Vorn. (ahd. *thiot* »Volk« + ahd. *lind* »sanft, weich, mild«; auch beeinflusst durch ahd. *linta* »Linde, Schild aus Lindenholz«). Von den mit »Diet-« gebildeten weiblichen Vornamen kommt »Dietlind« heute am häufigsten vor.

Dietmar: alter deutscher männl. Vorn. (ahd. *thiot* »Volk« + ahd. *māri* »bekannt, berühmt, angesehen«). ✧ Bekannte Namensträger: Dietmar von Aist, deutscher Minnesänger (12. Jh.); Dietmar Schönherr, österreichischer Schauspieler und Regisseur (20. Jh.).

Dietram: alter deutscher männl. Vorn. (ahd. *thiot* »Volk« + ahd. *hraban* »Rabe«).

Dietrich: alter deutscher männl. Vorn. (ahd. *thiot* »Volk« + ahd. *rīhhi* »Herrschaft, Herrscher, Macht; reich, mächtig, hoch«, also »im Volk mächtig«). Der Name spielte in der Namengebung im Mittelalter eine große Rolle. Er war allgemein bekannt durch die Sagengestalt Dietrich von Bern, in der der große Ostgotenkönig Theoderich (5./6. Jh.) fortlebt. (Theoderich, Theodericus ist die latinisierte Form von gotisch *Þiuda-reiks* »Herrscher des Volkes« und entspricht Dietrich.) ✧ Bekannte Namensträger: Dietrich Buxtehude, deutscher Organist und Komponist (17./18. Jh.); Dietrich Bonhoeffer, deutscher ev. Theologe (20. Jh.); Dietrich Fischer-Dieskau, deutscher Sänger (20. Jh.). Französ. Form: Thierry [tjɛ'ri].

Dietrun, (auch:) Dietrune: alter deutscher weibl. Vorn. (ahd. *thiot* »Volk« + ahd. *rūna* »Geheimnis; geheime Beratung«).

Dietwin: alter deutscher männl. Vorn. (ahd. *thiot* »Volk« + ahd. *wini* »Freund«).

Dietz: männl. Vorn., Kurzform von ▸ Dietrich.

Dimitri, (auch:) Dmitri; Dimitrij; Dmitrij: männl. Vorn., russische Form von Demetrius (griech. *Dēmétrios* »der Fruchtbarkeitsgöttin Demeter zugehörig«). Der Vorname ist in Russland (und in Bulgarien) beliebt und spielt auch in der russischen Literatur eine bedeutende Rolle. Eine bekannte literarische Gestalt ist der Dmitri Karamasow aus F. M. Dostojewskis Roman »Die Brüder Karamasow«. ✧ Bekannte Namensträger: der heilige Demetrius, Märtyrer (3./4. Jh.), NAMENSTAG: 26. Oktober; Dimitrij Schostakowitsch, russischer Komponist (20. Jh.).

Dimo: männl. Vorn., Kurzform von Namen, die mit »Diet-« gebildet sind, besonders von ▸ Dietmar.

¹**Dina,** (auch:) Dinah: weibl. Vorn. hebräischen Ursprungs, dessen Bedeutung nicht sicher geklärt ist (»Rechtsstreit«, »eine, der zum Recht verholfen worden ist« oder Kurzform von ▸ ²Adina). Nach der Bibel war Dina eine Tochter Jakobs und Leas.

²**Dina,** (auch:) Dine: weibl. Vorn., Kurzform von Namen, die auf »-dina«, »-dine« ausgehen (z. B. ▸ Berhardine, ▸ Leopoldine).

Dino: männl. Vorn., italienische Kurzform von Namen, die auf »-dino« ausgehen (z. B. Bernardino, Corradino). ✧ Bekannter Namensträger: Dino Buzzati, italienischer Schriftsteller (20. Jh.).

Dion: männl. Vorn., Kurzform von ▸ Dionys(ius).

Dionisia: ▸ Dionysia.

Dionys: ▸ Dionysius.

Dionysia, (auch:) Dionisia: weibl. Vorn., weibliche Form von ▸ Dionysius.

Dionysius, (auch:) Dionys: männl. Vorn. griechischen Ursprungs (griech. Dionýsios »der dem Gott Dionysos Geweihte«). Zur Verbreitung des Namens im Mittelalter trug die Verehrung des heiligen Dionysius (3. Jh.) bei. Der heilige Dionysius war der erste Bischof von Paris und ist einer der vierzehn Nothelfer; NAMENSTAG: 9. Oktober. Französ. Form: Denis [də'ni]. Engl. Form: Dennis ['dɛnɪs].

Diotima, (auch:) Diotima: aus dem Griechischen übernommener weibl. Vorn. (griech. *dio* »Zeus, Gott« + *timḗ* »Ehre«). Bekannt ist der Name durch die Diotima in Platons »Symposion«, die Sokrates über das Wesen der Liebe belehrt. Als Diotima verehrte Friedrich Hölderlin im »Hyperion« und in Gedichten Frau Susette Gontard. Eine literarische Gestalt ist auch die Diotima (= Ermelinda Tuzzi) in Musils Roman »Der Mann ohne Eigenschaften«.

Dirk: männl. Vorn., niederdeutsche Kurzform von ▸ Dietrich.

Ditta: ▸ Dieta.

Dittmar: männl. Vorn., Nebenform von ▸ Dietmar.

Djamila: weibl. Vorn. arabischen Ursprungs (arab. *djamīl* »schön, hübsch«).

Dmitri: männl. Vorn., Nebenform von ▸ Dimitri.

Dodo: männl. Vorn., Lallform zu zweigliedrigen alten deutschen Namen, die ein »d« enthalten (z. B. Liutold oder ▸ Rudolf).

Dolf: männl. Vorn., Kurzform von Namen, die auf »-dolf« ausgehen, besonders von ▸ Rudolf, ▸ Adolf. ✧ Bekannter Namensträger: Dolf Sternberger, deutscher Publizist (20. Jh.).

Dolly: weibl. Vorn., englische Koseform von Dorothy (▸ Dorothea).

Dolores: aus dem Spanischen übernommener weiblicher Vorname. Spanisch Dolores ist gekürzt aus Nuestra Señora de los Dolores, einem Beinamen Marias (= lat. Mater dolorosa »schmerzensreiche Mutter«). Eine literarische Gestalt ist die Dolores in Achim von Arnims Roman »Armut, Reichtum, Schuld und Buße der Gräfin Dolores«.

Domenic: männlicher Vorname, gekürzt aus ▶ Domenico, italienische Form von ▶ Dominikus.

Domenica: weibl. Vorn., italienische Form von ▶ Dominika.

Domenico: männlicher Vorname, italienische Form von ▶ Dominikus. ◇ Bekannte Namensträger: Domenico Ghirlandaio, italienischer Maler (15. Jh.); Domenico Scarlatti, italienischer Komponist (17./18. Jh.); Domenico Cimarosa, italienischer Komponist (18./19. Jh.).

Domenik: männl. Vorn., deutsche Schreibweise für ▶ Domenic.

Domenika: weibl. Vorn., deutsche Schreibweise für ▶ Domenica.

Domingo: männl. Vorn., spanische Form von ▶ Dominikus.

Dominic: männl. Vorn., verkürzt aus ▶ Dominicus oder engl. Form von ▶ Dominikus [ˈdɔmɪnɪk].

Dominica: weibl. Vorn., weibliche Form von ▶ Dominicus, auch spanisch (Betonung: Dominíca).

Dominicus: ▶ Dominikus.

Dominik: männl. Vorn., verkürzt aus ▶ Dominikus.

Dominika, (auch:) Dominica: weibl. Vorn., weibliche Form von ▶ Dominikus. Italien. Form: Domenica. Französ. Form: Dominique [dɔmiˈnik]. Span. Form: Dominica.

Dominikus, (auch:) Dominicus; Dominik: männl. Vorn. lateinischen Ursprungs (lat. *dominicus* »zum Herrn gehörend«, zu *dominus* »Herr«). ◇ Bekannter Namensträger: der heilige Dominikus, der Gründer des Dominikanerordens (12./13. Jh.), NAMENSTAG: 4. August. In neuerer Zeit erfreut sich der Vorname Dominik zunehmender Beliebtheit. Span. Form: Domingo. Ital. Form: Domenico. Französ. Form: Dominique [dɔmiˈnik]. Engl. Form: Dominic [ˈdɔmɪnɪk].

¹Dominique [dɔmiˈnik]: aus dem Französischen übernommener weibl. Vorn., französische Form von ▶ Dominika.

²Dominique [dɔmiˈnik]: aus dem Französischen übernommener männl. Vorn., französische Form von ▶ Dominikus. Wegen des gleich lautenden weiblichen Vornamens (▶ ¹Dominique) ist ²Dominique nicht eindeutig männlich.

Don: aus dem Englischen übernommener männl. Vorn., Kurzform von ▶ Donald. ◇ Bekannter Namensträger: Don DeLillo, amerikanischer Schriftsteller (20. Jh.).

Donald: aus dem Englischen übernommener männlicher Vorname keltischen Ursprungs (kelt. **dubno* »Welt« + **walos* »mächtig«). ◇ Bekannter Namensträger: Donald Sutherland, kanadischer [Film]schauspieler (20. Jh.).

Donat, (auch:) Donat; Donatus: männl. Vorn. lateinischen Ursprungs (zu lat. *dōnāre* »schenken, geben«, »der [Gott oder von Gott] Geschenkte«). ◇ Bekannte Namensträger: der heilige Donatus, Märtyrer (4. Jh.); NAMENSTAG: 7. August; Donatus, römischer Grammatiker (4. Jh.).

Donata: weibl. Vorn., weibliche Form von ▶ Donatus.

Donatus: ▶ Donat.

Dora, (auch:) Dore: weibl. Vorn., Kurzform von ▶ Dorothea oder ▶ Theodora. ◇ Bekannte Namensträgerin: Dora Carrington, englische Malerin (19./20. Jh.).

Doreen [dɔˈriːn]: aus dem Englischen übernommener weibl. Vorn., zu Beginn des 20. Jh.s mit der ursprünglich irischen Endung -een geprägte Erweiterung von ▶ Dora.

Dorena: weibl. Vorn., Nebenform von ▶ Doreen.

Dorette, (auch:) Dorett: aus dem Französischen übernommener weibl. Vorn., Koseform von Dorothée (▶ Dorothea). Französ. Aussprache: [dɔˈrɛt].

Dorian [ˈdɔːrɪən]: aus dem Englischen übernommener männl. Vorn., der vermutlich von Oscar Wilde für die Hauptperson seines Romans »Das Bildnis des Dorian Gray« geschaffen wurde (vielleicht Ableitung von lat. *Dorianus*, engl. *the Dorian* »der Dorier«).

Dorina: weibl. Vorn., Weiterbildung von ▶ Dora, auch italienisch.

Doris: weibl. Vorn., Ende des 17., Anfang des 18. Jh.s in der Schäferpoesie aufgekommener Name aus der griechischen Mythologie. Doris (zu griech. *dôron* »Gabe [des Meeres]«) war die Tochter des Okeanos und der Tethys, die

Gemahlin des Nereus, Mutter der fünfzig Nereiden. Früher wurde Doris gelegentlich auch als Kurzform von ▶ Dorothea verwandt. ◆ Bekannte Namensträgerinnen: Doris Day, amerikanische [Film]schauspielerin (20. Jh.); Doris Lessing, englische Schriftstellerin (20. Jh.); Doris Dörrie, deutsche Filmregisseurin und Schriftstellerin (20. Jh.).

Doris: *Doris Lessing, englische Schriftstellerin*

Dorit: weiblicher Vorname, Kurzform von ▶ Dorothea.

Dorita: weiblicher Vorname, spanische Koseform von ▶ Dora.

Dorkas: weiblicher Vorname griechischen Ursprungs (griech. *dorkás* »Reh, Gazelle«).

Dorle: weiblicher Vorname, Koseform von ▶ Dora.

Dorota: weibl. Vorn., polnische Form von ▶ Dorothea.

Dorothea, (auch:) Dorothee, Dorothée: weibl. Vorn. griechischen Ursprungs (griech. Dorothéa, zu *dóron* »Geschenk, Gabe« und *theós* »Gott«, etwa »Gottesgeschenk«). »Dorothea« fand im Mittelalter als Name der heiligen Dorothea (3./4. Jh.) Verbreitung; NAMENSTAG: 6. Februar. Nach der Legende brachte ihr ein Knabe, bevor sie enthauptet wurde, einen Korb mit Rosen und Äpfeln aus dem Paradies (daher Patronin der Gärtner). Bekannt wurde der Name in Preußen vor allem durch die selige Dorothea von Montau (14. Jh.), die Schutzheilige Preußens. In der Neuzeit wurde »Dorothea« als Name mehrerer deutscher Fürstinnen – besonders der Kurfürstin Dorothea von Brandenburg, der zweiten Gemahlin des Großen Kurfürsten (17. Jh.) – beliebt. Zur Beliebtheit des Namens trug auch Goethes

Epos »Hermann und Dorothea« bei. ◆ Bekannte Namensträgerinnen: Dorothea Schlegel (geb. Mendelssohn), Gattin Friedrich Schlegels (18./19. Jh.); Dorothea Tanning, amerikanische Malerin (20. Jh.). Engl. Form: Dorothy [ˈdɔrəθɪ]. Franz. Form: Dorothée. Poln. Form: Dorota.

Dorothy [ˈdɔrəθɪ]: weibl. Vorn., englische Form von ▶ Dorothea.

Dorrit: weibl. Vorn., englische Koseform von Dorothy (▶ Dorothea). Eine literarische Gestalt ist »Little Dorrit« in dem gleichnamigen Roman von Charles Dickens.

Dorte, (auch:) Dorthe: weiblicher Vorname, niederdeutsche Koseform von dem Namen ▶ Dorothea.

Dörte, (auch:) Dörthe: weibl. Vorn., niederdeutsche Koseform von ▶ Dorothea.

Dortje: weibl. Vorn., niederdeutsch-friesische Koseform von ▶ Dorothea.

Douglas [ˈdʌɡləs]: aus dem Englischen übernommener männl. Vorn. keltischer Herkunft, der ursprünglich der Name eines schottischen Adelsgeschlechts war. Der Familienname geht auf einen schottischen Ortsnamen (zu gäl. *dubh* »schwarz« und *glas* »Bach«) zurück.

Dries, (auch:) Drees: männlicher Vorname, niederdeutsche Kurzform von dem Namen ▶ Andreas.

Duncan [ˈdʌŋkən]: aus dem Englischen übernommener männlicher Vorname keltischer Herkunft (altirisch *dun-chadh* »brauner Krieger«). Der Name ist vor allem in Schottland verbreitet.

Dunja: aus dem Russischen oder Serbischen bzw. Kroatischen übernommener weibl. Vorn., russische Koseform von Avdot'ja, mundartl. Nebenform von Jevdokija (griech. Eudokía »Wohlgefallen, Wunsch«). Der serbische Name geht vielleicht auf einen Orts- und Stammesnamen zurück, es ist aber auch an türkisch *dünya* »Welt« (aus arab. *dunya* »Welt«) zu denken. Eine bekannte literarische Gestalt ist die Dunja in Puschkins Novelle »Der Postmeister«. ◆ Bekannte Namensträgerin: Dunja Rajter, kroatische Filmschauspielerin und Sängerin (20. Jh.).

Durs: männl. Vorn., dessen Herkunft und Bedeutung nicht sicher geklärt sind. Vielleicht ist der Name von ahd. *thurs, turs* »Dämon, Riese« abzuleiten. Im alemannischen Raum Südwestdeutschlands und der Schweiz ist

»Durs« auch als Zusammenziehung von Sankt Urs (mit falscher Abtrennung des *-t*, das zu *D-* wird) belegt (▶ Urs). ◇ Bekannter Namensträger: Durs Grünbein, deutscher Dichter (20. Jh.).

Dustin ['dʌstɪn]: aus dem Englischen übernommener männlicher Vorname, der auf einen Familiennamen unklarer Herkunft zurückgeht. Seit Anfang des 20. Jh.s ist Dustin auch als männlicher Vorname gebräuchlich. ◇ Bekannter Namensträger: Dustin Hoffman, amerikanischer Schauspieler (20. Jh.).

Dylan ['dɪlən]: aus dem Englischen übernommener männl. Vorn. ungeklärter Herkunft, Name eines legendarischen walisischen Helden. ◇ Bekannte Namensträger: Dylan Thomas, walisischer Schriftsteller (20. Jh.). Aus Bewunderung für ihn gab sich Bob Dylan, amerikanischer Folk- und Rocksänger, seinen Künstlernamen. Der Name ist seit den 70er-Jahren gelegentlich in Deutschland anzutreffen.

Ebba: weibl. Vorn., deutsche, aber auch schwedische verselbstständigte Kurzform von Namen, die mit »Eber-« (ahd. *ebur* »Eber«) gebildet wurden.

Ebbo: männl. Vorn., verselbstständigte Kurzform von Namen, die mit »Eber-« (ahd. *ebur* »Eber«) gebildet sind (z. B. von ▶ Eberhard).

Eberhard, (auch:) Eberhart: alter deutscher männl. Vorn. (ahd. *ebur* »Eber« + ahd. *harti, herti* »hart, kräftig, stark«, etwa »stark, kräftig wie ein Eber«). Von den zahlreichen Namen mit »Eber-«, die früher gebräuchlich waren (z. B. Eberhelm, Eberwolf, Ebergard, Eberhild), ist nur »Eberhard« bis heute volkstümlich geblieben. Der Name war früher bei den Grafen und Herzögen von Württemberg beliebt. ◇ Bekannte Namensträger: der heilige Eberhard, Erzbischof von Salzburg (11./12. Jh.), NAMENSTAG: 21. Juni; Eberhard im Bart, Herzog von Württemberg, Gründer der Universität Tübingen (15. Jh.); Eberhard Feick, deutscher Filmschauspieler (20. Jh.).

Eberwin: alter deutscher männl. Vorn. (ahd. *ebur* »Eber« + ahd. *wini* »Freund«).

Eckard: männl. Vorn., Nebenform von ▶ Eckehard.

Eckart: männl. Vorn., Nebenform von ▶ Eckehard.

Eckbert, (auch:) Egbert: alter deutscher männl. Vorn. (ahd. *ekka* »[Schwert-]Schneide, Spitze« + ahd. *beraht* »glänzend«). Eine literarische Gestalt ist der Eckbert in Ludwig Tiecks Kunstmärchen »Der blonde Eckbert«.

Eckehard, (auch:) Eckard; Eckehart; Eckhard, Eckhart; Eckart, Eckert; Ekkehard: alter deutscher männl. Vorn. (ahd. *ekka* »[Schwert-]Schneide, Spitze« + ahd. *harti, herti* »hart, kräftig, stark«). Der Name war seit dem Mittelalter in Deutschland allgemein bekannt durch die Sagengestalt des getreuen Eckarts. Als Vorname kommt Eckehard seit dem Ende des 19. Jh.s häufiger vor. ◇ Bekannte Namensträger: Ekkehard I. von St. Gallen, mittelalterlicher Dichter (10. Jh.), bekannt durch Scheffels Roman »Ekkehard«; Meister Eckart, deutscher Mystiker (13./14. Jh.); Eckart von Naso, deutscher Schriftsteller und Dramaturg (19./20. Jh.); Eckhard Henscheid, deutscher Schriftsteller (20. Jh.).

Ed: männlicher Vorname, englische Kurzform von Edward (▶ Eduard).

Edda, (auch:) Eda: weibl. Vorn., Kurzform von Namen, die mit »Ed-« gebildet sind (z. B. ▶ Edith). ◇ Bekannte Namensträgerin: Edda Moser, deutsche Sängerin (20. Jh.).

Eddi: männl. Vorn., Koseform von ▶ Eduard.

Eddy: männl. Vorn., englische Koseform von Edward (▶ Eduard). ◇ Bekannter Namensträger: Eddy Merckx, belgischer Radrennfahrer (20. Jh.).

Ede: männl. Vorn., Kurzform von ▸ Eduard.

Edel: weiblicher Vorname, verselbstständigte Kurzform von Namen, die mit »Edel-« gebildet sind (z. B. ▸ Edeltraud und ▸ Edelgard).

Edelbert: männl. Vorn., Nebenform von ▸ Adalbert.

Edelgard, (auch:) Elgard: weibl. Vorn., jüngere Form von ▸ Adelgard.

Edeltraud, (auch:) Edeltrud: weibl. Vorn., jüngere Form von ▸ Adeltraud.

Edgar: aus dem Englischen übernommener männl. Vorn. (altengl. ēad »Erbgut, Besitz« + altengl. gār »Speer«). Der Name fand im 19. Jh. mit anderen englischen Namen Eingang in die deutsche Namengebung. Eine bekannte Operngestalt ist der Edgar in G. Donizettis Oper »Lucia di Lammermoor«, nach einem Roman von Walter Scott. ◇ Bekannte Namensträger: Edgar Allan Poe, amerikanischer Schriftsteller (19. Jh.); Edgar Wallace, englischer Kriminalschriftsteller (19./20. Jh.); Edgar Degas, französischer Maler (19./20. Jh.); Edgar Reitz, deutscher Filmregisseur (20. Jh.).

Edina: weibl. Vorn., vielleicht Erweiterung von ▸ Eda, Edda.

Edith: aus dem Englischen übernommener weibl. Vorn. (altengl. ēad »Erbgut, Besitz« + altengl. gȳð »Kampf«). Der Name kam in Deutschland erst im 19. Jh. zusammen mit anderen englischen Namen auf. ◇ Bekannte Namensträgerinnen: Edith Stein, deutsche Theologin und Philosophin (19./20. Jh.); Edith Sitwell, englische Schriftstellerin (19./20. Jh.); Edith Piaf, französische Chansonsängerin (20. Jh.).

Editha: weibl. Vorn., latinisierte Form von ▸ Edith. ◇ Bekannte Namensträgerin: Editha, angelsächsische Königstochter, Gemahlin Ottos des Großen (10. Jh.).

Edmond [ɛdˈmõ]: männl. Vorn., französische Form von ▸ Edmund. ◇ Bekannter Namensträger: Edmond de Goncourt, französischer Schriftsteller (19. Jh.).

Edmund: aus dem Englischen übernommener männl. Vorn. (altengl. ēad »Erbgut, Besitz« + altengl. mund »Schutz, Schützer«). Der Name wurde in Deutschland im 19. Jh. bekannt, als man sich in Deutschland für England und seine Kultur stärker zu interessieren begann. ◇ Bekannte Namensträger: der heilige Edmund, König von Ostanglien,

Märtyrer (9. Jh.); Edmund Husserl, deutscher Philosoph (19./20. Jh.). Französ. Form: Edmond [ɛdˈmõ].

Edna: aus dem Englischen übernommener weibl. Vorn., bei dem es sich um einen biblischen Namen hebräischen Ursprungs (hebr. ʿednah »Vergnügen, Freude«) oder um die englische Form des irischen Vornamens Eithne (altirisch Aodhnait, Verkleinerungsform zu aodh »Feuer«) handeln kann. ◇ Bekannte Namensträgerin: Edna Ferber, amerikanische Schriftstellerin (19./20. Jh.).

Édouard [eˈdwaːr]: männl. Vorn., französische Form von ▸ Eduard.

Eduard: aus dem Französischen übernommener männl. Vorn. englischen Ursprungs (französ. Édouard aus engl. Edward, altengl. ēad »Erbgut, Besitz« + altengl. weard »Hüter, Schützer«). Der Name wurde im 18. Jh. in Deutschland bekannt, und zwar durch den Édouard in Rousseaus viel gelesenen Roman »La nouvelle Héloïse« (1761; deutsche Übersetzung 1785 unter dem Titel »Julie oder die neue Heloise«). Romane und Schauspiele von Vulpius, Kotzebue, Müllner u. a. trugen seit dem Ende des 18. Jh.s zu der Verbreitung des Namens bei. Eine bekannte literarische Gestalt ist z. B. der Eduard in Goethes Roman »Die Wahlverwandtschaften« (1809). ◇ Bekannte Namensträger: Eduard der Bekenner, angelsächsischer König, Heiliger (11. Jh.), NAMENSTAG: 5. Januar; Eduard Mörike, deutscher Dichter (19. Jh.); Eduard Graf von Keyserling, deutscher Schriftsteller (19./20. Jh.); Eduard Künneke, deutscher Operettenkomponist (19./20. Jh.). Französ. Form: Édouard [eˈdwaːr]. Engl. Form: Edward [ˈɛdwəd]. Schwed., norweg. Form: Edvard.

Edvard: männl. Vorn., schwedische und norwegische Form von ▸ Eduard. ◇ Bekannte Namensträger: Edvard Grieg, norwegischer Komponist (19./20. Jh.); Edvard Munch, norwegischer Maler (19./20. Jh.).

Edward [ˈɛdwəd]: männl. Vorn., englische Form von ▸ Eduard.

Edwin: aus dem Englischen übernommener männl. Vorn. (altengl. ēad »Erbgut, Besitz« + altengl. wine »Freund«). Der Name wurde in Deutschland im 19. Jh. bekannt, als man sich in Deutschland für England und seine Kultur stärker zu interessieren begann. ◇ Bekannter Namensträger: Edwin Fischer, schweizerischer Pianist (19./20. Jh.).

Edwine, (auch:) Edwina: weibl. Vorn., weibl. Form von ▸ Edwin.

Edzard: männl. Vorn., ursprünglich friesische Form von ▸ Eckehard. Der Name spielte eine bedeutende Rolle in der Namengebung bei den ostfriesischen Grafen. ◇ Bekannte Namensträger: Edzard der Große, Graf von Ostfriesland (15./16. Jh.); Edzard Schaper, deutscher Schriftsteller (20. Jh.); Edzard Reuter, deutscher Jurist und Unternehmer (20. Jh.).

Effi: weibl. Vorn., Koseform von ▸ Elfriede. Bekannt ist der Name durch die Effi in Theodor Fontanes Roman »Effi Briest«.

Efraim: ▸ Ephraim.

Egbert: männl. Vorn., Nebenform von ▸ Eckbert.

Eggo, (auch:) Egge: männl. Vorn., verselbstständigte friesische Kurzform von Namen, die mit »Eck-«, »Eg-« (ahd. *ekka* »[Schwert-] Schneide, Spitze«) gebildet sind.

Egid, (auch:) Egidius: ▸ Ägid.

Eginhard: alter deutscher männl. Vorn. Den Namen, die mit »Egin-« beginnen, liegt german. **agi-* »Schrecken«, später überlagert von ahd. *ekka* »[Schwert-]Schneide, Spitze«, zugrunde, der zweite Bestandteil ist ahd. *harti, herti* »hart, kräftig, stark«.

Egino: alter deutscher männl. Vorn., verselbstständigte Kurzform von Namen, die mit »Egin-« gebildet sind (z. B. ▸ Eginhard).

Egmont: männl. Vorn., niederdeutsche und niederländische Form von ▸ Egmund. Der Name wurde allgemein bekannt durch Goethes Trauerspiel über den niederländischen Staatsmann und Freiheitskämpfer Lamoraal Graf Egmont (16. Jh.; *Egmont* ist hier also ein Ortsname mit gänzlich anderer Etymologie).

Egmund: männl. Vorn., jüngere Form von Agimund (zu german. **agi-* »Schrecken«, später überlagert von ahd. *ekka* »[Schwert-]Schneide, Spitze« + ahd. *munt* »Schutz, Schützer«). Bekannter als »Egmund« ist die niederdeutsche und niederländische Namensform ▸ Egmont.

Egon: männl. Vorn., seit dem ausgehenden Mittelalter gebräuchliche Nebenform von ▸ Egino. Der Name spielte in der Namengebung bei den Grafen und Fürsten von Fürstenberg eine bedeutende Rolle. Er war in der ersten Hälfte des 20. Jh.s recht beliebt. ◇ Bekannte Namensträger: Egon Erwin Kisch, tschechoslowakischer Journalist und Schriftsteller deutsch-jüdischer Abstammung (19./20. Jh.); Egon Schiele, österreichischer

Maler und Zeichner (19./20. Jh.). Als zweiter Vorname: Hans Egon Holthusen, deutscher Schriftsteller (20. Jh.).

Ehlert: männl. Vorn., Nebenform von ▸ Adelhard.

Ehregott: in der Zeit des Pietismus (17./18. Jh.) gebildeter männl. Vorname.

Ehrenfried: um 1600 aufgekommener männl. Vorn., der auch heute noch gebräuchlich ist. Der Name ist wahrscheinlich eine Neubildung mit »Ehre« und dem Namenbestandteil »-fried« (ahd. *fridu* »Schutz vor Waffengewalt, Friede«). Ehrenfried kann aber auch eine Umdeutung des alten deutschen Namens ▸ Arnfried sein.

Ehrengard: weibl. Vorn., der wahrscheinlich eine Neubildung mit »Ehre« und dem Namenbestandteil »-gard« ist. Ehrengard kann aber auch eine Umdeutung des alten deutschen Namens Arngard (ahd. *arn* »Adler« + german. **gardaz* »Zaun, Einfriedung«, vgl. ahd. *garto* »Garten«) sein.

Ehrenreich: in der Zeit des Pietismus (17./18. Jh.) gebildeter männl. Vorname. Ehrenreich kann aber auch eine Umdeutung des alten deutschen Namens Ermenrich (german. **ermana, *irmina* »allumfassend, groß«, später Namenglied mit verstärkender Bedeutung + ahd. *rīhhi* »Herrschaft, Herrscher, Macht; reich, mächtig, hoch«) sein.

Ehrentraud, (auch:) Ehrentrud: weibl. Vorn., der wahrscheinlich eine Neubildung mit »Ehre« und dem Namenbestandteil »-traud« ist. Ehrentraud kann aber auch eine Umdeutung des alten deutschen Namens Arntrud (ahd. *arn* »Adler« + german. **þrūþi* »Kraft, Stärke«, in althochdeutscher Zeit zu *trūt* »vertraut, lieb« umgedeutet) oder Ermentrud (german. **ermana, *irmina* »allumfassend, groß«, später Namenglied mit verstärkender Bedeutung) sein.

Ehrhard: ▸ Erhard.

Eibe, (auch:) Eibo: männl. Vorn., verselbstständigte zweistämmige friesische Kurzform von Namen, die mit »Eg(i)-« oder »Ag(i)-« (zu german. **agi-* »Schrecken«, später überlagert von ahd. *ekka* »[Schwert-]Schneide, Spitze«) und einem mit *b-* beginnenden Namenglied (z. B. ahd. *beraht* »glänzend«) gebildet sind.

¹**Eike,** (auch:) Eiko; Aiko: männl. Vorn., niederdeutsche Kurzform von Namen, die mit »Ecke-« oder »Eg-« gebildet sind (z. B. ▸ Eckehard). Die Namensform Eike ist auch

als weibl. Vorn. gebräuchlich. ◇ Bekannter Namensträger: Eike von Repgow, Verfasser des Sachsenspiegels (12./13. Jh.).

²**Eike:** weibl. Vorn. (► ¹Eike).

Eiko ► ¹Eike.

Eila: weibl. Vorn., verselbstständigte Kurzform von Namen, die mit »Eil-« (jüngere Form von »Agil-«, zu german. *agi-»Schrecken«, später überlagert von ahd. ekka »[Schwert-]Schneide, Spitze«) gebildet wurden.

Eileen, (auch:) Aileen, Ayleen; Eyleen [ˈaɪliːn]: aus dem Englischen übernommener weibl. Vorn. irischen Ursprungs, englische Form des irischen Namens Eibhlín oder Aibhilín, der – wie auch ► Evelyn – auf den altfranzösisch-normannischen Namen Aveline (► Ava) zurückgeht. Häufig wird »Eileen« als eine irische Entsprechung von Helen (► Helene) aufgefasst.

Eilert: männl. Vorn., Nebenform von ► Eilhard. Der Vorname ist in Friesland beliebt.

Eilhard, (auch:) Eilert: alter deutscher männl. Vorn., jüngere Form von Agilhard (german. *agi-»Schrecken«, später überlagert von ahd. ekka »[Schwert-]Schneide, Spitze« + ahd. harti, herti »hart, kräftig, stark«). ◇ Bekannter Namensträger: Eilhart von Oberge, erster deutscher Tristan-Dichter (12./13. Jh.).

Eilika: alter deutscher weibl. Vorn., verselbstständigte niederdeutsch-friesische Koseform von Namen, die mit »Eil-« (jüngere Form von »Agil-«, zu german. *agi-»Schrecken«, später überlagert von ahd. ekka »[Schwert-]Schneide, Spitze«) gebildet wurden.

¹**Eilke:** männl. Vorn., verselbstständigte niederdeutsche Koseform von Namen, die mit »Eil-« (jüngere Form von »Agil-«, zu german. *agi-»Schrecken«, später überlagert von ahd. ekka »[Schwert-]Schneide, Spitze«) gebildet sind.

²**Eilke:** weibl. Vorn., verselbstständigte Koseform von Namen, die mit »Eil-« gebildet sind (► Eilika).

Einar: aus dem Nordischen übernommener männl. Vorn. altisländischen Ursprungs (altisländ. Einarr zu altisländ. einn »ein; allein« + altisländ. herr »Heer, Krieger«; Menge, Volk«, etwa »der allein kämpft«). Der Vorname wurde in Deutschland weiteren Kreisen bekannt durch den Einar in Ibsens Drama »Brand« und den Einar in Marie Hamsuns Roman »Die Langerudkinder«. ◇ Bekannter Namensträger: Einar Schleef, deutscher Schriftsteller und Regisseur (20. Jh.).

Einhard: männl. Vorn. (ahd. *ein* »ein, einzig; allein« + ahd. *harti, herti* »hart, kräftig, stark«). ◇ Bekannter Namensträger: Einhard, fränkischer Gelehrter und Geschichtsschreiber.

Eirik: männl. Vorn., norwegische Form von ► Erich.

Eitel: männl. Vorn. Unser Wort »eitel«, das heute gewöhnlich im Sinne von »eingebildet, selbstgefällig« verwendet wird, bedeutete früher auch noch »rein, unverfälscht; lediglich, bloß, nur«. Etwa in dieser Bedeutung erscheint der Name im 13./14. Jh. zunächst als einziger Vorname. Seit Ende des 14. Jh.s wurde »Eitel« dann in Verbindung mit einem weiteren Vornamen verwendet, vor allem im Adel. Er bedeutete dann zu einer Zeit, als man gewöhnlich mehrere Vornamen führte, dass der Betreffende nur einen Namen hatte, also z. B. Eitelfritz = »nur Fritz«. ◇ Bekannter Namensträger: Eitel Friedrich Prinz von Preußen, der zweite Sohn Wilhelms II.

Eka: weibl. Vorn., Kurzform von ► Erika.

Ekkehard, (auch:) Ekkehardt: ► Eckehard.

Élaine [eˈlɛn]: weibl. Vorn., altfranzösische Nebenform von Hélène (► Helene). Engl. Form: Elaine [ɪˈleɪn].

Elberich: ► Alberich.

Elda: weibl. Vorn., italien. Form von ► Hilda.

Eldrid: weibl. Vorn., nordische Form von altengl. Æðelþryð (altengl. æðel »edel« + altengl. þryð »Kraft, Stärke«; vgl. ► Edeltraud).

Eleanor [ˈɛlɪnə]: weibl. Vorn., englische Form von ► Eleonore.

Elena: weibl. Vorn., italienische [ˈɛːlena] und spanische [eˈlena] Form von ► Helene. ◇ Bekannte Namensträgerin: Elena, Prinzessin von Spanien (20. Jh.).

Eleonore, (auch:) Eleonora: weibl. Vorn. altprovenzalischer Herkunft (Alienor) von ungesicherter Etymologie (vielleicht zu german. *al-a »wachsen, nähren«). In England wurde der Name durch Eleonore (altfranzös. Alienor) von Aquitanien (12./13. Jh.), die Gemahlin König Heinrichs II. von England und Mutter des Königs Richard Löwenherz, bekannt. Zur Verbreitung des Namens in England trug auch die Verehrung der heiligen Königin Eleonore (13. Jh.) bei; NAMENSTAG: 25. Juni. Aus dem Englischen wurde der Name ins Deutsche übernommen und bürgerte sich in Deutschland seit dem 17. Jh. ein, vor allem in der Form ► Leonore. ◇ Bekannte Namensträgerin: Eleo-

nora Duse, italienische Schauspielerin (19./
20. Jh.). Engl. Formen: Eleanor, Elinor [ˈɛlɪnə].
Ẹlfgard: weibl. Vorn., im 20. Jh. gebildet aus
den Namenbestandteilen »Elf-« (ahd. *alb* »Elf,
Naturgeist«) und »-gard« (german. **gardaz*
»Zaun, Einfriedung«, vgl. ahd. *garto* »Garten«).

Ẹlfi, (auch:) Ẹlfie: weibl. Vorn., Koseform
von ▸ Elfriede. ◇ Bekannte Namensträgerin:
Elfie Mayerhofer, österreichische Sängerin
(20. Jh.).

Elfrie̯de, (auch:) Elfri̯da: weibl. Vorn., deutsche
Form des englischen Vornamens Elfreda (altengl. *ælf* »Elf, Naturgeist« + altengl. *Þrȳð*
»Kraft, Stärke«). Der altenglische Name
ÆlfÞrȳð ging mit der normannischen Eroberung Englands (1066) unter, wurde aber Ende
des 18. Jh.s wieder belebt und dann schnell in
Deutschland bekannt. Eine frühe literarische
Gestalt ist die Elfriede in der gleichnamigen
Tragödie von F. J. Bertuch (1775). ◇ Bekannte
Namensträgerin: Elfriede Jelinek, österreichische Schriftstellerin (20. Jh.).

Ẹlfrun: weibl. Vorn., jüngere Form von Albrun
(ahd. *alb* »Elf, Naturgeist« + ahd. *rūna* »Geheimnis, geheime Beratung«).

Ẹlga: weibl. Vorn., dänische, schwedische und
italienische Form von ▸ Helga. Der Name
wurde im 19. Jh. durch die Elga in Grillparzers Novelle »Das Kloster von Sendomir« bekannt. Eine Dramatisierung dieser Novelle ist
Hauptmanns Schauspiel »Elga«.

Ẹlgard: weibl. Vorn., Nebenform von ▸ Edelgard.

Ẹlger: männl. Vorn., jüngere Form von Adalger
(ahd. *adal* »edel, vornehm; Abstammung,
[edles] Geschlecht« + ahd. *gēr* »Speer«).

Ẹlgin, (auch:) Elgi̯ne: weibl. Vorn., dessen Herkunft und Bedeutung unklar sind; vielleicht
eine verselbstständigte Kurzform von Namen,
die mit »Adel-« (ahd. *adal* »edel, vornehm;
Abstammung, [edles] Geschlecht«) gebildet
sind.

Eli̯a: männl. Vorn., Nebenform von ▸ Elias,
auch italienisch.

Eli̯ana: weibl. Vorn., weibliche Form von
▸ Elias.

Eli̯ane: aus dem Französischen übernommene
weibl. Vorn., weibliche Form von ▸ Elias.
Französ. Form: Éliane [eˈljan].

Eli̯as, (jetzt auch:) Elija: aus der Bibel übernommener männl. Vorn. hebräischen Ursprungs (»[mein] Gott ist Jahwe«). Nach

der Bibel war Elias ein großer Prophet, der –
von eindrucksvollen Wundern bestätigt –
gegen den Baalskult kämpfte. Um ihn bildeten sich viele Legenden. ◇ Bekannte Namensträger: Elias Holl, deutscher Baumeister
(16./17. Jh.); Ernst Elias Niebergall, deutscher
Mundartdichter (19. Jh.); Elias Lönnrot, finnischer Schriftsteller und Volkskundler
(19. Jh.); Elias Canetti, Schriftsteller spanisch-jüdischer Herkunft (20. Jh.). Russ.
Form: I̯lja. Schwed. Form: E̯lis.

Eli̯eser, (auch:) Eli̯ezer: aus der Bibel übernommener männl. Vorn. hebräischen Ursprungs
(»Gott ist Hilfe«).

Éliette [eˈljɛt]: weibl. Vorn. französischer Herkunft, weibliche Koseform des männlichen
Vornamens Élie (französische Form von
▸ Elias).

Eligi̯us: männl. Vorn. lateinischen Ursprungs
(zu lat. *ēligere* »auswählen, erwählen«). Der
Name wurde in Deutschland durch den heiligen Eligius (6./7. Jh.) bekannt. Der heilige
Eligius, Münzmeister am Merowingerhof
und später Bischof von Noyon, ist der Patron
der Goldschmiede. NAMENSTAG: 1. Dezember.

Elija: ▸ Elias.

Elimar: männl. Vorn., Nebenform von ▸ Elmar.

Elina, (auch:) E̯lin: weibl. Vorn., dänische und
schwedische Form von ▸ Helene.

Elinor [ˈɛlɪnə]: weibl. Vorn., englische Form
von ▸ Eleonore.

E̯lis: männl. Vorn., schwedische Form von
▸ Elias.

Elisa, (auch:) Eli̯se: weibl. Vorn., Kurzform von
▸ Elisabeth.

Elisabeth, (als biblischer Name auch:) Elische̯
ba: aus der Bibel übernommener weibl.
Vorn., griech. Form des hebr. Namens Elischeba (»[mein] Gott ist ›Sieben‹«, d. h. »Fülle, Vollkommenheit«). Elisabeth wurde als
Name der Mutter Johannes' des Täufers bekannt und war schon im Mittelalter überaus
beliebt. Zur Verbreitung des Namens in
Deutschland trug besonders die Verehrung
der heiligen Elisabeth von Thüringen (13. Jh.)
bei, NAMENSTAG: 19. November. ◇ Bekannte
Namensträgerinnen: die heilige Elisabeth
von Portugal (13./14. Jh.), NAMENSTAG:
4. Juli; Elisabeth I., Königin von England
(16./17. Jh.), Gegenspielerin von Maria
Stuart; Elisabeth Petrowna, erste Kaiserin von
Russland (18. Jh.); Elisabeth Langgässer,

deutsche Schriftstellerin (19./20. Jh.); Elisabeth Flickenschildt, deutsche [Film]schauspielerin (20. Jh.); Elisabeth Schwarzkopf, deutsche Sopranistin (20. Jh.); Elisabeth II., Königin von Großbritannien und Nordirland (20. Jh.). Italien. Form: Elisabẹtta. Engl. Form: Elizabeth [ɪ'lɪzəbəθ].

Elisabẹtha: weibl. Vorn., Weiterbildung von ▸ Elisabeth.

Elisabẹtta: weibl. Vorn., italienische Form von ▸ Elisabeth. ◇ Bekannte Namensträgerin: Elisabetta Sirani, italienische Malerin (17. Jh.).

Elịscha: aus der Bibel übernommener männl. Vorn. hebräischen Ursprungs (»Gott hat geholfen«). Nach dem Alten Testament wirkte Elischa als Prophet im 9. Jh. v. Chr. Er war Nachfolger des Propheten Elias und setzte dessen Kampf gegen den Baalskult in Israel fort.

Elịse: ▸ Elisa.

Eliza [ɪ'laɪzə]: weibl. Vorn., englische Koseform von Elizabeth (▸ Elisabeth).

Elizabeth [ɪ'lɪzəbəθ]: weibl. Vorn., englische Form von ▸ Elisabeth. ◇ Bekannte Namensträgerin: Elizabeth Taylor, britisch-amerikanische Filmschauspielerin (20. Jh.).

Elke, (auch:) Ẹlka: weibl. Vorn., niederdeutsche und friesische Koseform von ▸ Adelheid. Eine bekannte literarische Gestalt ist die Elke Haien in Theodor Storms Novelle »Der Schimmelreiter«. ◇ Bekannte Namensträgerin: Elke Sommer, deutsche Filmschauspielerin (20. Jh.).

Elko: männl. Vorn., niederdeutsche und friesische Kurzform von Namen, die mit »Adel-« (ahd. *adal* »edel, vornehm; Abstammung, [edles] Geschlecht«) oder mit »Agil-«, »Egil-« (zu german. **agi-* »Schrecken«, später überlagert von ahd. *ekka* »[Schwert-]Schneide, Spitze«) gebildet sind.

Ẹlla: weibl. Vorn., Kurzform von ▸ Elisabeth, ▸ Elfriede oder ▸ Eleonore, auch von italienischen Vornamen auf -ella (z. B. ▸ Graziella, ▸ Gabriella).

Ẹllen: weibl. Vorn., englische Form von Helen (▸ Helene). ◇ Bekannte Namensträgerinnen: Ellen Key, schwedische Schriftstellerin und Pädagogin (19./20. Jh.); Ellen Schwiers, deutsche [Film]schauspielerin (20. Jh.).

Ẹllengard: weibl. Vorn. (ahd. *ellan* »Mut, Kraft, Stärke« + german. **gardaz* »Zaun, Einfriedung«, vgl. ahd. *garto* »Garten«).

Ẹlli, (auch:) Ẹlly: weiblicher Vorname, Koseform von ▸ Elisabeth. ◇ Bekannte Namensträgerinnen: Elly Ney, deutsche Pianistin (19./20. Jh.); Elly Beinhorn, deutsche Fliegerin mit zahlreichen Auszeichnungen für Flugrekorde (20. Jh.).

Ẹllinor: weiblicher Vorname, Nebenform von ▸ Elinor.

Ẹlly: ▸ Elli.

Ẹlma: weibl. Vorn., Kurzform von Namen, die auf »-elma« ausgehen (z. B. ▸ Wilhelma).

Ẹlmar, (auch:) Ẹlmer; Ẹlimar: männl. Vorn., jüngere Form von Adalmar (ahd. *adal* »edel, vornehm; Abstammung, [edles] Geschlecht« + ahd. *mari* »bekannt, berühmt, angesehen«).

¹Ẹlmo: männl. Vorn., Kurzform von ▸ Elmar.

²Ẹlmo: männl. Vorn., italienische Kurzform von ▸ Erasmus.

Ẹlna: weibl. Vorn., dänische und schwedische Nebenform von ▸ Elina.

Élodie [elɔ'di]: aus dem Französischen übernommene weibl. Vorn. germanischen Ursprungs (zu ahd. *al* »ganz, vollständig« + ahd. *ōt* »Besitz, Reichtum«, vgl. ahd. *alōd* »Allod, freier Besitz«). ◇ Bekannte Namensträgerin: die heilige Elodia (auch: Alodia), spanische Märtyrerin (9. Jh.).

Ẹlrich, (auch:) Ẹlrik: männl. Vorn., jüngere Form von Adalrich (ahd. *adal* »edel, vornehm; Abstammung, [edles] Geschlecht« + ahd. *rīhhi* »Herrschaft, Herrscher, Macht; reich, mächtig, hoch«).

Elrịke: weibl. Vorn., weibliche Form von Elrik (▸ Elrich).

Ẹlsa: weibl. Vorn., Kurzform von ▸ Elisabeth. Der Name ist bekannt durch die Elsa von Brabant aus der Lohengrinsage und aus Richard Wagners Oper »Lohengrin«. ◇ Bekannte Namensträgerinnen: Elsa Brandström, schwedische Philanthropin, genannt »Engel von Sibirien« (19./20. Jh.); Elsa Sophia von Kamphoevener, deutsche Schriftstellerin (19./20. Jh.); Elsa Morante, italienische Schriftstellerin (20. Jh.).

Ẹlsabe: weibl. Vorn., Kurzform von ▸ Elisabeth.

Ẹlsbe: weibl. Vorn., Kurzform von ▸ Elisabeth.

Ẹlsbeth: weibl. Vorn., Kurzform von ▸ Elisabeth.

Ẹlse: weibl. Vorn., Kurzform von ▸ Elisabeth. Literarische Gestalten sind die Else in Wilhelm Raabes Novelle »Else von der Tanne« und die Else in Eugenie Marlitts Roman »Goldelse«. ◇ Bekannte Namensträgerin: Else Lasker-Schüler, deutsche Dichterin (19./ 20. Jh.).

Elsi: weibl. Vorn., Koseform von ▸ Elisabeth. Eine literarische Gestalt ist die Elsi in Jeremias Gotthelfs Roman »Elsi, die seltsame Magd«.

Elsie, (auch:) Elsy: weibl. Vorn., englische Koseform von Elizabeth (▸ Elisabeth).

Elske: weibl. Vorn., niederdeutsche Koseform von ▸ Elisabeth.

Elsmarie: weibl. Vorn., Doppelform aus Elsa, Else (Kurzformen von ▸ Elisabeth) und ▸ Marie.

Elsy: ▸ Elsie.

Elvira, (auch:) Elvire: aus dem Spanischen übernommener weibl. Vorn. westgotischer Herkunft (zu got. *gails*, vgl. *gailjan* »erfreuen«, oder *gails* »Speer« + *wērs* »wahr« oder *-uara* »der [Ab]wehrende, Verteidiger«). Der Name wurde in Deutschland im 18. Jh. durch die Elvira in Mozarts Oper »Don Giovanni« bekannt. Eine andere bekannte Operngestalt ist die Elvira in Daniel F. E. Aubers Oper »Die Stumme von Portici«.

Elvis: männl. Vorn. angloamerikanischen Ursprungs, dessen Herkunft und Bedeutung unklar sind. Der Name wurde in Deutschland durch den amerikanischen Rocksänger und Gitarristen Elvis Presley (20. Jh.) allgemein bekannt.

Elwine: weibl. Vorn., Nebenform von ▸ Alwine.

Emanuel: männl. Vorn., Nebenform von ▸ Immanuel. »Emanuel« ist der Name einer Gestalt in Jean Pauls Roman »Hesperus« (1795) und in Gerhart Hauptmanns Roman »Der Narr in Christo Emanuel Quint«. ◆ Bekannte Namensträger: Emanuel Swedenborg, schwedischer Naturforscher und Theosoph (17./18. Jh.); Emanuel Geibel, deutscher Dichter (19. Jh.).

Emanuela: weibl. Vorn., weibliche Form von ▸ Emanuel.

Emerentia, (auch:) Emerenz: weibl. Vorn. lateinischen Ursprungs (zu lat. *ēmereor* »sich Verdienste erwerben«). ◆ Bekannte Namensträgerin: die heilige Emerentia (auch Emerentiana), Märtyrerin (3./4. Jh.); NAMENSTAG: 23. Januar.

Emerenz: ▸ Emerentia.

Emerich: ▸ Emmerich.

Emil: aus dem Französischen übernommener männl. Vorn., der in Deutschland im 18. Jh. bekannt wurde, und zwar durch Rousseaus

viel gelesenen Erziehungsroman »Émile ou de l'éducation« (1762; deutsche Übersetzung unter dem Titel »Emil oder über die Erziehung«). Französisch Émile geht zurück auf lat. Aemilius, einen altrömischen Geschlechternamen. Der aus dem Französischen übernommene Vorname verdrängte die direkt entlehnte Namensform Ämilius. Der Vorname war Ende des 19. Jh.s in Deutschland überaus beliebt. Eine bekannte Gestalt der Jugendliteratur ist der Emil in Erich Kästners Buch »Emil und die Detektive«. ◆ Bekannte Namensträger: Emil von Behring, deutscher Bakteriologe (19./20. Jh.); Emil Nolde, deutscher Maler (19./20. Jh.); Emil Jannings, deutscher [Film]schauspieler (19./20. Jh.). Italien. und span. Form: Emilio. Französ. Form: Émile [eˈmil].

Emilie, (auch:) Emilia: weibl. Vorn., weibl. Form von ▸ Emil. Eine bekannte literarische Gestalt ist die Emilia in Lessings Drama »Emilia Galotti«. Engl. Form: Emily [ˈɛmɪlɪ].

Emilio: männl. Vorn., italienische und spanische Form von ▸ Emil.

Emily [ˈɛmɪlɪ]: weibl. Vorn., englische Form von ▸ Emilie. ◆ Bekannte Namensträgerinnen: Emily Brontë, englische Schriftstellerin (19. Jh.); Emily Dickinson, amerikanische Lyrikerin (19. Jh.).

Emina, (auch:) Emine: weibl. Vorn., türkische Form von ▸ Amina.

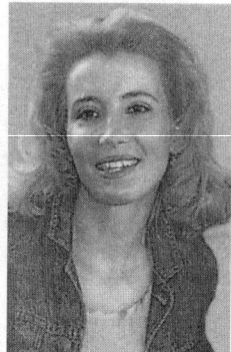

Emma: *Emma Thompson, britische Schauspielerin*

Emma: alter deutscher weibl. Vorn., verselbstständigte Kurzform von Namen, die mit »Erm(en)-«, »Irm(in)-« (german. *ermana*, *irmina* »allumfassend, groß«, später Namenglied mit verstärkender Bedeutung) gebildet wurden. Der Name wurde zu Beginn des 19. Jh.s durch die Ritterdichtung und romantische Bewegung neu belebt. Bekannte literarische Gestalten sind die Emma in dem gleichnamigen Roman von Jane Austen und die Emma Bovary in Gustave Flauberts Roman »Madame Bovary«. ◇ Bekannte Namensträgerinnen: Emma, ostfränkische Königin (9. Jh.); Emma, westfränkische Königin (9./10. Jh.); Lady Emma Hamilton, Geliebte Admiral Nelsons (18./19. Jh.); Emma Thompson, britische [Film]schauspielerin (20. Jh.).

Emmanuel: ▸ Emanuel.

Emmeline: weibl. Vorn., Weiterbildung von ▸ Emma.

Emmeram: männl. Vorn., lateinisch-romanische Form des westfränkischen Namens *Ermenhram (german. *ermana, *irmina »allumfassend, groß«, später Namenglied mit verstärkender Bedeutung + ahd. hraban »Rabe«). Bekannt ist der westfränkische heilige Wanderbischof Emmeram, Bischof von Regensburg und Märtyrer (7./8. Jh.); NAMENSTAG: 22. September. Sein unverständlich gewordener Name wurde bereits in althochdeutscher Zeit zu ▸ Heimeran umgedeutet.

Emmerich: (auch:) Emerich: alter deutscher männl. Vorn., Nebenform von Amalrich/Emelrich, dessen erster Bestandteil kennzeichnend für die Namen des ostgotischen Königsgeschlechts der Amaler oder Amelungen ist (vielleicht ist in ihm altwestnordisch aml »eifrig, heftig« enthalten), von ▸ Heinrich oder von Ermenrich (german. *ermana, *irmina »allumfassend, groß«, später Namenglied mit verstärkender Bedeutung + ahd. rihhi »Herrschaft, Herrscher, Macht; reich, mächtig, hoch«). Zu der Verbreitung des Namens hat die Verehrung des heiligen Emmerich von Ungarn (11. Jh.) beigetragen, NAMENSTAG: 5. November. Der heilige Emmerich war der Sohn des heiligen Königs Stephan I. von Ungarn. ◇ Bekannter Namensträger: Emmerich Kálmán, ungarischer Operettenkomponist (19./20. Jh.). Ungar. Form: Imre.

Emmi, (auch:) Emmy: weibl. Vorn., Koseform von ▸ Emma.

Ena: weibl. Vorn., vielleicht Kurzform von ▸ Helena oder englische Form des irischen Namens Eithne (▸ Edna).

Endre: männl. Vorn., ungarische Form von ▸ Andreas.

Engel: weiblicher Vorname, verselbstständigte Kurzform von weiblichen Vornamen, die mit »Engel-« (vgl. Engelbert) gebildet wurden.

Engelbert: alter deutscher männl. Vorn. (der erste Bestandteil, der ursprünglich der Stammesname der Angeln, die von Schleswig aus England besiedelten, ist, wurde seit der Christianisierung der Germanen zunehmend als »Engel« aus griech./lat. angelus verstanden; der zweite Bestandteil ist ahd. beraht »glänzend«). Der Name konnte somit als »glänzend wie ein Engel« gedeutet werden. Zur Verbreitung des Namens im Mittelalter trug auch die Verehrung des heiligen Engelbert, des Erzbischofs von Köln (12./13. Jh.), bei; NAMENSTAG: 7. November. ◇ Bekannte Namensträger: Engelbert Humperdinck, deutscher Komponist (19./20. Jh.); Engelbert Dollfuß, österreichischer Politiker (19./20. Jh.).

Engelhard: alter deutscher männl. Vorn. (zum ersten Bestandteil siehe ▸ Engelbert; der zweite Bestandteil ist ahd. harti, herti »hart, kräftig, stark«).

Enna, (auch:) Enne: weibl. Vorn., verselbstständigte niederdeutsch-friesische Kurzform von Zusammensetzungen mit »Ein-« (aus »Agin-«/»Egin-«, zu german. *agi- »Schrecken«, später überlagert von ahd. ekka »[Schwert-]Schneide, Spitze«) oder »Arn-« (ahd. arn »Adler«).

Ennio: männl. Vorn., italienische Form des römischen Geschlechternamens Ennius. ◇ Bekannter Namensträger: Ennio Morricone, italienischer Komponist (20. Jh.).

Enno: männl. Vorn., verselbstständigte niederdeutsch-friesische Kurzform von Namen, die mit »Egin-«, »Ein-« gebildet sind (▸ Enna). ◇ Bekannter Namensträger: Enno Littmann, deutscher Archäologe und Orientalist (19./20. Jh.).

Enoch, (auch:) Henoch: aus der Bibel übernommener männl. Vorn. hebräischen Ursprungs, griech. Form des hebr. Namens Henok »Weihe, Darbringung; eingeweiht, gelehrt«. Nach der Bibel war Henoch der Siebente der Urväter und stand in unmittelbarer Verbindung mit Gott. Er soll im Alter von 365 Jahren, ohne zu sterben, in den Himmel entrückt worden sein. Der Name war vor allem bei den englischen Puritanern beliebt. ◇ Bekannter Namensträger: Enoch Arnold Bennet, englischer Schriftsteller (19./20. Jh.). Engl. Aussprache: [ˈiːnɔk].

Enrica: aus dem Italienischen übernommener weibl. Vorn., weibliche Form von ▸ Enrico. ◇ Bekannte Namensträgerin: Enrica von Handel-Mazzetti, österreichische Schriftstellerin (19./20. Jh.).

Enrico, (auch:) Enriko: im 20. Jh. aus dem Italienischen übernommener männl. Vorn., italienische Form von ▸ Heinrich. ◇ Bekannter Namensträger: Enrico Caruso, italienischer Tenor (19./20. Jh.).

Enzio, (auch:) Enzo: männl. Vorn., italienische Koseform von ▸ Enrico. ◇ Bekannter Namensträger: Sylvester Enzio Stallone, amerikanischer Filmschauspieler (20. Jh.).

Ephraim, (auch:) Efraim: aus der Bibel übernommener männlicher Vorname hebräischer Herkunft (hebr. *efrajim*, ursprünglich wohl ein Ortsname mit der Bedeutung »doppelt fruchtbar, doppeltes Erbteil«). Nach der Bibel war Ephraim der zweite Sohn Josephs, den ihm Asnath in Ägypten gebar, bevor die sieben Hungerjahre begannen. ◇ Bekannte Namensträger: Gotthold Ephraim Lessing, deutscher Dichter (18. Jh.); Ephraim Kishon, israelischer Schriftsteller und Journalist (20. Jh.).

Erasmus: männl. Vorn. griechischen Ursprungs (zu griech. *erásmios* »liebenswürdig, begehrenswert«). »Erasmus« fand im Mittelalter als Name des heiligen Erasmus (3./4. Jh.), der als einer der vierzehn Nothelfer verehrt wurde, Verbreitung; NAMENSTAG: 2. Juni. Er ist der Patron der Seeleute und Drechsler. ◇ Bekannter Namensträger: Erasmus von Rotterdam, niederländischer Humanist (15./16. Jh.).

Erdmann: in der Zeit des Pietismus (17./18. Jh.) – wahrscheinlich als Übersetzung von ▸ Adam – gebildeter männl. Vorn. Der Vorname setzt nicht den alten deutschen Personennamen (und heutigen Familiennamen) Erdmann, wohl Nebenform von ▸ Hartmann, fort.

Erdmute, (auch:) Erdmuthe: weibl. Vorn., seit ca. 1600 neu gebildet aus »Erd(e)« + »Mut« (vgl. Erdmann).

Erec, (auch:) Erek: männl. Vorn., Nebenform von ▸ Erich. Erek ist der Held einer Dichtung von Hartmann von Aue (12./13. Jh.).

Erfried: alter deutscher männl. Vorn. (ahd. *ēra* »Ehre, Ansehen« + ahd. *fridu* »Schutz vor Waffengewalt, Friede«).

Erhard, (auch:) Ehrhard; Erhart: alter deutscher männl. Vorn. (ahd. *ēra* »Ehre, Ansehen« + ahd. *harti, herti* »hart, kräftig, stark«). ◇ Bekannter Namensträger: der heilige Erhard (7./8. Jh.). Der heilige Erhard war um 700 Bischof von Regensburg und wurde als Patron gegen Pest und Viehseuchen verehrt; NAMENSTAG: 8. November.

Erica: ▸ Erika.

Eric [ˈɛrɪk]: männl. Vorn., englische Form von ▸ Erik. ◇ Berühmter Namensträger: Eric Clapton, britischer Rockgitarrist und Sänger (20. Jh.).

Eric: Eric Clapton, britischer Rockgitarrist und Sänger

Erich: männl. Vorn., deutsche Form des schwedischen und dänischen Namens ▸ Erik (norw. ▸ Eirik). Der Name wurde in Deutschland erst im 19. Jh. als schwedischer Königsname allgemein bekannt (König Erich IX., 12. Jh., schwedischer Nationalheiliger; König Erich XIV., 16. Jh., der die Herrschaft Schwedens über die Ostsee errang. Er wurde, nachdem er seine Geliebte, eine Bauerntochter, geheiratet hatte, gestürzt und zum Tode verurteilt. Sein Schicksal wurde auch in Deutschland im 19. Jh. mehrfach dramatisch behandelt). Zu der Verbreitung des Namens hat auch Richard Wagners Oper »Der fliegende Holländer« beigetragen (der Verlobte der Senta heißt Erik). ◇ Bekannte Namensträger: Erich der Rote (10./11. Jh.), norwegischer Wikinger, Entdecker Grönlands; Erich Kästner, deutscher Schriftsteller (19./20. Jh.); Erich Maria Remarque, Schriftsteller (19./20. Jh.); Erich

Kleiber, argentinischer Dirigent österreichischer Herkunft (19./20. Jh.); Erich Heckel, deutscher Maler (19./20. Jh.); Erich Fried, deutscher Schriftsteller (20. Jh.); Erich Honecker, deutscher Politiker (20. Jh.); Erich Loest, deutscher Schriftsteller (20. Jh.).

Erik: männl. Vorn. schwedischer/dänischer Herkunft (altnord. *œn* »allein« + *rikR* »Herrscher«, etwa »der allein Mächtige, Herrschende«). ◇ Bekannte Namensträger: Erik Satie, französischer Komponist (19./20. Jh.); Erik Ode, deutscher Schauspieler (20. Jh.); Erik Zabel, deutscher Radrennfahrer (20. Jh.). Engl. Form: Eric [ˈɛrɪk].

Erika, (auch:) **Erica:** weibl. Vorn., weibliche Form von ▸ Erich, die sich in der 2. Hälfte des 19. Jh.s mit dem Vornamen Erika (eigentlich »Heidekraut«, aus griech. *ereíkē*, lat. *erícē*) vermengte. Dieser Vorname wurde vor allem bekannt durch die Erika, genannt das Heideblümlein, in Scheffels Roman »Ekkehard« (1855) und durch Wilhelm Jensens Novelle »Die braune Erica« (1868). ◇ Bekannte Namensträgerinnen: Erika Köth, deutsche Sopranistin (20. Jh.); Erika Pluhar, österreichische Schauspielerin und Sängerin (20. Jh.); Erica Pedretti, schweizerische Schriftstellerin (20. Jh.).

Erk: männl. Vorn., verselbstständigte Kurzform von Namen, die mit »Erk(en)-« (ahd. *erchan* »fest, vornehm, hervorragend«) gebildet wurden.

Erkenbald: alter deutscher männl. Vorn. (ahd. *erchan* »fest, vornehm, hervorragend« + ahd. *bald* »kühn«).

Erland, (auch:) **Erlend:** alter deutscher und nordischer männl. Vorn. (vielleicht zu ahd. *ēra* »Ehre, Ansehen« oder ahd. *heri* »Kriegsschar, Heer« + ahd. *land* »Land«; der skandinavische Vorname ist vielleicht von nordisch *örlendr* »ausländisch« abgeleitet).

Erma: weibl. Vorn., verselbstständigte Kurzform von Namen, die mit »Erm[en]-« (german. *ermana*, *irmina* »allumfassend, groß«, später Namenglied mit verstärkender Bedeutung) gebildet wurden, oder Nebenform von ▸ Irma.

Ermelind, (auch:) **Ermelinda:** alter deutscher weibl. Vorn. (german. *ermana*, *irmina* »allumfassend, groß«, später Namenglied mit verstärkender Bedeutung + ahd. *lind* »sanft, weich, mild«, auch beeinflusst durch ahd. *linta* »Linde, Schild aus Lindenholz«).

Ermengard, (auch:) **Ermgard:** weibl. Vorn., Nebenform von ▸ Irmgard.

Ermin: männl. Vorn., verselbstständigte Kurzform von Namen, die mit »Ermen-« (german. *ermana*, *irmina* »allumfassend, groß«, später Namenglied mit verstärkender Bedeutung) gebildet wurden.

Erminia: weibl. Vorn., weibliche Form von ▸ Ermin, besonders italienisch.

Erna: weibl. Vorn., Kurzform von ▸ Ernesta, ▸ Ernestina. Der Name war Ende des 19., Anfang des 20. Jh.s sehr beliebt. ◇ Bekannte Namensträgerin: Erna Sack, deutsche Sopranistin (19./20. Jh.).

Ernest [ˈɔːnɪst]: männl. Vorn., englische Form von ▸ Ernst. ◇ Bekannter Namensträger: Ernest Hemingway, amerikanischer Schriftsteller (19./20. Jh.).

Ernesta: weibl. Vorn., weibliche Form von Ernestus, Latinisierung von ▸ Ernst.

Ernestine, (auch:) **Ernestina:** weibl. Vorn., weibliche Form von ▸ Ernst mit der seit dem 17./18. Jh. beliebten Endung -ine/-ina.

Ernesto: männl. Vorn., italienische und spanische Form von ▸ Ernst. Eine Operngestalt ist der Ernesto in G. Donizettis Oper »Don Pasquale«. ◇ Bekannter Namensträger: Ernesto Cardenal, nicaraguanischer Lyriker (20. Jh.)

Erno: männl. Vorn., wohl Kurzform von Namen, die mit »Ern-«, »Arn-« (ahd. *arn* »Adler«) gebildet wurden.

Ernst: alter deutscher männl. Vorn. (ahd. *ernust* »Ernst, Eifer; Kampf, Sorge«). Der Name wurde im Mittelalter in Deutschland durch die Sage vom Herzog Ernst von Schwaben allgemein bekannt. Ernst II. (11. Jh.) lehnte sich wiederholt gegen seinen Stiefvater, Kaiser Konrad II., auf; er wurde wegen seiner Weigerung, seinem Freund die Treue zu brechen, geächtet und fiel mit seinem Freund im Kampf. Er ist der Held des Volksbuches vom »Herzog Ernst« (16. Jh.), des Trauerspiels »Ernst, Herzog von Schwaben« (1817) von Ludwig Uhland und des Schauspiels »Das Volksbuch vom Herzog Ernst« (1955) von Peter Hacks. Der Name, vor allem der Doppelname Ernst August, spielte auch in der Namengebung des Adels eine Rolle. ◇ Bekannte Namensträger: Ernst Haeckel, deutscher Zoologe und Philosoph (19./20. Jh.); Ernst Ludwig Kirchner, deutscher Maler (19./20. Jh.); Ernst Toller, deutscher Dramatiker (19./20. Jh.); Ernst Rowohlt, deutscher

Verleger (19./20. Jh.); Ernst Barlach, deutscher Bildhauer und Dramatiker (19./20. Jh.); Ernst Bloch, deutscher Philosoph (19./20. Jh.); Ernst Wichert, deutscher Schriftsteller (19./20. Jh.); Ernst Lubitsch, deutsch-amerikanischer Filmregisseur (19./20. Jh.); Ernst Reuter, deutscher Politiker (19./20. Jh.); Ernst Jünger, deutscher Schriftsteller (19./20. Jh.); Ernst Deutsch, deutscher Schauspieler (19./20. Jh.); Ernst Jandl, österreichischer Schriftsteller (20. Jh.); Ernst von Salomon, deutscher Schriftsteller (20. Jh.). Italien. Form: Ernesto. Engl. Form: Ernest [ˈɔːnɪst].

Errol [ˈɛrəl]: männl. Vorn., der auf einen schottischen Familiennamen zurückgeht, dem wiederum ein Ortsname zugrunde liegt. ◇ Bekannte Namensträger: Errol Flynn, amerikanischer Filmschauspieler (20. Jh.); Errol Garner, amerikanischer Jazzpianist (20. Jh.).

Erwin: alter deutscher männl. Vorn. unsicherer Herkunft (ahd. *heri* »Kriegsschar, Heer« oder ahd. *ebur* »Eber« + ahd. *wini* »Freund«). Ein bekannter Namensträger aus dem Mittelalter ist Erwin von Steinbach (13./14. Jh.), der Erbauer des Straßburger Münsters. Zur Bekanntheit des Namens in der Neuzeit trug Goethe mit seinem Singspiel »Erwin und Elmire« bei. ◇ Bekannte Namensträger: Erwin Piscator, deutscher Regisseur (19./20. Jh.); Erwin Wittstock, rumäniendeutscher Schriftsteller (19./20. Jh.); Erwin Strittmatter, deutscher Schriftsteller (20. Jh.).

Erwine: weibl. Vorn., weibliche Form von ► Erwin.

Esmeralda: aus dem Spanischen übernommener weibl. Vorn. (span. *esmeralda* »Smaragd«). Eine bekannte literarische Gestalt ist die Esmeralda in Victor Hugos Roman »Der Glöckner von Notre Dame«.

Esra, (älter auch:) Ezra: aus der Bibel übernommener männl. Vorn. (»[Gott ist] Hilfe«). Nach der Bibel war Esra ein Schriftgelehrter, der als Bevollmächtigter des persischen Königs Artaxerxes nach Jerusalem ging und dem Gesetz Moses wieder seine ursprüngliche Geltung verschaffte.

Esta: weibl. Vorn., neuere englische Nebenform von ► Esther.

Estella: weibl. Vorn., Latinisierung von französisch ► Estelle.

Estelle [ɛsˈtɛl]: aus dem Französischen übernommener weibl. Vorn. (altfranzös. *estoile* »Stern«).

Esther, (auch:) Ester: aus der Bibel übernommener weibl. Vorn. persischen Ursprungs (altpersisch *star(eh)* »Stern«). Nach der Bibel war Esther, mit hebräischem Namen Hadassa (»Myrte«), die Pflegetochter Mardochais in Susa. Sie wurde von dem persischen König Ahaschwerosch (Xerxes I.) zur Frau erwählt und vereitelte die Ausrottung der Juden in Persien. ◇ Bekannte Namensträgerinnen: Esther Williams, amerikanische Filmschauspielerin (20. Jh.); Esther Ofarim, israelische Sängerin (20. Jh.).

Estrella [ɛsˈtrɛija]: aus dem Spanischen übernommener weibl. Vorn. (span. *estrella* »Stern«).

Estrid: weibl. Vorn., Nebenform von ► Astrid.

Etelka: weibl. Vorn. ungarischer Herkunft, nach dem Königsnamen Etele (► Attila + ka) 1788 von dem Schriftsteller András Dugonics geschaffen. Eine weitere literarische Gestalt ist die Etelka von Stangeler in H. v. Doderers Roman »Die Strudlhofstiege«. Ungar. Aussprache: [ˈɛtɛlkɔ].

Ethel, engl. Aussprache: [ˈɛθəl]: aus dem Englischen übernommener weibl. Vorn., Kurzform von Namen, die mit »Ethel-« (altengl. *æðel* »edel«) gebildet sind.

Étienne [eˈtjɛn]: männl. Vorn., französische Form von ► Stephan.

¹Etta: weibl. Vorn., Nebenform von ► Edda.

²Etta: weibl. Vorn., Kurzform von Namen, die auf »-etta« ausgehen (z. B. ► Henrietta).

Ettore: männl. Vorn., italienische Form von ► Hektor. ◇ Bekannter Namensträger: Ettore Scola, italienischer Filmregisseur (20. Jh.).

Etzel: alter deutscher männl. Vorn., Kurzform von Namen, die mit »Adal-« gebildet sind (althochdeutsche Form: Atzilo), oder hochdeutsche Form des Namens des Hunnenkönigs ► Attila. Eine bekannte literarische Figur ist der Etzel Andergast in Jakob Wassermanns Roman »Der Fall Maurizius«.

Eugen, (auch:) Eugen: männl. Vorn. griechischen Ursprungs (zu griech. *eugenés* »wohlgeboren, von edler Abkunft, edel«). Allgemein bekannt in Deutschland wurde der Name erst im 18. Jh. durch Prinz Eugen von Savoyen (17./18. Jh.), den österreichischen Feldmarschall und Staatsmann, der die Türken besiegte (vgl. das Volkslied »Prinz Eugen«). Eine literarische Gestalt ist beispielsweise der Eugen Onegin in Puschkins gleichnamigem Versroman, dessen Text Tschaikowskis

Oper »Eugen Onegin« zugrunde liegt. ◇ Bekannte Namensträger: Eugen Diederichs, deutscher Verleger (19./20. Jh.); Eugen Roth, deutscher Schriftsteller (19./20. Jh.); Eugen Jochum, deutscher Dirigent (20. Jh.); Eugen Gomringer, schweizerischer Schriftsteller (20. Jh.). Ungar. Form: Jenö.

Eugenie, (auch:) Eugenia: weibl. Vorn., weibliche Form von ▸ Eugen. ◇ Bekannte Namensträgerin: Eugenie Marlitt, deutsche Schriftstellerin (19. Jh.).

Eugénie [øʒeˈni]: weibl. Vorn., französische Form von ▸ Eugenie. ◇ Bekannte Namensträgerin: Eugénie, Gemahlin Kaiser Napoleons III. (19./20. Jh.).

Eulalia, (auch:) Eulalie: weibl. Vorn. griechischen Ursprungs (zu griech. *eúlalos* »wohlredend, beredt«). Der Name erscheint in Deutschland gelegentlich seit dem 16. Jh. ◇ Bekannte Namensträgerin: die heilige Eulalia von Mérida, Märtyrerin (3./4. Jh.); NAMENSTAG: 10. Dezember.

Euphemia: weibl. Vorn. griechischen Ursprungs (zu griech. *euphēmía* »gute Benennung«). »Euphemia« spielte im Mittelalter in der Namengebung als Heiligenname eine gewisse Rolle, und zwar als Name der heiligen Euphemia, Märtyrerin (3./4. Jh.); NAMENSTAG: 16. September.

Eusebius: männl. Vorn. griechischen Ursprungs (zu griech. *eusebḗs* »fromm, gottesfürchtig«). »Eusebius« fand im Mittelalter als Heiligenname Verbreitung, und zwar besonders als Name des heiligen Eusebius von Vercelli (3./4. Jh.), der nach der Legende von den Arianern gesteinigt wurde; NAMENSTAG: 2. August.

Eustachius, (auch:) Eustach: männl. Vorn. griechischen Ursprungs (zu griech. *eũ* »wohl, gut, schön, reich« und *stáchys* »Ähre; Frucht«). »Eustachius« fand als Name des heiligen Eustachius Verbreitung. Der heilige Eustachius, der nach der Legende zunächst als römischer Offizier die Christen verfolgte, sich dann aber selbst zum Christentum bekehrte und im 2. Jh. den Martertod erlitt, ist einer der vierzehn Nothelfer und Patron der Jäger; NAMENSTAG: 20. September.

Ev: weibl. Vorn., Kurzform von ▸ Eva.

Eva, (auch:) Eve: aus der Bibel übernommener weibl. Vorn., dessen Herkunft und Bedeutung nicht sicher geklärt sind. In der Bibel wird der Name zu hebr. *chajjah* »lebendig«

gestellt, denn Eva ist die Mutter aller Lebenden. »Eva« spielte schon im Mittelalter in der Namengebung in Deutschland eine Rolle, wurde aber erst nach der Reformation volkstümlich. Eine bekannte Opernfigur ist die Eva in Richard Wagners Oper »Die Meistersinger von Nürnberg«. ◇ Bekannte Namensträgerin: Eva Mattes, deutsche Schauspielerin (20. Jh.). Engl. Form: Eve [iːv].

Evamaria, (auch:) Evamarie: weibl. Vorn., Doppelform aus ▸ Eva und ▸ Maria.

Evangelist: männl. Vorn. griechischen Ursprungs (zu griech *euaggelistḗs* »Verkünder des Evangeliums; Prediger«). Der Name ist eigentlich der Beiname Johannes des Evangelisten, um ihn von Johannes dem Täufer zu unterscheiden.

¹Eve: weibl. Vorn., Nebenform von ▸ Eva. Eine bekannte literarische Gestalt ist die Eve in Heinrich Kleists Lustspiel »Der zerbrochene Krug«.

²Eve [iːv]: weibl. Vorn., englische Form von ▸ Eva.

Evelin: weibl. Vorn., eindeutschende Schreibung von ▸ Evelyn.

Evelina, (auch:) Eveline: weibl. Vorn. englischer Herkunft, latinisierte Form von ▸ Evelyn.

Evelyn, engl. Aussprache: [ˈiːvlɪn; ˈɛvlɪn]: aus dem Englischen übernommener weibl. Vorn. irischer Herkunft, der auf den altfranzösisch-normannischen Namen Aveline (▸ Ava) zurückgeht. ◇ Bekannte Namensträgerin: Evelyn Künneke, deutsche Sängerin (20. Jh.).

Everhard: männl. Vorn., niederdeutsche Form von ▸ Eberhard.

Evert: männl. Vorn., niederdeutsche Kurzform von ▸ Eberhard.

Evi: weibl. Vorn., Koseform von ▸ Eva.

Evita: weibl. Vorn., spanische Koseform von ▸ Eva. ◇ Bekannte Namensträgerin: Evita Perón (eigtl. María Eva Duarte de Perón), argentinische Politikerin (20. Jh.).

Ewald: alter deutscher männl. Vorn. (ahd. *ēwa* »Gesetz, Recht, Ordnung« + ahd. *-walt* zu *waltan* »walten, herrschen«). »Ewald« kam im Mittelalter als Heiligenname auf, und zwar als Name zweier angelsächsischer Missionare, die nach der Haarfarbe »weißer Ewald« und »schwarzer Ewald« genannt wurden. Die beiden Missionare wurden im 7. Jh. bei der Missionierung der Sachsen an der Lippe erschlagen; NAMENSTAG der beiden Heiligen:

3. Oktober. Der Name, der früher hauptsächlich in Westfalen und im Rheinland, dem Verehrungsgebiet der beiden Heiligen, vorkam, fand erst seit dem 18. Jh. in Deutschland weitere Verbreitung. ✧ Bekannte Namensträger: Ewald Christian von Kleist, deutscher Dichter (18. Jh.); Ewald Mataré, deutscher Bildhauer (19./20. Jh.).

Eyleen: ▸ Eileen.

Ẹzra: ▸ Esra. ✧ Bekannter Namensträger: Ezra Pound, amerikanischer Dichter (19./20. Jh.).

Ẹzzo: aus dem Italienischen übernommener männl. Vorn., verselbstständigte Kurzform von Namen, die mit »Adal-« (ahd. *adal* »edel, vornehm; Abstammung, [edles] Geschlecht«) gebildet wurden.

✧ — **F** —

Fạbia: weibl. Vorn., weibliche Form von ▸ Fabius.

Fạbian: männl. Vorn. lateinischen Ursprungs, der auf den römischen Geschlechternamen Fabianus (eine Weiterbildung von ▸ Fabius) zurückgeht. Zur Verbreitung des Namens im Mittelalter trug die Verehrung des heiligen Fabianus bei, der als Papst im Jahre 250 den Martertod erlitt; NAMENSTAG: 20. Januar. Eine literarische Figur ist der Fabian in dem gleichnamigen Roman von Erich Kästner. Französ. Form: Fabien [faˈbjɛ̃].

Fabiạne, (auch:) Fabiạna: weibl. Vorn., weibliche Form von ▸ Fabian. Französ. Form: Fabienne [faˈbjɛn].

Fabien [faˈbjɛ̃]: männl. Vorn., französische Form von ▸ Fabian.

Fabienne [faˈbjɛn]: weibl. Vorn., französische Form von ▸ Fabiane.

Fạbio: männl. Vorn., italienische und spanische Form von ▸ Fabius.

Fabiọla: weibl. Vorn., Weiterbildung von ▸ Fabia. ✧ Bekannte Namensträgerinnen: die heilige Fabiola von Rom (4. Jh.); NAMENSTAG: 27. September; Fabiola, Königin der Belgier (20. Jh.).

Fạbius: männl. Vorn. lateinischen Ursprungs, der auf einen altrömischen Geschlechternamen (vielleicht zu lateinisch *fabis* »edel«) zurückgeht. Spanische und italienische Form: Fabio.

Fabrịzia: weibl. Vorn. italienischer Herkunft, weibliche Form von ▸ Fabrizio.

Fabrịzio: aus dem Italienischen übernommener männl. Vorn., der auf den altrömischen Geschlechternamen Fabricius zurückgeht. Bekannte literarische Gestalten sind Fabrizio del Dongo in Stendhals Roman »Die Kartause von Parma« und Fürst Fabrizio Salina in dem Roman »Der Leopard« von Giuseppe Tomasi di Lampedusa. ✧ Bekannter Namensträger: Fabrizio Clerici, italienischer Maler und Grafiker (20. Jh.).

Fạlco: ▸ Falko.

Fạlk, (auch:) Fạlke: männl. Vorn., jüngere Nebenformen von ▸ Falko.

Fạlkmar: männlicher Vorname, Neubildung aus ▸ Falk und dem alten Namenbestandteil »-mar« (ahd. *māri* »bekannt, berühmt, angesehen«).

Fạlko, (auch:) Fạlco: alter deutscher männl. Vorn., eher zum Stammesnamen der Falhen (Ostfalen, Westfalen) als zu ahd. *falko* »der Falke«.

¹Fạnni: weiblicher Vorname, Kurzform von ▸ Stephanie.

²Fạnni, (auch:) Fạnny: weibl. Vorn., Kurzform von ▸ Franziska. Der Name wurde in Deutschland im 18. Jh. durch Übersetzungen englischer Romane bekannt, vor allem durch die Fanny in Fieldings Roman »Joseph Andrews« (1742). Daher setzte sich auch die englische Form mit auslautendem *y* weitgehend durch. Englische Fanny [ˈfænɪ] ist Kurzform von Frances, der englischen Entsprechung von ▸ Franziska. ✧ Bekannte Namensträgerinnen:

Fanny Ardant, französische Schauspielerin
(20. Jh.).

Farah, (auch:) Fara: weibl. Vorn. arabischen
Ursprungs (arab. *faraḥ* »Freude, Heiterkeit,
Glück«). Der Vorname wurde in Deutschland
durch Farah Diba, ehemalige Kaiserin von
Iran (20. Jh.), bekannt.

Farhild, (auch:) Ferhild: alter deutscher weibl.
Vorn. (wahrscheinlich zu ahd. *faran* »fahren,
reisen, ziehen« + ahd. *hiltja* »Kampf«). ◇ Bekannte Namensträgerin: die heilige Farhild
(7./8. Jh.), NAMENSTAG: 4. Januar.

Fatima: aus dem Arabischen übernommener
weibl. Vorn., dessen Bedeutung unklar ist.
Die große Beliebtheit des Namens in der arabischen Welt geht auf Fatima, jüngste Tochter
Mohammeds (7. Jh.), zurück.

Fausta: weibl. Vorn., weibliche Form von
▸ Faustus.

Faustina, (auch:) Faustine: weibl. Vorn., weibliche Form von ▸ Faustinus. ◇ Bekannte Namensträgerin: die heilige Faustina (6. Jh.),
NAMENSTAG: 18. Januar.

Faustinus: männl. Vorn., Weiterbildung von
▸ Faustus. »Faustinus« spielte früher als Heiligenname eine gewisse Rolle in der Namengebung. Ein Faustinus soll der Legende nach zusammen mit seinem Bruder Jovita im 2. Jh. in
Brescia den Martertod erlitten haben,
NAMENSTAG: 15. Februar; ein anderer Faustinus
wurde mit seinen Geschwistern zu Beginn des
4. Jh.s in Rom getötet; NAMENSTAG: 29. Juli.

Fausto: *Fausto
Coppi, italienischer
Radrennfahrer*

Fausto: männl. Vorn., italienische und spanische Form von ▸ Faustus. ◇ Bekannter Namensträger: Fausto Coppi, italienischer Radrennfahrer (20. Jh.).

Faustus: männl. Vorn. lateinischen Ursprungs, der auf einen römischen Beinamen
(zu lat. *faustus* »günstig, beglückend, Glück
bringend«) zurückgeht. In Deutschland wurde der Name zum Familiennamen und durch
den Arzt und Schwarzkünstler (Magier)
Johannes Faust (15./16. Jh.) zum Vorbild für
Chr. Marlows und J. W. Goethes Faust-
dramen. Italien. und span. Form: Fausto.

Faye, (auch:) Fay [feɪ]: im 19. Jh. in England
aufgekommener weibl. Vorn., dem engl. *fay*
»Fee« zugrunde liegt. ◇ Bekannte Namensträgerinnen: [Dorothy] Faye Dunaway, amerikanische Filmschauspielerin (20. Jh.); Fay
Weldon, britische Schriftstellerin (20. Jh.).

Feddo: männl. Vorn., niederdeutsch-friesische
Kurzform von Namen, die mit »Fried-« gebildet sind, besonders von ▸ Friedrich.

Federico: männl. Vorn., italienische und spa-
nische Form von ▸ Friedrich. ◇ Bekannte
Namensträger: Federico Fellini, italienischer
Filmregisseur (20. Jh.); Federico García
Lorca, spanischer Dichter (19./20. Jh.).

Fedor, (auch:) Feodor: aus dem Russischen
übernommener männl. Vorn., transliterierte
(buchstabengetreue) Form von russisch ▸ Fjodor. »Fedor« wurde in Deutschland im 19. Jh.
bekannt. ◇ Bekannte Namensträger: Fedor
Stepun, russischdeutscher Kulturhistoriker
(19./20. Jh.); Fedor von Zobeltitz, deutscher
Schriftsteller (19./20. Jh.).

Fedora: weibl. Vorn., weibl. Form von ▸ Fedor.

Fee: weibl. Vorn., Kurzform von ▸ Felizitas, in
der Schreibung an das Wort »Fee« angelehnt.

¹Feike, (auch:) Feiko: männl. Vorn., friesische
Lall- und Koseform von Namen, die mit
»Fried-« gebildet sind.

²Feike: weibl. Vorn., friesische Lall- und Koseform von Namen, die mit »Fried-« gebildet
sind.

Feiko: ▸ ¹Feike.

Feli: weibl. Vorn., Kurzform von ▸ Felizitas.

Felice [feˈliːtʃe]: männl. Vorn., italienische
Form von ▸ Felix.

Felicia: ▸ Felizia.

Felician: ▸ Felizian.

Felicianus: ▸ Felizian.

Felicitas: ▸ Felizitas.

Felicity [fɪˈlɪsɪtɪ]: weibl. Vorn., englische Form
von ▸ Felizitas.

Felina: weibl. Vorn. unsicherer Herkunft,
wahrscheinlich Weiterbildung zu lat. *fēlix*
»fruchtbar; glücklich; Glück bringend«.

Felipe: männl. Vorn., spanische Form von ▸ Philipp. ◇ Bekannter Namensträger: Felipe, Prinz von Asturien, spanischer Thronfolger (20. Jh.).

Felix: männl. Vorn. lateinischen Ursprungs (lat. *fēlīx* »fruchtbar; glücklich; Glück bringend«). Lat. Felix war ursprünglich ein römischer Beiname, der als Wunschname aufgefasst werden kann. In frühchristlicher Zeit gehörte er zu den von Christen bevorzugten Namen. Der Name, der in Deutschland zunächst auf den Süden beschränkt war und erst im 18. Jh. allgemein bekannt wurde, ist heute modisch. Felix heißt der Sohn von Wilhelm Meister in Goethes »Wilhelm Meister«. Eine weitere literarische Gestalt ist der Felix Krull in Thomas Manns Roman »Bekenntnisse des Hochstaplers Felix Krull«. ◇ Bekannte Namensträger: der heilige Felix I., Papst (3. Jh.), NAMENSTAG: 30. Dezember; der heilige Felix, Schutzheiliger der Stadt Zürich und ihrer beiden Münster, NAMENSTAG: 11. September; Felix Dahn, deutscher Schriftsteller und Geschichtsforscher (19./20. Jh.); Felix Mendelssohn-Bartholdy, deutscher Komponist (19. Jh.); Felix Graf von Luckner, deutscher Seemann und Schriftsteller (19./20. Jh.); Felix Timmermans, flämischer Dichter (19./20. Jh.); Felix Wankel, Erfinder des Wankelmotors (20. Jh.). Italien. Form: Felice [fe'li:tʃe].

Felizia, (auch:) Felicia: weibl. Vorn., weibliche Form von ▸ Felix.

Felizian, (auch:) Felician; Felicianus: männl. Vorn. lateinischen Ursprungs, Weiterbildung von ▸ Felix.

Felizitas, (auch:) Felicitas: weiblicher Vorname lateinischen Ursprungs (lat. *fēlicitās* »Fruchtbarkeit; Glück, Glückseligkeit«, auch personifiziert: Göttin des Glücks). Zur Verbreitung des Namens trug die Verehrung von zwei Märtyrerinnen bei. Der Namenstag der heiligen Felicitas, die zusammen mit ihrer Herrin Perpetua Anfang des 3. Jh.s in Karthago getötet wurde, ist der 7. März, der Namenstag der heiligen Felicitas, die nach der Legende in Rom mit ihren sieben Söhnen wegen ihres Glaubens enthauptet wurde, ist der 23. November. Engl. Form: Felicity [fɪ'lɪsɪtɪ].

Femke: weibl. Vorn., niederdeutsche und friesische Lall- und Koseform von Namen, die mit »Fried-« gebildet sind.

Fenella, engl. Aussprache: [fɪ'nɛlə]: aus dem Englischen übernommener weibl. Vorn. keltischen Ursprungs (kelt. [gäl.] *Fionnguala* zu *fionn* »weiß« + *guala* »Schulter«).

Fenja, (auch:) Fenna; Fenne: weibl. Vorn., niederdeutsche und friesische Lall- und Koseformen von Namen, die mit »Fried-« (niederdeutsch »Frede-«) gebildet sind.

Feodor: ▸ Fedor, ▸ Fjodor.

Feodora: weibl. Vorn., weibliche Form von ▸ Feodor.

Ferdi: männl. Vorn., Kurzform von ▸ Ferdinand.

Ferdinand: aus dem Spanischen übernommener männl. Vorn. Spanisch Fernando ist germanischen Ursprungs (got. *frith* »Schutz vor Waffengewalt, Friede« + got. *nanth* »Kühnheit«). Der Name gelangte mit den Westgoten nach Spanien und wurde dort sehr beliebt. Nachdem durch den Habsburger Karl V., den spanischen König und deutschen Kaiser, die Verbindung zwischen Österreich und Spanien hergestellt war, kam der Name bei den Habsburgern in Mode und breitete sich in der Folge in Österreich und seit dem 17. Jh. in Bayern aus. Eine bekannte literarische Gestalt ist der Ferdinand in Schillers Trauerspiel »Kabale und Liebe« (1784). ◇ Bekannte Namensträger: der heilige Ferdinand, König von Kastilien und León (12./13. Jh.), NAMENSTAG: 30. Mai; der selige Ferdinand, genannt »der Standhafte« (Vorbild für Calderóns Drama »Der standhafte Prinz«), Infant von Portugal (15. Jh.), NAMENSTAG: 5. Juni; Ferdinand der Katholische, König von Kastilien und Aragonien (15./16. Jh.); Kaiser Ferdinand I., Begründer der habsburgischen Donaumonarchie (16. Jh.); Kaiser Ferdinand II., Gründer der Universität Graz und Gegenreformator (16./17. Jh.); Kaiser Ferdinand III., Unterzeichner des Westfälischen Friedens (17. Jh.); Ferdinand Raimund, österreichischer Dramatiker und Schauspieler (18./19. Jh.); Ferdinand Georg Waldmüller, österreichischer Maler (18./19. Jh.); Ferdinand Freiligrath, deutscher Schriftsteller (19. Jh.); Ferdinand Lassalle, deutscher Politiker (19. Jh.); Ferdinand de Lesseps, französischer Diplomat, Erbauer des Suezkanals (19. Jh.); Ferdinand Graf von Zeppelin, deutscher Luftschiffkonstrukteur (19./20. Jh.); Ferdinand Porsche, deutscher Automobilkonstrukteur (19./20. Jh.). Als zweiter Vorname:

Conrad Ferdinand Meyer, schweizerischer Dichter (19.Jh.); Ernst Ferdinand Sauerbruch, deutscher Chirurg (19./20.Jh.). Italien. Form: Ferdinando. Span. Form: Fernando.

Ferdinande, (auch:) Ferdinanda: weibl. Vorn., weibliche Form von ▶ Ferdinand.

Ferdinando: männl. Vorn., italienische Form von ▶ Ferdinand.

Ferenc [ˈfɛrɛnts]: männl. Vorn., ungarische Form von ▶ Franz. ◆ Bekannter Namensträger: Ferenc Fricsay, ungarischer Dirigent (20.Jh.).

Ferhild: ▶ Farhild.

Fernanda: weibl. Vorn., weibliche Form von ▶ Fernando.

Fernandine: weibl. Vorn., weibliche Form von ▶ Fernando mit der seit dem 17./18.Jh. beliebten Endung -ine.

Fernando: männl. Vorn., spanische Form von ▶ Ferdinand.

Fidel: ▶ Fidelis.

Fidelio: männl. Vorn., spanische und italienische Form von Fidelius (▶ Fidelis). Der Name ist allgemein bekannt durch die gleichnamige Oper von L. van Beethoven.

Fidelis, (auch:) Fidelius; Fidel: männl. Vorn. lateinischen Ursprungs (lat. *fidelis* »treu, zuverlässig«). Der Name spielte früher in Baden und Württemberg als Heiligenname in der Namengebung eine gewisse Rolle, und zwar als Name des heiligen Fidelis von Sigmaringen (16./17.Jh.); NAMENSTAG: 24. April. Italien. und span. Form: Fidelio.

Fides: weibl. Vorn. lateinischen Ursprungs (lat. *fidēs* »Glaube«). Fides, Spes (»Hoffnung«) und Caritas (»[Nächsten-]Liebe«) sind die drei göttlichen Tugenden. Als solche kamen die Namen bei den frühen Christen vor, man verehrte aber auch drei heilige Märtyrerinnen unter diesen Namen; NAMENSTAG: 1. August. Eine weitere Märtyrerin des 4.Jh.s wird im Elsass verehrt; NAMENSTAG: 6. Oktober.

Fieke: weibl. Vorn., niederdeutsche Koseform von ▶ Sophie.

Filibert, (auch:) Philibert: alter deutscher männl. Vorn. (ahd. *filu* »viel, groß« + ahd. *beraht* »glänzend«).

Filiberta: weibl. Vorn., weibliche Form von ▶ Filibert.

Filippo: männl. Vorn., italienische Form von ▶ Philipp. ◆ Bekannter Namensträger: Filippo Lippi, italienischer Maler (15.Jh.).

Filomela: ▶ Philomela.

Filomena: ▶ Philomena.

Fina, (auch:) Fine: weibl. Vorn., Kurzform von Namen, die auf »-fina« ausgehen, besonders von ▶ Josefine, Josefina.

Finetta, (auch:) Finette: weibl. Vorn., Weiterbildung von ▶ Fina.

Finja: weibl. Vorn., Nebenform von ▶ Fenja oder weibliche Form von ▶ Finn.

¹Finn, (auch:) Fynn: männl. Vorn. schwedischer Herkunft, der einen Angehörigen des finnischen Volkes bezeichnet.

²Finn: männl. Vorn. irischen Ursprungs (gäl. *fionn* »weiß, hell, blond«). Der irische Sagenheld Finn erscheint als Fingal in J. Macphersons Ossian-Dichtung (18.Jh.).

Finna, (auch:) Finne: weibl. Vorn., Nebenform von ▶ Fenja oder weibliche Form von ▶ Finn.

Finni, (auch:) Finne: weibl. Vorn., Koseform von ▶ Josefine.

Finola: weibl. Vorn., irische und schottische Nebenform von ▶ Fenella.

Fiona: aus dem Englischen übernommener weibl. Vorn. keltischen Ursprungs (zu gäl. *fionn* »weiß, hell, blond«). Der Name wurde zuerst in J. Macphersons Ossian-Dichtung (18.Jh.) verwendet. Später benutzte William Sharp (1855–1905) diesen Namen für sein literarisches Pseudonym, Fiona Macleod. Unter diesem Namen veröffentlichte er mehrere romantische Werke. Seitdem ist der Name in England sehr beliebt gewesen.

Fiorella: weibl. Vorn. italienischer Herkunft, Verkleinerungsbildung zu italien. *fiore* »Blume«.

Fiorenza: weibl. Vorn., italienische Form von ▶ Florenzia. ◆ Bekannte Namensträgerin: Fiorenza Cossotto, italienische Sängerin (20.Jh.).

Fioretta: weibl. Vorn. italienischer Herkunft, Verkleinerungsbildung zu italien. *fiore* »Blume«.

Fiorina: weibl. Vorn. italienischer Herkunft, Verkleinerungsbildung zu italien. *fiore* »Blume«.

Firminus, (auch:) Firmin: männlicher Vorname, Weiterbildung von ▶ Firmus. ◆ Bekannter Namensträger: der heilige Firminus, der aus Pamplona stammen soll, wo heute noch sein Fest am 7.Juli besonders gefeiert wird, ist nach der Legende in Amiens enthauptet worden (3.Jh.); NAMENSTAG: 25. September.

Firmus: männl. Vorn. lateinischen Ursprungs (lat. *firmus* »fest, stark, standhaft«).

Fjodor, (auch:) F̲e̲dor, F̲e̲odor: aus dem Russischen übernommener männl. Vorn., russische Form von ▸ Theodor. ◇ Bekannte Namensträger: Fjodor M. Dostojewski, russischer Dichter (19. Jh.); Fjodor Schaljapin, russischer Sänger (19./20. Jh.).

Flavia: aus dem Italienischen übernommener weiblicher Vorname, weibliche Form von ▸ Flavio.

Flavio: aus dem Italienischen übernommener männl. Vorn. lateinischen Ursprungs, der wahrscheinlich von dem römischen Beinamen Flavus (zu lat. *flāvus* »blond«) abgeleitet ist.

Fleur [flø:ɐ̯]: weibl. Vorn. französischer Herkunft (französ. *fleur* »Blume«). Eine literarische Gestalt ist die Fleur Forsyte in der »Forsyte Saga« von J. Galsworthy.

Fleurette [flø'rɛt]: weibl. Vorn. französischer Herkunft, Verkleinerungsform von ▸ Fleur.

Flora: weibl. Vorn., der auf den Namen einer altrömischen Frühlingsgöttin zurückgeht (lat. Flora = Göttin der Blumen und Blüten, zu lat. *flōs, flōris* »Blume, Blüte«). Die Verbreitung des Namens in Deutschland im 19. Jh. wurde durch die Flora in Walter Scotts Roman »Waverley« (1813, deutsche Übersetzung: 1833) gefördert.

Florence: weibl. Vorn., englische ['flɔrəns] und französische [flɔ'rã:s] Form von ▸ Florenzia. ◇ Bekannte Namensträgerin: Florence Nightingale (19./20. Jh.), britische Krankenpflegerin.

Florens, (älter auch:) F̲l̲orenz; F̲l̲or̲e̲ntius: männl. Vorn. lateinischen Ursprungs (zu lat. *flōrēns* »blühend; glänzend, in hohem Ansehen stehend«). Der Name spielte früher als Heiligenname am Niederrhein und in Holland in der Namengebung eine Rolle. ◇ Bekannte Namensträger: der heilige Florentius (3./4. Jh.), Märtyrer in Bonn, NAMENSTAG: 10. Oktober; der heilige Florentius, Bischof von Straßburg (6. Jh.), NAMENSTAG: 7. November.

Florentia: ▸ Florenzia.

Florentin: männl. Vorn., Weiterbildung von ▸ Florens.

Florentine, (auch:) Florentina: weibl. Vorn., weibliche Form von ▸ Florentin.

Florentius: ▸ Florens.

Florenz: ▸ Florens.

Florenzia, (auch:) Florentia: weibl. Vorn., weibliche Form von ▸ Florens. Französ. Form: Florence [flɔ'rã:s]. Engl. Form: Florence ['flɔrəns].

Florestan: männl. Vorn., der wahrscheinlich auf eine südfranzösische Bildung zu lat. *flōrēre* »blühen«, *flōrēscere* »aufblühen« zurückgeht. Eine bekannte Opernfigur ist der Florestan in »Fidelio« von L. van Beethoven.

Floretta: weibl. Vorn., Koseform von ▸ Flora.

Flori: männl. Vorn., Koseform von ▸ Florian.

Floria: weibl. Vorn., Weiterbildung von ▸ Flora.

Florian: männl. Vorn. lateinischen Ursprungs, Weiterbildung von ▸ Florus. »Florian« fand im Mittelalter als Name des heiligen Florian Verbreitung. Der heilige Florian wurde zu Beginn des 4. Jh.s wegen seines Glaubens in die Enns (Oberösterreich) gestürzt. Er ist der Schutzheilige von Oberösterreich und Patron gegen Feuersgefahr; NAMENSTAG: 4. Mai. »Florian«, der früher als katholischer Vorname hauptsächlich in Bayern und in Österreich vorkam, erfreut sich zurzeit großer Beliebtheit. ◇ Bekannter Namensträger: Florian Geyer, Reichsritter und Bauernführer (15./16. Jh.).

Floriane, (auch:) Floriana: weibl. Vorn., weibliche Form von ▸ Florian.

Florin, (auch:) Florin: männl. Vorn., Nebenform von ▸ Florian.

Floris: männl. Vorn., vor allem niederländische Kurzform von Florentius (▸ Florens).

Florus: männl. Vorn., Kurzform von Florentius (▸ Florens) oder männliche Form zu ▸ Flora.

Focke, (auch:) F̲o̲kke; F̲o̲cko, F̲o̲kko: männl. Vorn., alte (besonders friesische) Kurzform von Namen, die mit »Volk-« gebildet sind (z. B. ▸ Volkhard und ▸ Volkmar).

Fokka: weibl. Vorn., alte (besonders friesische) Kurzform von Namen, die mit »Volk-« gebildet sind (z. B. ▸ Volkhild).

Folbert: männl. Vorn., Nebenform von ▸ Volkbert.

Folke, (auch:) F̲o̲lko: männl. Vorn., Kurzform von Namen, die mit »Volk-« gebildet sind (z. B. ▸ Volkhard und ▸ Volkmar).

Folker: männl. Vorn., seltene Schreibweise von ▸ Volker.

Folkert: männl. Vorn., seltene Schreibweise von ▸ Volkhard.

Folko: ▸ Folke.

Folkwin: männl. Vorn., seltene Schreibweise von ▸ Volkwin.

Fons: männl. Vorn., Kurzform von ▸ Alfons.

Fortuna: weibl. Vorn. lateinischen Ursprungs (lat. *fortūna* »Schicksal, Glück«). In der Mythologie ist Fortuna die römische Schicksals- oder Glücksgöttin.

Fortunat, (auch:) Fortunatus: männl. Vorn. lateinischen Ursprungs (lat. *fortūnātus* »beglückt, gesegnet, glücklich«). Lat. Fortunatus war ursprünglich ein römischer Beiname, z. B. Venantius Fortunatus, lateinischer Dichter der Merowingerzeit (6. Jh.). »Fortunatus« ist als Name mehrerer frühchristlicher Märtyrer bezeugt. Eine bekannte literarische Gestalt ist der Fortunatus eines deutschen Volksbuches (um 1500). Weitere literarische Gestalten sind der Fortunato in J. v. Eichendorffs Novelle »Das Marmorbild« und der Fortunat in seinem Roman »Dichter und ihre Gesellen«.

Fortunata: weibl. Vorn., weibliche Form von ▸ Fortunatus.

Franca: weibl. Vorn. italienischer Herkunft, weibliche Form von ▸ Franco.

Frances [ˈfrɑːnsɪs]: weibl. Vorn., englische Form von ▸ Franziska.

Francesca [franˈtʃeska]: weibl. Vorn., italienische Form von ▸ Franziska. ◇ Bekannte Namensträgerin: Francesca da Rimini, unglückliche Liebende des 13. Jh.s.

Francesco [franˈtʃesko]: männl. Vorn., italienische Form von ▸ Franziskus. ◇ Bekannte Namensträger: Francesco Petrarca, italienischer Dichter und Humanist (14. Jh.); Francesco Guardi, italienischer Maler (18. Jh.); Francesco Cilea, italienischer Komponist (19./20. Jh.).

Francine [frãˈsin]: weibl. Vorn., französische Koseform von Françoise (▸ Franziska).

Francis [ˈfrɑːnsɪs]: männl. Vorn., englische Form von ▸ Franziskus. ◇ Bekannte Namensträger: Sir Francis Drake, englischer Admiral und Seeheld (16. Jh.); Francis Bacon, englischer Philosoph und Staatsmann (16./17. Jh.); Francis Bacon, englischer Maler (20. Jh.).

Francisca: ▸ Franziska.

Francisco [franˈθisko]: männl. Vorn., spanische Form von ▸ Franziskus. ◇ Bekannte Namensträger: Francisco Pizarro, spanischer Konquistador, Eroberer Perus (15./16. Jh.); Francisco de Zurbarán, spanischer Maler (16./17. Jh.); Francisco José de Goya y Lucientes, spanischer Maler, Radierer und Lithograph

(18./19. Jh.); Francisco Araiza, mexikanischer Tenor (20. Jh.).

Franciscus: ▸ Franziskus.

Franco: männl. Vorn., italienische Form von ▸ Frank, auch Kurzform von Francesco (▸ Franziskus).

François [frãˈswa]: männl. Vorn., französische Form von ▸ Franziskus. ◇ Bekannte Namensträger: François Villon, französischer Dichter (15. Jh.); François Couperin, französischer Komponist (17./18. Jh.); François Boucher, französischer Maler (18. Jh.).

Françoise [frãˈswaːz]: weibl. Vorn., französische Form von ▸ Franziska. ◇ Bekannte Namensträgerin: Françoise Sagan, französische Schriftstellerin (20. Jh.).

Frank: alter deutscher männl. Vorn. (ahd. *Franko* »der Franke«). »Frank« wurde in Deutschland erst im 19. Jh. volkstümlich, wahrscheinlich unter dem Einfluss des englischen Vornamens Frank [fræŋk]. ◇ Bekannte Namensträger: Franko von Köln, Musiktheoretiker (13. Jh.); Frank Wedekind, deutscher Dramatiker (19./20. Jh.); Frank Thieß, deutscher Schriftsteller (19./20. Jh.); Frank Lloyd Wright, amerikanischer Architekt (19./20. Jh.); Frank Sinatra, amerikanischer Sänger und Filmschauspieler (20. Jh.); Frank Busemann, deutscher Zehnkämpfer (20. Jh.). Italien. Form: Franco.

Franka: weibl. Vorn., weibliche Form von ▸ Frank. Italien. Form: Franca.

Frans: männl. Vorn., niederländische Form von ▸ Franz. ◇ Bekannter Namensträger: Frans Hals, niederländischer Maler (16./17. Jh.).

Franz: männl. Vorn., deutsche Form von ▸ Franziskus, einer Latinisierung von italienisch Francesco. Der Name geht auf den heiligen Franz von Assisi (12./13. Jh.) zurück und war zunächst in Süddeutschland und in Österreich beliebt, wurde dann aber in ganz Deutschland volkstümlich. Gebräuchlich ist auch der Doppelname Franz Joseph. Bekannte literarische Gestalten sind der Franz Moor in Schillers Schauspiel »Die Räuber« und der Franz Sternbald in Ludwig Tiecks Roman »Franz Sternbalds Wanderungen«. ◇ Bekannte Namensträger: der heilige Franz von Paula, italienischer Franziskaner, Gründer des Ordens der Minimen (15./16. Jh.), NAMENSTAG: 2. April; der heilige Franz von Borja, spanischer Jesuitengeneral (16. Jh.), NAMENSTAG: 1. Oktober; der heilige Franz von Sales,

Kirchenlehrer, Bischof von Genf (16./17. Jh.), NAMENSTAG: 24. Januar; der heilige Franz Xaver, spanischer Jesuit, Apostel der Inder (16. Jh.), NAMENSTAG: 3. Dezember; Franz Grillparzer, österreichischer Dichter (18./19. Jh.); Franz Schubert, österreichischer Komponist (18./19. Jh.); Franz Liszt, ungarisch-deutscher Klaviervirtuose und Komponist (19. Jh.); Franz von Suppè, österreichischer Komponist (19. Jh.); Franz Lenbach, deutscher Maler (19./20. Jh.); Franz Marc, deutscher Maler (19./20. Jh.); Franz Kafka, österreichischer Dichter (19./20. Jh.); Franz Lehár, ungarischer Operettenkomponist (19./20. Jh.); Franz Werfel, österreichischer Schriftsteller (19./20. Jh.); Franz Beckenbauer, deutsches Fußballidol (20. Jh.). Italien. Form: Francesco [fran'tʃesko]. Span. Form: Francisco [fran'θisko]. Französ. Form: François [frã'swa]. Engl. Form: Francis ['frɑːnsɪs]. Niederländ. Form: Frans.

Fränze, (auch:) Fränzel: weibl. Vorn., Koseform von ▸ Franziska.

Franzi: weibl. Vorn., Koseform von ▸ Franziska.

Franzine: weibl. Vorn., weibliche Form von ▸ Franz mit der seit dem 17./18. Jh. beliebten Endung -ine.

Franziska, (auch:) Francisca: im 18. Jh. aufgekommener weibl. Vorn., weibliche Form von ▸ Franziskus. Bekannte literarische Gestalten sind die Zofe Franziska in Lessings Lustspiel »Minna von Barnhelm« und die Franziska in Wilhelm Raabes Roman »Der Hungerpastor«. Der Name gehört heute zu den beliebtesten weiblichen Vornamen. ◇ Bekannte Namensträgerinnen: die heilige Franziska von Rom (14./15. Jh.), NAMENSTAG: 9. März; Franziska van Almsick, deutsche Schwimmerin (20. Jh.); Franziska Becker, deutsche Karikaturistin (20. Jh.). Italien. Form: Francesca [fran'tʃeska]. Französ. Form: Françoise [frã'swaːz]. Engl. Form: Frances ['frɑːnsɪs].

Franziskus, (auch:) Franciscus: männl. Vorn., latinisierte Form von italienisch Francesco. Der Name geht auf den heiligen Franz von Assisi (12./13. Jh.), den bedeutenden Prediger und Stifter des Franziskanerordens zurück; NAMENSTAG: 4. Oktober. Der Heilige hieß eigentlich Giovanni Bernardone. Francesco (»Französlein«) wurde er nach der Meinung einiger von seinem Vater genannt, als dieser nach seiner Geburt von einer Reise nach Frankreich zurückkehrte, andere dagegen

sind der Ansicht, der junge Giovanni habe Sprache und Lebensart eines Franzosen so vorzüglich beherrscht, dass ihm seine Freunde diesen Spitznamen gegeben hätten.

Frauke: weibl. Vorn., friesische und niederdeutsche Koseform unklarer Herkunft (zu ahd. *frouwa* »Frau, Herrin« oder zu ahd. *frawa-* »fröhlich, heiter«).

Fraukeline: weibl. Vorn., Weiterbildung von ▸ Frauke.

¹Fred: männlicher Vorname, Kurzform von ▸ Alfred und ▸ Manfred sowie niederdeutsche und friesische Kurzform von Frederik (▸ Friedrich). ◇ Bekannter Namensträger: Fred Raymond, österreichischer Operettenkomponist (20. Jh.).

²Fred: männl. Vorn., Kurzform der englischen Vornamen ▸ Alfred und ▸ Frederick.

Freda: weibl. Vorn., Kurzform von ▸ Frederika.

Freddi: männl. Vorn., niederdeutsche und friesische Koseform von ▸ ¹Fred.

Freddy: männl. Vorn., englische Koseform von ▸ ²Fred. ◇ Bekannter Namensträger: Freddy Quinn, deutscher Schlagersänger (20. Jh.).

Frédéric [frede'rik]: männl. Vorn., französische Form von ▸ Friedrich. ◇ Bekannter Namensträger: Frédéric Chopin, polnischer Komponist und Pianist (19. Jh.).

Frederick, engl. Aussprache: ['frɛdrɪk]: männl. Vorn., englische Form von ▸ Friedrich.

Frederik: männl. Vorn., niederdeutsche Form von ▸ Friedrich.

Frederika, (auch:) Frederike: weibl. Vorn., weibliche Form von ▸ Frederik.

Freerk: ▸ Frerk.

Freia, (dän.:) Freya, (schwed.:) Freja: aus dem Nordischen übernommener weibl. Vorn., der auf den Namen der Liebesgöttin Freyja (german. **frija-*, vgl. Sanskrit *priyás* »lieb«) zurückgeht. »Freia« kam in Deutschland als Vorname Ende des 19. Jh.s auf.

Freimund: männl. Vorn., Neubildung aus »frei« und dem Namenbestandteil »-mund« (ahd. *munt* »Schutz, Beschützer«).

Freimut: männl. Vorn., Neubildung aus »frei« und dem Namenbestandteil »-mut« (ahd. *muot* »Sinn, Gemüt, Geist«).

Freja: ▸ Freia.

Frek: männl. Vorn., niederdeutsche Kurzform von ▸ Frederik.

Frerich, (auch:) Frerik: männl. Vorn., friesische Kurzform von Frederich (▸ Friedrich).

Frerk, (auch:) Freerk: männl. Vorn., niederdeutsche Kurzform von ▸ Frederik.

Freya: ▸ Freia.

Fricka: weibl. Vorn., niederdeutsch-friesische
Kurzform von ▸ Friederike.

Frida: ▸ Frieda.

Friddo: ▸ Frido.

Fridericus: männl. Vorn., latinisierte Form von
▸ Friedrich.

Fridiger: männl. Vorn., Nebenform von
▸ Friedger.

Frido, (auch:) Friddo: alter deutscher männl.
Vorn., Kurzform von Namen, die mit »Fried-«
gebildet sind, besonders von ▸ Friedrich.

Fridolin, (auch:) Friedolin: alter deutscher
männl. Vorn., ursprünglich oberdeutsche
Koseform von ▸ Friedrich. Zu der Verbreitung
des Namens hat die Verehrung des heiligen
Fridolin von Säckingen (6./7. Jh.) beigetragen; NAMENSTAG: 6. März. Allgemein bekannt ist der »fromme Knecht Fridolin« aus
Schillers Ballade »Der Gang nach dem Eisen-
hammer«. Eine bekannte Operettengestalt ist
der Fridolin in Leo Falls Operette »Die Rose
von Stambul«.

Fridtjof: ▸ Frithjof.

Fried: männl. Vorn., Kurzform von Namen, die
mit »Fried-« gebildet sind, besonders von
▸ Friedrich.

Frieda, (auch:) Friede; Frida: weibl. Vorn.,
Kurzform von Namen, die mit »Fried-« oder
»-friede« gebildet sind, besonders von ▸ Friederike und ▸ Elfriede. Eine bekannte literarische Gestalt ist die Tante Frieda in Ludwig
Thomas Geschichtensammlung »Tante Frieda«. ◇ Bekannte Namensträgerinnen: Frida
Schanz, deutsche Schriftstellerin (19./
20. Jh.); Frida Kahlo, mexikanische Malerin
(20. Jh.).

Friedeburg: alter deutscher weibl. Vorn. (ahd.
fridu »Schutz vor Waffengewalt, Friede«
+ ahd. *burg* »Burg, Zufluchtstätte, Schutz«).

Friedegard: alter deutscher weibl. Vorn. (ahd.
fridu »Schutz vor Waffengewalt, Friede« + german. **gardaz* »Zaun, Einfriedung«, vgl. ahd.
garto »Garten«).

Friedegund: alter deutscher weibl. Vorn. (ahd.
fridu »Schutz vor Waffengewalt, Friede«
+ ahd. *gund* »Kampf«).

¹Friedel: männl. Vorn., Koseform von Namen,
die mit »Fried-« oder »-fried« gebildet sind,
besonders von ▸ Friedrich, ▸ Fridolin und
▸ Gottfried.

²Friedel: weibl. Vorn., Koseform von Namen,
die mit »Fried-« oder »-friede« gebildet sind,
besonders von ▸ Frieda, ▸ Friederike und ▸ Elfriede.

Friedelind: alter deutscher weibl. Vorn. (ahd.
fridu »Schutz vor Waffengewalt, Friede«
+ ahd. *lind* »sanft, weich, mild«, auch beeinflusst durch ahd. *linta* »Linde, Schild aus
Lindenholz«). ◇ Bekannte Namensträgerin:
Friedelind Wagner, deutsche Regisseurin
(20. Jh.).

Friedemann: alter deutscher männl. Vorn., Koseform von Zusammensetzungen mit »Fried-«
(ahd. *fridu* »Schutz vor Waffengewalt, Friede«) und der alten Koseendung »-man(n)«.
◇ Bekannter Namensträger: Wilhelm Friedemann Bach (18. Jh.), Sohn Johann Sebastian
Bachs (vgl. A. E. Brachvogels Roman »Friedemann Bach«).

Friedemar: alter deutscher männlicher Vorname (ahd. *fridu* »Schutz vor Waffengewalt,
Friede« + ahd. *māri* »bekannt, berühmt, angesehen«).

Friedemarie: weibl. Vorn., Doppelform aus
Friede (▸ Frieda) und ▸ Marie.

Friedemund, (auch:) Friedmund: alter deut-
scher männl. Vorn. (ahd. *fridu* »Schutz vor
Waffengewalt, Friede« + ahd. *munt* »Schutz,
Schützer«).

Frieder: männl. Vorn., Kurzform von ▸ Friedrich.

Friederike, (auch:) Friederika: weibl. Vorn.,
weibliche Form von ▸ Friedrich. Der Name
kam im 18. Jh. in Deutschland auf und wurde
durch Friederike Brion aus Sesenheim, die
Jugendliebe Goethes in der Straßburger Zeit,
allgemein bekannt (vgl. Franz Lehárs Operette »Friederike«). ◇ Bekannte Namensträgerinnen: Friederike von Hannover, Königin
von Hannover (18./19. Jh.); Friederike Luise, Königin von Griechenland (20. Jh.);
Friederike Mayröcker, österreichische Schriftstellerin (20. Jh.).

Friederun: ▸ Friedrun.

Friedger: alter deutscher männl. Vorn. (ahd.
fridu »Schutz vor Waffengewalt, Friede«
+ ahd. *gēr* »Speer«).

Friedhard: alter deutscher männl. Vorn. (ahd.
fridu »Schutz vor Waffengewalt, Friede«
+ ahd. *harti, herti* »hart, kräftig, stark«).

Friedhelm: alter deutscher männl. Vorn. (ahd.
fridu »Schutz vor Waffengewalt, Friede«
+ ahd. *helm* »Helm«).

Friedhild, (auch:) Friedhilde: alter deutscher weibl. Vorn. Vorn. (ahd. *fridu* »Schutz vor Waffengewalt, Friede« + *hiltja* »Kampf«).

Friedhold: männl. Vorn., Neubildung aus dem Namenbestandteil »Fried-« (ahd. *fridu* »Schutz vor Waffengewalt, Friede«) und dem Eigenschaftswort »hold«.

Friedhorst: männl. Vorn., Neubildung aus ▶ Fried(rich) und ▶ Horst.

Friedlieb: männl. Vorn., pietistische Neuschöpfung oder alter deutscher Vorn., der sich unter Anlehnung an das Adjektiv »lieb« aus Friduleib entwickelt hat (ahd. *fridu* »Schutz vor Waffengewalt, Friede« + ahd. *leiba* »Nachkomme, Sohn«). ◇ Bekannter Namensträger: Friedlieb Ferdinand Runge, deutscher Chemiker (18./19. Jh.).

Friedmund: ▶ Friedemund.

Friedo: männlicher Vorname, Kurzform von Namen, die mit »Fried-« zusammengesetzt sind.

Friedolin: ▶ Fridolin.

Friedrich: alter deutscher männl. Vorn. (ahd. *fridu* »Schutz vor Waffengewalt, Friede« + ahd. *rīhhi* »Herrschaft, Herrscher, Macht; reich, mächtig, hoch«). Der Name spielte im Mittelalter eine bedeutende Rolle in der Namengebung. Er wurde durch die großen Herrscher Kaiser Friedrich I. Barbarossa (12. Jh.) und Kaiser Friedrich II. (12./13. Jh.) volkstümlich. Zu der Beliebtheit des Namens (und des Doppelnamens Friedrich Wilhelm in der Neuzeit) haben die Hohenzollern beigetragen, vor allem Friedrich der Große (18. Jh.). ◇ Bekannte Namensträger: Friedrich Schiller, deutscher Dichter (18./19. Jh.); Friedrich Schleiermacher, deutscher Philosoph (18./19. Jh.); Friedrich Hölderlin, deutscher Dichter (18./19. Jh.); Friedrich Schlegel, deutscher Theoretiker und Dichter (18./19. Jh.); Friedrich Hebbel, deutscher Dramatiker (19. Jh.); Friedrich Engels, deutscher Philosoph und Politiker (19. Jh.); Friedrich Nietzsche, deutscher Philosoph (19. Jh.); Friedrich von Flotow, deutscher Opernkomponist (19. Jh.); Friedrich von Bodelschwingh, deutscher ev. Theologe (19./20. Jh.); Friedrich Gulda, österreichischer Pianist (20. Jh.); Friedrich Dürrenmatt, schweizerischer Schriftsteller (20. Jh.). Italien. und span. Form: Federico. Französ. Form: Frédéric [fredeˈrik]. Engl. Form: Frederick [ˈfrɛdrɪk].

Friedrun, (auch:) Friederun, Friderun: alter deutscher weibl. Vorn. (ahd. *fridu* »Schutz vor Waffengewalt, Friede« + ahd. *rūna* »Geheimnis; geheime Beratung«).

Frieso: ▶ Friso.

Frigga, (auch:) Frigge: weiblicher Vorname, niederdeutsche Kurzform von ▶ Friederike.

Friso: alter deutscher männlicher Vorname (zum Stammesnamen ahd. *Friesan* »Friesen«).

Frithjof: männl. Vorn., deutsche Form von norweg., dän. Fridtjof; schwed. Fritiof; altisländ. Friðþjofr (erster Bestandteil altisländ. *friðr* »Schutz vor Waffengewalt, Friede«; zweiter Bestandteil altisländ. *þjofr* »Dieb, Räuber, Diener«). Der Name wurde im 19. Jh. durch die Übersetzung von Esaias Tegnérs »Frithjofs-Sage« bekannt. ◇ Bekannter Namensträger: Fridtjof Nansen, norwegischer Polarforscher und Diplomat (19./20. Jh.).

Fritz: männl. Vorn., im ausgehenden Mittelalter aufgekommene Kurzform von ▶ Friedrich. Der Name ist durch den Alten Fritz (Friedrich den Großen) volkstümlich geworden. »Fritz« war zu Beginn des 20. Jh.s ein sehr häufiger Vorname. ◇ Bekannte Namensträger: Fritz Reuter, niederdeutscher Schriftsteller (19. Jh.); Fritz Kreisler, österreichischer Geigenvirtuose und Komponist (19./20. Jh.); Fritz von Unruh, deutscher Schriftsteller (19./20. Jh.); Fritz Kortner, österreichischer Schauspieler und Regisseur (19./20. Jh.); Fritz Lang, österreichisch-amerikanischer Filmregisseur (19./20. Jh.); Fritz Rudolf Fries, deutscher Schriftsteller (20. Jh.); Fritz Walter, Ehrenspielführer der deutschen Fußballnationalmannschaft (20. Jh.); Fritz Wunderlich, deutscher Tenor (20. Jh.).

Fritzi, (auch:) Frizzi: weibl. Vorn., Koseform von ▶ Friederike. ◇ Bekannte Namensträgerin: Fritzi Massary, österreichische Sängerin und Schauspielerin (19./20. Jh.).

Frodebert: alter deutscher männl. Vorn. (ahd. *frōt, fruot* »klug, weise, erfahren« + ahd. *beraht* »glänzend«).

Frogard: weibl. Vorn., jüngere Form von Frodegard (ahd. *frōt, fruot* »klug, weise, erfahren« + german. **gardaz* »Zaun, Einfriedung«, vgl. ahd. *garto* »Garten«).

Frohild: weibl. Vorn., jüngere Form von Frodehild (ahd. *frōt, fruot* »klug, weise, erfahren« + ahd. *hiltja* »Kampf«).

Frohmut: männl. Vorn., Umdeutung des alten männlichen Vornamens Frodemut (ahd. *frōt, fruot* »klug, weise, erfahren« + ahd. *muot* »Sinn, Gemüt, Geist«) im Sinne von »froher Mut«.

Frolinde: weibl. Vorn., jüngere Form von Frodelinde (ahd. *frōt, fruot* »klug, weise, erfahren« + ahd. *lind* »sanft, weich, mild«, auch beeinflusst durch ahd. *linta* »Linde, Schild aus Lindenholz«).

Frommhold: männlicher Vorname aus der Zeit des Pietismus (17./18. Jh.), Umbildung der älteren Namensform Frumolt (ahd. *fruma* »Nutzen, Vorteil, Segen, Heil« + ahd. *-walt* zu *waltan* »walten, herrschen«) unter Anlehnung an die Adjektive »fromm« und »hold«.

Fromund: männl. Vorn., jüngere Form von Frodemund (ahd. *frōt, fruot* »klug, weise, erfahren« + ahd. *munt* »Schutz, Schützer«).

Fromut: ▸ Frohmut.

Frowin: männl. Vorn., jüngere Form von Frodewin (ahd. *frōt, fruot* »klug, weise, erfahren« + ahd. *wini* »Freund«). ◇ Bekannter Namensträger: der selige Frowin, Abt von Engelberg (12. Jh.), NAMENSTAG: 27. März.

Fulbert: männl. Vorn., Nebenform von ▸ Volkbert.

Fulke, (auch:) Fulko: männl. Vorn., friesische Kurzform von Namen, die mit »Volk-« gebildet sind (z. B. ▸ Volkhard, ▸ Volkmar).

Fulvia: weibl. Vorn. italienischer Herkunft, weibliche Form von ▸ Fulvio.

Fulvio: aus dem Italienischen übernommener männl. Vorn., dem der altrömische Geschlechtername Fulvius (zu lat. *fulvus, -a, -um* »rotblond«) zugrunde liegt.

Fürchtegott: in der Zeit des Pietismus (17./18. Jh.) gebildeter männl. Vorn. ◇ Bekannter Namensträger: Christian Fürchtegott Gellert, deutscher Dichter (18. Jh.).

Fynn: ▸ Finn.

Gabi, (auch:) Gaby: weibl. Vorn., Koseform von ▸ Gabriele. ◇ Bekannte Namensträgerin: Gaby Casadesus, französische Pianistin (20. Jh.).

Gábor ['ga:bor]: männl. Vorn., ungarische Form von ▸ Gabriel.

Gabriel: aus der Bibel übernommener männl. Vorn. hebräischen Ursprungs (zu hebr. *gabar* »stark sein« + *el* »Gott«, also etwa »Gott hat sich stark gezeigt«, oder zu hebr. *geber* »Mann« + *el* »Gott«, etwa »Mann Gottes«). Nach dem Evangelium war Gabriel der Verkünder der Geburt Johannes des Täufers und Jesu. Der Name fand bereits im Mittelalter Eingang in die deutsche Namengebung; NAMENSTAG: 29. September. ◇ Bekannte Namensträger: der heilige Gabriel von der Schmerzhaften Gottesmutter (19./20. Jh.), NAMENSTAG: 27. Februar; Gabriel Marcel, französischer Philosoph und Schriftsteller (19./20. Jh.); Gabriel García Márquez, kolumbianischer Schriftsteller (20. Jh.). Italien. Form: Gabriele. Französ. Form: Gabriel [gabri'εl]. Ungar. Form: Gábor ['ga:bor].

¹**Gabriele,** (auch:) Gabriela: weibl. Vorn., im 19. Jh. aufgekommene weibliche Form von ▸ Gabriel. ◇ Bekannte Namensträgerinnen: Gabriele Münter, deutsche Malerin (19./20. Jh.); Gabriele Wohmann, deutsche Schriftstellerin (20. Jh.); Gabriela Sabbatini, argentinische Tennisspielerin (20. Jh.). Französ. Form: Gabrielle [gabri'εl]. Italien. Form: Gabriella.

²**Gabriele:** männl. Vorn., italienische Form von ▸ Gabriel. In Deutschland wird »Gabriele« als weiblicher Vorname empfunden. ◇ Bekannter Namensträger: Gabriele D'Annunzio, italienischer Dichter (19./20. Jh.).

Gabriella: weibl. Vorn., italienische Form von ▸ ¹Gabriele.

Gabrielle [gabri'ɛl]: weibl. Vorn., französische Form von ▶ ¹Gabriele.

Gaby: ▶ Gabi.

Gaetano: männl. Vorn., italienische Form von ▶ Kajetan. ◇ Bekannter Namensträger: Gaetano Donizetti, italienischer Komponist (18./19. Jh.).

Galina: aus dem Russischen übernommener weibl. Vorn. griechischen Ursprungs (griech. *galénē* »Ruhe, Stille«).

Galla: weibl. Vorn., weibliche Form von ▶ Gallus. ◇ Bekannte Namensträgerin: Galla Placidia, weströmische Kaiserin (4./5. Jh.).

Gallus: männl. Vorn. lateinischen Ursprungs (lat. *Gallus* »der Gallier«). Der heilige Gallus, ein irischer Mönch, gründete im 7. Jh. eine Klause, aus der später das Kloster St. Gallen erwuchs; NAMENSTAG: 16. Oktober.

Gandolf, (auch:) **Gandulf:** alter deutscher männl. Vorn. (der erste Bestandteil »Gand-« gehört vielleicht zu altisländ. *gandr* »Stab, Zauberstab, Zauberei; [Wer]wolf«; der zweite Bestandteil ist ahd. *wolf* »Wolf«). In alten Urkunden tritt »Gandolf« auch oft als Nebenform des häufigeren Namens ▶ Gangolf auf.

Gangolf: alter deutscher männl. Vorn., Umkehrung von ▶ Wolfgang. »Gangolf« fand im Mittelalter als Heiligenname Verbreitung, und zwar als Name des heiligen Gangolf (8. Jh.); NAMENSTAG: 11. Mai.

Gard: männl. Vorn., niederdeutsche Kurzform von ▶ Gerhard.

Garda: weibl. Vorn., niederdeutsche und niederländische Kurzform von Namen, die mit »-gard« (german. *gardaz* »Zaun, Einfriedung«, vgl. ahd. *garto* »Garten«) gebildet sind.

Gardi: weibl. Vorn., Koseform von Namen, die mit »-gard« (▶ Garda) gebildet sind.

Garlef: männl. Vorn., niederdeutsche und friesische Form des heute nicht mehr gebräuchlichen Vornamens Gerleib (ahd. *gēr* »Speer« + asächs. *leva* »Erbe, Nachlass, Sohn, Tochter«).

Garlieb: männl. Vorn., Nebenform (Umdeutung nach »lieb«) von ▶ Garlef.

Garrelt: männl. Vorn., niederdeutsche Form von ▶ Gerald.

Garrit: männl. Vorn., niederdeutsche Kurzform von ▶ Gerhard.

Gary ['gɛri]: aus dem Angloamerikanischen übernommener männl. Vorn., wahrscheinlich eine Koseform von Garret (▶ Garrit). Der Vorname wurde in Deutschland durch

Gary: *Gary Cooper, amerikanischer Schauspieler*

den amerikanischen Filmschauspieler Gary Cooper (20. Jh.) bekannt.

Gaston [gas'tõ]: aus dem Französischen übernommener männl. Vorn., dessen Herkunft nicht sicher geklärt ist (vielleicht eine altfranzös. Koseform zu ahd. *gast* »Gast, Fremder«). In Nordfrankreich und Belgien bringt man den Namen in Verbindung mit dem Heiligennamen Vedastus (flämisch Vaast, Waast). Der heilige Vedastus (4./5. Jh.), Bischof von Arras, wurde in Nordfrankreich und Flandern sehr verehrt; NAMENSTAG: 6. Februar.

Gaudens, (auch:) **Gaudenz:** männl. Vorn. lateinischen Ursprungs (lat. Gaudentius, Weiterbildung von lat. *gaudēns* »sich freuend«, zu *gaudēre* »sich freuen«). ◇ Bekannter Namensträger: der heilige Gaudentius, Erzbischof von Gnesen (10./11. Jh.), NAMENSTAG: 25. August.

¹Gea: weibl. Vorn., (kindersprachliche) Verkürzung verschiedener Namen (z. B. ▶ Margarete, ▶ Gertrud, ▶ Gerlinde u. a.).

²Gea: weibl. Vorn. griechischen Ursprungs (griech. Gaia, Erdgöttin, zu griech. *gē* »Erde«).

Geba, (auch:) **Gebba:** weibl. Vorn., Kurzform von ▶ Gebharde.

Gebbert: männl. Vorn., niederdeutsche Form von ▶ Gebhard.

Gebbo: männl. Vorn., Kurzform von ▶ Gebhard.

Gebhard: alter deutscher männl. Vorn. (ahd. *geba* »Gabe« + ahd. *harti, herti* »hart, kräftig, stark«). Zur Verbreitung des Namens im Mittelalter trug die Verehrung des heiligen Gebhard bei; NAMENSTAG: 27. August. Der heilige Gebhard war im 10. Jh. Bischof von Konstanz. ◇ Bekannter Namensträger: Gebhard Leberecht Blücher, Fürst von Wahlstatt, preußischer Feldmarschall (18./19. Jh.).

Gebharde: weibl. Vorn., weibliche Form von ▸ Gebhard.

Gebke: weibl. Vorn., niederdeutsche Koseform von ▸ Geba.

Gedeon: ▸ Gideon.

Geelke: weibl. Vorn., friesische und niederdeutsche Koseform von ▸ Gela.

Geert: männl. Vorn., niederdeutsch-friesische Kurzform von ▸ Gerhard.

Geerta, (auch:) **Geerte:** weibl. Vorn., niederdeutsche und friesische Kurzform von ▸ Gertrud.

Geertina: weibl. Vorn., Weiterbildung von ▸ Geerta.

¹**Geertje:** männl. Vorn., friesische Koseform von ▸ Gerke.

²**Geertje,** (auch:) **Geertke:** weibl. Vorn., friesische Koseform von ▸ Gertrud.

Geeske: weibl. Vorn., friesisch-niederdeutsche Koseform von ▸ Gesa.

¹**Gela:** (auch:) **Gele:** weibl. Vorn., Kurzform von ▸ Gertrud.

²**Gela:** weibl. Vorn., Kurzform von ▸ Angela.

Geli: weibl. Vorn., Kurzform von ▸ Angelika.

Gellért [ˈgɛlleːrt]: männl. Vorn., ungarische Form von ▸ Gerhard.

Gemma [ˈdʒɛmma]: aus dem Italienischen übernommener weibl. Vorn. lateinischen Ursprungs (lat., italien. *gemma* »Edelstein«). ◇ Bekannte Namensträgerin: die heilige Gemma Galgani (19./20. Jh.), NAMENSTAG: 11. April.

Geneviève [ʒənˈvjɛːv]: weibl. Vorn., französische Form von ▸ Genoveva.

Genia: weibl. Vorn., Kurzform von Eugenia (▸ Eugenie).

Genovefa [genoˈfeːfa], (auch:) [genoˈveːfa]: ▸ Genoveva.

Genoveva [genoˈveːva, genoˈfeːfa]: weiblicher Vorname (wahrscheinlich zu german. *ginu-* »weit, geräumig, ausgedehnt« + german. *waifō-* »die sich Bewegende«, also »die weithin [im Kampf] sich Bewegende«). Der Name wurde in Deutschland durch die Sage und das Volksbuch von Genoveva von Brabant allgemein bekannt. Nach der Sage war Genoveva die Gemahlin des Pfalzgrafen Siegfried. Sie lebte, des Ehebruchs beschuldigt, mit ihrem Sohn Schmerzensreich in der Wildnis, bis sich ihre Unschuld herausstellte. Der Stoff wurde oft literarisch behandelt, z. B. von

Hebbel und Tieck. ◇ Bekannte Namensträgerinnen: die heilige Genovefa von Paris (5./6. Jh.), NAMENSTAG: 3. Januar; Geno (eigentlich Genoveva) Hartlaub, deutsche Schriftstellerin (20. Jh.). Französ. Form: Geneviève [ʒənˈvjɛːv].

Geo: männlicher Vorname, Kurzform von ▸ Georg.

Geoffrey [ˈdʒɛfrɪ]: aus dem Englischen übernommener männl. Vorn., bei dem sich mehrere Namenstämme vermischt haben (german. *gawja* »Gau« und *walah* »der Fremde« + germ. *friþuz* »Schutz vor Waffengewalt, Friede«). Früh schon wurde dieser Name mit ▸ Gottfried verwechselt.

Georg, (auch:) **Georg:** männl. Vorn. griechischen Ursprungs (zu *geōrgós* »Landmann, Bauer«). »Georg« fand als Name des heiligen Georg Verbreitung und war schon im Mittelalter im christlichen Abendland überaus beliebt. Der heilige Georg, vermutlich ein aus Kappadozien stammender Krieger, erlitt zu Beginn des 4. Jh.s den Martertod. Um ihn bildeten sich schon früh zahlreiche Legenden, u. a. über seinen Kampf mit dem Drachen. Nach einer anderen Legende erschien er den Kreuzfahrern und führte sie zum Sturm auf Jerusalem an. Daher hatten die Kreuzfahrer den heiligen Georg im Banner. Der heilige Georg, der seit dem 13. Jh. auch der Schutzheilige Englands ist, ist einer der vierzehn Nothelfer; NAMENSTAG: 23. April. ◇ Bekannte Namensträger: Georg von Klausenburg, deutscher Bildhauer und Erzgießer (14. Jh.); Georg (»Jörg«) von Frundsberg, deutscher Landsknechtsführer (15./16. Jh.); Georg Friedrich Händel, deutscher Komponist (17./18. Jh.); Georg Wenzeslaus Knobelsdorff, deutscher Baumeister (17./18. Jh.); Georg Philipp Telemann, deutscher Komponist (17./18. Jh.); Georg Christoph Lichtenberg, deutscher Physiker und Schriftsteller (18. Jh.); Georg Büchner, deutscher Dichter (19. Jh.); Georg Kolbe, deutscher Bildhauer (19./20. Jh.); Georg Kaiser, deutscher Dichter (19./20. Jh.); Georg Trakl, österreichischer Dichter (19./20. Jh.); Georg Kreisler, österreichischer Kabarettist (20. Jh.); Georg Thomalla, deutscher [Film]schauspieler (20. Jh.); Georg Baselitz, deutscher Maler und Bildhauer (20. Jh.); Georg Hackl, deutscher Rennrodler (20. Jh.). Französ. Form: Georges [ʒɔrʒ]. Italien. Form: Giorgio [ˈdʒɔrdʒo]. Engl. Form:

George [dʒɔːdʒ]. Russ. Formen: Juri, Jurij. Schwed. Form: Göran [ˌjœːran].

George [dʒɔːdʒ]: männl. Vorn., englische Form von ▸ Georg. ◇ Bekannter Namensträger: George Washington, erster Präsident der USA (18. Jh.).

Georges [ʒɔrʒ]: männl. Vorn., französische Form von ▸ Georg. ◇ Bekannte Namensträger: Georges Bizet, französischer Komponist (19. Jh.); Georges Braque, französischer Maler und Grafiker (19./20. Jh.); Georges Brassens, französischer Chansonsänger und Komponist (20. Jh.).

Georgette [ʒɔrˈʒɛt]: aus dem Französischen übernommener weibl. Vorn., weibliche Form von Georges (▸ Georg).

Georgia: weibl. Vorn., weibliche Form von ▸ Georg.

Georgina, (auch:) Georgine: weibl. Vorn., weibliche Form von ▸ Georg mit der seit dem 17./18. Jh. beliebten Endung -ine/-ina. Französ. Form: Georgine [ʒɔrˈʒin]. Engl. Form: Georgina [dʒɔːˈdʒiːnə].

Gerald, (auch:) Gerold: alter deutscher männl. Vorn., jüngere Form von Gerwald (ahd. gēr »Speer« + ahd. -walt zu waltan »walten, herrschen«). ◇ Bekannter Namensträger: Gerald Moore, brit. Pianist (19./20. Jh.). Engl. Form: Gerald [ˈdʒɛrəld].

Geralde: weibl. Vorn., weibliche Form von ▸ Gerald.

Geraldine: weibl. Vorn., weibliche Form von ▸ Gerald mit der seit dem 17./18. Jh. beliebten Endung -ine. ◇ Bekannte Namensträgerin: Geraldine Chaplin, amerikanische Filmschauspielerin (20. Jh.). Engl. Form: Geraldine [ˈdʒɛrəldiːn]. Französ. Form: Géraldine [ʒeralˈdin].

Gérard [ʒeˈraːr]: männl. Vorn., französische Form von ▸ Gerhard. ◇ Bekannte Namensträger: Gérard Depardieu, französischer Filmschauspieler (20. Jh.); Gérard Philipe, französischer Filmschauspieler (20. Jh.).

Gerarda, (auch:) Gerarde: weibl. Vorn., Nebenform von ▸ Gerharda.

Gerardina, (auch:) Gerardine: weibl. Vorn., Nebenform von ▸ Gerhardina.

Gerbald, (auch:) Gerbold: alter deutscher männl. Vorn. (ahd. gēr »Speer« + ahd. hald »kühn«).

Gerbert: alter deutscher männl. Vorn. (ahd. gēr »Speer« + ahd. beraht »glänzend«). ◇ Bekannter Namensträger: Gerbert von Reims, der

Lehrer Ottos III. und spätere Papst Silvester II. (10./11. Jh.).

Gerbod, (auch:) Gerbodo: alter deutscher männl. Vorn. (ahd. gēr »Speer« + asächs. bodo »Gebieter«, später umgedeutet zu ahd. boto »Bote«).

Gerbold: männl. Vorn., Nebenform von ▸ Gerbald.

Gerbrand: alter deutscher männl. Vorn. (ahd. gēr »Speer« + ahd. brant »Brand«, dichterische Umschreibung für das Schwert).

Gerburg: alter deutscher weibl. Vorn. (ahd. gēr »Speer« + ahd. burg »Burg, Zufluchtstätte, Schutz«).

Gerd, (auch:) Gert: männl. Vorn., Kurzform von ▸ Gerhard. ◇ Bekannte Namensträger: Gerd Bucerius, deutscher Verleger und Publizist (20. Jh.); Gerd Müller, deutsches Fußballidol (20. Jh.).

Gerda: in der 2. Hälfte des 19. Jh.s aus dem Nordischen übernommener weibl. Vorn., der zu Beginn des 20. Jh.s in Deutschland volkstümlich wurde. Der Name war im 19. Jh. in den nordischen Ländern überaus beliebt. Zu der Beliebtheit des Namens hatte Esaias Tegnérs Dichtung »Gerda« beigetragen. Auch Hans Christian Andersen verwendet den Namen in dem Märchen von der Schneekönigin. »Gerda« ist eine Bildung zu dem altisländischen Frauennamen Gerðr (zu altisländ. gerð »Umfriedung, Einhegung«, garðr »Zaun«; Gerda gehört nicht zu ahd. gerta »Gerte«). Der Name wird auch als Kurzform von ▸ Gertrud gebraucht. Eine bekannte literarische Gestalt ist Gerda, die Frau von Thomas Buddenbrook, in Thomas Manns Roman »Buddenbrooks«.

Gerdi: weibl. Vorn., Koseform von ▸ Gerda.

Gerdina, (auch:) Gerdine: weibl. Vorn., Weiterbildung von ▸ Gerda oder Kurzform von ▸ Gerhardina.

Gereon, (auch:) Gerion: männl. Vorn., der auf den heiligen Gereon zurückgeht. Nach der Legende war Gereon ein Offizier der Thebäischen Legion, der mit mehreren Gefährten in der zweiten Hälfte des 4. Jh.s bei Köln den Martertod erlitt; NAMENSTAG: 10. Oktober. Der Name des Märtyrers gehört wohl zu griech. gérōn »Greis«. Der Name spielte früher in der Namengebung im Raum Köln, wo der heilige Gereon verehrt wurde, eine Rolle.

Gerfried: alter deutscher männl. Vorn. (ahd. gēr »Speer« + ahd. fridu »Schutz vor Waffengewalt, Friede«).

Gerhard, (auch:) Gerhart: alter deutscher männl. Vorn. (ahd. gēr »Speer« + ahd. harti, herti »hart, kräftig, stark«). Der Name war schon im Mittelalter sehr häufig; er kam als Heiligenname vor und spielte auch eine Rolle in der Namengebung beim Adel, besonders bei den Grafen und Herzögen von Holstein, Jülich und Geldern. Zur Beliebtheit des Namens trug auch die Sage vom guten Gerhard von Köln bei, die im 13. Jh. von Rudolf von Ems bearbeitet wurde. ◇ Bekannte Namensträger: der heilige Gerhard von Köln, Bischof von Toul, NAMENSTAG: 23. April; Meister Gerhard, erster Baumeister des Kölner Doms (13./14. Jh.); Gerhard Tersteegen, deutscher Liederdichter und pietistischer Prediger (17./18. Jh.); Gerhart Hauptmann, deutscher Dichter (19./20. Jh.); Gerhard Marcks, deutscher Bildhauer (19./20. Jh.); Gerhard Zwerenz, deutscher Schriftsteller (20. Jh.); Gerhard Polt, deutscher Kabarettist (20. Jh.). Französ. Form: Gérard [ʒeˈraːr]. Ungar. Form: Gellért [ˈgɛlleːrt].

Gerharda, (auch:) Gerharde: weiblicher Vorname, weibliche Form von ▸ Gerhard.

Gerhardina, (auch:) Gerhardine: weibl. Vorn., weibl. Form von ▸ Gerhard mit der seit dem 17./18. Jh. beliebten Endung -ine/-ina.

Gerhart: ▸ Gerhard.

Gerheid: alter deutscher weiblicher Vorname (ahd. gēr »Speer« + ahd. heit, dem german. *haidu- »Art und Weise, Gestalt« zugrunde liegt).

Gerhild, (auch:) Gerhilde: alter deutscher weibl. Vorn. (ahd. gēr »Speer« + ahd. hiltja »Kampf«).

Gerion: ▸ Gereon.

Gerit: ▸ ¹Gerrit und ▸ ²Gerrit.

¹Gerke, (auch:) Gerko: männl. Vorn., niederdeutsche und friesische Koseform von Namen, die mit »Ger-« gebildet sind, besonders von ▸ Gerhard.

²Gerke: weiblicher Vorname, niederdeutsche und friesische Koseform von Namen, die mit »Ger-« gebildet sind, besonders von ▸ Gertrud.

Gerko: ▸ ¹Gerke.

Gerlinde, (auch:) Gerlind: alter deutscher weibl. Vorn. (ahd. gēr »Speer« + ahd. lind »sanft, weich, mild«, auch beeinflusst von ahd. linta »Linde, Schild aus Lindenholz«). Eine Sagengestalt ist Gerlind, die Mutter des Normannenkönigs Hartmut im Kudrunepos.

Germain [ʒɛrˈmɛ̃]: männl. Vorn., französische Form von ▸ German.

Germaine [ʒɛrˈmɛn]: weibl. Vorn., weibliche Form von ▸ German.

German, (auch:) Germanus: männl. Vorn. lateinischen Ursprungs (zu lat. Germānus »Germane« oder lat. germānus, -a »Bruder, Schwester«). ◇ Bekannte Namensträger: der heilige Germanus, Bischof von Auxerre (4./5. Jh.), NAMENSTAG: 31. Juli; der heilige Germanus, Bischof von Paris (5./6. Jh.), NAMENSTAG: 28. Mai. Französ. Form: Germain [ʒɛrˈmɛ̃].

Germar: alter deutscher männl. Vorn. (ahd. gēr »Speer« + ahd. māri »bekannt, berühmt, angesehen«).

Germo: alter deutscher männl. Vorn., Kurzform von ▸ Germar.

Gernot, (auch:) Gernot: alter deutscher männlicher Vorname (ahd. gēr »Speer« + ein zu altwestnord. hnióða »stoßen, schlagen« gehörendes Namenglied in der Bedeutung »Kampf«). Der Name ist in Deutschland allgemein bekannt durch den Gernot des Nibelungenliedes, den Bruder König Gunthers und Kriemhilds.

Gero: alter deutscher männl. Vorn., Kurzform von Namen, die mit »Ger-« gebildet sind, besonders von ▸ Gerhard. ◇ Bekannte Namensträger: Gero, Markgraf der Ostmark unter Otto dem Großen (10. Jh.); der heilige Gero, Erzbischof von Köln (10. Jh.), NAMENSTAG: 28. Juni.

Gerold: männl. Vorn., jüngere Form von Gerwald (▸ Gerald). ◇ Bekannter Namensträger: Gerold Späth, schweizerischer Schriftsteller (20. Jh.).

Gerolf: alter deutscher männl. Vorn. (ahd. gēr »Speer« + ahd. wolf »Wolf«).

¹Gerrit, (auch:) Gerit; Gerret: männlicher Vorname, friesische Kurzform von ▸ Gerhard.

²Gerrit, (auch:) Gerit: weibl. Vorn., friesische Kurzform von ▸ Gerharde.

¹Gert: männl. Vorn., Nebenform von ▸ Gerd. ◇ Bekannter Namensträger: Gert Fröbe, deutscher Schauspieler (20. Jh.).

²Gert: weibl. Vorn., Kurzform von ▸ Gertrud.

Gerta: weiblicher Vorname, Kurzform von ▸ Gertrud.

Gertfried: männl. Vorn., Neubildung aus ▸ ¹Gert und dem Namenbestandteil »-fried« (ahd. fridu »Schutz vor Waffengewalt, Friede«).

Gertfriede: weibl. Vorn., weibliche Form von ▸ Gertfried.

Gerthild: weibl. Vorn., Neubildung aus ▸ ²Gert und dem alten Namenbestandteil »-hild« (ahd. *hiltja* »Kampf«).

Gerthold: männl. Vorn., Neubildung aus ▸ ¹Gert und dem Eigenschaftswort »hold«.

Gertje, (auch:) Gertke: weibl. Vorn., niederdeutsche und friesische Koseform von ▸ Gerta.

Gertraud, (auch:) Gertraut; Gertraude: ▸ Gertrud.

Gertrud, (auch:) Gertrude: alter deutscher weibl. Vorn. (ahd. *gēr* »Speer« + german. **þrūþi* »Kraft, Stärke«, in althochdeutscher Zeit umgedeutet zu *trūt* »vertraut, lieb«). Der Name war schon im Mittelalter in Deutschland recht häufig. Zu seiner Verbreitung hatte die Verehrung der heiligen Gertrud von Nivelles (7. Jh.) beigetragen; NAMENSTAG: 17. März. Zu Beginn des 19. Jh.s wurde »Gertrud« durch die Ritterdichtung neu belebt. Eine bekannte literarische Gestalt ist Gertrud, die Frau Stauffachers, in Schillers »Wilhelm Tell«. ◇ Bekannte Namensträgerinnen: die heilige Gertrud von Helfta bei Eisleben (13./14. Jh.), deutsche Mystikerin, NAMENSTAG: 17. November; Gertrud von le Fort, deutsche Schriftstellerin (19./20. Jh.); Gertrud Kolmar, deutsche Dichterin (19./20. Jh.); Gertrud Bäumer, deutsche Frauenrechtlerin (19./20. Jh.); Gertrude Stein, amerikanische Schriftstellerin (19./ 20. Jh.); Gertrud Fussenegger, österreichische Schriftstellerin (20. Jh.).

Gertrun: weibl. Vorn., Neubildung aus ▸ ²Gert und dem alten Namenbestandteil -»run« (ahd. *rūna* »Geheimnis, geheime Beratung«).

Gertwin: männl. Vorn., Neubildung aus ▸ ¹Gert und dem alten Namenbestandteil »-win« (ahd. *wini* »Freund«).

Gerwig: alter deutscher männl. Vorn. (ahd. *gēr* »Speer« + ahd. *wīg* »Kampf; Krieg«).

Gerwin: alter deutscher männl. Vorn. (ahd. *gēr* »Speer« + ahd. *wini* »Freund«).

Gerwine: weibl. Vorn., weibliche Form von ▸ Gerwin.

Gesa, (auch:) Gese: weibl. Vorn., niederdeutsch-friesische Kurzform von ▸ Gertrud. Eine literarische Gestalt ist die Gesa in Gorch Focks Roman »Seefahrt ist not«.

Gesche: weibl. Vorn., niederdeutsch-friesische Kurzform von ▸ Gertrud.

Gese: ▸ Gesa.

Gesina, (auch:) Gesine: weibl. Vorn., Weiterbildung von ▸ Gesa mit der seit dem 17./18. Jh. beliebten Endung -ine/-ina.

Géza [ˈgeːzɔ]: aus dem Ungarischen übernommener männl. Vorn. türkischer Herkunft. Géza war ursprünglich Ehrentitel der ungarischen Herrscher aus der Dynastie der Arpaden. ◇ Bekannter Namensträger: Géza von Cziffra, österreichischer Filmregisseur ungarischer Herkunft (20. Jh.).

Giacomo [ˈdʒaːkomo]: männl. Vorn., italienische Form von ▸ Jakob. ◇ Bekannte Namensträger: Giacomo Meyerbeer, deutscher Komponist (18./19. Jh.); Giacomo Puccini, italienischer Komponist (19./20. Jh.).

Gianna: *Gianna Nannini, italienische Rockmusikerin*

Gianna [ˈdʒanna]: weibl. Vorn., italienische Kurzform von Giovanna (▸ Johanna). ◇ Bekannte Namensträgerin: Gianna Nannini, italienische Rockmusikerin (20. Jh.).

Gianni [ˈdʒanni]: männl. Vorn., italienische Kurzform von Giovanni (▸ Johannes). ◇ Bekannter Namensträger: Gianni Versace, italienischer Modeschöpfer (20. Jh.).

Giannina [dʒanˈniːna]: weibl. Vorn., italienische Koseform von ▸ Gianna.

Gideon, (auch:) Gedeon: aus der Bibel übernommener männl. Vorn., dessen Bedeutung nicht sicher geklärt ist (wahrscheinlich zu hebr. *ga'da'* »schneiden, fällen«). Der Name des fünften Richters von Israel fand Eingang in die Namengebung der englischen Puritaner und der französischen Hugenotten.

Gil: männl. Vorn., Kurzform von Ägilius, einer früher gebräuchlichen Nebenform von Ägidius (▸ Ägid).

Gila: weibl. Vorn., Kurzform von ▶ Gisela.

Gilbert, (auch:) Gilbrecht: männl. Vorn., jüngere Form von ▶ Giselbert. Französ. Form: Gilbert [ʒil'bɛːr]. ◆ Bekannter Namensträger: Gilbert Bécaud, französischer Chansonsänger und Komponist (20. Jh.).

¹Gilda ['dʒilda]: aus dem Italienischen übernommener weibl. Vorn., weibliche Form von ▶ ¹Gildo. In Deutschland ist der Name vor allem bekannt durch die Gilda in Verdis Oper »Rigoletto«.

²Gilda: weibl. Vorn., verselbstständigte Kurzform von Namen, die mit »Gild-« (ahd. *gelt* »Entgelt, Lohn, Opfer«) gebildet wurden.

¹Gildo ['dʒildo]: männlicher Vorname, italienische Kurzform von Ermenegildo (zu german. **ermana*, **irmina* »allumfassend, groß«, später Namenglied mit verstärkender Bedeutung + ahd. *gelt* »Entgelt, Lohn, Opfer«). Zu der Verbreitung des Namens Ermenegildo trug der heilige Hermenegild, westgotischer König (6. Jh.), bei; NAMENSTAG: 13. April.

²Gildo: männl. Vorn., verselbstständigte Kurzform von Namen, die mit »Gild-« als erstem Bestandteil (z. B. Gildebrecht) gebildet wurden (▶ ²Gilda).

Gilles [ʒil]: männl. Vorn., französische Form von ▶ Ägid.

Gillian ['dʒɪlɪən; 'gɪlɪən]: weibl. Vorn., englische Form von ▶ Juliana.

Gilmar: männl. Vorn., jüngere Form von ▶ Giselmar.

¹Gina: weibl. Vorn., Kurzform von ▶ Regina.

²Gina ['dʒiːna]: aus dem Italienischen übernommener weibl. Vorn., weibliche Form von ▶ Gino. ◆ Bekannte Namensträgerin: Gina Lollobrigida, italien. Filmschauspielerin (20. Jh.).

Gine: weibl. Vorn., Kurzform von Regine (▶ Regina).

Ginette [ʒi'nɛt]: weibl. Vorn., französische Koseform von ▶ Geneviève.

Gino ['dʒiːno]: männl. Vorn., Koseform von italienischen Namen, die auf »-gi« (▶ Luigi) oder »-gio« (▶ Giorgio) enden, auch von Giovannino (▶ Giovanni).

Giorgio ['dʒordʒo]: männl. Vorn., italienische Form von ▶ Georg. ◆ Bekannte Namensträger: Giorgio Vasari, italienischer Maler, Baumeister und Kunstschriftsteller (16. Jh.); Giorgio de Chirico, italienischer Maler (19./20. Jh.); Giorgio Armani, italienischer Modeschöpfer (20. Jh.).

Gina: *Gina Lollobrigida, italienische Schauspielerin*

Giovanna [dʒo'vanna]: weibl. Vorn., italienische Form von ▶ Johanna.

Giovanni [dʒo'vanni]: männl. Vorn., italienische Form von ▶ Johannes. Eine bekannte Opernfigur ist der Don Giovanni in der gleichnamigen Oper von W. A. Mozart. ◆ Bekannter Namensträger: Giovanni Boccaccio, italienischer Dichter und Humanist (14. Jh.).

Giovannina [dʒovan'niːna]: weibl. Vorn., italienische Koseform von Giovanna (▶ Johanna).

Gisa: weibl. Vorn., Kurzform von ▶ Gisela und Namen, die mit »Gis-« gebildet sind (z. B. ▶ Gislind).

Gisbert: alter deutscher männl. Vorn., jüngere Form von ▶ Giselbert.

Gisela: alter deutscher weibl. Vorn. (zu ahd. *gīsal* »Geisel; Bürge, Unterpfand«). Der Name kam schon im Mittelalter häufig vor. Gisela hießen die Schwester Karls des Großen und die Tochter Herzog Hermanns II. von Schwaben, die durch die Ehe mit Konrad II. deutsche Kaiserin wurde (10./11. Jh.). In der Neuzeit trug Marlitts viel gelesener Roman »Reichsgräfin Gisela« (1869) zu der Beliebtheit des Namens bei. ◆ Bekannte Namensträgerinnen: Gisela Schlüter, deutsche Kabarettistin (20. Jh.); Gisela Elsner, deutsche Schriftstellerin (20. Jh.). Französ. Form: Giselle [ʒi'zɛl].

Giselbert: alter deutscher männl. Vorn. (zu ahd. *gīsal* »Geisel; Bürge, Unterpfand« + ahd. *beraht* »glänzend«).

Giselher: alter deutscher männl. Vorn. (zu ahd. *gīsal* »Geisel; Bürge, Unterpfand« + ahd. *heri* »Kriegsschar, Heer«). Der Name ist in Deutschland allgemein bekannt durch den Giselher des Nibelungenliedes, den jüngsten

Bruder König Gunthers. ◇ Bekannter Namensträger: Giselher Klebe, deutscher Komponist (20. Jh.).

Giselle [ʒiˈzɛl]: weibl. Vorn., französische Form von ▸ Gisela.

Giselmar: alter deutscher männl. Vorn. (ahd. *gīsal* »Geisel; Bürge, Unterpfand« + ahd. *māri* »bekannt, berühmt, angesehen«).

Gislind: alter deutscher weibl. Vorn. (ahd. *gīsal* »Geisel; Bürge, Unterpfand« + ahd. *lind* »sanft, weich, mild«, auch beeinflusst durch ahd. *linta* »Linde, Schild aus Lindenholz«).

Gismar: alter deutscher männl. Vorn., jüngere Form von ▸ Giselmar.

Giso: alter deutscher männl. Vorn., verselbstständigte Kurzform von Namen, die mit »Gisel-« gebildet sind (z. B. ▸ Giselbert und ▸ Giselher).

Gitta, (auch:) **Gitte:** weibl. Vorn., Kurzform von ▸ Brigitte, Brigitta.

Giulia [ˈdʒuːlja]: weibl. Vorn., italienische Form von ▸ Julia.

Giuliana [dʒuˈljaːna]: weibl. Vorn., italienische Form von ▸ Juliana.

Giulietta [dʒuˈljetta]: weibl. Vorn., italienische Koseform von Giulia (▸ Julia). ◇ Bekannte Namensträgerin: Giulietta Masina, italienische Filmschauspielerin (20. Jh.).

Giulio [ˈdʒuːljo]: männl. Vorn., italienische Form von ▸ Julius. ◇ Bekannter Namensträger: Giulio Romano, italienischer Maler und Baumeister (15./16. Jh.).

Giuseppe [dʒuˈzɛppe]: männl. Vorn., italienische Form von ▸ Josef. ◇ Bekannte Namensträger: Giuseppe Verdi, italienischer Komponist (19. Jh.); Giuseppe Garibaldi, italienischer Freiheitskämpfer und Politiker (19. Jh.); Giuseppe Di Stefano, italienischer Tenor (20. Jh.).

Gladys [ˈɡlædɪs]: aus dem Englischen übernommener weibl. Vorn., der auf Gwladus, einen walisischen Namen unklarer Herkunft, zurückgeht. Oft wird »Gladys« als walisische Entsprechung von ▸ Claudia aufgefasst.

Glaubrecht: in der Zeit des Pietismus (17./18. Jh.) aufgekommener männl. Vorname.

Glen: ▸ Glenn.

Glenda: aus dem Englischen übernommener weibl. Vorn. walisischer Herkunft; Neuprägung aus gäl. *glan* »sauber, rein, heilig« + *da* »gut« oder weibliche Form von ▸ Glenn. ◇ Bekannte Namensträgerin: Glenda Jackson, englische Schauspielerin (20. Jh.).

Glenn, (auch:) **Glen:** aus dem Englischen übernommener männl. Vorn. keltischen Ursprungs, der wahrscheinlich auf einen von gäl. *gleann* »Tal« abgeleiteten Familiennamen zurückgeht. ◇ Bekannte Namensträger: Glenn Miller, amerikanischer Posaunist und Orchesterleiter (20. Jh.); Glenn Ford, amerikanischer Filmschauspieler (20. Jh.); Glenn Gould, kanadischer Pianist (20. Jh.).

Gloria: weibl. Vorn. lateinischen Ursprungs (lat. *glōria* »Ruhm, Ehre«). Hierbei kann es sich sowohl um einen Wunschnamen als auch um einen christlich motivierten Namen, der den Preis Gottes (Gloria in excelsis Deo = Ehre sei Gott in der Höhe) zum Ausdruck bringt, handeln. ◇ Bekannte Namensträgerinnen: Gloria Swanson, amerikanische Filmschauspielerin (19./20. Jh.); Gloria Davy, amerikanische Sopranistin (20. Jh.); Gloria, Fürstin von Thurn und Taxis (20. Jh.).

Goda: weibl. Vorn., Kurzform von Namen, die mit »God-« (ahd. *got* »Gott«) gebildet sind.

Godehard, (auch:) **Godhard:** männl. Vorn., ältere niederdeutsche Form von ▸ Gotthard. ◇ Bekannter Namensträger: der heilige Godehard, Bischof von Hildesheim (10./11. Jh.), NAMENSTAG: 5. Mai.

Godela: weibl. Vorn., Weiterbildung von ▸ Goda.

Godelind: alter deutscher weibl. Vorn. (ahd. *got* »Gott« + ahd. *lind* »sanft, weich, mild«, auch beeinflusst durch ahd. *linta* »Linde, Schild aus Lindenholz«). Eine bekannte literarische Gestalt ist die Gotelinde im »Meier Helmbrecht«.

Godiva: weibl. Vorn. englischer Herkunft (altengl. *god* »Gott« + altengl. *gyfu* »Gabe«, also »Gottesgabe«).

Godje, (auch:) **Gotje:** weibl. Vorn., niederdeutsche und friesische Kurzform von Namen, die mit »Gode-« (ahd. *got* »Gott«) gebildet sind.

Godo: alter deutscher männl. Vorn., Kurzform von Namen, die mit »Gode-« (ahd. *got* »Gott-«) gebildet sind, wie z. B. ▸ Godehard (Gotthard).

Godwin: männl. Vorn., ältere niederdeutsche Form von ▸ Gottwin.

Gody: männl. Vorn., schweizerische Kurzform von Namen, die mit »Gode-« (ahd. *got* »Gott«) gebildet sind.

Golo: alter deutscher männl. Vorn., Lallform von Namen, die mit »Gott-« gebildet sind, wie z. B. ▸ Gottfried, ▸ Gotthard. Der Name wurde in Deutschland durch die Sage und das Volksbuch von Genoveva von Brabant allgemein bekannt. Nach der Sage war Golo Haushofmeister des Pfalzgrafen Siegfried. Er bezichtigte Genoveva, die er leidenschaftlich liebte, des Ehebruchs. ◇ Bekannter Namensträger: Golo (eigentlich Gottfried Angelo) Mann, deutscher Historiker und Publizist (20. Jh.).

Göran, schwed. Aussprache: [ˌjœːran]: männl. Vorn., schwedische Form von ▸ Georg.

Gorch: männl. Vorn., niederdeutsche Form von ▸ Georg. ◇ Bekannter Namensträger: Gorch Fock, deutscher Schriftsteller (19./20. Jh.).

Gordian, (auch:) Gordianus: männl. Vorn. lateinischer Herkunft, der ursprünglich ein Beiname (zu griech. Gordion, der antiken Hauptstadt Phrygiens) war. ◇ Bekannter Namensträger: der heilige Gordianus, legendarischer römischer Märtyrer, NAMENSTAG: 10. Mai.

Gordon [gɔːdn]: männl. Vorn. englischer Herkunft, der ursprünglich Familienname eines alten schottischen Adelsgeschlechts war. Dem Familiennamen liegt ein Ortsname in Berwickshire oder in der Normandie zugrunde. Durch die große Popularität des britischen Generals Charles George Gordon (19. Jh.) wurde »Gordon« als Vorname gebräuchlich. ◇ Bekannter Namensträger: Gordon Alexander Craig, amerikanischer Historiker (20. Jh.).

Gorius: männl. Vorn., Kurzform von Gregorius (▸ Gregor).

Gosbert: alter deutscher männl. Vorn. (zu german. *gauta »Gote«+ahd. beraht »glänzend«).

Gösta, schwed. Aussprache: [ˌjœsta]: männl. Vorn., schwedische Kurzform von ▸ Gustav. Eine literarische Gestalt ist der Gösta Berling in dem gleichnamigen Roman von Selma Lagerlöf.

Goswin: alter deutscher männl. Vorn. (zu german. *gauta- »Gote«+ahd. wini »Freund«). Der Name war im Mittelalter vor allem am Niederrhein beliebt.

Gotje: ▸ Godje.

Gottbert: alter deutscher männl. Vorn. (ahd. got »Gott«+ahd. beraht »glänzend«).

Gottfried: alter deutscher männl. Vorn. (ahd. got »Gott«+ahd. fridu »Schutz vor Waffengewalt, Friede«). Der Name war im Mittelalter in Deutschland überaus beliebt; er kam als Heiligenname vor und war fester Name bei den Herzögen von Lothringen. In der Neuzeit kam »Gottfried« in der Zeit des Pietismus (17./18. Jh.) wieder in Mode. ◇ Bekannte Namensträger: Gottfried von Bouillon, Herzog von Niederlothringen und Eroberer Jerusalems (11. Jh.); der heilige Gottfried von Amiens (11./12. Jh.), NAMENSTAG: 8. November; der heilige Gottfried von Cappenberg (11./12. Jh.), NAMENSTAG: 13. Januar; Gottfried von Straßburg, mittelhochdeutscher Dichter (um 1200); Gottfried August Bürger, deutscher Dichter (18. Jh.); Gottfried Keller, schweizerischer Dichter (19. Jh.); Gottfried Semper, deutscher Baumeister (19. Jh.); Gottfried Benn, deutscher Dichter (19./20. Jh.); Gottfried von Einem, österreichischer Komponist (20. Jh.); Gottfried Böhm, deutscher Architekt (20. Jh.). Als zweiter Vorname: Johann Gottfried Herder, deutscher Dichter und Philosoph (18./19. Jh.); Johann Gottfried Seume, deutscher Schriftsteller (18./19. Jh.); Johann Gottfried Schadow, deutscher Bildhauer (18./19. Jh.).

Gotthard: alter deutscher männl. Vorn. (ahd. got »Gott«+ahd. harti, herti »hart, kräftig, stark«). Zu der Verbreitung des Namens im Mittelalter trug die Verehrung des heiligen Gotthard (Godehard) von Hildesheim (10./11. Jh.) bei; NAMENSTAG: 5. Mai. In der Neuzeit kam »Gotthard« als pietistischer Vorname wieder in Gebrauch.

Gotthelf, (auch:) Gotthilf: in der Zeit des Pietismus (17./18. Jh.) aufgekommener männl. Vorname. ◇ Bekannter Namensträger: Gotthilf Fischer, deutscher Chorleiter (20. Jh.).

Gotthold: in der Zeit des Pietismus (17./18. Jh.) neu gebildeter männl. Vorname oder Umdeutung des alten Namens Gottolt (▸ Gottwald) in Anlehnung an das Adjektiv »hold«. ◇ Bekannter Namensträger: Gotthold Ephraim Lessing, deutscher Dichter (18. Jh.).

Gottlieb: in der Zeit des Pietismus (17./18. Jh.) aufgekommener männl. Vorname, Übersetzung von ▸ Amadeus und ▸ Theophil oder Umdeutung des alten Namens Goteleib (ahd. got »Gott«+ahd. leiba »Nachkomme, Sohn«) in Anlehnung an das Adjektiv »lieb«. ◇ Bekannte Namensträger: Gottlieb Wilhelm Daimler, deutscher Erfinder und Autoindustrieller (19. Jh.). Als zweiter Vorname: Friedrich Gottlieb Klopstock, deutscher Dichter (18./19. Jh.); Johann Gottlieb Fichte, deutscher Philosoph (18./19. Jh.).

Gottlob: in der Zeit des Pietismus (17./18. Jh.) neu gebildeter männl. Vorname.

Gottmar: alter deutscher männl. Vorn. (ahd. *got* »Gott« + ahd. *māri* »bekannt, berühmt, angesehen«).

Gottschalk: alter deutscher männl. Vorn. (ahd. *got* »Gott« + ahd. *scalc* »Knecht, Diener«). ✧ Bekannte Namensträger: Gottschalk der Sachse, Mönch, Prediger und Missionar (9. Jh.); der heilige Gottschalk, Wendenfürst und Märtyrer (11. Jh.), NAMENSTAG: 14. Juni.

Gottwald: alter deutscher männl. Vorn. (ahd. *got* »Gott« + ahd. *-walt* zu *waltan* »walten, herrschen«).

Gottwin: alter deutscher männl. Vorn. (ahd. *got* »Gott« + ahd. *wini* »Freund«).

Götz: *Götz George, deutscher Schauspieler*

Götz: männl. Vorn., Kurzform von Namen, die mit »Gott-« gebildet sind, besonders von ▸ Gottfried. Der Name wurde in Deutschland allgemein bekannt durch Götz (Gottfried) von Berlichingen, den Ritter mit der eisernen Hand (15./16. Jh.), literarisch behandelt von Goethe in dem Schauspiel »Götz von Berlichingen«. ✧ Bekannte Namensträger: Götz George, deutscher [Film]schauspieler (20. Jh.); Götz Friedrich, deutscher Opernregisseur (20. Jh.).

Grace [greɪs]: aus dem Englischen übernommener weibl. Vorn. (▸ Grazia). ✧ Bekannte Namensträgerin: Grace Kelly, amerikanische Filmschauspielerin, später Fürstin Gracia Patricia von Monaco (20. Jh.).

Gratian, (auch:) Grazian: männlicher Vorname lateinischen Ursprungs, dem ein römischer Geschlechtername (Grātiānus, zu lat. *grātus* »anmutig, willkommen, teuer, lieb«) zu-

grunde liegt. ✧ Bekannte Namensträger: Flavius Gratianus, römischer Kaiser (4. Jh.); Gratianus, italienischer Rechtsgelehrter (12. Jh.).

Grazia: weibl. Vorn. lateinischen Ursprungs, deutsche und italienische Form von lat. Grātia (»Anmut, Huld, Gnade«). Im römischen Kaiserreich wurde »Gratia« als Name der drei Grazien, Töchter des Zeus, vergeben und erlangte im Christentum die neue Bedeutung »Gnade, Huld [Gottes]«. ✧ Bekannte Namensträgerin: Grazia Deledda, italienische Schriftstellerin (19./20. Jh.). Engl. Form: Grace [greɪs].

Graziella: weibl. Vorn., italienische Koseform von ▸ Grazia.

Greet: weibl. Vorn., niederdeutsche Kurzform von ▸ Margarete.

Gregor, (auch:) Gregorius: männl. Vorn., der auf einen spätrömischen Beinamen griechischer Herkunft (griech. *grēgoréō* »wachen, wachsam sein«) zurückgeht. Zur Verbreitung des Namens im Mittelalter trug die Verehrung des heiligen Gregor des Großen (6./7. Jh.) bei; NAMENSTAG: 3. September. Gregor der Große, der das kirchliche Leben ordnete und erneuerte, ist einer der bedeutendsten Päpste und Kirchenlehrer der katholischen Kirche. Er ist der Patron der Sänger und Schüler. »Gregor« war im Mittelalter beliebter Papstname. Eine legendäre Gestalt ist Papst Gregorius vom Steine, dessen Schicksal mehrmals literarisch behandelt worden ist, z. B. von dem mittelhochdeutschen Dichter Hartmann von Aue (»Gregorius«), in neuerer Zeit von Thomas Mann (»Der Erwählte«). ✧ Bekannte Namensträger: der heilige Gregor, genannt der Wundertäter (3. Jh.), NAMENSTAG: 17. November; der heilige Gregor von Nazianz, Kirchenlehrer (4. Jh.), NAMENSTAG: 2. Januar; der heilige Gregor, Bischof von Tours, Geschichtsschreiber der Franken (6. Jh.), NAMENSTAG: 17. November; der heilige Gregor VII., Papst (11. Jh.), NAMENSTAG: 25. Mai; Papst Gregor XIII. (16. Jh.), Kalenderreformer (gregorianischer Kalender); Gregor von Rezzori, österreichischer Schriftsteller (20. Jh.). Engl. Form: Gregory [ˈgregərɪ]. Russ. Form: Grigori[j].

Gregory [ˈgregərɪ]: männl. Vorn., englische Form von ▸ Gregor. ✧ Bekannter Namensträger: Gregory Peck, amerikanischer Filmschauspieler (20. Jh.).

Gregory: *Gregory Peck, amerikanischer Schauspieler*

Greta: weibl. Vorn., Kurzform von Margareta (▶ Margarete), auch schwedisch. ◇ Bekannte Namensträgerin: Greta Garbo, schwedische Filmschauspielerin (20. Jh.).

Gretchen: weibl. Vorn., Koseform von ▶ Grete. Eine bekannte literarische Gestalt ist das Gretchen in Goethes Schauspiel »Faust«.

Grete: weibl. Vorn., Kurzform von ▶ Margarete. Eine literarische Gestalt ist Grete Minde in Fontanes gleichnamigem Roman (1880). ◇ Bekannte Namensträgerin: Grete Weiser, deutsche Filmschauspielerin (20. Jh.).

Gretel: weibl. Vorn., Koseform von ▶ Grete. Die Namensform ist in Deutschland allgemein bekannt durch das Märchen »Hänsel und Gretel« sowie die Märchenoper gleichen Namens von Engelbert Humperdinck.

Gretje: weibl. Vorn., friesische Koseform von ▶ Grete.

Griet, (auch:) Grieta: weibl. Vorn., friesische Nebenform von ▶ Greet.

Grietje: weibl. Vorn., friesische und niederländische Koseform von ▶ Grete.

Grigori, (auch:) Grigorij: männl. Vorn., russische Form von ▶ Gregor.

Grischa: männl. Vorn., russische Koseform von Grigori (▶ Gregor).

Griselda, (auch:) Griseldis: aus dem Italienischen übernommener weibl. Vorn. germanischen Ursprungs (zu altfranzös. *gris* aus german.*$gr\bar{æ}$-wa* »grau« + ahd. *hiltja* »Kampf«). »Griselda« ist der Name einer italienischen Sagengestalt. Den Sagenstoff um Griselda verarbeitete der italienische Dichter Boccaccio in einer Novelle seiner Novellensammlung »Decamerone« (1348–53). Verbreitung fand die Sage – und damit auch der Name der Sagengestalt – durch eine lateinische Fassung des italienischen Dichters Petrarca, die auch ins Deutsche übertragen wurde.

Grit, (auch:) Gritt: weibl. Vorn., Kurzform von Margrit (▶ Margarete). ◇ Bekannte Namensträgerinnen: Gritt Böttcher, deutsche Schauspielerin (20. Jh.).

Grita, (auch:) Gritta: weibl. Vorn., Kurzform von Margrit (▶ Margarete).

Guda: alter deutscher weibl. Vorn., Kurzform von Namen, die mit »Gud-«/»Gund-« (»Kampf«) gebildet sind, besonders von ▶ Gudrun.

Gudrun, (auch:) Gutrune: alter deutscher weibl. Vorn. (altnord. *guðr-* »Kampf« + ahd. *rūna* »Geheimnis; geheime Beratung«). Der Name wurde im 19. Jh. durch die Romantik neu belebt. Er ist bekannt durch die Gudrun der Gudrunsage. ◇ Bekannte Namensträgerinnen: Gudrun Pausewang, deutsche Schriftstellerin (20. Jh.); Gudrun Landgrebe, deutsche Schauspielerin (20. Jh.).

Gudula: alter deutscher weibl. Vorn., Weiterbildung von ▶ Guda. Zur Verbreitung des Namens im Mittelalter trug die Verehrung der heiligen Gudula von Brüssel (7./8. Jh.) bei; NAMENSTAG: 8. Januar. Die heilige Gudula ist die Patronin von Brüssel. Eine literarische Gestalt ist die Gudula in Albrecht Schaeffers gleichnamiger Novelle.

Guido [ˈgiːdo; ˈgu̯iːdo]: männl. Vorn., romanisierte Form von ▶ Wido. Der Name wurde zu Beginn des 19. Jh.s durch die Ritterdichtung und romantische Bewegung neu belebt. Einen Roman »Guido« (1808) schrieb Otto Graf von Loeben. Auch Eichendorff verwendet den Namen in seiner Novelle »Aus dem Leben eines Taugenichts« (1826). ◇ Bekannte Namensträger: Guido Reni, italienischer Maler (16./17. Jh.); Guido Freiherr Kaschnitz von Weinberg, österreichischer Archäologe (19./20. Jh.). Italien. Form: Guido [ˈgu̯iːdo]. Französ. Form: Guy [gi].

Guillaume [giˈjoːm]: männl. Vorn., französische Form von ▶ Wilhelm. ◇ Bekannter Namensträger: Guillaume Apollinaire, französischer Dichter und Kunstkritiker (19./20. Jh.).

Gumpert, (auch:) Gumprecht: männl. Vorn., Nebenform von ▶ Guntbert.

Gunar: ▶ Gunnar.

Gunborg: weibl. Vorn. schwedischer Herkunft (vgl. ahd. *gund* »Kampf« + ahd. *burg* »Burg, Zufluchtstätte, Schutz«).

Gunbritt: weibl. Vorn., schwedische Doppelform aus Gun (Kurzform von ▸ Gunhild) und Britt (Kurzform von ▸ Brigitte).

Gunda: alter deutscher weibl. Vorn., Kurzform von Namen, die mit »Gund-«/»Gunt-« oder »-gund[e]« (zu ahd. *gund* »Kampf«) gebildet sind. ◇ Bekannte Namensträgerin: Gunda Niemann, deutsche Eisschnellläuferin (20. Jh.).

Gundalena: weibl. Vorn., Doppelform aus ▸ Gunda und Lena (Kurzform von ▸ Magdalena oder ▸ Helene).

Gundel: weibl. Vorn., Koseform von Namen, die mit »Gund-«/»Gunt-« oder »-gund[e]« (zu ahd. *gund* »Kampf«) gebildet sind.

Gundela: weibl. Vorn., Erweiterung von ▸ Gundel.

Gundhard: ▸ Gunthard.

Gundhilde: ▸ Gunthild.

Gundi: weibl. Vorn., Koseform von Namen, die mit »Gund-«/»Gunt-« oder »-gund[e]« (zu ahd. *gund* »Kampf«) gebildet sind.

Gundo: männl. Vorn., Kurzform von Namen, die mit »Gund-«/»Gunt-« (zu ahd. *gund* »Kampf«) gebildet sind.

Gundolf: alter deutscher männl. Vorn. (ahd. *gund* »Kampf« + ahd. *wolf* »Wolf«).

Gundula: weibl. Vorn., Weiterbildung von ▸ Gunda.

Gunhild, (auch:) Gunhild; Gunilla: weibl. Vorn. dänischer/schwedischer Herkunft. »Gunhild« ist die nordische Entsprechung von ▸ Gunthild.

Gunnar, (auch:) Gunar: männl. Vorn. dänischer/schwedischer/norwegischer Herkunft. »Gunnar« ist die nordische Entsprechung von ▸ Günter. ◇ Bekannter Namensträger: Gunnar Gunnarsson, isländischer Schriftsteller (19./20. Jh.).

Guntbert, (auch:) Gumpert; Gumprecht: alter deutscher männl. Vorn. (ahd. *gund* »Kampf« + ahd. *beraht* »glänzend«).

Gunter, (auch:) Gunther: männl. Vorn., Nebenform von ▸ Günter. ◇ Bekannter Namensträger: Gunter Sachs, deutscher Kunstsammler, Fotograf, Schriftsteller (20. Jh.).

Günter, (auch:) Günther: alter deutscher männl. Vorn. (ahd. *gund* »Kampf« + ahd. *heri* »Kriegsschar, Heer«) Der Name kam im Mittelalter häufig vor und blieb als Name des Burgunderkönigs Gunther aus dem Nibelungenlied durch die Jahrhunderte geläufig. Er war seit dem 12. Jh. traditionell im thüringischen Fürstenhaus Schwarzburg, z. B. Günt[h]er von Schwarzburg (14. Jh.), Gegenkönig Karls IV. Die lokale Verehrung des heiligen Günther von Niederaltaich (10./11. Jh.), NAMENSTAG: 9. Oktober, dürfte aber kaum zum Fortleben des Namens beigetragen haben. Im Gefolge der Romantik, die das deutsche Altertum und insbesondere das Nibelungenlied wieder schätzen lernte, kam es zu einer Wiederbelebung dieses Namens. In den 20er-Jahren war Günter Modename, in der zweiten Hälfte des 20. Jh.s gehört er zu den wenigen altdeutschen Vornamen, die noch eine Rolle in der deutschen Namengebung spielen. ◇ Bekannte Namensträger: Günther Ramin, deutscher Organist und Chordirigent (19./20. Jh.); Günther Weisenborn, deutscher Dramatiker und Erzähler (20. Jh.); Günter Eich, deutscher Lyriker (20. Jh.); Günter Neumann, deutscher Kabarettist (20. Jh.); Günter Kunert, deutscher Schriftsteller (20. Jh.); Günter Wallraff, deutscher Schriftsteller (20. Jh.); Günter Grass, deutscher Schriftsteller (20. Jh.); Günter de Bruyn, deutscher Schriftsteller (20. Jh.); Günter Netzer, deutscher Fußballspieler (20. Jh.); Günter Behnisch, deutscher Architekt (20. Jh.); Günther Jauch, deutscher Fernsehmoderator und Journalist (20. Jh.); Günther Strack, deutscher [Film]schauspieler (20. Jh.).

Guntfried: alter deutscher männl. Vorn. (ahd. *gund* »Kampf« + ahd. *fridu* »Schutz vor Waffengewalt, Friede«).

Gunthard, (auch:) Gundhard: alter deutscher männl. Vorn. (ahd. *gund* »Kampf« + ahd. *harti, herti* »hart, kräftig, stark«).

Gunther: ▸ Gunter.

Günther: ▸ Günter.

Gunthild, (auch:) Gunthilde, Gundhilde: alter deutscher weibl. Vorn. (ahd. *gund* »Kampf« + ahd. *hiltja* »Kampf«). ◇ Bekannte Namensträgerin: Gunthild Weber, deutsche Sopranistin (20. Jh.).

Guntlinde: alter deutscher weibl. Vorn. (ahd. *gund* »Kampf« + ahd. *lind* »sanft, weich, mild«, auch beeinflusst durch ahd. *linta* »Linde, Schild aus Lindenholz«).

Guntmar: alter deutscher männl. Vorn. (ahd. *gund* »Kampf« + ahd. *māri* »bekannt, berühmt, angesehen«).

Guntrad: alter deutscher männl. Vorn. (ahd. *gund* »Kampf« + ahd. *rāt* »Rat, Beratung, Ratgeber«).

Guntram: alter deutscher männlicher Vorname (althochdeutsch *gund* »Kampf« + ahd. *hraban* »Rabe«).

Guntrud: alter deutscher weibl. Vorn. (ahd. *gund* »Kampf« + german. **Þrūþi* »Kraft, Stärke«, in althochdeutscher Zeit umgedeutet zu *trūt* »vertraut, lieb«).

Guntrun: alter deutscher weibl. Vorn. (ahd. *gund* »Kampf« + ahd. *rūna* »Geheimnis; geheime Beratung«).

Guntwin: alter deutscher männl. Vorn. (ahd. *gund* »Kampf« + ahd. *wini* »Freund«).

Gus: männl. Vorn., Kurzform von ▸ Gustav.

Gusta: weiblicher Vorname, Kurzform von ▸ Augusta.

Gustav, (auch:) Gustaf: aus dem Schwedischen übernommener männl. Vorname. Nach älte-

Gustav: *Karl XVI.
Gustav, König von
Schweden*

rer Auffassung wird der erste Namenbestandteil mit altschwed. *Guth* »Gott« oder *göt* »Gote« in Verbindung gebracht, der zweite Bestandteil mit altschwed. *stav* »Stab«. Nach neuerer, von manchen bezweifelter Meinung geht der Name auf slawische Kontakte zur späten Wikingerzeit zurück und ist als urslaw. **gostъ* »Fremder, Gast« + **slava* »Ruhm, Ehre« zu verstehen. Gustav fand in Deutschland als Name des Schwedenkönigs Gustav Adolf II. (16./17. Jh.) bei Protestanten Verbreitung. Gustav Adolf, der in den Dreißigjährigen Krieg eingriff und für die Protestanten kämpfte, fiel 1632 in der Schlacht bei Lützen. Der Name war im 19. Jahrhundert und zu Beginn des 20. Jahrhunderts sehr beliebt. ◇ Bekannte Namensträger: Gustav Wasa, König von Schweden (15./16. Jh.); Gustav Schwab, deutscher Dichter (18./ 19. Jh.); Gustav Freytag, deutscher Schriftsteller (19. Jh.); Gustav Mahler, österreichischer Komponist (19./20. Jh.); Gustav Frenssen, deutscher Schriftsteller (19./20. Jh.); Gustav Klimt, österreichischer Maler (19./20. Jh.); Gustaf Gründgens, deutscher Schauspieler und Regisseur (19./20. Jh.); Gustav Knuth, deutscher Schauspieler (20. Jh.); Karl XVI. Gustav, König von Schweden (20. Jh.).

Gustava: weibl. Vorn., weibliche Form von ▸ Gustav.

Guste: weiblicher Vorname, Kurzform von ▸ Auguste.

¹**Gustel:** männlicher Vorname, Koseform von ▸ August und ▸ Gustav.

²**Gustel:** weiblicher Vorname, Koseform von ▸ Auguste.

Gusti: weiblicher Vorname, Koseform von ▸ Auguste.

Gutrune: weibl. Vorn., Nebenform von ▸ Gudrun.

Guy [gi]: männl. Vorn., französische Form von ▸ Guido. ◇ Bekannter Namensträger: Guy de Maupassant, französischer Schriftsteller (20. Jh.).

Gwen [gvɛn]: weibl. Vorn., Kurzform von ▸ Gwendolin.

Gwenda ['gvɛnda]: weibl. Vorn., Kurzform von ▸ Gwendolin.

Gwendolin, (auch:) Gwendolyn ['gvɛndoli:n]: aus dem Englischen übernommener weibl. Vorn. walisischen Ursprungs (gäl. *gwen* »weiß« + *dolen* »Ring, Bogen«).

Haakon: ▸ Hakon.

Hadburg, (auch:) Hadeburg: alter deutscher weibl. Vorn. (ahd. *hadu-* »Kampf« + ahd. *burg* »Burg, Zufluchtstätte, Schutz«).

Hadebrand: alter deutscher männlicher Vorname (ahd. *hadu-* »Kampf« + ahd. *brant* »Brand«, dichterische Umschreibung für das Schwert). Der Name ist bekannt durch Hadubrand, den Sohn Hildebrands, im Hildebrandslied.

Hadeburg: ▸ Hadburg.

Hadelind, (auch:) Hadelinde: alter deutscher weibl. Vorn. (ahd. *hadu-* »Kampf« + ahd. *lind* »sanft, weich, mild«, auch beeinflusst durch ahd. *linta* »Linde, Schild aus Lindenholz«).

Hademar: alter deutscher männl. Vorn. (ahd. *hadu-* »Kampf« + ahd. *māri* »bekannt, berühmt, angesehen«). ◇ Bekannter Namensträger: Hadamar von Laber, mittelhochdeutscher Dichter (14. Jh.).

Hadmut, (auch:) Hadmute: alter deutscher weibl. Vorn. (ahd. *hadu-* »Kampf« + ahd. *muot* »Sinn, Gemüt, Geist«).

Hadrian: ▸ Adrian.

Hadumod, (auch:) Hadumoth: weibl. Vorn. (ahd. *hadu-* »Kampf« + asächs. *mōd* »Sinn, Gemüt, Geist«).

Hadwin: alter deutscher männl. Vorn. (ahd. *hadu-* »Kampf« + ahd. *wini* »Freund«).

Hagen: alter deutscher männlicher Vorname (zu ahd. *hag, hagan* »Einhegung, Hag«). Der Name ist in Deutschland allgemein bekannt durch den Hagen von Tronje des Nibelungenliedes.

Haidée, (auch:) Haydée: weibl. Vorn., der wahrscheinlich auf den neugriechischen Namen Chaído (zu neugriech. *chaídeúō* »liebkosen, verwöhnen«, neugriech. *cháidi* »Zärtlichkeit, Liebkosung« oder neugriech. *aidós* »Bescheidenheit«) zurückgeht. Literarische Gestalten sind die Haidée in Lord Byrons

»Don Juan« und im »Graf von Monte Christo« von A. Dumas. In E. Rohmers Film »Die Sammlerin« heißt die Hauptperson Haydée Politoff.

Haider: ▸ Heider.

Haike: weibl. Vorn., seltenere Schreibung von ▸ ¹Heike.

Haiko: männl. Vorn., seltenere Schreibung von ▸ Heiko.

Haila: weibl. Vorn., seltenere Schreibung von ▸ Heila.

Haimo, (auch:) Haymo: männl. Vorn., seltenere Schreibung von ▸ Heimo.

Haio, (auch:) Hayo: männl. Vorn., seltenere Schreibung von ▸ Heio.

¹**Hajo:** männl. Vorn., friesische Form von ▸ Hagen.

²**Hajo:** männl. Vorn., verkürzte Form von ▸ Hansjoachim.

Hakon, (älter auch:) Haakon: in neuerer Zeit aus dem Nordischen übernommener männl. Vorn. (zu german. **hanha,* altwestnord. *há* »Ross« + *konr* »Nachkomme, Sohn«). Eine literarische Gestalt ist der Haakon in Ibsens Schauspiel »Die Kronprätendenten« (1864). ◇ Bekannter Namensträger: Håkon VII., König von Norwegen (19./20. Jh.).

Haldor: männl. Vorn. schwedischer Herkunft (zu *hall* »Fels, Stein« + *Thor,* altnordischer Donnergott). ◇ Bekannter Namensträger: Halldór Laxness, isländischer Schriftsteller (20. Jh.).

Halina: weibl. Vorn., polnische Form von ▸ Helena.

Halka: weibl. Vorn., polnische Koseform von Halina (▸ Helene).

Hammo: männl. Vorn., friesische Kurzform von Namen, die mit »Had-« (ahd. *hadu-* »Kampf«) gebildet sind.

Hanfried, (auch:) Hannfried: männl. Vorn., Neubildung aus ▸ [Jo]hann und ▸ Fried[rich].

Hanja: weibl. Vorn., Koseform von ▸ Johanna in Anlehnung an russische Koseformen wie ▸ Anja, ▸ Tanja.

Hanjo: männl. Vorn., verkürzte Form von ▸ Hansjoachim, ▸ Hansjochen und ▸ Hansjosef.

¹**Hanke,** (auch:) Hanko; Hank: männlicher Vorname, niederdeutsche Koseform von ▸ Johannes.

²**Hanke:** weibl. Vorn., niederdeutsche Koseform von ▸ Johanna.

Hanko: ▸ ¹Hanke.

¹**Hanna,** (auch:) Hanne: weibl. Vorn., Kurzform von ▸ Johanna. ◇ Bekannte Namensträgerin: Hanna Reitsch, deutsche Fliegerin (20. Jh.).

²**Hanna:** ▸ Hannah.

Hannah: weibl. Vorn. hebräischen Ursprungs (»er [Gott] war gnädig«). ◇ Bekannte Namensträgerin: Hannah Arendt, amerikanische Soziologin deutscher Herkunft (20. Jh.).

Hannalene: weibl. Vorn., Doppelform aus ¹Hanna (Kurzform von ▸ Johanna) und Lene (Kurzform von ▸ Magdalena oder ▸ Helene).

Hannaliese: weibl. Vorn., Doppelform aus ¹Hanna (Kurzform von ▸ Johanna) und Liese (Kurzform von ▸ Elisabeth).

Hanne: weibl. Vorn., Nebenform von ▸ ¹Hanna. ◇ Bekannte Namensträgerin: Hanne Wieder, deutsche Kabarettistin und Chansonsängerin (20. Jh.).

Hannedore: weibl. Vorn., Doppelform aus Hanne (Kurzform von ▸ Johanna) und Dore (Kurzform von ▸ Dorothea).

Hannelore: weibl. Vorn., Doppelform aus Hanne (Kurzform von ▸ Johanna) und Lore (Kurzform von ▸ Eleonore). Hannelore gehörte lange Zeit zu den beliebtesten Vornamen des 20. Jh.s. ◇ Bekannte Namensträgerinnen: Hannelore Schroth, deutsche [Film]schauspielerin (20. Jh.); Hannelore Elsner, deutsche Schauspielerin (20. Jh.); Hannelore Hoger, deutsche [Film]schauspielerin (20. Jh.).

Hannerose: weibl. Vorn., Doppelform aus Hanne (Kurzform von ▸ Johanna) und Rose (▸ Rosa).

Hannes: männl. Vorn., Kurzform von ▸ Johannes. ◇ Bekannte Namensträger: Hannes Messemer, deutscher [Film]schauspieler (20. Jh.); Hannes Wader, deutscher Liedermacher (20. Jh.).

Hannfried: ▸ Hanfried.

Hanni: weibl. Vorn., Koseform von ▸ Johanna.

Hanno: männl. Vorn., Kurzform von ▸ Johann[es]. Eine literarische Gestalt ist Hanno, der Sohn Thomas Buddenbrooks, in Thomas Manns Roman »Buddenbrooks«.

Hanns: ▸ Hans.

Hans: *Hans Magnus Enzensberger, deutscher Dichter*

Hans, (selten auch:) Hanns: männl. Vorn., seit dem ausgehenden Mittelalter häufigste Kurzform von ▸ Johannes. »Hans« kommt in zahlreichen Märchen, Volksliedern und Schlagern vor. Häufig wird »Hans« auch mit anderen Namen verbunden. ◇ Bekannte Namensträger: Hans Holbein der Ältere und der Jüngere, deutsche Maler (15./16. Jh.); Hans von Kulmbach, deutscher Maler (15./16. Jh.); Hans Sachs, deutscher Meistersinger und Dichter (15./16. Jh.); Hans Joachim von Zieten, preußischer Reitergeneral (17./18. Jh.); Hans Christian Andersen, dänischer Erzähler (19. Jh.); Hans Guido von Bülow, deutscher Pianist und Dirigent (19. Jh.); Hans Thoma, deutscher Maler (19./20. Jh.); Hans Pfitzner, deutscher Komponist (19./20. Jh.); Hans Arp, deutscher Maler, Bildhauer und Dichter (19./20. Jh.); Hans Knappertsbusch, deutscher Dirigent (19./20. Jh.); Hans Moser, österreichischer Filmschauspieler (19./20. Jh.); Hans Albers, deutscher Filmschauspieler (19./20. Jh.); Hans Henny Jahnn, deutscher Dichter (19./20. Jh.); Hans Carossa, deutscher Dichter (19./20. Jh.); Hans Fallada, deutscher Schriftsteller (19./20. Jh.); Hans Schmidt-Isserstedt, deutscher Dirigent (20. Jh.); Hans Hotter, deutscher Kammersänger (20. Jh.); Hans Egon Holthusen, deutscher Schriftsteller (20. Jh.); Hans Urs von Balthasar, schweizerischer kath. Theologe und Schriftsteller (20. Jh.); Hans Magnus Enzensberger, deutscher Dichter (20. Jh.); Hans-Joachim Kulenkampf, deutscher Schauspieler und Quizmaster (20. Jh.); Hanns Joachim Friedrichs, deutscher Fernsehmoderator und Journalist (20. Jh.); Hans Rosenthal, deutscher Quizmaster (20. Jh.); Hans Jürgen Bäumler, deutscher Eiskunstläufer (20. Jh.); Hans Werner Henze, deutscher Komponist (20. Jh.); Hanns Dieter Hüsch, deutscher Kabarettist (20. Jh.); Hans Küng, schweizerischer kath. Theologe (20. Jh.).

Hansbert: männl. Vorn., Neubildung aus ▸ Hans und dem Namenbestandteil »-bert« (zu ahd. *beraht* »glänzend«).

Hansdieter: männl. Vorn., Doppelform aus ▸ Hans und ▸ Dieter.

Hänsel, (auch:) Hansel: männl. Vorn., süddeutsche Koseform von ▸ Hans.

Hansgeorg, (auch:) Hansgeorg: männl. Vorn., Doppelform aus ▸ Hans und ▸ Georg.

Hansgerd: männl. Vorn., Doppelform aus ▸ Hans und Gerd (Kurzform von ▸ Gerhard).

Hansgünter, (auch:) Hansgünther: männl. Vorn., Doppelform aus ▸ Hans und ▸ Günter.

Hansheiner: männl. Vorn., Doppelform aus ▸ Hans und ▸ Heiner.

Hansheinz: männl. Vorn., Doppelform aus ▸ Hans und ▸ Heinz.

¹**Hansi:** weibl. Vorn., Koseform von ▸ Johanna. ◇ Bekannte Namensträgerin: Hansi Knotek, österreichische Filmschauspielerin (20. Jh.).

²**Hansi:** männl. Vorn., Koseform von ▸ Hans.

Hansjakob: männl. Vorn., Doppelform aus ▸ Hans und ▸ Jakob.

Hansjoachim: männl. Vorn., Doppelform aus ▸ Hans und ▸ Joachim. Der Name gehörte lange Zeit zu den beliebtesten Vornamen des 20. Jh.s.

Hansjochen: männl. Vorn., Doppelform aus ▸ Hans und ▸ Jochen.

Hansjörg: männl. Vorn., Doppelform aus ▸ Hans und ▸ Jörg.

Hansjosef: männl. Vorn., Doppelform aus ▸ Hans und ▸ Josef.

Hansjürgen: männl. Vorn., Doppelform aus ▸ Hans und ▸ Jürgen.

Hanskarl: männl. Vorn., Doppelform aus ▸ Hans und ▸ Karl.

Hansmartin: männl. Vorn., Doppelform aus ▸ Hans und ▸ Martin.

Hanspeter: männl. Vorn., Doppelform aus ▸ Hans und ▸ Peter.

Hansrolf: männl. Vorn., Doppelform aus ▸ Hans und ▸ Rolf.

Hansrudi: männl. Vorn., Doppelform aus ▸ Hans und ▸ Rudi.

Hanswalter: männl. Vorn., Doppelform aus ▸ Hans und ▸ Walter.

Hanswerner: männl. Vorn., Doppelform aus ▸ Hans und ▸ Werner.

Harald: männl. Vorn., dänische, norwegische, schwedische Form von ▸ Harold. Der Name, der in den nordischen Ländern schon seit Jahrhunderten volkstümlich war, wurde in Deutschland erst zu Beginn des 20. Jh.s allgemein bekannt. ◇ Bekannte Namensträger: Harald Genzmer, deutscher Komponist (20. Jh.); Harald Leipnitz, deutscher [Film]schauspieler (20. Jh.); Harald Schmidt, deutscher Kabarettist und Entertainer (20. Jh.).

Harbert: männl. Vorn., friesische Form von ▸ Herbert.

Hard: männl. Vorn., Kurzform von Namen, die mit »Hart-« oder »-hard« gebildet sind (z. B. ▸ Hartmut oder ▸ Gerhard).

Hardi: *Hardy Krüger, deutscher Schauspieler*

Hardi, (auch:) Hardy: männl. Vorn., Koseform von Namen, die mit »Hart-« oder »-hard« gebildet sind (z. B. ▸ Hartmut oder ▸ Gerhard). Die Schreibung mit »y« kann auf englischem Einfluss beruhen. ◇ Bekannter Namensträger: Hardy Krüger, deutscher Filmschauspieler (20. Jh.).

Hardo: männl. Vorn., Kurzform von Namen, die mit »Hart-« oder »-hard« gebildet sind (z. B. ▸ Hartmut oder ▸ Gerhard).

Hardy: ▸ Hardi.

Haribert: männl. Vorn., Nebenform von ▸ Herbert.

Hark, (auch:) H̲a̲rko: männl. Vorn. (altfriesisch *Harika, *Herika), verselbstständigte friesische Kurzform von Namen, die mit ahd. *heri* »Kriegsschar, Heer« gebildet sind. ◇ Bekannter Namensträger: Hark Bohm, deutscher Regisseur und Schauspieler (20. Jh.).

Harm, (auch:) H̲e̲rm: männl. Vorn., friesische Kurzform von ► Harmen.

Harmen: männl. Vorn., friesische Form von ► Hermann.

Harmina: weibl. Vorn., niederdeutsche Form von ► Hermine.

Haro: ► Harro.

Harold: männl. Vorn., niederdeutsche Form von ► Herwald, ► Herold. Engl. Form: Harold ['hærəld]. Dän., norweg., schwed. Form: H̲a̲rald.

Harri: ► Harry.

Harriet, engl. Aussprache: ['hærɪət]: aus dem Englischen übernommener weibl. Vorn., weibliche Bildung zu ► Harry.

Harro, (auch:) H̲a̲ro: männl. Vorn., friesische Kurzform von ► Harmen und ► Harbert.

Harry, (auch:) H̲a̲rri, engl. Aussprache: ['hærɪ]: im 18. Jh. aus dem Englischen übernommener männl. Vorn., Nebenform des englischen Vornamens ► Henry. Eine bekannte literarische Gestalt ist der Harry Haller in Hermann Hesses Roman »Der Steppenwolf«. ◇ Bekannte Namensträger: Harry S. Truman, amerikanischer Präsident (19./20. Jh.); Harry Meyen, deutscher Schauspieler und Regisseur (20. Jh.); Harry Kupfer, deutscher Opernregisseur (20. Jh.); Harry Belafonte, amerikanischer Sänger und Schauspieler jamaikanischer Herkunft (20. Jh.); Harry Rowohlt, deutscher Journalist und Übersetzer (20. Jh.); Harry Valerien, deutscher Fernsehmoderator und Sportjournalist (20. Jh.).

Hartbert: alter deutscher männl. Vorn. (ahd. *harti, herti* »hart, kräftig, stark« + ahd. *beraht* »glänzend«).

Hartfried: alter deutscher männl. Vorn. (ahd. *harti, herti* »hart, kräftig, stark« + ahd. *fridu* »Schutz vor Waffengewalt, Friede«).

Hartlef: männl. Vorn. (ahd. *harti, herti* »hart, kräftig, stark« + asächs. *leva* »Erbe, Nachlass; Sohn, Tochter«).

Hartlieb: alter deutscher männl. Vorn. (ahd. *harti, herti* »hart, kräftig, stark« + ahd. *liob* »lieb, teuer«).

Hartmann: alter deutscher männl. Vorn. (ahd. *harti, herti* »hart, kräftig, stark« + ahd. *man*

»Mann; Mensch«). ◇ Bekannte Namensträger: Hartmann von Aue, mittelhochdeutscher Dichter (12./13. Jh.); Hartmann Schedel, deutscher Humanist (15./16. Jh.).

Hartmut: alter deutscher männl. Vorn. (ahd. *harti, herti* »hart, kräftig, stark« + ahd. *muot* »Sinn, Gemüt, Geist«). Eine bekannte Gestalt aus der Gudrunsage ist Hartmut, der Sohn König Ludwigs von der Normandie, der Gudrun entführt. Von den mit »Hart-« gebildeten Namen ist »Hartmut« der gebräuchlichste.

Harto: männl. Vorn., verselbstständigte Kurzform von Namen, die mit »Hart-« gebildet sind.

Hartwig, (auch:) H̲e̲rtwig: alter deutscher männl. Vorn. (ahd. *harti, herti* »hart, kräftig, stark« + ahd. *wīg* »Kampf, Krieg«).

Hartwin: alter deutscher männl. Vorn. (ahd. *harti, herti* »hart, kräftig, stark« + ahd. *wini* »Freund«).

Harwig: männl. Vorn., Nebenform von ► Herwig.

Hasse: männl. Vorn., Kurzform von Namen, die mit »Hart-« gebildet sind.

Hasso: alter deutscher männl. Vorn., eigentlich »Hesse, der aus dem Volksstamm der Hessen« (zu ahd. *Hassi* »Hesse«). Mit diesem Namen vermischte sich im ausgehenden Mittelalter eine Kurzform von Zusammensetzungen mit »Hart-« (► Hasse). »Hasso« spielte im Wesentlichen bei der Namengebung beim Adel eine Rolle.

Hatto: männl. Vorn., Kurzform von Namen, die mit »Had-« gebildet sind, wie z. B. ► Hademar und ► Hadwin. ◇ Bekannter Namensträger: Hatto I., Erzbischof von Mainz (9./10. Jh.).

Haug: männl. Vorn., Nebenform von ► Hugo.

¹**Hauke:** männl. Vorn., seit dem ausgehenden Mittelalter gebräuchliche friesische Koseform von ► Hugo und von Zusammensetzungen mit »Hug-« (ahd. *hugu* »Gedanke, Verstand, Geist, Sinn«). Eine bekannte literarische Gestalt ist Hauke Haien in Theodor Storms Novelle »Der Schimmelreiter« (1888).

²**Hauke:** weibl. Vorn., verselbstständigte Kurzform von Namen, die mit »Hug-« (► ¹Hauke) gebildet sind.

Haymo: männl. Vorn., seltenere Schreibung von ► Heimo.

Hayo: männl. Vorn., seltenere Schreibung von ► Heio.

Hector: ▶ Hektor.

Hedda: im 19. Jh. aus dem Nordischen übernommener weibl. Vorn., nordische Kurzform von Hedvig (▶ Hedwig). Eine bekannte literarische Gestalt ist die Hedda Gabler in Ibsens gleichnamigem Drama (1890).

Hede: weibl. Vorn., Kurzform von ▶ Hedwig.

Hedi, (auch:) Hedy: weibl. Vorn., Koseform von ▶ Hedwig. ◇ Bekannte Namensträgerin: Hedy Lamarr (eigentlich Hedwig Kiesler), österreichische Filmschauspielerin (20. Jh.).

Hedvig: weibl. Vorn., dänische, schwedische, norwegische Form von ▶ Hedwig.

Hedwig: alter deutscher weibl. Vorn., der sich aus der Namensform Hadwig (ahd. *hadu* »Kampf« + ahd. *wīg* »Kampf, Krieg«) entwickelt hat. Zu der Verbreitung des Namens im Mittelalter trug die Verehrung der heiligen Hedwig (12./13. Jh.), der Patronin von Schlesien, bei; NAMENSTAG: 16. Oktober. Eine bekannte literarische Gestalt ist Hedwig, die Frau Wilhelm Tells, in Schillers Schauspiel »Wilhelm Tell« (1804). ◇ Bekannte Namensträgerin: Hedwig Courths-Mahler, deutsche Schriftstellerin (19./20. Jh.). Dän., schwed., norweg. Form: Hedvig. Poln. Form: Jadwiga.

Hedwiga: weibl. Vorn., Latinisierung von ▶ Hedwig.

Hedy: ▶ Hedi.

Heide: weiblicher Vorname, Kurzform von ▶ Adelheid. ◇ Bekannte Namensträgerin: Heide Rosendahl, deutsche Leichtathletin (20. Jh.).

Heidegard: weibl. Vorn., Neubildung aus Heide (Kurzform von ▶ Adelheid) und dem Namenbestandteil »-gard« (german. **gardaz* »Zaun, Einfriedung«, vgl. ahd. *garto* »Garten«).

Heidegret: weibl. Vorn., Doppelform aus Heide (Kurzform von ▶ Adelheid) und Grete (Kurzform von ▶ Margarete).

Heideliese, (auch:) Heidelies: weiblicher Vorname, Doppelform aus Heide (Kurzform von ▶ Adelheid) und Lies[e] (Kurzform von ▶ Elisabeth).

Heidelinde: weibl. Vorn., Doppelform aus Heide (Kurzform von ▶ Adelheid) und Linde (Kurzform von ▶ Gerlinde, ▶ Sieglinde). ◇ Bekannte Namensträgerin: Heidelinde Weis, österreichische Filmschauspielerin (20. Jh.).

Heidelore: weibl. Vorn., Doppelform aus Heide (Kurzform von ▶ Adelheid) und Lore (Kurzform von ▶ Eleonore).

Heidelotte: weibl. Vorn., Doppelform aus Heide (Kurzform von ▶ Adelheid) und Lotte (Kurzform von ▶ Charlotte).

Heidemarie, (auch:) Heidemaria: weibl. Vorn., Doppelform aus Heide (Kurzform von ▶ Adelheid) und ▶ Maria. ◇ Bekannte Namensträgerin: Heidemarie Hatheyer, schweizerische [Film]schauspielerin (20. Jh.).

Heider, (auch:) Haider: männl. Vorn., Kurzform von ▶ Heiderich.

Heiderich: alter deutscher männl. Vorn. (ahd. *heit,* dem german. **haidu-* »Art und Weise, Gestalt« zugrunde liegt, + ahd. *rīhhi* »Herrschaft, Herrscher, Macht; reich, mächtig, hoch«).

Heiderose: weibl. Vorn., Doppelform aus Heide (Kurzform von ▶ Adelheid) und Rose (▶ Rosa).

Heidi: weibl. Vorn., Koseform von ▶ Adelheid. Der Name gehörte lange Zeit zu den beliebtesten Vornamen des 20. Jh.s. Zu seiner Beliebtheit hat u. a. das viel gelesene Mädchenbuch »Heidi« (1881) von Johanna Spyri beigetragen. Heute ist Heidi auch als Koseform von Namen gebräuchlich, die mit »Heid[e]-« gebildet sind, wie z. B. ▶ Heidemarie und ▶ Heidrun. ◇ Bekannte Namensträgerinnen: Heidi Kabel, deutsche Volksschauspielerin (20. Jh.); Heidi Brühl, deutsche Schlagersängerin und Filmschauspielerin (20. Jh.).

Heidrun: weibl. Vorn., Neubildung aus den alten Namenbestandteilen »Heid-« (ahd. *heit,* dem german. **haidu-* »Art und Weise, Gestalt« zugrunde liegt) und »-run« (ahd. *rūna* »Geheimnis, geheime Beratung«).

[1]Heike, (selten auch:) Haike: weibl. Vorn., niederdeutsch-friesische Kurzform von ▶ Heinrike.

[2]Heike: ▶ Heiko.

Heiko, (selten auch:) Haiko; Heike: männlicher Vorname, niederdeutsch-friesische Kurzform von ▶ Heinrich. Die Nebenform Heike kommt selten vor; sie wird wohl wegen des gleich lautenden weiblichen Vornamens gemieden.

Heila, (auch:) Haila: alter deutscher weibl. Vorn., Kurzform von Namen, die mit »Heil-« gebildet sind (z. B. ▶ Heilgard und ▶ [2]Heilwig).

Heilburg: alter deutscher weibl. Vorn. (ahd. *heil* »gesund, unversehrt, heil« + ahd. *burg* »Burg, Zufluchtstätte, Schutz«).

Heilgard, (auch:) Helgard: alter deutscher weibl. Vorn. (ahd. *heil* »gesund, unversehrt, heil« + german. **gardaz* »Zaun, Einfriedung«, vgl. ahd. *garto* »Garten«).

Heilke, (auch:) Heilka: weibl. Vorn., niederdeutsch-friesische Koseform von Namen, die mit »Heil-« gebildet sind (z. B. von ▶ ²Heilwig).

Heilko: männl. Vorn., niederdeutsch-friesische Koseform von Namen, die mit »Heil-« gebildet sind (z. B. von ▶ ¹Heilwig).

Heilmar, (auch:) Helimar; Helmer: alter deutscher männl. Vorn. (ahd. *heil* »gesund, unversehrt, heil« + ahd. *māri* »bekannt, berühmt, angesehen«).

Heilmut, (auch:) Heilmuth: alter deutscher männl. Vorn. (ahd. *heil* »gesund, unversehrt, heil« + ahd. *muot* »Sinn, Gemüt, Geist«).

¹Heilwig, (auch:) Helwig: alter deutscher männl. Vorn. (ahd. *heil* »gesund, unversehrt, heil« + ahd. *wīg* »Kampf, Krieg«). Bereits im Mittelalter war »Heilwig« auch als weibl. Vorn. gebräuchlich.

²Heilwig: alter deutscher weibl. Vorn. (ahd. *heil* »gesund, unversehrt, heil« + ahd. *wīg* »Kampf, Krieg«).

Heimeran, (auch:) Heimeram: alter deutscher männl. Vorn.; deutsche Form der latinisierten Namensform Emmeramus. So hieß ein wohl aus Poitiers stammender westfränkischer heiliger Wanderbischof und Märtyrer, Bischof von Regensburg und Patron des Klosters St. Emmeram (7./8. Jh.); NAMENSTAG: 22. September. Sein eigentlicher Name wird Ermenhram (▶ Emmeram) gelautet haben. Unverständlich geworden, wurde er zu Heimeran (ahd. *heim* »Haus« + ahd. *hraban* »Rabe«) umgedeutet.

Heimerich, (auch:) Heimrich: alter deutscher männl. Vorn. (ahd. *heim* »Haus« + ahd. *rīhhi* »Herrschaft, Herrscher; Macht; reich, mächtig, hoch«). Aus Heimrich hat sich die weitaus bekanntere Form ▶ Heinrich entwickelt.

Heimito: männl. Vorn., Eindeutschung von span. Jaimito, Koseform von Jaime, der spanischen Form von ▶ Jakob. ◇ Bekannter Namensträger: Heimito von Doderer, österreichischer Schriftsteller (19./20. Jh.).

Heimke: weibl. Vorn., verselbstständigte niederdeutsche und friesische Koseform von Namen, die mit »Heim-« gebildet wurden.

Heimko: männl. Vorn., niederdeutsche und friesische Koseform von ▶ Heimo.

Heimo, (selten auch:) Haimo, Haymo: alter deutscher männl. Vorn., verselbstständigte Kurzform von Namen, die mit »Heim-« gebildet sind. ◇ Bekannter Namensträger: Heimo Erbse, deutscher Komponist (20. Jh.).

Heimrich: ▶ Heimerich.

Hein: männl. Vorn., besonders niederdeutsche Kurzform von ▶ Heinrich.

Heiner: männl. Vorn., Kurzform von ▶ Heinrich. ◇ Bekannter Namensträger: Heiner Müller, deutscher Schriftsteller und Regisseur (20. Jh.); Heiner Lauterbach, deutscher Filmschauspieler (20. Jh.).

Heinfried: in neuerer Zeit aus ▶ Hein[rich] und ▶ Fried[rich] gebildeter männlicher Vorname.

Heini: männl. Vorn., Koseform von ▶ Heinrich.

¹Heinke: weibl. Vorn., niederdeutsche und friesische Kurzform von ▶ Heinrike.

²Heinke: ▶ Heinko.

Heinko, (auch:) Heinke: männl. Vorn., niederdeutsche und friesische Kurzform von ▶ Heinrich.

Heino: männl. Vorn., Kurzform von ▶ Heinrich. ◇ Bekannter Namensträger: Heino, deutscher Schlagersänger (20. Jh.).

Heinrich: alter deutscher männl. Vorn., der sich aus ▶ Heimerich entwickelt hat. »Heinrich« war schon im Mittelalter einer der beliebtesten deutschen Vornamen. Zahlreiche Herzöge, Könige und Kaiser trugen diesen Namen. Zur Verbreitung des Namens trug auch die Verehrung Kaiser Heinrichs II. (10./11. Jh.), des Heiligen, bei; NAMENSTAG: 13. Juli. An der Formel Hinz und Kunz (Kurzformen von Heinrich und Konrad = »jedermann«) lässt sich die einstige Volkstümlichkeit des Namens noch erkennen. Bekannte literarische Gestalten sind der Heinrich in Gottfried Kellers Roman »Der grüne Heinrich« und Heinrich von Ofterdingen in dem gleichnamigen Roman von Novalis. ◇ Bekannte Namensträger: Heinrich III., römischer Kaiser, der das Reich nach Osten hin ausweitete (11. Jh.); Heinrich IV., deutscher König (11./12. Jh.), bekannt durch seinen Bußgang nach Canossa; Heinrich der Löwe, Herzog von Sachsen (12. Jh.); Heinrich von Veldeke, mittelhochdeutscher Dichter (12./13. Jh.); Heinrich von Morungen, mittelhochdeutscher Dichter (12./13. Jh.); Heinrich Seuse, deutscher Mystiker (13./14. Jh.); Heinrich von Meißen, genannt Frauenlob, mittelhochdeutscher Dichter (13./14. Jh.); Heinrich von Plauen, Hochmeister des Deutschen Ordens (14./15. Jh.); Heinrich VIII., englischer König (15./16. Jh.); Heinrich Schütz, deutscher Komponist (16./17. Jh.); Heinrich von Kleist, deutscher Dichter (18./19. Jh.); Heinrich Heine, deutscher Dichter (18./19. Jh.); Heinrich von Treitschke, deutscher Historiker (19. Jh.); Heinrich Schliemann, deutscher Archäologe (19. Jh.); Heinrich Rudolph Hertz, deutscher Physiker (19. Jh.); Heinrich Mann, deutscher Schriftsteller (19./20. Jh.); Heinrich George, deutscher [Film]schauspieler (19./20. Jh.); Heinrich Schlusnus, deutscher Sänger (19./20. Jh.); Heinrich Lübke, deutscher Politiker (19./20. Jh.); Heinrich Böll, deutscher Schriftsteller (20. Jh.). Als zweiter Vorname: Johann Heinrich Pestalozzi, schweizerischer Pädagoge (18./19. Jh.). Italien. Form: Enrico. Französ. Form: Henri [ãˈri]. Engl. Form: Henry [ˈhɛnrɪ]. Schwed. Form: Henrik. Poln. Form: Henryk. Niederländ. Form: Hendrik.

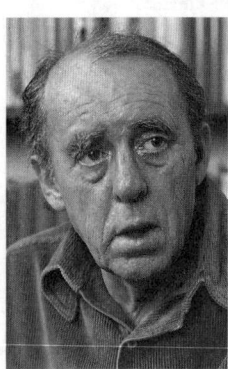

Heinrich: *Heinrich Böll, deutscher Schriftsteller*

Heinrike, (auch:) Heinrika: weibl. Vorn., Nebenform von ▸ Henrike.

Heintje: männl. Vorn., niederdeutsche, friesische und niederländische Koseform von ▸ Heinrich. Der Name wurde in Deutschland durch den niederländischen Kinderstar Heintje (20. Jh.) allgemein bekannt.

Heinz: männl. Vorn., Kurzform von ▸ Heinrich. »Heinz« gehört zu den beliebtesten Vornamen der ersten Hälfte des 20. Jh.s. ◇ Bekannte Namensträger: Heinz Hilpert, deutscher Regisseur (19./20. Jh.); Heinz Rühmann, deutscher Filmschauspieler (20. Jh.); Heinz Maegerlein, deutscher Sport-

reporter (20. Jh.); Heinz Drache, deutscher [Film]schauspieler (20. Jh.); Heinz Piontek, deutscher Schriftsteller (20. Jh.).

Heinzkarl: männl. Vorn., Doppelform aus ▸ Heinz und ▸ Karl.

Heinzpeter: männl. Vorn., Doppelform aus ▸ Heinz und ▸ Peter.

Heio, (seltener auch:) Haio, Hayo: männlicher Vorname, friesische Kurzform von ▸ Hagen.

Hektor: männl. Vorn. griechischen Ursprungs (wohl zu griech. *échō* in der Bedeutung »[durch Kampf] erwerben, an sich nehmen«), der auf den Namen des trojanischen Helden zurückgeht. Nach der Ilias fällt Hektor im Kampf gegen Achill. Der Name kam im 16. Jh. in Deutschland auf, wurde aber nicht volkstümlich. In Italien kommt er relativ häufig vor. Italien. Form: Ettore.

Hela: ▸ Hella.

Helen, (auch:) Helen: aus dem Englischen übernommener weibl. Vorn., englische Form von ▸ Helene. ◇ Bekannte Namensträgerinnen: Helen Keller, amerikanische Schriftstellerin (19./20. Jh.); Helen Vita, deutsche Chansonsängerin (20. Jh.); Helen Donath, amerikanische Opernsängerin (20. Jh.). Engl. Aussprache: [ˈhɛlɪn].

Helene, (auch:) Helena: weibl. Vorn. griechischen Ursprungs (wohl zu griech. *hélē* »Glanz [der Sonne]«, vgl. Hélios, der Sonnengott). Der Name kam im Mittelalter in Deutschland als Heiligenname auf, und zwar als Name der heiligen Helena (3./4. Jh.), die nach der Legende das Kreuz Christi aufgefunden haben soll; NAMENSTAG: 18. August. In der Neuzeit wurde der Name durch die schöne Helena in der griechischen Sage allgemein bekannt; diese ist z. B. Thema von Jacques Offenbachs Operette »Die schöne Helena«. Die Namensform Helene war im 19. Jh. sehr beliebt und wird heute wieder häufiger vergeben. ◇ Bekannte Namensträgerinnen: Helene Lange, deutsche Frauenrechtlerin (19./20. Jh.); Helene Voigt-Diederichs, deutsche Schriftstellerin (19./20. Jh.). Italien. Form: Elena. Span. Form: Elena. Französ. Formen: Élaine; Hélène [eˈlɛn]. Engl. Formen: Helen [ˈhɛlɪn], Ellen. Schwed. Form: Elin. Ungar. Form: Ilona [ˈilonɔ]. Rumän. Form: Ileana. Poln. Form: Halina. Russ. Form: Jelena [jɪˈljɛnɐ].

Hélène [eˈlɛn]: weibl. Vorn., französische Form von ▸ Helene.

Helferich, (auch:) Helfrich: alter deutscher männl. Vorn. (ahd. *helfa* »Hilfe, Beistand« + ahd. *rîhhi* »Herrschaft, Herrscher, Macht; reich, mächtig, hoch«).

Helfgott: in der Zeit des Pietismus (17./18. Jh.) aufgekommener männl. Vorn., Umkehrung von ▸ Gotthelf.

Helfrich: ▸ Helferich.

Helfried, (auch:) Hellfried: männl. Vorn., jüngere Form von ▸ Helmfried oder Heilfried (ahd. *heil* »gesund, unversehrt, heil« + ahd. *fridu* »Schutz vor Waffengewalt, Friede«).

Helga, (auch:) Helge: aus dem Nordischen übernommener weiblicher Vorname (zu schwed. *helig* »heilig«). Der Name wurde erst um 1900 in Deutschland volkstümlich. ◇ Bekannte Namensträgerinnen: Helga Anders, deutsche Filmschauspielerin (20. Jh.); Helga M. Novak, deutsche Schriftstellerin (20. Jh.).

Helgamaria: weibl. Vorn., Doppelform aus ▸ Helga und ▸ Maria.

Helgard: weibl. Vorn., Nebenform von ▸ Heilgard.

¹**Helge:** aus dem Nordischen übernommener männl. Vorn. (zu schwed. *helig* »heilig«). ◇ Bekannter Namensträger: Helge Rosvaenge, dänischer Tenor (19./20. Jh.).

²**Helge:** weiblicher Vorname, Nebenform von ▸ Helga.

Heli, (auch:) Helli: weibl. Vorn., Kurzform von ▸ Helene.

Helimar: männl. Vorn., Nebenform von ▸ Heilmar.

Hella, (auch:) Hela: weibl. Vorn., Kurzform von ▸ Helene und ▸ Helga.

Hellfried: ▸ Helfried.

Helli: ▸ Heli.

Hellmuth: männl. Vorn., ältere Schreibung von ▸ Helmut.

Helm: männl. Vorn., Kurzform von Namen, die mit »Helm-« gebildet sind.

Helma, (auch:) Hilma: weibl. Vorn., Kurzform von Zusammensetzungen mit »Helm-« oder »-helma« (z. B. ▸ Helmtraud und ▸ Wilhelma).

Helmbrecht: alter deutscher männl. Vorn. (ahd. *helm* »Helm« + ahd. *beraht* »glänzend«). Eine literarische Gestalt ist der Helmbrecht in dem mittelhochdeutschen Versepos »Meier Helmbrecht«.

Helmer: männl. Vorn., Nebenform von ▸ Heilmar.

Helmfried: alter deutscher männl. Vorn. (ahd. *helm* »Helm« + ahd. *fridu* »Schutz vor Waffengewalt, Friede«).

Helmgard: alter deutscher weibl. Vorn. (ahd. *helm* »Helm« + german. *gardaz »Zaun, Einfriedung, vgl. ahd. *garto* »Garten«).

Helmine, (auch:) Helmina: weibl. Vorn., Kurzform von ▸ Wilhelmine. ◇ Bekannte Namensträgerin: Helmina von Chézy, deutsche Schriftstellerin, Verfasserin des Textes zu Carl Maria von Webers Oper »Euryanthe« (18./19. Jh.).

¹**Helmke:** weibl. Vorn., niederdeutsche Koseform von Namen, die mit »Helm-« oder mit »-helma« gebildet sind (z. B. ▸ Helmtraud und ▸ Wilhelma).

²**Helmke:** ▸ Helmko.

Helmko, (auch:) Helmke: männlicher Vorname, niederdeutsche Koseform von Namen, die mit »Helm-« oder mit »-helm« gebildet sind.

Helmo: männl. Vorn., Kurzform von Namen, die mit »Helm-« oder mit »-helm« gebildet sind.

Helmut, (auch:) Helmuth; Hellmuth: männl. Vorn. (wohl zu ahd. *helm* »Helm« + ahd. *muot* »Sinn, Gemüt, Geist«). Die Geschichte des Namens lässt sich erst seit dem Beginn der Neuzeit verfolgen. Bis zum 19. Jh. war er wenig gebräuchlich, im Wesentlichen nur in Mecklenburg. Er wurde erst durch Helmuth von Moltke (19. Jh.) allgemein bekannt und volkstümlich. ◇ Bekannte Namensträger: Helmut Schön, deutscher Fußballtrainer (20. Jh.); Helmut Schmidt, deutscher Politiker (20. Jh.); Helmut Heissenbüttel, deutscher Lyriker (20. Jh.); Helmut Kohl, deutscher Politiker (20. Jh.); Helmut Jahn, amerikanischer Architekt deutscher Herkunft (20. Jh.); Helmut Qualtinger, österreichischer Schauspieler und Kabarettist (20. Jh.).

Heloise: aus dem Französischen übernommener weibl. Vorn. germanischer Herkunft (ahd. *heil* »gesund, unversehrt, heil« + ahd. *witu* »Holz, Wald« oder *wîto* »weit, grenzenlos«). In Deutschland wurde der Name im 18. Jh. bekannt und zwar durch Rousseaus viel gelesenen Roman »La nouvelle Héloïse« (1761; deutsche Übersetzung 1785 unter dem Titel »Julie oder die neue Heloise«), der auf das unglückliche mittelalterliche Liebespaar Abélard und Héloïse anspielt. Französ. Form: Héloïse [elɔïːz].

Helwig: männl. Vorn., jüngere Nebenform von ▸ ¹Heilwig.

Hemma: weibl. Vorn., verselbstständigte Kurzform von Namen, die mit »Heim-« gebildet wurden. »Hemma« gilt auch als Nebenform von ▸ Emma. ◇ Bekannte Namensträgerin: die heilige Hemma von Gurk (10./11. Jh.), NAMENSTAG: 27. Juni.

Hemmo: männl. Vorn., niederdeutsche Kurzform von Namen, die mit »Heim-« gebildet sind.

Hendrik: männl. Vorn., niederländische Form von ▸ Heinrich.

Hendrike, (auch:) Hendrika: aus dem Niederländischen übernommener weibl. Vorn., weibliche Form von ▸ Hendrik.

Hendrikje: weibl. Vorn., niederländische Koseform von ▸ Hendrike. Der Name wurde in Deutschland vor allem durch Hendrikje Stoffels bekannt, die nach Saskias Tod die Lebensgefährtin Rembrandts war.

Henner: männl. Vorn., Kurzform von ▸ Heinrich.

Hennes: männl. Vorn., niederrheinische Kurzform von ▸ Johannes.

Henni, (auch:) Henny: weibl. Vorn., Kurzform von ▸ Henrike. ◇ Bekannte Namensträgerin: Henny Porten, deutsche Filmschauspielerin (19./20. Jh.).

Hennig, (auch:) Henning: männl. Vorn., Koseform von ▸ Johannes und ▸ Heinrich. Der Name kommt hauptsächlich im niederdeutschen Sprachgebiet vor.

Henno: männl. Vorn., Kurzform von ▸ Heinrich und ▸ Johannes.

Henny: ▸ Henni.

Henoch: ▸ Enoch.

Henri [ãˈri]: männl. Vorn., französische Form von ▸ Heinrich. ◇ Bekannte Namensträger: Henri Bergson, französischer Philosoph (19./20. Jh.); Henri Matisse, französischer Maler, Zeichner und Bildhauer (19./20. Jh.); Henri Nannen, deutscher Publizist (20. Jh.).

Henriette, französ. Aussprache: [ãˈrjɛt], (auch:) Henrietta: im 17. Jh. aus dem Französischen übernommener weibl. Vorn., weibliche Form von Henri (▸ Heinrich).

Henrik: männl. Vorn., niederdeutsche Form von ▸ Heinrich, auch schwedisch.

Henrike, (auch:) Henrika: weibl. Vorn., weibliche Form von ▸ Henrik.

Henry [ˈhɛnrɪ]: aus dem Englischen übernommener männl. Vorn., englische Form von

▸ Heinrich. ◇ Bekannte Namensträger: Henry Fielding, englischer Schriftsteller (18. Jh.); Henry Miller, amerikanischer Schriftsteller (19./20. Jh.); Henry Ford, amerikanischer Industrieller (19./20. Jh.); Henry van de Velde, belgischer Architekt und Kunstgewerbler (19./20. Jh.); Henry Fonda, amerikanischer Filmschauspieler (20. Jh.); Henry Maske, deutscher Boxer (20. Jh.).

Henryk [ˈxɛnrɨk]: männl. Vorn., polnische Form von ▸ Heinrich.

Herbert, (auch:) Heribert: alter deutscher männl. Vorn. (ahd. *heri* »Kriegsschar, Heer« + ahd. *beraht* »glänzend«). ◇ Bekannte Namensträger: der heilige Heribert (10./11. Jh.), Erzbischof von Köln, NAMENSTAG: 16. März; Herbert Marcuse, amerikanischer Philosoph deutscher Herkunft (19./20. Jh.); Herbert Wehner, deutscher Politiker (20. Jh.); Herbert von Karajan, österreichischer Dirigent (20. Jh.); Herbert Achternbusch, deutscher Schriftsteller und Filmemacher (20. Jh.); Herbert Grönemeyer, deutscher Rock- und Popsänger (20. Jh.).

Herbod: alter deutscher männlicher Vorname (ahd. *heri* »Kriegsschar, Heer« + asächs. *bodo* »Gebieter«, später umgedeutet zu ahd. *boto* »Bote«).

Herdan: alter deutscher männl. Vorn., Kurzform der älteren Namensform Herdegan bzw. Herdegen (ahd. *heri* »Kriegsschar, Heer« + ahd. *thegan* »Krieger, Gefolgsmann«).

Herfried: alter deutscher männl. Vorn. (ahd. *heri* »Kriegsschar, Heer« + ahd. *fridu* »Schutz vor Waffengewalt, Friede«).

Hergard: alter deutscher weibl. Vorn. (ahd. *heri* »Kriegsschar, Heer« + german. **gardaz* »Zaun, Einfriedung«, vgl. ahd. *garto* »Garten«).

Herger: alter deutscher männlicher Vorname (ahd. *heri* »Kriegsschar, Heer« + ahd. *gēr* »Speer«).

Heribert: männl. Vorn., Nebenform von ▸ Herbert.

Herko: männl. Vorn., friesische Kurzform von Namen, die mit »Her-« gebildet sind.

Herlinde: alter deutscher weibl. Vorn. (ahd. *heri* »Kriegsschar, Heer« + ahd. *lind* »sanft, weich, mild«, auch beeinflusst durch ahd. *linta* »Linde, Schild aus Lindenholz«).

Herm: ▸ Harm.

Herma: weibl. Vorn., Kurzform von ▸ Hermine.

Hermann: alter deutscher männl. Vorn. (ahd. *heri* »Kriegsschar, Heer« + ahd. *man* »Mann«). Der Name war im Mittelalter sehr beliebt. Bekannte Namensträger aus dem Mittelalter sind Herzog Hermann von Sachsen, Ahnherr der Billunger (10. Jh.), und Hermann von Salza, Hochmeister des Deutschen Ordens (12./13. Jh.). In der Neuzeit wurde der Name im 18. Jh. neu belebt, vor allem als Name des Cheruskerfürsten. Im 18. und 19. Jh. setzte man nämlich fälschlich »Hermann« mit »Arminius« (▸ Armin) gleich. Zur Beliebtheit des Namens haben Klopstocks Dramen »Hermanns Schlacht« und »Hermanns Tod« sowie Goethes Epos »Hermann und Dorothea« beigetragen. ◇ Bekannte Namensträger: Hermann Helmholtz, deutscher Physiker (19. Jh.); Hermann Bahr, österreichischer Schriftsteller und Kritiker (19./20. Jh.); Hermann Löns, deutscher Schriftsteller (19./20. Jh.); Hermann Hesse, deutscher Dichter (19./20. Jh.); Hermann Broch, österreichischer Schriftsteller (19./20. Jh.); Hermann Kasack, deutscher Schriftsteller (19./20. Jh.); Hermann Abendroth, deutscher Dirigent (19./20. Jh.); Hermann Kesten, deutscher Schriftsteller (20. Jh.); Hermann Prey, deutscher Sänger (20. Jh.). Italien. Form: Armando. Französ. Form: Armand [arˈmã].

Hermin: männl. Vorn., in neuerer Zeit aufgekommene Nebenform von ▸ Hermann.

Hermine, (auch:) Hermina: weibl. Vorn., um 1800 aufgekommene weibliche Bildung zu ▸ Hermann. ◇ Bekannte Namensträgerin: Hermine Körner, deutsche Schauspielerin (19./20. Jh.).

Hermione: weibl. Vorn. griechischen Ursprungs (griech. Hermiónē zum Götternamen Hermes). Der Name wurde in Deutschland vor allem durch die Hermione in Shakespeares »Wintermärchen« bekannt.

Hermo: männl. Vorn., Kurzform von ▸ Hermann.

¹**Hero:** männl. Vorn., ostfriesische Kurzform von Namen, die mit »Her-« gebildet sind.

²**Hero:** weibl. Vorn. griechischen Ursprungs, bekannt durch die tragische Liebesgeschichte zwischen Hero und Leander.

Herold: männl. Vorn., jüngere Form von ▸ Herwald.

Herta, (auch:) Hertha: weibl. Vorn., der auf einer falschen Lesart des Namens der germanischen Göttin Nerthus beruht (Tacitus, Germania, Kap. 40). ◇ Bekannte Namensträgerinnen: Herta Däubler-Gmelin, deutsche Politikerin (20. Jh.); Herta Müller, rumäniendeutsche Schriftstellerin (20. Jh.).

Hertraud, (auch:) Hertrud: alter deutscher weibl. Vorn. (ahd. *heri* »Kriegsschar, Heer« + german. **ÞrūÞi* »Kraft, Stärke«, in althochdeutscher Zeit umgedeutet zu *trūt* »vertraut, lieb«).

Hertwig: männl. Vorn., Nebenform von ▸ Hartwig.

Herwald, (auch:) Herold: alter deutscher männl. Vorn. (ahd. *heri* »Kriegsschar, Heer« + ahd. *-walt* zu *waltan* »walten, herrschen«).

Herward, (auch:) Herwart: alter deutscher männl. Vorn. (ahd. *heri* »Kriegsschar, Heer« + ahd. *wart* »Hüter, Schützer«).

Herwig, (auch:) Harwig: alter deutscher männl. Vorn. (ahd. *heri* »Kriegsschar, Heer« + ahd. *wīg* »Kampf, Krieg«). Eine Sagengestalt ist Herwig von Seeland, der Verlobte Gudruns, in der Gudrunsage.

Herwin: alter deutscher männl. Vorn. (ahd. *heri* »Kriegsschar, Heer« + ahd. *wini* »Freund«).

Hesso: alter deutscher männl. Vorn., Nebenform von ▸ Hasso.

Hester [ˈhɛstə]: weibl. Vorn., englische Form von ▸ Esther.

Heta, (auch:) Hete: weibl. Vorn., Kurzform von ▸ Hedwig.

Hetta, (auch:) Hetti, Hetty: weibl. Vorn., Koseform von ▸ Hedwig.

Hias: männl. Vorn., oberdeutsche Kurzform von ▸ Matthias.

Hidda: weibl. Vorn., Kurzform von Namen, die mit »Hild-« oder »-hild« (ahd. *hiltja* »Kampf«) gebildet sind.

Hiddo: männl. Vorn., Kurzform von Namen, die mit »Hild-« (ahd. *hiltja* »Kampf«) gebildet sind.

Hieronymus: männl. Vorn. griechischen Ursprungs (zu griech. *hierós* »heilig, geheiligt, den Göttern geweiht« und *ónoma* »Name, Ruf«). »Hieronymus« kam im Mittelalter als Name des heiligen Hieronymus (4./5. Jh.) auf; NAMENSTAG: 30. September. Der heilige Hieronymus ist der Schöpfer der lateinischen Bibelübersetzung »Vulgata«. ◇ Bekannter Namensträger: Hieronymus Bosch, niederländischer Maler (15./16. Jh.). Französ. Form: Jérôme [ʒeˈroːm]. Engl. Form: Jerome [dʒəˈroʊm, ˈdʒɛrəm].

Hilaria: weibl. Vorn., weibliche Form von ▸ Hilarius. Engl. Form: Hilary ['hɪlərɪ].

Hilarius, (auch:) Hilar: männl. Vorn., lateinischen Ursprungs (zu lat. *hilarus, -a, -um* »heiter, fröhlich«). Zur Verbreitung des Namens im Mittelalter trug die Verehrung des heiligen Hilarius, des Bischofs von Poitiers (4. Jh.), bei; NAMENSTAG: 13. Januar.

Hilary ['hɪlərɪ]: weibl. Vorn., englische Form von ▸ Hilaria.

Hilbert: männl. Vorn., jüngere Form von Hildebert (ahd. *hiltja* »Kampf« + ahd. *beraht* »glänzend«).

Hilda: weibl. Vorn., Nebenform von ▸ Hilde.

Hildburg: alter deutscher weibl. Vorn. (ahd. *hiltja* »Kampf« + ahd. *burg* »Burg, Zufluchtstätte, Schutz«). Eine Sagengestalt ist Hildeburg, die Begleiterin Gudruns, in der Gudrunsage.

Hilde, (auch:) Hilda: alter deutscher weibl. Vorn., Kurzform von Namen, die mit »Hilde-« oder »-hild[e]« gebildet sind (z. B. ▸ Hildegard und ▸ Mathilde). ◆ Bekannte Namensträgerinnen: Hilde Krahl, österreichische [Film]schauspielerin (20. Jh.); Hilde Güden, österreichische Sängerin (20. Jh.); Hilde Domin, deutsche Lyrikerin (20. Jh.).

Hildebrand: alter deutscher männl. Vorn. (ahd. *hiltja* »Kampf« + ahd. *brant* »Brand«, dichterische Umschreibung für das Schwert). Eine bekannte Sagengestalt ist Hildebrand, der Waffenmeister Dietrichs von Bern.

Hildefons, (auch:) Ildefons: männl. Vorn. (ahd. *hiltja* »Kampf« + ahd. *funs* »eifrig, bereit, willig«), der in Deutschland vor allem als Name des heiligen Ildefons (7. Jh.) Verbreitung fand. Der heilige Ildefons (latinisiert Ildefonsus, spanisch Ildefonso) war Erzbischof von Toledo und verfasste zahlreiche theologische Schriften; NAMENSTAG: 23. Januar. ◆ Bekannter Namensträger: Ildefons Herwegen, Abt von Maria Laach (19./20. Jh.).

Hildegard, (auch:) Hildegarde: alter deutscher weibl. Vorn. (ahd. *hiltja* »Kampf« + german. **gardaz* »Zaun, Einfriedung«, vgl. ahd. *garto* »Garten«). Der Name war schon im Mittelalter beliebt. Eine berühmte mittelalterliche Namensträgerin ist die heilige Hildegard von Bingen (11./12. Jh.); NAMENSTAG: 17. September. In der Neuzeit wurde der Name zu Beginn des 19. Jh.s durch die Ritterdichtung neu belebt. ◆ Bekannte Namensträgerinnen: Hildegard Knef, deutsche Filmschauspielerin

und Chansonsängerin (20. Jh.); Hildegard Hillebrecht, deutsche Sopranistin (20. Jh.); Hildegard Behrens, deutsche Sopranistin (20. Jh.); Hildegard Hamm-Brücher, deutsche Politikerin (20. Jh.).

Hildegund, (auch:) Hildegunde: alter deutscher weibl. Vorn. (ahd. *hiltja* »Kampf« + ahd. *gund* »Kampf«). Der Name war im Mittelalter beliebt. Eine bekannte Sagengestalt ist die Hildegunde (Hiltgunt) der Walthersage.

Hildelies: weibl. Vorn., Doppelform aus ▸ Hilde und Lies (Kurzform von ▸ Elisabeth).

Hildrun, (auch:) Hiltrun: alter deutscher weibl. Vorn. (ahd. *hiltja* »Kampf« + ahd. *rūna* »Geheimnis; geheime Beratung«).

Hildwin, (auch:) Hiltwin: männl. Vorn., jüngere Form von Hildewin (ahd. *hiltja* »Kampf« + ahd. *wini* »Freund«).

Hilger: männl. Vorn., jüngere Form von Hildeger (ahd. *hiltja* »Kampf« + ahd. *gēr* »Speer«).

Hilke, (auch:) Hilka: weibl. Vorn., friesische Koseform von Namen, die mit »Hild(e)-« oder »-hild(e)« gebildet sind.

Hilla, (auch:) Hille: weibl. Vorn., Kurzform von Namen, die mit »Hilde-« oder »-hild[e]« gebildet sind.

Hilma: weibl. Vorn., Nebenform von ▸ Helma.

Hilmar: männl. Vorn., jüngere Form von Hildemar (ahd. *hiltja* »Kampf« + ahd. *māri* »bekannt, berühmt, angesehen«).

Hiltje: weibl. Vorn., niederdeutsche Koseform von Namen, die mit »Hild(e)-« oder »-hild(e)« gebildet sind.

Hiltrud, (auch:) Hildtraud: alter deutscher weibl. Vorn. (ahd. *hiltja* »Kampf« + german. **ÞrūÞi* »Kraft, Stärke«, in althochdeutscher Zeit umgedeutet zu *trūt* »vertraut, lieb«).

Hiltrun: ▸ Hildrun.

Hiltwin: ▸ Hildwin.

Hinderk: männl. Vorn., niederdeutsche Form von ▸ Heinrich.

Hindrik: männl. Vorn., niederdeutsche und friesische Form von ▸ Heinrich.

Hindrike, (auch:) Hindrika: weibl. Vorn., weibliche Form von ▸ Hindrik.

Hinnerk: männl. Vorn., niederdeutsche und friesische Koseform von ▸ Heinrich.

Hinrich, (auch:) Hinrik: männl. Vorn., niederdeutsche Form von ▸ Heinrich.

Hinrike, (auch:) Hinrika: weibl. Vorn., weibliche Form von ▸ Hinrik.

Hinz: männl. Vorn., Kurzform von ▸ Heinrich. Als Vorname spielt »Hinz«, dessen einstige

Volkstümlichkeit sich noch an der Formel *Hinz und Kunz* = »jedermann« erkennen lässt, im Gegensatz zu »Heinz« heute kaum eine Rolle.

Hiob, (auch:) Job; Ijob: aus der Bibel übernommener männl. Vorn. hebräischen Ursprungs (»wo ist der Vater [Gott]«). Hiob ist die Namensform, die Luther wählte, während Job die Namensform der Vulgata, der lateinischen Bibelübersetzung, und Ijob die ökumenische Namensform ist. Nach der Bibel ist Hiob der von Gott geprüfte Mann, der aber an Gott festhält. Eine bekannte literarische Gestalt ist Dr. med. Hiob Prätorius in der gleichnamigen Komödie von Curt Goetz.

Hippolyt, (auch:) Hippolytus: männl. Vorn. griechischen Ursprungs (zu griech. *híppos* »Pferd« + *lýō* »lösen«, also etwa »der die Pferde loslässt«). ◇ Bekannter Namensträger: der heilige Hippolyt (2./3. Jh.), Kirchenschriftsteller und Gegenpapst, NAMENSTAG: 13. August.

Hiske, (auch:) Hiska: weibl. Vorn., friesisch-niederdeutsche Koseform, wohl von Namen, die mit »Hild-« oder »-hild« gebildet sind.

Hjalmar: aus dem Schwedischen/Dänischen übernommener männl. Vorn. (zu altisländ. *hjalmr* »Helm« + altisländ. *herr* »Kriegsschar, Heer«). ◇ Bekannte Namensträger: Hjalmar Schacht, deutscher Finanzpolitiker (19./20. Jh.); Hjalmar Kutzleb, deutscher Schriftsteller (19./20. Jh.).

Hjördis, (auch:) Jördis: aus dem Isländischen entlehnter weibl. Vorn. (island. *hjorr* »Schwert« + *dís* »Göttin«).

Hoimar: männl. Vorn., dessen Herkunft und Bedeutung umstritten sind (entweder zu ahd. *hö(h)i* »Größe, Erhabenheit« oder zu ahd. *hagan* »Einhegung, Hag« + ahd. *māri* »bekannt, berühmt, angesehen«). ◇ Bekannter Namensträger: Hoimar von Ditfurth, deutscher Wissenschaftspublizist (20. Jh.).

Holda, (auch:) Holde: weibl. Vorn., Nebenform von ▸ Hulda.

Holger: männl. Vorn. schwedisch/dänischer Herkunft (zu altisländ. *holmi, holmr* »Insel« + altisländ. *geirr* »Speer«). In Dänemark ist »Holger« sehr beliebt, denn Holger Danske heißt der dänische Nationalheld, der nach der Sage aus dem Schlaf erwacht und in den Kampf zieht, wenn Dänemark in Not gerät.

Holk: männl. Vorn., friesische Koseform von älteren Namen, die mit »Hold-« bzw. »Huld-« (ahd. *hold* »gnädig, günstig; dienstbar; treu«) gebildet wurden.

Holkje: weibl. Vorn., niederdeutsch-friesische Koseform von Namen, die mit »Hold-« bzw. »Huld-« (▸ Holk) gebildet wurden.

Holm: männl. Vorn. nordischer Herkunft, Kurzform von Namen, die mit dem Namensbestandteil »Holm-« (zu altisländ. *holmi, holmr* »Insel«) gebildet sind.

Holma: weibl. Vorn., weibliche Form von ▸ Holm.

Horant: männl. Vorn. (ahd. *hōh* »hoch« + ahd. *rant* »Schild«), der auf den Namen des Spielmannes in der Gudrunsage zurückgeht. Nach der Sage gewann Horant durch die Kunst seines Gesanges die schöne Hilde von Irland für seinen Herrn, den König Hetel von Dänemark.

Horatio: männl. Vorn. lateinischen Ursprungs, der auf einen altrömischen Geschlechternamen zurückgeht. Der Name wurde vor allem durch den römischen Dichter Quintus Horatius Flaccus (= Horaz) bekannt. Eine literarische Figur ist der Horatio aus Shakespeares Tragödie »Hamlet, Prinz von Dänemark«.

Horst: *Horst Buchholz, deutscher Schauspieler*

Horst: deutscher männl. Vorn., der vermutlich mit mittelniederdeutsch *horst*, altsächs. *hurst* »Gehölz, Dickicht [zum Schutz der Heimstatt]« zusammenhängt. Bis zum 18. Jh. kam der Name nur vereinzelt im niederdeutschen Sprachgebiet vor. Dann wurde er durch den Horst in Klopstocks Drama »Hermanns Schlacht« (1769) allgemein bekannt, aber erst zu Beginn des 20. Jahrhunderts modisch. ◇ Bekannte Namensträger: Horst Wolfram Geissler, deutscher Schriftsteller (20. Jh.);

Horst Bienek, deutscher Schriftsteller (20. Jh.); Horst Buchholz, deutscher Filmschauspieler (20. Jh.); Horst Janssen, deutscher Zeichner und Grafiker (20. Jh.).

Horstmar: männl. Vorn., Neubildung aus ▸ Horst und dem alten Namenbestandteil »-mar« (ahd. *māri* »bekannt, berühmt, angesehen«).

Hortense [ɔr'tɛ̃ːs]: weibl. Vorn., französische Form von ▸ Hortensia. ◇ Bekannte Namensträgerin: Hortense de Beauharnais, Königin von Holland (18./19. Jh.).

Hortensia: weibl. Vorn. lateinischen Ursprungs, der auf den altrömischen Geschlechternamen Hortensius (zu lat. *hortus* »Garten«) zurückgeht. Französ. Form: Hortense [ɔr'tɛ̃ːs].

Hosea: aus der Bibel übernommener männl. Vorn. hebräischen Ursprungs (»der Herr ist Hilfe oder Rettung«). Nach der Bibel war Hosea ein Prophet, der sich gegen den Götzendienst und die politischen und sozialen Missstände wandte.

Hroswitha: weibl. Vorn., alte Schreibung von ▸ Roswitha.

Hubert, (latinisiert:) Hubertus: alter deutscher männlicher Vorname, jüngere Form von Hugbert, Hugubert (ahd. *hugu* »Gedanke, Verstand, Geist, Sinn« + ahd. *beraht* »glänzend«). Zur Verbreitung des Namens hat die Verehrung des heiligen Hubert (7./8. Jh.), des Bischofs von Lüttich und Apostels der Ardennen, beigetragen; NAMENSTAG: 3. November. Bekannt ist der heilige Hubert vor allem als Patron der Jäger (latinisiert: Sankt Hubertus). ◇ Bekannte Namensträger: Hubert Giesen, deutscher Pianist (19./20. Jh.); Hubert von Meyerinck, deutscher [Film]-schauspieler (19./20. Jh.); Hubert von Goisern, österreichischer Rockmusiker (20. Jh.).

Hubertus: männl. Vorn., latinisierte Form von ▸ Hubert.

Hugdietrich: alter deutscher männl. Vorn., Doppelform aus ▸ Hugo und ▸ Dietrich. Eine bekannte Sagengestalt ist der Hugdietrich im Wolfdietrich-Epos.

Hugo: alter deutscher männl. Vorn., verselbstständigte Kurzform von Namen, die mit »Hug-« (ahd. *hugu* »Gedanke, Verstand, Geist, Sinn«) gebildet sind. Der Name, der im Mittelalter weit verbreitet war, wurde um 1800 durch die Ritterromane neu belebt.

◇ Bekannte Namensträger: der heilige Hugo von Cluny (11./12. Jh.), NAMENSTAG: 29. April; Hugo von Sankt Viktor, französischer Scholastiker (11./12. Jh.); Hugo von Trimberg, mittelhochdeutscher Dichter (13./14. Jh.); Hugo von Hofmannsthal, österreichischer Dichter (19. Jh.); Hugo Ball, deutscher Schriftsteller (19./20. Jh.); Hugo Stinnes, deutscher Industrieller (19./20. Jh.); Hugo Eckener, deutscher Luftfahrtpionier (19./20. Jh.); Hugo Wolf, österreichischer Komponist (19./20. Jh.).

Hulda, (auch:) Holda, Holde: weibl. Vorn. (zu ahd. *hold* »gnädig, günstig; dienstbar; treu«).
Der Name war im 19. Jh. beliebt.

Huldreich: männl. Vorn., volksetymologische Umdeutung von Uldricus, ▸ Ulrich. Der schweizerische Reformator Ulrich Zwingli unterschrieb mit Huldrych Zwingli.

Humbert: alter deutscher männl. Vorn., der sich aus der Namensform Hunber[h]t (wahrscheinlich zu german. *hun* »Tier-, besonders Bärenjunges« + ahd. *beraht* »glänzend«) entwickelt hat. Humbert war Traditionsname im Hause Savoyen, dann auch – in der Form Umberto – im italienischen Königshaus, das aus dem savoyischen Herzogsgeschlecht hervorgegangen ist. Italien. Form: Umberto.

Hunfried, (auch:) Humfried: alter deutscher männl. Vorn. (wahrscheinlich zu german. *hun* »Tier-, besonders Bärenjunges« + ahd. *fridu* »Schutz vor Waffengewalt, Friede«).

Hunno: männl. Vorn., Kurzform von Namen, die mit »Hun-« gebildet sind.

Hunold: alter deutscher männl. Vorn. (wahrscheinlich zu german. *hun* »Tier-, besonders Bärenjunges« + ahd. *-walt* zu *waltan* »walten, herrschen«).

Hyazinth, (auch:) Hyacinth; Hyacinthus: männl. Vorn. griechischen Ursprungs (griech. Hyákinthos), dessen Bedeutung unklar ist. Bekannt ist »Hyazinth« als Heiligenname und als Name einer griechischen Sagengestalt. Nach der griechischen Sage wurde Hyazinth, der Liebling Apolls, von diesem versehentlich mit einem Diskus getötet. Aus seinem Blut entsprang die Hyazinthe. Der Name kommt in Deutschland seit eh und je nur ganz vereinzelt vor. ◇ Bekannte Namensträger: der heilige Hyacinthus, römischer Märtyrer (3. Jh.), NAMENSTAG: 11. September; der heilige Hyazinth von Polen (12./13. Jh.), NAMENSTAG: 17. August.

Ian [ɪən]: männl. Vorn., schottische Form von ▸²John. ◇ Bekannter Namensträger: Ian Fleming, englischer Schriftsteller (20. Jh.).

Ibrahim: männlicher Vorname, arabische Form von ▸Abraham. Arabische Betonung: Ibrah̲im.

Ida: alter deutscher weibl. Vorn., verselbstständigte Kurzform von heute nicht mehr gebräuchlichen Vornamen, die mit »Ida-« (vielleicht zu altnord. *ídh* »Werk, Tätigkeit«) gebildet wurden. Der Name war im Mittelalter beliebt und wurde zu Beginn des 19. Jh.s durch die Ritterdichtung und romantische Bewegung neu belebt. ◇ Bekannte Namensträgerinnen: Ida Kerkovius, deutsche Malerin (19./20. Jh.); Ida Wüst, deutsche Filmschauspielerin (19./20. Jh.); Ida Ehre, österreichische Schauspielerin und Regisseurin (20. Jh.).

Iduna: weibl. Vorn., latinisierte Form von Iðun, dem Namen der altnordischen Göttin der ewigen Jugend.

Ignatia: weibl. Vorn., weibliche Form von ▸Ignatius.

Ignatius, (auch:) Ignaz: männl. Vorn., der im 18. Jh. als Name des heiligen Ignatius von Loyola (15./16. Jh.) in Deutschland Verbreitung fand, nachdem der Gründer des Jesuitenordens im 17. Jh. heilig gesprochen worden war; NAMENSTAG: 31. Juli. Der heilige Ignatius von Loyola, eigentlich Íñigo López de Recalde, nannte sich so nach dem heiligen Ignatius, Bischof von Antiochien (1./2. Jh.); NAMENSTAG: 17. Oktober. Der heilige Ignatius, Bischof von Antiochien, verfasste auf der Fahrt nach Rom, wo er den Martertod erleiden sollte, die sieben berühmten Briefe an christliche Gemeinden in Kleinasien. »Ignatius« geht auf den griechischen Namen Ignátios zurück, dessen Herkunft und Bedeutung ungeklärt sind. Später wurde der Name mit

lat. *ignis* »Feuer« in Verbindung gebracht. »Ignatius« ist als katholischer Heiligenname im Wesentlichen auf Süddeutschland beschränkt. ◇ Bekannte Namensträger: Ignaz von Döllinger, deutscher katholischer Theologe (18./19. Jh.); Ignaz Philipp Semmelweis, österreichisch-ungarischer Arzt (18./19. Jh.).

Ignazia: weibl. Vorn., eindeutschende Schreibung von ▸Ignatia.

Igor, russ. Aussprache: [ˈiɡɐrj]: aus dem Russischen übernommener männl. Vorn., der seinerseits germanischen Ursprungs ist und auf altnordisch Ingvarr, Yngvarr (▸Ingvar) zurückgeht. Der Name gelangte im frühen Mittelalter mit den Warägern nach Russland. Bekannt ist der Name durch die Oper »Fürst Igor« von A. P. Borodin. ◇ Bekannte Namensträger: Igor Strawinsky, amerikanischer Komponist russischer Herkunft (19./20. Jh.); Igor Oistrach, russischer Geiger (20. Jh.).

Ijob: ▸Hiob.

Ildefons: männl. Vorn., Nebenform von ▸Hildefons.

Ildiko: weibl. Vorn., aus dem Ungarischen übernommene Koseform von ▸Hilde.

Ileana, (auch:) Ileane: weibl. Vorn., rumänische Form von ▸Helene.

Ilia: weibl. Vorn., wohl Kurzform von Namen, die auf »-ilia« enden.

Iliana: ▸Iljana.

Iliane: weibl. Vorn., flämische Form von ▸Juliane.

Ilja, russ. Aussprache: [ilʲˈja; auch: ˈilja]: männlicher Vorname, russische Form von ▸Elias. Eine literarische Gestalt ist der Ilja Iljitsch Oblomow in dem Roman »Oblomow« von I. A. Gontscharow. ◇ Bekannte Namensträger: Ilja Repin, russischer Maler (19./20. Jh.); Ilja Ehrenburg, russischer Schriftsteller (19./20. Jh.); Ilja Richter, deutscher Schauspieler (20. Jh.).

Iljana, (auch:) Iliana: weibl. Vorn., weibliche Bildung zu dem russischen männlichen Vornamen ▸ Ilja.

Ilka, (auch:) Ilke: weibl. Vorn., ungarische Koseform von ▸ Ilona.

Ilona, (auch:) Ilona: aus dem Ungarischen übernommener weibl. Vorn., ungarische Form von ▸ Helene. Ungar. Aussprache: ['ilonɔ].

Ilonka, (auch:) Ilonka: aus dem Ungarischen übernommener weibl. Vorn., ungarische Koseform von ▸ Ilona. Ungar. Aussprache: ['ilonkɔ].

Ilsabe, (auch:) Ilsabeth: weibl. Vorn., Nebenform von ▸ Elisabeth.

Ilse, (selten auch:) Ilsa: weibl. Vorn., Kurzform von ▸ Elisabeth. Der Name fand erst im 19. Jh. größere Verbreitung. Zur Beliebtheit des Namens trug Gustav Freytags Roman »Die verlorene Handschrift« (1864) bei, dessen Heldin Ilse Bauer heißt. ◇ Bekannte Namensträgerin: Ilse Aichinger, österreichische Schriftstellerin (20. Jh.).

Ilsedore: weibl. Vorn., Doppelform aus Ilse (Kurzform von ▸ Elisabeth) und Dora (Kurzform von ▸ Dorothea).

Ilsegret: weibl. Vorn., Doppelform aus Ilse (Kurzform von ▸ Elisabeth) und Grete (Kurzform von ▸ Margarete).

Ilselore: weibl. Vorn., Doppelform aus Ilse (Kurzform von ▸ Elisabeth) und Lore (Kurzform von ▸ Eleonore).

Ilselotte: weibl. Vorn., Doppelform aus Ilse (Kurzform von ▸ Elisabeth) und Lotte (Kurzform von ▸ Charlotte).

Ilsemarie, (auch:) Ilsemarie: weibl. Vorn., Doppelform aus Ilse (Kurzform von ▸ Elisabeth) und ▸ Maria.

Ilsetraude, (auch:) Ilsetraud; Ilsetrude, Ilsetrud: weibl. Vorn., Doppelform aus Ilse (Kurzform von ▸ Elisabeth) und Traud(e) bzw. Trud(e) (Kurzform von ▸ Waltraud, ▸ Gertrud).

Ilske: weibl. Vorn., niederdeutsche Koseform von ▸ Ilse.

Ilva: aus dem Italienischen übernommener weibl. Vorn., der auf Ilva, den lateinischen Namen der Insel Elba, zurückgeht.

Imelda: weibl. Vorn., italienische, aus altfranzös. Emihild entstandene Form von ▸ Irmhild. ◇ Bekannte Namensträgerin: die selige Imelda Lambertini (14. Jh.), NAMENSTAG: 12. Mai.

Imke, (auch:) Imka: weibl. Vorn., friesische Koseform von Namen, die mit »Irm-« gebildet sind, besonders von ▸ Irmgard.

Imma: weiblicher Vorname, verselbstständigte Kurzform von Namen, die mit »Irm-« (german. *ermana, *irmina »allumfassend, groß«, später Namenglied mit verstärkender Bedeutung) gebildet sind. Eine bekannte literarische Gestalt ist die Imma Spoelmann in Thomas Manns Roman »Königliche Hoheit«.

Immanuel: aus der Bibel übernommener männl. Vorn. hebräischen Ursprungs (»mit uns ist Gott«). Die griechisch-lateinische Form von Immanuel ist ▸ Emanuel. ◇ Bekannter Namensträger: Immanuel Kant, deutscher Philosoph (18./19. Jh.).

Immo: männl. Vorn., verselbstständigte Kurzform von Namen, die mit »Irm[en]-« (german. *ermana, *irmina »allumfassend, groß«, später Namenglied mit verstärkender Bedeutung) gebildet wurden.

Imogen: weibl. Vorn., der aus Shakespeares Drama »Cymbeline« übernommen wurde. Die Namensform beruht offensichtlich auf einem Setzfehler, da Shakespeares Quelle Innogen (vielleicht von altirisch *eni-genā »Tochter, Mädchen«) hat.

Imre: männl. Vorn., ungarische Form von ▸ Emmerich.

Ina: weibl. Vorn., Kurzform von Namen, die auf -ina ausgehen. ◇ Bekannte Namensträgerin: Ina Seidel, deutsche Schriftstellerin (19./20. Jh.).

Inamaria: weibl. Vorn., Doppelform aus ▸ Ina und ▸ Maria.

Indira: weibl. Vorn. indischer Herkunft (Sanskrit indira »Schönheit, Glanz«, Beiname der Göttin Lakschmi, Wischnus Gattin; andererseits könnte der Name auch als weibliche Bildung zu Indra, dem Namen der Hauptgottheit der wedischen Inder, aufgefasst werden). Der Name wurde in Deutschland durch die indische Politikerin Indira Gandhi (20. Jh.) bekannt.

Ineke: weibl. Vorn., niederdeutsche Koseform von ▸ Ina.

Ines: aus dem Spanischen übernommener weibl. Vorn., spanische Form von ▸ Agnes. Span. Form: Inés.

Inessa: weibl. Vorn., Weiterbildung von ▸ Ines.

Inga: weibl. Vorn., dänische und schwedische Kurzform von ▸ Ingeborg.

Ingalisa: weibl. Vorn., schwedische Doppelform aus Inga (Kurzform von ▸ Ingeborg) und Lisa (Kurzform von ▸ Elisabeth).

Ingbert: männl. Vorn., Nebenform von ▸ Ingobert.

Inge: weibl. Vorn., verselbstständigte Kurzform von Namen, die mit »Ing-« gebildet sind. ◇ Bekannte Namensträgerin: Inge Meysel, deutsche Schauspielerin (20. Jh.).

Ingeborg: aus dem Dänischen/Schwedischen übernommener weibl. Vorn., der dem deutschen Namen ▸ Ingeburg entspricht. Der Name wurde in Deutschland im 19. Jh. durch die Ingeborg in Esaias Tegnérs »Frithjof-Sage« (deutsche Übersetzung: 1826) bekannt, aber erst in der ersten Hälfte des 20. Jh.s modisch. Zu der Beliebtheit des Namens trugen Bernhard Kellermanns Roman »Ingeborg« und Curt Goetz' Komödie »Ingeborg« bei. ◇ Bekannte Namensträgerinnen: Ingeborg Bachmann, österreichische Lyrikerin (20. Jh.); Ingeborg Hallstein, deutsche Sopranistin (20. Jh.); Ingeborg Drewitz, deutsche Schriftstellerin (20. Jh.).

Ingeburg: alter deutscher weibl. Vorn. (ahd. Ing[wio] – Name einer germanischen Gottheit + ahd. burg »Burg, Zufluchtstätte, Schutz«).

Ingedore: weibl. Vorn., Doppelform aus ▸ Inge und Dore (Kurzform von ▸ Dorothea).

Ingehild: ▸ Inghild.

Ingela: weibl. Vorn., Koseform von ▸ Inge.

Ingelene: weibl. Vorn., Doppelform aus ▸ Inge und Lene (Kurzform von ▸ Magdalena oder ▸ Helene).

Ingelies, (auch:) Ingeliesa, Ingeliese; Ingelisa: weibl. Vorn., Doppelform aus ▸ Inge und Lies(a), Lies(e), Lisa (Kurzformen von ▸ Elisabeth).

Ingelind, (auch:) Ingelinde: weibl. Vorn., Neubildung aus ▸ Inge und dem alten Namenbestandteil »-lind(e)« (ahd. lind »sanft, weich, mild«, auch beeinflusst durch ahd. linta »Linde, Schild aus Lindenholz«).

Ingelore: weibl. Vorn., Doppelform aus ▸ Inge und Lore (Kurzform von ▸ Eleonore).

Ingelotte: weibl. Vorn., Doppelform aus ▸ Inge und Lotte (Kurzform von ▸ Charlotte).

Ingemaren: weibl. Vorn., Doppelform aus ▸ Inge und ▸ Maren.

Ingemarie: weibl. Vorn., Doppelform aus ▸ Inge und ▸ Marie.

Ingenuin: männl. Vorn., wohl latinisierte Form von ▸ Ingwin. ◇ Bekannter Namensträger:

der heilige Ingenuin, Bischof von Säben (6./7. Jh.), NAMENSTAG: 5. Februar.

Ingerid: weibl. Vorn., Nebenform von ▸ Ingrid.

Ingerose: weibl. Vorn., Doppelform aus ▸ Inge und Rose (▸ Rosa).

Ingeruth: weibl. Vorn., Doppelform aus ▸ Inge und ▸ Ruth.

Ingetraud, (auch:) Ingetraut; Ingetrud: weibl. Vorn., Doppelform aus ▸ Inge und Traud(e)/Trude (Kurzformen von ▸ Waltraud, ▸ Gertrud).

Ingfried: alter deutscher männl. Vorn. (ahd. Ing[wio] – Name einer germanischen Gottheit + ahd. fridu »Schutz vor Waffengewalt, Friede«).

Inghard: alter deutscher männl. Vorn. (ahd. Ing[wio] – Name einer germanischen Gottheit + ahd. harti, herti »hart, kräftig, stark«).

Inghild, (auch:) Ingehild: alter deutscher weiblicher Vorname (ahd. Ing[wio] – Name einer germanischen Gottheit + ahd. hiltja »Kampf«).

Ingmar: *Ingmar Bergman, schwedischer Filmregisseur*

Ingmar: männl. Vorn., Nebenform von ▸ Ingomar, auch schwedisch. ◇ Bekannter Namensträger: Ingmar Bergman, schwedischer Filmregisseur (20. Jh.).

Ingo: alter deutscher männl. Vorn., verselbstständigte Kurzform von Namen, die mit »Ingo-« gebildet sind (z. B. ▸ Ingobert und ▸ Ingomar). Der Name wurde erst im 19. Jh. durch den Ingo in Gustav Freytags Romanzyklus »Die Ahnen« (1873 ff.) allgemein bekannt.

Ingobald: alter deutscher männl. Vorn. (ahd. Ing[wio] – Name einer germanischen Gottheit + ahd. bald »kühn«).

Ingobert: alter deutscher männl. Vorn. (ahd. *Ing[wio]* – Name einer germanischen Gottheit + ahd. *beraht* »glänzend«).

Ingold: alter deutscher männl. Vorn. (ahd. *Ing[wio]* – Name einer germanischen Gottheit + ahd. *-walt* zu *waltan* »walten, herrschen«).

Ingolf: alter deutscher männl. Vorn. (ahd. *Ing[wio]* – Name einer germanischen Gottheit + ahd. *wolf* »Wolf«).

Ingomar, (auch:) Ingmar: alter deutscher männl. Vorn. (ahd. *Ing[wio]* – Name einer germanischen Gottheit + ahd. *māri* »bekannt, berühmt, angesehen«). Schwed. Form: Ingmar.

Ingram: alter deutscher männl. Vorn. (ahd. *Ing[wio]* – Name einer germanischen Gottheit + ahd. *hraban* »Rabe«).

Ingrid: Ende des 19.Jh.s aus dem Dänischen/Schwedischen übernommener weibl. Vorn. (zu altisländ. *Yngvi*, Name eines Gottes + altisländ. *fríðr* »schön«). Eine literarische Gestalt ist Ingrid Schmeller in H. von Doderers Roman »Die Strudlhofstiege«. ◇ Bekannte Namensträgerinnen: Ingrid Bergmann, schwedische Filmschauspielerin (20. Jh.); Ingrid Thulin, schwedische Filmschauspielerin (20. Jh.); Ingrid Andree, deutsche Filmschauspielerin (20. Jh); Ingrid Steger, deutsche [Film]schauspielerin (20. Jh.); Ingrid Noll, deutsche Schriftstellerin (20. Jh.).

Ingrun: weibl. Vorn., Neubildung aus ▶ Ing(e) und dem alten Namenbestandteil »-run« (ahd. *rūna* »Geheimnis, geheime Beratung«).

Ingvar, (auch:) Ingwar: aus dem Nordischen übernommener männl. Vorn., dän., schwed. Ingvar, altisländ. Ingvarr, Yngvarr (altisländ. *Yngvi*, Name eines Gottes, zum zweiten Bestandteil vgl. ahd. *wāra* »Schutz, Huld«).

Ingwald: alter deutscher männl. Vorn. (ahd. *Ing[wio]* – Name einer germanischen Gottheit + ahd. *-walt* zu *waltan* »walten, herrschen«).

Ingwar: ▶ Ingvar.

Ingward: alter deutscher männl. Vorn. (ahd. *Ing[wio]* – Name einer germanischen Gottheit + ahd. *wart* »Hüter, Schützer«).

Ingwin: alter deutscher männl. Vorn. (ahd. *Ing[wio]* – Name einer germanischen Gottheit + ahd. *wini* »Freund«).

¹Inja: weibl. Vorn., Neubildung aus ▶ In(geborg) und ▶ Ja(koba).

²Inja: weibl. Vorn., russische Kurzform von Innokentja (▶ Innozentia).

Inka, (auch:) Inke: ▶ Inken.

Inken: weibl. Vorn., friesische Koseform von Namen, die mit »Ing(e)-« gebildet sind, besonders von ▶ Ingeborg. Eine bekannte literarische Gestalt ist die Inken Peters in Gerhart Hauptmanns Drama »Vor Sonnenuntergang«.

Inko: männl. Vorn., friesische Koseform von Namen, die mit »Ing-« gebildet sind.

Inna: weibl. Vorn., Kurzform von ▶ Innozentia.

Inno: männl. Vorn., Kurzform von ▶ Innozentius.

Innozentia, (auch:) Innocentia: weibl. Vorn. lateinischen Ursprungs, weibliche Form von ▶ Innozenz.

Innozenz, (auch:) Innozentius, Innocentius: männl. Vorn. lateinischen Ursprungs, der auf den römischen Beinamen Innocentius (zu lat. *innocēns* »unschuldig«) zurückgeht. Innozenz hießen mehrere Päpste. Zur Verbreitung des Namens trug die Verehrung des heiligen Innozenz I., Papst von 402 bis 417, bei; NAMENSTAG: 12. März.

Inse, (auch:) Insa: weibl. Vorn., friesische Kurzform von Namen, die mit »Ing-« gebildet sind.

Inska, (auch:) Inske: weibl. Vorn., friesische Koseform von Namen, die mit »Ing-« gebildet sind.

Inula: weibl. Vorn. lateinisch-griechischen Ursprungs, der mit dem Namen einer Gattung von Korbblütlern identisch ist.

Iolanthe, (auch:) Jolanthe, Jolantha; Yolanda, Yolande; Yolantha, Yolanthe: weibl. Vorn. griechischen Ursprungs (spätgriech. *iolánthē* »Veilchen[blüte]«). Der Name kam in Deutschland im späten Mittelalter auf.

Iphigenie: weibl. Vorn. griechischen Ursprungs, der auf griech. Iphigéneia (etwa »die von Geburt an Kräftige«), den Namen der Tochter Agamemnons und Klytämnestras, Schwester Orests, zurückgeht. Nach der griechischen Sage wurde Iphigenie von Artemis nach Tauris entführt und zu ihrer Priesterin gemacht. Bei der Ausführung seines Auftrages, das Kultbild der Artemis wieder nach Griechenland zu bringen, erkannte Orest seine Schwester und floh mit ihr nach Attika. Der Stoff ist mehrfach dramatisch behandelt worden, u. a. von Johann Wolfgang von Goethe in »Iphigenie auf Tauris« und von Ch. W. Gluck in der Oper »Iphigénie en Tauride«.

Ira: weibl. Vorn., Kurzform von ▸ Irene oder ▸ Irina. ◇ Bekannte Namensträgerinnen: Ira Malaniuk, polnische Altistin (20. Jh.); Ira, Prinzessin von Fürstenberg (20. Jh.).

Ireen, engl. Aussprache: [aɪˈriːn]: weibl. Vorn., englische Form von ▸ Irene.

Irene: weibl. Vorn. griechischen Ursprungs (griech. *eirḗnē* »Frieden«, auch Name der griechischen Friedensgöttin). Der Name wurde im mittelalterlichen Deutschland durch die byzantinische Prinzessin Irene bekannt, die König Philipp von Schwaben 1197 heiratete. In der Neuzeit trug die Irene in Wagners Oper »Rienzi« zur Verbreitung des Vornamens bei. Eine literarische Gestalt ist die Irene in der »Forsyte-Saga« von J. Galsworthy (1922). ◇ Bekannte Namensträgerinnen: die heilige Irene, Märtyrerin zu Konstantinopel (3./4. Jh.), NAMENSTAG: 5. Mai; Irene Papas, griechische Filmschauspielerin (20. Jh.); Irene Epple, deutsche Skirennfahrerin (20. Jh.). Engl. Formen: Irene, Ireen [aɪˈriːn]. Russ. Form: Irina.

Irina: weibl. Vorn., russische Form von ▸ Irene. ◇ Bekannte Namensträgerin: Irina Korschunow, deutsche Schriftstellerin (20. Jh.).

Iring: männl. Vorn., dessen Herkunft und Bedeutung unklar sind. Markgraf Iring kommt im Nibelungenlied vor. ◇ Bekannter Namensträger: Iring Fetscher, deutscher Politikwissenschaftler (20. Jh.).

Iris: weibl. Vorn. griechischen Ursprungs, der auf griech. Íris, den Namen der Götterbotin, zurückgeht. In der griechischen Mythologie wurde die Botin der Götter mit dem Regenbogen gleichgesetzt und *íris* appellativisch im Sinne von »Regenbogen« gebraucht. Heute denkt man bei dem Vornamen gewöhnlich an die gleichnamige Blume. ◇ Bekannte Namensträgerin: Iris Berben, deutsche Schauspielerin (20. Jh.).

Irma: alter deutscher weibl. Vorn., verselbstständigte Kurzform von Namen, die mit »Irm-« gebildet sind (z. B. ▸ Irmgard und ▸ Irmtraud).

Irmalotte: weibl. Vorn., Doppelform aus ▸ Irma und Lotte (Kurzform von ▸ Charlotte).

Irmbert: alter deutscher männl. Vorn. (german. *ermana, *irmina »allumfassend, groß«, später Namenglied mit verstärkender Bedeutung + ahd. *beraht »glänzend«).

Irmburg: alter deutscher weibl. Vorn. (german. *ermana, *irmina »allumfassend, groß«, spä-

ter Namenglied mit verstärkender Bedeutung + ahd. *burg* »Burg, Zufluchtstätte, Schutz«).

Irmela: weibl. Vorn., Koseform von ▸ Irma.

Irmelies: weibl. Vorn., Doppelform aus ▸ Irma und Lies (Kurzform von ▸ Elisabeth).

Irmelin: weibl. Vorn., Weiterbildung von ▸ Irmela.

Irmelind, (auch:) Irmelinde; Irmlind, Irmlinde: alter deutscher weibl. Vorn. (german. *ermana, *irmina »allumfassend, groß«, später Namenglied mit verstärkender Bedeutung + ahd. *lind* »sanft, weich, mild«, auch beeinflusst durch ahd. *linta* »Linde, Schild aus Lindenholz«).

Irmfried: alter deutscher männl. Vorn. (german. *ermana, *irmina »allumfassend, groß«, später Namenglied mit verstärkender Bedeutung + ahd. *fridu* »Schutz vor Waffengewalt, Friede«).

Irmgard: alter deutscher weibl. Vorn. (german. *ermana, *irmina »allumfassend, groß«, später Namenglied mit verstärkender Bedeutung + german. *gardaz »Zaun, Einfriedigung«, vgl. ahd. *garto* »Garten«). Zur Verbreitung des Namens im Mittelalter trug die Verehrung der heiligen Irmgard von Köln (11. Jh.) bei; NAMENSTAG: 4. September. Auch Irm[en]gard, die Tochter Kaiser Ludwigs des Deutschen, wurde im Mittelalter als Heilige verehrt; NAMENSTAG: 16. Juli. In der Neuzeit wurde der Name durch die romantische Bewegung neu belebt. ◇ Bekannte Namensträgerinnen: Irmgard Seefried, österreichische Sängerin (20. Jh.); Irmgard Keun, deutsche Schriftstellerin (20. Jh.).

Irmhild, (auch:) Irmhilde: alter deutscher weibl. Vorn. (german. *ermana, *irmina »allumfassend, groß«, später Namenglied mit verstärkender Bedeutung + ahd. *hiltja »Kampf«).

Irmi: weibl. Vorn., Koseform von Namen, die mit »Irm-« gebildet sind.

Irmin: männl. Vorn., verselbstständigte Kurzform von Namen, die mit »Irmin-« (german. *ermana, *irmina »allumfassend, groß«, später Namenglied mit verstärkender Bedeutung) gebildet sind.

Irmina: weibl. Vorn., Weiterbildung von ▸ Irma.

Irmlind, (auch:) Irmlinde: ▸ Irmelind.

Irmo: männl. Vorn., verselbstständigte Kurzform von Namen, die mit »Irm[in]-« (german. *ermana, *irmina »allumfassend, groß«, später Namenglied mit verstärkender Bedeutung) gebildet sind.

Irmtraud, (auch:) Irmtrud: alter deutscher weibl. Vorn. (german. *ermana, *irmina »allumfassend, groß«, später Namenglied mit verstärkender Bedeutung + *Þrūþi »Kraft, Stärke«, in althochdeutscher Zeit umgedeutet zu trūt »vertraut, lieb«). ◇ Bekannte Namensträgerin: Irmtraud Morgner, deutsche Schriftstellerin (20. Jh.).

Irving [ˈəːvɪŋ]: aus dem Englischen übernommener männl. Vorn., der auf einen schottischen Orts- und Familiennamen zurückgeht.

Isa: weibl. Vorn., Kurzform von ▶ Isabella, gelegentlich auch von ▶ Elisa, ▶ Isolde und ▶ Luisa/Luise.

Isaak: aus der Bibel übernommener männl. Vorn. hebräischen Ursprungs (»Er [Gott] lächelt zu«). Nach der Bibel war Isaak der Sohn Abrahams und Saras und einer der Erzväter Israels. Historisch dürfte Isaak ein Kleinviehnomade im Süden Palästinas gewesen sein. Erst nachträglich ist Isaak genealogisch mit Abraham, Esau und Jakob in Verbindung gebracht worden. ◇ Bekannte Namensträger: Isaac Newton, englischer Mathematiker, Physiker und Astronom (17./18. Jh.); Isaac Albéniz, spanischer Komponist (19./ 20. Jh.); Isaak E. Babel, russischer Schriftsteller (19./20. Jh.).

Isabe: weibl. Vorn., wohl Kurzform von ▶ Isabella.

Isabel: weiblicher Vorname, spanische Form von ▶ Elisabeth. Die spanische Form entstand wahrscheinlich durch eine Angleichung der Endung »-(b)et« an die üblichere Endung »-(b)el« und eine Kürzung von »Elisa-« zu »Isa-«. ◇ Bekannte Namensträgerin: Isabel Allende, chilenische Schriftstellerin (20. Jh.). Span. Form: Isabel [isaˈβɛl]. Italien. Form: Isabella. Französ. Form: Isabelle [izaˈbɛl].

Isabella: weibl. Vorn., italienische Form von ▶ Isabel. Unter dieser Namensform wurden im Mittelalter spanische und französische Fürstinnen bekannt. Eine literarische Gestalt ist die Isabella in Schillers Tragödie »Die Braut von Messina oder die feindlichen Brüder«. ◇ Bekannte Namensträgerinnen: Isabella, dritte Gemahlin Kaiser Friedrichs II. (13. Jh.); Isabella I., die Katholische, Königin von Kastilien und Aragonien (15./16. Jh.); Isabella Nadolny, deutsche Schriftstellerin

Isabel: Isabel Allende, chilenische Schriftstellerin

(20. Jh.); Isabella Rossellini, amerikanische Filmschauspielerin (20. Jh.).

Isabelle [izaˈbɛl]: weibl. Vorn., französische Form von ▶ Isabel. ◇ Bekannte Namensträgerin: Isabelle Huppert, französische Filmschauspielerin (20. Jh.).

Isadora, (auch:) Isadore: weibl. Vorn., Nebenform von ▶ Isidora. ◇ Bekannte Namensträgerin: Isadora Duncan, amerikanische Tänzerin (19./20. Jh.).

Isamaria: weibl. Vorn., Doppelform aus Isa (Kurzform von ▶ Isabel, ▶ Elisa, ▶ Isolde, ▶ Luise/Luisa) und ▶ Maria.

Isbert: männl. Vorn., jüngere Form von Isenbert (ahd. īsan »Eisen« + ahd. beraht »glänzend«).

Isburg: alter deutscher weibl. Vorn. (ahd. īsan »Eisen« + ahd. burg »Burg, Zufluchtstätte, Schutz«).

Isfried: männl. Vorn., jüngere Form von Isenfried (ahd. īsan »Eisen« + ahd. fridu »Schutz vor Waffengewalt, Friede«).

Isgard: alter deutscher weibl. Vorn. (ahd. īsan »Eisen« + german. *gardaz »Zaun, Einfriedung«, vgl. ahd. garto »Garten«).

Isger: männl. Vorn., jüngere Form von Isenger (ahd. īsan »Eisen« + ahd. gēr »Speer«).

Ishild, (auch:) Ishilde: alter deutscher weibl. Vorn. (ahd. īsan »Eisen« + ahd. hiltja »Kampf«).

Isidor: männl. Vorn. griechischen Ursprungs (griech. Isídōros »Geschenk der Göttin Isis«). ◇ Bekannter Namensträger: der heilige Isidor von Sevilla (6./7. Jh.), NAMENSTAG: 4. April.

Isidora, (auch:) Isidore: weibl. Vorn., weibliche Form von ▶ Isidor.

Isis: weibl. Vorn., der auf den Namen einer ägyptischen Göttin zurückgeht.

Iska: weibl. Vorn., niederdeutsche Koseform von Namen, die mit »Is-« (ahd. *īsan* »Eisen«) gebildet sind.

Ismael: aus der Bibel übernommener männl. Vorn. hebräischen Ursprungs (»Gott hört«). Nach der Bibel war Ismael der Sohn Abrahams und der ägyptischen Sklavin Hagar und Stammvater der Ismaeliten.

Ismar: alter deutscher männl. Vorn. (ahd. *īsan* »Eisen« + ahd. *māri* »bekannt, berühmt, angesehen«).

Ismene: weibl. Vorn. griechischen Ursprungs, dessen Bedeutung unklar ist. In der griechischen Sage ist Ismene eine Tochter des Ödipus und die Schwester der Antigone. Als solche kommt sie in verschiedenen griechischen und modernen Tragödien vor.

Iso: alter deutscher männl. Vorn., Kurzform von Namen, die mit »Is-« (ahd. *īsan* »Eisen«) gebildet sind.

Isolde: weiblicher Vorname, dessen Herkunft unklar ist (vielleicht zu ahd. *īsan* »Eisen« oder *īs* »Eis« + ahd. *hiltja* »Kampf«). Der Name wurde im Mittelalter durch die Sage von »Tristan und Isolde« bekannt. Zur Verbreitung des Namens seit dem 19. Jh. trug vor allem Richard Wagners Oper »Tristan und Isolde« (1865) bei. ◊ Bekannte Namensträgerin: Isolde Kurz, deutsche Schriftstellerin (19./20. Jh.).

Istraud, (auch:) **Istrud:** weibl. Vorn., jüngere Form von Isentraud (ahd. *īsan* »Eisen« + german.*ÞrūÞi »Kraft, Stärke«, in althochdeutscher Zeit umgedeutet zu *trūt* »vertraut, lieb«).

István, ungarische Aussprache: [ˈiʃtvaːn]: männlicher Vorname, ungarische Form von ▸ Stephan.

Italo: aus dem Italienischen übernommener männl. Vorn. (»der Italiener«). Der Name kam in Italien im 19. Jh. aus ideologischen Gründen während des Kampfes um die italienische Einheit in Gebrauch. ◊ Bekannter Namensträger: Italo Calvino, italienischer Schriftsteller (20. Jh.).

Iva: weiblicher Vorname, weibliche Form von ▸ Ivo.

Ivan: ▸ Iwan.

Ivana: ▸ Iwana.

Ivanka: ▸ Iwanka.

Ivar: männl. Vorn. schwedischer, dänischer, norwegischer Herkunft, vielleicht Nebenform von ▸ Ingvar. ◊ Bekannter Namensträger:

Ivar Kreuger, schwedischer Großindustrieller, »Streichholzkönig« (19./20. Jh.).

Ives [iːv]: männl. Vorn., Schreibvariante des französischen Vornamens ▸ Yves.

Ivette, franzos. Aussprache: [iˈvɛt]: weibl. Vorn., Schreibvariante des französischen Vornamens ▸ Yvette.

¹Ivo, (selten auch:) **Iwo:** alter deutscher männl. Vorn. (zu ahd. *īwa* »Eibe; Bogen aus Eibenholz«). Mit dem german. Wort urverwandt ist kelt. **ivos,* kymrisch *ywen,* bretonisch *ivin* mit der gleichen Bedeutung, sodass der Name des bretonischen Heiligen Ivo (13./14. Jh.), der sehr zur Verbreitung des Vornamens beigetragen hat, auch keltischen Ursprungs sein könnte. Der heilige Ivo war ein Advokat und Priester und wurde wegen seiner tätigen Nächstenliebe und Verteidigung der Schutzlosen der Advokat der Armen genannt. Er ist der Schutzheilige der Juristen; NAMENSTAG: 19. Mai. ◊ Bekannte Namensträger: der heilige Ivo, Bischof von Chartres (11./12. Jh.), NAMENSTAG: 23. Dezember; Ivo Hauptmann, deutscher Kunstmaler (19./20. Jh.). Französ. Formen: Yves [iːv], Yvon [iˈvõ].

²Ivo: männl. Vorn., serbische Kurzform von ▸ Johannes. ◊ Bekannter Namensträger: Ivo Andrić, serbischer Schriftsteller und Nobelpreisträger (19./20. Jh.).

Ivona: weibl. Vorn., weibliche Bildung zu dem männlichen Vornamen ▸ Ivo.

Ivonne [iˈvɔn]: weiblicher Vorname, Schreibvariante des französischen Vornamens ▸ Yvonne.

Ivy [ˈaɪvɪ]: weibl. Vorn. englischer Herkunft (engl. *ivy* »Efeu«). Der Name kam in England zusammen mit anderen Blumen- und Pflanzennamen Ende des 19. Jh.s in Gebrauch.

Iwan, (auch:) **Ivan,** russ. Aussprache: [iˈvan]: männl. Vorn., russische Form von ▸ Johannes. Eine bekannte literarische Gestalt ist der Iwan Karamasow in dem Roman »Die Brüder Karamasow« von F. M. Dostojewski. ◊ Bekannte Namensträger: Iwan Grosny (der Schreckliche), russischer Großfürst und Zar (16. Jh.); Iwan S. Turgenjew, russischer Schriftsteller (19. Jh.); Ivan Lendl, tschechoslowakischer Tennisspieler (20. Jh.).

Iwana, (auch:) **Ivana:** weibl. Vorn., weibliche Form von ▸ Iwan.

Iwanka, (auch:) **Ivanka:** weibl. Vorn., Koseform von ▸ Iwana.

Iwo: ▸ ¹Ivo.

Jaak: männl. Vorn., niederländische Kurzform von ▸ Jakob.

Jaap: männl. Vorn., niederländische Kurzform von ▸ Jakob.

Jack [dʒæk]: männl. Vorn., englische Koseform von John (▸ Johannes). »Jack« entwickelte sich aus Jehan, Jan durch Hinzufügung des Kosesuffixes -kin (Jankin, Jackin) schon vor dem 14. Jh. Gelegentlich wird »Jack«, unter dem Einfluss von französ. Jacques, als Kurzform von ▸ James aufgefasst. ◆ Bekannte Namensträger: Jack London, amerikanischer Schriftsteller (19./20. Jh.); Jack Kerouac, amerikanischer Schriftsteller (20. Jh.); Jack Lemmon, amerikanischer Filmschauspieler (20. Jh.).

Jackie, (auch:) Jacky [ˈdʒæki]: weibl. Vorn., englische Koseform von ▸ Jacqueline.

Jacob: ▸ Jakob.

Jacqueline [ʒaˈklin, ʒaˈkliːn]: aus dem Französischen übernommener weibl. Vorn., weibliche Form von Jacques (▸ Jakob), auch englisch [ˈdʒækliːn].

Jacques [ʒɑːk, ʒak]: männl. Vorn., französische Form von ▸ Jakob. ◆ Bekannte Namensträger: Jacques Offenbach, französischer Komponist deutscher Herkunft (19. Jh.); Jacques Brel, französischer Chansonsänger und Lyriker belgischer Herkunft (20. Jh.); Jacques Prévert, französischer Schriftsteller (20. Jh.); Jacques Villeneuve, kanadischer Rennfahrer (20. Jh.).

Jadwiga: weibl. Vorn., polnische Form von ▸ Hedwig.

Jael: aus der Bibel übernommener weibl. Vorn. hebräischen Ursprungs (»Steinbock, Bergziege«).

Jaime [ˈxaime]: männl. Vorn., spanische Form von ▸ Jakob.

Jakob, (älter auch:) Jacob: aus der Bibel übernommener männl. Vorn. hebräischen Ursprungs. Der Name bedeutet eigentlich »Er

[Gott] möge schützen«, wird aber bereits im Alten Testament volksetymologisch als »Fersenhalter« und »er betrügt« verstanden. In der Tat handeln viele Geschichten um Jakob von schlauem Betrug. So bringt Jakob z. B. seinen Zwillingsbruder Esau durch List um seine Erstgeburt und durch Betrug um den väterlichen Segen. »Jakob« fand in der christlichen Welt nicht als Name des alttestamentlichen Patriarchen Verbreitung, sondern als Name der Apostel Jakobus des Älteren, NAMENSTAG. 25. Juli, und Jakobus des Jüngeren, NAMENSTAG: 3. Mai. Literarische Gestalten sind der Jakob Abs in Uwe Johnsons Roman »Mutmaßungen über Jakob« und der Jakob Heym in Jurek Beckers Roman »Jakob der Lügner«. ◆ Bekannter Namensträger: Jacob van Ruysdael, niederländischer Maler (17. Jh.). Engl. Form: James [dʒeɪmz]. Französ. Form: Jacques [ʒɑːk, ʒak]. Italien. Form: Giacomo [ˈdʒaːkomo]. Span. Form: Jaime [ˈxaime].

Jakoba: weibl. Vorn., weibliche Form von ▸ Jakob.

Jakobea: weibl. Vorn., Weiterbildung von ▸ Jakoba.

Jakobine, (auch:) Jakobina: weibl. Vorn., weibliche Form von ▸ Jakob mit der seit dem 17./18. Jh. beliebten Endung -ine/-ina.

James [dʒeɪmz]: männl. Vorn., englische Form von ▸ Jakob. ◆ Bekannte Namensträger: James Joyce, irischer Schriftsteller (20. Jh.); James Dean, amerikanischer Filmschauspieler (20. Jh.).

Jamila [dʒaˈmiːla]: aus dem Arabischen übernommener weibl. Vorn. (zu arab. jamil »schön«).

Jan: männl. Vorn., niederdeutsche, friesische, niederländische, schwedische, polnische, tschechische Form von ▸ Johannes. »Jan« gehört heute zu den beliebtesten männlichen

Vornamen. Literarische Gestalten sind der Jan in Hans Leips Roman »Jan Himp und die kleine Brise« und der Jan Bronski in Günter Grass' Roman »Die Blechtrommel«. ◇ Bekannte Namensträger: Jan Hus, tschechischer Reformator (14./15. Jh.); Jan van Eyck, niederländischer Maler (14./15. Jh.); Jan Brueghel der Ältere und der Jüngere, flämische Maler (16./17. Jh.); Jan Steen, niederländischer Maler (17. Jh.); Jan Neruda, tschechischer Schriftsteller (19. Jh.); Jan Kiepura, amerikanischer Tenor polnischer Herkunft (20. Jh.); Jan de Hartog, niederländischer Schriftsteller (20. Jh.); Jan Hendriks, deutscher Schauspieler (20. Jh.); Jan Ullrich, deutscher Radrennfahrer (20. Jh.).

Jana, aus dem Tschechischen übernommener weibl. Vorn., weibliche Form von ▸ Jan.

¹Jane: weibl. Vorn., Kurzform von ▸ Christiane, ▸ Juliane.

²Jane, engl. Aussprache: [dʒeɪn]: aus dem Englischen übernommener weibl. Vorn., englische Form von ▸ Johanna. Der Name wurde in Deutschland durch Charlotte Brontës Roman »Jane Eyre« (deutsche Übersetzung 1850) bekannt. ◇ Bekannte Namensträgerinnen: Jane Austen, englische Schriftstellerin (18./19. Jh.); Jane Fonda, amerikanische Filmschauspielerin (20. Jh.).

James: *James Dean, amerikanischer Schauspieler*

Janek: männl. Vorn., polnische und tschechische Koseform von Jan (▸ Johannes).

Janet, engl. Aussprache: [ˈdʒænɪt]: weibl. Vorn., englische Kosefom von ▸ ²Jane.

Janette, engl. Aussprache: [dʒəˈnɛt]: aus dem Englischen übernommener weibl. Vorn., Erweiterung von engl. ▸ Janet oder vereinfachte Schreibung von französ. ▸ Jeannette; gelegentlich auch Weiterbildung von ▸ Jana.

Janfried: männl. Vorn., Neubildung aus ▸ Jan und dem alten Namenbestandteil »-fried« (ahd. *fridu* »Schutz vor Waffengewalt, Friede«).

Janheinz: männl. Vorn., Doppelform aus ▸ Jan und ▸ Heinz. ◇ Bekannter Namensträger: Janheinz Jahn, Schriftsteller und Afrikanist (20. Jh.).

Janice [ˈdʒænɪs]: weibl. Vorn., englische Koseform von ▸ ²Jane.

Janina: aus dem Polnischen übernommener weibl. Vorn., weibliche Form von ▸ Jan.

¹Janine: weibl. Vorn., weibliche Form von ▸ Jan.

²Janine [ʒaˈnin]: weibl. Vorn., vereinfachte Schreibung von französ. ▸ Jeannine.

¹Janka, ungar. Aussprache: [ˈjɔŋkɔ]: weibl. Vorn., ungarische Form von ▸ Johanna.

²Janka: weibl. Vorn., polnische Koseform von ▸ Janina.

Janko: männl. Vorn., tschechische Koseform von ▸ Jan.

Jankó [ˈjɔŋkoː]: männl. Vorn., ungarische Koseform von ▸ János.

Janna, (auch:) Janne: weibl. Vorn., niederdeutsche Kurzform von ▸ Johanna.

Janneke: weibl. Vorn., niederdeutsche Koseform von ▸ Johanna.

Jannes: ▸ Jannis.

Jannette: weiblicher Vorname, Eindeutschung des französischen Vornamens ▸ Jeannette.

Jannik, (auch:) Jannick: männl. Vorn., nordische Koseform von ▸ Jan.

Janning: männl. Vorn., niederdeutsche Koseform von ▸ Jan.

Jannis, (auch:) Jannes: männl. Vorn., niederländisch-friesische Kurzform von ▸ Johannes.

Janno: männl. Vorn., Kurzform von ▸ Johann.

János, ungar. Aussprache: [ˈjaːnoʃ]: männl. Vorn., ungarische Form von ▸ Johannes.

Janosch: männl. Vorn., eindeutschende Schreibung von ▸ János.

Janpeter: männl. Vorn., Doppelform aus ▸ Jan und ▸ Peter.

Jans: männl. Vorn., Kurzform von ▸ Johannes.

Jarmila: weibl. Vorn. tschechischer Herkunft, weibl. Form von Jarmil, einer Neubildung aus tschech. *jarý* »heftig, frisch, stark« und *milý* »lieb«.

Jaro: männl. Vorn., Kurzform von ▸ Jaromir und ▸ Jaroslaw.

Jaromir: aus dem Polnischen oder Tschechischen übernommener männl. Vorn. (urslaw. *jarъ »kühn, stark, zornig, streng« + urslaw. *mirъ »Frieden«, auch Ersatz für german. mār, mēr »bekannt, berühmt, angesehen«). Eine literarische Gestalt ist der Jaromir in Grillparzers Drama »Die Ahnfrau«.

Jaroslaw, (auch:) Jaroslav: aus dem Polnischen oder Tschechischen übernommener männl. Vorn. (urslaw. *jarъ »kühn, stark, zornig, streng« + urslaw. *slava »Ruhm, Ehre«).

Jascha: männl. Vorn., Koseform von Jakow, der russischen Form von ▸ Jakob. ◆ Bekannter Namensträger: Jascha Heifetz, amerikanischer Geiger russischer Herkunft (20. Jh.).

Jasmin, (auch:) Jasmina, Jasmine; Yasmin, Yasmina: weibl. Vorn., der mit dem Namen des Zierstrauches identisch ist. Der Gebrauch von »Jasmin« als weiblicher Vorname ist erst in neuerer Zeit unter englischem und französischem Einfluss aufgekommen.

Jasper: männlicher Vorname, niederdeutsche, friesische und niederländische Form von ▸ Kaspar.

¹Jean [ʒã]: männl. Vorn., französische Form von ▸ Johannes. ◆ Bekannte Namensträger: Jean Paul, deutscher Dichter (18./19. Jh.); Jean Cocteau, französischer Dichter, Maler, Komponist und Filmregisseur (19./20. Jh.); Jean Gabin, französischer Filmschauspieler (20. Jh.); Jean Genet, französischer Schriftsteller (20. Jh.); Jean Marais, französischer Filmschauspieler (20. Jh.); Jean Anouilh, französischer Dramatiker (20. Jh.); Jean Améry, österreichischer Schriftsteller und Publizist (20. Jh.); in Doppelnamen: Jean-Baptiste Lully, französischer Komponist (17. Jh.); Jean-Jacques Rousseau, französischer Schriftsteller und Kulturphilosoph schweizerischer Herkunft (18. Jh.); Jean-Paul Sartre, französischer Schriftsteller und Philosoph (20. Jh.); Jean-Luc Godard, französischer Filmregisseur (20. Jh.).

²Jean [dʒiːn]: weibl. Vorn., englische Form von ▸ Johanna. ◆ Bekannte Namensträgerin: Jean Seberg, amerikanische Filmschauspielerin (20. Jh.).

Jeanne [ʒɑːn, ʒan]: weibl. Vorn., französische Form von ▸ Johanna. ◆ Bekannte Namensträgerin: Jeanne Moreau, französische Filmschauspielerin (20. Jh.).

Jeannette [ʒaˈnɛt]: weibl. Vorn., Koseform von Jeanne (▸ Johanna).

Jeannine [ʒaˈnin]: weibl. Vorn., Koseform von Jeanne (▸ Johanna).

Jeff [dʒɛf]: aus dem Englischen übernommener männl. Vorn., Kurzform von ▸ Jeffrey.

Jeffrey [ˈdʒɛfrɪ]: männl. Vorn. englischer Herkunft, Nebenform von ▸ Geoffrey.

Jekaterina, russ. Aussprache: [jɪkʲetɪˈrinʲe]: weibl. Vorn., russische Form von ▸ Katharina.

Jelena, russ. Aussprache: [jɪˈlʲenʲe]: weibl. Vorn., russische Form von ▸ Helena..

Jelenka: weibl. Vorn., russische Koseform von ▸ Jelena.

Jelka: weibl. Vorn., ungarische Koseform von ▸ Helene.

Jella: weibl. Vorn., Kurzform von Gabriela und Gabriella (▸ Gabriele).

Jenni, (auch:) Jenny: weibl. Vorn., Koseform von ▸ Johanna. Eine bekannte literarische Gestalt ist die Jenny Treibel in Theodor Fontanes Roman »Frau Jenny Treibel« (1892). ◆ Bekannte Namensträgerinnen: Jenny von Westphalen, Ehefrau von Karl Marx (19. Jh.); Jenny Lind, schwedische Sopranistin, »die schwedische Nachtigall« (19. Jh.).

Jenning: männl. Vorn., niederdeutsche Koseform von ▸ Johannes.

¹Jenny: ▸ Jenni.

²Jenny [ˈdʒɪnɪ, ˈdʒɛnɪ]: aus dem Englischen übernommener weibl. Vorn., Koseform von ▸ Jane, jetzt auch als Kurzform von ▸ Jennifer aufgefasst.

Jennifer [ˈdʒɛnɪfə]: aus dem Englischen übernommener weibl. Vorn., der auf keltisch Guenevere (walisisch gwen »weiß, blond; gesegnet, heilig« + hwyfar »glatt, weich«), den Namen der Gemahlin von König Artus zurückgeht. »Jennifer« gehört heute zu den beliebtesten weiblichen Vornamen.

Jenö: männl. Vorn., ungarische Form von ▸ Eugen.

Jens: männl. Vorn., dänische und niederdeutsch-friesische Form von ▸ Johannes. ◆ Bekannte Namensträger: Jens Peter Jacobsen, dänischer Dichter (19. Jh.); Jens Weißflog, deutscher Skispringer (20. Jh.).

Jeremias, (jetzt auch:) Jeremia: aus der Bibel übernommener männl. Vorn. hebräischen Ursprungs (»Jahwe gründet« oder »Jahwe erhöht«). Jeremias ist der zweite der vier großen Propheten des Alten Testaments. ◆ Bekannter Namensträger: Jeremias Gotthelf, schweizerischer Erzähler (18./19. Jh.). Englische Form: Jeremy [ˈdʒɛrɪmɪ].

Jeremy ['dʒɛrɪmɪ]: männl. Vorn., englische Form von ▸ Jeremias.

Jero: männl. Vorn., schweizerische Kurzform von ▸ Hieronymus.

Jerome [dʒe'roʊm, 'dʒɛrəm]: männl. Vorn., englische Form von ▸ Hieronymus.

Jérôme [ʒe'roːm]: männl. Vorn., französische Form von ▸ Hieronymus.

Jerry ['dʒɛrɪ]: aus dem Englischen übernommener männl. Vorn., Koseform von ▸ Jeremy und ▸ Gerald, gelegentlich auch von ▸ Jerome.

Jesse, engl. Aussprache: ['dʒɛsɪ]: aus dem Englischen übernommener männl. Vorn. hebräischen Ursprungs (lat. Form von Isai »Mann Jahwes«). Nach der Bibel war Jesse/Isai der Vater Davids und somit einer der Ahnen Jesu.

Jessica, engl. Aussprache: ['dʒɛsɪkə]: weibl. Vorn., der von Shakespeare für die gleichnamige Gestalt in seinem Drama »Der Kaufmann von Venedig«, vielleicht in Anlehnung an hebr. Jiska (»Er [Gott] schaut«), geprägt wurde. ◇ Bekannte Namensträgerin: Jessica Lange, amerikanische Schauspielerin (20. Jh.).

Jessie ['dʒɛsɪ]: aus dem Englischen übernommener weibl. Vorn., schottische Koseform von ²Jean (▸ Johanna). Gelegentlich wird »Jessie« auch als Kurzform von ▸ Jessica gebraucht.

Jette, (auch:) Jetty: weibl. Vorn., Kurzform von ▸ Henriette.

Jill, (auch:) Jil [dʒɪl]: weibl. Vorn., englische Kurzform von Jillian, Gillian (▸ Juliana). ◇ Bekannte Namensträgerin: Jil Sander, deutsche Modeschöpferin (20. Jh.).

Jillian ['dʒɪlɪən]: weibl. Vorn., englische Nebenform von Gillian (▸ Juliane).

Jim [dʒɪm]: männlicher Vorname, englische Kurzform von James (▸ Jakob). Eine literarische Gestalt ist »Lord Jim« in dem gleichnamigen Roman von J. Conrad. Aus der Jugendliteratur ist der Jim in Michael Endes Erzählungen »Jim Knopf und Lukas, der Lokomotivführer« bekannt.

Jimmy ['dʒɪmɪ]: männl. Vorn., Koseform von ▸ Jim. ◇ Bekannter Namensträger: Jimmy Carter, 39. Präsident der Vereinigten Staaten (20. Jh.).

¹Jo: weibl. Vorn., Kurzform von Namen, die mit »Jo-« beginnen, besonders von ▸ Johanna.

²Jo: männl. Vorn., Kurzform von Namen, die mit »Jo-« beginnen, besonders von ▸ Johannes.

Joachim, (auch:) Joachim, (jetzt auch:) Jojakim: männl. Vorn. hebräischen Ursprungs (»Jahwe richtet auf«). Nach den neutestamentlichen apokryphen Schriften war Joachim der Mann der heiligen Anna, der Mutter Marias; NAMENSTAG: 26. Juli. Der Name kam in Deutschland erst nach der Reformation in Mode. Besonders beliebt war er im 16. Jh. in Brandenburg durch die brandenburgischen Kurfürsten Joachim I., Joachim II. und Joachim Friedrich. ◇ Bekannte Namensträger: Joachim Neander, deutscher evangelischer Kirchenliederdichter (17. Jh.); Joachim Nettelbeck, Verteidiger der Festung Kolberg (18./19. Jh.); Joachim Ringelnatz, deutscher Dichter (19./20. Jh.); Joachim Fuchsberger, deutscher Filmschauspieler (20. Jh.); Joachim Fest, deutscher Publizist (20. Jh.); Joachim Maas, deutscher Schriftsteller (20. Jh.); Joachim Król, deutscher Filmschauspieler (20. Jh.).

Joachime: weibl. Vorn., weibliche Form von ▸ Joachim.

Joan [dʒoʊn]: weibl. Vorn., englische Form von ▸ Johanna. ◇ Bekannte Namensträgerinnen: Joan Baez, amerikanische Folkloresängerin (20. Jh.); Joan Sutherland, australische Opernsängerin (20. Jh.).

Joana, (auch:) Joanna: weibl. Vorn., Nebenform von ▸ Johanna.

Job: männl. Vorn., Nebenform von ▸ Hiob.

Jobst: männl. Vorn., der aus der Vermischung von ▸ Job und ▸ Jost entstanden ist. ◇ Bekannter Namensträger: Herzog Jobst von Mähren (14./15. Jh.).

Jocelilne: ▸ Jocelyn.

Jocelyn, (auch:) Josceline ['dʒɔslɪn]: aus dem Englischen übernommener weibl. Vorn. norm. normannischer Herkunft (doppelte Verkleinerungsform zu dem Stammesnamen der Goten/Gauten: *Gautzelin*). Im Mittelalter war der Name eher ein männlicher Rufname, in der Gegenwart wird er vor allem Mädchen gegeben. Französ. Form: Joceline [ʒɔs'lɪn].

Jochem, (auch:) Jochim: männl. Vorn., Kurzform von ▸ Joachim.

Jochen: männl. Vorn., Kurzform von ▸ Joachim. ◇ Bekannter Namensträger: Jochen Klepper, deutscher Schriftsteller (20. Jh.).

Jockel: männl. Vorn., landschaftliche Koseform von ▸ Jakob.

Jodokus, (auch:) Jodok: männl. Vorn. keltischen (bretonischen) Ursprungs (zu kelt.

jud »Kampf«). »Jodokus« kam im Mittelalter als Name des heiligen Jodokus (7. Jh.) auf, der 665 bei Montreuil (südlich von Boulogne) eine Einsiedelei gründete, aus der sich später die Benediktinerabtei St.-Josse-sur-Mer, ein wichtiges Wallfahrtsziel im Spätmittelalter, entwickelte; NAMENSTAG: 13. Dezember. Der bretonische Heilige wurde auch in Deutschland seit dem 9. Jh. verehrt.

Joe [dʒoʊ]: männl. Vorn., englische Kurzform von ▸ Joseph. ◇ Bekannter Namensträger: Joe Cocker, britischer Rocksänger (20. Jh.).

Joel: aus der Bibel übernommener männl. Vorn. hebräischen Ursprungs (»Jahwe ist Gott«). Joel war einer der Propheten des Alten Testaments.

Joelle [ʒɔˈɛl]: weibl. Vorn. französischer Herkunft, weibliche Form von ▸ Joel. Französ. Schreibung: Joëlle.

Johann, (auch:) Johann: männl. Vorn., schon im Mittelalter gebräuchliche verkürzte Form von ▸ Johannes. Im 17./18. Jh. wurde »Johann« gern mit einem zweiten Namen verbunden, der der eigentliche Rufname war: Johann Sebastian Bach, deutscher Musiker und Komponist (17./18. Jh.); Johann Gottfried Herder, deutscher Dichter und Philosoph (18./19. Jh.); Johann Wolfgang Goethe, deutscher Dichter (18./19. Jh.) u. a. ◇ Bekannte Namensträger: Johann Rist, deutscher Dichter (17. Jh.); Johann Strauß, österreichischer Komponist (19. Jh.).

Johanna, (auch:) Johanne; Joana; Joanna: aus der Bibel übernommener weibl. Vorn. hebräischen Ursprungs, weibliche Form von ▸ Johannes. Nach der Bibel gehörte Johanna zu den Frauen, die Jesus geheilt hatte und die ihm nachfolgten. Im Gegensatz zu dem männlichen Vornamen Johann[es] wurde »Johanna« in Deutschland erst im 17./18. Jh. volkstümlich. Zur Bekanntheit des Namens im 19. Jh. trug u. a. Schiller mit seinem Drama »Die Jungfrau von Orleans« bei. ◇ Bekannte Namensträgerinnen: Johanna von Orleans (französ. Jeanne d'Arc), genannt die Jungfrau von Orleans, französische Nationalheldin (15. Jh.); Johanna die Wahnsinnige, Königin von Spanien (15./16. Jh.); Johanna Schopenhauer, Mutter Arthur Schopenhauers, deutsche Schriftstellerin (18./19. Jh.); Johanna Spyri, schweizerische Schriftstellerin (19./ 20. Jh.); Johanna von Koczian, deutsche Schauspielerin (20. Jh.). Italien. Form: Gio-

vanna [dʒoˈvanna]. Span. Form: Juana [ˈxuana]. Französ. Form: Jeanne [ʒɑːn, ʒan]. Engl. Formen: Joan [dʒoʊn], Jane [dʒeɪn], Jean [dʒiːn]. Ungar. Form: Janka [ˈjɔŋkɔ].

Johannes, (jetzt auch:) Johanan: aus der Bibel übernommener männl. Vorn. hebräischen Ursprungs (»Jahwe hat Gnade erwiesen«). Der Name fand schon früh in der christlichen Welt große Verbreitung, hauptsächlich als Name Johannes' des Täufers, NAMENSTAG: 24. Juni, daneben auch als Name des Apostels und Evangelisten Johannes, NAMENSTAG: 27. Dezember. Auch die Verehrung mehrerer Heiliger und Päpste, die diesen Namen trugen, hat zu der Beliebtheit des Namens beigetragen. Am Ende des Mittelalters war »Johannes« (einschließlich seiner Kurzformen ▸ Johann und ▸ Hans) der volkstümlichste und häufigste Taufname in Deutschland. ◇ Bekannte Namensträger: Johannes Gutenberg, deutscher Erfinder des Buchdrucks (14./15. Jh.); Johannes von Tepl (Johannes von Saaz), Verfasser des »Ackermanns aus Böhmen« (14./15. Jh.); Johannes Kepler, deutscher Astronom (16./17. Jh.); Johannes Vermeer van Delft, holländischer Maler (17. Jh.); Johannes Brahms, deutscher Komponist (19. Jh.); Johannes XXIII., Papst (19./ 20. Jh.); Johannes R. Becher, deutscher Dichter (19./20. Jh.); Johannes Heesters, österreichischer [Film]schauspieler niederländischer Herkunft (20. Jh.); Johannes Mario Simmel, österreichischer Schriftsteller (20. Jh.); Johannes Schreiter, deutscher Maler und Grafiker (20. Jh.); Johannes Bobrowski, deutscher Schriftsteller (20. Jh.). Italien. Form: Giovanni [dʒoˈvanni]. Span. Form: Juan [xuan]. Französ. Form: Jean [ʒã]. Engl. Form: John [dʒɔn]. Niederländ. Form: Jan. Dän. Form: Jens. Russ. Form: Iwan. Ungar. Form: János [ˈjaːnoʃ].

Johannette: weibl. Vorn., Koseform von ▸ Johanna.

Johannina, (auch:) Johannine: weiblicher Vorname, Weiterbildung von dem Namen ▸ Johanna.

¹**John:** männlicher Vorname, alte niederdeutsche Zusammenziehung von ▸ Johann.

²**John** [dʒɔn]: männlicher Vorname, englische Form von ▸ Johannes. ◇ Bekannte Namensträger: John Keats, englischer Dichter (18./19. Jh.); John Steinbeck, amerikanischer Schriftsteller (20. Jh.); John Osborne, engli-

scher Dramatiker (20. Jh.); John F. Kennedy, amerikanischer Präsident (20. Jh.); John Lennon, Gitarrist und Sänger der englischen Beatgruppe »Beatles« (20. Jh.); John Updike, amerikanischer Schriftsteller (20. Jh.); John Travolta, amerikanischer Filmschauspieler (20. Jh.).

Johnny ['dʒɔnɪ]: männl. Vorn., Koseform von ▶ ²John. ◇ Bekannte Namensträger: Johnny Weissmuller, amerikanischer Filmschauspieler deutscher Abstammung (20. Jh.); Johnny Cash, amerikanischer Countrysänger (20. Jh.).

Jolanthe, (auch:) Jolantha: ▶ Iolanthe.

Jolina, (auch:) Joline: weibl. Vorn., Weiterbildung von ¹Jo (▶ Johanna).

Jolinde: weibl. Vorn., Neubildung aus ¹Jo (Kurzform von ▶ Johanna) und dem alten Namenbestandteil »-linde« (ahd. lind »sanft, weich, mild«, auch beeinflusst durch ahd. linta »Linde, Schild aus Lindenholz«).

Jon: männl. Vorn., Kurzform von ▶ Johannes und ▶ Jonas.

Jonas, (jetzt auch:) Jona: aus der Bibel übernommener männl. Vorn. hebräischen Ursprungs (»Taube«). Nach der Bibel war Jonas ein Prophet. Er wurde vom Tode des Ertrinkens durch einen großen Fisch (Walfisch) gerettet, der ihn verschlang und dann ans Land spie. Der Vorname erfreut sich zurzeit in Deutschland großer Beliebtheit.

Jonathan: aus der Bibel übernommener männl. Vorn. hebräischen Ursprungs (»Jahwe hat gegeben«). Nach der Bibel war Jonathan der älteste Sohn König Sauls, der im Kampf gegen die Philister fiel. Der Name ist zurzeit beliebt. ◇ Bekannter Namensträger: Jonathan Swift, irischer Schriftsteller (17./18. Jh.).

Jonna: weibl. Vorn., schweizerische Nebenform von ▶ Johanna.

Jonni, (auch:) Jonny: männl. Vorn., niederdeutsche Koseform von ▶ ¹John.

Joost: ▶ Jost.

Jopp: männl. Vorn., landschaftliche Kurzform von ▶ Josef.

Jöran: männl. Vorn., Nebenform von Göran, schwedische Form von ▶ Georg.

Jordan: männl. Vorn., der auf den Namen des Flusses in Palästina, in dem Jesus getauft wurde, zurückgeht. Der Name fand nach den Kreuzzügen Eingang in die abendländische Namengebung.

Jördis: weibl. Vorn., Nebenform von ▶ Hjördis.

Jörg, (auch:) Jorg: männl. Vorn., seit dem Mittelalter übliche Form von ▶ Georg. Luther benutzte »Junker Jörg« als Decknamen, als er sich auf der Wartburg versteckt hielt. ◇ Bekannte Namensträger: Jörg Ganghofer (genannt Jörg von Halspach oder Jörg der Maurer von Polling), deutscher Baumeister (15. Jh.); Jörg Wickram, deutscher Dichter (16. Jh.); Jörg Immendorf, deutscher Maler und Bildhauer (20. Jh.).

Jörgen: männl. Vorn., dänische Form von Jürgen (▶ Georg).

Jorina: weibl. Vorn., friesische weibliche Bildung zu ▶ Gregor.

Jorinde: weibl. Vorn., vielleicht niederdeutsche weibliche Bildung zu ▶ Georg oder ▶ Gregor. Der Name ist bekannt durch das grimmsche Märchen »Jorinde und Joringel«.

Joris: männl. Vorn., friesische und niederländische Form von ▶ Gregor[ius] oder ▶ Georg. ◇ Bekannter Namensträger: Joris-Karl Huysmans, belgischer Schriftsteller (19./20. Jh.).

Jörn: männl. Vorn., niederdeutsche Kurzform von Jürgen (▶ Georg). Der Name wurde zu Beginn des 20. Jh.s bekannt durch den Roman »Jörn Uhl« von Gustav Frenssen.

Jörna: weibl. Vorn., weibliche Form von ▶ Jörn.

Jos, (auch:) Joss: männl. Vorn., Kurzform von ▶ Josef.

Josceline: ▶ Jocelyn.

Joscha: männl. Vorn., aus dem ungarischen übernommene Koseform von József (▶ Josef).

Joschka: männl. Vorn., Koseform von ▶ Josef. ◇ Bekannter Namensträger: Joschka (eigtl. Josef) Fischer, deutscher Politiker (20. Jh.).

Joschua: ▶ Josua.

José [xo'se]: männl. Vorn., spanische Form von ▶ Josef. Bekannt ist der Name durch die Gestalt des Don José in Bizets Oper »Carmen«. ◇ Bekannte Namensträger: José van Dam (eigtl. Joseph van Damme), belgischer Sänger (20. Jh.); José Carreras, spanischer Tenor (20. Jh.).

Josef, (auch:) Joseph: aus der Bibel übernommener männl. Vorn. hebräischen Ursprungs (»Er [Gott] fügt hinzu«). Nach der Bibel war Joseph der 11. Sohn Jakobs. »Joseph« fand aber nicht als Name des alttestamentlichen Patriarchen Verbreitung, sondern als Name des Nährvaters Jesu. NAMENSTAG des heiligen Joseph ist der 19. März. In Deutschland kommt der Name erst seit dem 18. Jh. häufiger vor und gilt heute noch als typisch katholischer Vorname. In Österreich trugen die Kaiser Joseph I. (17./18. Jh.) und Joseph II. (18. Jh.) zur Verbreitung des Namens bei. Volkstümlich ist auch der Doppelname Franz Joseph. ◇ Bekannte Namensträger: Joseph Haydn, österreichischer Komponist (18./19. Jh.); Joseph Freiherr von Eichendorff, deutscher Dichter (18./19. Jh.); Joseph von Görres, deutscher Publizist (18./19. Jh.); Joseph Meyer, deutscher Verleger (18./19. Jh.); Joseph Conrad, englischer Schriftsteller polnischer Herkunft (19./20. Jh.); Josef Kainz, österreichischer Schauspieler (19./20. Jh.); Josef Weinheber, österreichischer Lyriker (19./20. Jh.); Joseph Roth, österreichischer Schriftsteller (19./20. Jh.); Josef Meinrad, österreichischer Schauspieler (20. Jh.); Joseph Kardinal Frings, Erzbischof von Köln (19./20. Jh.); Josef von Sternberg, amerikanischer Filmregisseur österreichischer Herkunft (19./20. Jh.); Joseph Keilberth, deutscher Dirigent (20. Jh.); Josef Greindl, deutscher Opernsänger (20. Jh.); Joseph Beuys, deutscher Künstler (20. Jh.); Josef Neckermann, deutscher Unternehmer und Dressurreiter (20. Jh.); als zweiter Vorname: Franz Josef Degenhardt, deutscher Musiker, Sänger und Schriftsteller (20. Jh.). Italien. Form: Giuseppe [dʒuˈzɛppe]. Span. Form: José [xoˈse]. Französ. Form: Joseph [ʒoˈzɛf]. Engl. Form: Joseph [ˈdʒoʊzɪf]. Russ. Form: Ossip.

Josefa, (auch:) Josepha: weibl. Vorn., weibliche Form von ▸ Josef. Eine bekannte Operettenfigur ist die Wirtin Josepha Voglhuber aus Ralph Benatzkys Operette »Im Weißen Rößl«.

Josefine, (auch:) Josefina; Josephine, Josephina: weibl. Vorn., weibliche Form von ▸ Josef. Der Name war im 18. Jh. beliebt und ist heute wieder modisch. ◇ Bekannte Namensträgerinnen: Joséphine de Beauharnais, erste Gemahlin Napoleons (18./19. Jh.); Josephine Baker, französische Sängerin und Tänzerin amerikanischer Herkunft (20. Jh.). Engl. Form: Josephine [ˈdʒoʊzɪfiːn]. Französ. Form: Joséphine [ʒozeˈfin].

Joseph: ▸ Josef.

Josepha: ▸ Josefa.

Josephine, (auch:) Josephina: ▸ Josefine.

Joshua [ˈdʒɔʃwə]: männl. Vorn., englische Form von ▸ Josua.

Josi: weibl. Vorn., Koseform von ▸ Josefine.

Josias, (jetzt auch:) Joschija: aus der Bibel übernommener männl. Vorn. hebräischen Ursprungs (»der Herr heilt, unterstützt«). Nach der Bibel war Josias Sohn und Nachfolger König Amons von Juda.

Josina: weibl. Vorn., friesische Kurzform von ▸ Josefine.

Josita: weiblicher Vorname, Koseform von ▸ Josefina.

Joss: ▸ Jos.

Jost, (auch:) Joost: männl. Vorn., der sich aus der altfranzösischen Namensform Josse von ▸ Jodokus entwickelt hat. ◇ Bekannter Namensträger: Joost van den Vondel, niederländischer Dichter (16./17. Jh.).

Jostein: aus dem Norwegischen stammender männl. Vorn. (zu german. *ehwaz, altwestnord. iór »Ross, Hengst«+ steinn »Stein«). ◇ Bekannter Namensträger: Jostein Gaarder, norwegischer Schriftsteller (20. Jh.).

Josua, (auch:) Joschua: aus der Bibel übernommener männl. Vorn. hebräischen Ursprungs (»Jahwe ist Hilfe«). Nach der Bibel war Josua der Sohn Nuns aus dem Stamm Ephraim. Er hieß, bevor Moses ihn umbenannte, ▸ Hosea. Engl. Form: Joshua [ˈdʒɔʃwə].

Jovan: männl. Vorn., serbische Form von ▸ Johannes.

Jovanka: weibl. Vorn., serbische Form von ▸ Johanna.

Joy [dʒɔɪ]: aus dem Englischen übernommener weibl. Vorn. (engl. joy »Freude«). ◇ Bekannte Namensträgerin: Joy Fleming, deutsche Bluessängerin (20. Jh.).

Joyce [dʒɔɪs]: aus dem Englischen übernommener weibl. Vorn., der auf Josce, eine englische Form von ▸ Jodokus, die im Mittelalter als Frauen- und Männername vorkam, zurückgeht. Josce ist von der französischen Form von Jodokus abgeleitet; vgl. den französischen Wallfahrtsort St. Josse sur Mer. Seit dem 14. Jh. ist »Joyce« jedoch nur als weiblicher Vorname belegt.

Juan [xuan]: männlicher Vorname, spanische Form von ▸ Johannes. Der sagenhafte spanische Liebhaber Don Juan lieferte den Stoff für zahlreiche literarische und musikalische Bearbeitungen, so beispielsweise von Tirso de Molina, Byron und Mozart (▸ Giovanni). ◇ Bekannte Namensträger: Juan Gris, spanischer Maler und Grafiker (19./20. Jh.); Juan Carlos I., König von Spanien (20. Jh.).

Juana ['xu̯ana]: weibl. Vorn., spanische Form von ▸ Johanna.

Juanita [xu̯a'nita]: weibl. Vorn., spanische Koseform von Juana (▸ Johanna).

Judith, (jetzt auch:) Judit: weibl. Vorn. hebräischen Ursprungs (»Jüdin, Frau aus Jehud«). Nach den apokryphen Schriften tötete Judith den assyrischen Feldherrn Holofernes mit einer List und rettete so ihre Vaterstadt Bethulia und Jerusalem. Dieser Stoff ist mehrfach dramatisch behandelt worden; bekannt ist vor allem das Drama »Judith« von Friedrich Hebbel. Der Name ist seit dem Mittelalter in Deutschland gebräuchlich. Literarische Gestalten sind die Judith in dem Roman »Zwei Menschen« von Richard Voß und die Judith Levin in Alfred Anderschs Roman »Sansibar oder der letzte Grund«. Engl. Form: Judith ['dʒu:dɪθ].

Judy ['dʒu:dɪ]: weibl. Vorn., englische Koseform von ▸ Judith. ◇ Bekannte Namensträgerin: Judy Garland, amerikanische Filmschauspielerin und Sängerin (20. Jh.).

Jul: männl. Vorn., Kurzform von ▸ Julius.

Jules [ʒyl]: männl. Vorn., französische Form von ▸ Julius. ◇ Bekannte Namensträger: Jules Verne, französischer Schriftsteller (19./20. Jh.); Jules Massenet, französischer Komponist (19./20. Jh.); Jules Dassin, amerikanisch-französischer Film- und Theaterregisseur (20. Jh.).

Julia: *Julia Roberts, amerikanische Schauspielerin*

Julia, (auch:) Julie: weibl. Vorn. lateinischen Ursprungs, weibliche Form von ▸ Julius. Der Name wurde in Deutschland allgemein bekannt durch die Julia in William Shakespeares Drama »Romeo und Julia«. Zur Beliebtheit der Namensform Julie im 18. Jh. trug Rousseaus Roman »La nouvelle Héloïse« bei, dessen deutsche Übersetzung 1785 unter dem Titel »Julie oder die neue Heloise« erschien. Bekannte literarische Gestalten sind auch die Julia in E. T. A. Hoffmanns Roman »Kater Murr« und die Julie in August Strindbergs Drama »Fräulein Julie«. »Julia« gehört heute zu den beliebtesten weiblichen Vornamen. ◇ Bekannte Namensträgerin: Julia Roberts, amerikanische Filmschauspielerin (20. Jh.). Französ. Form: Julie [ʒy'li]. Italien. Form: Giulia ['dʒu:lja]. Engl. Form: Julia ['dʒu:ljə].

Julian: männl. Vorn. lateinischen Ursprungs, der auf Julianus, einen von ▸ Julius abgeleiteten Beinamen zurückgeht. Bekannt ist der Name durch den römischen Kaiser Julian (Flavius Claudius Julianus), genannt Julianus Apostata (= der Abtrünnige), weil er das Heidentum wieder einführen wollte. ◇ Bekannter Namensträger: Julian von Károlyi, ungarischer Pianist (20. Jh.). Französ. Form: Julien [ʒy'ljɛ̃].

Juliana, (auch:) Juliane: weibl. Vorn. lateinischen Ursprungs, weibliche Form von Julianus (▸ Julian). Der Name fand im späten Mittelalter in Deutschland als Name der heiligen Juliana von Lüttich (12./13. Jh.), NAMENSTAG: 5. April, und der heiligen Juliana von Falconieri (13./14. Jh.), NAMENSTAG: 19. Juni. ◇ Bekannte Namensträgerin: Juliana, Königin der Niederlande (20. Jh.). Engl. Formen: Gillian ['dʒɪljən; 'gɪljən], Jillian ['dʒɪljən]. Französ. Form: Julienne [ʒy'ljɛn]. Russ. Form: Uljana.

Julianka: weibl. Vorn., polnische Koseform von ▸ Juliana.

Julianna, (auch:) Julianne: weiblicher Vorname, Doppelform aus ▸ Julia[na] und ▸ Anna/Anne.

Julie: ▸ Julia.

Julien [ʒy'ljɛ̃]: männl. Vorn., französische Form von ▸ Julian.

Julienne [ʒy'ljɛn]: weibl. Vorn., französische Form von ▸ Juliana.

Juliet ['dʒu:ljət]: weiblicher Vorname englischer Herkunft, der auf die Heldin von Shakespeares Drama »Romeo and Juliet« (dt. »Romeo und Julia«) zurückgeht. Hierbei handelt es sich um eine Anpassung von italien. Giulietta, Koseform von Giulia (▸ Julia) an das Englische.

Juliette [ʒy'ljɛt]: weibl. Vorn., französische Koseform von Julie (▸ Julia). ◇ Bekannte Namensträgerin: Juliette Gréco, französische Chansonsängerin (20. Jh.).

Juliette: *Juliette Gréco, französische Chansonsängerin*

Julika: weibl. Vorn., aus dem Ungarischen übernommene Koseform von ▸ Julia. Eine bekannte literarische Gestalt ist die Julika aus Max Frischs Roman »Stiller«.

Julina, (auch:) Juline: weibl. Vorn., Weiterbildung von ▸ Julia.

Julischka: weibl. Vorn., deutsche Schreibweise einer ungarischen Koseform von ▸ Julia.

Julitta: weibl. Vorn., russische Koseform von ▸ Julia.

Julius: männl. Vorn. lateinischen Ursprungs. Julius ist ein altrömischer Geschlechtername, der wahrscheinlich von Iovilius (»dem Jupiter geweiht«) abgeleitet ist. Der bekannteste Angehörige des Geschlechts der Julier ist Gaius Julius Cäsar. Ihm zu Ehren ist der siebente Monat des Kalenderjahrs benannt: lat. [mēnsis] Jūlius. Der Name kam in Deutschland, zunächst beim Adel, erst im 16. Jh. auf, nachdem der Humanismus das Interesse an der altrömischen Geschichte geweckt hatte. ◇ Bekannte Namensträger: der heilige Julius I., Papst (4. Jh.), NAMENSTAG: 12. April; Julius II., bedeutender Renaissancepapst (15./16. Jh.); Julius Echter von Mespelbrunn, Fürstbischof von Würzburg und Gründer der Universität Würzburg (16./17. Jh.); Julius Kardinal Döpfner, Erzbischof von München-Freising (20. Jh.). Als zweiter Vorname: Otto Julius Bierbaum, deutscher Schriftsteller (19./20. Jh.). Italien. Form: Giulio ['dʒu:ljo]. Französ. Form: Jules [ʒyl].

Jupp: männl. Vorn., rheinische Kurzform von ▸ Josef. ◇ Bekannter Namensträger: Jupp Derwall, deutscher Fußballtrainer (20. Jh.).

Jurek: aus dem Polnischen übernommener männl. Vorn., Koseform von Jerzy (▸ Georg). ◇ Bekannter Namensträger: Jurek Becker, deutscher Schriftsteller (20. Jh.).

Jurena: ▸ Jurina.

Jürg: männl. Vorn., Kurzform von ▸ Jürgen.

Jürgen: männl. Vorn., niederdeutsche Form von ▸ Georg. Der Name ist im 20. Jh. beliebt geworden und kommt auch in Verbindung mit anderen Namen vor, z. B. als Hans Jürgen und Klaus Jürgen. Eine literarische Gestalt ist Jürgen Doskocil aus Ernst Wiecherts Roman »Die Magd des Jürgen Doskocil«. ◇ Bekannte Namensträger: Jürgen Wullenwever, Bürgermeister von Lübeck, der die Vormacht Lübecks und der Hanse über die skandinavischen Länder wieder zu errichten suchte (15./16. Jh.); Jürgen Fehling, deutscher Regisseur (19./20. Jh.); Jürgen Manger, deutscher Unterhaltungskünstler (20. Jh.); Jürgen Habermas, deutscher Philosoph und Soziologe (20. Jh.); Jürgen Flimm, deutscher Regisseur (20. Jh.); Jürgen Klinsmann, deutscher Fußballspieler (20. Jh.).

Jurij, (auch:) Juri: männl. Vorn., russische Form von ▸ Georg. ◇ Bekannter Namensträger: Jurij Gagarin, russischer Astronaut (20. Jh.).

Jurina, (auch:) Jurena: weibl. Vorn., russische, polnische Form von ▸ Georgina.

Jurita, (auch:) Juritta: weibl. Vorn., russische Koseform von ▸ Georgina.

Jürn: männl. Vorn., Kurzform von ▸ Jürgen.

Just: ▸ Justus.

Justa: weibl. Vorn., weibliche Form von ▸ Justus.

Justin: ▸ Justinus.

Justina, (auch:) Justine: weibl. Vorn. lateinischen Ursprungs, weibliche Form von ▸ Justinus. ◇ Bekannte Namensträgerin: die heilige Justina, Märtyrerin (3./4. Jh.), NAMENSTAG: 26. September.

Justinianus, (auch:) Justinian: männl. Vorn. lateinischen Ursprungs, Weiterbildung von ▸ Justinus. ◇ Bekannter Namensträger: Kaiser Justinian, der die berühmte Zusammenstellung des römischen Corpus Iuris veranlasste (6. Jh.).

Justinus, (auch:) Justin: männl. Vorn. lateinischen Ursprungs, Weiterbildung von ▸ Justus. ◇ Bekannter Namensträger: der heilige

Justinus, Märtyrer (2. Jh.), NAMENSTAG: 1. Juni; Justinus Kerner, deutscher Dichter (18./19. Jh.).

Justus, (auch:) Just: männl. Vorn. lateinischen Ursprungs (lat. *iūstus, -a, -um* »gerecht; rechtschaffen, redlich«). Der Name fand in Deutschland in der Zeit des Humanismus (16. Jh.) Verbreitung, zum Teil als Wiedergabe von ▸ Jost und ▸ Jobst (= Jodokus). So hieß z. B. Justus Jonas, der Freund Martin Luthers, eigentlich Jobst Koch. Eine literarische Gestalt ist der Just in Lessings Lustspiel »Minna von Barnhelm oder das Soldatenglück«. ◇ Bekannte Namensträger: Justus Möser, deutscher Historiker und Schriftsteller (18. Jh.); Justus Liebig, deutscher Chemiker (19. Jh.); Justus Frantz, deutscher Pianist (20. Jh.).

Jutta: weiblicher Vorname, alte Koseform von ▸ Judith. Der Name war im Mittelalter recht beliebt. In der Neuzeit kam er außer Gebrauch und ist erst im 20. Jahrhundert wieder volkstümlich geworden. ◇ Bekannte Namensträgerinnen: die selige Jutta, Erzieherin der heiligen Hildegard von Bingen (11./12. Jh.), NAMENSTAG: 22. Dezember; Jutta Lampe, deutsche Schauspielerin (20. Jh.); Jutta Speidel, deutsche Filmschauspielerin (20. Jh.); Jutta Limbach, deutsche Juristin (20. Jh.).

¹Kai, (auch:) Kaj; Kay; Cay: weibl. Vorn., dessen Herkunft und Bedeutung nicht sicher geklärt sind. Vermutlich handelt es sich um eine aus dem Nordischen übernommene Kurzform von ▸ Katharina. In den skandinavischen Ländern ist der Name in der Schreibung Kaj gebräuchlich. ◇ Bekannte Namensträgerin: Kai Fischer, deutsche Filmschauspielerin (20. Jh.).

²Kai, (auch:) Kaj; Kay; Cay: männl. Vorn., wahrscheinlich friesische kindersprachliche Verkürzung von ▸ Gerhard. ◇ Bekannter Namensträger: Kai-Uwe von Hassel, deutscher Politiker (20. Jh.).

Kaija, (auch:) Kaja: weibl. Vorn., weibliche Form von ▸ ²Kai.

¹Kaj: ▸ ¹Kai.

²Kaj: ▸ ²Kai.

Kaja: ▸ Kaija.

Kajetan, (auch:) Kajetan; Cajetan, Cajetan: männl. Vorn. (zu dem römischen Beinamen Caiëtanus »aus der Stadt Gaeta lat. Caiëta, stammend«), dessen neuzeitliche Verbreitung auf die Verehrung des heiligen Kajetan zurückgeht. Der heilige Kajetan von Thiene (15./16. Jh.) ist der Gründer des Theatinerordens; NAMENSTAG: 7. August. Italien. Form: Gaetano.

Kajetana, (auch:) Cajetana: weibl. Vorn., weibliche Form von ▸ Kajetan.

Kajus, (auch:) Caius: männl. Vorn., der auf lateinisch Gäius, einen alten, sehr verbreiteten römischen Vornamen (Praenomen) ungeklärter Herkunft und Bedeutung zurückgeht. Die Schreibweise mit C bzw. K beruht auf der Abkürzung »C.« für Gaius, die aus einer Zeit stammt, als das lateinische Alphabet den Buchstaben »G« (= Weiterentwicklung von »C«) noch nicht kannte. »Kajus« kommt auch heute noch als Heiligenname vereinzelt vor, und zwar als Name des heiligen Papstes Caius (3. Jh.); NAMENSTAG: 22. April.

Kalle: männl. Vorn., schwedische Koseform von ▸ Karl. Auch in Deutschland ist »Kalle« als Koseform von Karl gebräuchlich. Eine bekannte Gestalt der Jugendbuchliteratur ist der Kalle in Astrid Lindgrens Büchern »Meisterdetektiv Blomquist« und »Kalle Blomquist lebt gefährlich«.

Kálmán: männl. Vorn., ungarische Form von ▸ Koloman.

Kamilla: ▸ Camilla.

Kamillo: ▸ Camillo.
Kandida: ▸ Candida.
Kandidus: ▸ Candidus.
Kara: ▸ Cara.
Karel: männl. Vorn., tschechische und nieder-
ländische Form von ▸ Karl. ◇ Bekannter Na-
mensträger: Karel Gott, tschechischer Sänger
(20. Jh.).
Karen, (auch:) Kareen; Caren: weibl. Vorn.,
Nebenform von ▸ Karin.
Karena: weibl. Vorn., Erweiterung von ▸ Karen.
Karianne: aus dem Niederländischen über-
nommener weibl. Vorn., Doppelform aus
▸ Ka[tha]ri[na] und ▸ [Joh]anna oder ▸ Anna.
Karim, (auch:) Karim: männl. Vorn. arabischen
Ursprungs (arab. *karim* »großzügig, vor-
nehm«).
Karin: aus dem Nordischen (schwed., dän.
Karin, auch: Karen) übernommener weibl.
Vorn., Weiterentwicklung von ▸ Katharina.
»Karin« gehört zu den beliebtesten weib-
lichen Vornamen des 20. Jh.s. ◇ Bekannte
Namensträgerinnen: Karin Michaelis, däni-
sche Schriftstellerin (19./20. Jh.); Karin Dor,
deutsche Filmschauspielerin (20. Jh.); Karin
Baal, deutsche Filmschauspielerin (20. Jh.).
Karina, (auch:) Carina: weibl. Vorn., Weiter-
bildung von ▸ Karin.
Karl, (auch:) Carl: alter deutscher männl. Vorn.
(ahd. *kar[a]l* »Mann; Ehemann«, im Ablaut
dazu mittelniederdeutsch *kerle* »freier Mann
nichtritterlichen Standes; grobschlächtiger
Mann, Kerl«). Durch den Sagenkreis um Karl
den Großen war der Name im mittelalterlichen Deutschland bekannt, aber er
gehörte nicht zu den häufigsten männlichen
Rufnamen. Die Heiligsprechung Karls des
Großen i. J. 1165 blieb ohne Einfluss auf
die spätmittelalterliche Namengebung. In
Deutschland fand »Karl« seit dem 17. Jh.
zunächst als katholische Heiligenname
größere Verbreitung, nachdem Karl Borromäus, Kardinal und Erzbischof von Mailand,
im Jahr 1610 heilig gesprochen worden war;
NAMENSTAG: 4. November. Erst im 19. Jh.
wurde der Name, gefördert durch die Ritterdichtung und romantische Bewegung, überaus beliebt. Der Name kommt auch häufig in
Verbindung mit anderen Namen vor, z. B. als
Karl Heinrich (vgl. Karlheinz) und Karl Ludwig. Eine bekannte literarische Gestalt ist der
Karl Moor aus Schillers Drama »Die Räuber«.
◇ Bekannte Namensträger: Karl V., deutscher

Kaiser (16. Jh.); Karl August, Herzog von
Sachsen-Weimar (18./19. Jh.); Karl Ditters
von Dittersdorf, österreichischer Komponist
(18./19. Jh.); Karl Leberecht Immermann,
deutscher Dichter (18./19. Jh.); Carl Maria von
Weber, deutscher Komponist (18./19. Jh.);
Carl Spitzweg, deutscher Maler (19. Jh.); Carl
Zeiss, deutscher Optiker (19. Jh.); Karl Marx,
deutscher Theoretiker des Sozialismus
(19. Jh.); Carl Hagenbeck, deutscher Tier-
händler (19. Jh.); Carl Millöcker, österreichischer Komponist (19. Jh.); Carl Benz, deutscher Ingenieur und Erfinder (19./20. Jh.);
Carl Bosch, deutscher Chemiker (19./
20. Jh.); Karl Valentin, deutscher Kabarettist
(19./20. Jh.); Carl Sternheim, deutscher Dramatiker (19./20. Jh.); Karl Schmidt-Rottluff,
deutscher Maler und Grafiker (19./20. Jh.);
Karl Jaspers, deutscher Philosoph (19./
20. Jh.); Carl Orff, deutscher Komponist (19./
20. Jh.); Karl Böhm, österreichischer Dirigent
(19./20. Jh.); Carl Zuckmayer, deutscher
Dramatiker (19./20. Jh.); Karl Kraus, öster-

Karl: *Karl Lagerfeld,
deutscher Mode-
schöpfer*

reichischer Schriftsteller (19./20. Jh.); Karl
Lagerfeld, deutscher Modeschöpfer (20. Jh.);
Karl Rahner, deutscher katholischer Theologe
(20. Jh.); Carl Friedrich Freiherr von
Weizsäcker, deutscher Physiker und Philosoph (20. Jh.); Karl Krolow, deutscher Schriftsteller (20. Jh.); Karl Ridderbusch, deutscher
Opernsänger (20. Jh.). Italien. Form: Carlo.
Span. Form: Carlos. Französ. Form: Charles
[ʃarl]. Engl. Form: Charles [tʃɑːlz]. Niederländ. Form: Karel. Poln. Form: Karol.
Tschech. Form: Karel. Ungar. Form: Károly
[ˈkaːroj].

Karla, (auch:) Carla: weibl. Vorn., weibliche Form von ▸ Karl. ◇ Bekannte Namensträgerin: Carla Henius, deutsche Sängerin (20. Jh.).

Karl Borromäus: ▸ Carolus Borromäus.

Karlernst: männl. Vorn., Doppelform aus ▸ Karl und ▸ Ernst.

Karlfried: männl. Vorn., Doppelform aus ▸ Karl und ▸ Fried[rich].

Karlhans: männl. Vorn., Doppelform aus ▸ Karl und ▸ Hans.

Karlheinrich: männl. Vorn., Doppelform aus ▸ Karl und ▸ Heinrich.

Karlheinz: männl. Vorn., Doppelform aus ▸ Karl und ▸ Heinz. Der Name wurde zu Beginn des 20. Jh.s durch die Operette »Alt-Heidelberg« (1902) von Meyer-Förster sehr beliebt. ◇ Bekannte Namensträger: Karlheinz Stockhausen, deutscher Komponist (20. Jh.); Karlheinz Böhm, [Film]schauspieler (20. Jh.).

Karlina, (auch:) Karline; Carline, Carlina: weiblicher Vorname, Weiterbildung von ▸ Karla.

Karlmann: alter deutscher männl. Vorn., Koseform zu ▸ Karl.

Karna: weibl. Vorn., südschwedische und dänische Kurzform von ▸ Katharina.

Karol: männl. Vorn., polnische Form von ▸ Karl.

Karola: ▸ Carola.

Karolin: ▸ Carolin.

Karolina: ▸ Carolina.

Karoline, (auch:) Caroline: weibl. Vorn., Weiterbildung von ▸ Carola mit der seit dem 17./18. Jh. beliebten Endung -ine/-ina. Der Name war im 18. Jh. und zu Beginn des 19. Jh.s sehr beliebt. Modisch ist heute die verkürzte Form ▸ Carolin. ◇ Bekannte Namensträgerinnen: Karoline von Schlegel, deutsche Schriftstellerin (18./19. Jh.); Karoline, Freifrau von Wolzogen, deutsche Schriftstellerin, Biographin Schillers (18./19. Jh.); Karoline von Günderode, deutsche Schriftstellerin (18./19. Jh.); Caroline, Prinzessin von Monaco (20. Jh.). Als zweiter Vorname: Friederike Caroline Neuber, deutsche Schauspielerin und Theaterleiterin (17./18. Jh.). Französ. Form: Caroline [karɔlin]. Engl. Form: Caroline [ˈkærəlaɪn].

Károly [ˈkaːroj]: männl. Vorn., ungarische Form von ▸ Karl.

Karsta, (auch:) Carsta: weibl. Vorn., niederdeutsche Form von ▸ Christa.

Karsten, (auch:) Carsten: männl. Vorn., niederdeutsche Form von ▸ Christian.

Karstine: weibl. Vorn., niederdeutsche Form von ▸ Christine.

Kasimir, (auch:) Casimir: aus dem Polnischen (Kazimierz) übernommener männl. Vorn. (urslaw. **kaziti* »verderben, vernichten« + urslaw. **mirъ* »Frieden«, auch Ersatz für german. **mār, mēr* »bekannt, berühmt, angesehen«). »Kasimir« war bei den Piasten, dem ältesten polnischen Herrschergeschlecht, Traditionsname. Bekannt ist König Kasimir der Große (14. Jh.). Zur Verbreitung des Namens trug die Verehrung des heiligen Kasimir, des Schutzpatrons Polens und Litauens (15. Jh.), bei; NAMENSTAG: 4. März. ◇ Bekannter Namensträger: Kasimir Edschmid, deutscher Schriftsteller (19./20. Jh.).

Kaspar, (älter auch:) Caspar: männl. Vorn. persischer Herkunft (altpersisch *kandschwar* »Schatzmeister«, zu altpersisch *gandsch* »Schatz«, davon abgeleitet lat. *gaza* »Schatzkammer, besonders orientalischer Fürsten«). Die Verbreitung des Namens geht auf Kaspar, den Namen eines der Heiligen Drei Könige, zurück. Deren Anzahl und Namen werden seit dem 6. Jh. genannt. Der Name wurde durch die Legende und durch die Dreikönigsspiele im Mittelalter in Deutschland bekannt. Da der Kaspar in den Dreikönigsspielen als Mohr auftrat und lustige Einlagen brachte, wurde er allmählich zur lustigen Figur (daher Kasper, Kasperletheater). Eine literarische Gestalt ist der Kaspar Bernauer, der Vater der Agnes Bernauer, in Hebbels Drama »Agnes Bernauer«. Bekannte Opernfiguren sind der Kaspar in Webers »Freischütz« und der

Knecht Kaspar in Egks »Zaubergeige«. Allgemein bekannt ist der Name auch durch die geheimnisvolle Geschichte des Findelkindes Kaspar Hauser, auf die sich P. Handkes Theaterstück »Kaspar« bezieht. ◇ Bekannte Namensträger: Caspar Othmayr, deutscher Komponist (16. Jh.); Caspar David Friedrich, deutscher Maler (18./19. Jh.). Als zweiter Vorname: Johann Kaspar Lavater, schweizerischer Philosoph und Theologe (18./19. Jh.).

Kassandra, (auch:) Cassandra: weibl. Vorn. griechischen Ursprungs, dessen Bedeutung nicht sicher geklärt ist (vielleicht zur altgriech. Wurzel *kad-* »hervorragen« + *anér, andrós* »Mann«). Der Name geht auf eine griechische Sagengestalt zurück. Nach der griechischen Sage sagte Kassandra – ohne dass jemand ihren Prophezeiungen Glauben schenkte – den Untergang Trojas voraus und warnte vergeblich vor dem hölzernen Pferd. Literarisch wurde Kassandra in dem gleichnamigen Roman von Christa Wolf verarbeitet.

Kastor: männl. Vorn. griechischen Ursprungs (vielleicht zur altgriech. Wurzel *kad-* »hervorragen«). Der Name geht auf eine griechische Sagengestalt zurück. Nach der griechischen Sage war Kastor einer der Dioskuren.

Katarina: ▸ Katharina.

Kate [keɪt]: weibl. Vorn., englische Kurzform von Katherine (▸ Katharina).

Käte: ▸ Käthe.

Katerina: ▸ Katharina.

Katharina, (auch:) Katharine, Katarina; Katherina, Katerina; Catarina: weibl. Vorn. griechischen Ursprungs (Umdeutung des griechischen Frauennamens Aikateríne zu griech. *katharós* »rein«). »Katharina« fand im Mittelalter in der christlichen Welt als Name der heiligen Katharina von Alexandria (3./4. Jh.) Verbreitung; NAMENSTAG: 25. November. Nach der im 6./7. Jh. entstandenen Legende bekehrten sich fünfzig Philosophen nach einem Disput mit ihr zum christlichen Glauben. Um die heilige Katharina bildeten sich zahlreiche Wunderberichte. So soll ihr Leichnam, nachdem man sie enthauptet hatte, von Engeln auf den Berg Sinai gebracht und dort begraben worden sein. Sie ist die Schutzheilige der Philosophen und zählt zu den vierzehn Nothelfern. »Katharina« gehört heute zu den beliebtesten weiblichen Vornamen. Bekannte literarische Gestalten sind die Katharina in William Shakespeares Lustspiel »Der Widerspenstigen Zähmung«, die Katharina Knie in Zuckmayers gleichnamigem Schauspiel und die Katharina Blum in Heinrich Bölls Erzählung »Die verlorene Ehre der Katharina Blum«. ◇ Bekannte Namensträgerinnen: die heilige Katharina von Siena, italienische Mystikerin, Dominikanerin (14. Jh.), NAMENSTAG: 29. April; Katharina von Bora, Frau Martin Luthers (15./16. Jh.); Katharina von Medici, Königin von Frankreich (16. Jh.); Katharina I., Zarin von Russland (17./18. Jh.); Katharina Witt, deutsche Eiskunstläuferin (20. Jh.). Italien. Form: Caterina. Span. Form: Catalina. Französ. Form: Cathérine [katɛˈrin]. Engl. Formen: Katherine, Catherine [ˈkæθərɪn, ˈkæθrɪn]; (ursprünglich irisch:) Kathleen, Cathleen [ˈkæθliːn]. Russ. Form: Jekaterina [jɪkɐtɪˈrinɐ].

Käthchen: weiblicher Vorname, Koseform von
  ▸ Käthe.

Käthe, (auch:) Käte: weibl. Vorn., Kurzform von ▸ Katharina. »Käthe« nannte Martin Luther seine Frau, Katharina von Bora. Eine bekannte literarische Gestalt ist das Käthchen in Kleists Schauspiel »Das Käthchen von Heilbronn«. ◇ Bekannte Namensträgerinnen: Käthe Kollwitz, deutsche Grafikerin und Malerin (19./20. Jh.); Käthe Kruse, deutsche Kunsthandwerkerin (19./20. Jh.); Käthe Dorsch, deutsche Schauspielerin (19./20. Jh.).

Käthemarie: weibl. Vorn., Doppelform aus Käthe (Kurzform von ▸ Katharina) und ▸ Marie.

Katherine [ˈkæθərɪn, ˈkæθrɪn]: weibl. Vorn., englische Form von ▸ Katharina. ◇ Bekannte Namensträgerin: Katherine Anne Porter, amerikanische Schriftstellerin (19./20. Jh.); Katherine Ross, amerikanische [Film]schauspielerin (20. Jh.).

Kathi: ▸ Kati.

Kathleen, (auch:) Cathleen [ˈkæθliːn]: aus dem Englischen übernommener weibl. Vorn., englische Form von gäl. Caitlín (▸ Katharina).

Kathrein, (auch:) Katrein: weibl. Vorn., oberdeutsche Form von ▸ Katharina.

Kathrin, (auch:) Kathrin; Katrin; Katrin: weibl. Vorn., oberdeutsche Form von ▸ Katharina.

Kathrina, (auch:) Kathrine; Katrina, Katrine: weibl. Vorn., Nebenform von ▸ Katharina.

Kati, (auch:) Kathi; Katy: weibl. Vorn., oberdeutsche Koseform von ▸ Katharina.

Katinka, ungar. Aussprache: [ˈkɔtiŋkɔ]: weibl. Vorn., slowenische, bulgarische und ungarische Koseform von ▸ Katharina.

Katja: aus dem Russischen übernommener weibl. Vorn., Koseform von Jekaterina (▶ Katharina). ◇ Bekannte · Namensträgerinnen: Katja Mann, Ehefrau von Thomas Mann (19./20. Jh.); Katja Riemann, deutsche [Film]schauspielerin (20. Jh.); Katja Lange-Müller, deutsche Schriftstellerin (20. Jh.); Katja Seizinger, deutsche Skirennfahrerin (20. Jh.).

Katjana: weibl. Vorn., Weiterbildung von ▶ Katja.

Katrein: ▶ Kathrein.

Katrin: ▶ Kathrin.

Katrina, (auch:) Katrine: ▶ Kathrina.

Katy: ▶ Kati.

¹Kay: weibl. Vorn., Schreibvariante von ▶ ¹Kai. Im Englischen ist Kay [keɪ] eine Kurzform von Katherine (▶ Katharina).

²Kay: männl. Vorn., Schreibvariante von ▶ ²Kai. Im Englischen ist der männl. Vorn. Kay [keɪ] wohl eine keltische (walisische) Form von Caius (▶ Kajus).

Kaya: ▶ Kaja.

Kea: weibl. Vorn. ostfriesischer Herkunft, eigentlich nur die Endung von latinisierten Namen wie Alkea (▶ Alke), Fraukea (▶ Frauke).

Kees: ▶ Cees.

Keith [kiːθ]: aus dem Englischen übernommener männl. Vorn., der auf einen schottischen Orts- und Familiennamen zurückgeht. ◇ Bekannter Namensträger: Keith Richard, Gitarrist der englischen Rockgruppe »Rolling Stones« (20. Jh.).

Kelly [ˈkɛlɪ]: weibl. Vorn. englischer Herkunft, der auf den irischen Familiennamen Ó Ceallaigh »Nachkomme des Ceallaigh« zurückgeht. In den englischsprachigen Ländern begegnet »Kelly«, allerdings seltener, auch als männlicher Vorname.

Ken: männl. Vorn., Kurzform von ▶ Kenneth. ◇ Bekannter Namensträger: Ken Follett, englischer Schriftsteller (20. Jh.).

Kenneth [ˈkɛnɪθ]: aus dem Englischen übernommener männlicher Vorname keltischen Ursprungs. Der englische Name kann von zwei gälischen Namen abgeleitet sein: Cinaed (wahrscheinlich »aus Feuer geboren«) und Coinneach (»hübsch«). ◇ Bekannte Namensträger: Kenneth I. Mac Alpin, erster König von Schottland (9. Jh.); Kenneth Branagh, irischer Schauspieler und Regisseur (20. Jh.).

Kersten: männl. Vorn., niederdeutsche Form von ▶ Christian.

Kerstin: aus dem Schwedischen übernommener weibl. Vorn., Nebenform von Kristina (▶ Christine).

Kerstina, (auch:) Kerstine: aus dem Schwedischen übernommener weibl. Vorn., Nebenform von Kristina (▶ Christine).

Kevin [ˈkɛvɪn]: aus dem Englischen übernommener männl. Vorn. irischen Ursprungs, dem der gälische Name Caoimhín, ursprünglich ein Beiname (Verkleinerungsform zu gäl. *caomh* »schön«), zugrunde liegt. Kevin ist der Name eines irischen Heiligen aus dem 7. Jh. Der Name wird in Deutschland seit Ende der 70er-Jahre vergeben. Heute ist »Kevin« ein international beliebter Name. Zur Verbreitung des Namens haben in jüngster Zeit die Filme »Kevin – Allein zu Haus« und »Kevin – Allein in New York« von Chris Columbus beigetragen. ◇ Bekannter Namensträger: Kevin Costner, amerikanischer [Film]schauspieler (20. Jh.).

Kevin: *Kevin Costner, amerikanischer Schauspieler*

Kilian: männl. Vorn., der auf den Namen eines irischen Missionars (zu altirisch *killena* »Kirchenmann«) zurückgeht. Der heilige Kilian kam im 7. Jh. als Missionar nach Franken und wurde Bischof von Würzburg; NAMENSTAG: 8. Juli. Er ist der Schutzheilige der Stadt Würzburg. Der Name war früher in Franken, dem Hauptverehrungsgebiet des heiligen Kilian, verbreitet. Eine bekannte Opernfigur ist der Bauer Kilian in Webers »Der Freischütz«.

¹Kim: männl. Vorn. englischer Herkunft, Kurzform von Kimball oder ▶ ¹Kimberley. Kimball (ursprünglich ein Familienname) und die

Kurzform Kim wurden durch R. Kiplings Roman »Kim« (1901) bekannt. Der vollständige Name der Hauptperson lautet Kimball O'Hara.

²**Kim:** männl. Vorn., russische Kurzform von ▸ Joachim.

³**Kim:** weibl. Vorn., Kurzform von ▸ ²Kimberley. ◇ Bekannte Namensträgerinnen: Kim (eigentlich Marilyn Pauline) Novak, amerikanische Filmschauspielerin (20. Jh.); Kim Basinger, amerikanische Filmschauspielerin (20. Jh.).

¹**Kimberley** [ˈkɪmbəlɪ]: männl. Vorn. englischer Herkunft, der ursprünglich auf einen englischen Ortsnamen bzw. auf den davon abgeleiteten Familiennamen zurückgeht. Das Aufkommen des Vornamens in England steht mit der südafrikanischen Stadt Kimberley (so benannt 1870 nach Lord Kimberley) und der Schlacht bei Kimberley während des Burenkriegs in Verbindung. Viele britische Eltern nannten ihre Söhne »Kimberley« in Erinnerung daran.

²**Kimberley** [ˈkɪmbəlɪ]: weibl. Vorn. (▸ ¹Kimberley), dessen Verwendung um 1950 in den USA einsetzte.

Kira: weibl. Vorn., russische Form von ▸ Kyra. ◇ Bekannte Namensträgerin: Kira Kirillowna, Großfürstin von Russland, Gemahlin von Prinz Louis Ferdinand von Preußen (20. Jh.).

¹**Kirsten:** männl. Vorn., niederdeutsche Form von ▸ Christian.

²**Kirsten:** weibl. Vorn., niederdeutsche Form von ▸ Christine. Auch im Dänischen, Schwedischen und Norwegischen kommt Kirsten als Nebenform von Kristine bzw. Kristina vor. ◇ Bekannte Namensträgerin: Kirsten Flagstad, norwegische Sopranistin (19./20. Jh.).

Kirstin: weibl. Vorn., Nebenform von ▸ ²Kirsten.

Kitty: aus dem Englischen übernommener weibl. Vorn., Koseform von Katherine (▸ Katharina). Eine bekannte Romangestalt ist die Komtess Kitty in Ludwig Ganghofers Roman »Schloß Hubertus«.

Klaas, (auch:) Claas; Klas: männl. Vorn., niederdeutsche und niederländische Kurzform von ▸ Nikolaus.

Klara: ▸ Clara.

Kläre: ▸ Claire.

Klarina: weibl. Vorn., Weiterbildung von ▸ Klara.

Klarinda, (auch:) Klarinde: weibl. Vorn., Weiterbildung von ▸ Klara.

Klarissa: ▸ Clarissa.

Klas: ▸ Klaas.

Klasina, (auch:) Klasine: weibl. Vorn., weibliche Bildung zu dem männlichen Vornamen ▸ Klas.

Klaudia: ▸ Claudia.

Klaudine: ▸ Claudine.

Klaudius: ▸ Claudius.

Klaus: *Klaus Maria Brandauer, österreichischer Schauspieler*

Klaus, (auch:) Claus: männl. Vorn., seit dem späten Mittelalter gebräuchliche Kurzform von ▸ Nikolaus. Der Name ist erst im 20. Jh. volkstümlich geworden. ◇ Bekannte Namensträger: Klaus Störtebeker, Seeräuber aus Wismar (14./15. Jh.); Klaus Mann, deutscher Schriftsteller (20. Jh.); Claus Graf Schenk von Stauffenberg, deutscher Offizier und Widerstandskämpfer (20. Jh.); Klaus Biederstaedt, deutscher Schauspieler (20. Jh.); Klaus Maria Brandauer, österreichischer Schauspieler (20. Jh.); Claus Peymann, deutscher Theaterregisseur (20. Jh.); Klaus Kinski, deutscher Schauspieler (20. Jh.); Klaus Staeck, deutscher Grafiker und Galerist (20. Jh.).

Klausdieter: männl. Vorn., Doppelform aus ▸ Klaus und ▸ Dieter.

Klausjürgen: männl. Vorn., Doppelform aus ▸ Klaus und ▸ Jürgen.

Klauspeter: männl. Vorn., Doppelform aus ▸ Klaus und ▸ Peter.

Klemens: ▸ Clemens.

Klementine: ▸ Clementine.

Klorinde, (älter auch:) Chlorinde: weibl. Vorn. griechischen Ursprungs (zu griech. *chlōrós* »grün; frisch, jugendlich«).

Klothilde, (auch:) Klotilde: weibl. Vorn., der auf den altfränkischen Frauennamen Chlothildis (zu ahd. *hlūt* »laut, berühmt« + ahd. *hiltja* »Kampf«) zurückgeht. Klothilde (Chlothilde) hieß die Gemahlin des Frankenkönigs Chlodwig I. Sie wurde heilig gesprochen, weil sie dazu beitrug, dass sich ihr Gemahl zum christlichen Glauben bekehrte; NAMENSTAG: 3. Juni. Der Name wurde Ende des 18. Jh.s aus der Geschichte hervorgeholt und beim Adel als Vorname gebraucht. Zur Verbreitung des Namens trug Jean Pauls Roman »Hesperus« (1795) bei, der schildert, wie die adlige Klothilde einen Bürgerlichen heiratet.

Klytus, (auch:) Clytus: männl. Vorn. griechischen Ursprungs (griech. *klytós* »berühmt«).

Knut, (auch:) Knud: aus dem Nordischen (norweg., schwed. Knut, dän. Knud) übernommener männl. Vorn. unklarer Herkunft. Der Name wurde vielleicht aus dem Deutschen entlehnt (vgl. mhd. *knūz* »waghalsig, vermessen, keck« oder ahd. *kind* »Sohn, Nachkomme«) oder er gehört zu schwed. *knut* »Knute«. Eine literarische Gestalt ist Knut Brovik in Henrik Ibsens Drama »Baumeister Solness«. ◇ Bekannte Namensträger: Knut der Große, König von Dänemark und England (10./11. Jh.); Knut IV., genannt der Heilige, König von Dänemark, NAMENSTAG: 10. Juli; Knut Hamsun, norwegischer Dichter (19./20. Jh.); Knud Rasmussen, dänischer Polarforscher (19./20. Jh.); Knut Freiherr von Kühlmann-Stumm, deutscher Politiker (20. Jh.).

Kolja: männl. Vorn., russische Koseform von Nikolai (▸ Nikolaus).

Koloman, (auch:) Koloman: männl. Vorn. keltischen Ursprungs (»der Einsiedler«). Der Name kam mit irischen Mönchen nach Deutschland. ◇ Bekannter Namensträger: der heilige Koloman, Märtyrer in Stockerau (10./11. Jh.), bis 1663 Landespatron von Österreich, NAMENSTAG: 13. Oktober. Ungar. Form: Kálmán.

Konni, (auch:) Konny: männl. Vorn., Koseform von ▸ Konrad.

Konrad, (auch:) Conrad: alter deutscher männl. Vorn. (ahd. *kuoni* »kühn, tapfer« + ahd. *rāt* »Rat, Beratung, Ratgeber«, etwa »kühn in der Beratung«). »Konrad« war im Mittelalter einer der beliebtesten deutschen Vornamen. Die einstige Volkstümlichkeit des Namens lässt sich noch an der Formel *Hinz und Kunz* (Kurzformen von Heinrich und Konrad) = »jedermann« erkennen. Zu seinem Fortbestehen in der deutschen Namengebung bis heute haben gleichnamige Heilige beigetragen: der heilige Konrad, Bischof von Konstanz und Freiburg (10. Jh.), NAMENSTAG: 26. November; der heilige Konrad von Parzham (19. Jh.), NAMENSTAG: 21. April. Eine literarische Gestalt ist der Konrad in Thomas Bernhards Roman »Das Kalkwerk«. ◇ Bekannte Namensträger: Konrad II., deutscher Kaiser (10./11. Jh.); Konrad der Pfaffe, mittelhochdeutscher Dichter (12. Jh.); Konrad von Würzburg, mittelhochdeutscher Dichter (13. Jh.); Konrad von Megenberg, deutscher Gelehrter und Theologe (14. Jh.); Konrad von Soest, deutscher Maler (14./15. Jh.); Konrad Witz, deutscher Maler (15. Jh.); Konrad Kreutzer, deutscher Komponist (18./19. Jh.); Conrad Ferdinand Meyer, schweizerischer Dichter (19. Jh.); Konrad Duden, Verfasser des »Orthographischen Wörterbuchs« (19./20. Jh.); Konrad Adenauer, deutscher Politiker (19./20. Jh.); Konrad Lorenz, österreichischer Verhaltensforscher (20. Jh.). Als zweiter Vorname: Wilhelm Conrad Röntgen, deutscher Physiker (19./20. Jh.).

Konrade, (auch:) Konrada: weibl. Vorn., weibliche Form von ▸ Konrad.

Konradin, (auch:) Conradin: männl. Vorn., Koseform von ▸ Konrad. Der Name ist bekannt durch Konradin, den Sohn Konrads IV., der bei dem Versuch, sein sizilianisches Erbe in Besitz zu nehmen, im Alter von 16 Jahren 1268 in Neapel enthauptet wurde. Das Schicksal des letzten Staufers ist oft literarisch behandelt worden.

Konradine, (auch:) Konradina; Conradine, Conradina: weibl. Vorn., weibliche Form von ▸ Konrad mit der seit dem 17./18. Jh. beliebten Endung -ine/-ina.

Konstantin, (auch:) Constantin: männl. Vorn. lateinischen Ursprungs, der auf den römischen Beinamen Constantinus, eine Weiterbildung von Constantius (zu lat. *cōnstāns* »standhaft«) zurückgeht. »Konstantin« fand im Mittelalter als Name Kaiser Konstantins des Großen (3./4. Jh.) Verbreitung. Unter Konstantin wurde das Christentum im Römischen Reich öffentlich anerkannt und sehr gefördert. Nach der Legende soll er eine Vision gehabt haben, dass er im Zeichen des Kreuzes über seinen Gegner Maxentius siegen werde. Er ließ das Kreuz an seine Feldzeichen heften und trat nach dem Sieg über seine Feinde zum Christentum über. ◇ Bekannte Namensträger: Konstantin Fedin, russischer Schriftsteller (19./20. Jh.); Constantin von Dietze, deutscher Volkswirtschaftler und Agrarwissenschaftler (19./20. Jh.); Constantin Brancusi, rumänischer Bildhauer (19./20. Jh.); Konstantin Wecker, deutscher Liedermacher (20. Jh.); Konstantin II., König der Hellenen (20. Jh.).

Konstantine, (auch:) Konstantina: weibl. Vorn., weibliche Form von ▸ Konstantin.

Konstanze: ▸ Constanze.

Konz: männl. Vorn., Kurzform von ▸ Konrad.

¹Kora: ▸ ¹Cora.

²Kora, (auch:) Cora; Kore: weibl. Vorn. griechischen Ursprungs, der auf den Beinamen der Göttin Persephone (griech. kórē »Jungfrau, Mädchen«) zurückgeht.

Korbinian, (auch:) Korbinian; Corbinian: männl. Vorn. (Erweiterung zu lat. corvus »Rabe«). Es dürfte sich bei diesem Namen um die durch die lat. Endung -iniānus erweiterte Übersetzung des häufig vorkommenden Namens Hraban »Rabe« handeln. Derartige Übersetzungen kamen im westfränkischen Gebiet, der Heimat des heiligen Korbinian, Bischof von Freising (7./8. Jh.), NAMENSTAG: 20. November, öfters vor.

Kord, (auch:) Cord: männl. Vorn., niederdeutsche Kurzform von ▸ Konrad.

Kordelia: ▸ Cordelia.

Kordula: ▸ Cordula.

Kore: ▸ ²Kora.

¹Korinna: ▸ ¹Corinna.

²Korinna, (auch:) Corinna; Korinne, Corinne: weibl. Vorn. griechischen Ursprungs (zu griech. kórē »Jungfrau, Mädchen«, ▸ ²Kora). ◇ Bekannte Namensträgerin: die griechische Dichterin Korinna (6. Jh. v. Chr.), die den Dichter Pindar im musischen Wettstreit besiegt haben soll. Französ. Form: Corinne [kɔˈrin].

Kornelia: ▸ Cornelia.

Kornelius: ▸ Cornelius.

Kosmas, (auch:) Cosmas: männl. Vorn. griech. Ursprungs (zu griech. kósmios »geschmückt, wohl geordnet, bedacht«). Der Name wurde als Heiligenname bekannt, besonders durch Kosmas und seinen Zwillingsbruder Damian, nach der Legende zwei Ärzte, die im 4. Jh. den Martertod erlitten; NAMENSTAG: 26. September. ◇ Bekannter Namensträger: Cosmas

Damian Asam, deutscher Baumeister (17./ 18. Jh.). Italien. Form: Cosimo.

Kosta, (auch:) Kostja: männl. Vorn., russische Koseform von ▸ Konstantin.

Kraft: alter deutscher männl. Vorn. (ahd. kraft »Stärke, Mut, Macht«).

Kreszentia: ▸ Crescentia.

Kreszenz: ▸ Crescentia.

Kriemhild, (auch:) Kriemhilde; Krimhild, Krimhilde: alter deutscher weibl. Vorn., jüngere Form von Grimhild (german. *grīm-an »Maske; Helm« + ahd. hiltja »Kampf«). Der Name ist in Deutschland allgemein bekannt durch die Kriemhild aus dem Nibelungenlied. Als Vorname kam »Kriemhild« um 1800 auf, nachdem der schweizerische Historiker und Schriftsteller J. J. Bodmer (1698–1783) das Nibelungenlied wieder entdeckt hatte. Zur Verbreitung des Namens trug auch Hebbels Tragödie »Die Nibelungen« bei.

¹Kris: männl. Vorn., Schreibvariante von ▸ ¹Chris.

²Kris: weibl. Vorn., Schreibvariante von ▸ ²Chris.

Krischan: männl. Vorn., niederdeutsche Form von ▸ Christian.

Krischna, (auch:) Krishna: männl. Vorn. indischen Ursprungs (»der Dunkle, der Blauschwarze«). Der Name geht auf den mythischen indischen Helden Krischna, der als achte Erscheinung des Gottes Wischnu gilt, zurück. Krischna wird in der Kunst immer mit dunkelblauer Hautfarbe dargestellt.

Krispin: ▸ Crispinus.

Krispinus: ▸ Crispinus.

Krista: weibl. Vorn., (vorwiegend skandinavische) Schreibvariante von ▸ Christa.

Krister: männl. Vorn., schwedische Kurzform von ▸ Christian.

Kristian: männl. Vorn., (vorwiegend skandinavische) Schreibvariante von ▸ Christian.

Kristiane: weibl. Vorn., (vorwiegend skandinavische) Schreibvariante von ▸ Christiane.

Kristin: weibl. Vorn., (vorwiegend skandinavische) Schreibvariante von ▸ Christin.

Kristina: weibl. Vorn., schwedische Form von ▸ Christine.

Kristine: weibl. Vorn., dänische Form von ▸ Christine.

Kristof: männl. Vorn., (vorwiegend skandinavische) Schreibvariante von ▸ Christoph.

Kristoffer: männl. Vorn., (vorwiegend skandinavische) Schreibvariante von ▸ Christopher.

Kristy: weibl. Vorn., englische Kurzform von ▶ Christine.

Kunibald: alter deutscher männl. Vorn. (ahd. *kunni* »Geschlecht, Sippe« + ahd. *bald* »kühn«).

Kunibert: alter deutscher männl. Vorn. (ahd. *kunni* »Geschlecht, Sippe« + ahd. *beraht* »glänzend«). Zur Verbreitung des Namens im Mittelalter trug die Verehrung des heiligen Kunibert bei; NAMENSTAG: 12. November. Der heilige Kunibert war im 7. Jh. Bischof von Köln. »Kunibert« wird heute als typischer Rittername empfunden.

Kunigunde: alter deutscher weibl. Vorn. (ahd. *kunni* »Geschlecht, Sippe« + ahd. *gund* »Kampf«). Der Name war im Mittelalter überaus beliebt. Zu seiner Beliebtheit trug auch die Verehrung der heiligen Kaiserin Kunigunde, der Gemahlin Heinrichs II., bei, die im Jahre 1200 heilig gesprochen wurde; NAMENSTAG: 3. März. In der Neuzeit wurde der Name durch die Ritterdichtung um 1800 neu belebt. Eine literarische Gestalt ist die Kunigunde von Thurneck in Kleists Schauspiel »Das Käthchen von Heilbronn«. Durch Balladen, z. B. durch Schillers Gedicht »Der Handschuh«, und durch das Volkslied »Als wir jüngst in Regensburg waren« ist Kunigunde zum typischen Namen des Burgfräuleins geworden.

Kuno: alter deutscher männl. Vorn., verselbstständigte Kurzform von ▶ Konrad und von Namen, die mit »Kuni-« gebildet sind, wie z. B. ▶ Kunibert. Der Name wurde durch die Ritterromane um 1800 neu belebt und häufig in Adelskreisen als Vorname gewählt. Literarische Gestalten sind der Kuno in Ludwig Tiecks Kunstmärchen »Der blonde Eckbert« und Graf Kuno in Wilhelm Hauffs »Sage vom Hirschgulden«. Eine bekannte Opernfigur ist der Erbförster Kuno in Carl Maria von Webers Oper »Der Freischütz«. ◇ Bekannter Namensträger: Kuno Fischer, deutscher Philosoph (19./20. Jh.).

Kunz: männl. Vorn., oberdeutsche Kurzform von ▶ Konrad.

Kurt, (auch:) Curt; Kurd, Curd: alter deutscher männlicher Vorname, verselbstständigte

Kurzform von ▶ Konrad. Der Name, der in der ersten Hälfte des 19. Jahrhunderts durch die Ritterdichtung und romantische Bewegung neu belebt wurde, gehörte Anfang des 20. Jahrhunderts zu den beliebten männlichen Vornamen. Eine Ballade »Ritter Kurts Brautfahrt«, die ebenfalls zur Beliebtheit des Namens beitrug, schrieb Goethe. Die Koseform Kürdchen ist durch die Hütejungen in Grimms Märchen »Die Gänsemagd« bekannt. ◇ Bekannte Namensträger: Kurt Tucholsky, deutscher Schriftsteller (19./ 20. Jh.); Kurt Schwitters, deutscher Maler und Dichter (19./20. Jh.); Kurt Schumacher, deutscher Politiker (19./20. Jh.); Curt Goetz, deutscher Schauspieler und Schriftsteller (19./20. Jh.); Kurt Weill, amerikanischer Komponist deutscher Herkunft (20. Jh.); Kurt Kusenberg, deutscher Schriftsteller (20. Jh.); Kurt Marti, schweizerischer Schriftsteller (20. Jh.); Kurt Masur, deutscher Dirigent (20. Jh.).

Kurt: *Kurt Masur, deutscher Dirigent*

Kyra: weibl. Vorn. griechischen Ursprungs, der auf den persischen Königsnamen Kyros (altpersisch *kuruš*) zurückgeht. Russ. Form: Kira.

Kyrill: ▶ Cyrillus.

Kyrilla: weiblicher Vorname, weibliche Form von Kyrill (zur Herkunft vgl. unter ▶ Cyrillus).

Kyrillus: ▶ Cyrillus.

Ladewig: männl. Vorn., niederdeutsche Form von ▸ Ludwig.

Ladislaus: männl. Vorn., lateinische Form von poln. Władysław , tschech. Vladislav, Ladislav (urslaw. *vold-* »herrschen« + urslaw. *slava* »Ruhm, Ehre«). ◇ Bekannte Namensträger: Ladislaus I., König von Ungarn, der im Jahre 1192 heilig gesprochen wurde, NAMENSTAG: 29. Juni; der selige Ladislaus von Gielnów (15./16. Jh.), Patron von Polen und Litauen, NAMENSTAG: 4. Mai. Ungar. Form: László ['la:slo:].

¹Laila: ▸ Leila.

²Laila: weibl. Vorn. finnischer Herkunft, vielleicht Umbildung von ▸ Aila, finnische Form von ▸ Helga.

Lajos ['lɔjoʃ]: männl. Vorn., ungarische Form von ▸ Ludwig.

Lambert: männl. Vorn., jüngere Form von Lambrecht/Lamprecht (ahd. *lant* »Land« + ahd. *beraht* »glänzend«). Zur Verbreitung des Namens hat die Verehrung des heiligen Lambert beigetragen; NAMENSTAG: 18. September. Der heilige Lambert, Bischof von Maastricht, wurde um 705 bei Lüttich ermordet. Er wurde nicht nur in den Niederlanden, sondern auch in weiten Teilen Deutschlands, besonders in Westfalen, verehrt, was sich in den zahlreichen Lambertusspielen und -liedern niederschlug. ◇ Bekannte Namensträger: Lambert (Lampert) von Hersfeld, deutscher Geschichtsschreiber (11. Jh.); Lamprecht (der Pfaffe), mittelhochdeutscher Dichter (12. Jh.); Lamprecht von Regensburg, mittelhochdeutscher Dichter (13. Jh.); Lambert von Avignon, deutscher Reformator französischer Herkunft (15./16. Jh.).

Lamberta: weibl. Vorn., weibliche Form von ▸ Lambert.

Lambertus: männl. Vorn., latinisierte Form von ▸ Lambert.

Lana: weibl. Vorn., russische Kurzform von Namen, die auf »-lana« ausgehen (z. B. ▸ Swetlana).

Landelin: ▸ Landolin.

Landfried: alter deutscher männl. Vorn. (ahd. *lant* »Land« + ahd. *fridu* »Schutz vor Waffengewalt, Friede«).

Lando: männl. Vorn., alte Kurzform von Namen, die mit »Land-« gebildet sind (z. B. ▸ Landolf und ▸ Lambert).

Landolf, (auch:) Landulf: alter deutscher männl. Vorn. (ahd. *lant* »Land« + ahd. *wolf* »Wolf«).

Landolin, (auch:) Landelin: alter deutscher männl. Vorn., Koseform von ▸ Lando.

Landolt: alter deutscher männl. Vorn. (ahd. *lant* »Land« + ahd. *-walt* zu *waltan* »walten, herrschen«).

Landuin: ▸ Landwin.

Landulf: ▸ Landolf.

Landwin, (auch:) Landuin: alter deutscher männl. Vorn. (ahd. *lant* »Land« + ahd. *wini* »Freund«).

Lara: weibl. Vorn., russische Kurzform von ▸ Laura oder ▸ Larissa. Der Name wurde durch die Lara in dem Roman »Doktor Schiwago« (1957) von Boris Pasternak bekannt. Die Romanverfilmung (1965) trug ebenfalls zur Verbreitung des Vornamens bei.

Larissa, (auch:) Larisa: aus dem Russischen übernommener weibl. Vorn. griechischer Herkunft (vielleicht zum Ortsnamen Larissa oder Erweiterung zu griech. *larós* »lieblich« oder zu griech. *láros* »Möwe«). Larissa ist der Name einer in der orthodoxen Kirche verehrten Heiligen.

Larry ['lærɪ]: männlicher Vorname, englische Kurzform von Laurence, Lawrence (▸ Laurentius).

Lars: männl. Vorn., schwedische, dänische und norwegische Form von ▸ Laurentius. ◇ Bekannte Namensträger: Lars Gustafsson, schwedischer Schriftsteller (20. Jh.); Lars Riedel, deutscher Diskuswerfer (20. Jh.).

Laslo: männl. Vorn., eindeutschende Schreibung von ungarisch László (▸ Ladislaus).

László ['laːsloː]: männl. Vorn., ungarische Form von ▸ Ladislaus.

Lätitia, (auch:) Lätizia: weibl. Vorn. lateinischen Ursprungs (lat. *laetitia* »Freude, Fröhlichkeit«).

Laura: aus dem Italienischen übernommener weibl. Vorn., der auf einen lateinischen Personennamen der Kaiserzeit (zu lat. *laurus* »Lorbeer«, lat. *laurea* »Lorbeerbaum, Lorbeerkranz«) zurückgeht. Der Name war ein Wunschname, der auf die Schönheit der Pflanze und auf den Lorbeerkranz als Symbol des Sieges anspielte; bei den frühen Christen war der Lorbeerkranz auch Symbol des Martyriums. Der Name wurde in Deutschland durch Petrarcas Sonette und Kanzonen an seine unerreichbare Geliebte Laura bekannt. Petrarca selbst deutet den Namen als »Lorbeer, Lorbeerbaum« (italien. *lauro*) und setzt ihn mit griech. *dáphnē* »Lorbeer; Lorbeerbaum« gleich. Laura war für ihn so unerreichbar wie die in einen Lorbeerbaum verwandelte Nymphe Daphne für Apollo (▸ Daphne). Von Petrarca inspiriert schrieb Schiller seine Gedichte an Laura, die zur Verbreitung des Namens um 1800 beitrugen. Eine weitere literarische Gestalt ist Laura Hummel in Gustav Freytags Roman »Die verlorene Handschrift«. »Laura« gehört heute zu den international beliebten Namen. Französ. Form: Laure [lɔːr]. Englische Form: Laura ['lɔːrə].

Laure [lɔr]: weibl. Vorn., französische Form von ▸ Laura.

Laureen [lɔ'riːn]: weibl. Vorn., englische Koseform von ▸ Laura.

Laurence ['lɔrəns]: männl. Vorn., englische Form von ▸ Laurentius. ◆ Bekannter Namensträger: Laurence Sterne, englischer Schriftsteller (18. Jh.).

Laurent [lɔ'rã]: männl. Vorn., französische Form von ▸ Laurentius.

Laurentia, (auch:) Laurenzia: weibl. Vorn., weibliche Form von ▸ Laurentius.

Laurentius, (auch:) Laurenz; Lorenz: männl. Vorn. lateinischen Ursprungs, der auf den römischen Beinamen Laurentius (»der aus der Stadt Laurentum Stammende«) zurückgeht. Der Name wurde schon früh durch

volkstümliche Anlehnung an lat. *laurus* »Lorbeer; Lorbeerkranz« zu »der Lorbeerbekränzte« umgedeutet. »Laurentius« fand im Mittelalter als Name des heiligen Laurentius (3. Jh.) Verbreitung; NAMENSTAG: 10. August. Der heilige Laurentius, römischer Diakon und Märtyrer, ist einer der am meisten gefeierten Heiligen der christlichen Liturgie. Nach der Legende wurde er auf einem glühenden Rost zu Tode gemartert. Seine Gebeine ruhen in der Basilika San Lorenzo fuori le mura, einer der sieben Hauptkirchen Roms. Die Beliebtheit des Namens wurde dadurch erhöht, dass man dem heiligen Laurentius den Sieg über die Ungarn auf dem Lechfeld zuschrieb. Die Ungarn wurden im Jahre 955 am 10. August, dem Festtag des heiligen Laurentius, von Otto dem Großen entscheidend geschlagen. Aus der lateinischen Namensform entwickelte sich der deutsche Vor- und Familienname ▸ Lorenz. ◆ Bekannte Namensträger: der heilige Laurentius Justiniani, Bischof von Venedig (14./15. Jh.), NAMENSTAG: 8. Januar; der heilige Laurentius von Brindisi, italienischer Kirchenlehrer (16./17. Jh.), NAMENSTAG: 21. Juli; Laurentius von Schnüffis (Schnifis), deutscher Dichter (17./18. Jh.). Französ. Form: Laurent [lɔ'rã]. Engl. Form: Laurence, Lawrence ['lɔrəns; 'lɔːrəns]. Schwed. und norweg. Formen: Laurits; Lars. Dän. Formen: Laurids ['lauris]; Lars. Italienische Form: Lorenzo.

Laurenz: männl. Vorn., deutsche Form von ▸ Laurentius.

Laurenzia: ▸ Laurentia.

Lauretta: weibl. Vorn., italienische Koseform von ▸ Laura.

Laurette [lɔ'rɛt]: weibl. Vorn., französische Koseform von Laure (▸ Laura).

Laurids ['lauris]: männl. Vorn., dänische Form von ▸ Laurentius.

Laurin: männl. Vorn., dessen Herkunft und Bedeutung unklar sind. Laurin ist der Name des Zwergenkönigs in der Heldendichtung um Dietrich von Bern.

Laurina: weiblicher Vorname, weibliche Form von ▸ Laurin oder Erweiterung von ▸ Laura.

Laurits: männlicher Vorname, schwedische und norwegische Form von ▸ Laurentius.

Lauritz: männl. Vorn., eindeutschende Schreibung von dän. Laurids (▸ Laurentius). ◆ Bekannter Namensträger: Lauritz Lauritzen, deutscher Politiker (20. Jh.).

Lavinia: weibl. Vorn. lateinischen Ursprungs, dessen Bedeutung unklar ist. In der römischen Mythologie ist Lavinia die Tochter von Latinus, König von Latium, und die Gattin des Äneas. Bei Shakespeare ist Lavinia die Tochter von Titus Andronicus in dem gleichnamigen Schauspiel.

Lawrence ['lɔrəns; 'lɔːrəns]: männlicher Vorname, englische Form von dem Vornamen ▸ Laurentius. ◆ Bekannter Namensträger: Lawrence Durrell, englischer Schriftsteller (20. Jh.).

Lazarus: aus der Bibel übernommener männl. Vorn., latinisierte Form des hebräischen Vornamens Eleasar (»Gott hat geholfen«). Eine biblische Gestalt ist der arme Lazarus, der im Mittelalter als Patron der Bettler, Armen und Aussätzigen verehrt wurde. Eine andere biblische Gestalt dieses Namens ist der heilige Lazarus, Bruder von Maria und Martha, der von Jesus wieder zum Leben erweckt wurde. Nach der Legende soll Lazarus erster Bischof von Marseille geworden sein; NAMENSTAG: 17. Dezember.

Lea, (auch:) Leah: aus der Bibel übernommener weibl. Vorn. hebräischen Ursprungs (hebr. le'ah »Kuh«). Nach der Bibel war Lea die Tochter Labans und die ältere Schwester Rachels. Durch Betrug ihres Vaters wurde sie die erste Frau Jakobs. ◆ Bekannte Namensträgerin: Lea Grundig, deutsche Grafikerin (20. Jh.). Engl. Form: Leah [liː].

Leah [liː]: weibl. Vorn., englische Form von ▸ Lea.

Leander: männl. Vorn. griechischen Ursprungs (wohl zu griech. laós, léōs »Volk« und anér, andrós »Mann«). Der Name ist bekannt durch die griechische Sage vom unglücklichen Liebespaar Hero und Leander, die z. B. von Schiller in dem Gedicht »Hero und Leander«, von Grillparzer in dem Drama »Des Meeres und der Liebe Wellen« und von Bialas in der Oper »Hero und Leander« behandelt worden ist. Leander war der Geliebte der schönen Priesterin Hero. Er schwamm allnächtlich zu ihr über den Hellespont, bis er auf einer dieser Überquerungen den Tod fand, worauf sich Hero vom Turm stürzte, auf dem sie ihn erwartete. In dem Lied von den »Zwei Königskindern« lebt diese Sage auch im Norden fort.

Leandra: weibl. Vorn., weibliche Form von ▸ Leander.

Leberecht: in der Zeit des Pietismus (17./18. Jh.) gebildeter männl. Vorn. Eine bekannte literarische Gestalt ist der Leberecht Hühnchen in dem gleichnamigen Roman von Heinrich Seidel. ◆ Bekannte Namensträger: Gebhard Leberecht Blücher, Fürst von Wahlstatt, preußischer Feldmarschall (18./19. Jh.); Karl Leberecht Immermann, deutscher Schriftsteller (18./19. Jh.).

Leda: weibl. Vorn. griechischen Ursprungs, dessen Bedeutung unklar ist. In der griechischen Mythologie zeugt Zeus in Gestalt eines Schwans mit Leda, der Frau des Spartanerkönigs Tyndareos, die Dioskuren Kastor und Pollux.

Leena: weibl. Vorn., finnische Form von ▸ Lena.

Lefert: männl. Vorn., niederdeutsche Form von ▸ Liebhard.

Leif: männl. Vorn., nordische Kurzform von Zusammensetzungen mit -leifr »Erbe, Hinterlassenschaft«. Bekannt ist der Name durch den norwegischen Seefahrer Leif Eriksson, der um 1000 an die Küste Nordamerikas gelangte.

Leila, (auch:) Laila: weibl. Vorn. arabischen Ursprungs (»Dunkelheit, Nacht«). Der Name wurde bekannt durch die arabopersische Liebesgeschichte von Leila und Madschnun, die zahlreiche dichterische Bearbeitungen erfuhr, u. a. auch durch den persischen Dichter Nizami (12. Jh.). Auch Goethe bezieht sich in seinem »Westöstlichen Divan« auf dieses Liebespaar. Dadurch, dass Byron den Namen in seinem Versepos »The Giaour« (1813) und in »Don Juan« (1819–24) verwandte, fand er in England im 19. Jh. eine gewisse Verbreitung. Engl. Formen: Leila, Leilah ['liːlə, 'leɪlə].

Lelia: weibl. Vorn. lateinischen Ursprungs, weibliche Form des römischen Geschlechternamens Laelius (vielleicht zu lat. laevus »links, linkshändig, linkisch«). Eine literarische Gestalt ist die Lelia aus dem gleichnamigen Roman von George Sand (1833).

Len: männl. Vorn., englische Kurzform von Leonard (▸ Leonhard).

Lena: weibl. Vorn., Kurzform von ▸ Helene und ▸ Magdalena. Eine bekannte literarische Gestalt ist die Lena in Georg Büchners Lustspiel »Leonce und Lena«. Der Name ist heute modisch. ◆ Bekannte Namensträgerin: Lena

Christ, deutsche Schriftstellerin (19./20. Jh.).
Finn. Form: Leena.

Lene: weibl. Vorn., Kurzform von ▸ Helene und
▸ Magdalena. Bekannte literarische Gestalten
sind die Lene in Fontanes Roman »Irrungen,
Wirrungen« (1888) und Lene, die zweite Frau
Thiels, in Gerhart Hauptmanns Erzählung
»Bahnwärter Thiel«.

Lenelies: weibl. Vorn., Doppelform aus Lene
(Kurzform von ▸ Helene und ▸ Magdalena)
und Lies (Kurzform von ▸ Elisabeth).

Lenelore: weibl. Vorn., Doppelform aus Lene
(Kurzform von ▸ Helene und ▸ Magdalena)
und Lore (Kurzform von ▸ Eleonore).

Lenelotte: weibl. Vorn., Doppelform aus Lene
(Kurzform von ▸ Helene und ▸ Magdalena)
und Lotte (Kurzform von ▸ Charlotte).

Leni, (auch:) Leny: weibl. Vorn., Koseform von
▸ Helene und ▸ Magdalena. ◇ Bekannte Na-
mensträgerin: Leni Riefenstahl, deutsche
Filmschauspielerin und Regisseurin (20. Jh.).

Lenja: weibl. Vorn., russische Kurzform von
▸ Helene.

Lenka: weibl. Vorn., polnische, tschechische
Koseform von ▸ Helene und ▸ Magdalena.

Lennart: männl. Vorn., schwedische Form von
▸ Leonhard.

Lennert: männl. Vorn., niederdeutsche Form
von ▸ Leonhard.

Lenny, (auch:) Lennie: männl. Vorn., englische
Koseform von Leonard (▸ Leonhard).

Lenore: weibl. Vorn., Nebenform von ▸ Leonore. Bekannt wurde diese Namensform
durch Gottfried August Bürgers Ballade
»Lenore«.

Lenz: männl. Vorn., Kurzform von ▸ Lorenz.

¹Leo: männl. Vorn. lateinischen Ursprungs, der
auf den spätrömischen Beinamen Leo (lat. *leo*
»Löwe«) zurückgeht. »Leo« fand im Mittelalter als Heiligen- und Papstname Verbreitung,
vor allem als Name Papst Leos des Großen
(5. Jh.); NAMENSTAG: 10. November. ◇ Bekannte Namensträger: Leo von Klenze, deutscher Baumeister (18./19. Jh.); Leo Tolstoi,
russischer Dichter (19./20. Jh.); Papst Leo
XIII. (19./20. Jh.); Leo Blech, deutscher Dirigent und Komponist (19./20. Jh.); Leo Trotz-
ki, russischer Politiker (19./20. Jh.); Leo Fall,
österreichischer Komponist (19./ 20. Jh.); Leo
Slezak, österreichischer Sänger (19./20. Jh.);
Leo Frobenius, deutscher Ethnologe (19./
20. Jh.). Engl. Form: Lion ['laɪən]. Französ.
Form: Léon [leˈõ]. Russ. Form: Lew [ljɛf].

²Leo: männl. Vorn., Kurzform von ▸ Leonhard
und ▸ Leopold.

Leokadia, (auch:) Leocadia: weibl. Vorn., der
auf einen spätrömischen Personennamen vermutlich griechischen Ursprungs (zu *leukós*
»weiß«) zurückgeht. ◇ Bekannte Namensträgerin: die heilige Leocadia von Toledo, die Anfang des 4. Jh.s den Märtyrertod erlitt.

Leon: männl. Vorn., Kurzform von ▸ Leonhard.
◇ Bekannte Namensträger: Leon Jessel, deut-
scher [Operetten]komponist (19./ 20. Jh.);
Leon Stein, amerikanischer Musikforscher,
Komponist und Dirigent (20. Jh.).

Léon [leˈõ]: männl. Vorn., französische Form
von ▸ ¹Leo.

Leona: weibl. Vorn., weibliche Form von
▸ Leon.

Leonard ['lɛnəd]: männl. Vorn., englische Form
von ▸ Leonhard.

Léonard [leoˈnaːr]: männl. Vorn., französische
Form von ▸ Leonhard.

Leonarda: weibl. Vorn., italienische Form von
▸ Leonharda.

Leonardo: männl. Vorn., italienische Form von
▸ Leonhard. ◇ Bekannter Namensträger: Leonardo da Vinci, italienischer Maler, Bildhauer, Architekt, Naturforscher und Ingenieur
(15./ 16. Jh.).

Leonhard: männl. Vorn. (ahd. *lewo* »Löwe«,
entlehnt aus lat. *leo, leōnis* »Löwe« + ahd. *harti,
herti* »hart, kräftig, stark«, besonders im
romanisch-germanischen Mischgebiet des
Frankenreiches kann das erste Namenglied
aber auch direkt aus dem Lateinischen stammen). »Leonhard« fand im Mittelalter als
Name des heiligen Leonhard Verbreitung;
NAMENSTAG: 6. November. Der heilige Leonhard, ein fränkischer Einsiedler, soll im 6. Jh.
ein Kloster in Saint-Léonard-de-Noblat bei
Limoges gegründet und dort gelebt haben.
Von dort drang sein Kult ins Rheingebiet und
weiter nach Süddeutschland und Österreich.
Er wurde u. a. als Patron der Gefangenen, der
Wöchnerinnen und Kranken, auch des Viehs,
vor allem der Pferde (daher Leonhardiritt),
verehrt. Literarische Gestalten sind der Leonhard in Hebbels Drama »Maria Magdalena«
und der Leonhard in H.v. Doderers Roman
»Die Dämonen«. ◇ Bekannte Namensträger:
Leonhard Euler, schweizerischer Mathematiker (18. Jh.); Leonhard Frank, deutscher
Schriftsteller (19./20. Jh.). Italien. Form: Leonardo. Französ. Form: Léonard [leoˈnaːr].

Engl. Form: Leonard ['lɛnəd]. Schwed. Formen: Leonard; Lennart.

Leonharda, (auch:) Leonharde: weibl. Vorn., weibliche Form von ▸ Leonhard. Italien. Form: Leonarda.

Leonid: männl. Vorn. griechischen Ursprungs (zum Personennamen Léōn, aus griech. *léōn* »Löwe« mit dem patronymischen Suffix *-idēs*, also »Sohn des Leon«). ◆ Bekannte Namensträger: Leonídas, König von Sparta, der 480 v. Chr. mit nur 300 Soldaten die Thermopylen gegen die Übermacht des persischen Heeres verteidigte und mit seinen Männern im Kampf fiel; der heilige Leonides, Märtyrer zu Alexandrien (2./3. Jh.), NAMENSTAG: 22. April; Leonid Iljitsch Breschnew, sowjetischer Politiker (20. Jh.). Russ. Aussprache: [lɪaˈnit].

Leonie, (auch:) Leonie; Leoni: aus dem Französischen (französ. Léonie) übernommener weibl. Vorn., weibliche Form von Léon (▸ Leo). ◆ Bekannte Namensträgerinnen: Leonie Rysanek, österreichische Opernsängerin (20. Jh.); Leonie Ossowski, deutsche Schriftstellerin (20. Jh.).

Leonilda, (auch:) Leonilde; Leonille: weibl. Vorn. (wohl aus ahd. *lewo* »Löwe«, entlehnt aus lat. *leo, leōnis* »Löwe« + ahd. *hiltja* »Kampf«).

Leonina: weibl. Vorn., Weiterbildung von ▸ Leonie.

Leonore, (auch:) Leonora; Leonor: weibl. Vorn., im 18. Jh. aufgekommene Kurzform von ▸ Eleonore. Eine bekannte Operngestalt ist die Leonore in Beethovens Oper »Fidelio«.

Leontina, (auch:) Leontine: weibl. Vorn. lateinischen Ursprungs, weibliche Weiterbildung von lat. Leontius, griech. Leóntios (zu griech. *léóntios* »löwenhaft«).

Leopold, (auch:) Luitpold: alter deutscher männl. Vorn., der auf die Latinisierung von ▸ Luitpold zurückgeht. Zur Verbreitung des Namens trug die Verehrung des heiligen Leopold (11./12. Jh.), NAMENSTAG: 15. November, bei. Der heilige Leopold, Markgraf von Österreich, errichtete Burg und Stiftskirche von Klosterneuburg bei Wien und gründete die Zisterzienserabtei Heiligenkreuz. Er wurde 1485 heilig gesprochen und 1663 zum Landespatron von Österreich erhoben. Durch ihn wurde »Leopold« in Österreich volkstümlich. Auch beim Adel war der Name beliebt. Vom Hause Sachsen-Coburg ausgehend wurde

»Leopold« Name belgischer Könige. ◆ Bekannte Namensträger: Leopold I., genannt der Alte Dessauer, preußischer Feldmarschall (17./18. Jh.); Leopold Mozart, Vater von Wolfgang Amadeus Mozart, Musiker und Komponist (18. Jh.); Leopold von Ranke, deutscher Historiker (18./19. Jh.); Leopold Stokowski, amerikanischer Dirigent (19./20. Jh.); Leopold Sonnemann, deutscher Zeitungsverleger (19./20. Jh.).

Leopolda, (auch:) Leopolde: weibl. Vorn., weibliche Form von ▸ Leopold.

Leopoldine: weibl. Vorn., weibliche Form von ▸ Leopold mit der seit dem 17./18. Jh. beliebten Endung -ine. ◆ Bekannte Namensträgerin: Leopoldine von Österreich, Kaiserin von Brasilien (18./19. Jh.).

Leska: weibl. Vorn., polnische Kurzform von ▸ Valeska.

¹Leslie ['lɛzlɪ, 'lɛslɪ]: aus dem Englischen übernommener männl. Vorn., dem ein schottischer Orts- und Familienname zugrunde liegt. Der männliche Vorname kam in England Ende des 19. Jh.s auf, gelegentlich wird »Leslie« auch als weibl. Vorn. verwendet. ◆ Bekannter Namensträger: Leslie Howard, britischer Schauspieler (19./20. Jh.).

²Leslie ['lɛzlɪ, 'lɛslɪ]: weibl. Vorn., ▸ ¹Leslie. ◆ Bekannte Namensträgerin: Leslie Caron, französische Tänzerin und Filmschauspielerin (20. Jh.).

Letta: weiblicher Vorname, Kurzform von ▸ Violetta.

Leutfried: männl. Vorn., Nebenform von ▸ Luitfried.

Leuthold: männl. Vorn., Nebenform von ▸ Luithold.

Leutwin: männl. Vorn., Nebenform von ▸ Luitwin.

Levi: aus der Bibel übernommener männl. Vorn. hebräischen Ursprungs, dessen Bedeutung unklar ist. Nach der Bibel war Levi der Sohn Jakobs und Leas. ◆ Bekannte Namensträger: Levi Eschkol, israelischer Politiker (19./20. Jh.); Levi Strauss, amerikanischer Fabrikant deutscher Herkunft (19./20. Jh.). Engl. Aussprache: [ˈliːvaɪ].

Levin, (auch:) Lewin: männl. Vorn., niederdeutsche Form von ▸ Liebwin. Eine literarische Gestalt ist Lewin von Vitzewitz in Fontanes Roman »Vor dem Sturm« (1878). ◆ Bekannter Namensträger: Levin Schücking, deutscher Schriftsteller (19. Jh.).

Lew [ljɛf]: männl. Vorn., russische Form von ▸ Leo. ◇ Bekannter Namensträger: Lew Kopelew, russischer Germanist und Schriftsteller (20. Jh.).

Lewin: ▸ Levin.

Lewis ['luːɪs]: männl. Vorn., englische Form von ▸ Ludwig. ◇ Bekannter Namensträger: Lewis Carroll, englischer Schriftsteller (19. Jh.).

Lex: männl. Vorn., Kurzform von ▸ Alexander, auch englisch. ◇ Bekannter Namensträger: Lex Barker, amerikanischer Filmschauspieler (20. Jh.).

Lexa: weibl. Vorn., Kurzform von ▸ Alexandra.

¹**Lia:** weibl. Vorn., griechisch-lateinische Form (Léia, Lia) des biblischen Namens ▸ Lea.

²**Lia:** weibl. Vorn., Kurzform von Namen, die auf »-lia« ausgehen, besonders von ▸ Julia.

Liam ['liːəm]: männl. Vorn., irische Kurzform von William (▸ Wilhelm). ◇ Bekannter Namensträger: Liam O'Flaherty, irischer Schriftsteller (19./20. Jh.).

Liane, (auch:) Liana: weibl. Vorn., Kurzform von ▸ Juliane. Der Vorname wurde zu Beginn des 19. Jh.s durch die Liane in Jean Pauls Roman »Titan« weiteren Kreisen bekannt. Heute wird der Vorname häufig mit »Liane«, der Bezeichnung der tropischen Schlingpflanze, gleichgesetzt.

Lianne: weibl. Vorn., der unter Anlehnung an ▸ Anne aus dem weiblichen Vornamen ▸ Liane hervorgegangen ist.

Liborius: männl. Vorn. lateinischen Ursprungs, dessen Bedeutung unklar ist. Der Name wurde durch den heiligen Liborius (4. Jh.), Bischof von Le Mans, bekannt; NAMENSTAG: 23. Juli. Der heilige Liborius wurde, nachdem seine Gebeine im 9. Jh. nach Paderborn gebracht worden waren, auch in Deutschland verehrt. Der Name tritt in Nordwestdeutschland vor allem als »Börries« auf.

Libussa: aus dem Tschechischen (Libuše, altschechisch Libuša, Lubuša) übernommener weibl. Vorn. (zu urslaw. *l'ub- »lieb, angenehm« + -š-Suffix). Der Überlieferung nach war Libussa (8. Jh.) die Ahnherrin der Přemysliden und die legendäre Gründerin von Prag. Dieser Stoff wurde von Grillparzer in der Tragödie »Libussa« und von Smetana in der Oper »Libussa« behandelt. ◇ Bekannte Namensträgerin: Libuše Moníková, tschechische Schriftstellerin (20. Jh.).

Lida: weibl. Vorn., Kurzform verschiedener Vornamen (z. B. von ▸ Ludmilla, ▸ Alida).

Liddy: weibl. Vorn., englische Kurzform von ▸ Lydia.

Lidia: ▸ Lydia.

Liebetraud: ▸ Liebtraud.

Liebfried: alter deutscher männl. Vorn. (ahd. liob »lieb« + ahd. fridu »Schutz vor Waffengewalt, Friede«).

Liebgard: alter deutscher weibl. Vorn. (ahd. liob »lieb« + german. *gardaz »Zaun, Einfriedung«, vgl. ahd. garto »Garten«).

Liebhard: alter deutscher männl. Vorn. (ahd. liob »lieb« + ahd. harti, herti »hart, kräftig, stark«).

Liebhild: alter deutscher weibl. Vorn. (ahd. liob »lieb« + ahd. hiltja »Kampf«).

Liebrecht: alter deutscher männl. Vorn. (ahd. liob »lieb« + ahd. beraht »glänzend«).

Liebtraud, (auch:) Liebetraud; Liebtrud: alter deutscher weibl. Vorn. (ahd. liob »lieb« + german. Þrūþi »Kraft, Stärke«, in althochdeutscher Zeit umgedeutet zu trūt »vertraut, lieb«).

Liebward: alter deutscher männl. Vorn. (ahd. liob »lieb« + ahd. wart »Hüter, Schützer«).

Liebwin: alter deutscher männl. Vorn. (ahd. liob »lieb« + ahd. wini »Freund«).

Lienhard: männl. Vorn., oberdeutsche Nebenform von ▸ Leonhard. Eine literarische Gestalt ist Lienhard in Pestalozzis Roman »Lienhard und Gertrud«.

Lies, (auch:) Lis; Lys: weibl. Vorn., Kurzform von ▸ Elisabeth.

Liesa: weibl. Vorn., Kurzform von ▸ Elisabeth.

Liesbeth, (auch:) Lisbeth: weibl. Vorn., Kurzform von ▸ Elisabeth.

Lieschen: weibl. Vorn., Koseform von ▸ Elisabeth.

Liese, (auch:) Lise: weibl. Vorn., Kurzform von ▸ Elisabeth.

Liesel, (oberdeutsch auch:) Liesl: weibl. Vorn., Koseform von ▸ Elisabeth. ◇ Bekannte Namensträgerinnen: Liesl Karlstadt, deutsche Schauspielerin und Humoristin (19./20. Jh.); Liesel Christ, deutsche Volksschauspielerin (20. Jh.).

Lieselore: weibl. Vorn., Doppelform aus Liese (Kurzform von ▸ Elisabeth) und Lore (Kurzform von ▸ Eleonore).

Lieselotte, (auch:) Liselotte: weibl. Vorn., Doppelform aus Lie(se) (Kurzform von ▸ Elisabeth) und Lotte (Kurzform von ▸ Charlotte). Allgemein bekannt wurde der Name durch Lieselotte von der Pfalz (17./18. Jh.), die eigentlich Elisabeth Charlotte hieß. Der Name gehörte in der ersten Hälfte des 20. Jh.s zu den beliebtesten Doppelformen. ◇ Bekannte Namensträgerin: Liselotte Pulver, schweizerische Filmschauspielerin (20. Jh.).

Liesemarie: weiblicher Vorname, Doppelform aus Liese (Kurzform von ► Elisabeth) und ► Marie.

Liesgret: weibl. Vorn., Doppelform aus Lies (Kurzform von ► Elisabeth) und Gret(e) (Kurzform von ► Margarete).

Lil: ► Lill.

Lili: ► Lilli.

Lilia: weibl. Vorn., Erweiterung von Lili (► Elisabeth) oder latinisierende Form von nhd. Lilie.

Lilian: weibl. Vorn. englischer Herkunft, dem wahrscheinlich eine Lallform von ► Elisabeth zugrunde liegt. Der Vorname kommt in England seit dem 16. Jh. vor. ◇ Bekannte Namensträgerin: Lilian Harvey, deutsche Filmschauspielerin englischer Herkunft (20. Jh.).

Liliana, (auch:) Liliane: weibl. Vorn., Weiterbildung von Lili (► Elisabeth).

Lill, (auch:) Lil: weibl. Vorn., Kurzform von ► Lilli. ◇ Bekannte Namensträgerin: Lil Dagover, deutsche [Film]schauspielerin (19./20. Jh.).

Lilli: *Lilli Palmer, deutsche Schauspielerin*

Lilli, (auch:) Lili: weibl. Vorn., Koseform – eigentlich Lallform aus der Kindersprache – von ► Elisabeth. Der Vorname ist bekannt durch das Soldatenlied »Lilli Marlen«. ◇ Bekannte Namensträgerinnen: »Lili« (eigentlich Elisabeth) Schönemann, Jugendliebe Goethes (18./19. Jh.); Lilli Lehmann, deutsche Sängerin (19./20. Jh.); Lilli Palmer, deutsche Filmschauspielerin (20. Jh.).

Lilly, (auch:) Lily: weibl. Vorn., englische Koseform von Elizabeth (► Elisabeth).

Lilo: weiblicher Vorname, Kurzform von ► Lieselotte.

Lina, (auch:) Line: weibl. Vorn., Kurzform von Namen, die auf »-lina« ausgehen, besonders von ► Karolina. ◇ Bekannte Namensträgerin: Lina Wertmüller, italienische Filmregisseurin (20. Jh.).

Linda: weibl. Vorn., Nebenform von ► Linde, auch englisch (hier oft Kurzform von ► Belinda). Für die jüngste Verbreitung des Vornamens in Italien ist neben dem Wohlklang auch die volksetymologische Anlehnung an das Adjektiv *lindo, -a* »schmuck« ausschlaggebend. Der Vorname wurde zu Beginn des 19. Jh.s durch die Linda in Jean Pauls Roman »Titan« weiteren Kreisen bekannt.

Linde: weibl. Vorn., Kurzform von Namen, die mit »-linde« (ahd. *lind* »sanft, weich, mild«, auch beeinflusst durch ahd. *linta* »Linde, Schild aus Lindenholz«) gebildet sind. Der Vorname wird heute volkstümlich auf das Adjektiv »lind« bezogen oder mit dem Baumnamen »Linde« gleichgesetzt.

Lindgard: alter deutscher weibl. Vorn. (ahd. *lind* »sanft, weich, mild«, auch beeinflusst durch ahd. *linta* »Linde, Schild aus Lindenholz« + german. **gardaz* »Zaun, Einfriedung«, vgl. ahd. *garto* »Garten«).

Lindtraud, (auch:) Lintrud: alter deutscher weibl. Vorn. (ahd. *lind* »sanft, weich, mild«, auch beeinflusst durch ahd. *linta* »Linde, Schild aus Lindenholz« + german. **þrūþi* »Kraft, Stärke«, in althochdeutscher Zeit umgedeutet zu *trūt* »vertraut, lieb«).

Line: weibl. Vorn., Nebenform von ► Lina.

Linette: weiblicher Vorname, Koseform von ► Lina.

Linka: weiblicher Vorn., Kurzform von Karolinka, einer polnischen Koseform von ► Karoline.

Linnart: männl. Vorn., Nebenform von ► Leonhard.

Linnea, (auch:) Linnéa: weibl. Vorn. schwedischer Herkunft. Der Name bezeichnet eine Blume, die nach dem Familiennamen des schwedischen Botanikers Carl von Linné (18. Jh.) benannt wurde.

Lino: männl. Vorn., italienische Form von ► Linus. ◇ Bekannter Namensträger: Lino Ventura, französisch-italienischer Filmschauspieler (20. Jh.).

Lintrud: ► Lindtraud.

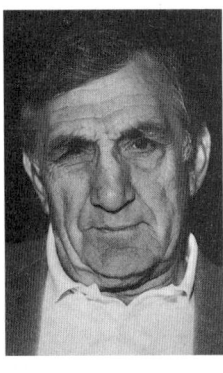

Lino: *Lino Ventura, französisch-italienischer Schauspieler*

Linus: männlicher Vorname, der auf ein spätrömisches Praenomen (Vornamen) zurückgeht. Die Bedeutung des Namens ist unklar. In der griechischen Mythologie war Línos, Sohn des Apoll, Lehrer des Herkules in der Musik. Bekannt wurde der Name durch den heiligen Linus, der nach altkirchlicher Überlieferung erster Nachfolger des Petrus als Bischof von Rom war (1. Jh.); NAMENSTAG: 23. September. ✧ Bekannter Namensträger: Linus Carl Pauling, amerikanischer Chemiker, Träger des Friedensnobelpreises (20. Jh.). Engl. Form: Linus ['laɪnəs]. Italien. Form: Lino.

Lioba: weibl. Vorn., verselbständigte Kurzform von Namen, die mit »Li(e)b-« (ahd. *liob* »lieb«) gebildet sind. ✧ Bekannte Namensträgerin: die heilige Lioba, Äbtissin in Tauberbischofsheim (8. Jh.), NAMENSTAG: 28. September.

Lion: männl. Vorname, deutsche und engl. ['laɪən] Form von ▸ Leon.

Lionel, (auch:) Lyonel ['laɪənl]: männl. Vorn., englische Koseform von Lion (▸ Leo). Eine literarische Gestalt ist der englische Feldherr Lionel in Schillers Tragödie »Die Jungfrau von Orleans« (1802). ✧ Bekannte Namensträger: Lyonel Feininger, amerikanischer Maler und Grafiker deutscher Herkunft (19./20. Jh.); Lionel Hampton, amerikanischer Jazzmusiker (20. Jh.).

Lis: ▸ Lies.

Lisa: weibl. Vorn., Kurzform von ▸ Elisabeth. Eine bekannte Operettenfigur ist die Lisa in Lehárs Operette »Land des Lächelns«. »Lisa« gehört zurzeit zu den beliebtesten Mädchennamen in Deutschland. ✧ Bekannte Namensträgerin: Lisa della Casa, schweizerische Sopranistin (20. Jh.).

Lisabeth: weibl. Vorn., Kurzform von ▸ Elisabeth.

Lisamaria: weiblicher Vorname, Doppelform aus Lisa (Kurzform von ▸ Elisabeth) und ▸ Maria.

Lisbeth: ▸ Liesbeth.

Lise: weibl. Vorn., Kurzform von ▸ Elisabeth. ✧ Bekannte Namensträgerin: Lise Meitner, österreichisch-schwedische Physikerin (19./20. Jh.).

Liselore: weibl. Vorn., Doppelform aus Lise (Kurzform von ▸ Elisabeth) und Lore (Kurzform von ▸ Eleonore).

Liselotte: ▸ Lieselotte.

Liserose: weibl. Vorn., Doppelform aus Lise (Kurzform von ▸ Elisabeth) und Rose (▸ Rosa).

Lisette [li'zɛt]: aus dem Französischen übernommener weibl. Vorn., Koseform von ▸ Elisabeth.

Lisgret: weibl. Vorn., Doppelform aus Lis (Kurzform von ▸ Elisabeth) und Gret(e) (Kurzform von ▸ Margarete).

Liska: weibl. Vorn., schwedische Koseform von ▸ Elisabeth.

Lissa, (auch:) Lisse: weibl. Vorn., Kurzform von ▸ Elisabeth.

Lissi, (auch:) Lissy: weibl. Vorn., Koseform von ▸ Elisabeth.

Liv: *Liv Ullmann, norwegische Schauspielerin*

Liv: weibl. Vorn. norwegischer Herkunft (altnord. *hlíf* »Wehr, Schild«, aber häufig mit *liv* »Leben« in Verbindung gebracht). ✧ Bekannte Namensträgerin: Liv Ullmann, norwegische Schauspielerin (20. Jh.).

Livia: weibl. Vorn., weibliche Form von ▸ Livius. ◊ Bekannte Namensträgerin: Livia Drusilla, Gemahlin des Kaisers Augustus (1. Jh. v. Chr.).

Livius: männl. Vorn. lateinischen Ursprungs, der auf einen römischen Geschlechternamen ungeklärter Herkunft und Bedeutung zurückgeht. ◊ Bekannter Namensträger: Titus Livius, römischer Geschichtsschreiber († 17 n. Chr.).

Liz [lɪz]: weibl. Vorn., englische Kurzform von Elizabeth (▸ Elisabeth).

Lizzy [ˈlɪt͜si], engl. Aussprache: [ˈlɪzɪ]: aus dem Englischen übernommener weibl. Vorn., Koseform von Elizabeth (▸ Elisabeth).

Lobgott: in der Zeit des Pietismus gebildeter männl. Vorname.

Lois: männl. Vorn., oberdeutsche Kurzform von ▸ Alois.

Loisa: weibl. Vorn., oberdeutsche Kurzform von ▸ Aloisa.

Loisl: männl. Vorn., oberdeutsche Koseform von ▸ Alois.

Lola: aus dem Spanischen übernommener weibl. Vorn., Koseform – eigentlich Lallform aus der Kindersprache – von ▸ Dolores. Der Name wurde in Deutschland durch Lola Montez (19. Jh.), die schottische Tänzerin am Hofe Ludwigs I. von Bayern, bekannt. Eine Opernfigur ist die Lola in Mascagnis Oper »Cavalleria rusticana«.

Lolita: weibl. Vorn., spanische Koseform von ▸ Lola. Der Vorname wurde vor allem durch Vladimir Nabokovs Roman »Lolita« (1955) bekannt.

Lona, (auch:) Lone: weibl. Vorn., Kurzform von ▸ Apollonia und ▸ Leonie.

Loni, (auch:) Lonni; Lonie; Lony, Lonny: weibl. Vorn., Kurzform von ▸ Apollonia und ▸ Leonie.

Lora: weibl. Vorn., Kurzform von Eleonora (▸ Eleonore) oder Nebenform von ▸ Laura.

Lore: weibl. Vorn., Kurzform von ▸ Eleonore.

Loredana: aus dem Italienischen übernommener weibl. Vorn. Der Name kam Anfang des 20. Jh.s in Italien auf. Die Verbreitung dieses Vornamens steht mit der großen Popularität des Romans von L. Zuccoli »L'amore di Loredana« (1908) in Zusammenhang. Der Name der Romanheldin wurde von L. Zuccoli (vielleicht in Anlehnung an Loredan, den Familiennamen eines alten venezianischen Patriziergeschlechts) geprägt.

Loreen [lɔˈriːn]: weibl. Vorn., englische Erweiterung von ▸ Lora mit der Koseendung »-een« oder eindeutschende Schreibung, Aussprache: Loreen, von englisch ▸ Laureen.

Lorelies: weibl. Vorn., Doppelform aus Lore (Kurzform von ▸ Eleonore) und Lies (Kurzform von ▸ Elisabeth).

Loremarie, (auch:) Loremaria: weibl. Vorn., Doppelform aus Lore (Kurzform von ▸ Eleonore) und ▸ Marie/Maria.

Lorena, (auch:) Lorene: weibl. Vorn., latinisierte Form von ▸ Loreen.

Lorenz: männl. Vorn., deutsche Form von ▸ Laurentius. ◊ Bekannte Namensträger: Lorenz von Stein, deutscher Staatsrechtler und Sozialwissenschaftler (19. Jh.); Lorenz Kardinal Jaeger, Erzbischof von Paderborn (19./20. Jh.); Lorenz Fehenberger, deutscher Tenor (20. Jh.).

Lorenzo: männl. Vorn., italienische Form von ▸ Laurentius. ◊ Bekannte Namensträger: Lorenzo Ghiberti, italienischer Bildhauer, Baumeister und Kunsttheoretiker (14./15. Jh.); Lorenzo de Medici, Stadtherr von Florenz, Mäzen und Dichter (15. Jh.); Lorenzo Lotto, italienischer Maler (15./16. Jh.); Lorenzo Da Ponte, italienischer Librettist (18./19. Jh.).

Loretta, (auch:) Lorette: weibl. Vorn., Weiterbildung von ▸ Lora mit der italienischen Endung -etta bzw. mit der französischen Endung -ette; der Name wird gelegentlich in Anklang an den Marienwallfahrtsort Loreto in Italien vergeben. ◊ Bekannte Namensträgerin: Loretta Lynn, amerikanische Countrysängerin (20. Jh.).

Lorita: weibl. Vorn. italienischer Herkunft, Nebenform des italien. Vornamens Loreta, nach dem Marienwallfahrtsort Loreto in Italien.

Lorna: weibl. Vorn. englischer Herkunft, der von R. D. Blackmore für die Heldin seines Romans »Lorna Doone« (1869) geprägt wurde. Der Roman war seiner Zeit sehr erfolgreich und der Name fand bald Eingang in die englische Namengebung.

Lothar, (selten auch:) Lotar: alter deutscher männl. Vorn. (zu ahd. *hlūt* »laut, berühmt« + ahd. *heri* »Kriegsschar, Heer«). Lothar ist vor allem als fränkischer Adelsname bekannt: Lothar I., Sohn Ludwigs des Frommen, fränkischer Kaiser (8./9. Jh.), und Lothar II., König im Teilreich Lotharingien (9. Jh.), daher der Name Lothringen. ◊ Bekannte Na-

mensträger: Lothar III. (Lothar von Supplin-
burg), deutscher Kaiser (11./12. Jh.); Lothar
Franz, Graf von Schönborn, Erzbischof und
Kurfürst von Mainz (17./18. Jh.); Lotar Olias,
deutscher Schlagerkomponist (20. Jh.); Lothar Matthäus, deutscher Fußballspieler
(20. Jh.).

Lotte: weibl. Vorn., Kurzform von ▸ Charlotte.
Der Vorname war seit dem 18. Jh. und noch zu
Beginn des 20. Jh.s sehr beliebt. Eine bekann-
te literarische Gestalt ist die Lotte (= Charlotte
Buff) in Goethes Roman »Leiden des jungen
Werthers« (vgl. auch Thomas Manns Roman
»Lotte in Weimar«). Eine weitere literarische
Gestalt ist die Lotte aus Botho Strauß' Szenen
»Groß und klein« (1978). ◊ Bekannte Namens-
trägerinnen: Lotte Lehmann, deutsche Sänge-
rin (19./20. Jh.); Lotte Lenya, österreichische
Sängerin und Schauspielerin, Ehefrau von
Kurt Weill (20. Jh.).

Lotteliese, (auch:) Lottelies: weibl. Vorn., Doppelform aus Lotte (Kurzform von ▸ Charlotte)
und Lies(e) (Kurzform von ▸ Elisabeth).

Lotti: weibl. Vorn., Koseform von ▸ Lotte.

¹Lou [lu:]: weibl. Vorn., Kurzform von Louise
(▸ Luise). ◊ Bekannte Namensträgerin: Lou
Andreas-Salomé, russische Schriftstellerin
deutscher Herkunft (19./20. Jh.).

²Lou [lu:]: männl. Vorn., Kurzform von ▸ Louis.

Louis: *Louis Arm-
strong, amerikani-
scher Jazztrompeter*

Louis ['lu:i], französ. Aussprache: [lwi]: aus dem
Französischen übernommener männl. Vorn.,
französische Form von ▸ Ludwig. ◊ Bekannte
Namensträger: Louis Daguerre, französischer
Maler und Physiker, Miterfinder der Fotogra-
fie (18./19. Jh.); Louis (eigtl. Ludewig) Spohr,
deutscher Komponist (18./19. Jh.); Louis Pas-

teur, französischer Chemiker und Bakteriologe (19. Jh.); Louis Aragon, französischer
Dichter (19./ 20. Jh.); Louis Armstrong, amerikanischer Jazztrompeter (20. Jh.); Louis
Ferdinand, Prinz von Preußen (20. Jh.); Louis
de Funès, französischer Filmschauspieler
(20. Jh.); Louis Malle, französischer Filmregisseur (20. Jh.).

Louisa [lu'i:zə]: weibl. Vorn., latinisierte Form
von ▸ Louise, auch englisch.

Louise [lu'i:z], französ. Aussprache: [lwi:z]: aus
dem Französischen übernommener weibl.
Vorn., weibliche Form von ▸ Louis.

Lovis, (auch:) Lowis: männl. Vorn., niederdeutsche Form von ▸ Louis. ◊ Bekannter Namensträger: Lovis Corinth, deutscher Maler und
Grafiker (19./20. Jh.).

Lovisa, (auch:) Lowisa, Lowise: weibl. Vorn.,
niederdeutsche Form von ▸ Louise.

Lowik: männl. Vorn., niederländische Form
von ▸ Ludwig.

Lowis: ▸ Lovis.

Lowisa, (auch:) Lowise: ▸ Lovisa.

¹Lu: weibl. Vorn., Kurzform von ▸ Luise.

²Lu: männl. Vorn., Kurzform von ▸ Ludwig.

Luana: weibl. Vorn., der durch die Luana in
King Vidors Film »The Bird of Paradise«
(1932) bekannt wurde. Wegen seines exotischen Klangs fand der Name u. a. Eingang in
die italienische Namengebung.

Lübbe: männl. Vorn., niederdeutsche und friesische Kurzform von Namen, die mit »Luit-«
(ahd. *liut* »Volk«) gebildet sind.

Lübbert: männl. Vorn., niederdeutsche Form
von ▸ Luitbert.

Luc [lyk]: männl. Vorn., französische Form von
▸ Lukas. ◊ Bekannter Namensträger: Jean-
Luc Godard, französischer Filmregisseur
(20. Jh.).

Luca: männl. Vorn., italienische Form von
▸ Lukas. ◊ Bekannte Namensträger: Luca Della Robbia, italienischer Bildhauer (15. Jh.); Luca Signorelli, italienischer Maler (15./16. Jh.).

Lucas: ▸ Lukas.

Luchina [lu'ki:na]: weibl. Vorn. italienischer
Herkunft, weibliche Form von Luca (▸ Lukas).

Lucia, (auch:) Luzia: weibl. Vorn., weibliche
Form von ▸ Lucius. Zur Verbreitung des Namens im Mittelalter trug vor allem die Verehrung der heiligen Lucia von Syrakus (3./4. Jh.)
bei; NAMENSTAG: 13. Dezember. Nach der
Legende wurde sie von ihrem heidnischen
Bräutigam als Christin angeklagt und unter

Diokletian hingerichtet. Eine bekannte Opernfigur ist die Lucia in Donizettis Oper »Lucia di Lammermoor«. ◇ Bekannte Namensträgerin: Lucia Popp, österreichische Sängerin (20. Jh.). Ital. Form: Lucia [lu't∫i:a]. Französ. Form: Lucie [ly'si]. Engl. Form: Lucy ['lu:sɪ].

Luciana, (auch:) Luciane: weibl. Vorn., weibliche Form von ▸ Lucianus. Eine literarische Gestalt ist die Luciane in Goethes Roman »Die Wahlverwandtschaften« (1809).

Luciano [lu't∫a:no]: männl. Vorn., italienische Form von ▸ Lucianus. ◇ Bekannter Namensträger: Luciano Pavarotti, italienischer Tenor (20. Jh.).

Luciano: *Luciano Pavarotti, italienischer Tenor*

Lucianus: männl. Vorn., Weiterbildung von ▸ Lucius. Französ. Form: Lucien [ly'sjɛ̃]. Italien. Form: Luciano [lu't∫a:no].

¹Lucie, (auch:) Lucie: ▸ Lucia.

²Lucie [ly'si]: weibl. Vorn., französische Form von ▸ Lucia.

Lucien [ly'sjɛ̃]: männl. Vorn., französische Form von ▸ Lucianus. Eine bekannte literarische Gestalt ist der Lucien Leuwen in Stendhals gleichnamigem Roman.

Lucienne [ly'sjɛn]: aus dem Französischen übernommener weibl. Vorn., weibliche Form von Lucien (▸ Lucianus).

Lucilla: weibl. Vorn., der auf einen römischen Beinamen der Kaiserzeit, einer Weiterbildung von ▸ Lucius, zurückgeht.

Lucinde, (auch:) Lucinda: weibl. Vorn., Weiterbildung von ▸ Lucia. Der Name wurde um 1800 durch die Lucinde in Friedrich Schlegels gleichnamigem Roman weiteren Kreisen bekannt.

Lucio ['lu:t∫o]: männl. Vorn., italienische Form von ▸ Lucius.

Lucius, (auch:) Luzius: männl. Vorn., der auf einen alten, sehr verbreiteten römischen Vornamen (Praenomen) zurückgeht (zu lat. *lūx* »Licht«, also »der Lichte, der Glänzende« oder »der bei Tagesanbruch Geborene«). »Lucius« war im Mittelalter Papst- und Heiligenname. Bekannt ist der Name aber vor allem durch Lucius Cornelius Sulla, den römischen Feldherrn und Staatsmann (2./1. Jh. v. Chr.). ◇ Bekannter Namensträger: der heilige Lucius I., Papst (3. Jh.), NAMENSTAG: 5. März. Italien. Form: Lucio ['lu:t∫o].

Lucretia: ▸ Lukretia.

Lucy ['lu:sɪ]: weibl. Vorn., englische Form von ▸ Lucia.

Ludbert: alter deutscher männl. Vorn., Nebenform von ▸ Luitbert.

Lüde: männl. Vorn., niederdeutsche Kurzform von Namen, die mit »Luit-« gebildet sind.

Lüdeke: männl. Vorn., niederdeutsche Koseform von Namen, die mit »Luit-« gebildet sind.

Lüder: männl. Vorn., niederdeutsche Nebenform von ▸ Luither.

Ludewig: männl. Vorn., Nebenform von ▸ Ludwig.

Ludgard: weibl. Vorn., Nebenform von ▸ Luitgard.

Ludger: männl. Vorn., Nebenform von ▸ Luitger. Der Vorname kommt in Westfalen, dem Verehrungsgebiet des heiligen Ludger, vor. Der heilige Ludger, ein friesischer Missionar, wurde im Jahre 804 der erste Bischof von Münster; NAMENSTAG: 26. März. ◇ Bekannter Namensträger: Ludger Westrick, deutscher Politiker (19./20. Jh.).

Ludmilla: aus dem Tschechischen (Ludmila) übernommener weibl. Vorn. (urslaw. *'ludъ* »Volk« + *milъ* »lieb, teuer«). ◇ Bekannte Namensträgerin: die heilige Ludmilla, die Landespatronin Böhmens (9./10. Jh.), NAMENSTAG: 15. September.

Ludo: männlicher Vorname, Kurzform von Namen, die mit »Lud-« (z. B. ▸ Ludolf) gebildet sind.

Ludolf: männl. Vorn. (ahd. *liut* »Volk« + ahd. *wolf* »Wolf«). Der Name war im Mittelalter beim sächsischen Adel beliebt. Nach seinem Ahnherrn Ludolf hieß ein sächsisches Herrschergeschlecht Ludolfinger. ◇ Bekannte Namensträger: der heilige Ludolf, Bischof von

Ratzeburg (13. Jh.), NAMENSTAG: 29. März; Ludolf von Sachsen, deutscher Mystiker (14. Jh.); Ludolf von Krehl, deutscher Mediziner (19./20. Jh.).

Ludovica: weibl. Vorn., latinisierte Form von ▸ Ludwiga.

Ludovico: männl. Vorn., italienische Form von ▸ Ludwig.

Ludovicus: männl. Vorn., latinisierte Form von ▸ Ludwig.

Ludowika: weiblicher Vorname, eindeutschende Schreibung von dem Namen ▸ Ludovica.

Ludvig: männl. Vorn., schwedische Form von ▸ Ludwig.

Ludwig, (auch:) Ludewig: alter deutscher männl. Vorn. (ahd. *hlūt* »laut, berühmt« + ahd. *wīg* »Kampf, Krieg«). Der Name – in fränkischer Form ▸ Chlodwig – breitete sich im Mittelalter von Frankreich in ganz Deutschland aus und drang auch in andere europäische Sprachen. Viele Könige und Heilige trugen diesen Namen: Ludwig der Fromme, deutscher Kaiser (8./9. Jh.); Ludwig der Deutsche, deutscher König (9. Jh.); Ludwig IV., der Heilige, Landgraf von Thüringen, Gemahl der heiligen Elisabeth (13. Jh.), NAMENSTAG: 11. September; Ludwig IX., der Heilige, König von Frankreich (13. Jh.), NAMENSTAG: 25. August; Ludwig XIV., König von Frankreich (17./18. Jh.); Ludwig XVI., König von Frankreich (18. Jh.); Ludwig Wilhelm I., genannt Türkenlouis, Markgraf von Baden-Baden (17./18. Jh.); Ludwig II., König von Bayern (19. Jh.). Sehr beliebt war der Name im 19. Jh. ◇ Bekannte Namensträger: Ludwig van Beethoven, deutscher Komponist (18./19. Jh.); Ludwig Tieck, deutscher Dichter (18./19. Jh.); Ludwig Uhland, deutscher Dichter (18./19. Jh.); Ludwig Börne, deutscher Schriftsteller (18./19. Jh.); Ludwig Richter, deutscher Maler (19. Jh.); Ludwig Feuerbach, deutscher Philosoph (19. Jh.); Ludwig Anzengruber, österreichischer Schriftsteller (19. Jh.); Ludwig Thoma, deutscher Schriftsteller (19./20. Jh.); Ludwig Ganghofer, deutscher Schriftsteller (19./ 20. Jh.); Ludwig Klages, deutscher Philosoph und Psychologe (19./20. Jh.); Ludwig Mies van der Rohe, deutschamerikanischer Architekt (19./20. Jh.); Ludwig Erhard, deutscher Politiker (19./20. Jh.). Italien. Formen: Ludovico, Luigi [luˈiːdʒi]. Span. Form: Luis. Französ. Form:

Louis [lwi]. Engl. Form: Lewis [ˈluːɪs]. Schwed. Form: Ludvig. Ungar. Form: Lajos [ˈlɔjɔʃ].

Ludwiga: weibl. Vorn., weibliche Form von ▸ Ludwig.

Lugge, (auch:) Luggi: männl. Vorn., Koseform von ▸ Ludwig.

Luigi [luˈiːdʒi]: männl. Vorn., italienische Form von ▸ Ludwig. ◇ Bekannte Namensträger: Ridolfo Luigi Boccherini, italienischer Komponist (18./19. Jh.); Luigi Pirandello, italienischer Schriftsteller (19./20. Jh.).

¹**Luis:** männl. Vorn., eindeutschende Schreibung von französisch ▸ Louis. ◇ Bekannter Namensträger: Luis Trenker, deutscher Schriftsteller und Schauspieler (19./20. Jh.).

²**Luis:** männl. Vorn., spanische Form von ▸ Ludwig. ◇ Bekannte Namensträger: Luis de Góngora, spanischer Dichter (16./17. Jh.); Jorge Luis Borges, argentinischer Schriftsteller (19./20. Jh.).

Luise: *Luise Rinser, deutsche Schriftstellerin*

Luise, (auch:) Luisa: weibl. Vorn., eindeutschende Form von ▸ Louise. Der Vorname kam in Deutschland im 18. Jh. in Mode und ist heute wieder ein beliebter Vorname. Zur Verbreitung des Namens trug auch Schiller mit der Luise Miller in seinem Trauerspiel »Kabale und Liebe« bei. ◇ Bekannte Namensträgerinnen: Luise von Savoyen, Herzogin von Angoulême (15./16. Jh.); Luise Henriette, Gemahlin des Großen Kurfürsten (17. Jh.); Luise Ulrike, Schwester Friedrichs des Großen, Königin von Schweden (18. Jh.); Königin Luise von Preußen (18./19. Jh.); Luise Hensel, deutsche Dichterin (18./19. Jh.); Luise Schröder, deutsche Politikerin (19./20. Jh.); Luise Rinser, deutsche Schriftstellerin (20. Jh.); Luise Ullrich, deutsche [Film]schauspielerin (20. Jh). Französ. Form: Louise [lwi:z]. Engl. Formen: Louise, Louisa [lu:'i:z, lu:'i:zə].

Luiselotte: weibl. Vorn., Doppelform aus ▸ Luise und Lotte (Kurzform von ▸ Charlotte).

Luitbald: ▸ Luitpold.

Luitbert, (auch:) Lübbert: alter deutscher männl. Vorn. (ahd. *liut* »Volk« + ahd. *beraht* »glänzend«).

Luitgard, (auch:) Ludgard, Lutgard: alter deutscher weibl. Vorn. (ahd. *liut* »Volk« + german. **gardaz* »Zaun, Einfriedung«, vgl. ahd. *garto* »Garten«).

Luitger, (auch:) Ludger: alter deutscher männl. Vorn. (ahd. *liut* »Volk« + ahd. *gēr* »Speer«).

Luitgund: alter deutscher weibl. Vorn. (ahd. *liut* »Volk« + ahd. *gund* »Kampf«).

Luithard: alter deutscher männl. Vorn. (ahd. *liut* »Volk« + ahd. *harti, herti* »hart, kräftig, stark«).

Luither: alter deutscher männl. Vorn. (ahd. *liut* »Volk« + ahd. *heri* »Kriegsschar, Heer«).

Luithild: alter deutscher weibl. Vorn. (ahd. *liut* »Volk« + ahd. *hiltja* »Kampf«).

Luitpold, (auch:) Luitbald; Lupold; Leopold: alter deutscher männl. Vorn. (ahd. *liut* »Volk« + ahd. *bald* »kühn«). Der Name wurde im 19. Jh. durch den Prinzregenten Luitpold von Bayern (19./20. Jh.) allgemein bekannt.

Luitwin, (auch:) Lutwin: alter deutscher männl. Vorn. (ahd. *liut* »Volk« + ahd. *wini* »Freund«).

Lukas, (auch:) Lucas: männl. Vorn. griechischen Ursprungs (griech. Loukās »der aus der Landschaft Lucania Stammende, der Lukanier«). »Lukas« fand im Mittelalter als Name des Evangelisten Lukas Verbreitung; NAMENSTAG: 18. Oktober. Der heilige Lukas war der Begleiter des Apostels Paulus. Nach der Legende malte er Christus- und Marienbilder. Deshalb wird er als Schutzheiliger der Maler verehrt. Da sein Symbol der Stier ist, ist er auch der Patron der Fleischer. Heute gehört »Lukas« zu den beliebtesten Vornamen biblischer Herkunft. ◇ Bekannte Namensträger: Lucas van Leyden, niederländischer Maler (15./16. Jh.); Lucas Cranach der Ältere, deutscher Maler (15./16. Jh.); Lucas Cranach der Jüngere, deutscher Maler (16. Jh.); Johann Lucas von Hildebrandt, österreichischer Baumeister (17./18. Jh.). Französ. Form: Luc [lyk]. Engl. Form: Luke [lu:k]. Italien. Form: Luca.

Luke [lu:k]: männl. Vorn., englische Form von ▸ Lukas.

Lukretia, (auch:) Lucretia; Lukrezia: weibl. Vorn. lateinischen Ursprungs, weibliche Form des altrömischen Geschlechternamens Lucrētius von unbekannter Herkunft und Bedeutung. Der Name ist vor allem durch die italienische Renaissancefürstin Lucrezia Borgia (15./16. Jh.) bekannt.

Lulu: weibl. Vorn., Lallform aus der Kindersprache von Namen, die mit »Lu-« beginnen, z. B. ▸ Ludmilla, ▸ Ludwiga, ▸ Luise. Eine bekannte literarische Gestalt ist die Lulu in Frank Wedekinds gleichnamigem Drama (danach auch die Oper »Lulu« von Alban Berg). ◇ Bekannte Namensträgerin: Lulu von Strauß und Torney, deutsche Dichterin (19./20. Jh.).

Lupold: männl. Vorn., Nebenform von ▸ Luitpold.

Lüppe, (auch:) Lüppo: männlicher Vorname, Kurzform von Namen, die mit »Luit-« gebildet sind.

Lutgard: weibl. Vorn., Nebenform von ▸ Luitgard.

Lutwin: männl. Vorn., Nebenform von ▸ Luitwin.

Lutz: männl. Vorn., Kurzform von ▸ Ludwig. ◇ Bekannte Namensträger: Lutz Heck, deutscher Zoologe und Schriftsteller (20. Jh.); Lutz Rathenau, deutscher Schriftsteller (20. Jh.).

Lyx: männl. Vorn., Kurzform von ▸ Lukas.

Luzia: ▸ Lucia.

Luzie: ▸ Lucie.

Luzius: ▸ Lucius.

Lydia, (auch:) Lidia: weibl. Vorn. griechischen Ursprungs (griech. Lydía »die aus Lydien in Kleinasien Stammende, die Lydierin«). »Lydia« war schon im republikanischen Rom häufig und erscheint in den Dichtungen von Martial. Der Name wurde in der Zeit des Humanismus in Italien wieder aufgegriffen und fand als wohlklingender antiker Name auch in Deutschland schnell allgemeine Verbreitung. ◇ Bekannte Namensträgerin: die heilige Lydia aus Thyatira, eine Purpurhändlerin, die von Paulus in Philippi getauft wurde; NAMENSTAG: 3. August.

Lynn, (auch:) Lynne [lɪn]: aus dem Englischen übernommener weiblicher Vorname, moderne Kurzform von ▸ Linda oder von ▸ Carolyn.

Lyonel: ▸ Lionel.

Lys: ▸ Lies.

Maarten: männl. Vorn., niederdeutsche und niederländische Nebenform von ▸ Martin. ✧ Bekannter Namensträger: Maarten van Heemskerck, niederländischer Maler (15./ 16. Jh.).

Maartje: weibl. Vorn., niederdeutsche Koseform von ▸ Martha und ▸ Martina.

Mabel ['mɛɪbəl]: weibl. Vorn., englische Kurzform von Amabel (lat. *amābilis* »liebenswürdig«).

Maddalena: weibl. Vorn., italienische Form von ▸ Magdalena.

Maddy ['mædɪ]: weiblicher Vorname, englische Kurzform von Magdalen (▸ Magdalena).

Madeleine [ma'dlɛn]: weibl. Vorn., französische Form von ▸ Magdalena.

Madeline: weibl. Vorn., französische [ma'dlin] und englische ['mædəli:n] Nebenform von ▸ Madeleine.

Madge [mædʒ]: weiblicher Vorname, englische Kurzform von Margaret (▸ Margarete).

Madita: weibl. Vorn., Neubildung der bekannten Kinderbuchautorin Astrid Lindgren als Koseform von Margareta (▸ Margarete) für eines ihrer Bücher.

Madleen, (auch:) Madlen: weibl. Vorn., Kurzform von ▸ Magdalena.

Madlena, (auch:) Madlene: weibl. Vorn., Kurzform von ▸ Magdalena.

Mafalda: weibl. Vorn. germanischen Ursprungs (▸ Mathilde). Die Namensform geht zurück auf Mahalt (= frankoprovenzalische Form von Mathilde) von Savoyen (12. Jh.), die Alfons I. von Portugal heiratete. In Portugal entwickelte sich aus Mahalt durch Lautersatz die Form Mafalda. Der Name wurde in Deutschland in jüngster Zeit durch die argentinische Comicfigur Mafalda bekannt. ✧ Bekannte Namensträgerin: Prinzessin Mafalda von Savoyen (20. Jh.).

Magali, (auch:) Magalie: aus dem Französischen übernommener weibl. Vorn., provenzalische Form von ▸ Margarete.

Magda: weibl. Vorn., Kurzform von ▸ Magdalena. Zur Verbreitung des Namens um 1900 trug die Magda in Hermann Sudermanns Schauspiel »Heimat« bei. ✧ Bekannte Namensträgerin: Magda Schneider, deutsche Filmschauspielerin (20. Jh.).

Magdalena, (auch:) Magdalene: aus der Bibel übernommener weibl. Vorn. hebräischen Ursprungs, Kürzung aus Maria Magdalena (eigentlich »Maria aus dem Ort Magdala am See Genezareth«). Nach der Bibel war Maria Magdalena eine der treuesten Jüngerinnen Jesu. Sie stand mit ihren Gefährtinnen unter dem Kreuz Christi und entdeckte am Ostermorgen sein leeres Grab. Ihr erschien als Erster der auferstandene Christus. Namensfest der Maria Magdalena ist der 22. Juli. Französ. Form: Madeleine [ma'dlɛn]. Italien. Form: Maddalena. Engl. Formen: Madeline ['mædəli:n], Magdalen ['mægdəlɪn]. Russ. Form: Magdalina.

Magdali: weibl. Vorn., Kurzform von ▸ Magdalena.

Magdalina: weibl. Vorn., russische Form von ▸ Magdalena.

Magelone: weibl. Vorn., der auf die sagenhafte Heldin des Volksbuches von der »schönen Magelone« (15. Jh.) zurückgeht. Bekannt sind auch die Magelonelieder von Brahms. Der Name ist vermutlich eine Koseform von ▸ Magdalena.

Maggie, (auch:) Maggy ['mægɪ]: weibl. Vorn., englische Koseform von Margaret (▸ Margarete).

Magna: weibl. Vorn., weibliche Form von ▸ Magnus.

Magnus: männl. Vorn. (lat. *māgnus* »groß«). Für die Verbreitung des Namens in Deutschland gibt es zwei unterschiedliche Anstöße: Im Norden waren mehrere, vor allem norwegische Könige, die zwischen dem 11. und 14. Jh. diesen Namen trugen, Namensvorbild. König Olaf der Heilige von Norwegen soll seinem Sohn aus Bewunderung für Karl den Großen (lat. Carolus Magnus) diesen Namen gegeben haben. In Süddeutschland, besonders im Allgäu, war der heilige Magnus, Mönch in St. Gallen und Missionar im Allgäu (8. Jh.), NAMENSTAG: 6. September, Namensvorbild. Hier ist Magnus wohl die latinisierte Form des ersten Namenglieds seines eigentlichen Namens Magnoald (ahd. *magan* »Kraft, Stärke, Macht« + ahd. -*walt* zu *waltan* »walten, herrschen«). ◇ Bekannte Namensträger: Magnus I., der Gute, König von Norwegen (11. Jh.); Magnus VIII. Eriksson, König von Norwegen (14. Jh.); Magnus von Buchwaldt, deutscher Springreiter (20. Jh.). Als zweiter Vorname: Hans Magnus Enzensberger, deutscher Lyriker und Schriftsteller (20. Jh.).

¹Mai: weiblicher Vorname, eindeutschende Schreibung des schwedischen Vornamens ▸ Maj.

²Mai: ▸ Maie.

Maidie ['meɪdɪ]: vor allem in Irland und Schottland vorkommender weibl. Vorn., Kosebildung zu engl. *maid* »junges Mädchen« oder Koseform der englischen Vornamen ▸ Mary und ▸ Margaret.

Maie, (auch:) Mai: weibl. Vorn., friesische Kurzform von ▸ Maria.

Maik: männl. Vorn., eindeutschende Schreibung des englischen Vornamens ▸ Mike, einer Kurzform von ▸ Michael.

Maike, (auch:) Maiken; Maika; Meike: weibl. Vorn., niederdeutsche und friesische Koseform von ▸ Maria.

¹Maite: aus dem Spanischen übernommener weibl. Vorn. baskischen Ursprungs (»Geliebte«).

²Maite: weibl. Vorn. spanischer Herkunft, der aus »María Teresa« entstanden ist.

Maj, (auch:) Mai: weibl. Vorn., schwedische Kurzform von ▸ Maria.

¹Maja: weibl. Vorn., Kurzform von ▸ Maria. Allgemein bekannt wurde der Name durch Waldemar Bonsels' Roman »Die Biene Maja und ihre Abenteuer« (1912).

²Maja: weibl. Vorn., griechisch-lateinischen Ursprungs. In der griechischen Mythologie

war Maïa, Tochter des Atlas und Mutter des Hermes, die Schönste der Plejaden. In Rom wurde sie mit Māia, der altrömischen Göttin des Wachstums, gleichgesetzt.

³Maja: weibl. Vorn., der auf die altindische Göttin Maya (»Wunderkraft«, auch »Trugbild«) zurückgeht.

Maksim, (auch:) Maxim: männl. Vorn., russische Form von ▸ Maximus. ◇ Bekannter Namensträger: Maksim Gorkij, russischer Schriftsteller (19./20. Jh.).

Malcolm, engl. Aussprache: ['mælkəm]: aus dem Englischen übernommener männl. Vorn., der auf gäl. *maol-Columb* »Diener/ Schüler des [heiligen] Columban« (▸ Koloman) zurückgeht. Malcolm ist der Name von vier mittelalterlichen schottischen Königen und kommt als solcher auch in Shakespeares »Macbeth« vor.

Male: weibl. Vorn., Kurzform von ▸ Malwine und ▸ Amalie.

Maleen, (auch:) Malen: weibl. Vorn., Kurzform von ▸ Magdalena.

Mali, (auch:) Malli, Mally: weibl. Vorn., Kurzform von ▸ Amalie.

Malika: weibl. Vorn., aus dem Ungarischen übernommene Koseform von ▸ Amalie.

Malina: weibl. Vorn., Kurzform von Magdalina (▸ Magdalena). Zur Bekanntheit des Vornamens hat Ingeborg Bachmann mit ihrem Roman »Malina« beigetragen, in dem »Malina« allerdings der (slowenische) Familienname des Geliebten der Hauptperson ist.

Malli, (auch:) Mally: ▸ Mali.

Malou [ma'lu]: weibl. Vorn., der aus dem französischen Vornamen Marie-Louise entstanden ist.

Malte: aus dem Dänischen übernommener männl. Vorn., der wahrscheinlich auf eine alte deutsche zweistämmige Kurzform von Helmolt (ahd. *helm* »Helm« + ahd. -*walt* zu *waltan* »walten, herrschen«) zurückgeht. Weiteren Kreisen wurde der Name zu Beginn des 20. Jh.s durch Rilkes Roman »Die Aufzeichnungen des Malte Laurids Brigge« (1910) bekannt.

Malve: weibl. Vorn., nach dem gleich lautenden Pflanzennamen.

Malwida, (auch:) Malvida: weibl. Vorn., dessen Herkunft und Bedeutung unklar sind. ◇ Bekannte Namensträgerin: Malvida von Meysenbug, deutsche Schriftstellerin (19./ 20. Jh.).

Malwine: aus der Ossian-Dichtung des Schotten James Macpherson übernommener weibl. Vorn., dessen Herkunft und Bedeutung unklar sind. Durch die Ossian-Schwärmerei Klopstocks, Herders, Goethes u. a. wurden Malwine, ▸ Oskar und ▸ Selma im 18. Jh. in Deutschland bekannt und bürgerten sich als Vornamen ein. Eine bekannte Operettenfigur ist die Malwine von Hainau in Leon Jessels Operette »Schwarzwaldmädel«.

Manda: weibl. Vorn., Kurzform von ▸ Amanda.

Mandy ['mændɪ]: weibl. Vorn., englische Kurzform von ▸ Amanda.

Manfred: *Manfred Krug, deutscher Schauspieler*

Manfred, (auch:) Manfried: männl. Vorn., normannische Form des alten deutschen Vornamens ▸ Manfried (ahd. *man* »Mann« + ahd. *fridu* »Schutz vor Waffengewalt, Friede«). Die Namensform Manfred wurde durch den Stauferkönig Manfred von Sizilien (13. Jh.) bekannt. Manfred, der Sohn Kaiser Friedrichs II., fiel im Kampf gegen Karl von Anjou. Sein Schicksal wurde im 19. Jh. mehrmals literarisch behandelt, so von F. W. Rogge in dem Drama »König Manfred« und von Ernst Raupach in der Dramensammlung »Die Hohenstaufen« (1837). Auch durch Byrons dramatisches Gedicht »Manfred« (1817) wurde der Name neu belebt. In der ersten Hälfte des 20. Jh.s war der Name überaus beliebt. ◇ Bekannte Namensträger: Manfred Freiherr von Richthofen, Jagdflieger (19./20. Jh.); Manfred von Brauchitsch, deutscher Automobilrennfahrer (20. Jh.); Manfred Krug, deutscher Schauspieler (20. Jh.).

Manfreda: weibl. Vorn., weibliche Form von ▸ Manfred.

Manfried: ▸ Manfred.

Manhard, (auch:) Manhart: alter deutscher männl. Vorn. (ahd. *man* »Mann« + ahd. *harti, herti* »hart, kräftig, stark«).

Manja: weibl. Vorn., russische Koseform von ▸ Maria.

Manolo, (auch:) Manolito: männl. Vorn., spanische Koseformen von ▸ Manuel.

Manon [ma'nõ]: weibl. Vorn., französische Koseform von ▸ Maria. Bekannt ist der Name durch die Opern »Manon« von Massenet und »Manon Lescaut« von Auber und Puccini.

Manuel, span. Betonung: Manuel: männl. Vorn., spanische Form von ▸ Emanuel. ◇ Bekannter Namensträger: Manuel de Falla, spanischer Komponist (19./20. Jh.).

Manuela: weibl. Vorn., weibl. Form des spanischen Vornamens ▸ Manuel.

¹**Mara:** weibl. Vorn., bulgarische, makedonische, serbische, kroatische Nebenform von ▸ Maria.

²**Mara,** (auch:) Marah: aus der Bibel übernommener weibl. Vorn. hebräischen Ursprungs (hebr. *marah* »bitter«). Nach der Bibel nahm ▸ Noemi nach dem Tod ihres Mannes Elimelech diesen Namen an. Eine literarische Gestalt ist die Tänzerin Mara aus Henry Millers »Sexus. Plexus. Nexus.« (1945–57).

Marbert: alter deutscher männlicher Vorname (ahd. *marah* »Pferd« + ahd. *beraht* »glänzend«).

Marbod: alter deutscher männl. Vorn. (ahd. *marah* »Pferd« + asächs. *bodo* »Gebieter«, später umgedeutet zu ahd. *boto* »Bote«). Der Name ist bekannt durch den Markomannenkönig Marbod (1. Jh. v. Chr./1. Jh. n. Chr.).

Marc: männl. Vorn., französische Form von ▸ Markus. ◇ Bekannter Namensträger: Marc Chagall, französischer Maler und Grafiker russischer Herkunft (19./20. Jh.).

Marcel [mar'sɛl]: aus dem Französischen übernommener männl. Vorn., französische Form von ▸ Marcellus. Der Name ist heute modisch. ◇ Bekannte Namensträger: Marcel Proust, französischer Schriftsteller (19./20. Jh.); Marcel Pagnol, französischer Dramatiker (19./ 20. Jh.); Marcel Duchamp, amerikanischer Künstler französischer Herkunft (19./ 20. Jh.); Marcel Carné, französischer Filmregisseur (20. Jh.); Marcel Breuer, amerikanischer Architekt und Designer ungarischer Herkunft (20. Jh.); Marcel Reich-Ranicki, deutscher Literaturkritiker polnischer Her-

Marcel: *Marcel Reich-Ranicki, deutscher Literaturkritiker polnischer Herkunft*

kunft (20. Jh.); Marcel Marceau, französischer Pantomime (20. Jh.).

Marcella, (auch:) Marzella: weibl. Vorn. lateinischen Ursprungs, weibliche Form von ▸ Marcellus. ◇ Bekannte Namensträgerin: die heilige Marcella, Märtyrerin (4./5. Jh.); NAMENSTAG: 31. Januar. Italien. Form: Marcella [mar'tʃɛlla].

Marcellina, (auch:) Marzellina: weibl. Vorn., weibliche Form von ▸ Marcellinus. Italien. Form: Marcellina [martʃelˈliːna]. Französ. Form: Marcelline [marsɛˈlin].

Marcellino [martʃelˈliːno]: männl. Vorn., italienische Form von ▸ Marcellinus.

Marcellinus, (auch:) Marzellinus: männl. Vorn., Weiterbildung von ▸ Marcellus. Italien. Form: Marcellino [martʃelˈliːno].

Marcello [mar'tʃɛllo]: männl. Vorn., italienische Form von ▸ Marcellus. ◇ Bekannter Namensträger: Marcello Mastroianni, italienischer Filmschauspieler (20. Jh.).

Marcellus, (auch:) Marzellus, Marzell: männl. Vorn. lateinischen Ursprungs, Weiterbildung zu lat. Mārcus (▸ Markus). »Marcellus« ist der Name mehrerer Heiliger und Päpste. ◇ Bekannter Namensträger: der heilige Papst Marcellus I. (3./4. Jh.), NAMENSTAG: 16. Januar. Italien. Form: Marcello [mar'tʃɛllo]. Französ. Form: Marcel [mar'sɛl].

Marcia ['maːsiə; 'maːʃə]: aus dem Englischen übernommener weibl. Vorn. lateinischen Ursprungs, weibliche Form von Mārcius, einem römischen Geschlechternamen (▸ Markus).

Marco: männl. Vorn., italienische Form von ▸ Markus. ◇ Bekannter Namensträger: Marco Polo, bedeutendster Asienreisender des Mittelalters (13./14. Jh.).

Marcos: männl. Vorn., spanische Form von ▸ Markus.

Marcus: ▸ Markus.

Mareen: ▸ Marena.

Marei: weibl. Vorn., oberdeutsche Koseform von ▸ Maria.

Mareike: weibl. Vorn., niederdeutsche Koseform von ▸ Maria.

Marek: männl. Vorn., polnische und tschechische Form von ▸ Markus.

Maren: weibl. Vorn., dänische und friesische Form von ▸ Marina.

Marena, (auch:) Marene; Mareen: weibl. Vorn., Weiterbildung von ▸ Maren.

Maret, (auch:) Mareta: weibl. Vorn., Kurzform von ▸ Margarete.

Marfa: weibl. Vorn., russische Form von ▸ Martha.

Marga: weibl. Vorn., Kurzform von ▸ Margarete.

Margaret ['maːgrət]: weibl. Vorn., englische Form von ▸ Margarete. ◇ Bekannte Namensträgerin: Margaret Mitchell, amerikanische Schriftstellerin (20. Jh.).

Margareta: weibl. Vorn., Nebenform von ▸ Margarete, auch schwedisch.

Margarete, (auch:) Margareta; Margarita: aus dem Lateinischen übernommener weibl. Vorn. (lat. *margarita* »Perle« aus griech. *margarítēs* »Perle«). »Margarete« fand im Mittelalter in der christlichen Welt als Name der heiligen Margarete von Antiochia (3./4. Jh.) Verbreitung; NAMENSTAG: 20. Juli. Nach der Legende soll sie den Teufel (in Gestalt eines Drachen) im Kampf mit dem Kreuzeszeichen besiegt haben. Sie ist die Schutzheilige der Bauern, der Gebärenden und Wöchnerinnen und zählt zu den vierzehn Nothelfern. Die volle Namensform und die Kurzform ▸ Grete waren schon im Mittelalter in Deutschland überaus beliebt. Der Vorname wird oft mit dem Blumennamen *Margerite* gleichgesetzt. Der Blumenname ist aus französ. *marguerite* »Gänseblümchen«, »Maßliebchen« entlehnt, das gleichfalls auf lat. *margarita* »Perle« zurückgeht. Der Benennung der Blume liegt ein Vergleich der Blütenköpfchen von Gänseblümchen mit Perlen zugrunde. ◇ Bekannte Namensträgerinnen: Margarete, Königin von Dänemark, Norwegen und Schweden (14./15. Jh.); Margarete von Anjou, französische Königin (15. Jh.); Margarete von Navarra, Königin von Navarra (15./16. Jh.); die heilige

Margarete Maria Alacoque (17. Jh.), NAMENS-
TAG: 16. Oktober; Margarete Mitscherlich,
deutsche Psychoanalytikerin und Publizistin
(20. Jh.); Margarete II., Königin von Dänemark (20. Jh.). Italien. Form: Margherita
[margeˈriːta]. Span. Form: Margarita. Französ. Form: Marguerite [margəˈrit]. Engl.
Form: Margaret [ˈmɑːgrət]. Schwed. Form:
Margareta. Russ. Form: Margarita. Ungar.
Form: Margit [ˈmɔrgit]. Tschech. Form:
Markéta.

Margarete:
*Margarete II., Köni-
gin von Dänemark*

Margarethe, (auch:) Margaretha: weibl. Vorn.,
ältere Schreibungen von ▶ Margarete. ◇ Be-
kannte Namensträgerin: Margarethe von
Trotta, deutsche Filmregisseurin (20. Jh.).
Margarita: weibl. Vorn., lateinische, spanische
und russische Form von ▶ Margarete. Eine
literarische Gestalt ist die Margarita in dem
Roman »Der Meister und Margarita« von
Michail Bulgakow.
Margery, (auch:) Marjorie [ˈmɑːdʒərɪ]: aus dem
Englischen übernommener weibl. Vorn., der
auf Margerie, eine altfranzösische Form von
▶ Margarete zurückgeht.
Margherita [margeˈriːta]: weibl. Vorn., italieni-
sche Form von ▶ Margarete.
Margit: weiblicher Vorname, Kurzform von
▶ Margarete, auch schwedisch und unga-
risch.
Margitta, (auch:) Margitte: weibl. Vorn., Wei-
terbildung von ▶ Margit.
Margot, französ. Aussprache: [marˈgo]: aus
dem Französischen übernommener weibl.
Vorn., Koseform von Marguerite (▶ Marga-
rete). ◇ Bekannte Namensträgerinnen: Margot Hielscher, deutsche Filmschauspielerin

(20. Jh.); Margot Trooger, deutsche Schauspielerin (20. Jh.); Margot Eskens, deutsche
Schlagersängerin (20. Jh.); Margot Werner,
deutsche Balletttänzerin und Liedersängerin
(20. Jh.).
Margret: weibl. Vorn., Kurzform von ▶ Margarete.
Margrit: weibl. Vorn., Kurzform von ▶ Margarete.
Marguerite [margəˈrit]: weibl. Vorn., französische Form von ▶ Margarete. ◇ Bekannte Namensträgerin: Marguerite Duras, französische Schriftstellerin (20. Jh.).
Marhold, (auch:) Marold: alter deutscher
männl. Vorn., der sich unter Anlehnung an
das Adjektiv »hold« aus dem Namen Marwald
(ahd. *marah* »Pferd« + ahd. *-walt* zu *waltan*
»walten, herrschen«) entwickelt hat.
Maria: aus der Bibel übernommener weibl.
Vorn., griechische und lateinische Form von
hebräisch (aramäisch) Mirjam, dessen Bedeutung dunkel ist. »Maria« kam im Mittelalter in
Deutschland aus ehrfürchtiger Scheu vor der
Gottesmutter als Vorname nur ganz vereinzelt
vor. Erst im 16. Jh. fand er weitere Verbreitung. In protestantischen Kreisen wurde die
Namensform »Marie« beliebt. Vom 18. Jh. an
wurde »Maria« als zweiter Vorname auch
männlichen Kindern gegeben, um sie dem
Schutz der Jungfrau Maria anzuvertrauen.
Zurzeit gehört Maria wieder zu den beliebte-
testen weiblichen Vornamen. Namenstag für
»Maria« sind alle Marienfeste. ◇ Bekannte
Namensträgerinnen: Maria Stuart, schotti-
sche Königin, Gegenspielerin von Königin
Elisabeth I. von England (16. Jh.); Maria von
Medici, französische Königin (16./17. Jh.);
Kaiserin Maria Theresia, Gegenspielerin
Friedrichs des Großen (18. Jh.); Maria Mon-
tessori, italienische Ärztin und Pädagogin
(19./20. Jh.); Maria Cebotari, österreichische
Sopranistin (20. Jh.); Maria Stader, schweize-
rische Sopranistin (20. Jh.); Maria Callas,
griechische Sopranistin (20. Jh.); Maria
Schell, schweizerische [Film]schauspielerin
(20. Jh.). Als zweiter Vorname männlicher
Personen: Carl Maria von Weber, deutscher
Komponist (18./19. Jh.); Rainer Maria Rilke,
österreichischer Dichter (19./20. Jh.); Klaus
Maria Brandauer, österreichischer Schauspieler (20. Jh.). Französ. Form: Marie [maˈri].
Englische Form: Mary [ˈmɛərɪ]. Russ. Form:
Marija [maˈrijɐ]. Finn. Form: Mirja.

Mariamne: weibl. Vorn., Nebenform von ▶ Mirjam. Eine literarische Gestalt ist die Mariamne in Friedrich Hebbels Tragödie »Herodes und Mariamne« (1850).

Marian: männl. Vorn., deutsche Form des römischen Beinamens Mariänus, einer Weiterbildung von ▶ Marius, oder eine zu ▶ Maria gebildete männliche Form.

Mariane, (auch:) Mariana: weibl. Vorn., Weiterbildung von ▶ Maria. Eine literarische Gestalt ist die Mariane in Goethes Roman »Wilhelm Meisters Lehrjahre«.

Marianita: weibl. Vorn., Doppelform aus ▶ Maria und ▶ Anita.

Marianka: weibl. Vorn., polnische Koseform von ▶ Marianne.

Marianne, (auch:) Marianna: weibl. Vorn., Doppelform aus ▶ Maria und ▶ Anna. Der Vorname kommt in Deutschland seit dem 18. Jh. häufiger vor und war in der ersten Hälfte des 20. Jh.s recht beliebt. ◇ Bekannte Namensträgerinnen: Marianne von Willemer, Vorbild der Suleika in Goethes »Westöstlichem Diwan« (18./19. Jh.); Marianne Hoppe, deutsche [Film]schauspielerin (20. Jh.); Marianne Sägebrecht, deutsche Filmschauspielerin (20. Jh.). Engl. Formen: Marianne ['mæriən; mæri'æn]; Marianna [mæri'ænə]. Französ. Form: Marianne [ma'rjan]. Italien. Form: Marianna.

Maribel: weibl. Vorn. spanischer Herkunft, Doppelform aus ▶ Mari[a] und ▶ [Isa]bel.

Maribella: aus dem Englischen übernommener weibl. Vorn., Doppelform aus ▶ Maria und ▶ Bella.

Marie: weibl. Vorn., Nebenform von ▶ Maria, auch französisch. ◇ Bekannte Namensträgerinnen: Marie Curie, französische Chemikerin und Physikerin polnischer Herkunft (19./20. Jh.).

Mariechen: weibl. Vorn., Koseform von ▶ Maria.

Marieke: weibl. Vorn., niederdeutsche Koseform von ▶ Maria.

Mariele: weibl. Vorn., oberdeutsche Koseform von ▶ Maria.

Marielena, (auch:) Marielene; Marilena, Marilene: weibl. Vorn., Doppelform aus ▶ Maria und Lena/Lene (Kurzformen von ▶ Magdalena oder ▶ Helene).

Marielies, (auch:) Marielis; Marilis; Marieliese: weibl. Vorn., Doppelform aus ▶ Marie und Lies(e), Lis (Kurzformen von ▶ Elisabeth).

Mariella: aus dem Italienischen übernommener weibl. Vorn., Koseform von ▶ Maria.

Marielore: weibl. Vorn., Doppelform aus ▶ Marie und Lore (Kurzform von ▶ Eleonore).

Marielotte: weibl. Vorn., Doppelform aus ▶ Marie und Lotte (Kurzform von ▶ Charlotte).

Marieluise: weibl. Vorn., Doppelform aus ▶ Marie und ▶ Luise. ◇ Bekannte Namensträgerin: Marieluise Fleißer, deutsche Schriftstellerin (20. Jh.).

Marierose: weibl. Vorn., Doppelform aus ▶ Marie und ▶ Rose.

Marietheres: weibl. Vorn., Doppelform aus ▶ Marie und ▶ Theres[ia].

Marietta: aus dem Italienischen übernommener weibl. Vorn., Koseform von ▶ Maria.

Marija, (auch:) Marja: weibl. Vorn., russische Form von ▶ Maria.

Marika, ungar. Aussprache: ['mɔrikɔ]: aus dem Ungarischen übernommener weibl. Vorn., Koseform von ▶ Maria. ◇ Bekannte Namensträgerinnen: Marika Rökk, österreichische Filmschauspielerin (20. Jh.); Marika Kilius, deutsche Eiskunstläuferin (20. Jh.).

Marilena, (auch:) Marilene: ▶ Marielena.

Marilis: ▶ Marielies.

Marilu: weibl. Vorn., Doppelform aus ▶ Mari[a] und ▶ Lu[ise].

Marilyn: Marilyn Monroe, amerikanische Schauspielerin

Marilyn ['mærılın]: weibl. Vorn., englische Koseform von Mary (▶ Maria). ◇ Bekannte Namensträgerin: Marilyn Monroe, amerikanische Filmschauspielerin (20. Jh.).

Marina: aus dem Italienischen übernommener weibl. Vorn., der entweder auf eine Weiterbildung von ▶ Maria oder auf eine weibliche Form von ▶ Marinus zurückgeht. ◇ Bekannte

Namensträgerin: Marina Vlady, französische Filmschauspielerin (20. Jh.). Dän. Form: Maren.

Marinella: weibl. Vorn., italienische Koseform von ▸ Marina.

Marinetta: weibl. Vorn., italienische Koseform von ▸ Marina.

Marinka, ungar. Aussprache: [ˈmɔriŋkɔ]: weibl. Vorn., ungarische Koseform von ▸ Maria.

Marino: männl. Vorn., italienische Form von ▸ Marinus.

Marinus: männl. Vorn. lateinischen Ursprungs, der auf den römischen Beinamen Marinus, eine Ableitung von ▸ Marius, zurückgeht, aber bereits in spätrömischer Zeit in Verbindung mit lat. *marīnus* »am Meer lebend« gebracht wurde. ◇ Bekannter Namensträger: Marinus Vooberg, niederländischer Dirigent (20. Jh.). Italien. Form: Marino.

Mario: männl. Vorn., italienische und spanische Form von ▸ Marius. Eine literarische Gestalt ist der Mario in Thomas Manns Novelle »Mario und der Zauberer«. ◇ Bekannte Namensträger: Mario del Monaco, italienischer Tenor (20. Jh.); Mario Lanza, italienischer Tenor (20. Jh.); Mario Adorf, deutscher [Film]schauspieler (20. Jh.); Mario Vargas Llosa, peruanischer Schriftsteller (20. Jh.). Als zweiter Vorname: Johannes Mario Simmel, österreichischer Schriftsteller (20. Jh.).

Mariola: weibl. Vorn., italienische Koseform von ▸ Maria.

Mariolina: weibl. Vorn., italienische Erweiterung von ▸ Mariola.

Marion, französ. Aussprache: [maˈrjõ], engl. Aussprache: [ˈmɛəriən; ˈmæriən]: aus dem Französischen oder Englischen übernommener weibl. Vorn., Koseform von ▸ Maria. ◇ Bekannte Namensträgerin: Marion Gräfin Dönhoff, deutsche Publizistin (20. Jh.).

Mariona: weibl. Vorn., Weiterbildung von ▸ Marion.

Marisa, (auch:) Marise: weibl. Vorn., Doppelform aus ▸ Maria und ▸ Luisa oder Lisa (Kurzform von ▸ Elisabeth).

Marischka: weibl. Vorn., deutsche Schreibweise einer ungarischen Koseform von ▸ Maria.

Marit: aus dem Schwedischen übernommener weibl. Vorn., Nebenform von Margit (▸ Margarete).

Marita: weibl. Vorn., Erweiterung des schwedischen Vornamens ▸ Marit oder spanische Koseform von ▸ Maria.

Maritta: weibl. Vorn., Weiterbildung von ▸ Maria.

Marius: männl. Vorn. lateinischen Ursprungs, der auf einen altrömischen Geschlechternamen etruskischer Herkunft zurückgeht. Bekannt ist der Name durch Gaius Marius, den römischen Feldherrn, der die Kimbern und Teutonen besiegte. ◇ Bekannter Namensträger: Marius Müller-Westernhagen, deutscher Schauspieler und Sänger (20. Jh.). Italien. und span. Form: Mario.

Marja: weibl. Vorn., russische Form von ▸ Maria.

Marjana: weibl. Vorn., Weiterbildung von ▸ Marja.

Marjorie [ˈmɑːdʒərɪ]: ▸ Margery.

¹Mark: männl. Vorn., deutsche Form von ▸ Markus oder Kurzform von deutschen Namen mit »Mark-« als erstem Bestandteil, wie z. B. ▸ Markolf und ▸ Markwart. Der Vorname ist heute – wohl unter englisch-amerikanischem und französischem Einfluss – modisch. ◇ Bekannte Namensträger: Mark Anton, römischer Staatsmann (1. Jh. v. Chr.); Mark Aurel, römischer Kaiser (2. Jh.).

²Mark [mɑːk]: männl. Vorn., englische Form von ▸ Markus. ◇ Bekannter Namensträger: Mark Spitz, amerikanischer Schwimmer (20. Jh.).

Marketa: weibl. Vorn., tschechische Form von ▸ Margarete.

¹Marko, (auch:) Marke: alter deutscher männlicher Vorn., verselbstständigte Kurzform von Namen mit »Mark-« als erstem Bestandteil (z. B. ▸ Markolf und ▸ Markwart).

²Marko: männl. Vorn., eindeutschende Schreibung des italienischen Vornamens Marco (▸ Markus).

Markolf: alter deutscher männl. Vorn. (ahd. *marcha* »Grenze« + ahd. *wolf* »Wolf«).

Markus, (auch:) Marcus: männl. Vorn. lateinischen Ursprungs, der auf den Vornamen (Praenomen) Mārcus (aus älterem *Mārt-kos* »dem Mars zugehörig, geweiht«) zurückgeht. Dieser Name wurde in alter Zeit vor allem den im »Mēnsis Mārtius« (März) Geborenen gegeben. »Markus« fand im Mittelalter als Name des Evangelisten Markus Verbreitung; NAMENSTAG: 25. April. Nach der Legende wurden die Reliquien des Markus von Alexandria, wo er Bischof war, nach Venedig (Markusdom) gebracht. In der zweiten Hälfte des 20. Jh.s gehört »Markus« zu den beliebtesten männlichen Vornamen. Eine literarische Gestalt ist Markus König in Gustav Freytags Romanzyklus »Die Ahnen«. ◇ Bekannter Namensträger: Markus Lüpertz, deutscher Künstler (20. Jh.). Italien. Form: Mạrco. Span. Form: Mạrcos. Französ. Form: Mạrc. Engl. Form: Mark [mɑːk]. Poln. und tschech. Form: Mạrek.

Markward, (auch:) Mạrkwart: alter deutscher männl. Vorn. (ahd. *marcha* »Grenze« + ahd. *wart* »Hüter, Schützer«).

Marlene, (auch:) Marlẹna; Marlẹn, Marleen: weibl. Vorn., Doppelform aus ▸ Maria und Lena/Lene (Kurzform von ▸ Magdalena oder ▸ Helene). ◇ Bekannte Namensträgerin: Marlene Dietrich, amerikanische Filmschauspielerin und Sängerin deutscher Herkunft (20. Jh.).

Marlene: *Marlene Dietrich, amerikanische Schauspielerin deutscher Herkunft*

Marlies, (auch:) Mạrlis; Marliese: weibl. Vorn., Doppelform aus ▸ Maria und Lies(e), Lis (Kurzformen von ▸ Elisabeth).

Marlon, engl. Aussprache: [ˈmɑːlən]: in neuerer Zeit aufgekommener angloamerikanischer männl. Vorn., dem vielleicht eine altfranzös. Koseform von Marc (▸ Markus) zugrunde liegt. Der Name wurde durch den amerikanischen Filmschauspieler Marlon Brando (20. Jh.) allgemein bekannt.

Marold: ▸ Marhold.

Martha, (älter auch:) Mạrthe, Mạrte; (jetzt auch:) Mạrta: aus der Bibel übernommener weiblicher Vorname (aramäisch *martā* »Herrin«). Nach der Bibel war Martha die Schwester des Lazarus und der Maria von Bethanien. Sie ist die Patronin der Hausfrauen; NAMENSTAG: 29. Juli. Der Vorname gewann

in Deutschland erst seit dem 16. Jh. (nach der Reformation) weitere Verbreitung und wurde im 19. Jh. volkstümlich. Zur Beliebtheit des Vornamens im 19. Jh. trug u. a. Friedrich von Flotows Oper »Martha« bei. Die heute nicht mehr gebräuchliche Nebenform Marthe verwenden Goethe (Marthe Schwerdtlein im »Faust«) und Kleist (Marthe Rull im »Zerbrochenen Krug«). ◇ Bekannte Namensträgerin: Martha Mödl, deutsche Sopranistin (20. Jh.). Italien. und span. Form: Mạrta. Russ. Form: Mạrfa.

Martin: männl. Vorn. lateinischen Ursprungs, der auf den römischen Beinamen Martinus (zu lat. *Mars, -tis,* dem Namen des Kriegsgottes) zurückgeht. »Martin« kam im Mittelalter in Deutschland als Name des heiligen Martin (4. Jh.) auf; NAMENSTAG: 11. November. Der heilige Martin, der die ersten abendländischen Klöster gründete, war Bischof von Tours und Schutzheiliger der Franken. Nach der Legende teilte er seinen Mantel mit einem Bettler. Der Mantel wurde von den fränkischen Königen als kostbare Reliquie gehütet und in Kriegen mitgeführt. In der Neuzeit wurde in protestantischen Kreisen oft Martin Luther als Namensvorbild gewählt. ◇ Bekannte Namensträger: der heilige Papst Martin I. (6./7. Jh.), NAMENSTAG: 13. April; Martin Opitz, deutscher Dichter (16./17. Jh.); Martin Buber, jüdischer Religionsphilosoph (19./ 20. Jh.); Martin Niemöller, deutscher evangelischer Theologe (19./20. Jh.); Martin Heidegger, deutscher Philosoph (19./20. Jh.); Martin Held, deutscher Schauspieler (20. Jh.); Martin Walser, deutscher Schriftsteller (20. Jh.). Engl. Form: Martin [ˈmɑːtɪn]. Französ. Form: Martin [marˈtɛ̃]. Italien. Form: Martino.

Martina: weibl. Vorn., weibliche Form von ▸ Martin. Der Vorname ist erst in der zweiten Hälfte des 20. Jh.s beliebt geworden, obwohl das Römische Messbuch eine heilige Martina, Märtyrerin des 3. Jh.s (NAMENSTAG: 30. Januar), verzeichnet. ◇ Bekannte Namensträgerinnen: Martina Wied, österreichische Schriftstellerin (19./20. Jh.); Martina Navratilova, amerikanische Tennisspielerin tschechoslowakischer Herkunft (20. Jh.). Französ. Form: Martine [marˈtin].

Martine [marˈtin]: aus dem Französischen übernommener weibl. Vorn., französische Form von ▸ Martina.

Martje: weibl. Vorn., niederdeutsche und friesische Koseform von ▸ Martha und ▸ Martina.

Maruschka, russ. Betonung: Maruschka, ungar. Betonung: Maruschka: weibl. Vorn., russische und ungarische Koseform von ▸ Maria.

Marusja: weibl. Vorn., russische Koseform von ▸ Maria.

Marvin ['mɑːvɪn]: aus dem Englischen übernommener männl. Vorn., dem der walisische Name Merfyn, aus dem mehrere englische Familiennamen hervorgegangen sind, zugrunde liegt. Der Name wurde durch den amerikanischen Soulsänger Marvin Gaye (20. Jh.) bekannt und gehört heute zu den beliebten männlichen Vornamen.

Mary ['mɛərɪ]: aus dem Englischen übernommener weibl. Vorn., englische Form von ▸ Maria. ◊ Bekannte Namensträgerinnen: Mary Wigman, deutsche Tänzerin und Choreographin (19./20. Jh.); Mary McCarthy, amerikanische Schriftstellerin (20. Jh.).

Marylou [mærɪˈluː]: aus dem Englischen übernommener weibl. Vorn., Doppelform aus ▸ Mary und ▸ Lou[isa].

Marzell: männl. Vorn., deutsche Form von ▸ Marcellus.

Marzella: weibl. Vorn., deutsche Schreibweise von ▸ Marcella.

Marzellina: weibl. Vorn., deutsche Schreibweise von ▸ Marcellina.

Marzellinus: männl. Vorn., deutsche Schreibweise von ▸ Marcellinus.

Marzellus: männl. Vorn., deutsche Schreibweise von ▸ Marcellus.

Mascha: aus dem Russischen übernommener weibl. Vorn., Koseform von Marija (▸ Maria).

Massimiliano: männl. Vorn., italienische Form von ▸ Maximilian.

Massimo: männl. Vorn., italienische Form von ▸ Maximus.

Mathieu [maˈtjø]: männl. Vorn., französische Form von ▸ Matthäus.

Mathilde, (auch:) Mathilda: alter deutscher weibl. Vorn. (ahd. *ma[c]ht* »Macht, Kraft« + ahd. *hiltja* »Kampf«). Zur Verbreitung des Namens im Mittelalter trug die Verehrung der heiligen Mathilde (9./10. Jh.) bei; NAMENS-TAG: 14. März. Die heilige Mathilde, Gemahlin Heinrichs I. und Mutter Ottos des Großen, gründete mehrere Klöster und war eine Wohltäterin der Armen. Um 1800 wurde der Name durch die Ritterdichtung und romantische Bewegung neu belebt. Eine literarische Gestalt ist die Mathilde in Novalis' Roman »Heinrich von Ofterdingen« (1802). Einen Roman »Mathilde Möhring« schrieb Theodor Fontane. ◊ Bekannte Namensträgerinnen: Mathilde von Tuszien, Markgräfin der Toskana (11./12. Jh.); Mathilde Wesendonck, deutsche Schriftstellerin (19./20. Jh.).

Mathis: männl. Vorn., Nebenform von ▸ Matthias. Bekannt ist die Namensform vor allem durch Paul Hindemiths Oper »Mathis der Maler« (= Matthias Grünewald).

Mats: männl. Vorn., schwedische Kurzform von ▸ Matthias. ◊ Bekannter Namensträger: Mats Wilander, schwedischer Tennisspieler (20. Jh.).

Mattea: weibl. Vorn. italienischer Herkunft, weibliche Form von ▸ Matteo.

Matteo: männl. Vorn., italienische Form von ▸ Matthäus.

Mattes: männl. Vorn., Kurzform von ▸ Matthias und ▸ Matthäus.

Matthäus: männl. Vorn., griechische Form von hebr. Mattai, Kurzform von Mattanja »Gabe Jahwes«. Der Name ist allgemein bekannt durch den Evangelisten Matthäus; NAMENS-TAG: 21. September. »Matthäus« war früher in Deutschland neben »Matthias« gebräuchlich, kommt heute aber nur noch vereinzelt vor. ◊ Bekannter Namensträger: Matthäus Merian der Ältere, schweizerischer Kupferstecher und Buchhändler (16./17. Jh.). Italien. Form: Matteo. Engl. Form: Matthew ['mæθjuː]. Französ. Form: Mathieu [maˈtjø].

Matthew ['mæθjuː]: männl. Vorn., englische Form von ▸ Matthäus.

Matthias: männl. Vorn., griechische Kurzform von Mattatías, zu hebr. Mattanja »Gabe Jahwes«. »Matthias« fand im Mittelalter in Deutschland als Name des heiligen Matthias Verbreitung, NAMENSTAG: 24. (im Schaltjahr: 25.) Februar. Der heilige Matthias war einer der Jünger Jesu; er wurde durch das Los zum Ersatzapostel für Judas Ischariot bestimmt. Nach der Legende sollen seine Reliquien durch Kaiserin Helena nach Rom und von dort nach Trier gekommen sein. Daher war der Name früher im Raum Trier beliebt. Während »Matthias« in der ersten Hälfte des 20. Jh.s ziemlich selten vorkam, gehört er später wie »Andreas« und »Michael« zu den beliebtesten männlichen Vornamen. ◊ Bekannte Namensträger: Matthias von Neuenburg, deutscher Chronist (14. Jh.); Matthias

Grünewald, deutscher Maler (15./16. Jh.); Matthias Claudius, deutscher Dichter (18./19. Jh.); Matthias Jakob Schleiden, deutscher Naturforscher (19. Jh.); Matthias Wieman, deutscher [Film]schauspieler (20. Jh.).

Matti: männl. Vorn., finnische Form von ► Matthias.

Maud [mɔːd]: weibl. Vorn., englische Form von ► Mathilde, die auf altfranzös. Mahault zurückgeht. Tennysons Gedicht »Maud« (1855) trug zur Wiederbelebung des Namens im 19. Jh. bei.

¹Maura [ˈmɔːrə]: aus dem Englischen übernommener weibl. Vorn. irischer Herkunft. Ursprünglich handelt es sich hierbei um einen keltischen Namen, den eine heilige Märtyrerin aus dem 5. Jh. trug. In Irland wird heute »Maura« jedoch als eine Form von Máire (► Maria) aufgefasst.

²Maura: weibl. Vorn., weibliche Form des italienischen Vornamens ► Mauro.

Maureen [ˈmɔːriːn; mɔːˈriːn]: aus dem Englischen übernommener weibl. Vorn. irischen Ursprungs, englische Form des irischen Namens Máirín, einer Koseform von ► Maria.

Maurice [mɔˈris]: männl. Vorn., französische Form von ► Moritz. ◇ Bekannter Namensträger: Maurice Ravel, französischer Komponist (19./20. Jh.).

Mauritius: männl. Vorn., lateinische Form von ► Moritz.

Maurizio: männl. Vorn., italienische Form von ► Moritz.

Mauro: männl. Vorn., italienische Form von ► Maurus.

Maurus: männl. Vorn. lateinischen Ursprungs, der auf einen römischen Beinamen (zu lat. *maurus* »der aus Mauretanien Stammende, der Mohr«) zurückgeht. »Maurus« fand im Mittelalter als Heiligenname Verbreitung, vor allem als Name des heiligen Maurus, des Schülers und Gehilfen des heiligen Benedikt (6. Jh.); NAMENSTAG: 15. Januar. Italien. Form: Mauro.

Max: männl. Vorn., Kurzform von ► Maximilian. Der Vorname war im 19. Jh. überaus beliebt. Zu seiner Beliebtheit trug u. a. Schiller mit der Gestalt des Max Piccolomini im »Wallenstein« (1800) bei. Eine bekannte Opernfigur ist der »Max« in Webers Oper »Der Freischütz«. Allgemein bekannt sind die Lausbubengestalten Max und Moritz aus Wilhelm Buschs bebilderter Geschichte »Max

und Moritz«. Wie »Maximilian« erfreut sich auch »Max« in neuester Zeit wieder zunehmender Beliebtheit. ◇ Bekannte Namensträger: Max von Schenkendorf, deutscher Lyriker (18./19. Jh.); Max Planck, deutscher Physiker

Max: *Max Planck, deutscher Physiker*

(19./20. Jh.); Max Weber, deutscher Nationalökonom und Soziologe (19./20. Jh.); Max Dauthendey, deutscher Schriftsteller (19./20. Jh.); Max Slevogt, deutscher Maler und Grafiker (19./20. Jh.); Max Ernst, französischer Maler und Bildhauer deutscher Herkunft (19./20. Jh.); Max Klinger, deutscher Maler und Bildhauer (19./20. Jh.); Max Bruch, deutscher Komponist (19./20. Jh.); Max Pechstein, deutscher Maler (19./20. Jh.); Max Halbe, deutscher Schriftsteller (19./20. Jh.); Max Reger, deutscher Komponist (19./20. Jh.); Max Reinhardt, österreichischer Regisseur und Schauspiellehrer (19./20. Jh.); Max von Laue, deutscher Physiker (19./20. Jh.); Max Beckmann, deutscher Maler (19./20. Jh.); Max Brod, israelischer Schriftsteller (19./20. Jh.); Max Schmeling, deutsches Boxidol (20. Jh.); Max von der Grün, deutscher Schriftsteller (20. Jh.); Max Ophüls, französischer Regisseur deutscher Herkunft (20. Jh.); Max Frisch, schweizerischer Schriftsteller (20. Jh.).

Maxi, (auch:) Maxie: weibl. Vorn., besonders süddeutsche Kurzform von ► Maximiliane. ◇ Bekannte Namensträgerinnen: Maxi Herber, deutsche Eiskunstläuferin (20. Jh.); Maxie Wander, deutsche Schriftstellerin (20. Jh.).

Maxim: männlicher Vorname, deutsche Form von ► Maximus. Französische Form:

Maxime [mak'sim]. Russ. Formen: Maksím, Maxím.

Maxime [mak'sim]: männl. Vorn., französische Form von ▸ Maximus.

Maximilian: männlicher Vorname lateinischen Ursprungs, der (durch Dissimilation von *n* zu *l*) aus lat. Mãximiniãnus entstanden ist. Der lat. Name Mãximiniãnus bedeutet »der aus dem Geschlecht Maximinus« (Bildung zu lat. *mãximus* »sehr groß, am größten«). »Maximilian« kam in Österreich und Bayern als Heiligenname auf, und zwar als Name des heiligen Maximilian von Celeia (3. Jh.); NAMENSTAG: 12. Oktober. Nach der legendarischen Vita aus dem 13. Jh. soll der heilige Maximilian im Ostalpenraum als Apostel gewirkt haben und Bischof von Lorch in Oberösterreich gewesen sein. Seine Reliquien kamen im 10. Jh. nach Passau, wo er dann als Märtyrer und Schutzheiliger der Diözese verehrt wurde. Bekannt wurde der Name vor allem durch Kaiser Maximilian I. (15./16. Jh.). Maximilian I., genannt der letzte Ritter, vertrat die Ansicht, sein Vater habe für ihn den Namen aus Maximus und Aemilianus gebildet, damit er so viel leisten möge wie Fabius Maximus und Scipio Aemilianus zusammen. Vom Adel in Österreich und Bayern wurde Kaiser Maximilian häufig als Namensvorbild gewählt. Im 19. und 20. Jh. wurde die volle Namensform von der Kurzform ▸ Max zurückgedrängt. In neuester Zeit gehören beide Formen wieder zu den beliebtesten männlichen Vornamen. ◇ Bekannte Namensträger: Maximilian von Welsch, deutscher Baumeister (17./18. Jh.); Maximilian, Kaiser von Mexiko (19. Jh.); Maximilian Harden, deutscher Schriftsteller (19./20. Jh.); Maximilian Wolf, deutscher Astronom (19./20. Jh.); Maximilian Schell, schweizerischer Schauspieler (20. Jh.).

Maximiliane: weibl. Vorn., weibliche Form von ▸ Maximilian.

Maximin: männl. Vorn., deutsche Form von Maximinus, einem römischen Beinamen, der auf eine Verkleinerungsform von lat. *mãximus, -a, -um* »sehr groß, am größten« zurückgeht. ◇ Bekannter Namensträger: der heilige Maximinus, Bischof von Trier (4. Jh.), NAMENSTAG: 12. September (in Trier am 29. Mai).

Maximus: männl. Vorn. lateinischen Ursprungs (zu lat. *mãximus , -a, -um* »sehr groß,

am größten«). Der Name fand im Mittelalter als Heiligenname Verbreitung, vor allem als Name des bedeutenden Theologen Maximus Confessor (6./7. Jh.); NAMENSTAG: 13. August. Italien. Form: Mãssimo. Franzõs. Form: Maxime [mak'sim]. Russ. Formen: Maksím, Maxím.

Maxine: weibl. Vorn., weibliche Form von ▸ Max.

May [meɪ]: weibl. Vorn., englische Kurzform von ▸ Mary und ▸ Margaret.

Mechthild, (auch:) Mechthilde: latinisierte Form: Mechtíldis, davon abgeleitet Mechtílde: alter deutscher weibl. Vorn., umgelautete Nebenform von ▸ Mathilde. Der Name war im Mittelalter überaus beliebt. ◇ Bekannte Namensträgerinnen: die heilige Mechthild von Magdeburg, deutsche Mystikerin (13. Jh.), NAMENSTAG: 15. August; die heilige Mechthild von Hackeborn (13. Jh.), NAMENSTAG: 19. November.

Medardus, (auch:) Medard: männl. Vorn., wahrscheinlich latinisierte Form von Machthard (ahd. *ma[c]ht* »Macht, Kraft« + ahd. *harti, herti* »hart, kräftig, stark«). »Medardus« fand im Mittelalter als Name des heiligen Medardus Verbreitung. Der heilige Medardus war im 6. Jh. Bischof von Noyon; NAMENSTAG: 8. Juni. Eine literarische Gestalt ist der Mönch Medardus in E. T. A. Hoffmanns Roman »Die Elixiere des Teufels« (1815/16).

Medea: weibl. Vorn. griechischen Ursprungs (griech. Médeia, zu griech. *médomai* »nachdenken; geschickt, fähig sein«). In der griechischen Mythologie ist Medea die zauberkundige Tochter des Königs Aietes in Kolchis, die Jason zum Goldenen Vlies verhilft und später aus Rache an ihm die gemeinsamen Kinder umbringt. Der Stoff wurde seit dem Drama des Euripides (5. Jh. v. Chr.) häufig in der Literatur behandelt, in neuerer Zeit beispielsweise von Hans Henny Jahnn und Christa Wolf.

Meg [mɛg]: weibl. Vorn., englische Koseform von Margaret (▸ Margarete).

Megan ['mɛgən]: aus dem Englischen übernommener weibl. Vorn., walisische Koseform von Margaret (▸ Margarete).

Meggy ['mɛgɪ]: weibl. Vorn., englische Koseform von Margaret (▸ Margarete).

Meik, (auch:) Maik: männlicher Vorname, eindeutschende Schreibung von englisch ▸ Mike.

Meike, (auch:) M<u>ai</u>ke; M<u>ai</u>ken; M<u>ai</u>ka: weibl. Vorn., friesische und niederdeutsche Koseform von ▸ Maria.

Meiko: männl. Vorn., friesische und niederdeutsche Koseform von Namen, die mit »Mein-« gebildet sind (z. B. ▸ Meinhard).

Meina: weibl. Vorn., Kurzform von Namen, die mit »Mein-« gebildet sind (z. B. ▸ Meinhild).

Meinald, (auch:) M<u>ei</u>nold; M<u>ei</u>nhold: alter deutscher männl. Vorn. (ahd. *magan, megin* »Kraft, Stärke, Macht« + ahd. *-walt* zu *waltan* »walten, herrschen«).

Meinard: männl. Vorn., Nebenform von ▸ Meinhard.

Meinbod: alter deutscher männl. Vorn. (ahd. *magan, megin* »Kraft, Stärke, Macht« + asächs. *bodo* »Gebieter«, später umgedeutet zu ahd. *boto* »Bote«).

Meineke: männl. Vorn., niederdeutsche Koseform von Namen, die mit »Mein-« (ahd. *magan, megin* »Kraft, Stärke, Macht«) gebildet sind.

Meinert: männl. Vorn., Nebenform von ▸ Meinhard.

Meinfried: alter deutscher männl. Vorn. (ahd. *magan, megin* »Kraft, Stärke, Macht« + ahd. *fridu* »Schutz vor Waffengewalt, Friede«).

Meingard: alter deutscher weibl. Vorn. (ahd. *magan, megin* »Kraft, Stärke, Macht« + german. **gardaz* »Zaun, Einfriedung«, vgl. ahd. *garto* »Garten«).

Meinhard, (auch:) M<u>ei</u>nard; M<u>ei</u>nert; M<u>e</u>nard: alter deutscher männl. Vorn. (ahd. *magan, megin* »Kraft, Stärke, Macht« + ahd *harti, herti* »hart, kräftig, stark«). Der Name war im Mittelalter bei den Grafen von Tirol traditionell. ◊ Bekannter Namensträger: Meinhard von Zallinger, österreichischer Dirigent (19./20. Jh.).

Meinharde: weibl. Vorn., weibliche Form von ▸ Meinhard.

Meinhild: alter deutscher weibl. Vorn. (ahd. *magan, megin* »Kraft, Stärke, Macht« + ahd. *hiltja* »Kampf«).

Meinhold: männl. Vorn., jüngere Form von ▸ Meinald/Meinold mit Anlehnung an das Adjektiv »hold«.

Meino: männlicher Vorname, friesische Kurzform von Namen, die mit »Mein-« gebildet sind (z. B. ▸ Meinhard und ▸ Meinhold).

Meinold: männl. Vorn., Nebenform von ▸ Meinald.

Meinolf, (auch:) M<u>ei</u>nulf: alter deutscher männl. Vorn. (ahd. *magan, megin* »Kraft, Stärke, Macht« + ahd. *wolf* »Wolf«).

Meinrad: alter deutscher männl. Vorn. (ahd. *magan, megin* »Kraft, Stärke, Macht« + ahd. *rāt* »Rat, Beratung, Ratgeber«). Der heilige Meinrad (9. Jh.), aus dessen Mönchszelle die Abtei Einsiedeln hervorging, wird in der Ostschweiz verehrt; NAMENSTAG: 21. Januar. ◊ Bekannter Namensträger: Meinrad Inglin, schweizerischer Schriftsteller (19./20. Jh.).

Meinulf: männl. Vorn., Nebenform von ▸ Meinolf.

Mel: männl. Vorn., englische Kurzform von ▸ Melvin.

Mela: weibl. Vorn., Kurzform von Namen, die mit »Mela-« beginnen oder auf »-mela« enden (z. B. ▸ Melanie oder ▸ Pamela).

Melanie, (auch:) Melan<u>ie</u>: im 19. Jh. aus dem Französischen (Mélanie) übernommener weibl. Vorn., der auf einen spätrömischen Personennamen griechischer Herkunft (griech. Melanía zu griech. *mélas* »schwarz«) zurückgeht. Eine bekannte literarische Gestalt ist die Melanie in Margaret Mitchells Roman »Vom Winde verweht« (deutsche Übersetzung: 1937). Die Verfilmung des Romans (1939) war sehr erfolgreich und trug zur allgemeinen Bekanntheit der Namen der Hauptpersonen bei. »Melanie« gehört in Deutschland in der zweiten Hälfte des 20. Jh.s zu den beliebtesten weiblichen Vornamen. ◊ Bekannte Namensträgerinnen: die heilige Melania (4./5. Jh.), NAMENSTAG: 31. Dezember; Melanie [Safka], amerikanische Popsängerin (20. Jh.); Melanie Griffith, amerikanische Filmschauspielerin (20. Jh.). Engl. Form: Melanie [ˈmɛlənɪ]. Französ. Form: Mélanie [melaˈni].

Melcher: männl. Vorn., deutsche Nebenform von ▸ Melchior.

Melchior: männl. Vorn. hebräischen Ursprungs (hebr. **Melkiʼor*, zu hebr. *mäläk* »König« und *ʼor* »Licht«, etwa »König [Jahwe] ist Licht«). »Melchior« wurde im Mittelalter in Deutschland als Name eines der Heiligen Drei Könige bekannt. Deren Anzahl und Namen werden erst seit dem 6. Jh. genannt. ◊ Bekannter Namensträger: Melchior Klesl, österreichischer Staatsmann und Kardinal (16./17. Jh.).

Melina, (auch:) Mel<u>i</u>ne: weibl. Vorn., der als Koseform verschiedener Namen (▸ Melanie,

▸Amelie, ▸Carmela, ▸Pamela) entstanden sein kann. In Deutschland ist der Name vor allem durch die griechische Schauspielerin und Politikerin Melina Mercouri (20. Jh.) bekannt geworden.

Melinda: weibl. Vorn., vielleicht Kurzform von ▸Ermelind(a) oder Ableitung von ▸Melanie oder ▸Melissa mit der Endung -inda nach dem Muster von ▸Lucinda.

Meline: ▸Melina.

Melisande: weibl. Vorn., Nebenform von Melisenda, einem Namen westfränkischer Herkunft, der besonders in den »fränkischen« Kreuzfahrerstaaten beliebt wurde (wohl zu german. *mel »lieb, mild« + german. *swinþa »stark, ungestüm« oder german. *sinþa, got. sinþs »Weg, Gang, Kriegszug«). Diesen Namen trug im 12. Jh. u. a. eine Tochter Balduins II., König von Jerusalem. In spanischen Romanzen wurde sie zu einer Tochter Karls des Großen, die von den Mauren geraubt wird. Melisendis, Gräfin von Tripolis im Libanon, wurde durch den provenzalischen Troubadour Jaufré Rudel (12. Jh.) bekannt, der sich in sie verliebte, ohne sie überhaupt gesehen zu haben. Zur Bekanntheit des Namens haben auch Maeterlincks Werk »Pelléas et Mélisande« sowie Debussys gleichnamige Oper beigetragen. Französ. Form: Mélisande [meli'zã:d]. Engl. Form: Millicent ['mɪlɪsnt].

Melissa: ▸Melitta.

Melitta, (auch:) Melissa: weibl. Vorn. griechischen Ursprungs (griech. mélitta, -issa »Biene«). Melissa ist der Name einer Gestalt in Ariosts Werk »Der rasende Roland«. ◇ Bekannte Namensträgerin: Melitta Breznik, österreichische Schriftstellerin (20. Jh.).

Melusine: weibl. Vorn., der auf den gleich lautenden Namen einer schönen Meerfee in der altfranzösischen Sage zurückgeht. Der Name wurde in Deutschland im 15. Jh. durch ein Volksbuch bekannt (vgl. auch Goethes Märchen »Die neue Melusine«). Literarische Figuren sind auch die Melusine Barby in Theodor Fontanes Roman »Der Stechlin« (1899) und die Melusine in Heinrich Manns Roman »Empfang bei der Welt«.

Melvin: aus dem Englischen übernommener männl. Vorn., wahrscheinlich eine Nebenform von Melville, dem ein aus einem französischen Ortsnamen abgeleiteter schottischer Familienname zugrunde liegt.

Mena: weibl. Vorn., Kurzform von Namen, die mit »Mein-« (ahd. magan, megin »Kraft, Stärke, Macht«) gebildet sind.

Menard: männl. Vorn., Nebenform von ▸Meinhard.

Mendel: männl. Vorn., Koseform von ▸Immanuel.

Menna: weibl. Vorn., niederdeutsche und friesische Kurzform von Namen, die mit »Mein-« (ahd. magan, megin »Kraft, Stärke, Macht«) gebildet sind.

Menno, (auch:) Meno: männl. Vorn., niederdeutsche und friesische Kurzform von Namen, die mit »Mein-« (ahd. magan, megin »Kraft, Stärke, Macht«) gebildet sind.

Mercedes, span. Aussprache: [mɛr'θeðes]: aus dem Spanischen übernommener weibl. Vorn. »Mercedes« bezieht sich auf das Fest Maria de mercede redemptionis captivorum »Maria von der Gnade der Gefangenenerlösung«. Dieses Marienfest wird am 24. September gefeiert.

Meret: weibl. Vorn., schweizerische Kurzform von ▸Emerentia.

Merle [mɜːl]: aus dem Englischen übernommener weibl. Vorn. (engl., französ. merle, lat. merula »Amsel«). Der Vorname wurde in den 30er-Jahren durch die englische Schauspielerin Merle Oberon (Estelle Merle O'Brien Thompson) allgemein bekannt.

Merlin, engl. Aussprache: ['mɜːlɪn]: aus dem Englischen übernommener männl. Vorn., der aus dem Sagenkreis um den walisischen König Artus stammt. Dort ist Merlin der Ratgeber von König Artus. Die Namensform geht auf die entstellende Latinisierung von kelt. (walisisch) Myrddin, Merddin (wohl mit der Bedeutung »Hügel am Meer, Düne«) zurück.

Merlind, (auch:) Merlinde: weibl. Vorn. (vielleicht zu ahd. mãri »bekannt, berühmt, angesehen« + ahd. lind »sanft, weich, mild«, auch beeinflusst durch ahd. linta »Linde, Schild aus Lindenholz«).

Merta: weibl. Vorn., dänische und schwedische Kurzform von ▸Margarete.

Merten: männl. Vorn., niederdeutsche Form von ▸Martin.

Merula: weibl. Vorn. lateinischen Ursprungs (lat. merula »Amsel«).

Meta: weibl. Vorn., Kurzform von ▸Margareta. Der Name war im 19. Jh. und noch zu Beginn des 20. Jh.s in Deutschland recht beliebt. Eine literarische Gestalt ist die Meta Koggenpoord in Hans Francks gleichnamigem Roman. ◇ Bekannte Namensträgerin: Meta Moller, Klopstocks Gattin (18. Jh.).

Metta, (auch:) Mette: weibl. Vorn., niederdeutsche Kurzform von ▸ Mechthild.

Mettje: weibl. Vorn., niederdeutsche Koseform von ▸ Mechthild.

Mettke: weibl. Vorn., niederdeutsche Koseform von ▸ Mechthild.

Mewes: männl. Vorn., Kurzform von ▸ Bartholomäus.

Mia: weibl. Vorn., Kurzform von ▸ Maria. ◇ Bekannte Namensträgerin: Mia Farrow, amerikanische Schauspielerin (20. Jh.). Engl. Form: Mia ['mi:ə].

Mia: *Mia Farrow, amerikanische Schauspielerin*

Micaela: weibl. Vorn., spanische Form von ▸ Michaela. Eine bekannte Operngestalt ist die Micaela in Bizets Oper »Carmen«.

¹Micha: aus der Bibel übernommener männl. Vorn. (hebr. Micha, Kurzform von ▸ Michael oder Michaja »Wer ist wie Jahwe?«). Im Alten Testament kommt der Name mehrmals vor; ein Micha war ein Prophet im 8. Jh. v. Chr.

²Micha: männl. Vorn., Kurzform von ▸ Michael.

³Micha: weibl. Vorn., Kurzform von ▸ Michaela.

Michael: aus der Bibel übernommener männl. Vorn. hebräischen Ursprungs (hebr. *mikā'ēl* »Wer ist wie Gott?«). »Michael« fand im Mittelalter in der christlichen Welt als Name des Erzengels Michael Verbreitung; NAMENS-TAG: 29. September. Zur Häufigkeit des Namens hat auch der Anklang an mhd. *michel* »groß« beigetragen. Michael als siegreicher Heerführer der Engel im Kampf gegen den

Satan wurde zum Beschützer der Kirche und des Heiligen Römischen Reiches und somit auch zum Schutzpatron Deutschlands. Er galt – neben Georg – als Personifizierung des christlichen Ritterideals. Seit dem 16. Jh. wurde der »deutsche Michel« zum Inbegriff des gemeinen Mannes und eines einfältigen Menschen. Andererseits konnte er seit dem 17. Jh. gerade wegen seiner Einfalt zum Gegenbild gegen die französischen Modetorheiten nachahmenden Narren werden. Bekannte literarische Gestalten sind der Michael Kohlhaas aus Kleists gleichnamiger Novelle und der Michael Kramer aus Gerhart Hauptmanns gleichnamigem Schauspiel. Heute gehört »Michael« zu den beliebtesten Vornamen in Deutschland. ◇ Bekannte Namensträger: Michael Pacher, deutscher Maler und Bildschnitzer (15./16. Jh.); Michael Wolgemut, Maler und Zeichner (15./16. Jh.); Michael Stich, deutscher Tennisspieler (20. Jh.); Michael Schumacher, deutscher Automobilrennfahrer (20. Jh.); Michael Ende, deutscher Schriftsteller (20. Jh.); Michael Johnson, amerikanischer Leichtathlet (20. Jh.). Italien. Form: Michele [mi'kɛ:le]. Span. Form: Miguel [mi'ɣɛl]. Französ. Form: Michel [mi'ʃɛl]. Engl. Form: Michael [maɪkl]. Schwed. Formen: Mikael; Mickel. Russ. Form: Michail [mixa'il]. Ungar. Form: Mihály ['miha:j].

Michaela: weibl. Vorn., weibliche Form von ▸ Michael. Span. Form: Micaela. Französ. Formen: Michèle, Michelle [mi'ʃɛl]. Schwed. Form: Mikaela.

Michail [mixa'il]: männl. Vorn., russische Form von ▸ Michael. ◇ Bekannter Namensträger: Michail Gorbatschow, russischer Politiker (20. Jh.).

Michalina, (auch:) Michaline: weibl. Vorn., Weiterbildung von ▸ Michaela.

¹Michel: männl. Vorn., seit dem Mittelalter gebräuchliche deutsche Form von ▸ Michael.

²Michel [mi'ʃɛl]: männlicher Vorname, französische Form von ▸ Michael. ◇ Bekannte Namensträger: Michel Piccoli, französischer [Film]schauspieler (20. Jh.); Michel Serrault, französischer Schauspieler (20. Jh.).

Michele [mi'kɛ:le]: männl. Vorn., italienische Form von ▸ Michael.

Michèle, (auch:) Michelle [mi'ʃɛl]: weibl. Vorn., französische Form von ▸ Michaela. Der Name ist heute modisch. ◇ Bekannte Namensträgerinnen: Michèle Morgan, französische Filmschauspielerin (20. Jh.); Michelle Pfeiffer, amerikanische Filmschauspielerin (20. Jh.).

Micheline [miʃ'lin]: aus dem Französischen übernommener weibl. Vorn., Weiterbildung von Michèle (▸ Michaela). ◇ Bekannte Namensträgerin: Micheline Presle, französische Filmschauspielerin (20. Jh.).

Michelle [mi'ʃɛl]: weibl. Vorn., Nebenform von ▸ Michèle.

Mickel: männl. Vorn., schwedische Form von ▸ Michael.

Mieke: weibl. Vorn., niederdeutsche Koseform von ▸ Maria.

Mientje: weibl. Vorn., niederdeutsche und friesische Koseform von Namen, die auf »-mina« oder »-mine« enden (z. B. ▸ Hermine oder ▸ Wilhelmina).

Mieze: weibl. Vorn., niederdeutsche Koseform von ▸ Maria.

Mignon [mi'nõ]: aus dem Französischen übernommener weibl. Vorn. (französ. *mignon* »zart, niedlich«). Der Name ist bekannt durch die Mignon in Goethes Roman »Wilhelm Meisters Lehrjahre« und durch die Oper »Mignon« von Ambroise Thomas.

Miguel [mi'ɣɛl]: männl. Vorn., spanische Form von ▸ Michael. ◇ Bekannte Namensträger: Miguel de Cervantes, spanischer Dichter (16./17. Jh.); Miguel Ángel Asturias, guatemaltekischer Schriftsteller (19./20. Jh.); Miguel Induráin, spanischer Radrennfahrer (20. Jh.).

Mihály ['miha:j]: männl. Vorn., ungarische Form von ▸ Michael.

Mikael: männl. Vorn., schwedische und dänische Form von ▸ Michael.

Mikaela: weibl. Vorn., schwedische und dänische Form von ▸ Michaela.

Mike [maɪk]: aus dem Englischen übernommener männl. Vorn., Kurzform von ▸ Michael. ◇ Bekannte Namensträger: Mike Todd, amerikanischer Theater- und Filmproduzent (20. Jh.); Mike Krüger, deutscher Schlagersänger (20. Jh.).

Mikka: weibl. Vorn., finnische Kurzform von ▸ Michaela.

Mikko: männl. Vorn., finnische Kurzform von ▸ Michael.

Miklas: männl. Vorn., polnische und tschechische Kurzform von Mikolaj bzw. Mikolás (▸ Nikolaus).

Miklós ['miklo:ʃ]: männl. Vorn., ungarische Form von ▸ Nikolaus.

Mikula: russischer männl. Vorn., der aus der Verschmelzung von Nikolai (▸ Nikolaus) und Michail (▸ Michael) hervorgegangen ist.

Mila: weibl. Vorn., tschechische Kurzform von ▸ Ludmilla.

Milan: männl. Vorn. tschechischer Herkunft (urslaw. **milъ* »lieb, teuer« + Endung *-an*). ◇ Bekannter Namensträger: Milan Kundera, tschechischer Schriftsteller (20. Jh.).

Milana, (tschech. Betonung:) Milana: weibl. Vorn., weibliche Form des tschechischen Vornamens ▸ Milan.

Milburg: alter deutscher weibl. Vorn. (ahd. *milti* »Milde, Sanftmut« + ahd. *burg* »Burg, Zufluchtstätte, Schutz«).

Milda: alter deutscher weibl. Vorn., verselbstständigte Kurzform von Zusammensetzungen mit »Mil(d)-« (z. B. ▸ Milburg).

Mildred: aus dem Englischen übernommener weibl. Vorn., der dem deutschen Namen ▸ Miltr(a)ud entspricht. Die heilige Mildred (7./8. Jh.) war die Tochter des Königs Merowald von Mercien. Sie war Benediktinernonne und Äbtissin im Kloster Minster auf der Insel Thanet (Kent); NAMENSTAG: 13. Juli.

Mile: weibl. Vorn., Kurzform von ▸ Emilie.

Milena, (auch:) Milena: aus dem Tschechischen übernommener weibl. Vorn. (urslaw. **milъ* »lieb, teuer« + Endung *-ena*). Bekannt ist der Name durch Franz Kafkas Briefe an Milena.

Milenka: weibl. Vorn., tschechische Koseform von ▸ Milena.

Milko: männl. Vorn., Kurzform von ▸ Miloslaw/Miloslav.

Milli: weibl. Vorn., Koseform von ▸ Emilie.

Millicent ['mɪlɪsnt]: weibl. Vorn., englische Form von ▸ Melisande.

Milly: weibl. Vorn., englische Koseform von Emily (▸ Emilie).

Milo: männl. Vorn., Kurzform von ▸ Miloslaw/ Miloslav. ◇ Bekannter Namensträger: Milo Dor, österreichischer Schriftsteller serbischer Herkunft (20. Jh.).

Miloslaw, (auch:) Miloslav: aus dem Polnischen (Miłosław), Russischen oder dem Tschechischen (Miloslav) übernommener männlicher Vorname (urslawisch **milъ* »lieb, teuer« + urslawisch **slava* »Ruhm, Ehre«).

Miloslawa, (auch:) Miloslava: aus dem Polnischen (Miłosława), Russischen oder Tschechischen übernommener weiblicher Vorname, weibliche Form von ▸ Miloslaw/ Miloslav.

Miltraud, (auch:) Miltrud: alter deutscher weibl. Vorn. (ahd. *milti* »Milde, Sanftmut« + german. *ÞrūÞi* »Kraft, Stärke«, in althochdeutscher Zeit umgedeutet zu *trūt* »vertraut, lieb«).

Milva: weibl. Vorn., italienische Doppelform aus ▸ Maria und ▸ Ilva. Der Vorname wurde in Deutschland durch die italienische Chansonsängerin Milva (eigentlich Maria Ilva Biolcati; 20. Jh.) bekannt.

Milva: *Milva, italienische Chansonsängerin*

Mimi, (auch:) Mimmi: weibl. Vorn., Koseform – eigentlich Lallform aus der Kindersprache – von ▸ Maria. Der Name ist vor allem bekannt durch die Mimi in Puccinis Oper »La Bohème«.

Mina, (auch:) Mine: weibl. Vorn., Kurzform von Namen, die auf »-mina« oder »-mine« ausgehen, besonders von ▸ Wilhelmine/-a und ▸ Hermine/-a.

Minerva: weibl. Vorn., der auf die römische Göttin der Weisheit, des Handwerks und der schönen Künste zurückgeht.

Minetta: weibl. Vorn., italienische Koseform von ▸ Mina.

Minette: weibl. Vorn., französierende Koseform von Mine (▸ Mina).

Minja: weibl. Vorn., wohl Weiterbildung von ▸ Mina.

Minka: weibl. Vorn., polnische Koseform von ▸ Wilhelmine.

Minna, (auch:) Minne: weibl. Vorn., im 18. Jh. aufgekommene Kurzform von ▸ Wilhelmine. Zu der großen Beliebtheit des Namens im 18. Jh. trug u. a. Lessing mit der Minna in

seinem Lustspiel »Minna von Barnhelm« (1767) bei.

Minni: weibl. Vorn., Koseform von ▸ Wilhelmine.

Minnie: weibl. Vorn., schottische Koseform von Mary (▸ Maria), auch englische Koseform von Wilhelmina (▸ Wilhelmine). Eine Operngestalt ist die Minnie in der Oper »Das Mädchen aus dem goldenen Westen« von Puccini. Bekannt ist auch die Comicfigur Minnie Mouse von Walt Disney.

¹**Mira:** weiblicher Vorname, Kurzform von ▸ Mirabella.

²**Mira:** weibl. Vorn., Kurzform von ▸ Miroslawa/Miroslava.

Mirabella, (auch:) Mirabell: weiblicher Vorname, in Analogie zu ▸ Isabella gebildete Nebenform zu dem englischen weiblichen Vornamen Mirabel (zu lat. *mirābilis* »wunderbar«). In England erscheint der eigentlich mittelalterliche Name wieder seit Beginn des 19. Jh.s.

Miranda: aus dem Englischen übernommener weibl. Vorn., der wohl von Shakespeare für die Heldin seines Schauspiels »Der Sturm« (zu lat. *mirandus, -a, -um* »wunderbar, bewundernswert«) gebildet wurde.

Mireille [miˈrɛj]: weibl. Vorn., französische Form von provenzalisch Mirèio, unter dem Einfluss von provenz. *mirar* »bewundern« entstandene Koseform von ▸ Mirjam. Der Name wurde bekannt durch die provenzalische Verserzählung »Mirèio« (1859) von F. Mistral und die darauf zurückgehende Oper »Mireille« von Ch. Gounod (1864). ◇ Bekannte Namensträgerin: Mireille Mathieu, französische Sängerin (20. Jh.).

Mirella: weibl. Vorn., italienische Form von ▸ Mireille. ◇ Bekannte Namensträgerin: Mirella Freni, italienische Opernsängerin (20. Jh.).

Miretta: weibl. Vorn., Weiterbildung von ▸ Mira.

Miriam: ▸ Mirjam.

Mirja: weibl. Vorn., finnische Form von ▸ Maria.

Mirjam, (auch:) Miriam; Myriam: aus der Bibel übernommener weibl. Vorn. hebräischen (aramäischen) Ursprungs, dessen Bedeutung dunkel ist. Die griechische und lateinische Form von »Mirjam« ist ▸ Maria.

Mirka: weibl. Vorn., Koseform von ▸ Miroslawa/Miroslava.

Mirko: männl. Vorname, Koseform von
▸ Miroslaw/Miroslav.

Mirl: weibl. Vorn., oberdeutsche Koseform von
▸ Maria.

Miroslaw, (auch:) Miroslav: aus dem Polnischen (Mirosław) oder Tschechischen (Miroslav) übernommener männl. Vorn. (urslaw.
mirъ »Friede« + urslaw. *slava* »Ruhm,
Ehre«).

Miroslawa, (auch:) Miroslava: weiblicher
Vorname, weibliche Form von ▸ Miroslaw/
Miroslav.

Mirta: weibl. Vorn., spanische und italienische
Form von ▸ Myrta.

Mischa: aus dem Russischen übernommener
männl. Vorn., Koseform von Michail (▸ Michael).

Mitja: männl. Vorn. russischer Herkunft, Koseform von ▸ Dimitri.

Mizzi, (auch:) Mitzi: weibl. Vorn., oberdeutsche Koseform von ▸ Maria.

Moana: weibl. Vorn. polynesischer Herkunft
(»Ozean«).

Modest, (auch:) Modestus: männl. Vorname
lateinischen Ursprungs (lat. *modestus, -a, -um*
»bescheiden; sanftmütig, besonnen; sittsam«). ◇ Bekannte Namensträger: der heilige
Modestus, Apostel von Kärnten (8. Jh.), NAMENSTAG: 3. Dezember; der heilige Modestus, der Erzieher des heiligen Vitus (3./4. Jh.),
NAMENSTAG: 15. Juni; Modest Mussorgskij,
russischer Komponist (19. Jh.).

Modesta: weibl. Vorn., weibliche Form von
▸ Modest.

Modestina: weibl. Vorn., weibliche Form von
▸ Modest mit der seit dem 17./18. Jh. beliebten Endung -ina.

Mogens: männl. Vorn., dänische Form von
▸ Magnus.

Moira, (auch:) Moyra: aus dem Englischen
übernommener weibl. Vorn., der die Aussprache von Máire, der irischen Form von
Mary (▸ Maria) wiedergibt.

Moll: weibl. Vorn., englische Koseform – eigentlich Lallform aus der Kindersprache –
von Mary (▸ Maria).

Molly: aus dem Englischen übernommener
weibl. Vorn., Koseform – eigentlich Lallform
aus der Kindersprache – von Mary (▸ Maria).

Mombert: alter deutscher männl. Vorn. (german. *muni* »Geist, Gedanke, Wille«, vgl.
mhd. mun »Gedanke; Absicht« + ahd. *beraht*
»glänzend«).

Momme, (auch:) Mommo; Mumme: männl.
Vorn., Kurzform von ▸ Mombert.

¹**Mona:** aus dem Englischen übernommener
weibl. Vorn. irischer Herkunft (zu gäl. *muadh*
»edel«). »Mona« fand Ende des 19. Jh.s zusammen mit anderen irischen Vornamen Eingang in die englische Namengebung. Der
Name des berühmten Gemäldes von Leonardo da Vinci hat nichts mit dem Vornamen
»Mona« zu tun. Mona Lisa, eigentlich Madonna Lisa, bedeutet »Frau Lisa«.

²**Mona:** weibl. Vorn., Kurzform von ▸ Monika
und ▸ Ramona.

Moni: weibl. Vorn., Kurzform von ▸ Monika.

Monika, (auch:) Monica: weibl. Vorn. wohl punischer Herkunft, dessen Bedeutung unklar
ist. »Monika« fand im Mittelalter in der
christlichen Welt als Name der heiligen Monika Verbreitung; NAMENSTAG: 27. August.
Die heilige Monika (4. Jh.) war die Mutter des
heiligen Augustinus. In Deutschland wurde
der Name erst im 20. Jh. volkstümlich. Eine
bekannte Operettenfigur ist die Monika in
Nico Dostals gleichnamiger Operette. ◇ Bekannte Namensträgerinnen: Monika Peitsch,
deutsche Schauspielerin (20. Jh.); Monika
Maron, deutsche Schriftstellerin (20. Jh.);
Monica Seleš, amerikanische Tennisspielerin
jugoslawischer Herkunft (20. Jh.). Italien.
Form: Monica. Französ. Form: Monique
[mɔˈnik].

Monique [mɔˈnik]: weibl. Vorn., französische
Form von ▸ Monika.

Monja: weibl. Vorn., russische Koseform von
Marija (▸ Maria) und anderen Namen.

Morena: aus dem Italienischen übernommener
weibl. Vorn., der auf span. *moreno, -a* »braun«
zurückgeht. In Spanien ist »Morena« aber
kein Vorname.

Moritz, (österreichisch:) Moriz: männl. Vorn.,
der sich aus lateinisch Mauritius entwickelt
hat. Lat. Mauritius ist eine Weiterbildung von
lat. ▸ Maurus. »Mauritius« fand im Mittelalter
als Heiligenname Verbreitung, vor allem als
Name des heiligen Mauritius, des Anführers
der Thebäischen Legion. Der heilige Mauritius starb im 4. Jh. in der Schweiz bei Agaunum (heute St. Moritz) den Märtyrertod; NAMENSTAG: 22. September. Der Name kam im
Mittelalter häufiger nur in der Schweiz, dem
Verehrungsgebiet des heiligen Mauritius, vor.
In der Neuzeit wurde der Name durch den
Adel auch in Deutschland bekannt, so z. B. in

Sachsen durch den Kurfürsten Moritz von Sachsen (16. Jh.) und durch den Grafen Moritz von Sachsen, genannt Marschall von Sachsen (17./18. Jh.). Bekannt ist der Name durch die bebilderte Geschichte »Max und Moritz« von Wilhelm Busch. ◇ Bekannte Namensträger: Moritz August von Thümmel, deutscher Schriftsteller (18./19. Jh.); Moritz von Schwind, deutscher Maler (19. Jh.); Moritz Graf von Strachwitz, deutscher Dichter (19. Jh.); Moritz Diesterweg, deutscher Verleger (19. Jh.). Französ. Form: Maurice [mɔˈris]. Engl. Form: Morris [ˈmɔrɪs]. Italien. Form: Maurizio.

Morris, engl. Aussprache: [ˈmɔrɪs]: männl. Vorn., englische Form von ▸ Moritz.

Morten: männl. Vorn., dänische und norwegische Form von ▸ Martin. Eine literarische Gestalt ist der Morten Schwarzkopf in Thomas Manns Roman »Buddenbrooks«.

Mortimer: männl. Vorn., der in Deutschland durch den Mortimer in Schillers »Maria Stuart« bekannt wurde. Es handelt sich eigentlich um einen englischen Familiennamen, der auf Mortemer, den Namen eines Ortes in der Normandie, zurückgeht.

Mosche: männl. Vorn., Nebenform von ▸ Moses.

Moses, (jetzt auch:) Mose: aus der Bibel übernommener männl. Vorn. ägyptischen Ursprungs (wohl eine Verkürzung eines theo-phoren [einen Gottesnamen enthaltenden] Namens wie Thut-mosis, Ramses [= Ra-mosis], wobei -mosis so viel bedeutet wie »geboren aus ..., Sohn des ...«). Nach der Bibel war Moses der Führer der Israeliten aus der ägyptischen Unterdrückung und Mittler zwischen Jahwe und Israel. ◇ Bekannter Namensträger: Moses Mendelssohn, deutscher Philosoph (18. Jh.). Hebräische Formen: Moshe; Mosheh.

Moyra: ▸ Moira.

Mumme: männl. Vorn., Nebenform von ▸ Momme.

Muriel, engl. Aussprache: [ˈmjuərɪəl]: aus dem Englischen übernommener weiblicher Vorname keltischen (bretonischen/irischen) Ursprungs (vgl. den irischen Namen Muirgheal, zusammengesetzt aus *muir* »die See« und *geal* »glänzend«). Der Name ist wohl mit Wilhelm dem Eroberer von Nordfrankreich nach England gelangt und wurde dort seit der zweiten Hälfte des 19. Jh.s neu belebt. ◇ Bekannte Namensträgerin: Muriel Spark, englische Schriftstellerin (20. Jh.). Französ. Form: Muriel [myˈrjɛl].

Myriam: ▸ Mirjam.

Myrta, (auch:) Myrtha; Myrte, Myrthe: weibl. Vorn., der mit dem Pflanzennamen (griech. *mýrtos* »Myrthe«) identisch ist. Span. und italien. Form: Mirta.

N

Nada: weibl. Vorn., russische Kurzform von ▸ Nadjeschda.

Nadia: ▸ ¹Nadja.

Nadine, französ. Aussprache: [naˈdin], (auch:) Nadina: weibl. Vorn., französische Weiterbildung von ▸ Nadja. ◇ Bekannte Namensträgerin: Nadine Gordimer, südafrikanische Schriftstellerin (20. Jh.).

¹Nadja, (auch:) Nadia: aus dem Russischen übernommener weibl. Vorn., Kurzform von ▸ Nadjeschda. Eine literarische Gestalt ist die Nadia in dem gleichnamigen Roman von A. Breton (1928). ◇ Bekannte Namensträgerinnen: Nadia Boulanger, französische Komponistin und Musikpädagogin (19./20. Jh.); Nadia Gray, rumänische Filmschauspielerin (20. Jh.).

²Nadja, (auch:) Nadya: weibl. Vorn. arabischer Herkunft (zu arab. *nadan* »Morgentau« oder »Großzügigkeit«).

Nadjana: weibl. Vorn., Weiterbildung von ▸ Nadja.

Nadjeschda: weibl. Vorn. russischer Herkunft (russ. *nadežda* »Hoffnung«).

Nadya: ▸ ²Nadja.

Nahum, (auch:) Naum: aus der Bibel übernommener männl. Vorn. hebräischen Ursprungs (»Tröster«).

Naila: weibl. Vorn. arabischen Ursprungs (zu arab. *nā'il* »jemand, der [seine Ziele] erreicht«, von *nāla* »erreichen«).

Naima: weibl. Vorn. arabischen Ursprungs (arab. *na'īm* »sorglos, glücklich«, zu arab. *na'ima* »ohne Sorgen sein«).

Nana: weibl. Vorn., französische Koseform von ▸ Anna. Eine bekannte literarische Gestalt ist die Nana Coupeau in Émile Zolas Roman »Nana«.

Nancy ['nænsɪ]: aus dem Englischen übernommener weibl. Vorn., Koseform (Lallform) von Anne (▸ Anna). ◇ Bekannte Namensträgerin: Nancy Sinatra, amerikanische Schlagersängerin (20. Jh.).

Nanda: weibl. Vorn., Kurzform von ▸ Ferdinanda.

Nandolf: alter deutscher männl. Vorn. (ahd. *nand* [nur noch in Namen belegt] »kühn, wagemutig«, vgl. ahd. *nenden* »wagen« + ahd. *wolf* »Wolf«).

Nanne, (auch:) Nanna: weibl. Vorn., aus der Kindersprache stammende Lallform von ▸ Anna.

Nannette, franz. Aussprache: [na'nɛt]: weibl. Vorn., französische Koseform von Anne (▸ Anna).

Nanni: weibl. Vorn., oberdeutsche Koseform von ▸ Anna.

Nannina: weibl. Vorn., Erweiterung von ▸ Nanne.

Nanon [na'nõ]: weibl. Vorn., französische Koseform von ▸ Anna.

Nantwig: alter deutscher männlicher Vorname (althochdeutsch *nand* [nur noch in Namen belegt] »kühn, wagemutig«, vgl. althochdeutsch *nenden* »wagen« + althochdeutsch *wīg* »Kampf; Krieg«).

Nantwin: alter deutscher männl. Vorn. (althochdeutsch *nand* [nur noch in Namen belegt] »kühn, wagemutig«, vgl. althochdeutsch *nenden* »wagen« + althochdeutsch *wini* »Freund«).

Naomi: ▸ Noemi.

Narcissa: weibl. Vorn., weibliche Form von ▸ Narcissus.

Narcissus, (auch:) Narziss, Narziß: männl. Vorn. griechischen Ursprungs, der auf griech. Nárkissos, den Namen einer Gestalt der griechischen Mythologie, zurückgeht und ursprünglich mit dem Namen der Pflanze mit den glockenförmigen, duftenden, gelben oder weißen Blüten identisch war. Nach der griechischen Sage verliebte sich Narcissus in sein Spiegelbild und wurde nach seinem Tod in eine Narzisse verwandelt. ◇ Bekannter Namensträger: der heilige Narcissus, Bischof von Girona, der die heilige Afra bekehrt haben soll (3./4. Jh.), NAMENSTAG: 18. März.

Nastasja, (auch:) Nastassja: aus dem Russischen übernommener weibl. Vorn., Kurzform von ▸ Anastasia. ◇ Bekannte Namensträgerin: Nastassja Kinski, deutsche Filmschauspielerin (20. Jh.).

Nastasja: *Nastassja Kinski, deutsche Schauspielerin*

Nat [næt]: männl. Vorn., englische Kurzform von ▸ Nathan und ▸ Nathanael. ◇ Bekannter Namensträger: Nat King Cole, amerikanischer Jazzmusiker (20. Jh.).

Natalie, (auch:) Natalia; Nathalie: weibl. Vorn. lateinischen Ursprungs, »die am Geburtstag Christi (Weihnachten) Geborene« (zu lat. *[diēs] nātālis* »[Tag der] Geburt«, womit zunächst das heidnische Fest »natalis Solis invicti«, der Geburtstag des unbesiegten Sonnengottes gemeint war; frühestens seit dem 4. Jh. wurde der Name auch auf das Fest von Christi Geburt bezogen). Um 1800 wurde der Name häufig in der Dichtung verwendet, z. B. von Goethe im Roman »Wilhelm Meisters Lehrjahre« und von Kleist im Schauspiel »Prinz von Homburg«. Eine bekannte literarische Gestalt ist auch die Natalie in Stifters Roman »Der Nachsommer«. ◇ Bekannte Namensträgerinnen: Natalie Wood, amerikanische Filmschauspielerin (20. Jh.); Natalia Ginzburg, italienische Schriftstellerin (20. Jh.); Nathalie Sarraute, französische Schriftstellerin russischer Herkunft (20. Jh.). Französ. Formen: Natalie, Nathalie. Russ. Form: Natalja.

Natalina: weibl. Vorn., Weiterbildung von ▸ Natalie.

Natalja: weibl. Vorn., russische Form von ▸ Natalie.

Natascha: aus dem Russischen übernommener weibl. Vorn., Koseform von Natalja (▸ Natalie). Eine bekannte literarische Gestalt ist die Natascha in Leo Tolstois Roman »Krieg und Frieden«.

Nathalie: ▸ Natalie.

Nathan, (jetzt auch:) Natan: aus der Bibel übernommener männl. Vorn. hebräischen Ursprungs (Kurzform von ▸ Jonathan »Jahwe hat gegeben«). Nach der Bibel war Nathan ein Prophet, der David nach dem Ehebruch mit Bathseba und dem Mord an Uria das Urteil Gottes verkündete. Allgemein bekannt ist der Name durch Lessings Schauspiel »Nathan der Weise«. ◇ Bekannter Namensträger: Nathan Milstein, amerikanischer Violinist (20. Jh.).

Nathanael: männl. Vorn. hebräischen Ursprungs (»Gott hat gegeben«). Eine literarische Gestalt ist der Nathanael in E. T. A. Hoffmanns Nachtstück »Der Sandmann«. ◇ Bekannter Namensträger: Nathanael West, amerikanischer Schriftsteller (20. Jh.).

Naum: ▸ Nahum.

Navina: weibl. Vorn. indischen Ursprungs (»die Neue«).

Ned: männl. Vorn., englische Kurzform von Edward (▸ Eduard).

Neele: weibl. Vorn., niederdeutsch-friesische Kurzform von ▸ Cornelia.

Neelkea: weibl. Vorn., niederdeutsch-friesische Koseform von ▸ Cornelia.

Neeltje: weibl. Vorn., niederdeutsch-friesische Koseform von ▸ Cornelia.

Nehemia: aus der Bibel übernommener männl. Vorn. hebräischen Ursprungs (»Jahwe hat getröstet«). Nach der Bibel war Nehemia der jüdische Mundschenk des Perserkönigs Artaxerxes I.

Neidhard, (auch:) Neidhart; Neithard; Nithard: alter deutscher männl. Vorn. (ahd. *nid* »[Kampfes]groll, feindselige Gesinnung«

+ ahd. *harti, herti* »hart, kräftig, stark«). Bekannt ist der Name vor allem durch den mittelhochdeutschen Dichter Neidhart von Reuenthal (12./13. Jh.).

Nele, (auch:) Neele; Nela: weiblicher Vorname, niederdeutsch-friesische Kurzform von ▸ Cornelia, ▸ Petronella und anderen Namen.

Nelia: weibl. Vorn., Kurzform von ▸ Cornelia.

Nella: weibl. Vorn., Kurzform von ▸ Cornelia, ▸ Petronella und anderen Namen.

Nelleke: weibl. Vorn., niederdeutsch-friesische Kurzform von ▸ Cornelia, ▸ Petronella und anderen Namen.

Nelli, (auch:) Nelly: weibl. Vorn., Kurzform von ▸ Cornelia, ▸ Petronella, ▸ Helene oder ▸ Eleonore. ◇ Bekannte Namensträgerin: Nelly Sachs, deutsche Lyrikerin (19./20. Jh.).

¹Nelly: ▸ Nelli.

²Nelly: englischer weibl. Vorn., Lallform aus der Kindersprache von Helen (▸ Helene) oder Elinor (▸ Eleonore).

Nena: weiblicher Vorname, Künstlername der deutschen Popsängerin Nena (eigentlich Gabriele Susanne Kerner), dem span. *nena* »kleines Mädchen« zugrunde liegt. Im Spanischen wird *nena* aber nicht als Vorname gebraucht.

Nepomuk: männl. Vorn., der auf den Namen des heiligen Nepomuk, eigentlich Johannes von Nepomuk, zurückgeht. Nepomuk (heute Pomuk) ist der Name eines Ortes in Böhmen. Der heilige Nepomuk war im 14. Jh. Generalvikar des Prager Erzbischofs. Nach der Legende wurde er von König Wenzel gefoltert und in der Moldau ertränkt, weil er über die Beichte der Königin Schweigen wahrte. Er wird oft als Brückenheiliger dargestellt und ist der Landespatron von Böhmen; NAMENSTAG: 26. Mai. Eine literarische Gestalt ist der Nepomuk in Thomas Manns Roman »Doktor Faustus«. ◇ Bekannte Namensträger: Johann Nepomuk Nestroy, österreichischer Schriftsteller und Schauspieler (19. Jh.); Johann Nepomuk David, österreichischer Komponist (19./20. Jh.).

Nestor: männl. Vorn. griechischen Ursprungs, der auf griech. Néstor, den Helden der Ilias und der Odyssee, zurückgeht. Nach der griechischen Sage führte Nestor im hohen Alter 90 Schiffe gegen Troja, wobei er sich durch seine weisen Ratschläge und seine Beredsamkeit auszeichnete.

Neta, (auch:) **Nete:** weibl. Vorn., Kurzform von ▶ Agneta.

Nette, (auch:) **Netta:** weibl. Vorn., Kurzform von französischen Vornamen, die auf »-nette« enden, wie z. B. ▶ Annette, ▶ Antoinette und ▶ Jeannette.

Netti, (auch:) **Netty:** weibl. Vorn., Koseform von ▶ Nette.

Niccolò: männl. Vorn., italienische Form von ▶ Nikolaus. ◇ Bekannter Namensträger: Niccolò Machiavelli, italienischer politischer Schriftsteller (15./16. Jh.).

Nicholas ['nɪkələs]: männl. Vorn., englische Form von ▶ Nikolaus.

Nick: männl. Vorn., englische Kurzform von Nicholas (▶ Nikolaus).

¹**Nicki,** (auch:) **Niki:** männl. Vorn., Koseform von ▶ Nikolaus. ◇ Bekannter Namensträger: Niki Lauda, österreichischer Automobilrennfahrer (20. Jh.).

²**Nicki,** (auch:) **Niki:** weibl. Vorn., Koseform von ▶ Nikola und ▶ Nicole. ◇ Bekannte Namensträgerin: Niki de Saint Phalle, französische Bildhauerin und Malerin (20. Jh.).

Niclas: ▶ Niklas.

¹**Nico:** männl. Vorn., italienische Kurzform von Niccolò oder Nicola (▶ Nikolaus). ◇ Bekannter Namensträger: Nico Dostal, österreichischer Operettenkomponist (19./20. Jh.).

²**Nico:** männl. Vorn., deutsche Kurzform von ▶ Nicolaus.

Nicol, (auch:) **Nikol:** männl. Vorn., Kurzform von ▶ Nikolaus.

¹**Nicola:** männl. Vorn., italienische Form von ▶ Nikolaus.

²**Nicola:** aus dem Italienischen übernommener weibl. Vorn., der mit der männlichen Namensform identisch ist.

Nicolai: ▶ Nikolai.

Nicolas [nikɔ'lɑ]: männl. Vorn., französische Form von ▶ Nikolaus. ◇ Bekannter Namensträger: Nicolas Poussin, französischer Maler (16./17. Jh.).

Nicolaus: ▶ Nikolaus.

Nicole [ni'kɔl]: aus dem Französischen übernommener weibl. Vorn., weibliche Form von Nicolas (▶ Nikolaus). ◇ Bekannte Namensträgerin: Nicole Heesters, deutsche Schauspielerin (20. Jh.).

Nicoletta: aus dem Italienischen übernommener weibl. Vorn., Koseform von ▶ ²Nicola.

Nicolette [nikɔ'lɛt]: weibl. Vorn., französische Koseform von ▶ Nicole.

Nicoline [nikɔ'lin]: weibl. Vorn., französische Koseform von ▶ Nicole.

Niels: männl. Vorn., niederdeutsche und dänische Kurzform von ▶ Nikolaus, niederdeutsche und niederländische Kurzform von ▶ Cornelius. Eine literarische Gestalt ist der Niels in Jens Peter Jacobsens Roman »Niels Lyhne«. ◇ Bekannter Namensträger: Niels Wilhelm Gade, dänischer Komponist und Dirigent (19. Jh.).

Nike: weibl. Vorn. griechischen Ursprungs, der auf griech. Nike, die Göttin des Sieges, zurückgeht (griech. níkē »Sieg«).

¹**Niki:** männl. Vorn., ▶ ¹Nicki.

²**Niki:** weibl. Vorn., ▶ ²Nicki.

Nikita: männl. Vorn., russische Koseform von Nikolai (▶ Nikolaus). ◇ Bekannter Namensträger: Nikita Chruschtschow, sowjetischer Staatsmann (19./20. Jh.).

Niklas: männl. Vorn., Kurzform von ▶ Nikolaus. Der Vorname ist in neuerer Zeit wieder beliebt geworden. ◇ Bekannter Namensträger: Niklas von Wyle, schweizerischer Humanist (15. Jh.).

Niklaus: männl. Vorn., schweizerische Kurzform von ▶ Nikolaus.

Niko: männl. Vorn., Kurzform von ▶ Nikolaus.

Nikodemus: aus der Bibel übernommener männl. Vorn. griechischen Ursprungs, eigentlich etwa »Volkssieger« (griech. Nikó dēmos, zu griech. níkē »Sieg« und dēmos »Volk«). Nach der Bibel war Nikodemus ein Schriftgelehrter. Er trat für Jesus ein und beteiligte sich an seiner Bestattung.

Nikol, (auch:) **Nicol:** männl. Vorn., Kurzform von ▶ Nikolaus.

Nikola, (auch:) **Nicola:** weibl. Vorn., weibliche Form von ▶ Nikolaus.

Nikolai, (auch:) **Nikolaj; Nicolai;** (russ. Betonung:) **Nikolaj:** aus dem Russischen übernommener männl. Vorn., russische Form von ▶ Nikolaus. ◇ Bekannte Namensträger: Nikolaj W. Gogol, russischer Schriftsteller (19. Jh.); Nikolaj S. Leskow, russischer Schriftsteller (19. Jh.); Nicolai Hartmann, deutscher Philosoph (19./20. Jh.).

Nikolaus, (auch:) **Nicolaus, Niklaus:** männl. Vorn. griechischen Ursprungs (griech. Nikólaos, zu griech. níkē »Sieg« und laós »Volk, Kriegsvolk«). »Nikolaus« fand im Mittelalter als Name des heiligen Nikolaus Verbreitung; NAMENSTAG: 6. Dezember. Der heilige Nikolaus war im 4. Jh. Bischof von Myra (Lykien).

Um seine Person bildeten sich zahlreiche Legenden. Er wurde zunächst in der Ostkirche verehrt, dann breitete sich sein Kult auch im Abendland aus. Er war im Mittelalter in Deutschland Patron der Schüler und zahlreicher Stände und gehört zu den vierzehn Nothelfern. »Nikolaus« fand bereits im Mittelalter Eingang in die deutsche Namengebung. In der ersten Hälfte des 20. Jhs. war die Kurzform »Klaus« ein häufiger Vorname, zurzeit erfreuen sich vor allem die Kurzformen »Niklas« und »Nico« großer Beliebtheit. ◇ Bekannte Namensträger: Nikolaus von Jeroschin, Deutschordensgeistlicher und Chronist (14. Jh.); Papst Nikolaus V., bedeutender Humanist und Begründer der Vatikanischen Bibliothek (14./15. Jh.); Nikolaus von Kues, deutscher Philosoph und Theologe (15. Jh.); der heilige Nikolaus von der Flüe (15. Jh.), NAMENSTAG: 25. September; Nikolaus Kopernikus, deutscher Astronom (15./16. Jh); Nikolaus Ludwig Graf von Zinzendorf, deutscher Liederdichter (18. Jh.); Zar Nikolaus I. von Russland (18./19. Jh.); Nikolaus Lenau, österreichischer Dichter (19. Jh.); Zar Nikolaus II. von Russland (19./20. Jh.). Italien. Formen: Niccolò, Nicolò, Nicọla. Französ. Form: Nicolas [niko'la]. Engl. Form: Nicholas ['nıkələs]. Russ. Formen: Nikolai, Nikolaj. Ungar. Form: Miklós ['miklo:ʃ].

Nils: männlicher Vorname, schwedische und norwegische Kurzform von ► Nikolaus. Eine bekannte literarische Gestalt ist der Nils in Selma Lagerlöfs Kinderbuch »Die wunderbare Reise des kleinen Nils Holgersson mit den Wildgänsen«. ◇ Bekannter Namensträger: Nils Kjœr, norwegischer Schriftsteller (19./20. Jh.).

Nina: weibl. Vorn., Kurzform von Namen, die auf »-nina« ausgehen, wie z. B. ► Annina. Wahrscheinlich stammt »Nina« aus dem Italienischen, wo die Bildungen auf »-ina« sehr häufig vorkommen (Antonina, Giovannina usw.). Auch im Russischen ist »Nina« (Kurzform von Antonina und anderen Namen) ein beliebter Vorname. Im Französischen sind die Bildungen ► Ninon und ► Ninette gebräuchlich. Eine literarische Gestalt ist die Nina Buschmann in Luise Rinsers Roman »Mitte des Lebens«. ◇ Bekannte Namensträgerinnen: Nina Hagen, deutsche Rocksängerin (20. Jh.); Nina Ruge, deutsche Fernsehmoderatorin und Journalistin (20. Jh.).

Ninette [ni'nɛt]: weibl. Vorn., französische Koseform von ► Nina.

Nino: männl. Vorn. italienischer Herkunft, Kurzform von Giovannino (► Johannes).

Ninon [ni'nõ]: weibl. Vorn., französische Koseform von ► Nina.

Nita: weibl. Vorn., Kurzform von Namen, die auf »-nita« ausgehen (z. B. ► Anita, ► Benita).

Nithard: ältere Form von ► Neidhard.

Noah, (jetzt auch:) Noach: aus der Bibel übernommener männl. Vorn. hebräischen Ursprungs (wahrscheinlich Kurzform eines hebräischen Befehlsnamens, etwa: »Beruhige dich[, Gott]!«). Nach der Bibel ließ Gott Noah wegen seiner Frömmigkeit mit seiner Familie und zahlreichen Tierpaaren in einer Arche die Sintflut überleben. ◇ Bekannter Namensträger: Noah Webster, amerikanischer Lexikograph (18./19. Jh.).

Nina: *Nina Ruge, deutsche Fernsehmoderatorin und Journalistin*

Noel: aus dem Französischen übernommener männl. Vorn. (zu französ. *Noël* »Weihnachten«).

Noelle [no'ɛl]: weiblicher Vorname, weibliche Form zu ► Noel. Französische Schreibung: Noëlle.

Noemi, (auch:) Naomi, (jetzt auch:) Noomi: weibl. Vorn. hebräischen Ursprungs (zu hebr. *no'am* »Freude«). Nach der Bibel war Noemi die Schwiegermutter der Ruth. Nach dem Tod ihres Mannes änderte sie ihren Namen in ► ²Mara (hebr. »bitter«) um. ◇ Bekannte Namensträgerin: Naomi Campbell, amerikanisches Topmodel (20. Jh.).

Nolda: weibl. Vorn., Kurzform von ► Arnolda.

Nona: aus dem Schwedischen übernommener weibl. Vorn. lateinischen Ursprungs (zu lat.

nōnus, -a, -um »der/die/das Neunte« oder zu Nōna, die Göttin des für die Geburt entscheidenden neunten Monats).

Nora: weibl. Vorn., Kurzform von Eleonora (▶ Eleonore). Eine bekannte literarische Gestalt ist die Nora in Henrik Ibsens Schauspiel »Nora oder ein Puppenheim«.

Norbert: alter deutscher männl. Vorn. (ahd. *nord* »Norden« + ahd. *beraht* »glänzend«). Zur Verbreitung des Namens hat die Verehrung des heiligen Norbert von Xanten (11./12. Jh.) beigetragen; NAMENSTAG: 6. Juni. Der heilige Norbert gründete den Prämonstratenserorden. Er war als Buß- und Wanderprediger in Frankreich und Deutschland tätig und wurde im Jahre 1126 Erzbischof von Magdeburg. ◇ Bekannte Namensträger: Norbert Elias, Soziologe und Kulturphilosoph (19./20. Jh.); Norbert Schultze, deutscher Komponist (20. Jh.); Norbert Gstrein, österreichischer Schiftsteller (20. Jh.).

Noreen [nɔːˈriːn; ˈnɔːriːn]: aus dem Englischen übernommener weibl. Vorn. irischer Herkunft, englische Schreibung von Nóirín, irische Koseform von ▶ Nora.

Norfried: alter deutscher männl. Vorn. (ahd. *nord* »Norden« + ahd. *fridu* »Schutz vor Waffengewalt, Friede«).

Norhild: alter deutscher weibl. Vorn. (ahd. *nord* »Norden« + ahd. *hiltja* »Kampf«).

Norina: weibl. Vorn., italienische Koseform von ▶ Nora. Norina ist der Name der weiblichen Hauptperson in Donizettis Oper »Don Pasquale«.

Norita: weibl. Vorn., spanische Koseform von ▶ Nora.

Norma: weiblicher Vorname, der auf Norma, die Hauptgestalt in Bellinis gleichnamiger Oper (1831), zurückgeht. Der Name wurde von dem Autor des Librettos, F. Romani, geprägt. Diese Oper war im 19. Jh. recht beliebt.

Norman, (auch:) Normann: alter deutscher männl. Vorn. (ahd. *nord* »Norden« + ahd. *man* »Mann«). Der Vorname ist vor allem in England und Amerika recht beliebt. ◇ Bekannter Namensträger: Norman Mailer, amerikanischer Schriftsteller (20. Jh.). Engl. Form: Norman [ˈnɔːmən].

Nortrud: alter deutscher weibl. Vorn. (ahd. *nord* »Norden« + german. *ÞrūÞi* »Kraft, Stärke«, in althochdeutscher Zeit umgedeutet zu *trūt* »vertraut, lieb«).

Norwig: alter deutscher männlicher Vorname (ahd. *nord* »Norden« + ahd. *wig* »Kampf; Krieg«).

Norwin: alter deutscher männlicher Vorname (althochdeutsch *nord* »Norden« + ahd. *wini* »Freund«).

Notburg, (auch:) Notburga: alter deutscher weibl. Vorn. (ein zu altwestnord. *hnióða* »stoßen, schlagen« gehörendes Namenglied in der Bedeutung »Kampf« + ahd. *burg* »Burg, Zufluchtstätte, Schutz«). ◇ Bekannte Namensträgerin: die heilige Notburga von Rattenberg in Tirol, Patronin der Dienstmägde und Bauern (13./14. Jh.), NAMENSTAG: 14. September.

Notker: alter deutscher männlicher Vorname (ein zu altwestnordisch *hnióða* »stoßen, schlagen« gehörendes Namenglied in der Bedeutung »Kampf« + althochdeutsch *gēr* »Speer«). Bekannt ist der Name durch zwei Mönche aus dem Kloster St. Gallen: Notker den Stammler (9./10. Jh.), der durch seine Werke nachhaltigen Einfluss auf die mittelalterliche Dichtung und Musik ausübte, und vor allem Notker den Deutschen (10./11. Jh.), der mit der Übersetzung biblischer, philosophischer und theologischer Schriften entscheidend zur Entwicklung der althochdeutschen Sprache beitrug.

Nuria: aus dem Spanischen übernommener weibl. Vorn., der auf ein Marienheiligtum in Katalonien zurückgeht, wo ein Muttergottesbild (katalanisch »la Mare de Déu de Núria« = die Gottesmutter von Nuria) verehrt wird (Fest am 8. September).

Obba: weibl. Vorn., verselbstständigte nieder-deutsch-friesische Kurzform von Namen, die mit »Od-« (ahd. *ōt* »Besitz, Reichtum«) gebildet sind.

Obbe, (auch:) Obbo: männl. Vorn., verselbstständigte niederdeutsch-friesische Kurzform von Namen, die mit »Od-« (ahd. *ōt* »Besitz, Reichtum«) gebildet sind.

Oberon: männl. Vorn., der auf Auberon, eine französische Koseform von ▸ Alberich zurückgeht. Oberon ist der Herrscher über die Welt der Geister und Feen, z.B. in Shakespeares Schauspiel »Ein Sommernachtstraum«. Engl. Aussprache: [ˈoʊbərən]. Französ. Form: Obéron [ɔbeˈrɔ̃].

Octavia, (auch:) Oktavia: weibl. Vorn. lateinischen Ursprungs, weibliche Form von ▸ Octavius.

Octavian, (auch:) Oktavian: männl. Vorn. lateinischen Ursprungs (lat. Octāviānus, Weiterbildung von ▸ Octavius). Eine Opernfigur ist der Octavian in »Der Rosenkavalier« von Richard Strauss. ◈ Bekannter Namensträger: Gaius Julius Caesar Octavianus Augustus, römischer Kaiser (63 v. Chr. – 14 n. Chr.).

Octavio: männl. Vorn. spanische Form von ▸ Octavius.

Octavius, (auch:) Oktavius: männl. Vorn. lateinischen Ursprungs, der auf einen römischen Geschlechternamen zurückgeht, der wiederum auf dem alten Praenomen (Vornamen) Octāvus (lat. »der Achte«) beruht. Mit »Octavus« wurde ursprünglich ein im achten römischen Monat geborener Knabe benannt. Italien. Form: Ottavio. Span. Form: Octavio.

Oda: alter deutscher weibl. Vorn., verselbstständigte Kurzform von Zusammensetzungen mit »Ot-« (ahd. *ōt* »Besitz, Reichtum«) als erstem Bestandteil (z.B. ▸ Othild). Bekannter als die ursprünglich altsächsische Namensform Oda ist die hochdeutsche Form ▸ Ute

(ahd. Uota, Uoda). ◈ Bekannte Namensträgerinnen: Oda, ostfränkische Königin und Kaiserin (9. Jh.); Oda Schaefer, deutsche Lyrikerin und Erzählerin (20. Jh.).

Odette, französ. Aussprache: [ɔˈdɛt]: aus dem Französischen übernommener weibl. Vorn., Koseform von ▸ Oda.

Odile [ɔˈdil]: weibl. Vorn., französische Form von ▸ Odilie.

Odilia, (auch:) Odilie: alter deutscher weibl. Vorn., latinisierte Form von ahd. Odila, Otila, einer Koseform von ▸ Oda. Zur Verbreitung des Namens im Mittelalter trug die Verehrung der heiligen Odilia (7./8. Jh.) bei; NAMENSTAG: 13. Dezember. Die heilige Odilia, Äbtissin des Klosters Odilienberg, wurde nach der Legende blind geboren und erlangte bei der Taufe das Augenlicht. Sie ist Patronin der Augenkranken und Schutzheilige des Elsass. Französ. Form: Odile [ɔˈdil].

Odilo: alter deutscher männl. Vorn., Koseform von ▸ Odo. ◈ Bekannter Namensträger: Odilo, Herzog von Bayern (†748).

Odina, (auch:) Odine: weibl. Vorn., Weiterbildung von ▸ Oda.

Odo: alter deutscher männl. Vorn., verselbstständigte Kurzform von Namen, die mit »Ot-« (ahd. *ōt* »Besitz, Reichtum«) gebildet sind (z.B. ▸ Otfried und ▸ Otmar).

Okke: männl. Vorn., friesische Kurzform von Namen, die mit »Ot-« (ahd. *ōt* »Besitz, Reichtum«) gebildet sind.

Okko: männl. Vorn., friesische Kurzform von Namen, die mit »Ot-« (ahd. *ōt* »Besitz, Reichtum«) gebildet sind.

Oktavia: ▸ Octavia.

Oktavian: ▸ Octavian.

Oktavius: ▸ Octavius.

Olaf: männl. Vorn. altnordischer Herkunft (altisländ. Ōlāfr aus *anu- -laibaR, etwa »Nachkomme des Urahns«). »Olaf« ist ein alter norwegischer Königsname. König Olaf I. Tryggvesson ließ sich auf einer Wikingerfahrt in England im Jahre 994 taufen und begann mit der Christianisierung Norwegens. König Olaf II. Haraldsson setzte die Bekehrung fort. Er wurde im 12. Jh. heilig gesprochen und ist der Schutzheilige Norwegens; NAMENSTAG: 10. Juli. Sein Kult, der im Mittelalter auch nach Norddeutschland drang, trug zur Verbreitung des Namens bei. ◇ Bekannter Namensträger: Olaf Gulbransson, norwegischer Zeichner und Maler (19./20. Jh.). Norweg. Form: O̲lav. Schwed. Formen: O̲lav, O̲lof, O̲lov. Dän. Formen: O̲laf, O̲luf.

¹O̲le: männl. Vorn., Kurzform von Namen, die mit »Ul-« gebildet sind (z. B. ► Ulrich).

²O̲le: männl. Vorn., dänische/norwegische Kurzform von ► Olaf.

O̲leg: aus dem Russischen übernommener männl. Vorn., der germanischen Ursprungs ist und auf den nordischen Namen Helge (► Helge) zurückgeht. Der nordische Name gelangte mit den Warägern (Normannen), die im 9. Jh. in Osteuropa Handelsniederlassungen errichteten, nach Russland. Russ. Aussprache: [aˈljɛk].

O̲lf: männl. Vorn., Kurzform von Namen, die auf »-olf« (= Wolf) enden (z. B. ► Adolf, ► Ludolf, ► Rudolf).

O̲lga: aus dem Russischen übernommener weibl. Vorn., der germanischen Ursprungs ist und auf den nordischen Namen Helga (► Helga) zurückgeht. Der nordische Name gelangte mit den Warägern (Normannen), die im 9. Jh. in Osteuropa Handelsniederlassungen errichteten, nach Russland. Eine bekannte Opernfigur ist die Olga in Peter Tschaikowskis »Eugen Onegin«. Im russischen Volksmärchen entspricht Olga Zarewna dem deutschen »Schneewittchen«. ◇ Bekannte Namensträgerinnen: die heilige Olga, Großfürstin von Kiew (9./10. Jh.), NAMENSTAG: 11. Juli; Olga von Russland, Gemahlin Karls I. von Württemberg (19. Jh.); Olga Tschechowa, deutsche Filmschauspielerin (20. Jh.). Russ. Aussprache: [ˈɔljgʊ].

Oli̲na, (auch:) Oli̲ne: weibl. Vorn., Kurzform von Namen, die auf »-olina« bzw. »-oline« enden (z. B. von ► Carolina/Caroline).

O̲liva: ► Olivia.

O̲liver, (auch:) O̲liver: männl. Vorn., der auf altfranzösisch Olivier, den Namen des Waffengefährten Rolands, zurückgeht. Der Name wird traditionellerweise von altfranzös. olivier (zu spätlat. olivarius »Ölbaum[pflanzer]«) abgeleitet, da aber die ältesten in den Karlsepen erscheinenden Namen fast durchgehend germanischen Ursprungs sind, ist eine Ableitung von einem Namen wie Alf-heri oder auch Wolf-heri wahrscheinlicher. Oliver, ein Paladin Karls des Großen, verkörpert im französischen Rolandslied Besonnenheit und Mäßigung im Gegensatz zu der ungestümen Tapferkeit seines Freundes Roland. Der Vorname ist erst in der zweiten Hälfte des 20. Jh.s unter englischem Einfluss in Deutschland modisch geworden. Eine bekannte literarische Gestalt ist der Oliver in Dickens' Roman »Oliver Twist«, der auch als Musical (»Oliver«) bearbeitet wurde. ◇ Bekannte Namensträger: Oliver Cromwell, englischer Staatsmann (16./17. Jh.); Oliver Goldsmith, englischer Schriftsteller (18. Jh.); Oliver Hardy, amerikanischer Filmkomiker (19./20. Jh.); Oliver Stone, amerikanischer Filmregisseur (20. Jh.). Französ. Form: Olivier [ɔliˈvjeː]. Engl. Form: Oliver [ˈɔlivə].

Oliver: *Oliver Cromwell, englischer Staatsmann*

Oli̲via, (auch:) Oli̲va: weibl. Vorn. lateinischen Ursprungs (zu lat. olīva »Ölbaum; Ölzweig, Olive«). Eine bekannte literarische Gestalt ist die Olivia in Shakespeares Komödie »Was ihr wollt«. ◇ Bekannte Namensträgerinnen: Olivia De Havilland, amerikanische Filmschauspielerin (20. Jh.); Olivia Newton-John, amerikanische Popsängerin und Filmschauspielerin (20. Jh.).

Olivier [ɔli'vje]: männl. Vorn., französische Form von ▸ Oliver.

Olli, (auch:) Olly: weibl. Vorn., Koseform verschiedener Vornamen (z. B. ▸ Olga, ▸ Olivia und ▸ Ottilie).

Olof: männl. Vorn., schwedische Form von ▸ Olaf.

Oluf: männl. Vorn., dänische Form von ▸ Olaf.

Olympia: weibl. Vorn. griechischen Ursprungs, der auf griech. Olympiás (»die vom Berge Olymp Stammende«) zurückgeht. So hießen die Mutter Alexanders des Großen und eine Heilige aus Konstantinopel (4./5. Jh.); NAMENSTAG: 17. Dezember. Bekannt ist der Name auch durch die Olympia in Offenbachs Oper »Hoffmanns Erzählungen«.

Omko, (auch:) Omke: männl. Vorn., friesische Koseform von ▸ Otmar.

Ommo: männl. Vorn., friesische Kurzform von ▸ Otmar.

Ophelia: weibl. Vorn., der durch die Ophelia in Shakespeares »Hamlet« allgemein bekannt ist. Wahrscheinlich wurde der Name von I. Sannazaro für eine Gestalt seines Schäferromans »Arcadia« (1504) zu griech. ōphelía »Hilfe« geprägt.

Orell: männl. Vorn., schweizerische Form von ▸ Aurelius.

Oriana, (auch:) Oriane: weibl. Vorn., dessen Gebrauch in Italien und England auf die gleichnamige Gestalt in altfranzösischen Epen zurückgeht. Der Name gehört vielleicht zu lat. orīrī »sich erheben; aufgehen«. ◆ Bekannte Namensträgerin: Oriana Fallaci, italienische Publizistin und Schriftstellerin (20. Jh.).

Orlando: männl. Vorn., italienische Form von ▸ Roland. Als literarische Gestalt kommt Orlando vor in Shakespeares Schauspiel »Wie es euch gefällt« und in Virginia Woolfs gleichnamigem Roman. ◆ Bekannter Namensträger: Orlando di Lasso, frankoflämischer Komponist (16. Jh.). Abb. s. S. 218

Ornella: aus dem Italienischen übernommener weibl. Vorn. Die Verwendung dieses Vornamens in Italien seit Anfang des 20. Jh.s geht auf ein literarisches Vorbild zurück. Der Name Ornella wurde von G. D'Annunzio für eine Gestalt seiner Tragödie »La figlia di Iorio« (1904) in Anlehnung an italien. ornello »Esche« geprägt. ◆ Bekannte Namensträ-

gerin: Ornella Muti, italienische Filmschauspielerin (20. Jh.).

Ortfried: alter deutscher männl. Vorn. (ahd. ort »Spitze einer Waffe« + ahd. fridu »Schutz vor Waffengewalt, Friede«).

Ortger: alter deutscher männl. Vorn. (ahd. ort »Spitze einer Waffe« + ahd. gēr »Speer«).

Orthia: weibl. Vorn., mitteldeutsche Kurzform von ▸ Dorothea.

Orthild: alter deutscher weibl. Vorn. (ahd. ort »Spitze einer Waffe« + ahd. hiltja »Kampf«).

Ortlieb: alter deutscher männl. Vorn. (ahd. ort »Spitze einer Waffe« + ahd. liob »lieb«). Im Nibelungenlied heißt der Sohn Etzels und Kriemhilds Ortlieb.

Ortlind: alter deutscher weibl. Vorn. (ahd. ort »Spitze einer Waffe« + ahd. lind »sanft, weich, mild«, auch beeinflusst durch ahd. linta »Linde, Schild aus Lindenholz«).

Ortnit: alter deutscher männl. Vorn. (ahd. ort »Spitze einer Waffe« + ahd. nid »[Kampfes]groll, feindselige Gesinnung«). Ortnit ist der Held einer mittelhochdeutschen Dichtung aus der ersten Hälfte des 13. Jh.s.

Ortolf: ▸ Ortulf.

Ortolt: alter deutscher männl. Vorn. (ahd. ort »Spitze einer Waffe« + ahd. -walt zu waltan »walten, herrschen«).

Ortrud, (auch:) Ortraud: alter deutscher weibl. Vorn. (ahd. ort »Spitze einer Waffe« + german. *þrūþi »Kraft, Stärke«, in althochdeutscher Zeit umgedeutet zu trūt »vertraut, lieb«). Der Name ist bekannt durch die Ortrud in Richard Wagners Oper »Lohengrin«.

Ortulf, (auch:) Ortolf: alter dt. männl. Vorn. (ahd. ort »Spitze einer Waffe« + wolf »Wolf«).

Ortrun: alter deutscher weiblicher Vorname (ahd. ort »Spitze einer Waffe« + ahd. rūna »Geheimnis, geheime Beratung«). Eine Gestalt aus der Gudrunsage ist Ortrun, die Schwester Hartmuts.

Ortwin: alter deutscher männl. Vorn. (ahd. ort »Spitze einer Waffe« + ahd. wini »Freund«). »Ortwin« ist als Name mehrerer Gestalten der deutschen Heldensage bekannt.

Osbert: männl. Vorn., wahrscheinlich altsächsische Nebenform von ▸ Ansbert. Der Name kann auch altenglischen Ursprungs sein (altenglisch Ōsbe[o]rht) und mit angelsächsischen Missionaren nach Deutschland gelangt sein.

Oskar, (selten auch:) Oscar: aus der Ossian-Dichtung des Schotten James Macpherson übernommener männl. Vorn., der auf den wahrscheinlich von den Dänen nach Irland gebrachten Namen Osgar (zu altisländ. *ās* »Gottheit« + altisländ. *geirr* »Speer«) zurückgeht. (Dem Namen entspricht deutsch ▸ Ansgar). »Oskar« wurde – wie auch die weiblichen Vornamen ▸ Selma und ▸ Malwine – Ende des 18. Jh.s durch die Ossian-Dichtung in Deutschland bekannt. Volkstümlich wurde der Name aber erst Ende des 19. Jh.s unter schwedischem Einfluss. In Schweden hatte »Oskar« als Königsname große Beliebtheit erlangt, nachdem der Sohn von Bernadotte 1844 als Oskar I. König von Schweden geworden war. Den Namen hatte ihm sein Pate Napoleon aus Begeisterung für die Ossian-Dichtung gegeben. Eine Operngestalt ist der Page Oskar in Verdis Oper »Ein Maskenball« (1859). Eine literarische Gestalt ist der Oskar Matzerath in Günter Grass' Roman »Die Blechtrommel«. ◆ Bekannte Namensträger: Oscar Wilde, englischer Dichter (19. Jh.); Oscar Straus, österreichischer Operettenkomponist (19./20. Jh.); Oskar Loerke, deutscher Dichter (19./20. Jh.); Oskar Kokoschka, österreichischer Maler (19./20. Jh.); Oskar Maria Graf, deutscher Schriftsteller (19./20. Jh.); Oskar Schlemmer, deutscher Maler und Bildhauer (19./20. Jh.).

Osmund: männl. Vorn., wahrscheinlich altsächsische Nebenform des heute nicht mehr gebräuchlichen Namens Ansmund (german. **ans-* »Gottheit« + ahd. *munt* »Schutz, Schützer«). Der Name kann auch altenglischen Ursprungs sein (altengl. Ōsmund) und mit angelsächsischen Missionaren nach Deutschland gelangt sein.

Ossi, (auch:) Ossy: männl. Vorn., Koseform von Namen, die mit »Os-« gebildet sind (z. B. ▸ Oswald und ▸ Oskar).

Ossip: männl. Vorn., russische Form von ▸ Josef. ◆ Bekannte Namensträger: Ossip Mandelstam, russischer Dichter (19./20. Jh.); Ossip Zadkine, französischer Bildhauer und Grafiker russischer Herkunft (19./20. Jh.).

Oswald: männl. Vorn., altsächsische Nebenform von ▸ Answald. »Oswald« fand in Deutschland vor allem als Name des angelsächsischen Heiligen Oswald von Northumbrien Verbreitung. Der heilige Oswald (7. Jh.), König von Northumbrien, führte in seinem Land das Christentum ein. Er fiel im Kampf gegen den heidnischen König Penda von Mer-

cien. Im Rahmen der Missionstätigkeit angelsächsischer und schottischer Mönche auf dem Festland fand sein Kult auch in Deutschland Verbreitung, vor allem im Alpenraum; NAMENSTAG: 5. August. In der Neuzeit kommt der Name – wahrscheinlich unter englischem Einfluss – erst seit dem Beginn des 19. Jh.s häufiger vor. ◆ Bekannte Namensträger: Oswald von Wolkenstein, mittelhochdeutscher Dichter (14./15. Jh.); Oswald von Nell-Breuning, deutscher katholischer Theologe, Wirtschafts- und Sozialwissenschaftler (19./20. Jh.); Oswald Spengler, deutscher Kulturphilosoph (19./20. Jh.); Oswald Wiener, österreichischer Schriftsteller (20. Jh.).

Oswalda, (auch:) Oswalde: weibl. Vorn., weibliche Form von ▸ Oswald.

Oswin: männl. Vorn., wahrscheinlich altsächsische Nebenform des heute nicht mehr gebräuchlichen Namens Answin (german. **ans-* »Gottheit« + ahd. *wini* »Freund«). Der Name kann auch altenglischen Ursprungs sein (altenglisch Ōswine) und mit angelsächsischen Missionaren nach Deutschland gelangt sein. ◆ Bekannter Namensträger: der heilige Oswin, König von Deira (England; 7. Jh.), NAMENSTAG: 20. August.

Ota: weibl. Vorn., Nebenform von ▸ Oda.

Otbert: alter deutscher männl. Vorn. (ahd. *ōt* »Besitz, Reichtum« + ahd. *beraht* »glänzend«).

Otfried, (auch:) Ottfried: alter deutscher männl. Vorn. (ahd. *ōt* »Besitz, Reichtum« + ahd. *fridu* »Schutz vor Waffengewalt, Friede«). ◆ Bekannte Namensträger: Otfried von Weißenburg (9. Jh.), Verfasser der Evangelienharmonie; Otfried Preußler, deutscher Jugendbuchautor (20. Jh.).

Otfriede: weibl. Vorn., weibliche Form von ▸ Otfried.

Otger, (auch:) Otker: alter dt. männl. Vorn. (ahd. *ōt* »Besitz, Reichtum« + ahd. *gēr* »Speer«).

Otgund: alter deutscher weibl. Vorn. (ahd. *ōt* »Besitz, Reichtum« + ahd. *gund-* »Kampf«).

Othild: alter deutscher weibl. Vorn. (ahd. *ōt* »Besitz, Reichtum« + ahd. *hiltja* »Kampf«).

Othmar: ▸ Otmar.

Otker: ▸ Otger.

Otmar, (auch:) Ottmar; Othmar: alter deutscher männl. Vorn. (ahd. *ōt* »Besitz, Reichtum« + ahd. *māri* »bekannt, berühmt, angesehen«). Zur Verbreitung des Namens hat die Verehrung des heiligen Ot[h]mar (7./8. Jh.)

beigetragen; NAMENSTAG: 16. November. Der heilige Ot[h]mar war der Gründerabt von St. Gallen. Er wurde hauptsächlich in der Schweiz und in Süddeutschland verehrt, wo sein Name auch heute noch häufiger vorkommt. ◇ Bekannter Namensträger: Othmar Schoeck, schweizerischer Komponist (19./20. Jh.).

Otmund: alter deutscher männl. Vorn. (ahd. *ōt* »Besitz, Reichtum« + ahd. *munt* »Schutz, Schützer«).

Ott: ▸ Otto.

Ottavio: männl. Vorn., italienische Form von ▸ Octavius. Eine bekannte Operngestalt ist Don Ottavio in Mozarts Oper »Don Giovanni«.

Ottfried: ▸ Otfried.

Otfried: *Otfried Preußler, deutscher Jugendbuchautor*

Otthein: männl. Vorn., Doppelform aus ▸ Otto und Hein (Kurzform von ▸ Heinrich).

Ottheinrich: männl. Vorn., Doppelform aus ▸ Otto und ▸ Heinrich. ◇ Bekannter Namensträger: Ottheinrich (Otto Heinrich), Kurfürst von der Pfalz (16. Jh.).

Ottheinz: männl. Vorn., Doppelform aus ▸ Otto und ▸ Heinz.

Otti: weibl. Vorn., Kurzform von ▸ Ottilie.

Ottilie, (auch:) Ottilia: weiblicher Vorname, Nebenform von ▸ Odilia/Odilie. Eine bekannte literarische Gestalt ist die Ottilie in Goethes Roman »Die Wahlverwandtschaften«. ◇ Bekannte Namensträgerin: Ottilie von Goethe, Schwiegertochter des Dichters (18./19. Jh.).

Ottmar: ▸ Otmar.

Otto: alter deutscher männl. Vorn., verselbstständigte Kurzform von Namen, die mit »Ot-« (ahd. *ōt* »Besitz, Reichtum«) gebildet sind. Der Name spielte schon im Mittelalter eine bedeutende Rolle in der Namengebung. Zahlreiche Grafen und Herzöge, Könige und Kaiser (z. B. Otto I. der Große, 10. Jh.) trugen diesen Namen. Beliebt war der Name im mittelalterlichen Pommern, wo der heilige Otto von Bamberg (11./12. Jh.) als Apostel Pommerns verehrt wurde; NAMENSTAG: 30. Juni. ◇ Bekannte Namensträger: Otto von Guericke, deutscher Physiker (17. Jh.); Otto Ludwig, deutscher Dichter (19. Jh.); Otto Nicolai, deutscher Komponist (19. Jh.); Otto von Bismarck, deutscher Staatsmann (19. Jh.); Otto Lilienthal, deutscher Luftfahrtpionier (19. Jh.); Otto Klemperer, deutscher Dirigent (19./20. Jh.); Otto Julius Bierbaum, deutscher Schriftsteller (19./20. Jh.); Otto Dix, deutscher Maler (19./20. Jh.); Otto Hahn, deutscher Chemiker (19./20. Jh.); Otto Dibelius, deutscher evangelischer Theologe (19./20. Jh.); Otto Eduard (O. E.) Hasse, deutscher [Film]schauspieler (20. Jh.); Otto Wilhelm (O. W.) Fischer, österreichischer Filmschauspieler (20. Jh.); Otto Gerhard Waalkes, deutscher Komiker und Produzent (20. Jh.).

Ottokar: alter deutscher männl. Vorn., der sich aus der Namensform Odowakar (ahd. *ōt* »Besitz, Reichtum« + ahd. *wakar* »wachsam, munter«) entwickelt hat (vgl. Odoaker, den Namen eines germanischen Heerführers). Der Name ist bekannt durch König Ottokar II. von Böhmen (13. Jh.), dessen Schicksal Grillparzer in dem Drama »König Ottokars Glück und Ende« behandelt.

Ottomax: männl. Vorn., Doppelform aus ▸ Otto und ▸ Max.

Otwald: alter deutscher männl. Vorn. (ahd. *ōt* »Besitz, Reichtum« + ahd. *-walt* zu *waltan* »herrschen, walten«).

Otwin: alter deutscher männlicher Vorname (ahd. *ōt* »Besitz, Reichtum« + ahd. *wini* »Freund«).

Paavo: männlicher Vorname, finnische Form von ▸ Paul. ✧ Bekannter Namensträger: Paavo Nurmi, finnischer Rekordläufer (19./20. Jh.).

Pablo: männl. Vorn., spanische Form von ▸ Paul. Eine literarische Gestalt ist der Pablo in Hermann Hesses Roman »Der Steppenwolf«. ✧ Bekannte Namensträger: Pablo Picasso, spanischer Maler (19./20. Jh.); Pablo Casals, spanischer Cellovirtuose (19./20. Jh.); Pablo Neruda, chilenischer Lyriker (20. Jh.).

Pablo: *Pablo Picasso, spanischer Maler*

Paco: männl. Vorn., spanische Koseform von Francisco (▸ Franz). ✧ Bekannter Namensträger: Paco Rabanne, französischer Modeschöpfer (20. Jh.); Paco de Lucía, spanischer Gitarrist (20. Jh.).

Paddy [ˈpædɪ]: männl. Vorn., englische Koseform von ▸ Patrick.

Pál [pa:l]: männl. Vorn., ungarische Form von ▸ Paul.

Palle: männl. Vorn., friesisch-niederländische Koseform – eigentlich Lallform aus der Kindersprache – von Namen, die mit »Bald-«

(ahd. *bald* »kühn«) gebildet sind, oder von ▸ Paul.

Paloma: weibl. Vorn. spanischer Herkunft (span. *paloma* »Taube«). Es handelt sich hierbei um einen der in Spanien üblichen Vornamen nach einem Beinamen der Gottesmutter. Die »Virgen de la Paloma« (»die [heilige] Jungfrau von der Taube«) wird besonders in Madrid verehrt. ✧ Bekannte Namensträgerin: Paloma Picasso, Modeschöpferin und Designerin (20. Jh.).

Pamela, engl. Aussprache: [ˈpæmɪlə]: aus dem Englischen übernommener weibl. Vorn. literarischen Ursprungs. Der Name ist wohl eine Neuprägung von Philip Sidney für eine Gestalt seines Romans »Arcadia« (1590) in Anlehnung an die griech. Namen Pammelas (zu griech. *pān* »all, ganz« + *mélas* »schwarz«). Aus diesem Roman übernahm ihn der englische Dichter Samuel Richardson und gab ihn der tugendhaften Heldin seines Romans »Pamela«. Durch die Übersetzung dieses Romans ins Deutsche (1772) wurde der Name auch in Deutschland bekannt.

Pamina: weibl. Vorn., dessen Herkunft und Bedeutung unklar sind. Der Name ist durch die Pamina in Mozarts Oper »Die Zauberflöte« allgemein bekannt.

Pankratia: weibl. Vorn., weibliche Form von ▸ Pankratius.

Pankratius, (auch:) Pankraz, Pankraz: männlicher Vorname griechischen Ursprungs (griech. Pankrátēs, zu griech. *pān* »all, ganz« und *krátos* »Kraft, Macht«, *kratein* »herrschen«). Der Name fand in Deutschland als Name des heiligen Märtyrers Pankratius Verbreitung; NAMENSTAG: 12. Mai. Der heilige Pankratius, dessen Kult sich seit dem 5. Jahrhundert ausbreitete, ist einer der vierzehn Nothelfer. Bekannt ist Pankratius auch als einer der drei »Gestrengen Herren« oder

»Eisheiligen« (▸ Bonifatius, ▸ Servatius).
Eine literarische Gestalt ist der Pankraz in
Gottfried Kellers Novelle »Pankraz der
Schmoller«.

Pantaleon: männlicher Vorname griech. Ursprungs (zu griech. *pánta* »in allem« und *léōn*
»Löwe«, »gänzlich ein Löwe«). Der Name
wurde durch den heiligen Märtyrer Pantaleon
von Nicomedia (3./4. Jh.) bekannt, der zu den
vierzehn Nothelfern gehört; NAMENSTAG:
27. Juli.

Paola: weibl. Vorn., italienische Form von
▸ Paula.

Paolo: männl. Vorn., italienische Form von
▸ Paul. ◇ Bekannter Namensträger: Paolo
Veronese, italienischer Maler (16. Jh.).

Pär: männl. Vorn., schwedische Form von
▸ Peter.

Parsifal, (auch:) Parzival: männl. Vorn. Der
Name wurde in der Form Perceval wahrscheinlich von Chrétien de Troyes (12. Jh.)
erfunden (zu altfranzös. *perce val*, etwa »der
das Tal durchquert«) und von Wolfram von
Eschenbach als »Parzival« übernommen. Die
Form »Parsifal« geht auf Richard Wagners
gleichnamige Oper zurück.

Pascal [pasˈkal]: aus dem Französischen übernommener männl. Vorn., französische Form
von ▸ Paschalis.

Paschalis: männl. Vorn. lateinischen Ur-
sprungs (zu lat. *pascha* »Osterfest« über
aramäisch *pishā* aus hebr. *pesah*). Der Name
Paschalis wurde vor allem durch den heiligen
Paschalis Baylon (16. Jh.) bekannt; NAMENS-
TAG: 17. Mai.

Pascual: männl. Vorn., spanische Form von
▸ Paschalis.

Pasquale: männl. Vorn., italienische Form von
▸ Paschalis. Eine bekannte Opernfigur ist
Don Pasquale in der gleichnamigen Oper
von G. Donizetti.

¹Pat [pæt]: männl. Vorn., englische Kurzform
von ▸ Patrick.

²Pat [pæt]: weibl. Vorn., englische Kurzform
von Patricia (▸ Patrizia).

Patricia, engl. Aussprache: [pəˈtrɪʃə]: weibl.
Vorn., englische Form von ▸ Patrizia.

Patricius: ▸ Patrizius.

Patrick, engl. Aussprache: [ˈpætrɪk]: männl.
Vorn., englische Form von ▸ Patrizius.
»Patrick« ist bekannt als Name des heiligen
Patrick, des Apostels und Schutzheiligen
Irlands (4./5. Jh.); NAMENSTAG: 17. März.

»Patrick« gehört heute zu den beliebtesten
männlichen Vornamen. ◇ Bekannter Namensträger: Patrick Süskind, deutscher
Schriftsteller (20. Jh.).

Patrizia, (auch:) Patricia: weibl. Vorn., weibliche Form von ▸ Patrizius. Der Name fand in
neuerer Zeit unter angloamerikanischem Einfluss Eingang in die deutsche Namengebung.
◇ Bekannte Namensträgerinnen: Gracia Patricia, Fürstin von Monaco (20. Jh.); Patricia
Highsmith, amerikanische Schriftstellerin
(20. Jh.). Engl. Form: Patricia [pəˈtrɪʃə].

Patrizius, (auch:) Patricius: männl. Vorn. lateinischen Ursprungs (lat. *patricius, -a, -um*
»patrizisch, edel«). Der Name ist durch den
heiligen Patrizius (▸ Patrick) bekannt.

Patsy [ˈpætsɪ]: weibl. Vorn., englische Koseform
von Patricia (▸ Patrizia).

Patty [ˈpætɪ]: weibl. Vorn., englische Koseform
von Patricia (▸ Patrizia).

Paul: männl. Vorn. lateinischen Ursprungs (lat.
Paul[l]us, identisch mit *paul[l]us, -a, -um*
»klein«). Der Name fand im Mittelalter als
Heiligenname Verbreitung, vor allem als Name des heiligen Apostels Paulus; NAMENS-
TAG: 29. Juni. Mit jüdischem Namen hieß der
Apostel Saul, eigentlich »der (von Gott) Erbetene« (die latinisierte Form des hebräischen
Namens lautet Saulus). Den Namen Paulus,
mit dem allein er sich in den Briefen nennt,
hatte er wahrscheinlich schon bei der Geburt
als Beinamen erhalten, denn er hatte von seinem Vater in Tarsus das römische Bürger-
recht geerbt. »Paulus« war bei den Römern
Beiname. Auch die Verehrung mehrerer Heiliger und Päpste, die diesen Namen trugen,
hat zu der Beliebtheit des Namens beigetragen. In Deutschland gehört »Paul« seit
dem Mittelalter zu den beliebtesten Taufnamen. In der Neuzeit wurde Paul Gerhardt
von Protestanten häufiger als Namensvorbild
gewählt. ◇ Bekannte Namensträger: Paulus
Diaconus, langobardischer Geschichtsschreiber am Hofe Karls des Großen (8. Jh.); Paul
Gerhardt, deutscher Kirchenlieddichter
(17. Jh.); der heilige Paul[us] vom Kreuz, italienischer Ordensstifter (17./18. Jh.), NAMENS-
TAG: 19. Oktober; Zar Paul I. von Russland
(18./19. Jh.); Paul Verlaine, französischer
Dichter (19. Jh.); Paul Heyse, deutscher Dichter (19./20. Jh.); Paul Cézanne, französischer
Maler (19./20. Jh.); Paul Gauguin, französischer Maler (19./20. Jh.); Paul von Hinden-

burg, deutscher Generalfeldmarschall und Reichspräsident (19./20. Jh.); Paul Ernst, deutscher Schriftsteller (19./20. Jh.); Paul Lincke, deutscher Komponist (19./20. Jh.); Paul Klee, schweizerisch-deutscher Maler (19./20. Jh.); Paul Hindemith, deutscher Komponist (19./20. Jh.); Papst Paul VI. (19./20. Jh.); Paul Abraham, ungarisch-deutscher Komponist (19./20. Jh.); Paul Hubschmid, schweizerischer Filmschauspieler (20. Jh.); Paul Newman, amerikanischer Filmschauspieler (20. Jh.); Paul Alverdes, deutscher Schriftsteller (20. Jh.); Paul Celan, deutscher Schriftsteller (20. Jh.); Paul Anka, amerikanischer Schlagersänger und -komponist (20. Jh.); Paul McCartney, Bassgitarrist und Sänger der englischen Beatgruppe »Beatles« (20. Jh.). Italien. Form: Paolo. Span. Form: Pablo. Französ. Form: Paul [pɔl]. Engl. Form: Paul [pɔːl]. Finn. Form: Paavo. Russ. Form: Pawel ['pavɪl]. Ungar. Form: Pál [paːl].

Paul: *Paul Klee, schweizerisch-deutscher Maler*

Paula: weibl. Vorn., weibl. Form von ▸ Paul. Der Name war in der zweiten Hälfte des 19. Jh.s überaus beliebt. ◇ Bekannte Namensträgerinnen: die heilige Paula von Rom (4./5. Jh.), NAMENSTAG: 26. Januar; Paula Modersohn-Becker, deutsche Malerin (19./20. Jh.); Paula von Preradović, österreichische Dichterin (19./20. Jh.); Paula Wessely, österreichische [Film]schauspielerin (20. Jh.). Italien. Form: Paola.

Paulette [poˈlɛt]: weibl. Vorn., französische Koseform von ▸ Paula.

Pauline, (auch:) Paulina: weibl. Vorn., Weiterbildung von ▸ Paula. Der Vorname war in der zweiten Hälfte des 19. Jh.s sehr beliebt. ◇ Be-

kannte Namensträgerin: die selige Paulina, Gründerin des Klosters Paulinzelle (11./12. Jh.), NAMENSTAG: 13. März. Französ. Form: Pauline [poˈlin].

Pavel: männl. Vorn., tschechische Form von ▸ Paul.

Pawel ['pavɪl]: männl. Vorn., russische Form von ▸ Paul.

Pedro: männl. Vorn., spanische Form von ▸ Peter. ◇ Bekannter Namensträger: Pedro Calderón de la Barca, spanischer Dramatiker (17. Jh.).

Peer, (auch:) Per: männl. Vorn., schwedische, norwegische und dänische (Per) Form von ▸ Peter. Der Name wurde in Deutschland vor allem durch Henrik Ibsens dramatisches Gedicht »Peer Gynt« (1867) und Edvard Griegs gleichnamige Suite dazu bekannt.

Peggy: weibl. Vorn., englische Koseform – eigentlich Lallform aus der Kindersprache – von Margaret (▸ Margarete).

Pekko: männl. Vorn., friesische Koseform von ▸ Peter.

Penelope: weibl. Vorn. griechischen Ursprungs, dessen Bedeutung unklar ist (griech. Pēnelópē). Der Name geht zurück auf eine griechische Sagengestalt. Nach der griechischen Sage war Penelope die Gemahlin des Odysseus, die ihm während seiner 20-jährigen Abwesenheit die Treue hielt. Der Name ist in England und Amerika in neuerer Zeit recht häufig.

Penny: weibl. Vorn., englische Koseform von ▸ Penelope.

Pepe: männl. Vorn., spanische Koseform (Lallform) von José (▸ Josef).

Pepita: weibl. Vorn., spanische Koseform von ▸ Josefa.

Peppo: männl. Vorn., Kurzform von Giuseppe (▸ Josef).

Per: ▸ Peer.

Percy, engl. Aussprache: ['pɔːsɪ]: aus dem Englischen übernommener männl. Vorn., der auf einen englischen Familiennamen nach einem Ortsnamen in der Normandie zurückgeht. Heutzutage wird oft »Percy« fälschlicherweise als Kurzform von Percival (▸ Parsifal) aufgefasst. ◇ Bekannte Namensträger: Percy Bysshe Shelley, englischer Dichter (18./19. Jh.); Percy Ernst Schramm, deutscher Historiker und Publizist (20. Jh.).

Perdita: weibl. Vorn. lateinischen Ursprungs (lat. *perditus, -a, -um* »verloren«). Der Name wurde durch die Perdita in Shakespeares Schauspiel »Das Wintermärchen« bekannt.

Perpetua: weibl. Vorn., weibliche Form von ▸ Perpetuus.

Perpetuus: männl. Vorn. lateinischen Ursprungs (lat. *perpetuus, -a, -um* »immerwährend, ewig«).

Perry [ˈpɛrɪ]: männl. Vorn., englische Koseform von Peregrinus (lat. *peregrinus* »Fremder, später auch Pilger, Kreuzfahrer«). ◇ Bekannter Namensträger: Perry Como (eigentlich Nick Perido), amerikanischer Sänger (20. Jh.).

Peter: männl. Vorn., der sich aus der lateinischen Namensform Petrus entwickelt hat. Petrus hieß eigentlich *schime'on* oder *schim'on* (▸ Simon). Jesus gab ihm den aramäischen Beinamen *Kefa'* (»Fels«). Im griechischen Neuen Testament wurde dies mit *ho pétros* (statt korrekt mit *hē pétra*, weibl. »Fels«) übertragen und als »Petrus« ins Lateinische übernommen. Der Name fand schon früh in der christlichen Welt als Name des Apostelfürsten Petrus große Verbreitung; NAMENSTAG: 29. Juni. Petrus war der erste Bischof von Rom und erlitt in Rom den Märtyrertod. Über seinem Grab wurde die Peterskirche errichtet. In der Legende wurde Petrus wegen seines »Schlüsselamtes« zum Himmelspförtner. Seit dem Mittelalter gehört »Peter« in Deutschland zu den beliebtesten Vornamen. Eine literarische Gestalt ist der Peter Camenzind in Hermann Hesses gleichnamigem Roman. Bekannt sind auch das Märchenspiel »Peter Pan« von J. M. Barrie und das sinfonische Märchen »Peter und der Wolf« von Sergei Prokofjew. Unter dem Pseudonym Peter Panter schrieb Kurt Tucholsky. ◇ Bekannte Namensträger: Peter Parler, Architekt und Bildhauer (14. Jh.); Peter Vischer, deutscher Erzgießer (15./16. Jh.); Peter Paul Rubens, niederländischer Maler (16./17. Jh.); Peter I., der Große, russischer Zar (17./18. Jh.); Peter von Cornelius, deutscher Maler (18./19. Jh.); Peter Tschaikowski, russischer Komponist (19. Jh.); Peter Rosegger, österreichischer Schriftsteller (19./20. Jh.); Peter Anders, deutscher Tenor (20. Jh.); Peter Weiss, deutscher Schriftsteller (20. Jh.); Peter Ustinov, englischer Schauspieler und Schriftsteller (20. Jh.); Peter Alexander, österreichischer Sänger und Filmschauspieler (20. Jh.); Peter Frankenfeld, deutscher Entertainer, Sänger und Schauspieler (20. Jh.); Peter Hacks, deut-

scher Schriftsteller (20. Jh.); Peter Rühmkorf, deutscher Schriftsteller (20. Jh.); Peter Zadek, deutscher Regisseur (20. Jh.); Peter Rosei, österreichischer Schriftsteller (20. Jh.); Peter Handke, österreichischer Schriftsteller (20. Jh.); Peter Härtling, deutscher Schriftsteller (20. Jh.); Peter Maffay, deutscher Schlager- und Popsänger (20. Jh.); Peter Hofmann, deutscher Sänger (20. Jh.). Italien. Formen: Pietro; Piero. Span. Form: Pedro. Französ. Form: Pierre [pjɛːr]. Engl. Form: Peter [ˈpiːtə]. Niederländ. Form: Piet. Schwed. Formen: Pär; Peer; Per. Norweg. Formen: Per; Peer. Dän. Form: Per. Russ. Form: Pjotr.

Peterke: weibl. Vorn., niederdeutsche Koseform von ▸ Petra.

Petra: weibl. Vorn., weibliche Form von ▸ Peter. Der Name ist erst in der ersten Hälfte des 20. Jh.s in Deutschland aufgekommen und war längere Zeit modisch. ◇ Bekannte Namensträgerin: Petra Kelly, deutsche Politikerin (20. Jh.). Italien. Form: Piera.

Petrina: weibl. Vorn., Weiterbildung von ▸ Petra.

Petrissa: weibl. Vorn., Weiterbildung von ▸ Petra.

Petronella, (auch:) Petronilla: weibl. Vorn., Weiterbildung von dem Namen Petronia, der seinerseits auf den alten römischen Geschlechternamen Petronius (von unbekannter, wahrscheinlich etruskischer Herkunft) zurückgeht. ◇ Bekannte Namensträgerin: die heilige Petronilla, Märtyrerin der Frühzeit, NAMENSTAG: 31. März.

Petula [pɔˈtjuːlə]: im 20. Jh. in England aufgekommener weibl. Vorn., dessen Herkunft und Bedeutung unklar sind, vielleicht zu lat. *petulāns* »ausgelassen, mutwillig« oder zu spätlat. *petulāre* »bitten«. ◇ Bekannte Namensträgerin: Petula Clark, englische Schlagersängerin (20. Jh.).

Phil: männl. Vorn., englische Kurzform von Philip (▸ Philipp). ◇ Bekannter Namensträger: Phil Collins, englischer Popmusiker (20. Jh.).

Philibert: ▸ Filibert.

Philine: weibl. Vorn. griechischen Ursprungs (zu griech. *phílos* »lieb, geliebt, teuer«). Der Name wurde um 1800 durch die Philine in Goethes Roman »Wilhelm Meisters Lehrjahre« weiteren Kreisen bekannt.

Philip: männlicher Vorname, englische Form von ▸ Philipp. ◇ Bekannter Namensträger:

Philip: *Philip, Duke of Edinburgh, britischer Prinzgemahl*

Philip, Duke of Edinburgh, · britischer Prinzgemahl (20. Jh.). Abbildung siehe Seite 226.

Philipp: männl. Vorn. griechischen Ursprungs (griech. Philippos, zu griech *phílos* »Freund« und *híppos* »Pferd«, also etwa »Pferdefreund«). Die lateinische Namensform lautet Philippus. Der Name gelangte mit anderen griechischen Namen (z. B. Andreas) in hellenistischer Zeit nach Palästina und fand in der christlichen Welt als Name des Apostels Philippus Verbreitung; NAMENSTAG: 11. Mai. »Philipp« ist bereits seit dem 12. Jh. in der deutschen Namengebung vertreten, doch im Gegensatz zu Spanien und Frankreich spielt »Philipp« als Herrschername in Deutschland kaum eine Rolle (Philipp von Schwaben, der jüngste Sohn Friedrich Barbarossas, wurde 1198 König). Heute gehört »Philipp« zu den häufigen männlichen Vornamen. ◇ Bekannte Namensträger: Philipp II., König von Mazedonien, Vater Alexanders des Großen (4. Jh. v. Chr.); Philipp der Gute, Herzog von Burgund (15. Jh.); Philipp Melanchthon, deutscher Humanist und Reformator (15./16. Jh.); der heilige Philipp Neri (16. Jh.), NAMENSTAG: 26. Mai; Philipp von Zesen, deutscher Dichter (17. Jh.); Philipp Emanuel Bach, deutscher Komponist (18. Jh.); Philipp Otto Runge, deutscher Maler (18./19. Jh.); Philipp Scheidemann, deutscher Politiker (19./ 20. Jh.). Als zweiter Vorname: Georg Philipp Telemann, deutscher Komponist (17./18. Jh.); Johann Philipp Reis, deutscher Physiker (19. Jh.). Italien. Form: Filippo. Span. Form: Felipe. Französ. Form: Philippe [fi'lip]. Engl. Form: Philip.

Philippa: weibl. Vorn., weibliche Form von ▸ Philipp.

Philippe [fi'lip]: männl. Vorn., französische Form von ▸ Philipp.

Philippine: weibl. Vorn., weibliche Form von ▸ Philipp mit der seit dem 17./18. Jh. beliebten Endung -ine.

Philomela, (auch:) Philomele; Filomela: weibl. Vorn. griechischen Ursprungs (zu griech. *phílos* »Freund« und wahrscheinlich *mêlon* »Schaf; Herde«, schon früh umgedeutet in *mélos* »Lied, Melodie«). Philomela wurde nach der griechischen Sage in eine Nachtigall verwandelt.

Philomena, (auch:) Philomene; Filomena: weiblicher Vorname griech. Ursprungs (zu griech. *philéō* »lieben« und *ménō* »bleiben«, also etwa »die der Liebe und Freundschaft treu bleibt«).

Phöbe, (auch:) Phoebe: weibl. Vorn. griechischen Ursprungs (zu griech. *phoibós* »glänzend, leuchtend, rein«). In der griechischen Sage ist »Phöbe« Beiname der Mondgöttin Artemis. In England und Amerika ist der Name seit der Reformation wegen der Erwähnung einer Christin Phoebe im Römerbrief des Paulus in Gebrauch. Eine literarische Gestalt ist die Phoebe, Schwester von Holden Caulfield in J. D. Salingers Roman »Der Fänger im Roggen«. Engl. Form: Phoebe ['fi:bɪ].

Phyllis: weibl. Vorn. griechischen Ursprungs (vermutlich zu griech. *phýllon* »Blatt, Blütenblatt«). »Phyllis« spielte als Schäferinnenname eine bedeutende Rolle in Hirtengedichten und Schäferromanen und war in Deutschland im 17./18. Jh. beliebt.

Pia: weibl. Vorn., weibl. Form von ▸ Pius.

Pidder: männl. Vorn., niederdeutsche Nebenform von ▸ Peter. Der Name ist bekannt durch die Ballade »Pidder Lüng« von Detlev von Liliencron.

Piera: weibl. Vorn. italienischer Herkunft, weibliche Form von ▸ Piero.

Piero: männl. Vorn., italienische Form von ▸ Peter. ◇ Bekannter Namensträger: Piero della Francesca, italienischer Maler (15. Jh.).

Pierre [pjɛːr]: männl. Vorn., französische Form von ▸ Peter. ◇ Bekannte Namensträger: Pierre Bonnard, französischer Maler (19./20. Jh.); Pierre Loti, französischer Schriftsteller (19./ 20. Jh.); Pierre Boulez, französischer Komponist und Dirigent (20. Jh.); Pierre Brice, französischer [Film]schauspieler (20. Jh.).

Pierrette [pjɛˈrɛt]: weibl. Vorn., weibliche Form von ▸ Pierre.

Piet: männl. Vorn., niederdeutsche und niederländische Kurzform von ▸ Peter. ◇ Bekannter Namensträger: Piet Mondrian, niederländischer Maler (19./20. Jh.).

Pieter: männl. Vorn., niederdeutsche und niederländische Form von ▸ Peter. ◇ Bekannte Namensträger: Pieter Bruegel der Ältere und der Jüngere, flämische Maler (16./17. Jh.); Pieter de Hooch, niederländischer Maler (17. Jh.).

Pietro: männl. Vorn., italienische Form von ▸ Peter. ◇ Bekannter Namensträger: Pietro Mascagni, italienischer Komponist (19./20. Jh.).

Pilar: weibl. Vorn. spanischer Herkunft (span. *pilar* »Pfeiler«). Der Name geht auf die »Virgen del Pilar« (»die [heilige] Jungfrau von dem Pfeiler«), ein Muttergottesbild auf einem Pfeiler, das in Zaragoza (Spanien) verehrt wird (Fest am 12. Oktober), zurück. Die bildliche Darstellung bezieht sich auf eine Legende, wonach die Madonna an dieser Stelle dem Apostel Jakobus dem Älteren während seiner Missionstätigkeit in Spanien erschienen sei. Eine literarische Gestalt ist die Pilar in E. Hemingways Roman »Wem die Stunde schlägt«. ◇ Bekannte Namensträgerin: Pilar Lorengar, spanische Sopranistin (20. Jh.).

Pim: männl. Vorn., niederdeutsche und niederländische Koseform – eigentlich Lallform aus der Kindersprache – von ▸ Wilhelm.

Pina: weibl. Vorn., italienische Kurzform von Namen, die auf »-pina« ausgehen, z. B. von Giuseppina. ◇ Bekannte Namensträgerin: Pina Bausch, deutsche Tänzerin und Choreographin (20. Jh.).

Pinkas: jüdischer männl. Vorn., der dem biblischen Namen Pinhas (ägyptisch »dunkelhäutig«) entspricht. ◇ Bekannter Namensträger: Pinkas Braun, dt. Schauspieler (20. Jh.).

Pippa: weibl. Vorn., Koseform – eigentlich Lallform aus der Kindersprache – von ▸ Philippa. Eine literarische Gestalt ist die Pippa in G. Hauptmanns Schauspiel »Und Pippa tanzt!«.

Pirmin, (auch:) Pirmin: männl. Vorn., dessen Herkunft und Bedeutung unklar sind. Der Name fand als Name des heiligen Pirmin[ius] (8. Jh.) Verbreitung, der mehrere Klöster in Südwestdeutschland gründete; NAMENSTAG: 3. November. ◇ Bekannter Namensträger:

Pirmin Zurbriggen, schweizerischer Skiläufer (20. Jh.).

Piroschka: weibl. Vorn., eindeutschende Schreibung des ungarischen Vornamens ▸ Piroska.

Piroska [ˈpiroʃkɔ]: weibl. Vorn., ungarische Form von ▸ Prisca.

Pit, (auch:) Pitt: männl. Vorn., ursprünglich rheinische Kurzform von ▸ Peter, heute in ganz Deutschland verbreitet.

Pitter: männl. Vorn., rheinische Nebenform von ▸ Peter.

Pius: männl. Vorn. lateinischen Ursprungs (lat. *pius, -a, -um* »fromm, rechtschaffen, gottesfürchtig«). ◇ Bekannte Namensträger: der heilige Papst Pius V. (16. Jh.), NAMENSTAG: 30. April; der heilige Papst Pius X. (19./20. Jh.), NAMENSTAG: 21. August; Papst Pius XII. (19./20. Jh.).

Pjotr: männl. Vorn., russische Form von ▸ Peter.

Placida, (auch:) Plazida: weibl. Vorn., weibliche Form von ▸ Placidus.

Plácido [ˈplaθiðo]: männl. Vorn., spanische Form von ▸ Placidus. ◇ Bekannter Namensträger: Plácido Domingo, spanischer Tenor (20. Jh.).

Placidus, (auch:) Plazidus: männl. Vorn. lateinischen Ursprungs (lat. *placidus, -a, -um* »sanft, friedlich, ruhig«). ◇ Bekannter Namensträger: der heilige Placidus, Märtyrer zu Disentis (7./8. Jh.), NAMENSTAG: 11. Juli. Span. Form: Plácido [ˈplaθiðo].

Plazida: ▸ Placida.

¹Poldi: weibl. Vorn., oberdeutsche Koseform von ▸ Leopolda.

²Poldi: männl. Vorn., oberdeutsche Koseform von ▸ Leopold.

Polly: weibl. Vorn., in der Kindersprache entstandene Koseform von Mary (▸ Maria). Bekannt ist der Name durch die Polly Peachum in Brechts »Dreigroschenroman«.

Polykarp: männlicher Vorname griechischen Ursprungs (griech. Polýkarpos, zu *polýs* »viel, mehr« und *karpós* »Frucht«). ◇ Bekannter Namensträger: der heilige Polykarp, Bischof und Märtyrer (2. Jh.), NAMENSTAG: 23. Februar.

Polyxena: weibl. Vorn. griechischen Ursprungs (griech. Polyxénē, zu *polýs* »viel, mehr« und *xénos* »Gast«). Der Name geht zurück auf eine griechische Sagengestalt. Nach der griechischen Sage war Polyxena die Tochter von Priamos, König von Troja, und die Geliebte des

Achill. Sie wurde von Neoptolemos, Achills Sohn, auf dessen Grab geopfert.

Praxedis: weibl. Vorn. griechischen Ursprungs (zu griech. *prägma, präxis* »Handlung«, also etwa »die [Wohl]tätige«). ◇ Bekannte Namensträgerin: die frühchristliche Heilige Praxedis, NAMENSTAG: 21. Juli.

Pretiosa, (auch:) Preziosa: weibl. Vorn. lat. Ursprungs (lat. *pretiōsus, -a, -um* »kostbar«).

Primus: männlicher Vorname lateinischen Ursprungs, der auf einen alten, aus Oberitalien stammenden Vornamen (Praenomen) (lat. *Prīmus* »der Erste«) zurückgeht. Dort ist die in Rom selbst unbekannte Sitte, die Kinder in der Reihenfolge ihrer Geburt zu nummerieren, schon bei der vorrömischen Bevölkerung nachzuweisen. ◇ Bekannter Namensträger: der heilige Primus, Märtyrer, NAMENSTAG: 9. Juni.

Prisca, (auch:) Priska: weiblicher Vorname lateinischen Ursprungs, der auf einen alten römischen Beinamen (zu lateinisch *prīscus, -a, -um* »alt«) zurückgeht. Der Name ist besonders bekannt durch die heilige Prisca, eine frühchristliche Märtyrerin; NAMENSTAG: 18. Januar.

Priscilla: weibl. Vorn. lateinischen Ursprungs, Verkleinerungsform von ▸ Prisca. Der Name ist bekannt durch Priscilla (Prisca), eine Schülerin des Apostels Paulus. Die Verwendung des Namens in England und Amerika geht auf die Puritaner zurück.

Priska: ▸ Prisca.

Prosper, (auch:) Prosperus: männl. Vorn. lateinischen Ursprungs (lat. *prösperus, -a, -um* »glücklich«). ◇ Bekannter Namensträger: Prosper Mérimée, französischer Dichter (19. Jh.).

Quentin: männl. Vorn., französische [kã'tɛ̃] und englische ['kwɛntɪn] Form von ▸ Quintinus. ◇ Bekannter Namensträger: Quentin Tarantino, amerikanischer Filmregisseur (20. Jh.).

Quint: ▸ Quintus.

Quintinus, (auch:) Quintin: männl. Vorn. lateinischen Ursprungs, Weiterbildung von ▸ Quintus. Zur Verbreitung des Namens im Mittelalter trug die Verehrung des heiligen Quintin[us], Märtyrer in Amiens, bei; NAMENSTAG: 31. Oktober. Französ. Form: Quentin [kã'tɛ̃]. Engl. Form: Quentin ['kwɛntɪn].

Quintus, (auch:) Quint: männl. Vorn. lateinischen Ursprungs, der auf das alte römische Praenomen (Vornamen) Quintus (lat. *Quīntus* »der Fünfte«) zurückgeht. Mit »Quintus« wurden ursprünglich Knaben benannt, die im fünften Monat *(Quīntilis mēnsis)* des alten, mit März beginnenden römischen Kalenders geboren wurden. Der Monatsname wurde später zu Ehren Julius Cäsars umbenannt. Eine bekannte literarische Gestalt ist der Quintus Fixlein in Jean Pauls Roman »Das Leben des Quintus Fixlein«.

Quirin, (auch:) Quirinus: männl. Vorn., der auf den Namen eines alten römischen Gottes (lat. Quirinus) zurückgeht. Später wurde Quirinus zum Beinamen von Romulus, dem zum Gott erhobenen Gründer der Stadt Rom. »Quirinus« fand im Mittelalter in Deutschland als Heiligenname Verbreitung, vor allem als Name des heiligen Quirinus von Neuß, NAMENSTAG: 30. März, und des heiligen Quirinus von Tegernsee; NAMENSTAG: 16. Juni. Besonders am Niederrhein, im Verehrungsgebiet des heiligen Quirinus von Neuß, kam der Name früher häufig vor. ◇ Bekannter Namensträger: Quirinus Kuhlmann, deutscher Dichter (17. Jh.).

Quirina: weibl. Vorn., weibliche Form von Quirinus (▸ Quirin).

Quirinus: ▸ Quirin.

Rabanus, (auch:) Raban: männl. Vorn., latinisierte Form von ahd. *hraban* »Rabe«. Bekannt ist der Name durch den heiligen Mainzer Erzbischof [H]rabanus Maurus (8./9. Jh.), NAMENSTAG: 4. Februar, dessen Schriften auf lange Zeit für die Ausbildung des Klerus maßgeblich waren. Mit seinem 22-bändigen Werk »De rerum naturis« (»Über die Natur der Dinge«) schuf er eine theologisch ausgerichtete Realenzyklopädie, die das gesamte Wissen der damaligen Zeit umfasste.

Rachel, (auch:) Rahel: aus der Bibel übernommener weibl. Vorn. hebräischen Ursprungs (»Mutterschaf«). Nach der Bibel war Rachel, eine Tochter Labans, die zweite Frau Jakobs. Sie schenkte ihm zwei Söhne, Josef und Benjamin. Eine literarische Gestalt ist die Rachel in Franz Grillparzers Trauerspiel »Die Jüdin von Toledo«. ◇ Bekannte Namensträgerin: Rahel Varnhagen von Ense, deutsche Schriftstellerin (18./19. Jh.). Engl. Form: Rachel [ˈreɪtʃəl].

Rada: weibl. Vorn., verselbstständigte Kurzform von Namen, die auf »-rada, -rade« ausgehen (z. B. ▸ Konrade/Konrada).

Radbod: ▸ Ratbod.

Radegund, (auch:) Radegunde: alter deutscher weibl. Vorn. (ahd. *rāt* »Rat, Beratung, Ratgeber« + ahd. *gund* »Kampf«). »Radegunde« spielte früher als Name der heiligen Radegundis (6. Jh.) eine gewisse Rolle in der Namengebung; NAMENSTAG: 13. August.

Radolf, (auch:) Radulf: alter deutscher männl. Vorn. (ahd. *rāt* »Rat, Beratung, Ratgeber« + ahd. *wolf* »Wolf«).

Rafael: ▸ Raphael.

Rafaela: ▸ Raphaela.

Raffaele, (auch:) Raffaello: männl. Vorn., italienische Formen von ▸ Raphael.

Raffaella: weibl. Vorn., italienische Form von ▸ Raphaela.

Ragna: weibl. Vorn., dänische, schwedische, norwegische Kurzform von ▸ Ragnhild.

Ragnar: aus den skandinavischen Ländern übernommener männl. Vorn., der dem deutschen Vornamen ▸ Rainer entspricht.

Ragnhild: aus den skandinavischen Ländern übernommener weibl. Vorn., der dem deutschen Vornamen ▸ Reinhild entspricht.

Rahel: ▸ Rachel.

Raimar, (auch:) Raimer: ▸ Reimar.

Raimo: ▸ Reimo.

Raimund, (auch:) Reimund: alter deutscher männl. Vorn., der sich aus der ahd. Namensform Raginmund entwickelt hat (zu german. **ragina-* »Rat, Beschluss [der Götter], Schicksal« + ahd. *munt* »Schutz, Schützer«). Der Name drang schon früh in das romanische Sprachgebiet und erlangte dort, vor allem in Südfrankreich, große Beliebtheit. Bei den Grafen von Toulouse war der Name seit dem 9. Jh. traditionell. Von Lothringen aus drang der Name dann wieder nach Deutschland. Eine bekannte literarische Gestalt ist Graf Raimund in dem Volksbuch »Melusine«. ◇ Bekannte Namensträger: der heilige Raimund von Peñafort, spanischer Dominikaner (12./13. Jh.), NAMENSTAG: 7. Januar; Raymond Queneau, französischer Schriftsteller (20. Jh.). Span. Form: Ramón. Französ. Form: Raymond [rɛˈmõ]. Engl. Form: Raymond [ˈreɪmənd].

Raimunde, (auch:) Reimunde: weibl. Vorn., weibliche Form von ▸ Raimund.

Raina: ▸ Reina.

Rainald: männl. Vorn., Nebenform von ▸ Reinold. Eine bekannte Märchengestalt ist Reinald das Wunderkind in Musäus' »Volksmärchen«. ◇ Bekannter Namensträger: Rainald (Reinald) von Dassel, Erzbischof von Köln, Reichskanzler Friedrich Barbarossas (12. Jh.).

Rainer, (auch:) Reiner; Reinar: alter deutscher männl. Vorn., der sich aus der ahd. Namensform Raginhari entwickelt hat (zu german. *ragina-* »Rat, Beschluss [der Götter], Schicksal« + ahd. *heri* »Kriegsschar, Heer«). Der Name, der früher beim rheinischen und österreichischen Adel beliebt war, ist erst im 20. Jh. in ganz Deutschland volkstümlich geworden und gehörte lange Zeit zu den beliebtesten deutschen Vornamen. ◇ Bekannte Namensträger: Rainer, Erzherzog von Österreich (18./19. Jh.); Rainer Maria Rilke, österreichischer Dichter (19./20. Jh.); Rainer Brambach, schweizerischer Schriftsteller (20. Jh.); Rainer Werner Fassbinder, deutscher Schriftsteller und Regisseur (20. Jh.). Französ. Formen: Rainier [rɛˈnje].

Rainier [rɛˈnje]: männl. Vorn., französische Form von ▸ Rainer. ◇ Bekannter Namensträger: Rainier III., Fürst von Monaco (20. Jh.).

Rainier: *Rainier III., Fürst von Monaco*

Raja: weibl. Vorn., russische Kurzform von Rachil (▸ Rachel).

Ralf, (auch:) Ralph: im 19. Jh. aus dem Englischen übernommener männl. Vorn., der auf altnord. Raðulfr, altengl. Rædwulf zurückgeht und dessen Fortbestehen in der englischen Namengebung durch den normannischen Namen Radulf (▸ Radolf) unterstützt wurde. Die zusammengezogene Form »Ralf« ist seit dem 16. Jh. nachweisbar, die etymologisch unbegründete Schreibung »Ralph« ist im 18. Jh. aufgekommen. Eine literarische Gestalt ist der Ralph in William Goldings Roman »Herr der Fliegen«. ◇ Bekannte Namensträger: Ralph Waldo Emerson, amerikanischer Dichter (19. Jh.); Ralph Benatzky,

österreichischer Operettenkomponist (19./ 20. Jh.); Ralf Dahrendorf, deutscher Politiker (20. Jh.); Ralph Bendix, deutscher Schlagersänger (20. Jh.). Engl. Form: Ralph [reıf; rælf].

Rambert: alter deutscher männlicher Vorname (ahd. *hraban* »Rabe« + ahd. *beraht* »glänzend«).

Rambod: alter deutscher männl. Vorn. (ahd. *hraban* »Rabe« + altsächs. *bodo* »Gebieter«, später umgedeutet zu ahd. *boto* »Bote«).

Ramón: männl. Vorn., spanische Form von ▸ Raimund.

Ramona: aus dem Spanischen übernommener weibl. Vorn., weibliche Form von Ramón (▸ Raimund). Der Vorname ist durch den Schlager »Ramona« bekannt.

Rando: alter deutscher männl. Vorn., Kurzform von Namen, die mit »Rand-« gebildet sind, vor allem von ▸ Randolf.

Randolf, (auch:) Randulf: alter deutscher männl. Vorn. (ahd. *rant* »Schild« + ahd. *wolf* »Wolf«).

Randolph [ˈrændɔlf]: männl. Vorn., englische Form von ▸ Randolf. ◇ Bekannte Namensträger: Randolph Churchill, englischer Schriftsteller und Politiker (20. Jh.); Randolph Scott, amerikanischer Filmschauspieler (20. Jh.).

Randulf: ▸ Randolf.

Randwig: alter deutscher männl. Vorn (ahd. *rant* »Schild« + ahd. *wīg* »Kampf; Krieg«).

Raoul [raˈul]: aus dem Französischen übernommener männl. Vorn., französische Form von ▸ Radolf. Der Name wurde im 19. Jh. durch den Raoul des Nangis in Meyerbeers Oper »Die Hugenotten« bekannt. ◇ Bekannte Namensträger: Raoul Dufy, französischer Maler (19./20. Jh.); Raoul Schrott, österreichischer Schriftsteller (20. Jh.). Italien. Form: Raul.

Raphael, (auch:) Rafael: aus der Bibel übernommener männl. Vorn. hebräischen Ursprungs (»Gott hat geheilt«). »Raphael« fand im Mittelalter in der christlichen Welt als Name des Erzengels Verbreitung; NAMENSTAG: 29. September. ◇ Bekannte Namensträger: Raffael, italienischer Maler und Baumeister (15./16. Jh.); Rafael Kubelík, schweizerischer Dirigent tschechischer Herkunft (20. Jh.). Italien. Form: Raffaele, Raffaello.

Raphaela, (auch:) Rafaela: weibl. Vorn., weibliche Form von ▸ Raphael. Italien. Form: Raffaella.

Rasmus: männl. Vorn., Kurzform von ▸ Erasmus.

Rasso: männl. Vorn., verselbstständigte Kurzform von Namen, die mit »Rat-« (ahd. *rāt* »Rat, Beratung, Ratgeber«) gebildet sind.

Ratbert: alter deutscher männl. Vorn. (ahd. *rāt* »Rat, Beratung, Ratgeber« + ahd. *beraht* »glänzend«).

Ratbod, (auch:) Radbod: alter deutscher männl. Vorn. (ahd. *rāt* »Rat, Beratung, Ratgeber« + altsächs. *bodo* »Gebieter«, später umgedeutet zu ahd. *boto* »Bote«).

Ratbold: alter deutscher männl. Vorn. (ahd. *rāt* »Rat, Beratung, Ratgeber« + ahd. *bald* »kühn«).

Ratburg: alter deutscher weibl. Vorn. (ahd. *rāt* »Rat, Beratung, Ratgeber« + ahd. *burg* »Burg, Zufluchtstätte, Schutz«).

Ratfried: alter deutscher männl. Vorn. (ahd. *rāt* »Rat, Beratung, Ratgeber« + ahd. *fridu* »Schutz vor Waffengewalt, Friede«).

Ratgard: alter deutscher weibl. Vorn. (ahd. *rāt* »Rat, Beratung, Ratgeber« + german. *gardaz* »Zaun, Einfriedung«, vgl. ahd. *garto* »Garten«).

Ratger: alter deutscher männl. Vorn. (ahd. *rāt* »Rat, Beratung, Ratgeber« + ahd. *gēr* »Speer«).

Rathard: alter deutscher männl. Vorn. (ahd. *rāt* »Rat, Beratung, Ratgeber« + ahd. *harti, herti* »hart, kräftig, stark«).

Rathild: alter deutscher weiblicher Vorname (ahd. *rāt* »Rat, Beratung, Ratgeber« + *hiltja* »Kampf«).

Ratmar: alter deutscher männl. Vorn. (ahd. *rāt* »Rat, Beratung, Ratgeber« + ahd. *māri* »bekannt, berühmt, angesehen«).

Rato: männl. Vorn., Kurzform von Namen, die mit »Rat-« gebildet sind.

Räto: ▸ Reto.

Raul: männl. Vorn., italienische Form von ▸ Raoul.

Ray [reɪ]: männl. Vorn., englische Kurzform von Raymond (▸ Raimund). ◆ Bekannter Namensträger: Ray Charles, amerikanischer Jazzmusiker (20. Jh.).

Raymond: männl. Vorn., englische ['reɪmənd] und französische [rɛ'mõ] Form von ▸ Raimund.

Rea, (auch:) Rhea: weibl. Vorn., der auf eine Gestalt der römischen Mythologie zurückgeht. Nach der römischen Sage war Rēa Silvia die Mutter von Romulus und Remus und somit Stammmutter der Römer. Die Bedeutung des Namens ist unklar.

Rebecca [rɪ'bɛkə]: weibl. Vorn., englische Form von ▸ Rebekka.

Rebekka: aus der Bibel übernommener weibl. Vorn. hebräischen Ursprungs. Die Bedeutung des Namens ist unklar. Nach der Bibel war Rebekka die Frau Isaaks und die Mutter von Jakob und Esau. Bekannte literarische Gestalten sind die Rebecca in Walter Scotts Roman »Ivanhoe« und die Rebecca in Daphne du Mauriers gleichnamigem Roman. Engl. Form: Rebecca [rɪ'bɛkə].

Redelf, (auch:) Redelf; Redlof: männl. Vorn., friesische Form von ▸ Radolf.

Reemt: männl. Vorn., friesische Form von ▸ Raimund.

Reena: weibl. Vorn., verselbstständigte Kurzform von Namen, die mit »Rein-« (zu german. *ragina-* »Rat, Beschluss [der Götter], Schicksal«) gebildet sind, oder Nebenform von ▸ Rena.

Reent: männl. Vorn., friesische verselbstständigte Kurzform von Namen, die mit »Rein-« (zu german. *ragina-* »Rat, Beschluss [der Götter], Schicksal«) gebildet sind.

Regina, (auch:) Regine: weibl. Vorn. lateinischen Ursprungs (lat. *rēgīna* »Königin, Herrscherin«). Der schon in der Antike bezeugte Name kann auf die Himmelskönigin Maria bezogen sein oder aber einen Wunsch der Eltern (das Mädchen möge schön, reich, glücklich wie eine Königin sein) zum Ausdruck bringen.

Reginald: männl. Vorn., ältere Namensform von ▸ Reinold, auch englisch ['rɛdʒɪnld].

Regine: ▸ Regina.

Regula: weibl. Vorn. lateinischen Ursprungs, der auf den römischen Beinamen Regulus (lat. *rēgulus* »kleiner König, Häuptling, Fürst, Prinz«) zurückgeht. Der Vorname kommt fast nur im Raum Zürich vor, weil die heilige Märtyrerin Regula und ihr Bruder Felix (3./4. Jh.) Patrone von Zürich sind; NAMENSTAG: 11. September.

Reichard: männl. Vorn., Nebenform von ▸ Richard.

Reik, (auch:) Reiko: männl. Vorn., friesische Kurzform von Namen, die mit »Rein-« (zu german. *ragina-* »Rat, Beschluss [der Götter], Schicksal«) gebildet sind.

Reimar, (auch:) Reimer; Raimar, Raimer; Reinmar; Remmer: alter deutscher männl.

Vorn., der sich aus der ahd. Namensform Raginmar entwickelt hat (zu german. *ragina- »Rat, Beschluss [der Götter], Schicksal« + ahd. māri »bekannt, berühmt, angesehen«). Der Name war im Mittelalter in Deutschland recht beliebt.

Reimbald: ▸ Reimbold.

Reimbert, (auch:) Reimert; Reinbert; Rembert; Remmert; Rimbert: alter deutscher männl. Vorn., der sich aus der ahd. Namensform Raginber[h]t entwickelt hat (zu german. *ragina- »Rat, Beschluss [der Götter], Schicksal« + ahd. beraht »glänzend«).

Reimbold, (auch:) Reimbald; Reinbald, Reinbold: alter deutscher männl. Vorn., der sich aus der ahd. Namensform Raginbald entwickelt hat (zu german. *ragina- »Rat, Beschluss [der Götter], Schicksal« + ahd. bald »kühn«).

Reimer, (auch:) Raimer: ▸ Reimar.

Reimert: ▸ Reimbert.

Reimo, (auch:) Raimo: männl. Vorn., verselbstständigte Kurzform von Namen, die mit »Reim-« (zu german. *ragina- »Rat, Beschluss [der Götter], Schicksal«) gebildet sind.

Reimund: ▸ Raimund.

Reimunde: ▸ Raimunde.

Reina, (auch:) Raina: weibl. Vorn., verselbstständigte Kurzform von Namen, die mit »Rein-« (zu german. *ragina- »Rat, Beschluss [der Götter], Schicksal«) gebildet sind.

Reinald: ▸ Reinold.

Reinar: ▸ Rainer.

Reinbald: ▸ Reimbold.

Reinbert: ▸ Reimbert.

Reinbod: alter deutscher männl. Vorn. (zu german. *ragina- »Rat, Beschluss [der Götter], Schicksal« + altsächs. bodo »Gebieter«, später umgedeutet zu ahd. boto »Bote«).

Reinbold: ▸ Reimbold.

Reinburg: alter deutscher weibl. Vorn. (zu german. *ragina- »Rat, Beschluss [der Götter], Schicksal« + ahd. burg »Burg, Zufluchtstätte, Schutz«).

Reineke: männl. Vorn., niederdeutsche Koseform von Namen, die mit »Rein-« gebildet sind.

Reiner: ▸ Rainer.

Reinfried: alter deutscher männl. Vorn., der sich aus der ahd. Namensform Raginfrid entwickelt hat (zu german. *ragina- »Rat, Beschluss [der Götter], Schicksal« + ahd. fridu »Schutz vor Waffengewalt, Friede«).

Reingard: alter deutscher weibl. Vorn. (zu german. *ragina- »Rat, Beschluss [der Götter], Schicksal« + german. *gardaz »Zaun, Einfriedung«, vgl. ahd. garto »Garten«).

Reinhard: alter deutscher männl. Vorn., der sich aus der ahd. Namensform Raginhart entwickelt hat (zu german. *ragina- »Rat, Beschluss [der Götter], Schicksal« + ahd. harti, herti »hart, kräftig, stark«). Der Name war im Mittelalter weit verbreitet. Eine literarische Gestalt ist der Reinhard Werner in Storms Novelle »Immensee«. ◇ Bekannte Namensträger: Reinhard Johannes Sorge, deutscher Dichter (19./20. Jh.); Reinhard Lettau, deutscher Schriftsteller (20. Jh.); Reinhard Mey, deutscher Chansonsänger (20. Jh.); Reinhard Hauff, deutscher Filmregisseur (20. Jh.).

Reinhild: alter deutscher weibl. Vorn., der sich aus der ahd. Namensform Raginhilt entwickelt hat (zu german. *ragina- »Rat, Beschluss [der Götter], Schicksal« + ahd. hiltja »Kampf«).

Reinhold: männl. Vorn., Nebenform von ▸ Reinold in Anlehnung an das Adjektiv »hold«.

Reinke: männl. Vorn., niederdeutsche Koseform von Namen, die mit »Rein-« gebildet sind.

Reinmar: alter deutscher männl. Vorn., Nebenform von ▸ Reimar. ◇ Bekannte Namensträger: Reinmar von Hagenau (der Alte), mittelhochdeutscher Dichter (12./13. Jh.); Reinmar von Zweter, mittelhochdeutscher Dichter (13. Jh.).

Reinmut, (auch:) Reinmute: alter deutscher weibl. Vorn. (zu german. *ragina- »Rat, Beschluss [der Götter], Schicksal« + ahd. muot »Sinn, Gemüt, Geist«).

Reino: männl. Vorn., verselbstständigte Kurzform von Namen, die mit »Rein-« (zu german. *ragina- »Rat, Beschluss [der Götter], Schicksal«) gebildet sind.

Reinold, (auch:) Reinhold; Reinald, Rainald; Reginald: alter deutscher männl. Vorn., der sich aus der ahd. Namensform Raginald entwickelt hat (zu german. *ragina- »Rat, Beschluss [der Götter], Schicksal« + ahd. -walt zu waltan »herrschen, walten«). Der Name war schon im Mittelalter beliebt. Zu der Verbreitung des Namens trug die Verehrung des heiligen Reinhold, Patron von Dortmund (10. Jh.), NAMENSTAG: 7. Januar, bei. Heute sind »Rein(h)old« und »Reinhard« die beliebtesten der mit »Rein-« gebildeten männlichen Vornamen. ◇ Bekannte Namensträger: Jakob Michael Reinhold Lenz, deutscher Schriftsteller (18. Jh.); Reinold von Thadden-Trieglaff, Ehrenpräsident des Evangelischen Kirchentages (19./20. Jh.); Reinhold Schneider, deutscher Schriftsteller (20. Jh.); Reinhold Messner, italienischer Bergsteiger, Schriftsteller und Filmemacher (20. Jh.). Italienische Form: Rinaldo. Englische Form: Reginald [ˈrɛdʒɪnld].

Reinold: *Reinhold Messner, italienischer Bergsteiger*

Reintje: weibl. Vorn., friesische Koseform von Namen, die mit »Rein-« (zu german. *ragina-*»Rat, Beschluss [der Götter], Schicksal«) gebildet sind.

Reintraud, (auch:) Reintrud: alter deutscher weibl. Vorn. (zu german. *ragina-* »Rat, Beschluss [der Götter], Schicksal« + german. *ÞrūÞi* »Kraft, Stärke«, in althochdeutscher Zeit umgedeutet zu *trūt* »vertraut, lieb«).

Reinulf: alter deutscher männl. Vorn. (zu german. *ragina-*»Rat, Beschluss [der Götter], Schicksal« + ahd. *wolf* »Wolf«).

Relf: männl. Vorn., friesische Kurzform von ▸ Radolf.

Rembert: ▸ Reimbert.

Remi: männl. Vorn., Kurzform von ▸ Remigius.

Remigius: männl. Vorn. lateinischen Ursprungs (eher zu lat. *remedium* »Heilmittel« [auch im christlichen Sinne: zur Rettung der Seele] als zu lat. *rēmex* »Ruderer«, *rēmigium* »das Rudern«). Die Verbreitung des Namens im Mittelalter geht auf die Verehrung des heiligen Bischofs von Reims (5./6. Jh.) zurück; NAMENSTAG: 1. Oktober. Der heilige Remigius taufte um 498 König Chlodwig I.

und begann die Mission unter den Franken. Bei dem Namen des Heiligen wechselt die Schreibung »Remigius« mit »Remedius« ab, wie z. B. auch bei dem gleichzeitig erscheinenden Namen »Romedius«/»Romegius«.

Remko: männl. Vorn., niederdeutsche und friesische Koseform von Retmar (▸ Ratmar) oder Remmer (▸ Reimar) oder von altfriesisch *hremr* »Rabe«. ◇ Bekannter Namensträger: Remco Campert, niederländischer Schriftsteller (20. Jh.).

Remmer: männl. Vorn., niederdeutsche und friesische Form von ▸ Reimar.

Remmert: männl. Vorn., niederdeutsche und friesische Form von ▸ Reimbert.

Remo: männl. Vorn. italienischer Herkunft, der auf Remus, einen der sagenhaften Gründer Roms, zurückgeht.

Rena: weibl. Vorn., Kurzform von ▸ Renate und ▸ Verena.

Renate, (auch:) Renata: weibl. Vorn., weibliche Form von ▸ Renatus. Der Vorname ist in Deutschland erst in der ersten Hälfte des 20. Jh.s volkstümlich geworden. Eine literarische Gestalt ist die Renate von Vitzewitz in Fontanes Roman »Vor dem Sturm«. ◇ Bekannte Namensträgerinnen: Renate Müller, deutsche Filmschauspielerin (20. Jh.); Renata Tebaldi, italienische Opernsängerin (20. Jh.); Renate Holm, deutsche Filmschauspielerin und Sängerin (20. Jh.). Italien. Form: Renata. Französ. Form: Renée [rəˈne].

Renato: männlicher Vorname, italienische Form von ▸ Renatus. ◇ Bekannter Namensträger: Renato Guttuso, italienischer Maler (20. Jh.).

Renatus: männl. Vorn. lateinischen Ursprungs (lat. *renātus* »wiedergeboren«). Italien. Form: Renato. Französ. Form: René [rəˈne].

René [rəˈne]: aus dem Französischen übernommener männl. Vorn., französische Form von ▸ Renatus. Eine literarische Gestalt ist der René von Stangeler in H. v. Doderers Roman »Die Strudlhofstiege«. ◇ Bekannte Namensträger: René Magritte, belgischer Maler (19./20. Jh.); René Deltgen, deutscher Schauspieler (20. Jh.); René Kollo, deutscher Tenor (20. Jh.).

Renée [rəˈne]: aus dem Französischen übernommene weibl. Vorn., französische Form von ▸ Renate. ◇ Bekannte Namensträgerin: Renée Sintenis, deutsche Bildhauerin (19./20. Jh.).

Renette [rɔˈnɛt]: weibl. Vorn., französische Koseform von ▸ Renée.

Reni: weibl. Vorn., Koseform von ▸ Renate, ▸ Verena und ▸ Irene.

Renia: weibl. Vorn., Weiterbildung von ▸ Reni.

¹**Renke:** männl. Vorn., niederdeutsch-friesische Koseform von Namen, die mit »Rein-« (zu german. *ragina-*»Rat, Beschluss [der Götter], Schicksal«) gebildet sind.

²**Renke:** weibl. Vorn., niederdeutsch-friesische Koseform von Namen, die mit »Rein-« (zu german. *ragina-*»Rat, Beschluss [der Götter], Schicksal«) gebildet sind.

Renkea: weibl. Vorn., niederdeutsch-friesische Koseform von Namen, die mit »Rein-« (zu german. *ragina-*»Rat, Beschluss [der Götter], Schicksal«) gebildet sind.

Renko: männl. Vorn., niederdeutsch-friesische Koseform von Namen, die mit »Rein-« (zu german. *ragina-*»Rat, Beschluss [der Götter], Schicksal«) gebildet sind.

Rentius: männl. Vorn., Kurzform von ▸ Laurentius.

Rentje: weibl. Vorn., friesische Koseform von Namen, die mit »Rein-« (zu german. *ragina-*»Rat, Beschluss [der Götter], Schicksal«) gebildet sind.

Renz: männl. Vorn., Kurzform von ▸ Lorenz.

Renzi: weibl. Vorn., Kurzform von ▸ Emerentia und ▸ Laurentia.

Renzo: männl. Vorn., italienische Kurzform von Lorenzo (▸ Lorenz).

Resi: weibl. Vorn., oberdeutsche Koseform von ▸ Therese.

¹**Reta:** weibl. Vorn., Kurzform von ▸ Margarete.

²**Reta:** schweizerischer weibl. Vorn., eigentlich »die Rätoromanin«.

Reto, (auch:) **Räto:** schweizerischer männl. Vorn., eigentlich »der Rätoromane«.

Rex: aus dem Englischen übernommener männl. Vorn. lateinischen Ursprungs (lat. *rēx* »König«), der gelegentlich auch als Kurzform von Reginald (▸ Reinold) gebraucht wird. ◇ Bekannte Namensträger: Rex Harrison, englischer Schauspieler (20. Jh.); Rex Gildo, deutscher Schlagersänger (20. Jh.).

Rhea: ▸ Rea.

Rhonda [ˈrɔndə]: in neuerer Zeit in England aufgekommener weibl. Vorn., bei dem es sich entweder um eine Verschmelzung der Vornamen Rhoda (zu griech. *rhódon* »Rose«) und R(h)ona (wahrscheinlich eine weibliche Bildung zu Ronald) oder um eine Namen-

prägung mit den walisischen Namenbestandteilen *rhon* »Speer« und *da* »gut« handelt. Der Name wird gelegentlich auch mit dem Namen des Rhondda-Tals in South Wales in Verbindung gebracht, doch hat der zugrunde liegende de Flussname eine ganz andere Etymologie.

Ria: weibl. Vorn., Kurzform von ▸ Maria.

Riana: weibl. Vorn., Kurzform von ▸ Mariana oder Weiterbildung von ▸ Ria.

Ribanna: weibl. Vorn., dessen Bedeutung unklar ist. Der Name wurde in Deutschland bekannt durch Ribanna, die Geliebte Winnetous, in den Romanen Karl Mays.

Rica: weibl. Vorn., Kurzform verschiedener Vornamen (z. B. ▸ Erica, ▸ Ricarda, ▸ Ulrike).

Ricarda: weibl. Vorn., latinisierende weibliche Form von ▸ Richard. ◇ Bekannte Namensträgerin: Ricarda Huch, deutsche Dichterin (19./20. Jh.).

Ricardo: männl. Vorn., spanische Form von ▸ Richard.

Riccardo: männl. Vorn., italienische Form von ▸ Richard. ◇ Bekannter Namensträger: Riccardo Muti, italienischer Dirigent (20. Jh.).

Richard, (auch:) **Rickert; Ridzard, Ridsert; Righard:** männl. Vorn., der in Deutschland im Mittelalter als Richart (ahd. *rīhhi* »Herrschaft, Herrscher, Macht; reich, mächtig, hoch« + ahd. *harti, herti* »hart, kräftig, stark«) bekannt war. Der Name wurde dank der Begeisterung für Shakespeare (Königsdramen »Richard II.« und »Richard III.«) in der ersten Hälfte des 19. Jh.s neu belebt. Auch Walter Scotts Romane (vor allem Richard Löwenherz in »Ivanhoe«) trugen zur Beliebtheit des Namens bei. ◇ Bekannte Namensträger: Richard Löwenherz, englischer König (12. Jh.); Richard Wagner, deutscher Komponist (19. Jh.); Richard Strauss, deutscher Komponist (19./20. Jh.); Richard Dehmel, deutscher Dichter (19./20. Jh.); Richard von Schaukal, österreichischer Lyriker und Erzähler (19./20. Jh.); Richard Tauber, österreichischer Tenor (19./20. Jh.); Richard Rodgers, amerikanischer Komponist (20. Jh.); Richard Widmark, amerikanischer Filmschauspieler (20. Jh.); Richard Burton, englischer Filmschauspieler (20. Jh.); Richard Freiherr von Weizsäcker, deutscher Politiker (20. Jh.); Richard Gere, amerikanischer Filmschauspieler (20. Jh.). Italien. Form: Riccardo. Engl. Form: Richard [ˈrɪtʃəd]. Span. Form: Ricardo.

Richarda: weibl. Vorn., weibliche Form von ▶ Richard.

Richhild, (auch:) Richilde: alter deutscher weibl. Vorn. (ahd. *rīhhi* »Herrschaft, Herrscher, Macht; reich, mächtig, hoch« + ahd. *hiltja* »Kampf«). Eine Märchengestalt ist die Richilde in Musäus' gleichnamigem Märchen.

Richie ['rɪtʃi]: männl. Vorn., englische Koseform von ▶ Richard.

Richilde: ▶ Richhilde.

Richlind, (auch:) Richlinde: alter deutscher weibl. Vorn. (ahd. *rīhhi* »Herrschaft, Herrscher, Macht; reich, mächtig, hoch« + ahd. *lind* »sanft, weich, mild«, auch beeinflusst durch ahd. *linta* »Linde, Schild aus Lindenholz«).

Richmar, (auch:) Rickmer: alter deutscher männl. Vorn. (ahd. *rīhhi* »Herrschaft, Herrscher, Macht; reich, mächtig, hoch« + ahd. *māri* »bekannt, berühmt, angesehen«).

Richwin: alter deutscher männl. Vorn. (ahd. *rīhhi* »Herrschaft, Herrscher, Macht; reich, mächtig, hoch« + ahd. *wini* »Freund«).

Rick: männl. Vorn., englische Kurzform von ▶ Richard.

Rickert: männl. Vorn., niederdeutsche Form von ▶ Richard.

Ricklef: ▶ Riklef.

Rickmer: männl. Vorn., friesische Form von ▶ Richmar.

Ricky: männl. Vorn., englische Koseform von ▶ Richard.

Rico: männl. Vorn., italienische Kurzform von Enrico (▶ Heinrich).

Ridzard, (auch:) Ridsert: männl. Vorn., friesische Form von ▶ Richard.

Rieke, (auch:) Rieka: ▶ Rike.

Rienzo: männl. Vorn., italienische Kurzform von Lorenzo (▶ Laurentius).

Righard: männl. Vorn., Nebenform von ▶ Richard.

Riglef: ▶ Riklef.

Rik: männl. Vorn., niederländische Kurzform von Hendrik (▶ Heinrich).

Rike, (auch:) Rieke; Rika, Rieka: weibl. Vorn., Kurzform von Namen, die auf »-rike« ausgehen, besonders von ▶ Friederike, ▶ Henrike und ▶ Ulrike.

Rikea: weibl. Vorn., friesische Erweiterung von Rika (▶ Rike).

Riklef, (auch:) Ricklef; Riglef: friesischer männl. Vorn. (ahd. *rīhhi* »Herrschaft, Herr-

scher, Macht; reich, mächtig, hoch« + asächs. *lēva* »Erbe, Nachlass; Sohn, Tochter«).

Riko, (auch:) Rikus: männl. Vorn., Kurzform von Namen, die auf »-rik« ausgehen.

Rimbert: ▶ Reimbert.

Rina: weibl. Vorn., Kurzform von Namen, die auf »-rina« ausgehen, z. B. von ▶ Katharina, ▶ Marina.

Rinaldo: männl. Vorn., italienische Form von ▶ Reinold. Als Paladin Karls des Großen erscheint Rinaldo in den italienischen Bearbeitungen der Karlssage von Boiardo, Ariost und Tasso, außerdem in T. Tassos »Das befreite Jerusalem«, das wiederum Vorlage für zahlreiche Opern wurde. Volkstümlich wurde auch der Räuberroman »Rinaldo Rinaldini« (1797–1800) von Vulpius.

Ringo: männl. Vorn., der auf den Künstlernamen des Beatles Richard Starkey »Ringo Starr« zurückgeht. Angeblich wurde er ihm von seiner Mutter wegen seiner Vorliebe für das Tragen von Ringen verliehen.

Ringolf, (auch:) Ringulf: alter deutscher männl. Vorn. (wohl zu ahd. *ring* »Ring, Erdkreis; Panzerring« + ahd. *wolf* »Wolf«).

Rino: männl. Vorn., italienische Kurzform von Namen, die auf »-rino« ausgehen (z. B. Arturino, Salvatorino).

Rita: aus dem Italienischen übernommener weiblicher Vorname, Kurzform von Margherita (▶ Margarete). Der Vorname ist in Deutschland erst im 20. Jahrhundert aufgekommen. Eine literarische Gestalt ist die Rita in Christa Wolfs Roman »Der geteilte Himmel«. ◇ Bekannte Namensträgerinnen: die heilige Rita von Cascia, italienische Augustinerin und Mystikerin (14./15. Jh.), NAMENSTAG: 22. Mai; Rita Hayworth, amerikanische Filmschauspielerin (20. Jh.); Rita Streich, deutsche Sopranistin (20. Jh.); Rita Pavone, italienische Schlagersängerin (20. Jh.); Rita Süssmuth, deutsche Politikerin (20. Jh.).

Rixa: weibl. Vorn., niederdeutsch-friesische Kurzform von Namen, die mit »Rik-« (ahd. *rīhhi* »Herrschaft, Herrscher, Macht; reich, mächtig, hoch«) gebildet sind.

Roald: männl. Vorn. norwegischer Herkunft, der dem deutschen Vornamen ▶ Rodewald entspricht. ◇ Bekannte Namensträger: Roald Amundsen, norwegischer Polarforscher (19./20. Jh.); Roald Dahl, englischer Schriftsteller (20. Jh.).

Rob: männl. Vorn., englische Kurzform von ▸ Robert.

Robby: männl. Vorn., englische Koseform von ▸ Robert.

Robert: männl. Vorn., Nebenform von ▸ Rodebert, ▸ Rupert. Die Namensform Robert war im Mittelalter sowohl im niederdeutschen Sprachgebiet als auch in Nordfrankreich verbreitet. Herzöge der Normandie – bekannt ist vor allem Robert Guiskard – trugen diesen Namen und machten ihn in Frankreich beliebt. Von der Normandie aus gelangte der Name mit den Normannen nach England, wo er das einheimische Hreodbeorht verstärkte. In Deutschland wurde »Robert« erst im 18. Jh. als französischer Herrschername durch die Ritterdichtung wieder eingeführt. Bekannt sind Kleists Dramenfragment »Robert Guiskard« und Meyerbeers Oper »Robert der

Robert: *Robert Redford, amerikanischer Schauspieler*

Teufel« (1831). ◇ Bekannte Namensträger: Robert der Teufel, Herzog der Normandie, Vater Wilhelms des Eroberers (11. Jh.); der heilige Robert von Molesme, Mitbegründer der Zisterzienser (11./12. Jh.), NAMENSTAG: 29. April; Robert Burns, schottischer Dichter (18. Jh.); Robert Southey, englischer Dichter (18./19. Jh.); Robert Blum, deutscher Politiker (19. Jh.); Robert Schumann, deutscher Komponist (19. Jh.); Robert Bunsen, deutscher Chemiker (19. Jh.); Robert Koch, deutscher Bakteriologe (19./20. Jh.); Robert Bosch, deutscher Industrieller (19./20. Jh.); Robert Stolz, österreichischer Komponist (19./20. Jh.); Robert Musil, österreichischer Schriftsteller (19./20. Jh.); Robert Walser, schweizerischer Schriftsteller (19./20. Jh.);

Robert Schuman, französischer Politiker (19./20. Jh.); Robert Mitchum, amerikanischer Filmschauspieler (20. Jh.); Robert Redford, amerikanischer Schauspieler (20. Jh.); Robert De Niro, amerikanischer Schauspieler (20. Jh.); Robert Altman, amerikanischer Filmregisseur (20. Jh.); Robert Jungk, österreichischer Wissenschaftspublizist und Zukunftsforscher (20. Jh.). Italien. und span. Form: Roberto. Französ. Form: Robert [rɔbɛːr]. Engl. Form: Robert [ˈrɔbət].

Roberta, (auch:) Roberte: weibl. Vorn., weibliche Form von ▸ Robert. Eine bekannte literarische Gestalt ist die Roberta Alden in Theodore Dreisers Roman »Eine amerikanische Tragödie«. ◇ Bekannte Namensträgerin: Roberta Peters, amerikanische Opernsängerin (20. Jh.).

Robertine: weibl. Vorn., weibliche Form von ▸ Robert mit der seit dem 17./18. Jh. beliebten Endung -ine.

Roberto: männl. Vorn., italienische und spanische Form von ▸ Robert.

Robin: männl. Vorn., englische Koseform von ▸ Robert. Der Name ist durch Robin Hood, den Helden vieler englischer Volksballaden des 14. und 15. Jahrhunderts, allgemein bekannt. ◇ Bekannter Namensträger: Robin Williams, amerikanischer [Film]schauspieler.

Robina, (auch:) Robine: weibl. Vorn., weibliche Form von ▸ Robin.

Rocco: männl. Vorn., italienische Form von ▸ Rochus.

Rochus: männl. Vorn., latinisierte Form von ahd. Roho. Der althochdeutsche Männername Roho (zu ahd. *rohōn* »[in der Schlacht] brüllen«) ist eine Kurzform von heute nicht mehr gebräuchlichen Namen, wie z. B. Rochbert und Rochold. »Rochus« fand im Mittelalter als Name des heiligen Rochus (13./14. Jh.), des Schutzheiligen gegen die Pest, Verbreitung; NAMENSTAG: 16. August. Italien. Form: Rocco.

Rodebert, (auch:) Rodebrecht: alter deutscher männl. Vorn. (ahd. *hruod* »Ruhm« + ahd. *beraht* »glänzend«).

Rodehild, (auch:) Rodehilde: alter deutscher weibl. Vorn. (ahd. *hruod* »Ruhm« + ahd. *hiltja* »Kampf«).

Rodelind, (auch:) Rodelinde: alter deutscher weibl. Vorn. (ahd. *hruod* »Ruhm« + ahd. *lind* »sanft, weich, mild«, auch beeinflusst durch ahd. *linta* »Linde, Schild aus Lindenholz«).

Roderich: alter deutscher männl. Vorn. (ahd. *hruod* »Ruhm« + ahd. *rîhhi* »Herrschaft, Herrscher, Macht; reich, mächtig, hoch«). Roderich hieß der letzte König der Westgoten, der 711 im Kampf gegen die Araber bei Jerez de la Frontera umkam. Sein Schicksal wurde im 19. Jh. von Emanuel Geibel und Felix Dahn literarisch behandelt. Durch die beiden Dramen »König Roderich« wurde der Name bekannt und spielte vorübergehend als Vorname eine Rolle. Span. und italien. Form: Rodrigo. Engl. Form: Roderick ['rɔdərɪk].

Roderick ['rɔdərɪk]: männl. Vorn., englische Form von ▸ Roderich.

Roderik: männl. Vorn., niederdeutsche und niederländische Form von ▸ Roderich.

Rodewald: alter deutscher männl. Vorn. (ahd. *hruod* »Ruhm« + ahd. *-walt* zu *waltan* »herrschen, walten«).

Rodger: männl. Vorn., Nebenform von ▸ Rüdiger.

Rodolfo: männl. Vorn., italienische Form von ▸ Rudolf. Eine bekannte Operngestalt ist der Rodolfo in Puccinis Oper »La Bohème«.

Rodolphe [rɔ'dɔlf]: männl. Vorn., französische Form von ▸ Rudolf.

Rodrigo: männl. Vorn., spanische und italienische Form von ▸ Roderich.

Roger: *Roger Moore, britischer Schauspieler*

Roger: männl. Vorn., Nebenform von ▸ Rüdiger. Die Namensform Roger war im Mittelalter sowohl im niederdeutschen Sprachgebiet als auch in Nordfrankreich verbreitet. Von dort aus gelangte der Name mit den Normannen nach England, wo er das einheimische altenglische Hrōðgār verstärkte. In neuerer Zeit fand der Name Roger – unter englischem oder französischem Einfluss – wieder Eingang in die deutsche Namengebung. ◇ Bekannte Namensträger: Roger von Helmarshausen, deutscher Goldschmied (um 1100); Roger I., normannischer Herrscher von Sizilien, Bruder von Robert Guiskard (11./12. Jh.); Roger II., normannischer König von Sizilien (11./12. Jh.); Roger Bacon, englischer Philosoph und Physiker (13. Jh.); Roger Vadim, französischer Filmregisseur (20. Jh.); Roger Fritz, deutscher Filmregisseur (20. Jh.); Roger Moore, britischer Filmschauspieler (20. Jh.). Französ. Form: Roger [rɔ'ʒe]. Engl. Form: Roger ['rɔdʒɔ].

Roland: alter deutscher männl. Vorname. Die Namensform Hrōdland, auf die »Roland« zurückgeht, ist durch volkstümliche Anlehnung an ahd. *lant* »Land« aus Hrōdnand entstanden (ahd. *hruod* »Ruhm« + ahd. **nand* [nur noch in Namen belegt] »kühn, wagemutig«, vgl. ahd. *nenden* »wagen«). Die oberdeutsche Entsprechung Hruodland lebt nur noch in Familiennamen (z. B. Ru[h]land) fort, vgl. das Verhältnis von ▸ Robert zu ▸ Rupert. Die normannisch-romanische Namensform Roland wurde allgemein bekannt durch Roland, den Markgrafen der Bretagne, der als Paladin Karls des Großen i. J. 778 im Tal von Roncesvalles im Kampf gegen die Basken fiel. Seine Taten werden im Rolandslied und in mehreren anderen Dichtungen verherrlicht. ◇ Bekannter Namensträger: Roland Herrmann, deutscher Bassist (20. Jh.). Italien. Form: Orlando. Französ. Form: Roland [rɔlã]. Engl. Form: Roland ['rouland].

Rolanda, (auch:) Rolande: weibl. Vorn., weibliche Form von ▸ Roland.

Rolf: männl. Vorn., der sich über Rolof, Rodlof aus Rodulf (Nebenform von ▸ Rudulf) entwickelt hat. Der Vorname ist erst in der ersten Hälfte des 20. Jh.s – wahrscheinlich unter nordischem Einfluss (schwed., dän. Rolf) – in Mode gekommen. ◇ Bekannte Namensträger: Rolf Liebermann, schweizerischer Komponist (20. Jh.); Rolf Italiaander, deutsch-niederländischer Schriftsteller (20. Jh.); Rolf Hochhuth, deutscher Schriftsteller (20. Jh.); Rolf Schneider, deutscher Schriftsteller (20. Jh.).

Rolfkea: weibl. Vorn., weibliche Form von Rolfke, einer friesischen Koseform von ▸ Rolf.

Rollo: männl. Vorn., Kurzform von ▸ Roland und ▸ Rudolf.

Rolof, (auch:) Roluf: männl. Vorn., niederdeutsche Nebenform von ▸ Rudolf.

Romain [rɔmɛ̃]: männl. Vorn., französische Form von ▸ Roman. ◇ Bekannter Namensträger: Romain Rolland, französischer Schriftsteller (19./20. Jh.).

Roman, (auch:) Romanus: männl. Vorn. lat. Ursprungs (lat. *Rōmānus* »Römer«). »Romanus« fand im Mittelalter vor allem als Heiligenname Verbreitung. ◇ Bekannte Namensträger: der hl. Romanus, Bischof von Rouen (7. Jh.), NAMENSTAG: 23. Oktober; Roman Polanski, polnisch-amerikanischer Regisseur (20. Jh.); Roman Herzog, dt. Jurist und Politiker (20. Jh.). Italien. Form: Romano.

Romana: weibl. Vorn., weibliche Form von ▸ Roman oder ▸ Romano. Eine literarische Gestalt ist die Romana in Eichendorffs Roman »Ahnung und Gegenwart«.

Romano: männl. Vorn., italienische Form von ▸ Roman. Der Name fand im 19. Jh. während des Kampfes um die Einheit Italiens aus patriotischen Gründen (Rom als angestrebte Hauptstadt des vereinten Italiens) sowie zur Zeit des Faschismus aus ideologischen Gründen (Anknüpfung an den Glanz und die Größe des antiken Roms) häufig Verwendung. ◇ Bekannter Namensträger: Romano Guardini, katholischer Religionsphilosoph und Theologe italienischer Herkunft (19./20. Jh.).

Romea: weibl. Vorn., weibliche Form von ▸ Romeo.

Romeo: männlicher Vorname italienischen Ursprungs, der auf den römischen Beinamen Romaeus (zu griech. *Rhőmē* »Rom«, *Rhōmāios* »Römer«) zurückgeht. Der Name bezeichnete in der Spätantike einen Bürger des (Ost- oder West-)Römischen Reiches und nahm im Spätmittelalter die Bedeutung »Rompilger« und schließlich überhaupt »Pilger« an. Der Name ist in Deutschland durch den Romeo in Shakespeares Drama »Romeo und Julia« allgemein bekannt. Italien. Betonung: Romeo.

Romi, (auch:) Romy: Koseform – eigentlich Lallform aus der Kindersprache – von ▸ Rosemarie. Die Namensform ist allgemein bekannt geworden durch die Filmschauspielerin Romy Schneider (eigentlich Rosemarie Albach-Retty).

Romika: weibl. Vorn., ungarische Koseform von ▸ Romana.

Romilda: aus dem Italienischen übernommener weiblicher Vorname germanischen Ursprungs (ahd. *hruom* »Ruhm« + ahd. *hiltja* »Kampf«).

Romina: weibl. Vorn., Koseform des italien. Vornamens Roma (= Rom). Der Name ist in Deutschland bekannt durch die Schlagersängerin Romina Power.

Romola: weibl. Vorn., weibliche Form des italienischen Vornamens Romolo (▸ Romulus).

Romolo: männl. Vorn., italienische Form von ▸ Romulus.

Romuald: männl. Vorn., Nebenform von ▸ Rumold. ◇ Bekannte Namensträger: der heilige Romuald, Stifter des Ordens der Kamaldulenser (10./11. Jh.), NAMENSTAG: 19. Juni; Romuald Bauerreis, deutscher Kirchenhistoriker (19./20. Jh.).

Romulus: männl. Vorn. etruskischer Herkunft, dessen Bedeutung unklar ist. Der Name geht zurück auf Rōmulus, einen der beiden sagenhaften Gründer Roms. Italien. Form: Romolo.

Ron: männl. Vorn., englische Kurzform von ▸ Ronald.

Romy: ▸ Romi.

Ronald, englische Aussprache: [rɔnld]: aus dem Englischen übernommener männl. Vorn., auf den altnordischen Namen Rögnvaldr zurückgehende schottische Form von Reginald (▸ Reinold). ◇ Bekannter Namensträger: Ronald Reagan, amerikanischer Präsident (20. Jh.).

¹**Ronja:** weibl. Vorn., Fantasiename, der auf eine Gestalt der Jugendliteratur, die Ronja in Astrid Lindgrens Buch »Ronja Räubertochter«, zurückgeht.

²**Ronja:** weibl. Vorn., russische Kurzform von ▸ Veronika, ▸ Roxana und anderen Vornamen.

¹**Ronny:** männl. Vorn., englische Koseform von ▸ Ronald.

²**Ronny,** (auch:) Ronnie: weibl. Vorn., englische Koseform von Veronica (▸ Veronika).

Ror: männl. Vorn. unbekannter Herkunft. ◇ Bekannter Namensträger: Ror (eigentlich Richard) Wolf, deutscher Schriftsteller (20. Jh.).

¹**Rosa,** (auch:) Rose: aus dem Italienischen übernommener weibl. Vorn. lateinischen Ursprungs (lat. *rosa* »Rose«). Der Vorname fand in Deutschland erst im 19. Jh. größere Verbreitung. Literarisches Vorbild war die Rosa in Vulpius' viel gelesenem Roman »Rinaldo

Rinaldini« (1797–1800). ✧ Bekannte Namensträgerinnen: die heilige Rosa von Lima, Patronin Amerikas (16./17. Jh.), NAMENSTAG: 23. August; Rosa Luxemburg, deutsche Politikerin (19./20. Jh.). Französ. Form: Rose [roːz]. Engl. Form: Rose [rouz].

²Rosa: weibl. Vorn., Kurzform von ▸ Roswitha.

Rosabella: weibl. Vorn., Neubildung aus ▸ Rosa + italien. *bella* »schön«.

Rosalba: weibl. Vorn., italienische Doppelform aus ▸ Rosa und ▸ Alba. ✧ Bekannte Namensträgerin: Rosalba Carriera, italienische Malerin (17./18. Jh.).

Rosalia, (auch:) Rosalie: aus dem Italienischen übernommener weibl. Vorn., Weiterbildung von ▸ Rosa. Der Vorname fand in Deutschland erst im 19. Jh. größere Verbreitung. Eine Opernfigur ist die Rosalie in Dittersdorfs Oper »Doktor und Apotheker«. ✧ Bekannte Namensträgerin: die heilige Rosalia, Patronin Palermos (12. Jh.), NAMENSTAG: 15. Juli. Französ. Form: Rosalie [roza'li].

Rosalinde, (auch:) Rosalind: alter deutscher weiblicher Vorname (germanisch *hrōþi »Ruhm« + germanisch *linta »Linde, Schild aus Lindenholz«). Die Form »Rosa-« entstand zunächst dadurch, dass das dem englischen th-Laut entsprechende þ in romanischer Aussprache durch s ersetzt wurde. In Italien, wo der Name im Mittelalter weiterlebte, konnte er später als italienisch *rosa linda* »reine Rose« verstanden werden (vgl. auch Rosamunde). Von dort übernahm den Namen auch Shakespeare für die Rosalinde in seinem Lustspiel »Wie es euch gefällt«, wodurch der Name in Deutschland wieder bekannt wurde. Eine bekannte Operettenfigur ist die Rosalinde aus der »Fledermaus« von Johann Strauß.

Rosamaria: weibl. Vorn., Doppelform aus ▸ Rosa und ▸ Maria.

Rosamunde: alter deutscher weibl. Vorn. (german. *hrōþi »Ruhm« + german. *munda »Schutz, Schützer«). Die Form »Rosa-« entstand zunächst dadurch, dass das dem englischen th-Laut entsprechende þ in romanischer Aussprache durch s ersetzt wurde; später konnte der Name dann auch als lat. *rosa munda* »reine Rose« oder *rosa mundi* »Rose der Welt«, beides Titel der Jungfrau Maria (vgl. auch gleich bedeutendes Rosalinde), gedeutet werden. »Rosamunde« hieß die gepidische Frau des Langobardenkönigs Alboin

(6. Jh.). Sie ließ ihren Mann ermorden, nachdem er sie gezwungen hatte, aus dem Schädel ihres erschlagenen Vaters zu trinken. Ihr Schicksal und damit auch ihr Name blieben durch die Sage und literarische Bearbeitungen des Stoffes bekannt. H. von Chézys Drama »Rosamunde, Prinzessin von Zypern«, zu dem Schubert Musik komponierte (»Rosamunden-Ouvertüre«), spielt allerdings in einer unbestimmten Sagenzeit. ✧ Bekannte Namensträgerin: Rosamunde Pilcher, englische Schriftstellerin (20. Jh.).

Rosanna: weibl. Vorn., italienische Doppelform aus ▸ Rosa und ▸ Anna.

Rose: weibl. Vorn., Nebenform von ▸ Rosa. Eine bekannte literarische Gestalt ist die Rose Bernd in Gerhart Hauptmanns gleichnamigem Drama.

Rosel: weibl. Vorn., Koseform von ▸ Rosa.

Roselene: weibl. Vorn., Doppelform aus ▸ Rosa und Lene (Kurzform von ▸ Magdalena oder ▸ Helene).

Roseliese: weibl. Vorn., Doppelform aus ▸ Rosa und Liese (Kurzform von ▸ Elisabeth).

Roselore: weibl. Vorn., Doppelform aus ▸ Rosa und Lore (Kurzform von ▸ Eleonore).

Rosemarie, (auch:) Rosmarie: weibl. Vorn., Doppelform aus ▸ Rosa und ▸ Marie. Der Vorname wurde in der ersten Hälfte des 20. Jh.s volkstümlich, und zwar durch das Lied »Rosemarie, Rosemarie, sieben Jahre mein Herz nach dir schrie« von Hermann Löns, Musik von F. Jöde, und vor allem durch die Rosemarie in Agnes Günthers viel gelesenem Roman »Die Heilige und ihr Narr« (1913/14).

Rosemary ['rouzmәri]: im 19. Jh. in England aufgekommener weibl. Vorn., dem die englische Pflanzenbezeichnung rosemary »Rosmarin« zugrunde liegt. Häufig wird der Name als Doppelform aus Rose (▸ Rosa) und Mary (▸ Maria) aufgefasst.

Rosetraud, (auch:) Rosetraut: weibl. Vorn., Neubildung aus ▸ Rosa und dem Namenbestandteil »-traud«/»-traut« (german. *þrūþi »Kraft, Stärke«, in althochdeutscher Zeit umgedeutet zu trūt »vertraut, lieb«).

Rosetta: weibl. Vorn., italienische Koseform von ▸ Rosa.

Rosette [ro'zɛt]: weibl. Vorn., französische Koseform von ▸ Rosa.

Rosi: weibl. Vorn., Koseform von ▸ Rosa. ✧ Bekannte Namensträgerin: Rosi Mittermaier, deutsche Skirennfahrerin (20. Jh.).

Rosi: *Rosi Mitter-
maier, deutsche
Skirennfahrerin*

Rosika: weibl. Vorn., aus dem Ungarischen übernommene Koseform von ▸ Rosa.

Rosina: weiblicher Vorname, italienische Koseform von ▸ Rosa. Eine bekannte Opernfigur ist die Rosina aus dem »Barbier von Sevilla« von Rossini.

Rosita: aus dem Spanischen übernommener weibl. Vorn., Koseform von ▸ Rosa.

Rosmarie: ▸ Rosemarie.

Roswin: männl. Vorn. (vermutlich zu ahd. *hros* »Ross« + ahd. *wini* »Freund«).

Roswith: weibl. Vorn., Nebenform von ▸ Roswitha.

Roswitha, (älter auch:) Hroswitha: alter deutscher weibl. Vorn. (ahd. *hruod* »Ruhm« + altsächs. *swîth[i]* »stark«, mhd. *swint* »stark, heftig«, vgl. *geschwind* »schnell«). ◆ Bekannte Namensträgerinnen: die heilige Äbtissin Roswitha (8./9. Jh.), NAMENSTAG: 29. April; die Nonne Roswitha (Hrothsvith) von Gandersheim (10. Jh.), die als erste deutsche Dichterin gilt.

Rotger: männl. Vorn., Nebenform von ▸ Rüdiger.

Rothard: alter deutscher männl. Vorn. (ahd. *hruod* »Ruhm« + ahd. *harti, herti* »hart, kräftig, stark«).

Rother: alter deutscher männl. Vorn. (ahd. *hruod* »Ruhm« + ahd. *heri* »Kriegsschar, Heer«). Der Name ist durch die Sagengestalt König Rother bekannt.

Rotraud, (auch:) Rotraut: alter deutscher weibl. Vorn. (ahd. *hruod* »Ruhm« + german. *þrûþi* »Kraft, Stärke«, in althochdeutscher Zeit umgedeutet zu *trût* »vertraut, lieb«). Der Name gewann im 19. Jh. durch Eduard Mörikes Gedicht »Schön Rothraut« an Beliebtheit.

◆ Bekannte Namensträgerin: Rotraud Richter, deutsche Filmschauspielerin (20. Jh.).

Rowena, engl. Aussprache: [rou'i:nə]: aus dem Englischen übernommener weibl. Vorn., der erstmals als Name einer Tochter des angelsächsischen Heerführers Hengist in den lateinischen Chroniken von Geoffrey of Monmouth (12. Jh.) begegnet. Dem Namen liegt vielleicht die latinisierte Form des altenglischen Namens Hröðwyn (*hreod* »Ruhm« + *wine* »Freund« oder *wynn* »Freude«) zugrunde. Der Name wurde in Deutschland durch die Rowena in Walter Scotts Roman »Ivanhoe« (deutsche Übersetzung 1840) bekannt.

Roxana, (auch:) Roxane: weibl. Vorn. altpersischen Ursprungs (altpersisch [awestisch] *raoxšna* »strahlend, glänzend«, später »Morgenröte«). Roxana hieß eine Gemahlin Alexanders des Großen. Der Name begegnet auch mehrmals in der Literatur, z. B. in Racines »Bajazet« (1672), in dem Roman »Roxana« von Daniel Defoe (1724) und in Edmond Rostands Schauspiel »Cyrano de Bergerac« (1897), das später mehrmals verfilmt wurde.

Roy: aus dem Englischen übernommener männl. Vorn. gälischen Ursprungs (zu gäl. *ruadh* »rot«). ◆ Bekannte Namensträger: Roy Black, deutscher Schlagersänger (20. Jh.); Roy Orbison, amerikanischer Sänger und Komponist (20. Jh.); Roy Lichtenstein, amerikanischer Maler und Grafiker (20. Jh.).

Ruben: männl. Vorn. hebräischen Ursprungs (»Seht den Sohn!«). In der Bibel ist Ruben der älteste Sohn Jakobs und Leas.

Rudgar: männl. Vorn., Nebenform von ▸ Rüdiger.

Rudi: männl. Vorn., Koseform von ▸ Rudolf. ◆ Bekannte Namensträger: Rudi Schuricke, deutscher Sänger (20. Jh.); Rudi Völler, deutscher Fußballspieler (20. Jh.); Rudi Carell, niederländischer Sänger und Showmaster (20. Jh.); Rudi Altig, deutscher Radrennfahrer (20. Jh.); Rudi Dutschke, deutscher Studentenführer (20. Jh.).

Rudibert: männl. Vorn., Neubildung aus ▸ Rudi und dem Namenbestandteil »-bert« (ahd. *beraht* »glänzend«).

Rüdiger: alter deutscher männl. Vorn. (ahd. *hruod* »Ruhm« + ahd. *gêr* »Speer«). »Rüdiger« ist bekannt als Name des Markgrafen Rüdiger von Bechelaren aus dem Nibelungenlied. Der

Name war im Mittelalter recht beliebt. In der Neuzeit kommt er erst seit 1800 wieder häufiger vor, nachdem der schweizerische Historiker und Schriftsteller J. J. Bodmer (1698–1783) das Nibelungenlied wieder entdeckt hatte.

Rudmar, (auch:) Rutmar: alter deutscher männl. Vorn. (ahd. *hruod* »Ruhm« + ahd. *māri* »bekannt, berühmt, angesehen«).

Rudolf, (auch:) Rudolph: alter deutscher männl. Vorn., der sich aus der ahd. Namensform Hruodolf entwickelt hat (ahd. *hruod* »Ruhm« + ahd. *wolf* »Wolf«). Der Name war schon im Mittelalter in ganz Deutschland beliebt. Vor allem im süddeutschen Raum und in der Schweiz trugen verschiedene Fürsten und Herrscher zur Erhaltung des Namens bei. ◇ Bekannte Namensträger: Rudolf von Ems, mittelhochdeutscher Epiker (13. Jh.); Rudolf I. von Habsburg, deutscher König (13. Jh.); Rudolf II., deutscher Kaiser (16./17. Jh.); Rudolf, Erzherzog von Österreich (19. Jh.); Rudolf Virchow, deutscher Pathologe (19./20. Jh.); Rudolf Christian Karl Diesel, deutscher Ingenieur (19./20. Jh.); Rudolf Eucken, deutscher Philosoph (19./20. Jh.); Rudolf Georg Binding, deutscher Schriftsteller (19./20. Jh.); Rudolf Steiner, österreichischer Anthroposoph (19./20. Jh.); Rudolf Borchardt, deutscher Schriftsteller (19./20. Jh.); Rudolf Alexander Schröder, deutscher Dichter (19./20. Jh.); Rudolph Valentino, amerikanischer Filmschauspieler italienischer Herkunft (19./20. Jh.); Rudolf Caracciola, deutscher Automobilrennfahrer (20. Jh.); Rudolf Prack, österreichischer Filmschauspieler (20. Jh.); Rudolf Platte, deutscher Filmschauspieler (20. Jh.); Rudolf Hagelstange, deutscher Dichter (20. Jh.); Rudolf Schock, deutscher Tenor (20. Jh.); Rudolf Mössbauer, deutscher Physiker (20. Jh.); Rudolf Augstein, deutscher Publizist und Schriftsteller (20. Jh.); Rudolf Gametowitsch Nurejew, österreichischer Tänzer und Choreograph russischer Herkunft (20. Jh.). Italien. Form: Rodolfo. Französ. Form: Rodolphe [rɔ'dɔlf]. Engl. Form: Rudolph ['ruːdɔlf].

Rudolfa: weibl. Vorn., weibliche Form von ▸ Rudolf.

Rudolfine, (auch:) Rudolfina: weibl. Vorn., weibliche Form von ▸ Rudolf mit der seit dem 17./18. Jh. beliebten Endung -ine/-ina.

Rudolph: ▸ Rudolf.

Rufin: ▸ Rufinus.

Rufina: weibl. Vorn., weibliche Form von ▸ Rufinus.

Rufinus, (auch:) Rufin: männl. Vorn., Weiterbildung von ▸ Rufus.

Rufus: männl. Vorn. lateinischen Ursprungs, der auf einen römischen Beinamen (lat. *rūfus, -a, -um* »rothaarig, fuchsrot«) zurückgeht. Während der Name in England und Amerika häufiger vorkommt, spielt er in Deutschland kaum eine Rolle in der Namengebung. ◇ Bekannter Namensträger: der heilige Rufus von Rom, Schüler des Apostels Paulus, NAMENSTAG: 21. November.

Rul: männl. Vorn., Kurzform von ▸ Rudolf.

Rulle: männl. Vorn., Koseform – eigentlich Lallform aus der Kindersprache – von ▸ Rudolf.

Rumold: alter deutscher männl. Vorn. (ahd. *[h]ruom* »Ruhm, Ehre, Auszeichnung« + ahd. *-walt* zu *waltan* »herrschen, walten«). »Rumold« ist bekannt als Name des Kochs aus dem Nibelungenlied.

Runa, (auch:) Rune: Kurzform von weiblichen Vornamen, die mit »Run-« oder mit »-run«, »-runa«, »-rune« gebildet sind, wie z. B. ▸ Runhild und ▸ Siegrun.

Runfried: alter deutscher männl. Vorn. (ahd. *rūna* »Geheimnis; geheime Beratung« + ahd. *fridu* »Schutz vor Waffengewalt, Friede«).

Runhild, (auch:) Runhilde: alter deutscher weibl. Vorn. (ahd. *rūna* »Geheimnis; geheime Beratung« + ahd. *hiltja* »Kampf«).

Rupert, (auch:) Rupertus; Ruprecht: alter deutscher männl. Vorn. (ahd. *hruod* »Ruhm« + ahd. *beraht* »glänzend«). Nebenform von Rupert ist ▸ Robert. Der Name fand im Mittelalter vor allem als Name des heiligen Rupert, des Apostels Bayerns und ersten Bischofs von Salzburg (7./8. Jh.), Verbreitung; NAMENSTAG: 24. September.

Ruperta: weibl. Vorn., weibliche Form von ▸ Rupert.

Rupertina, (auch:) Rupertine: weibl. Vorn., weibliche Form von ▸ Rupert mit der seit dem 17./18. Jh. beliebten Endung -ina/-ine.

Rupertus: männl. Vorn., latinisierte Form von ▸ Rupert.

Ruprecht: männl. Vorn., Nebenform von ▸ Rupert. Der Name ist allgemein bekannt durch den Knecht Ruprecht, den Begleiter des heiligen Nikolaus. Eine literarische Gestalt ist der Ruprecht in Kleists Lustspiel »Der zerbrochene Krug«. ◇ Bekannte Namensträger: Ruprecht I., Kurfürst von der Pfalz (14. Jh.); Ruprecht von der Pfalz, deutscher König (14./15. Jh.); Ruprecht, Kronprinz von Bayern (19./20. Jh.).

Rurik: männl. Vorn., nordische und russische Form von ▸ Roderich. Der Name gelangte im frühen Mittelalter mit den skandinavischen Warägern nach Russland. ◇ Bekannter Namensträger: Rurik, warägischer Heerführer, Mitbegründer des ersten russischen Staatswesens (9. Jh.), der Kiewer Rus'.

Rutger, (auch:) **Rütger:** männl. Vorn., Nebenform von ▸ Rüdiger.

Ruth, (jetzt auch:) **Rut:** aus der Bibel übernommener weibl. Vorn., dessen Bedeutung unklar ist. Nach der Bibel war Ruth eine fromme Moabiterin, die, verwitwet, ihre israelitische Schwiegermutter nicht verließ und als Ährenleserin die Liebe des reichen Boas gewann. Der Name fand in Deutschland erst im 16. Jh.

Verbreitung. Er ist auch heute noch beliebt. ◇ Bekannte Namensträgerinnen: Ruth Schaumann, deutsche Dichterin, Bildhauerin und Grafikerin (19./20. Jh.); Ruth Leuwerik, deutsche Filmschauspielerin (20. Jh.); Ruth Berghaus, deutsche Regisseurin und Theaterleiterin (20. Jh.).

Ruthard: alter deutscher männl. Vorn. (ahd. *hruod* »Ruhm« + ahd. *harti, herti* »hart, kräftig, stark«).

Ruthilde, (auch:) **Ruthild:** weibl. Vorn., Nebenform von ▸ Rodehild.

Rutlind, (auch:) **Rutlinde:** alter deutscher weibl. Vorn. (ahd. *hruod* »Ruhm« + ahd. *lind* »sanft, weich, mild«, auch beeinflusst durch ahd. *linta* »Linde, Schild aus Lindenholz«).

Rutmar: ▸ Rudmar.

Ryan ['raɪən]: männl. Vorn., der auf den irischen Familiennamen Ó'Riain. (»Nachkomme des Rian«) zurückgeht. Die Bedeutung des alten gälischen Namens »Rian« ist unklar.

Sabeth: weibl. Vorn., Kurzform von ▸ Elisabeth.

Sabine, (auch:) **Sabina:** weibl. Vorn. lateinischen Ursprungs, weibliche Form des römischen Beinamens Sabinus (»Sabiner, Bewohner des Gebirgslandes in Mittelitalien nordöstlich von Rom«). Der Name fand im Mittelalter in der christlichen Welt als Heiligenname Verbreitung, vor allem als Name der heiligen Sabina von Rom, einer frühchristlichen Märtyrerin; NAMENSTAG: 29. August. »Sabine« ist erst im 20. Jh. in Deutschland volkstümlich geworden. Eine literarische Gestalt ist die Sabine Schröter in Gustav Freytags Roman »Soll und Haben« (1854). ◇ Bekannte Namensträgerinnen: Sabine Bethmann, deutsche Filmschauspielerin (20. Jh.); Sabine Sesselmann, deutsche Filmschauspielerin (20. Jh.); Sabine Sinjen, deutsche [Film]schauspielerin (20. Jh.); Sabine

Christiansen, deutsche Fernsehmoderatorin und Journalistin (20. Jh.).

Sabrina: aus dem Englischen übernommener weibl. Vorn., eigentlich Name der Nymphe des Flusses Severn in England. »Sabrina« wurde durch den Film »Sabrina« (mit Audrey Hepburn) aus dem Jahre 1954 weiteren Kreisen in Deutschland bekannt und ist heute Modename.

Sachso, (auch:) **Sasso:** alter deutscher männlicher Vorname, eigentlich »der Sachse, der aus dem Volksstamm der Sachsen« (zum Stammesnamen ahd. Sahsun, lat. Saxonēs »Sachsen«).

Salka: weibl. Vorn., russische Kurzform von Salwija (zu lat. *salvus* »wohlbehalten, unversehrt«).

Sally, englische Aussprache: ['sælɪ]: weibl. Vorn., englische Koseform – eigentlich Lallform aus der Kindersprache – von ▸ Sarah.

Salome, (auch:) Salomea: aus der Bibel übernommener weibl. Vorn., griechische Form eines hebräischen mit *schalōm* »Glück, Wohlergehen, Friede« gebildeten Namens. Bekannt ist der Name durch die Stieftochter des Herodes Antipas, die die Enthauptung Johannes' des Täufers forderte. Der Stoff wurde vor allem von Oscar Wilde und Richard Strauss (Oper »Salome«, 1905) bearbeitet. Salome, die Mutter der Apostel Johannes und Jakobus d. Ä., wird als Heilige verehrt; NAMENSTAG: 22. Oktober.

Salomon, (jetzt auch:) Salomo: aus der Bibel übernommener männl. Vorn. hebräischen Ursprungs (hebr. *Schelōmō* wohl zu hebr. *schalōm* »Glück, Wohlergehen, Friede«). Salomon war als Sohn Davids dessen Nachfolger und König von Juda, Israel und Jerusalem (965–926 v. Chr.). Unter seiner Herrschaft gelangte sein Reich zu wirtschaftlicher und kultureller Blüte (Tempel von Jerusalem). Die biblischen Erzählungen vom »salomonischen Urteil« und vom Besuch der Königin von Saba verherrlichen Salomons Weisheit, die weit über die Grenzen seines Reiches hinaus berühmt gewesen sein soll. ◇ Bekannte Namensträger: Salomon van Ruysdael, niederländischer Maler (17. Jh.); Salomon Geßner, schweizerischer Dichter, Maler und Verleger (18. Jh).

Salvador: männl. Vorn., spanische Form von ▸ Salvator. ◇ Bekannter Namensträger: Salvador Dalí, spanischer Maler und Grafiker (20. Jh.).

Salvator: männl. Vorn. lateinischen Ursprungs (lat. *salvātor* »Erlöser, Heiland«). ◇ Bekannter Namensträger: Salvator Rosa, italienischer Maler, Radierer und Dichter (17. Jh.). Italien. Form: Salvatore. Span. Form: Salvador.

Salvatore: männl. Vorn., italienische Form von ▸ Salvator.

Salvia: weibl. Vorn. lateinischen Ursprungs (lat. *salvus, -a, -um* »wohlbehalten, unversehrt«), der in frühchristlicher Zeit als »erlöst in Gott« aufgefasst wurde.

Sam, englische Aussprache: [sæm]: männl. Vorn., englische Kurzform von ▸ Samuel.

Samantha: aus dem Englischen übernommener weibl. Vorn., dessen Bildung und Bedeutung nicht sicher geklärt sind, vermutlich eine im 18. Jh. in der schwarzen Bevölkerung Amerikas aufgekommene weibliche Bildung zu ▸ Sam. In neuester Zeit ist der Name auch in Deutschland modisch geworden. Engl. Form: Samantha [sə'mænθə].

Sammy, engl. Aussprache: ['sæmı]: aus dem Englischen übernommener männl. Vorn., Koseform von ▸ Samuel. ◇ Bekannter Namensträger: Sammy Davis jr., amerikanischer Unterhaltungskünstler (20. Jh.).

Samson, (jetzt auch:) Simson: aus der Bibel übernommener männl. Vorn. hebräischen Ursprungs (hebr. *Schimschon* »kleine Sonne«). Nach der Bibel verfügte Samson über ungewöhnliche Kräfte. Seine Geliebte Delila entlockte ihm das Geheimnis seiner Kraft, schnitt ihm heimlich das Haupthaar ab und lieferte ihn den Philistern aus.

Samuel: aus der Bibel übernommener männl. Vorn. hebräischen Ursprungs, dessen Bedeutung nicht sicher ist (vielleicht »Gott hat ihn beim Namen gerufen« oder »Er hat Gott gehört«). Nach der Bibel war Samuel der letzte Richter Israels. Er salbte David zum König. Im Gegensatz zu England und Amerika ist »Samuel« in Deutschland eher ein seltener Vorname. ◇ Bekannte Namensträger: Samuel Scheidt, deutscher Komponist (16./17. Jh.); Samuel Johnson, englischer Schriftsteller (18. Jh.); Samuel Hahnemann, deutscher Arzt und Begründer der Homöopathie (18./19. Jh.); Samuel Butler, englischer Schriftsteller (19./20. Jh.); Samuel Fischer, deutscher Verleger (19./20. Jh.); Samuel Beckett, irisch-französischer Schriftsteller (20. Jh.); Samuel Ramey, amerikanischer Sänger (20. Jh.). Engl. Form: Samuel ['sæmjuəl].

Sander: männl. Vorn., Kurzform von ▸ Alexander.

Sándor [ʃaːndor]: männl. Vorn., ungarische Kurzform von ▸ Alexander.

Sandra: weibl. Vorn., italienische Kurzform von Alessandra (▸ Alexandra).

Sandrina: weibl. Vorn., italienische Koseform von ▸ Sandra.

Sandro: männl. Vorn., italienische Kurzform von Alessandro (▸ Alexander). ◇ Bekannter Namensträger: Sandro Botticelli, italienischer Maler (15./16. Jh.).

¹**Sandy** ['sændı]: männl. Vorn., englische Koseform von ▸ Alexander.

²**Sandy,** (auch:) Sandie ['sændı]: weibl. Vorn., englische Koseform von ▸ Alexandra. ◇ Bekannte Namensträgerin: Sandie Shaw, englische Schlagersängerin (20. Jh.).

Sanja: weibl. Vorn., russische Kurzform verschiedener Vornamen, vor allem von ▸ Alexandra.

Sanna, (auch:) **Sanne:** weibl. Vorn., Kurzform von ▸ Susanne.

Santina: weibl. Vorn., weibliche Form des italienischen Vornamens ▸ Santino.

Santino: männl. Vorn., italienische Koseform von ▸ Santo.

Santo: aus dem Italienischen stammender männl. Vorn. lateinischen Ursprungs, der auf einen römischen Beinamen (zu lat. *sānctus, -a, -um* »heilig, ehrwürdig, erhaben«) zurückgeht. In christlicher Zeit nahm der Name die Bedeutung »heilig, Gott geweiht« an.

Saphira: aus der Bibel übernommener weibl. Vorn. aramäischen Ursprungs (aram. *schappira* »die Schöne«).

Sarah: *Sarah Kirsch, deutsche Schriftstellerin*

Sarah, (auch:) **Sara**; **Zarah:** aus der Bibel übernommener weiblicher Vorname hebräischen Ursprungs (hebr. *sarah* »Fürstin«). Nach der Bibel ist Sara, die Frau Abrahams, die Stammmutter Israels. Der Name fand im Deutschland erst im 16. Jh. Verbreitung. In neuester Zeit gehört Sarah zu den beliebtesten weiblichen Vornamen. Eine literarische Gestalt ist die Sara Sampson in Lessings Trauerspiel »Miss Sara Sampson«. ◇ Bekannte Namensträgerinnen: Sarah Bernhardt, französische Schauspielerin (19./20. Jh.); Sarah Churchill, englische Schauspielerin (20. Jh.); Sarah Kirsch, deutsche Schriftstellerin (20. Jh.); Zarah Leander, schwedische Schauspielerin und Sängerin (20. Jh.); Sarah Ferguson, Herzogin von York (20. Jh.). Engl. Form: Sarah [ˈsɛərə].

Sarina, (auch:) **Sarine:** weibl. Vorn., Weiterbildung von ▸ Sara.

¹Sascha: aus dem Russischen übernommener männl. Vorn., Koseform von ▸ Alexander. ◇ Bekannter Namensträger: Sascha Hehn, deutscher Filmschauspieler (20. Jh.).

²Sascha: weibl. Vorn., russische Koseform von ▸ Alexandra.

Saskia: aus dem Niederländischen übernommener weibl. Vorn., weibliche Form eines mit »Sas-, Saks-« (▸ Sachso) gebildeten Namens. Der Name wurde in Deutschland durch Saskia van Ulenburch, die Frau Rembrandts, bekannt.

Sassa: weibl. Vorn., weibliche Form von ▸ Sasso.

Sasso: männl. Vorn., niederdeutsche Nebenform von ▸ Sachso.

Saturninus, (auch:) **Saturnin:** männl. Vorn. lateinischen Ursprungs, der auf dem römischen Beinamen Saturninus (Weiterbildung von Sāturnus, dem Namen des altrömischen Gottes der Aussaat) beruht. ◇ Bekannter Namensträger: der heilige Saturninus, Märtyrer zu Rom (3. Jh.), NAMENSTAG: 29. November.

Saul: aus der Bibel übernommener männl. Vorn. hebräischen Ursprungs (hebr. *Schaul* »der [von Gott] Erbetene«). Nach der Bibel war Saul der erste König von Israel (um 1000 v. Chr.). Saul war auch der jüdische Name des heiligen Apostels ▸ Paulus.

Scarlett [ˈskɑːlɪt]: aus dem Englischen übernommener weibl. Vorn. (engl. *scarlet* »scharlach-, feuerrot«). Der Vorname wurde in Deutschland durch die Scarlett O'Hara in Margaret Mitchells Roman »Vom Winde verweht« (1936) und dessen Verfilmung (1939) bekannt.

Schirin: weibl. Vorn. persischen Ursprungs (»süß, bezaubernd, angenehm«). Schirin war die Geliebte des Sassanidenkönigs Chosrau Parwēz (6./7. Jh.). Ihre unglückliche Liebe zu dem Bildhauer und Baumeister Farhād wurde in der persischen Dichtung viel besungen.

Scholastika: weibl. Vorn. lateinischen Ursprungs (lat. *scholasticus* »zur Schule gehörig, Schüler«). »Scholastika« spielte früher als Name der heiligen Scholastika eine Rolle in der Namengebung. Die heilige Scholastika war die Schwester des heiligen Benedikt; NAMENSTAG: 10. Februar.

Schöntraud: weibl. Vorn., Neubildung aus »schön« und dem Namenbestandteil »-traud«

(germ. *ÞrūÞi* »Kraft, Stärke«, in althochdeutscher Zeit umgedeutet zu *trūt* »vertraut, lieb«).

Schorsch: männl. Vorn., oberdeutsche, aus dem Französischen stammende Form von ▸ Georg.

Schura: männl. Vorn. russischer Herkunft, Kurzform von Saschura, einer Koseform von ▸ Sascha. ◇ Bekannter Namensträger: Shura Cherkassy, amerikanischer Pianist russischer Herkunft (20. Jh.).

Schwanette: weibl. Vorn., Koseform von Namen, die mit »Schwan-« gebildet sind.

Schwanhild, (auch:) Schwanhilde: alter deutscher weibl. Vorn. (ahd. *swan* »Schwan« + ahd. *hiltja* »Kampf«). Der Schwan spielte im germanischen Glauben eine Rolle als Schicksalsvogel. Aus der Wielandsage sind die Schwanenjungfrauen bekannt. Swanhild hieß die Gemahlin Karl Martells, eine bayerische Herzogstochter (8. Jh.). Eine Gestalt der nordischen Sage ist Svanhildr, die Tochter Sigurds und Gudruns.

Schwantje: weibl. Vorn., niederdeutsche Form von Namen, die mit »Schwan-« gebildet sind.

Scott: männl. Vorn., der auf einen englischen Vor- und Familiennamen (»der Schotte«) zurückgeht.

Sean [ʃɔːn]: aus dem Englischen übernommener männl. Vorn., der durch den Filmschauspieler Sean Connery (James-Bond-Filme) in Deutschland bekannt geworden ist. Der Vorname ist die irische Form von ▸ Johannes, die wiederum auf normannisch-französisch *Jehan* (▸ Jean) zurückgeht.

Sebald, (auch:) Sebaldus: alter deutscher männl. Vorn., Nebenform von ▸ Siegbald. ◇ Bekannter Namensträger: der heilige Sebald, Stadtpatron Nürnbergs, NAMENSTAG: 19. August.

Sebalde: weibl. Vorn., weibliche Form von ▸ Sebald.

Sebaldus: ▸ Sebald.

Sebastian: männl. Vorn. griechischen Ursprungs (griech. Sebastianós »Mann aus Sebaste«, Name mehrerer Städte im Orient. Der Ortsname geht auf die griechische Übersetzung von lat. »Augustus« zurück und bedeutet ebenfalls »erhaben«. Derart wurden viele Städte zu Ehren eines Kaisers benannt.) »Sebastian« wurde in Deutschland im späten Mittelalter als Name des heiligen Sebastian beliebt, dessen Kult seit dem 15. Jh. – vor

allem in Süddeutschland – weit verbreitet war. Nach der Legende war der heilige Sebastian Tribun der kaiserlichen Garde. Er wurde wegen seines christlichen Glaubens auf Befehl Kaiser Diokletians mit Pfeilen durchbohrt und dann, als er genesen war, mit Keulen erschlagen. Er wurde als Schutzheiliger gegen die Pest verehrt und ist Patron der Schützengilden; NAMENSTAG: 20. Januar. »Sebastian« gehört heute zu den beliebtesten männlichen Vornamen. Eine literarische Gestalt ist der Sebastian in Shakespeares Schauspiel »Was ihr wollt«. ◇ Bekannte Namensträger: Sebastian Brant, deutscher Dichter (15./16. Jh.); Sebastian Franck, deutscher Schriftsteller (15./16. Jh.); Sebastian Kneipp, deutscher Heilkundiger (19. Jh.). Als zweiter Vorname: Johann Sebastian Bach, deutscher Komponist (17./18. Jh.). Italien. Form: Sebastiano. Französ. Form: Sébastien [sebasˈtjɛ̃].

Sebastiana, (auch:) Sebastiane: weibl. Vorn., weibliche Form von ▸ Sebastian.

Sebastiano: männl. Vorn., italienische Form von ▸ Sebastian.

Sébastien [sebasˈtjɛ̃]: männl. Vorn., französische Form von ▸ Sebastian.

Seff: männl. Vorn., Kurzform von ▸ Josef.

Seffi: weibl. Vorn., Koseform von ▸ Josefa.

Selda, (auch:) Selde: weibl. Vorn., vielleicht Kurzform von ▸ Griselda.

Seleke: ▸ Selke.

Selene: weibl. Vorn. griechischen Ursprungs, nach der griechischen Mondgöttin Selēnē.

Selina: aus dem Englischen übernommener weibl. Vorn., dessen Gebrauch auf das 17. Jh. zurückgeht. Bei der Namensform kann es sich um eine Umgestaltung von ▸ Selene oder ▸ Celina handeln.

Selke, (auch:) Seleke: weibl. Vorn., niederdeutsch-friesische Koseform von ▸ Marcella.

Selma: aus der Ossian-Dichtung des Schotten James Macpherson übernommener weiblicher Vorname. Durch die Ossian-Schwärmerei Klopstocks, Herders, Goethes u. a. wurde »Selma« – wie auch ▸ Oskar und ▸ Malwine – im 18. Jh. in Deutschland bekannt. Der Name, der in Macphersons »Songs of Selma« ein Land, nämlich das Reich Fingals, meint, wurde von Klopstock als Frauenname aufgefasst und bürgerte sich dann auch als weiblicher Vorname in Deutschland ein. Der Vorname war noch um 1900 in Deutschland sehr beliebt. ◇ Bekannte Namensträgerin: Selma Lagerlöf, schwedische Dichterin (19./20. Jh.).

Selmar: männl. Vorn., Neubildung zu ▸ Selma mit Anlehnung an den Namenbestandteil »-mar« (ahd. *māri* »bekannt, berühmt, angesehen«).

Semjon, russ. Betonung: Semjon: männl. Vorn., russische Form von ▸ Simon.

Senta: weibl. Vorn., Kurzform von ▸ Crescentia oder ▸ Vinzentia. Als Namensvorbild hat vor allem die Gestalt der Senta in Richard Wagners Oper »Der Fliegende Holländer« gewirkt. ◇ Bekannte Namensträgerin: Senta Berger, deutsche Filmschauspielerin (20. Jh.).

Sephora: weibl. Vorn., Nebenform von ▸ Zippora.

Sepp: männl. Vorn., Kurzform von ▸ Josef. Der Vorname Sepp und die Koseform Sepp[e]l sind vor allem in Süddeutschland verbreitet. ◇ Bekannte Namensträger: Sepp Herberger, deutscher Fußballspieler (19./20. Jh.); Sepp Maier, deutscher Fußballspieler (20. Jh.).

Serafina, (auch:) Serafine: ▸ Seraphine.

Seraphia: ▸ Seraphine.

Seraphin, (auch:) Seraphinus; Seraphim; Seraph: männl. Vorn., der auf die kirchenlat. Mehrzahlform Seraphin (hebräisch Seraphim, zu hebr. *sāraf* »brennend«) zurückgeht, mit der in der Bibel (beim Propheten Jesaja) die sechsflügeligen Engelsgestalten an Gottes Thron bezeichnet werden. Ein heiliger Seraphin lebte als heilkundiger Kapuzinermönch im 16./17. Jh. in Italien; NAMENSTAG: 12. Oktober. Ein bekannter Heiliger der Ostkirche ist Seraphim von Sarow, ein Einsiedler und Volksheiliger aus Kursk (18./19. Jh.); NAMENSTAG: 14. Januar.

Seraphine, (auch:) Seraphina; Seraphia; Serafine; Serafia: weibl. Vorn., weibliche Form von ▸ Seraphin.

Seraphinus: ▸ Seraphin.

Serena: weibl. Vorn., weibliche Form von ▸ Serenus.

Serenus: männl. Vorn. lateinischen Ursprungs (lat. *serēnus, -a, -um* »heiter, hell, leuchtend«). Eine literarische Gestalt ist der Serenus Zeitblom, der Erzähler des Romans »Doktor Faustus« von Thomas Mann.

Serge [sɛrʒ]: männl. Vorn., französische Form von ▸ Sergius.

Sergei, (auch:) Sergej: männl. Vorn., russische Form von ▸ Sergius. ◇ Bekannte Namensträger: Sergej Prokofjew, russischer Komponist (19./20. Jh.); Sergej Eisenstein, sowjetischer Filmregisseur und Schriftsteller (19./20. Jh.); Sergej Rachmaninow, russisch-amerikanischer Komponist und Pianist (19./20. Jh.); Sergej Jessenin, russischer Lyriker (19./20. Jh.).

Sergius: männl. Vorn. lateinischen Ursprungs, der auf einen altrömischen Geschlechternamen zurückgeht. Bekannt ist der Verschwörer Lucius Sergius Catilina, den Cicero aus Rom vertrieb. Der Name Sergius ist in Osteuropa verbreitet. ◇ Bekannte Namensträger: der besonders im Orient verehrte heilige Sergius (3./4. Jh.), der in Syrien als römischer Offizier den Märtyrertod starb, NAMENSTAG: 7. Oktober; der heilige Papst Sergius I. (7./8. Jh.), NAMENSTAG: 8. September; der heilige Sergius von Radonesch (14. Jh.), der großen Einfluss auf das russische Mönchtum ausübte, NAMENSTAG: 25. September. Französ. Form: Serge [sɛrʒ]. Russ. Formen: Sergej, Sergej.

Serjoscha: männl. Vorn., russische Koseform von ▸ Sergei.

Servaas: männl. Vorn., niederländische Form von ▸ Servatius.

Servatius, (auch:) Servaz: männlicher Vorname lateinischen Ursprungs (zu lat. *servātus, -a, -um* »gerettet«). Zu der früheren Verbreitung des Namens in Nordwestdeutschland hat die Verehrung des heiligen Servatius beigetragen. Der heilige Servatius war im 4. Jh. Bischof von Tongern. Er ist der Patron der Stadt Maastricht; NAMENSTAG: 13. Mai. Bekannt ist Servatius auch als einer der drei »Gestrengen Herren« oder »Eisheiligen« (▸ Bonifatius, ▸ Pankratius). Niederländ. Form: Servaas.

Severa: weibl. Vorn., weibliche Form von ▸ Severus.

Severin, (auch:) Severin; Severinus: männl. Vorn. lateinischen Ursprungs, Weiterbildung von ▸ Severus. Der Vorname Severin war früher vor allem in Nordwestdeutschland verbreitet, wo der heilige Severin, Bischof von Köln (4./5. Jh.) verehrt wurde; NAMENSTAG: 23. Oktober. Ein anderer Heiliger des Namens ist Severin (5. Jh.), der Apostel des Norikums (heutiges Bayern und Österreich zwischen Inn und Donau); NAMENSTAG: 8. Januar. Dän. Form: Søren [søːgn̩]. Französ. Form: Séverin [seˈvrɛ̃].

Severine, (auch:) Severina: weibl. Vorn., weibliche Form von ▸ Severin. Französ. Form: Séverine [se'vrin].

Severinus: ▸ Severin.

Severo: männl. Vorn., italienische Form von ▸ Severus.

Severus: männl. Vorn. lateinischen Ursprungs, der auf einen altrömischen Beinamen (zu lat. sevĕrus, -a, -um »streng, ernst«) zurückgeht. ◇ Bekannte Namensträger: L. Septimius Severus, römischer Kaiser (2./3. Jh.); der hl. Severus, Bischof von Ravenna (4. Jh.), NAMENSTAG: 1. Februar. Italien. Form: Severo.

Sharon ['ʃærən]: aus dem Englischen übernommener weibl. Vorn., der auf einen in der Bibel genannten Landschaftsnamen, die Küstenebene Scharon zwischen Jaffa und dem Karmel in Israel, zurückgeht. Der Name kam zusammen mit anderen biblischen Ortsnamen bei den englischen Puritanern auf und wurde von ihnen nach Amerika gebracht. Ursprünglich war »Sharon« ein männlicher Vorname, heute wird er jedoch vorwiegend als weiblicher Vorname verwendet. Als solcher kam er ab den 50er-Jahren in den USA, ab den 60er-Jahren in England in Mode. ◇ Bekannte Namensträgerin: Sharon Stone, amerikanische Filmschauspielerin (20. Jh.).

Sheila ['ʃiːlə]: weibl. Vorn., englische Schreibung des irischen Namens Síle, einer gälischen Form von ▸ Cäcilie.

Shirley ['ʃəːlɪ]: aus dem Englischen übernommener weibl. Vorn., dem ursprünglich ein Ortsname und der davon abgeleitete Familienname zugrunde liegt. Die erste Verwendung als weiblicher Vorname geht auf den Roman »Shirley« (1849) von Charlotte Brontë zurück. Zu der Beliebtheit des Namens in England und Amerika hat seit den 30er-Jahren besonders der amerikanische Kinderfilmstar Shirley Temple beigetragen. Bekannt ist auch die amerikanische Filmschauspielerin Shirley MacLaine (20. Jh.).

Siard, (auch:) Sjard: männl. Vorn., friesische Form von ▸ Sieghard.

Sibo, (auch:) Siebo: männl. Vorn., friesische Kurzform von ▸ Siegbald oder ▸ Siegbert.

Sibrand: ▸ Siegbrand.

Sibyl ['sɪbəl]: weibl. Vorn., englische Form von ▸ Sibylle.

Sibylle, (auch:) Sibylla; Sybille: aus dem Lateinischen übernommener weibl. Vorn., der auf griechisch Síbylla, den Namen einer Seherin

in Kleinasien, zurückgeht. Er wurde später auf andere Seherinnen und Prophetinnen im griechischen und altrömischen Sprachgebiet übertragen. Berühmt ist die Sibylle von Cumae, die der Sage nach dem römischen König Tarquinius Superbus die sibyllinischen Bücher verkaufte. Im Mittelalter wurden die Weissagungen der Sibyllen auch auf Christus bezogen, z. B. galt auch die biblische Königin von Saba als Sibylle. Als Vorname erscheint Sibylla (Sibilla) in Deutschland im späten Mittelalter und tritt seitdem immer wieder auf. Bekannt ist die Botanikerin und Kupferstecherin Maria Sibylla Merian (17./18. Jh.). Den gleichen Namen (rheinisch Marizebill) trägt auch eine Figur des Kölner Puppentheaters. ◇ Bekannte Namensträgerin: Sibylle Schmitz, deutsche [Film]schauspielerin (20. Jh.). Engl. Form: Sibyl ['sɪbəl].

Sidonie, (auch:) Sidonia: weibl. Vorn., weibliche Form von ▸ Sidonius. Seine frühere Verbreitung verdankt der Vorname Sidonie wohl literarischen Vorbildern. Der französische Ritterroman »Pontus und Sidonia« wurde im 15. Jh. ins Deutsche übersetzt und war ein bekanntes Volksbuch. Slowakische Form: Zdenka. Französ. Form: Sidonie [sidɔ'ni].

Sidonius: männl. Vorn. lateinischen Ursprungs (lat. Sidōnius »Mann aus Sidon«; Sidon, jetzt Saida, war im Altertum eine phönizische Handelsstadt im Libanon). ◇ Bekannter Namensträger: der heilige Sidonius Apollinaris, lateinischer Dichter (5. Jh.), NAMENSTAG: 23. August. Slowak. Form: Zdenko.

Siebo: männl. Vorn., Nebenform von ▸ Sibo.

Siebold: ▸ Siegbald.

Siegbald, (auch:) Siebold: alter deutscher männl. Vorn. (ahd. sigu »Sieg« + ahd. bald »kühn«).

Siegbert, (auch:) Sigisbert; Siegbrecht: alter deutscher männl. Vorn. (ahd. sigu »Sieg« + ahd. beraht »glänzend«). Den Namen Siegbert (Sigibert) trugen mehrere Merowingerkönige: Sigibert I. (6. Jh.), verheiratet mit der Westgotin Brunhilde, wurde auf Anstiften seiner Schwägerin Fredegunde ermordet (Motiv der Siegfriedsage!); der heilige König Sigibert III. (7. Jh.), NAMENSTAG: 1. Februar.

Siegberta: weibl. Vorn., weibliche Form von ▸ Siegbert.

Siegbod: alter deutscher männl. Vorn. (ahd. sigu »Sieg« + asächs. bodo »Gebieter«, später umgedeutet zu ahd. boto »Bote«).

Siegbrand, (auch:) Si̱brand: alter deutscher männl. Vorn. (ahd. *sigu* »Sieg« + ahd. *brant* »Brand«, dichterische Umschreibung für das Schwert).

Siegbrecht: ▸ Siegbert.

Sieger, (älter auch:) Si̱egher: alter deutscher männl. Vorn. (ahd. *sigu* »Sieg« + ahd. *heri* »Kriegsschar, Heer«).

Siegerich: ▸ Siegrich.

Siegert: männl. Vorn., Nebenform von ▸ Sieghart.

Siegfried, (selten auch:) Si̱gfrid: alter deutscher männl. Vorn. (ahd. *sigu* »Sieg« + ahd. *fridu* »Schutz vor Waffengewalt, Friede«). Der Name Siegfried war im ganzen Mittelalter bis in die Neuzeit hinein beliebt, vor allem im Anschluss an die Heldengestalt des Drachentöters Siegfried in der Nibelungensage. Auch in anderen Sagen kommt der Name vor (Pfalzgraf Siegfried in der Genovevasage, König Siegfried von Morland in der Gudrunsage). Im 19. Jh. gewann »Siegfried« neue Beliebtheit durch die literarische und musikalische Gestaltung der alten Sagen (Wagners »Ring des Nibelungen«, Hebbels »Nibelungen«, Uhlands Ballade »Jung Siegfried«, Tiecks und Hebbels Genovevadramen u. a.). ◊ Bekannte

Siegfried: *Siegfried Lenz, deutscher Schriftsteller*

Namensträger: der heilige Siegfried, Apostel von Schweden, ein englischer Mönch (10./11. Jh.), NAMENSTAG: 15. Februar; Siegfried von Westerburg, Erzbischof und Kurfürst von Köln (13. Jh.); Siegfried Wagner, deutscher Dirigent und Komponist, Sohn Richard Wagners (19./20. Jh.); Siegfried Trebisch, österreichischer Schriftsteller und Übersetzer (19./20. Jh.); Siegfried Kracauer,

deutscher Soziologe (19./20. Jh.); Siegfried Lenz, deutscher Schriftsteller (20. Jh.); Siegfried Lowitz, deutscher Schauspieler (20. Jh.).

Siegfriede: weibl. Vorn., weibliche Form von ▸ Siegfried.

Sieghard, (auch:) Si̱eghart; Si̱egert: alter deutscher männl. Vorn. (ahd. *sigu* »Sieg« + ahd. *harti, herti* »hart, kräftig, stark«).

Siegher: männl. Vorn., ältere Form von ▸ Sieger.

Sieghild, (auch:) Sieghi̱lde: alter deutscher weibl. Vorn. (ahd. *sigu* »Sieg« + ahd. *hiltja* »Kampf«).

Sieglinde, (auch:) Si̱eglind, (älter:) Si̱glind: alter deutscher weibl. Vorn. (ahd. *sigu* »Sieg« + ahd. *lind* »sanft, weich, mild«, auch beeinflusst durch ahd. *linta* »Linde, Schild aus Lindenholz«). In der Nibelungensage trägt Siegfrieds Mutter diesen Namen, den Richard Wagner in der »Walküre« wieder aufnahm. So ist er seit dem 19. Jh. als Vorname wieder gebräuchlich.

Siegmar: alter deutscher männl. Vorn. (ahd. *sigu* »Sieg« + ahd. *māri* »bekannt, berühmt, angesehen«). In der alten Form Segimērus ist dieser Name bei Tacitus überliefert.

Siegmund, (selten auch:) Si̱gmund; Si̱gismund: alter deutscher männl. Vorn. (ahd. *sigu* »Sieg« + ahd. *munt* »Schutz, Schützer«). In der latinisierten Form Segimundus ist dieser Name bei Tacitus überliefert. Im 19. Jh. kam mit anderen Namen der Heldensage auch »Siegmund« wieder auf (Siegmund ist der Vater Siegfrieds in der Nibelungensage), besonders durch Wagners Oper »Die Walküre«. ◊ Bekannte Namensträger: Sigmund von Birken, deutscher Barockdichter (17. Jh.); Sigmund Freud, österreichischer Psychiater, Begründer der Psychoanalyse (19./20. Jh.).

Siegolf, (auch:) Si̱egulf; Si̱golf, Si̱gulf: alter deutscher männl. Vorn. (ahd. *sigu* »Sieg« + ahd. *wolf* »Wolf«).

Siegram: alter deutscher männl. Vorn. (ahd. *sigu* »Sieg« + ahd. *hraban* »Rabe«).

Siegrich, (auch:) Si̱egerich: alter deutscher männl. Vorn. (ahd. *sigu* »Sieg« + ahd. *rīhhi* »Herrschaft, Herrscher, Macht; reich, mächtig, hoch«).

Siegrun, (auch:) Siegru̱ne; Si̱grun, Sigru̱ne: alter deutscher weibl. Vorn. (ahd. *sigu* »Sieg« + ahd. *rūna* »Geheimnis, geheime Beratung«). Der Vorname wurde im 19. Jh. durch Richard Wagners Oper »Die Walküre« neu belebt

(Wagners Schreibweise: Siegrune). Eine Gestalt der nordischen Sage ist die Walküre Sigrun, die Helgi über den Tod hinaus die Liebe bewahrt.

Siegtraud, (auch:) Siegtrud: alter deutscher weibl. Vorn. (ahd. *sigu* »Sieg« + ahd. *þrūþi* »Kraft, Stärke«, in althochdeutscher Zeit umgedeutet zu *trūt* »vertraut, lieb«).

Siegulf: ► Siegolf.

Siegwald, (auch:) Siegwalt: alter deutscher männl. Vorn. (ahd. *sigu* »Sieg« + ahd. *-walt* zu *waltan* »walten, herrschen«).

Siegward, (auch:) Siegwart: alter deutscher männl. Vorn. (ahd. *sigu* »Sieg« + ahd. *wart* »Hüter, Schützer«). Der Name war zeitweise beliebt unter dem Einfluss des Klosterromans »Siegwart« (1776) von Johann Martin Miller.

Siegwin: alter deutscher männl. Vorn. (ahd. *sigu* »Sieg« + ahd. *wini* »Freund«).

Sieke, (auch:) Syke: weibl. Vorn., niederdeutsche Koseform von ► Lucia.

Siem, (auch:) Siemen: männl. Vorn., niederdeutsche Kurzform von Namen, die mit »Sieg-« gebildet sind. Die Namensform Siemen kann auch Nebenform des männlichen Vornamens ► Simon sein.

Sierk, (auch:) Sirk: männl. Vorn., friesische Kurzform von ► Siegrich.

Sievert: männl. Vorn., niederdeutsche Nebenform von ► Siegward.

Sigfrid: männl. Vorn., ältere Form von ► Siegfried.

Siggo: ► Sigo.

¹**Sigi,** (auch:) Siggi: weibl. Vorn., Koseform von Namen, die mit »Sieg-«, »Sig-« gebildet sind, besonders von ► Sieglinde und ► Sigrid.

²**Sigi,** (auch:) Siggi; Siggo, Sigo, Sikko: männl. Vorn., Koseform von Namen, die mit »Sieg-«, »Sig-« gebildet sind, besonders von ► Siegfried. ◇ Bekannte Namensträger: Sigi (Siegfried) Zimmerschild, deutscher Kabarettist und Stückeschreiber (20. Jh.); Sigi (Siegfried) Sommer, deutscher Schriftsteller und Journalist (20. Jh.).

Sigisbert: alter deutscher männl. Vorn., Nebenform von ► Siegbert. Ein heiliger Sigisbert (7./8. Jh.) wird in der Schweiz (Disentis) verehrt; NAMENSTAG: 11. Juli.

Sigismund: alter deutscher männl. Vorn., Nebenform von ► Siegmund. Die Verbreitung dieser Namensform geht auf die Verehrung des heiligen Sigismund, Königs von Burgund (5./6. Jh.), zurück; NAMENSTAG: 1. Mai. Reli-

quien dieses Heiligen gelangten seit dem 14. Jh. nach Böhmen und Polen. Nach ihm heißen der deutsche Kaiser Sigismund, König von Böhmen (14./15. Jh.) und mehrere Polenkönige (z. B. Sigismund I., 15./16. Jh.). Bekannter Namensträger ist ferner Sigismund von Radecki, deutscher Schriftsteller (19./20. Jh.). Aus der Jugendliteratur ist die Gestalt des Sigismund Rüstig bekannt, nach dem englischen Seefahrerroman von F. Marryat (deutsch seit 1843). Eine bekannte Operettenfigur ist der schöne Sigismund in Ralph Benatzkys Operette »Im Weißen Rössl«.

Siglind: weibl. Vorn., ältere Form von ► Sieglinde.

Sigmund: männl. Vorn., ältere Form von ► Siegmund.

Signe: weibl. Vorn. schwedischer, dänischer Herkunft (altnord. *sigr* »Sieg« + *ny* »neu, jung«).

Sigo, (auch:) Siggo, Sikko: männl. Vorn., Kurzform von Namen, die mit »Sieg-«, »Sig-« gebildet sind. Die Formen Siggo, Sikko sind vor allem friesisch.

Sigolf: ► Siegolf.

Sigrid: weibl. Vorn. dänischer/norwegischer/ schwedischer Herkunft (altnord. *sigr* »Sieg« + *friðr* »schön«). ◇ Bekannte Namensträgerinnen: Sigrid Undset, norwegische Schriftstellerin (19./20. Jh.); Sigrid Onegin, deutsche Opernsängerin (19./20. Jh.).

Sigrun, (auch:) Sigrune: ► Siegrun.

Sigulf: ► Siegolf.

Sigune: weibl. Vorn., bei dem es sich wohl um eine erweiterte Kurzform eines mit »Sieg-« (ahd. *sigu* »Sieg«) gebildeten Namens handelt. Eine bekannte literarische Gestalt ist die Sigune im »Parzifal« Wolframs von Eschenbach.

Sigurd: männl. Vorn. dänischer/norwegischer/schwedischer Herkunft, der dem deutschen Vornamen ► Siegward entspricht. In der nordischen Wälsungensage ist Sigurd die Entsprechung des deutschen Siegfried.

Siiri: weibl. Vorn., finnische Form von Siri (► Sigrid).

Sikko: ► Sigo.

Silas: aus der Bibel übernommener männl. Vorn., der auf eine aramäische Nebenform des Namens ► Saul, der als Silvanus latinisiert wurde, zurückgeht. Silas war zunächst ein führendes Mitglied der christlichen Gemeinde in Jerusalem, später Mitarbeiter und Begleiter des heiligen Paulus; NAMENSTAG:

13. Juli. Der Name kam in England nach der Reformation auf und war dort im 17. Jh. recht häufig.

Silja: weibl. Vorn., friesische, auch schwedische Kurzform von Cäcilia (▸ Cäcilie).

Silke, (auch:) Silka: weibl. Vorn., niederdeutsche und friesische Koseform von ▸ Cäcilie.

Silko: männl. Vorn., männliche Form zu ▸ Silke.

Silva: weibl. Vorn., Nebenform von ▸ Silvia oder Kurzform von ▸ Silvana.

Silvan, (auch:) Silvanus: männl. Vorn. lateinischen Ursprungs, der auf den Namen des altrömischen Gottes des Waldes, des Feldes und der Herden (zu lat. *silva* »Wald«) zurückgeht. Italien. Form: Silvano.

Silvana, (auch:) Sylvana: weibl. Vorn., weibliche Form des italienischen Vornamens Silvano (▸ Silvan). ◇ Bekannte Namensträgerin: Silvana Mangano, italienische Filmschauspielerin (20. Jh.).

Silvano: männl. Vorn., italienische Form von ▸ Silvan.

Silvanus: ▸ Silvan.

Silvelin, (auch:) Sylvelin: weibl. Vorn., Koseform von ▸ Silvia, ▸ Silva oder ▸ Silvana.

Silvester: *Sylvester Stallone, amerikanischer Schauspieler*

Silvester, (auch:) Sylvester: männl. Vorn. lateinischen Ursprungs (lat. *silvester* »zum Wald gehörend, im Wald lebend; waldig«). Als Vorname schließt Silvester gewöhnlich an die Verehrung des heiligen Papstes Silvester I. an (3./4. Jh.); NAMENSTAG: 31. Dezember. Dieser Papst stand in Verbindung mit Kaiser Konstantin dem Großen, der als erster römischer Kaiser die christliche Religion anerkannte. Sein Namenstag ist als letzter Tag des Jahres besonders bekannt. Nach ihm nannte sich auch Erzbischof Gerbert von Reims als Papst Silvester II. (10./11. Jh.). Ein anderer heiliger Silvester, der Stifter des Silvestrinerordens, lebte im 12./13. Jh.; NAMENSTAG: 26. November. ◇ Bekannter Namensträger: Sylvester Stallone, amerikanischer Filmschauspieler (20. Jh.).

Silvetta, (auch:) Silvette: weibl. Vorn., Koseform von ▸ Silva oder ▸ Silvia.

Silvia: *Silvia, Königin von Schweden*

Silvia, (auch:) Sylvia: weibl. Vorn. lateinischen Ursprungs, weibliche Form von ▸ Silvius. Aus der altrömischen Sage ist die Vestalin Rhea Silvia, die Mutter des Romulus und des Remus, bekannt. Eine heilige Silvia (6. Jh.) war die Mutter Papst Gregors des Großen; NAMENSTAG: 3. November. Der Vorname Silvia gewann in Deutschland jedoch erst seit dem 18. Jh. an Bedeutung, weil er wegen des Zusammenhangs mit lat. *silva* »Wald« gern in der Natur- und Schäferdichtung verwendet wurde. In jener Zeit kam auch die sprachgeschichtlich unrichtige Schreibung »Sylvia« auf. Eine bekannte literarische Gestalt ist die Silvia in Shakespeares Lustspiel »Die beiden Veroneser« (vgl. Schuberts Lied »An Silvia«). ◇ Bekannte Namensträgerinnen: Sylvia Plath, amerikanische Schriftstellerin (20. Jh.); Silvia, Königin von Schweden (20. Jh.). Französ. Form: Sylvie [sil'vi]. Engl. Formen: Silvia, Sylvia ['sɪlvɪə].

Silvian, (auch:) Silvianus: männl. Vorn. lateinischen Ursprungs (zu lat. *silva* »Wald«).

Silviana: weibl. Vorn., weibliche Form von ▸ Silvian.

Silvianus: ▸ Silvian.

Silvina: weibl. Vorn., Koseform von ▸ Silva oder ▸ Silvia.

Silvio, (auch:) Sylvio: männl. Vorn., italienische und spanische Form von ▸ Silvius. Aus der europäischen Kulturgeschichte ist der italienische Humanist Enea Silvio Piccolomini (als Papst: Pius II.; 15. Jh.) bekannt. Wieland schrieb einen Roman »Die Abenteuer des Don Sylvio von Rosalva« (1764).

Silvius: männl. Vorn. lateinischen Ursprungs (zu lat. *silva* »Wald«). In der altrömischen Sage ist Silvius ein Sohn des Äneas, von dem die Könige von Alba Longa und die Vestalin Rhea Silvia (▸ Silvia) abstammen. Eine Dramengestalt Shakespeares ist der Silvius in »Wie es euch gefällt«. Italien. und span. Form: Silvio.

Simeon: aus der Bibel übernommener männl. Vorn. hebräischen Ursprungs (hebr. *Schimon* »Er [Gott] hat gehört«). Im Alten Testament heißt einer der 12 Söhne Jakobs Simeon. Wichtig für die Namengebung wurde die Verehrung mehrerer Heiliger: der Prophet Simeon (im Lukasevangelium), der das Jesuskind im Tempel als den Messias begrüßte; NAMENSTAG: 8. Oktober; der heilige Märtyrer Simeon oder Simon, zweiter Bischof von Jerusalem (1./2. Jh.), ein Verwandter Jesu; NAMENSTAG: 18. Februar; der Säulenheilige Simeon Stylites (4./5. Jh.); NAMENSTAG: 5. Januar.

Simon: aus der Bibel übernommener männl. Vorn., gräzisierende Umbildung des hebräischen Namens ▸ Simeon (durch Anlehnung an griech. *simós* »stumpf-, plattnasig«). Der Name kommt in der Bibel sehr häufig vor, u. a. als ursprünglicher Name des Apostels Petrus und als Name des Apostels Simon Zelotes (= des Eiferers); NAMENSTAG: 28. Oktober. In der deutschen Vornamengebung erscheint der Name Simon bereits im Spätmittelalter. ◇ Bekannte Namensträger: der heilige Simon Stock (13. Jh.), NAMENSTAG: 16. Mai; Simon Dach, deutscher Dichter (17. Jh.); Simón Bolívar, südamerikanischer Staatsmann und General (18./19. Jh.); Simon Vouet, französischer Maler (16./17. Jh.); Simon Estes, amerikanischer Opernsänger (20. Jh.). Als zweiter Vorname: Georg Simon Ohm, deutscher Physiker (18./19. Jh.). Engl. Form: Simon ['saɪmən]. Französ. Form: [si'mõ].

Simona: weibl. Vorn., weibliche Form von ▸ Simon, auch italienisch.

Simone: weibl. Vorn., weibliche Form von ▸ Simon. ◇ Bekannte Namensträgerinnen: Simone de Beauvoir, französische Schriftstellerin (20. Jh.); Simone Signoret, französische Filmschauspielerin (20. Jh.); Simone Weil, französische Philosophin (20. Jh.). Französ. Form: Simone: [si'mɔn].

Simone: *Simone de Beauvoir, französische Schriftstellerin*

Simonetta: weibl. Vorn., italienische Koseform von ▸ Simona.

Simonette [simɔ'nɛt]: weibl. Vorn., französische Koseform von ▸ Simone.

Simson: ▸ Samson.

Sina: weibl. Vorn., Kurzform von Namen, die auf »-sina« ausgehen, z. B. von ▸ Rosina, ▸ Teresina.

Sindy: ▸ Cindy.

Sinja: weibl. Vorn., russische Koseform verschiedener Namen, z. B. von Sinaida (weibliche Form von ▸ Zeno).

Siri: weibl. Vorn., Kurzform von ▸ Sigrid. Finnische Form: Siiri.

Sirid: weibl. Vorn., schwedische Nebenform von ▸ Sigrid.

Sirk, (auch:) Sirko: männl. Vorn., niederdeutsche Kurzform von ▸ Siegrich.

Siska: weibl. Vorn., Kurzform von ▸ Franziska.

¹Sissy, (auch:) Sissi: weiblicher Vorname, Koseform (eigentlich Lallform aus der Kindersprache) von ▸ Elisabeth. ◇ Bekannte Namensträgerin: Elisabeth, Kaiserin von Österreich und Königin von Ungarn, genannt: »Sissi« (19. Jh.).

²Sissy: weibl. Vorn., englische Koseform von Cecily (▸ Cäcilie).

Sisto: männl. Vorn., italienische Form von ▸ Sixtus.

¹**Sita:** weibl. Vorn. indischer Herkunft (Sanskrit *sitā* »Furche«). Sita ist die Göttin des Ackerbaus und die Gattin Ramas. Ihr Schicksal spielt eine wichtige Rolle im indischen Epos »Ramayana«.

²**Sita:** weibl. Vorn., Kurzform von Namen, die auf »-sita« ausgehen (z. B. ▸ Rosita).

Sitta, (auch:) Sittah: weibl. Vorn. arabischen Ursprungs (»Herrin«). Der Name wurde durch Lessings Schauspiel »Nathan der Weise«, wo Sitta die Schwester Saladins ist, bekannt.

Siv, (auch:) Siw: aus dem Schwedischen übernommener weibl. Vorn., der wahrscheinlich identisch ist mit altisländ. Sif, dem Namen der Frau des Gottes Thor. Altisländ. Sif ist verwandt mit deutsch *Sippe* und bedeutet eigentlich »die Verwandte«. ◇ Bekannte Namensträgerin: Siw Malmqvist, schwedische Schlagersängerin (20. Jh.).

Sixt: männl. Vorn., deutsche Form von ▸ Sixtus.

Sixta: weibl. Vorn., weibliche Form von ▸ Sixtus.

Sixten: aus dem Schwedischen übernommener männl. Vorn. (zu altschwed. *sigher*, altisländ. *sigr* »Sieg« + schwed., altschwed. *sten* »Stein«).

Sixtus, (selten auch:) Sixt: männl. Vorn., der eine lateinische Umbildung des aus dem Griechischen stammenden männlichen Beinamens Xystós (griech. *xystós* »geglättet« zu *xýein* »schaben, abreiben, glätten«) ist. Der Name Sixtus wurde volksetymologisch mit dem altrömischen Vornamen Sextus zusammengebracht, der Knaben gegeben wurde, die im sechsten Monat des römischen Kalenders (ursprünglich Sextīlis, später Augustus) geboren wurden. Zur Verbreitung des Vornamens hat die Verehrung der heiligen Päpste Sixtus I. (2. Jh.), NAMENSTAG: 6. April, und Sixtus II. (3. Jh.), NAMENSTAG: 7. August, beigetragen. Von anderen Päpsten dieses Namens sind Sixtus IV. (15. Jh.), Bauherr der Sixtinischen Kapelle im Vatikan, und Sixtus V. (16. Jh.), Erneuerer des Kardinalkollegiums, zu nennen. Eine bekannte Operngestalt ist der Sixtus Beckmesser in Richard Wagners Oper »Die Meistersinger von Nürnberg«. Italien. Form: Sisto.

Sizzo: männlicher Vorname, alte deutsche Kurzform von Namen, die mit »Sieg-« gebildet sind.

Sjard: männl. Vorn., friesische Kurzform von ▸ Sieghard.

Sofia: ▸ Sophia.

Sofie, (auch:) Sofie: ▸ Sophia.

Sofiemarie: weibl. Vorn., Doppelform aus ▸ Sofie und ▸ Marie.

Solange [sɔlãːʒ]: weibl. Vorn., französische Form des Heiligennamens »Solemnia« (zu lat. *sol(l)emnis* »(alljährlich) gefeiert, feierlich, festlich«).

Solveig: aus dem Nordischen übernommener weibl. Vorn. (dän., norweg. Solvejg, schwed. Solveig; wohl zu altnord. *salr* »Saal, Haus« + *veig* »Kraft«). Der Name wurde in Deutschland bekannt durch die Gestalt der Solvejg in Henrik Ibsens Drama »Peer Gynt«.

Sondra: aus dem Englischen übernommener weibl. Vorn., bei dem es sich wohl um eine Nebenform von ▸ Sandra handelt. Der Vorname ist in Deutschland durch die Sondra in Theodore Dreisers Roman »Eine amerikanische Tragödie« bekannt geworden.

Sonja: weiblicher Vorname, russische Koseform von ▸ Sophia. Eine bekannte Bühnengestalt ist die Tänzerin Sonja in Lehárs Operette »Der Zarewitsch«. Sonja ist auch der Name einer Romanfigur in Tolstois »Krieg und Frieden«. ◇ Bekannte Namensträgerin: Sonja Ziemann, deutsche [Film]schauspielerin (20. Jh.).

Sönke: nordfriesischer männl. Vorn. (altnordfriesisch *Sunika*, zu ahd. *sunu* »Sohn«). ◇ Bekannte Namensträger: Sönke Sönksen, deutscher Springreiter (20. Jh.); Sönke Wortmann, deutscher Schauspieler und Regisseur (20. Jh.).

Sonnele: weibl. Vorn., Koseform von Namen, die mit »Sonn-« gebildet sind (z. B. ▸ Sonnhild).

Sonnfried: männl. Vorn., eher eine Neubildung aus »Sonne« und dem Namenbestandteil »-fried« (ahd. *fridu* »Schutz vor Waffengewalt, Friede«) als eine Wiederbelebung des althochdeutschen Namen Sunifred, Sonifred.

Sonngard: weibl. Vorn., Neubildung aus »Sonne« und dem Namenbestandteil »-gard« (german. *gardaz* »Zaun, Einfriedung«, vgl. ahd. *garto* »Garten«).

Sonnhild, (auch:) Sonnhilde: weibl. Vorn., Neubildung aus »Sonne« und dem Namenbestandteil »-hild« (ahd. *hiltja* »Kampf«).

Sonntraud: weibl. Vorn., Neubildung aus »Sonne« und dem Namenbestandteil »-traud«

(germ. *Þrūþi* »Kraft, Stärke«, in althochdeutscher Zeit umgedeutet zu *trūt* »vertraut, lieb«).

¹**Sonny** [ˈsʌnɪ]: männl. Vorn., Verkleinerungsform von engl. *son* »Söhnchen«. ◇ Bekannter Namensträger: Sonny Rollins, amerikanischer Jazzmusiker (20. Jh.).

²**Sonny:** weibl. Vorn., Kurzform von Namen, die mit »Sonn-« gebildet sind (z. B. ▸ Sonngard, ▸ Sonnhild).

³**Sonny:** männl. Vorn., Kurzform von Namen, die mit »Sonn-« gebildet sind (z. B. ▸ Sonnfried).

Sophia: *Sophia Loren, italienische Schauspielerin*

Sophia, (auch:) Sofia; Sophie, Sofie; Sophie, Sofie: weibl. Vorn. griechischen Ursprungs (griech. *sophía* »Weisheit«). Als Vorname geht Sophia auf den Namen einer römischen Märtyrerin des 2. Jh.s zurück, die im Mittelalter besonders im Elsass verehrt wurde; NAMENSTAG: 15. Mai. Der Name begegnet in Deutschland bereits im Mittelalter, größere Verbreitung gewann der Vorname Sophie aber erst seit dem 17. Jh., wohl gestützt durch seine Verwendung in Fürstenhäusern. Ein literarisches Vorbild des 18. Jh.s war z. B. die Gestalt der Sophie in Rousseaus Erziehungsroman »Émile«. Viel gelesen wurde damals auch das Buch »Sophiens Reise von Memel nach Sachsen« von J. T. Hermes. Gegenwärtig ist Jostein Gaarders philosophischer Roman »Sofies Welt« sehr bekannt. Eine bekannte Operngestalt ist die Sophie im »Rosenkavalier« von Richard Strauss. »Sophia« gehört heute zu den beliebtesten weiblichen Vornamen. ◇ Bekannte Namensträgerinnen: Sophie von der Pfalz, Kurfürstin von Hannover (17./18. Jh.); Sophie Dorothea, gen. Prinzessin von Ahlden, Kurprinzessin von Hannover (17./18. Jh.); Sophie Charlotte, Kurfürstin von Brandenburg und Königin von Preußen, Mitbegründerin der Preußischen Akademie (17./18. Jh.); Sophie von La Roche, deutsche Schriftstellerin (18./19. Jh.); Sophie Luise, Großherzogin von Sachsen-Weimar (19. Jh.), nach ihr ist die Sophienausgabe von Goethes Werken benannt; Sophie Scholl, deutsche Widerstandskämpferin (20. Jh.); Sofia, Königin von Spanien (20. Jh.); Sophia Loren, italienische Filmschauspielerin (20. Jh.).

Sophus: aus dem Lateinischen übernommener männl. Vorn. griechischen Ursprungs (lat. *sophus* aus griech. *sophós* »weise, der Weise«).

Soraya: weibl. Vorn. arabischen Ursprungs (arab. *ath thuráyyā* »die Plejaden«, zu arab. *thariya* »reichlich vorhanden sein«; nach der großen Anzahl dieser Sterne auf kleinem Raum). Der Name wurde in Deutschland in der zweiten Hälfte des 20. Jh.s durch die Kaiserin Soraya (pers. Soraija) bekannt.

Sören: aus dem Dänischen übernommener männl. Vorn. (dän. Søren), dänische Form von ▸ Severin. ◇ Bekannter Namensträger: Søren Kierkegaard, dänischer Theologe und Philosoph (19. Jh.).

Sörine: weibl. Vorn., weibliche Form von ▸ Sören.

Spencer [ˈspɛnsə]: männl. Vorn. englischen Ursprungs, der auf die Berufsbezeichnung »dispenser« (Hausangestellter, der für die Verteilung der Vorräte zuständig ist) zurückgeht. Es handelt sich eigentlich um einen englischen Familiennamen, seit dem 18. Jh. als Doppelname »Spencer Churchill« Name des englischen Adelsgeschlechts, dem der britische Politiker Sir Winston Leonard Spencer Churchill (19./20. Jh.) angehört. ◇ Bekannter Namensträger: Spencer Tracy, amerikanischer Schauspieler (20. Jh.).

Stachus: männl. Vorn., Kurzform von ▸ Eustachius.

Stan [stæn]: männl. Vorn., englische Kurzform von ▸ Stanley. ◇ Bekannter Namensträger: Stan (Stanley) Laurel, amerikanischer Schauspieler britischer Herkunft (19./20. Jh.).

Stanislaus: männl. Vorn., lateinische Form von ▸ Stanislaw/Stanislav. ◇ Bekannte Namensträger: der heilige Stanislaus, Bischof von Krakau (11. Jh.), Schutzpatron von Polen, NA-

MENSTAG: 11. April; der heilige Stanislaus
Kostka (16. Jh.), NAMENSTAG: 13. November;
Stanislaus Leszczynski, König von Polen und
Herzog von Lothringen (17./18. Jh.).

Stanislaw, (auch:) Stanislav: aus dem Polnischen (Stanisław) oder Tschechischen (Stanislav) übernommener männl. Vorn. (urslaw.
*stati »werden«, *stanъ »Festigkeit, Härte« +
urslaw. *slava »Ruhm, Ehre«).

Stanisława, (auch:) Stanislava: weibl. Vorn.,
weibliche Form von ▸ Stanislaw/Stanislav.

Stanko: männl. Vorn., Kurzform von ▸ Stanis-
law/Stanislav.

Stanley [ˈstænlɪ]: männl. Vorn. englischer Herkunft, der sich aus einem Familiennamen
entwickelt hat, der wiederum auf einen englischen Ortsnamen zurückgeht. Die Verwendung von »Stanley« als Vorname kam in England im 19. Jh. auf. Zu seiner Verbreitung
trug u. a. die Popularität des englischen For-
schungsreisenden Sir Henry Morton Stanley
bei.

Steffi: Steffi Graf, deutsche Tennisspielerin

Stanze: weibl. Vorn., Kurzform von ▸ Konstanze.

Steen: ▸ Sten.

Stef: männl. Vorn., niederdeutsche Kurzform
von ▸ Stephan.

Stefan: ▸ Stephan. ◇ Bekannter Namensträger:
Stefan Zweig, österreichischer Schriftsteller
(19./20. Jh.).

Stefania, (auch:) Stephania: ▸ Stephanie.

Stefanie: ▸ Stephanie.

Stefano: männl. Vorn., italienische Form von
▸ Stephan.

Steffen: männl. Vorn., niederdeutsche Kurzform von ▸ Stephan.

Steffi: weibl. Vorn., Kurzform von ▸ Stephanie.
◇ Bekannte Namensträgerin: Steffi (Stefanie)
Graf, deutsche Tennisspielerin (20. Jh.).

Stella: weiblicher Vorname lateinischen Ursprungs (lat. stēlla »Stern«). Die Vergabe
dieses Vornamens kann einerseits religiös
motiviert sein und an »Stēlla Maris« (»Meer-
stern«), einen Beinamen Marias, anknüpfen.
Dieser Beiname der Gottesmutter beruht auf
der volksetymologischen Deutung von mar
jam (»Maria«) als stilla maris »Tropfen des
Meeres«. Andererseits kann »Stella« auch den
Wunsch der Eltern, dem Mädchen möge die
Schönheit und der Glanz eines Sterns zuteil
werden, ausdrücken. Auch eine Märtyrerin
des 3. Jh.s in Westfrankreich hieß Stella. In
Deutschland wurde der Name durch Goethes

Trauerspiel »Stella« bekannt. Goethe selbst
übernahm ihn von dem irischen Schriftsteller
Jonathan Swift (17./18. Jh.), der seine Geliebte Esther Johnson »Stella« genannt hatte.
◇ Bekannte Namensträgerin: Stella Tennant,
britisches
Topmodel (20. Jh.). Französ. Form: Estelle
[ɛsˈtɛl]. Span. Form: Estrella [esˈtreʎa].

Sten: aus dem Nordischen übernommener männl. Vorn. (schwed. Sten, dän. Sten,
Steen), Kurzform von Namen, die mit
»Sten-« oder »-sten« gebildet sind, z. B.
▸ Torsten und ▸ Sixten. ◇ Bekannter Namensträger: Sten Nadolny, deutscher Schriftsteller
(20. Jh.).

Stenzel: männl. Vorn., Koseform von ▸ Stanislaus.

Stephan, (auch:) Stefan: männl. Vorn. griechischen Ursprungs (griech. stéphanos »Kranz,
Krone«). Zur Verbreitung des Namens im
Mittelalter trug vor allem die Verehrung des
ersten Märtyrers der Urgemeinde bei, des heiligen Stephanus, der vor den Toren Jerusalems gesteinigt wurde. Um seinen Namenstag
am 26. Dezember haben sich viele Volksbräuche gesammelt, u. a. wird er als Patron der
Pferde verehrt. Der Wiener Stephansdom ist
diesem Heiligen geweiht. Auf seinen Namen
wurde auch der erste Ungarnkönig, Stephan
der Heilige (10./11. Jh.), getauft; NAMENS-

TAG: 16. August. Ein dritter Heiliger des Namens ist Papst Stephan I. (3. Jh.); NAMENSTAG: 2. August. Heute gehört »Stephan« zu den beliebten männlichen Vornamen. ◇ Bekannte Namensträger: Stephan Lochner, deutscher Maler (15. Jh.); Stephan Báthory, Fürst von Siebenbürgen und König von Polen (16. Jh.); Stefan George, deutscher Dichter (19./20. Jh.); Stefan Askenase, belgischer Pianist polnischer Herkunft (19./20. Jh.); Stefan Andres, deutscher Schriftsteller (20. Jh.); Stefan Heym, deutscher Schriftsteller (20. Jh.); Stefan Edberg, schwedischer Tennisspieler (20. Jh.). Italienische Form: Stefano. Französische Form: Étienne [e'tjɛn]. Engl. Form: Stephen, Steven [sti:vn]. Niederländ. Form: Steven. Ungar. Form: István ['iʃtva:n].

Stephan: *Stefan Edberg, schwedischer Tennisspieler*

Stephanie, (auch:) Stefanie; Stephanie, Stefanie; Stephania, Stefania: weibl. Vorn., weibliche Form von ▸ Stephan. Der Name ist zurzeit sehr beliebt. ◇ Bekannte Namensträgerinnen: Großherzogin Stephanie von Baden, Adoptivtochter Napoleons, geboren als Stéphanie de Beauharnais (18./19. Jh.); Prinzessin Stéphanie von Monaco (20. Jh.). Französ. Form: Stéphanie [stefa'ni].

Stephen [sti:vn]: männl. Vorn., englische Form von ▸ Stephan.

Steve [sti:v]: männlicher Vorname, englische Kurzform von den Namen ▸ ¹Steven. ◇ Bekannte Namensträger: Steve McQueen, amerikanischer Filmschauspieler (20. Jh.); Steve Martin, amerikanischer Komiker, Entertainer und Filmschauspieler (20. Jh.).

¹**Steven** [sti:vn]: männl. Vorn., englische Form von ▸ Stephan. ◇ Bekannter Namensträger: Steven Spielberg, amerikanischer Filmregisseur (20. Jh.).

²**Steven:** männl. Vorn., niederländische Form von ▸ Stephan. Abb. s. S. 260.

Stilla: alter deutscher weibl. Vorn. (zu ahd. *stilli* »still, ruhig«).

Stillfried: alter deutscher männlicher Vorname (zu althochdeutsch *stilli* »still, ruhig« + althochdeutsch *fridu* »Schutz vor Waffengewalt, Friede«).

Stillo: männl. Vorn., Kurzform von ▸ Stillfried.

Stine, (auch:) Stina: weibl. Vorn., Kurzform von Namen, die auf »-stine« enden, z. B. ▸ Ernestine, ▸ Justine, meist aber von ▸ Christine. Eine bekannte literarische Gestalt ist die Stine in Fontanes gleichnamigem Roman.

Stinnes: männl. Vorn., rheinische Kurzform von ▸ Augustinus.

Stoffel: männl. Vorn., Kurzform von ▸ Christoph.

Stoffer: männl. Vorn., Kurzform von ▸ Christoph.

Sturmi, (auch:) Sturmius: alter deutscher männl. Vorn. (ahd. *sturm* »Kampf, Aufruhr, Getümmel«). Der heilige Sturmius war Abt in dem von ihm 744 gegründeten Großkloster Fulda; NAMENSTAG: 17. Dezember.

Su: weibl. Vorn., Kurzform von ▸ Susanne.

Sue [sju:, su:]: weibl. Vorn., englische Kurzform von Susan (▸ Susanne).

Suitbert: ▸ Swidbert.

Sulamith, (jetzt auch:) Schulamit: aus der Bibel übernommener weibl. Vorn. hebräischen Ursprungs, dessen Bedeutung unklar ist. Sulamith ist im Hohen Lied der Name der Braut. ◇ Bekannte Namensträgerin: Sulamith Wülfing, deutsche Zeichnerin (20. Jh.).

Suleika: weibl. Vorn. arabischer Herkunft, dessen Bedeutung unklar ist. In der islamischen Tradition ist Suleika die Frau des Potiphar, die versucht, Joseph (arabisch *Yussuf*) zu verführen. Als sie die Vergeblichkeit ihres Bemühens einsieht, wendet sie ihre Liebe höheren Dingen und Allah zu, um sich schließlich zum Islam zu bekehren. Der Gebrauch des Vornamens in Deutschland geht wohl auf Goethes »Westöstlichen Diwan« zurück, wo die Geliebte des Dichters (Marianne von Willemer) Suleika heißt. Goethe übernahm den Namen aus der persischen Dichtung (»Yussuf und Suleika« von Firdausi,

10./11. Jh.). Suleika heißt auch die unglückliche Heldin in Lord Byrons »Braut von Abydos«.

Sulpiz, (selten auch:) Sulpicius: männl. Vorn. lateinischen Ursprungs, der auf einen altrömischen Geschlechternamen zurückgeht. Ein heiliger Sulpicius war im 7. Jh. Erzbischof von Bourges; NAMENSTAG: 17. Januar. Der Name ist vielleicht unter französischem Einfluss nach Deutschland gekommen. ◊ Bekannter Namensträger: Sulpiz Boisserée, deutscher Kunstsammler (18./19. Jh.).

Suna: weibl. Vorn., Kurzform von Namen, die mit »Sun-« gebildet sind.

Sunhild, (auch:) Sundhilde: alter deutscher weibl. Vorn. (ahd. suona »Sühne, Urteil, Entscheidung« + ahd. hiltja »Kampf«).

Sunja, (auch:) Sünja, Sünje: weibl. Vorn., Koseform von Namen, die mit »Sun-« gebildet sind.

Sunna, (auch:) Sünne: weibl. Vorn., Kurzform von Namen, die mit »Sun-« gebildet sind.

Sunnhild: weibl. Vorn. (ahd. sunna »Sonne« + ahd. hiltja »Kampf«).

Sunniva: aus den skandinavischen Ländern übernommener weibl. Vorn., latinisierte Form des altenglischen weiblichen Vornamens Sunngifu (altengl. sunne »Sonne« + altengl. gifu »Geschenk«). Nach der Legende war die heilige Sunniva eine irische Prinzessin aus dem 10. Jh. Sie floh vor einem fremden Eroberer, der sie zur Frau begehrte, zusammen mit ihrem Bruder und zahlreichen anderen Jungfrauen an die Küste Norwegens, wo sie alle von den Bewohnern erschlagen wurden; NAMENSTAG: 8. Juli.

Susan [su:zn]: weibl. Vorn., englische Form von ▸ Susanne. ◊ Bekannte Namensträgerinnen: Susan Hayward: amerikanische Filmschauspielerin (20. Jh.); Susan Sontag, amerikanische Kritikerin und Schriftstellerin (20. Jh.); Susan Sarandon, amerikanische [Film]schauspielerin (20. Jh.).

Susanka: weibl. Vorn., aus dem Polnischen (Zuzanka) übernommene Koseform von ▸ Susanne.

Susanne, (auch:) Susanna; Susann: aus der Bibel übernommener weibl. Vorn. hebräischen Ursprungs (hebr. schoschanna »Lilie«). In den Apokryphen wird die Geschichte von der keuschen Susanne erzählt, die von zwei lüsternen Ältesten im Bade überrascht wird und, als sie sich weigert, ihnen zu Willen zu sein, von ih-

nen verleumdet und unschuldig zum Tode verurteilt wird. Der junge Daniel überführt die falschen Zeugen und rettet Susanna. »Susanna« war einer der wenigen biblischen Namen, die schon von den frühen Christen der römischen Spätantike übernommen wurden. Die Erzählung von der »keuschen Susanna« war seit dem Mittelalter in Deutschland volkstümlich und wurde oft in der Kunst dargestellt, sodass Susanne ein verbreiteter Vorname wurde. Auch heute ist »Susanne« recht beliebt. Eine heilige Susanna war (der unhistorischen Legende nach) im 3./4. Jh. Märtyrerin in Rom; NAMENSTAG: 11. August. In Mozarts Oper »Figaros Hochzeit« ist das Kammermädchen Susanna Figaros Braut. Bekannt ist auch die Operette »Die keusche Susanne« von Jean Gilbert. ◊ Bekannte Namensträgerin: Susanne von Klettenberg, deutsche Schriftstellerin (18. Jh.). Engl. Form: Susan [su:zn]. Französ. Form: Suzanne [sy'zan].

Susannika: weibl. Vorn., Doppelform aus ▸ Susanne und ▸ Annika.

Suse: weiblicher Vorname, Kurzform von ▸ Susanne.

Susette: aus dem Französischen übernommener weibl. Vorn., Koseform von Susanne (▸ Susanne). ◊ Bekannte Namensträgerin: Susette Gontard (Hölderlins »Diotima«, 18./19. Jh.). Französ. Form: Suzette [sy'zɛt].

Susi, (auch:) Susy: weibl. Vorn., Koseform von ▸ Susanne. Die Schreibung Susy steht unter englischem Einfluss.

Suzanne [sy'zan]: weibl. Vorn., französische Form von ▸ Susanne.

Svana, (auch:) Svane; Svanja: weibl. Vorn., Kurzform von Namen, die mit »Svan-« oder »Swan-« gebildet sind.

Svantje: ▸ Swaantje.

Svea: weibl. Vorn. schwedischer Herkunft, verkürzt aus älterem schwed. Svea-rike (heute Sverige) »Schweden«.

Sven, (auch:) Swen; Swend: aus dem Nordischen übernommener männl. Vorn. (schwed., norweg., dän. Sven; norweg., dän. auch Svend; altnord. sveinn »junger Mann«). ◊ Bekannter Namensträger: Sven Hedin, schwedischer Asienforscher (19./20. Jh.).

Svend: ▸ Sven.

Svenda, (auch:) Svende: aus dem Schwedischen übernommener weibl. Vorn., neu gebildete weibliche Form von ▸ Sven. ◊ Bekannte Namensträgerin: Svende Merian, deutsche Schriftstellerin (20. Jh.).

Svenja: weibl. Vorn., weibliche Form von ▸ Sven.

Svetlana: ▸ Swetlana.

Swaantje, (auch:) Swantje; Svantje: weibl. Vorn., friesische Koseform von ▸ Swanhild. Eine literarische Gestalt ist die Swaantje Swantenius in Hermann Löns' Roman »Das zweite Gesicht«.

Swana: weibl. Vorn., Kurzform von Namen, die mit »Swan-« oder »Schwan-« gebildet sind.

Swanhild, (auch:) Swanhilde: weiblicher Vorname, niederdeutsche Nebenform von ▸ Schwanhild.

Swantje: ▸ Swaantje.

Swen: ▸ Sven.

Swetlana, (auch:) Svetlana: russischer weibl. Vorn. (zu russ. *swetlyj* »hell«).

Swidbert, (auch:) Swindbert; Switbert; Suitbert: männl. Vorn., der auf den Namen des angelsächsischen Mönchs Suitbert zurückgeht (altengl. Swīðbeorht, zu altengl. *swīð* »stark, mächtig« + altengl. *beorht* »glänzend«). Der heilige Suitbert (7./8. Jh.) missionierte in Friesland und Westfalen und gründete das Kloster Kaiserswerth bei Düsseldorf; NAMENSTAG: 4. September.

Swinda, (auch:) Swinde: alter deutscher weibl. Vorn., verselbstständigte Kurzform von Namen, die mit »Swind-« oder »-swind[e]« gebildet sind, z. B. Amalaswintha, Name der Tochter Theoderichs des Großen. Der Name gehört zu got. *swinÞs* »stark, ungestüm«; vgl. mhd. *swinde, swint* »stark, heftig, rasch«, nhd. *geschwind*.

Swindbert: ▸ Swidbert.

Switbert: ▸ Swidbert.

Sybille: weibl. Vorn., sprachlich unrichtige, aber häufig gebrauchte Nebenform von ▸ Sibylle.

Syke: (auch:) Sieke: weibl. Vorn., niederdeutsche Koseform von ▸ Lucia.

Sylvana: ▸ Silvana.

Sylvelin: ▸ Silvelin.

Sylvester: ▸ Silvester.

Sylvi: weibl. Vorn., schwedische Kurzform von ▸ Silvia.

Sylvia: weiblicher Vorname, sprachlich unrichtige, aber häufig gebrauchte Schreibweise von ▸ Silvia.

Sylvie [sil'vi]: weibl. Vorn., französische Form von ▸ Silvia. ◆ Bekannte Namensträgerin: Sylvie Vartan, französische Schlagersängerin (20. Jh.).

Sylvio: ▸ Silvio.

Tabea: weibl. Vorn., von Luther eingeführte Nebenform des biblischen Namens ▸ Tabitha.

Tabitha, (jetzt auch:) Tabita: aus der Bibel übernommener weibl. Vorn aramäischen Ursprungs (»Gazelle«). Nach der Apostelgeschichte war Tabitha eine Christin, die durch Petrus vom Tode erweckt wurde.

Tadeusz [ta'dɛuʃ]: männl. Vorn., polnische Form von ▸ Thaddäus. ◆ Bekannter Namensträger: Tadeusz Mazowiecki, polnischer Politiker (20. Jh.).

Tage: aus dem Schwedischen oder Dänischen übernommener männl. Vorn. (zu altschwed.

taki »Bürge, Gewährsmann«). ◆ Bekannter Namensträger: Tage Erlander, schwedischer Politiker (20. Jh.).

Tagino: männl. Vorn., wohl Weiterbildung von ▸ Tage.

Tale, (auch:) Talea: weibl. Vorn., niederdeutsche und niederländische Koseform von ▸ Adelheid.

Talena: weibl. Vorn., niederdeutsche und niederländische Koseform von ▸ Adelheid.

Taletta: weiblicher Vorname, niederdeutsche und niederländische Koseform von ▸ Adelheid.

Talida: weibl. Vorn., friesische Koseform von
▸ Adelheid.

Talina, (auch:) Taline: weibl. Vorn., Weiterbildung von ▸ Tale.

Talitha, (auch:) Talita: weibl. Vorn. biblischen
Ursprungs (»Mädchen, Tochter«). In der
Bibel ist dies kein Name, sondern *Talitha
kumi* »Mädchen, steh auf« sind die aramäischen Worte, die Jesus zur Tochter des Jairus
sprach und mit denen er sie vom Tode er-
weckte.

Talke, (auch:) Talkea: weibl. Vorn., niederdeutsche Koseform von ▸ Adelheid.

Tamara: aus dem Russischen übernommener
weibl. Vorn. hebräischen Ursprungs (hebr.
tamar »Dattelpalme«).

Tamina: weibl. Vorn., weibliche Form von ▸ Tamino.

Tamino: männl. Vorn., dessen Herkunft und
Bedeutung unklar sind. Der Name ist durch
den Tamino in Mozarts Oper »Die Zauberflöte« allgemein bekannt.

Tammo: männl. Vorn., friesische Kurzform
von Thankmar (▸ Dankmar).

Tamsin ['tæmsın]: weibl. Vorn. englischer Herkunft, neu belebte Kurzform von Thomasine,
einer weiblichen Form von ▸ Thomas.

Tana: weibl. Vorn., Kurzform von ▸ Tatiana.

Tanja, (auch:) Tania: aus dem Russischen übernommene weibl. Vorn., Koseform von ▸ Tatjana. ◇ Bekannte Namensträgerin: Tania
Blixen, dänische Schriftstellerin (19./20. Jh.).

Tanko: männl. Vorn., Kurzform von Namen,
die mit »Thank-« gebildet sind (z. B. Thankmar, ▸ Dankmar).

Tankred: männl. Vorn., normannische Form
von ▸ Dankrad. Der Name Tankred kam bei
den normannischen Fürsten von Sizilien im
11. und 12. Jh. vor. Berühmt ist vor allem
Tankred von Tarent, Teilnehmer am ersten
Kreuzzug, einer der Helden in Tassos Epos
»Das befreite Jerusalem«. ◇ Bekannter Namensträger: Tankred Dorst, deutscher
Schriftsteller (20. Jh.).

Tanno: männl. Vorn., verselbstständigte friesische Kurzform von Namen, die mit »Thank-«
gebildet sind (z. B. Thankmar, ▸ Dankmar).

Tara: um 1940 in den USA aufgekommener
weibl. Vorn., dem ursprünglich ein irischer
Ortsname (mit der Bedeutung »Hügel«) zugrunde liegt. Tara ist der Name der Plantage,
die eine zentrale Rolle in M. Mitchells Roman
»Vom Winde verweht« (1936) spielt. Das Auf-

kommen des Vornamens ist wohl als Folge
des großen Erfolgs des Romans und dessen
Verfilmung (1939) anzusehen.

Tarek, (auch:) Tarik: männl. Vorn. arabischen
Ursprungs (»der an die Tür klopft, nächt-
licher Besucher«).

Tascha: aus dem Russischen übernommener
weibl. Vorn., Kurzform von ▸ Natascha.

Tasja: weibl. Vorn., russische Koseform von
▸ Anastasia.

Tassilo, (auch:) Thassilo: alter deutscher
männl. Vorn., Koseform von ▸ Tasso. Bekannt ist Tassilo III., der letzte, von Karl dem
Großen abgesetzte Herzog von Bayern aus
dem Haus der Agilolfinger (8. Jh.). Er wurde
auch als Seliger verehrt; NAMENSTAG: 11. Dezember. ◇ Bekannter Namensträger: Thassilo
von Scheffer, deutscher Schriftsteller und
Übersetzer (19./20. Jh.).

Tasso: männl. Vorn., dessen Herkunft und Bedeutung unklar sind.

Tatiana: weibl. Vorn. lateinischen Ursprungs,
weibliche Bildung zu dem männlichen Vornamen Tatianus, einer Weiterbildung zu Ta-
tius. So hieß ein König der Sabiner, der später
Mitregent des Romulus wurde.

Tatjana: weibl. Vorn., russische Form von ▸ Tatiana. In der orthodoxen Kirche wird eine Heilige dieses Namens verehrt, die in Rom im
3. Jh. den Märtyrertod erlitt; NAMENSTAG:
12. Januar. Eine bekannte Operngestalt ist die
Tatjana in Tschaikowskis »Eugen Onegin«
nach dem gleichnamigen Versroman von
A. S. Puschkin. ◇ Bekannte Namensträgerinnen: Tatjana Gsovsky, Tänzerin und Choreographin russischer Herkunft (20. Jh.); Tatjana Patitz, deutsches Topmodell (20. Jh.).

Täve: männl. Vorn., Kurzform von ▸ Gustav.

Tebbe: ▸ Tebbo.

Tebbo, (auch:) Tebbe: männl. Vorn., friesische
Kurzform von ▸ Theodebert.

¹Ted: männl. Vorn., englische Kurzform von
Theodore (▸ Theodor).

²Ted: männl. Vorn., englische Kurzform –
eigentlich Lallform aus der Kindersprache –
von Edward (▸ Eduard).

¹Teddy: männl. Vorn., englische Koseform von
Theodore (▸ Theodor). Teddy war der Spitzname des amerikanischen Präsidenten Theodore Roosevelt (19./20. Jh.), nach dem der
Teddybär benannt worden ist.

²Teddy: männl. Vorn., englische Koseform von
Edward (▸ Eduard).

¹**Teetje:** ► ¹Tetje.

²**Teetje:** ► ²Tetje.

Teite, (auch:) Theite: weibl. Vorn., friesische Kurzform von Namen, die mit »Diet-« (ahd. *thiot* »Volk«) gebildet sind.

Tell: männl. Vorn., der auf den Familiennamen des Schweizer Nationalhelden Wilhelm Tell zurückgeht. Die Bedeutung des Namens ist unklar.

Tell: *Wilhelm Tell, schweizerischer Nationalheld*

Telsa, (auch:) Telse; Telsche: weiblicher Vorname, niederdeutsche Koseform von ► Elisabeth.

Temmo: männl. Vorn., niederdeutsche zweistämmige Kurzform von Namen, die mit »Diet-« (ahd. *thiot* »Volk«) gebildet sind.

¹**Teo:** ► ¹Theo.

²**Teo:** ► ²Theo.

Teodolius: ► Theodolius.

Terence ['tɛrəns]: aus dem Englischen übernommener männl. Vorn. lateinischen Ursprungs, der auf den römischen Geschlechternamen Terentius, dessen Bedeutung umstritten ist, zurückgeht. ◇ Bekannte Namensträger: P. Terentius Afer (Terenz), lateinischer Komödiendichter aus Karthago (2. Jh. v. Chr.); Terence Hill, italienischer Filmschauspieler (20. Jh.).

Teres: weibl. Vorn., Schreibvariante von ► Theres.

Teresa: weibl. Vorn., italienische und spanische Form von ► Therese.

Terese, (auch:) Teresia: ► Therese.

Teresina: weibl. Vorn., italienische Koseform von Teresa (► Therese).

Teresita: weibl. Vorn., spanische Koseform von Teresa (► Therese).

¹**Terry:** männl. Vorn., englische Koseform von ► Terence und Theodore (► Theodor).

²**Terry:** weibl. Vorn., englische Koseform von Theresa (► Therese).

Terzia: weibl. Vorn. lateinischen Ursprungs, der von dem römischen Beinamen Tertius (lat. *tertius, -a, -um* »der/die/das Dritte«) abgeleitet ist. Der Beiname beruht wiederum auf einem alten, aus Oberitalien stammenden lateinischen Vornamen (Praenomen) gleicher Bedeutung. Anders als in Rom selbst ist dort die Sitte, die Kinder in der Reihenfolge ihrer Geburt zu nummerieren, schon bei der vorrömischen Bevölkerung nachweisbar.

Teska: weibl. Vorn., niederdeutsche Koseform von Namen, die mit »Diet-« (ahd. *thiot* »Volk«) gebildet sind.

Tess, (auch:) Tessa; Tessy: weiblicher Vorname, englische Koseformen von Theresa (► Therese). Eine literarische Gestalt ist die Tess in Th. Hardys Roman »Tess of the D'Urbervilles«.

¹**Tetje,** (auch:) Teetje; Thetje: männl. Vorn., niederdeutsche und friesische Koseform von Namen, die mit »Diet-« gebildet sind (z. B. ► Dietrich).

²**Tetje,** (auch:) Teetje; Thetje: weibl. Vorn., niederdeutsche und friesische Koseform von Namen, die mit »Diet-« gebildet sind.

Teunis, (auch:) Theunis: männl. Vorn., rheinische und niederländische Kurzform von ► Antonius.

Teut: alter deutscher männl. Vorn., verselbstständigte Kurzform von Namen, die mit »Theud-« (ahd. *thiot* »Volk«) gebildet sind.

Tewes: männl. Vorn., Kurzform von ► Matthäus.

Thaddäus: aus der Bibel übernommener männl. Vorn., dessen Herkunft und Bedeutung unbekannt sind. »Thaddäus« war der Beiname des heiligen Judas Thaddäus, der einer der zwölf Apostel war; NAMENSTAG: 28. Oktober. ◇ Bekannter Namensträger: Thaddäus Troll (eigentlich Hans Bayer), deutscher Schriftsteller (20. Jh.). Poln. Form: Tadeusz [ta'dɛuʃ].

Thankmar: alter deutscher männl. Vorn., Nebenform von ► Dankmar.

Thassilo: ► Tassilo.

Thea: weibl. Vorn., Kurzform von ▸ Dorothea und ▸ Theodora. ◆ Bekannte Namensträgerin: Thea von Harbou, deutsche Schriftstellerin (19./20. Jh.).

Theamaria: weibl. Vorn., Doppelform aus ▸ Thea und ▸ Maria.

Theda: weibl. Vorn., friesische Kurzform von Namen, die mit »Theod-« (ahd. *thiot* »Volk«) gebildet sind (z. B. ▸ Theodelinde).

Theia: weibl. Vorn. griechischen Ursprungs (zu griech. *theîos* »göttlich«). Der Name geht zurück auf eine griechische Sagengestalt. Nach der griechischen Sage war Theia die Gemahlin des Hyperion.

Theis: männlicher Vorname, Kurzform von ▸ Matthias.

Theite: ▸ Teite.

Thekla: aus dem Griechischen übernommener weibl. Vorn., wohl weibliche Kurzform des griechischen männlichen Namens Theoklēs (griech. *theós* »Gott« + *kléos* »Ruhm«). »Thekla« kam im Mittelalter als Heiligenname auf. Die heilige Thekla war eine legendarische Märtyrerin des 1. Jh.s in Kleinasien, die besonders in der Ostkirche verehrt wird; NAMENSTAG: 23. September. Eine andere Heilige des Namens ist die angelsächsische Nonne Thekla von Wimborne, die im 8. Jh. als Missionarin in der Würzburger Gegend wirkte; NAMENSTAG: 15. Oktober. Im 19. Jh. war der Name zeitweise beliebt in Anlehnung an die Gestalt der Thekla in Schillers »Wallenstein«. In Ostfriesland erscheint Thekla als Kurzform von Namen, die mit »Theod-« gebildet sind. ◆ Bekannte Namensträgerin: Thekla Carola Wied, deutsche [Film]schauspielerin (20. Jh.).

Thelma [θɛlmə; 'tɛlmə]: aus dem Englischen übernommener weibl. Vorn. literarischen Ursprungs. Es handelt sich wohl um eine Prägung der Schriftstellerin Marie Corelli für die Heldin ihres Romans »Thelma: a society novel« (1887).

Themke: weibl. Vorn., niederdeutsche zweistämmige Kurzform von Namen, die mit »Diet-« oder »Dank-« gebildet sind.

¹**Theo,** (selten auch:) Teo: weibl. Vorn., Kurzform von Namen, die mit »Theo-« gebildet sind, besonders von ▸ Theodora.

²**Theo,** (selten auch:) Teo: männl. Vorn., Kurzform von Namen, die mit »Theo-« gebildet sind, z. B. ▸ Theodor, ▸ Theobald. ◆ Bekannte Namensträger: Theo Lingen, deutscher [Film]schauspieler (20. Jh.); Theo Adam, deutscher Sänger und Regisseur (20. Jh.).

Theobald, (älter auch:) Theobald: männl. Vorn., latinisierte Form von ▸ Dietbald. Der heilige Theobald von Provins in der Champagne (11. Jh.) wurde im Mittelalter besonders in Südwestdeutschland und im Elsass verehrt; NAMENSTAG: 30. Juni. Durch die Ritterdichtung um 1800 wurde der Name neu belebt. ◆ Bekannte Namensträger: Theudebald, Merowingerkönig (6. Jh.); Theobald Ziegler, deutscher Philosoph und Soziologe (19./20. Jh.); Theobald von Bethmann Hollweg, deutscher Reichskanzler (19./20. Jh.).

Theoda: weibl. Vorn., Kurzform von Namen, die mit »Theode-« gebildet sind.

Theodebert: männl. Vorn., latinisierte Form von ▸ Dietbert.

Theodegar, (auch:) Theodeger: männl. Vorn., latinisierte Form von ▸ Dietger.

Theodelinde: weibl. Vorn., latinisierte Form von ▸ Dietlind. ◆ Bekannte Namensträgerin: Theodelinde, Königin der Langobarden (6./7. Jh.).

Theodemar: männl. Vorn., latinisierte Form von ▸ Dietmar.

Theoderich: männl. Vorn., latinisierte Form von ▸ Dietrich.

Theodolius, (auch:) Teodolius: männl. Vorn. lateinischen Ursprungs (wohl Umgestaltung von griech. Theódoulos »Gottesknecht«).

Theodor: männl. Vorn. griechischen Ursprungs (zu griech. *theós* »Gott« und *dōron* »Geschenk, Gabe«, also »Gottesgeschenk«). Zur Verbreitung des Namens trug besonders die Verehrung des heiligen Märtyrers Theodor (3./4. Jh.) bei. Der heilige Theodor war ein im Orient geborener römischer Soldat, der einen heidnischen Tempel verbrannte und dafür den Martertod erlitt. Er ist Patron der Heere und Soldaten und wird auch als Drachenkämpfer dargestellt; NAMENSTAG: 9. November. ◆ Bekannte Namensträger: der heilige Theodor, der im 4. Jh. Bischof von Octodurum (heute Martigny am Rhone-Knie im Wallis) war; NAMENSTAG: 16. August; Theodor Körner, deutscher Dichter (18./19. Jh.); Theodor Storm, deutscher Dichter (19. Jh.); Theodor Fontane, deutscher Dichter (19. Jh.); Theodor Mommsen, deutscher Historiker (19./20. Jh.); Theodor Herzl, österreichischer Schriftsteller (19./20. Jh.); Theodor Heuss, deutscher Politiker und Bundespräsident

(19./20. Jh.); Theodor Plievier, deutscher Schriftsteller (19./20. Jh.); Theodor Frings, deutscher Germanist (19./20. Jh.); Theodor Eschenburg, deutscher Politologe und Historiker (20. Jh.); Theodor W. Adorno, deutscher Philosoph und Soziologe (20. Jh.). Als zweiter Vorname: Karl Theodor, Kurfürst von der Pfalz und von Bayern (18./19. Jh.); Ernst Theodor Amadeus Hoffmann, deutscher Dichter (18./19. Jh.). Französ. Form: Théodore [teɔˈdɔːr]. Engl. Form: Theodore [ˈθiədɔː]. Russ. Form: Fjǫdor, (eingedeutscht:) Fedor, Feodor.

Theodora, (auch:) Theodore: weibl. Vorn., weibliche Form von ▸ Theodor. ◆ Bekannte Namensträgerin: Theodora, Kaiserin von Byzanz, Gemahlin Kaiser Justinians I. (5./6. Jh.). Russ. Form: Fjodǫra, (eingedeutscht:) Fedǫra, Feodora.

Theodore [ˈθiədɔː]: männlicher Vorname, englische Form von ▸ Theodor. ◆ Bekannte Namensträger: Theodore Dreiser, amerikanischer Schriftsteller (19./20. Jh.); Theodore Roosevelt, amerikanischer Präsident (19./20. Jh.).

Théodore [teɔˈdɔːr]: männl. Vorn., französische Form von ▸ Theodor.

Theodosia: weibl. Vorn., weibliche Form von ▸ Theodosius.

Theodosius: männl. Vorn. griechischen Ursprungs (griech. Theodósios, Weiterbildung von Theódotos, zu *theós* »Gott« und *dotós* »geschenkt«, also »Gottesgeschenk«). Bekannt ist der Name durch den heiligen Theodosius (5./6. Jh.), NAMENSTAG: 11. Januar, und durch den oströmischen Kaiser Theodosius I. (4. Jh.), der die katholische Lehre zur römischen Staatsreligion machte.

Theofried: männl. Vorn., Neubildung aus ²Theo (Kurzform von ▸ Theodor, ▸ Theobald) und dem Namenbestandteil »-fried« (ahd. *fridu* »Schutz vor Waffengewalt, Friede«).

Theophil, (auch:) Theophilus: männl. Vorn. griechischen Ursprungs (griech. Theóphilos, zu *theós* »Gott« und *phílos* »lieb, befreundet«, also »Gottesfreund«). Eine mittelalterliche Legendengestalt ist der Zauberer Theophilus, der auf Fürbitte der Gottesmutter von seinem Teufelspakt erlöst wurde (Vorstufe der Faustsage). ◆ Bekannte Namensträger: der heilige Theophilus, Bischof von Antiochia (2. Jh.), NAMENSTAG: 13. Oktober; Théophile Gautier, französischer Dichter (19. Jh.).

Theophila: weibl. Vorn., weibliche Form von ▸ Theophil.

Therese, (auch:) Theresa; Theresia; Theres; Teresa; Teresia; Teres: weibl. Vorn. griechischen Ursprungs (wohl zu griech. *thér* »[jagdbares] Tier«, also etwa »Jägerin«; später wurde der Name mit den Kykladeninseln Thera, heute Santorin, oder Therasia, Nebeninsel von Santorin, in Verbindung gebracht und als »Einwohnerin von Thera/Therasia« erklärt). Eine frühe Namensträgerin ist Theresia, eine Christin aus Spanien, die i. J. 385 den heiligen Paulinus von Nola heiratete. Die Verbreitung des Namens seit Beginn der Neuzeit geht von der Verehrung der heiligen Theresia von Ávila (16. Jh.) aus. Die heilige Theresia, eine bedeutende Mystikerin, war eine spanische Karmeliterin, die ihren Orden reformierte und viele Klöster gründete; NAMENSTAG: 15. Oktober. Große Beliebtheit gewann der Name

Therese: *Mutter Teresa, indische katholische Ordensgründerin albanischer Herkunft*

vor allem in Österreich und in Bayern. ◆ Bekannte Namensträgerinnen: Kaiserin Maria Theresia (18. Jh.), die Gegnerin Friedrichs des Großen; die heilige Theresia vom Kinde Jesu, gen. »die kleine heilige Theresia«, französische Karmeliterin (19. Jh.), NAMENSTAG: 1. Oktober; Therese Neumann, gen. Therese von Konnersreuth, deutsche Stigmatisierte (19./20. Jh.); Therese Giehse, deutsche Schauspielerin (19./20. Jh.); Teresa Berganza, spanische Sängerin (20. Jh.); Mutter Teresa, indische katholische Ordensgründerin albanischer Herkunft (20. Jh.). Englische Form: Theresa [təˈriːzə]. Spanische und italienische Form: Teresa. Französische Form: Thérèse [teˈrɛːz].

Thérèse [te'rɛːz]: weibl. Vorn., französische Form von ▸ Therese.

Theresa, (auch:) Teresia: ▸ Therese.

Thesi, (auch:) Thessi: weibl. Vorn., Kurzform von ▸ Therese.

¹Thetje: ▸ ¹Tetje.

²Thetje: ▸ ²Tetje.

Theunis: ▸ Teunis.

Thido: männl. Vorn., Kurzform von Namen, die mit »Diet-« (ahd. *thiot* »Volk«) gebildet sind.

Thiemo, (auch:) Thimo; Tiemo männl. Vorn., Kurzform von Thietmar (▸ Dietmar).

Thierry [tjɛ'ri]: männl. Vorn., französische Form von ▸ Dietrich.

Thies, (auch:) Thieß: männl. Vorn., Kurzform von ▸ Matthias.

Thietmar: alter deutscher männl. Vorn., Nebenform von ▸ Dietmar. ◇ Bekannter Namensträger: Thietmar von Merseburg (10./11. Jh.), mittelalterlicher Geschichtsschreiber.

Thilde, (auch:) Tilde: weiblicher Vorname, Kurzform von den Namen ▸ Mathilde oder ▸ Klothilde.

Thilo, (auch:) Tilo; Tillo: männl. Vorn., Kurzform von Namen, die mit »Diet-« gebildet sind, besonders von ▸ Dietrich. ◇ Bekannter Namensträger: Thilo Koch, deutscher Journalist (20. Jh.).

Thimo: ▸ Thiemo.

Thirza: ▸ Tirza.

Thomas: aus der Bibel übernommener männl. Vorn., der auf einen Beinamen aramäischen Ursprungs (*tᵉoma* »Zwilling«) zurückgeht. Der Name Thomas war im Mittelalter weit verbreitet, besonders unter dem Einfluss der Verehrung des heiligen Apostels Thomas. Dieser Apostel wird auch »der ungläubige Thomas« genannt, weil er an der Auferstehung Jesu zweifelte und erst glaubte, als er die Wundmale des Auferstandenen berühren durfte. Er gilt als Apostel Indiens; NAMENSTAG: 3. Juli. Seit dem 14. Jh. wirkte auch die Verehrung des heiligen Thomas von Aquin (13. Jh.) auf die Namengebung ein. Dieser war der bedeutendste Philosoph und Theologe des Mittelalters; NAMENSTAG: 28. Januar. Der Vorname Thomas ist heute recht beliebt. Eine bekannte literarische Gestalt ist der Konsul Thomas Buddenbrook in Th. Manns Roman »Buddenbrooks«. ◇ Bekannte Namensträger: der heilige Thomas Becket, Erzbischof von Canterbury (12. Jh.), auch bekannt durch T. S. Eliots Mysterienspiel »Mord im Dom«,

NAMENSTAG: 29. Dezember; Thomas a Kempis (von Kempen, Niederrhein), deutscher Mystiker und Schriftsteller (14./15. Jh.), NAMENSTAG: 25. Juli; Thomas Murner, deutscher Volksprediger, Humanist und Dichter (15./16. Jh.); der heilige Thomas Morus, englischer Humanist und Staatsmann (15./16. Jh.), NAMENSTAG: 6. Juli; der heilige Thomas von Villanova, Erzbischof von Valencia (15./16. Jh.), NAMENSTAG: 8. September; Thomas Jefferson, amerikanischer Präsident (18./19. Jh.); Thomas Carlyle, schottischer Historiker und Schriftsteller (18./19. Jh.); Thomas Hardy, englischer Schriftsteller (19./20. Jh.); Thomas Alva Edison, amerikanischer Erfinder (19./20. Jh.); Thomas Mann, deutscher Schriftsteller (19./20. Jh.); Sir Thomas Beecham, englischer Dirigent (19./20. Jh.); Thomas Stearns Eliot, amerikanisch-englischer Dichter (19./20. Jh.); Thomas Wolfe, amerikanischer Schriftsteller (20. Jh.); Thomas Fritsch, deutscher Filmschauspieler (20. Jh.); Thomas Bernhard, österreichischer Schriftsteller (20. Jh.); Thomas Gottschalk, deutscher Funk- und Fernsehmoderator (20. Jh.). Engl. Form: Thomas ['tɔməs].

Thor: aus dem Nordischen übernommener männl. Vorn., Kurzform von männlichen Namen, die mit »Thor-« gebildet sind. ◇ Bekannter Namensträger: Thor Heyerdahl, norwegischer Zoologe und Ethnologe (20. Jh.).

Thora, (auch:) Tora: aus dem Nordischen übernommener weibl. Vorn., Kurzform weiblicher Namen, die mit »Thor-« gebildet sind (z. B. ▸ Thorhild).

Thoralf, (auch:) Toralf: aus dem Nordischen übernommener männl. Vorn. (der erste Bestandteil ist der Name des altnordischen Donnergotts Thor, der zweite Bestandteil entspricht ahd. *alb* »Elf, Naturgeist«).

Thorben, (auch:) Torben: männl. Vorn., dänische und schwedische Nebenform von ▸ Thorbjörn.

Thorbjörn, (auch:) Torbjörn: aus dem Nordischen übernommener männl. Vorn. (dän./norweg. Thorbjørn, schwed. Torbjörn; der erste Bestandteil ist der Name des altnordischen Donnergotts Thor, der zweite Bestandteil ist norweg. *bjørn*, schwed. *björn* »Bär«).

Thorbrand: aus dem Nordischen übernommener männl. Vorn. (der erste Bestandteil ist der Name des altnordischen Donnergotts Thor, der zweite Bestandteil entspricht ahd. *brant* »Brand«, dichterische Umschreibung für das Schwert).

Thordis, (auch:) Tordis: aus dem Nordischen übernommener weibl. Vorn. (der erste Bestandteil ist der Name des altnordischen Donnergotts Thor, der zweite Bestandteil ist altschwed. *dís* »Göttin«).

Thore: ▸ Thure.

Thorgard: aus dem Nordischen übernommener weibl. Vorn. (der erste Bestandteil ist der Name des altnordischen Donnergotts Thor, der zweite Bestandteil gehört zu german. **gardaz* »Zaun, Einfriedung«, vgl. ahd. *garto* »Garten«).

Thorger: aus dem Nordischen übernommener männl. Vorn. (der erste Bestandteil ist der Name des altnordischen Donnergotts Thor, der zweite Bestandteil entspricht altisländ. *geir-r* »Speer«).

Thorgund: aus dem Nordischen übernommener weibl. Vorn. (der erste Bestandteil ist der Name des altnordischen Donnergotts Thor, der zweite Bestandteil entspricht ahd. *gund* »Kampf«).

Thorhild, (auch:) Torhild: aus dem Nordischen übernommener weibl. Vorn. (norweg./dän. Thorhild, schwed. Torhild, altisländ. Þorhildr; der erste Bestandteil ist der Name des altnordischen Donnergotts Thor, der zweite Bestandteil, altisländ. *hildr*, entspricht ahd. *hiltja* »Kampf«).

Thorid, (auch:) Torid: weibl. Vorn., dänische Nebenform von ▸ Thurid.

Thorina, (auch:) Torina: weibl. Vorn., Weiterbildung von ▸ Thora.

Thorleif, (auch:) Torleif: aus dem Nordischen übernommener männl. Vorn. (schwed. Torleif; der erste Bestandteil ist der Name des altnordischen Donnergotts Thor, der zweite Bestandteil ist *leiv* »Erbschaft«).

Thorolf, (auch:) Torolf: aus dem Nordischen übernommener männl. Vorn. (schwed. Torulf, altisländ. Þorolfr; der erste Bestandteil ist der Name des altnordischen Donnergotts Thor, der zweite Bestandteil ist altisländ. *ulfr* »Wolf«). Der Name wurde im Deutschen an Namen wie ▸ Rudolf angeglichen.

Thorsten, (auch:) Torsten: aus dem Nordischen übernommener männlicher Vorname (dän., norweg. Thorsten, schwed. Torsten, altisländ. Þorsteinn; der erste Bestandteil ist der Name des altnordischen Donnergotts Thor, der

zweite Bestandteil ist dän., schwed. *sten* »Stein«).

Thorwald, (auch:) Torwald: aus dem Nordischen übernommener männlicher Vorname (dän., norweg. Thorvald; der erste Bestandteil ist der Name des altnordischen Donnergotts Thor, der zweite Bestandteil entspricht ahd. *-walt*, zu *waltan* »walten, herrschen«).

Thure, (auch:) Ture; Thore, Tore: männl. Vorn. dänischer und schwedischer Herkunft, Kurzform von Namen, die mit »Tor-, Thor-« gebildet sind, z. B. ▸ Thorbjörn. ◇ Bekannter Namensträger: Thure von Uexküll, deutscher Mediziner (20. Jh.).

Thurid, (auch:) Thorid; Turid, Torid: aus dem Nordischen übernommener weibl. Vorn. Der zugrunde liegende altisländ. Frauenname Þuriðr ist entstanden aus Þorfriðr (der erste Bestandteil ist der Name des altnordischen Donnergotts Thor, der zweite Bestandteil ist altisländ. *friðr* »hübsch, schön«).

Thusnelda: weibl. Vorn., dessen Herkunft und Bedeutung nicht geklärt sind. Der Name geht zurück auf Thusnelda, die Tochter des Cheruskerfürsten Segestes und Frau des Arminius, die im Jahre 15 n. Chr. in römische Gefangenschaft geriet. Sie ist ebenso wie Arminius vor allem durch die Hermannsdramen von Klopstock und Kleist bekannt.

Thyra, (auch:) Tyra: aus dem Nordischen übernommener weibl. Vorn. (dän. Thyra, schwed. Tyra), Kurzform von altdän. Thyri, runendän. Þurui. Der erste Bestandteil des vollen Namens ist die umgelautete Form des altnordischen Götternamens Thor, der zweite Bestandteil *-ui* (altnord. *-víg*) entspricht ahd. *wig* »Kampf«.

Tiana: weibl. Vorn., Kurzform von ▸ Christiana.

Tiberius: aus dem Lateinischen übernommener männl. Vorn., der auf das römische Praenomen (Vornamen) Tiberius (abgeleitet von dem wahrscheinlich etruskischen Namen des Flusses Tiber und des gleichnamigen Flussgottes, etwa in der Bedeutung »dem Gott Tiber geweiht« zurückgeht. ◇ Bekannter Namensträger: der römische Kaiser Tiberius, Nachfolger des Augustus (1. Jh. v. Chr./1. Jh. n. Chr.). Abb. s. S. 270.

Tibor: aus dem Ungarischen übernommener männl. Vorn., ungarische Form von ▸ Tiberius. ◇ Bekannte Namensträger: Tibor Déry, ungarischer Schriftsteller (19./20. Jh.); Tibor Varga, ungarischer Geiger (20. Jh.).

Tiede, (auch:) Tiedo; Tido: männl. Vorn., friesische Kurzform von Namen, die mit »Diet-« gebildet sind, besonders von ▶ Dietrich.

Tiemo: ▶ Thiemo.

¹Tietje: männl. Vorn., friesische Koseform von Namen, die mit »Diet-« gebildet sind.

²Tietje: weibl. Vorn., friesische Koseform von Namen, die mit »Diet-« gebildet sind.

Tiffany ['tɪfənɪ]: aus dem Englischen übernommener weibl. Vorn., der auf griechisch Theophania (griech. *theós* »Gott« + *phaínein* »erscheinen«) zurückgeht. Der Name bezieht sich auf das Fest der Epiphanie (6. Januar), das an das Erscheinen Gottes in Menschengestalt erinnert. Der im mittelalterlichen England vorkommende Frauenname Tiffany schwand später aus der Namengebung, lebte aber in dem gleich lautenden Familiennamen fort. Unter dem Einfluss des bekannten New Yorker Juweliers Tiffany und des Films »Frühstück bei Tiffany's« mit Audrey Hepburn (1961; nach der Erzählung von Truman Capote) wurde der Name neu belebt.

Tilde: ▶ Thilde.

Tilemann: männl. Vorn., mit »-mann« gebildete Koseform von Namen, die mit »Diet-« gebildet sind.

Tilia: weibl. Vorn., Kurzform von ▶ Ottilia.

Till, (auch:) Til: männl. Vorn., Kurzform von Namen, die mit »Diet-« gebildet sind, besonders von ▶ Dietrich. Der Name, der im ausgehenden Mittelalter in Norddeutschland recht beliebt war, spielt auch heute noch eine Rolle in der Namengebung. Eine berühmte Gestalt der Volksdichtung ist der norddeutsche Schalk Till Eulenspiegel, der im 14. Jh. gelebt haben soll und dessen Streiche in einem Volksbuch des 15. Jh.s gesammelt sind. Auch neuere Bearbeitungen des Stoffes, besonders von J. Nestroy, G. Hauptmann und musikalisch von R. Strauss, haben die Erinnerung an Till Eulenspiegel lebendig gehalten. ◇ Bekannter Namensträger: Til Schweiger, deutscher [Film]schauspieler (20. Jh.).

Tilla: weibl. Vorn., Kurzform von ▶ Mathilde oder ▶ Ottilie. ◇ Bekannte Namensträgerin: Tilla Durieux (eigentlich: Ottilie Godefroy), österreichische [Film]schauspielerin (19./20. Jh.).

Tilli, (auch:) Tilly: weibl. Vorn., Kurzform von ▶ Mathilde oder ▶ Ottilie.

Tillmann, (auch:) Tilmann; Tilman: männl. Vorn., mit »-mann« gebildete Koseform zu ▶ Till. Der Name ist vor allem durch den deutschen Bildschnitzer Tilman Riemenschneider (15./16. Jh.) bekannt.

Tillo: ▶ Thilo.

Tilly: ▶ Tilli.

Tilman, (auch:) Tilman; ▶ Tillmann.

Tilo: ▶ Thilo.

Tim, (auch:) Timm: männl. Vorn., Kurzform von ▶ Timotheus, ▶ Dietmar oder ▶ Thiemo. ◇ Bekannter Namensträger: Timm Kröger, deutscher Schriftsteller (19./20. Jh.).

Timmo: männl. Vorn., Nebenform von ▶ Thiemo.

Timo: männl. Vorn., Nebenform von ▶ Thiemo oder Kurzform von ▶ Timotheus.

Timon: männl. Vorn. griechischen Ursprungs (griech. Tímōn, zu *timé* »Achtung, Ehre«), auch gräzisierende Form von zweistämmigen Kurzformen mit »Diet-«. Eine literarische Gestalt ist der Timon in Shakespeares Schauspiel »Timon von Athen«. ◇ Bekannter Namensträger: der heilige Timon, Märtyrer, einer der ersten sieben Diakone von Jerusalem, NAMENSTAG: 19. April.

Timothea: weibl. Vorn., weibliche Form von ▶ Timotheus.

Timotheus: männl. Vorn. griechischen Ursprungs (griech. Timótheos, zu *timáō* »schätzen, ehren« und *theós* »Gott«, also »Gott ehrend«). Der Name war im alten Griechenland sehr verbreitet. In der christlichen Welt wurde er bekannt durch die Verehrung des heiligen Märtyrers Timotheus, Bischofs von Ephesus, eines Schülers und Gehilfen des Apostels Paulus (1. Jh.); NAMENSTAG: 26. Januar. Engl. Form: Timothy ['tɪməθɪ].

Timothy ['tɪməθɪ]: männl. Vorn., englische Form von ▶ Timotheus.

Tina, (auch:) Tine: weibl. Vorn., Kurzform von Namen, die auf »-tina«/»-tine« ausgehen, z. B. Christina (▶ Christine), ▶ Bettina und ▶ Martina. »Tina« ist auch niederdeutsche und friesische Kurzform von ▶ Katharina. ◇ Bekannte Namensträgerin: Tina Turner, amerikanische Rocksängerin (20. Jh.). Abb. s. S. 242.

Tinette [ti'nɛt]: weibl. Vorn., französische Koseform von ▶ Tina.

Tini: weibl. Vorn., Koseform von ▶ Tina oder ▶ Tine.

Tinka: weibl. Vorn., Kurzform von ▶ Katinka.

Tina: *Tina Turner, amerikanische Rocksängerin*

Tino: männl. Vorn., italienische Kurzform von Namen, die auf »-tino« ausgehen (z. B. ▸ Valentino).

Tirza, (auch:) Thirza: aus der Bibel übernommener weibl. Vorn. hebräischen Ursprungs (zu hebr. *tir'säh* »Anmut, Wonne, Lieblichkeit«).

Tita: weibl. Vorn., Koseform – eigentlich Lallform aus der Kindersprache – verschiedener Namen, besonders von ▸ Christa und ▸ Christina.

Tito: männl. Vorn., italienische Form von ▸ Titus.

Titus: männlicher Vorname, der auf einen alten römischen Vornamen (Praenomen) wahrscheinlich nordoskisch-umbrischer Herkunft, dessen Bedeutung ungeklärt ist, zurückgeht. Besonders bekannt sind Titus Livius, römischer Geschichtsschreiber um Christi Geburt, und der römische Kaiser Titus (1. Jh.), der Eroberer und Zerstörer Jerusalems, der den Titusbogen in Rom errichtete; er ist der Held von Mozarts Oper »La clemenza di Tito«. Aus dem Neuen Testament ist der heilige Titus bekannt, ein Mitarbeiter des Apostels Paulus, der als erster Bischof von Kreta gilt; NAMENSTAG: 26. Januar. Italien. Form: Tito.

Tizia: weiblicher Vorname, weibliche Form des italienischen Vornamens Tizio, der auf den römischen Geschlechternamen Titius, eine Ableitung von den Namen ▸ Titus, zurückgeht.

Tizian: männl. Vorn., deutsche Form von ▸ Tiziano.

Tiziana: weibl. Vorn., weibliche Form von ▸ Tizian(o).

Tiziano: männl. Vorn., italienische Form von Titiänus, einem von ▸ Titus abgeleiteten römischen Beinamen. ◆ Bekannter Namensträger: Tiziano (Tizian) Vecellio, italienischer Maler (15./16. Jh.). Abb. s. S. 271.

Tjaard: ▸ Tjard.

Tjabbe: männl. Vorn., friesische Kurzform von Namen, die mit »Diet-« gebildet sind.

Tjade: männl. Vorn., friesische Kurzform von Namen, die mit »Diet-« gebildet sind.

Tjadina: weibl. Vorn., weibliche Bildung zu ▸ Tjade.

Tjalf: männl. Vorn., friesische Kurzform von ▸ Detlef.

Tjard, (auch:) Tjaard: männl. Vorn., friesische Kurzform von ▸ Diethard.

Tjark, (auch:) Tjarko: männl. Vorn., friesische Kurzform von ▸ Dietrich.

Tobias, (jetzt auch:) Tobija: aus der Bibel übernommener männl. Vorn. hebräischen Ursprungs (hebr. *tobijjah[u]* »Jahwe ist gütig«). In der Bibel ist Tobias der fromme Sohn eines erblindeten Vaters, der mit dem Engel Raphael als unerkanntem Begleiter eine gefährliche Reise besteht und zuletzt seinen Vater heilt. Die Tobiasgeschichte war besonders in der Reformationszeit sehr beliebt und machte den Namen bekannt. Heute gehört »Tobias« zu den beliebten männlichen Vornamen. Bekannte literarische Gestalten sind der Junggeselle Tobias Knopp bei Wilhelm Busch und der Junker Tobias von Rülp in Shakespeares »Was ihr wollt«. ◆ Bekannte Namensträger: Tobias Stimmer, schweizerischer Maler und Holzschnittmeister (16. Jh.); Tobias George Smollett, schottischer Schriftsteller (18. Jh.). Als zweiter Vorname: Johan Tobias Sergel, schwedischer Bildhauer (18./19. Jh.). Engl. Form: Tobias [təˈbaɪəs].

Toby [ˈtoʊbɪ]: männl. Vorn., englische Kurzform von ▸ Tobias. Eine literarische Gestalt ist der Onkel Toby in L. Sternes Roman »Tristram Shandy«.

Tom: männl. Vorn., englische Kurzform von ▸ Thomas. Bekannte literarische Gestalten sind der Tom Jones in dem gleichnamigen Roman von H. Fielding und der Tom Sawyer in den Romanen »Die Abenteuer des Tom Sawyer« und »Huckleberry Finn« von Mark Twain. ◆ Bekannte Namensträger: Tom Hanks, amerikanischer Filmschauspieler (20. Jh.); Tom Cruise, amerikanischer Filmschauspieler (20. Jh.).

Tomheinz: männl. Vorn., Doppelform aus ▸ Tom und ▸ Heinz.

¹**Tomke:** männl. Vorn., friesische Kurzform von Namen, die mit »Dank-« gebildet sind.

²**Tomke:** weibl. Vorn., friesische Kurzform von Namen, die mit »Dank-« gebildet sind.

Tomma: weibl. Vorn., friesische Kurzform von Namen, die mit »Dank-« gebildet sind.

Tommy: männl. Vorn., englische Koseform von ▸ Thomas.

Tona: weibl. Vorn., Kurzform von ▸ Antonia.

¹**Toni,** (selten auch:) Tony: weibl. Vorn., Kurzform von ▸ Antonia. Eine bekannte literarische Gestalt ist die Tony (eigentlich Antonie) Buddenbrook in Thomas Manns Roman »Buddenbrooks«. ◇ Bekannte Namensträgerin: Toni Morrison, amerikanische Schriftstellerin (20. Jh.).

²**Toni,** (selten auch:) Tony: männl. Vorn., Kurzform von ▸ Anton. Der Name Toni ist besonders in Süddeutschland gebräuchlich. Eine bekannte Operettenfigur ist der Toni Haberl in Fred Raymonds »Saison in Salzburg«. ◇ Bekannter Namensträger: Toni Sailer, österreichischer Skiläufer (20. Jh.).

Tonia: weibl. Vorn., italienische Kurzform von ▸ Antonia.

Tonio: männl. Vorn., italienische Kurzform von Antonio (▸ Anton). Eine bekannte literarische Gestalt ist der Tonio Kröger in Thomas Manns gleichnamiger Novelle.

Tonja: weibl. Vorn., russische Koseform von Antonija (▸ Antonia).

Tönjes: männl. Vorn., niederrheinische Kurzform von ▸ Antonius.

Tonka: weibl. Vorn., Koseform von ▸ Antonia. Eine literarische Gestalt ist die Tonka in der gleichnamigen Novelle von R. Musil.

Tonke: männl. Vorn., Koseform von ▸ Antonius.

Tönnies: männl. Vorn., niederdeutsche Kurzform von ▸ Antonius.

¹**Tony:** ▸ ¹Toni.

²**Tony:** ▸ ²Toni.

Tora: ▸ Thora.

Toralf: ▸ Thoralf.

Torben: ▸ Thorben.

Torbjörn: ▸ Thorbjörn.

Tord: aus dem Nordischen übernommener männl. Vorn. (schwed. Tord, altisländ. Þorðr), Kurzform von Namen, die mit »T[h]or-« gebildet sind.

Tordis: ▸ Thordis.

Tore: ▸ Thure.

Torhild: ▸ Thorhild.

Torid: ▸ Thurid.

Torina: ▸ Thorina.

Torleif: ▸ Thorleif.

Torolf: ▸ Thorolf.

Torsten: ▸ Thorsten.

Torwald: ▸ Thorwald.

Tosca, (auch:) Toska: aus dem Italienischen übernommener weibl. Vorn., dessen Verbreitung auf Puccinis Oper »Tosca« (1900) zurückgeht. Der Name der Heldin lautet Floria Tosca. Der Name ist abgeleitet von dem spätrömischen Beinamen Tuscus, Tusca »aus Tuszien oder aus der Toskana; Etrusker[in]«.

¹**Tracy** ['treɪsɪ]: männl. Vorn. englischer Herkunft, der auf einen Familiennamen zurückgeht, dem wiederum ein Ortsname in der Normandie zugrunde liegt.

²**Tracy** ['treɪsɪ]: weibl. Vorn., der als englische Koseform von Theresa (▸ Therese) aufgefasst wird. Für die Verbreitung des Namens, der in den letzten Jahren in den USA und in England recht beliebt geworden ist, war die Gestalt der Tracy Lord (gespielt von Grace Kelly) in dem Film »High Society« (1956) von Bedeutung.

Traude: weibl. Vorn., Kurzform von Namen, die mit »-traud[e]« gebildet sind (z. B. ▸ Gertraud und ▸ Waltraud).

Traudel: weibl. Vorn., Koseform von Namen, die mit »-traude« gebildet sind (z. B. ▸ Gertraud und ▸ Waltraud).

Traudemarie: weibl. Vorn., Doppelform aus ▸ Traude und ▸ Marie.

Trauderose: weibl. Vorn., Doppelform aus ▸ Traude und Rose (▸ Rosa).

Traudhild: alter deutscher weibl. Vorn. (german. *Þrūþi »Kraft, Stärke«, in althochdeutscher Zeit umgedeutet zu trūt »vertraut, lieb« + ahd. hiltja »Kampf«).

Traudlinde, (auch:) Trautlind, Trautlinde: alter deutscher weibl. Vorn. (german. *Þrūþi »Kraft, Stärke«, in althochdeutscher Zeit umgedeutet zu trūt »vertraut, lieb« + ahd. lind »sanft, weich, mild«, auch beeinflusst durch ahd. linta »Linde, Schild aus Lindenholz«).

Traugott: in der Zeit des Pietismus (17./18. Jh.) gebildeter männl. Vorn. ◇ Bekannte Namensträger: Traugott Hahn (Vater und Sohn), baltendeutsche evangelische Theologen (19./20. Jh.).

Traute: weibl. Vorn., Kurzform von Namen, die mit »-traut« gebildet sind, z. B. Gertraut (▸ Gertraud), Waltraut (▸ Waltraud). Die Namensform mit »t« – im Gegensatz zu ▸ Traude – wird volkstümlich auf das Eigenschaftswort traut »lieb, vertraut« bezogen.

Trauthold: männl. Vorn., der sich aus älterem Trautwald (german. *Þrūþi »Kraft, Stärke«, in althochdeutscher Zeit umgedeutet zu trūt »vertraut, lieb« + ahd. -walt zu waltan »walten, herrschen«) unter Anlehnung an das Eigenschaftswort hold entwickelt hat.

Trautlind, (auch:) Trautlinde: ▸ Traudlinde.

Trautmar: alter deutscher männlicher Vorname (german. *Þrūþi »Kraft, Stärke«, in althochdeutscher Zeit umgedeutet zu trūt »vertraut, lieb« + ahd. māri »bekannt, berühmt, angesehen«).

Trautwein, (auch:) Trautwin: ▸ Trudwin.

Tressa: weibl. Vorn., angloamerikanische Kurzform von Theresa (▸ Therese).

Trientje: weibl. Vorn., niederdeutsch-friesische Koseform von ▸ Katharina.

Trina, (auch:) Trine: weibl. Vorn., Kurzform von ▸ Katharina.

Tristan: männl. Vorn. keltischen Ursprungs (kelt. Drystan zu drest, drust »[Waffen]Lärm«). Die Form »Tristan« ist wohl beeinflusst durch altfranzös. triste »traurig«. Der Name wurde im Mittelalter durch die keltisch-französische Sage von Tristan und Isolde bekannt, die Vorlage der deutschen Tristandichtungen Eilharts von Oberge und Gottfrieds von Straßburg (12./13. Jh.). In neuerer Zeit hat den Namen vor allem Richard Wagners Oper »Tristan und Isolde« bekannt gemacht. ◇ Bekannter Namensträger: Tristan Tzara, französischer Schriftsteller rumänischer Herkunft (19./20. Jh.).

Trix: weibl. Vorn., Kurzform von ▸ Beatrix.

Trixa: weibl. Vorn., Weiterbildung von ▸ Trix.

Trixi: weibl. Vorn., Koseform von ▸ Beatrix.

Trudbert, (auch:) Trudpert: alter deutscher männl. Vorn. (german. *Þrūþi »Kraft, Stärke«, in althochdeutscher Zeit umgedeutet zu trūt »vertraut, lieb« + ahd. beraht »glänzend«). ◇ Bekannter Namensträger: der heilige Trudpert (6./7. Jh.), der als Missionar im Breisgau wirkte und den Märtyrertod erlitt; NAMENSTAG: 26. April.

Trude: weibl. Vorn., Kurzform von Namen, die mit »-trud«, »-trude« oder »Trud-« gebildet sind, besonders von ▸ Gertrud. ◇ Bekannte Namensträgerin: Trude Hesterberg, deutsche [Film]schauspielerin und Kabarettistin (19./20. Jh.).

Trudel: weibl. Vorn., Koseform von Namen, die mit »-trud«, »-trude« oder »Trud-« gebildet sind, besonders von ▸ Gertrud.

Trudeliese: weibl. Vorn., Doppelform aus ▸ Trude und Liese (Kurzform von ▸ Elisabeth). ◇ Bekannte Namensträgerin: Trudeliese Schmidt, deutsche Opernsängerin (20. Jh.).

Trudemarie: weibl. Vorn., Doppelform aus ▸ Trude und ▸ Marie.

Trudgard: alter deutscher weibl. Vorn. (german. *Þrūþi »Kraft, Stärke«, in althochdeutscher Zeit umgedeutet zu trūt »vertraut, lieb« + german. *gardaz »Zaun, Einfriedung«, vgl. ahd. garto »Garten«).

Trudhild, (auch:) Trudhilde: alter deutscher weiblicher Vorname (german. *Þrūþi »Kraft, Stärke«, in althochdeutscher Zeit umgedeutet zu trūt »vertraut, lieb« + ahd. hiltja »Kampf«).

Trudi, (auch:) Trudy: weibl. Vorn., Kurz- und Koseform von Namen, die mit »-trud«, »-trude« oder »Trud-« gebildet sind, besonders von ▸ Gertrud.

Trudlinde: alter deutscher weibl. Vorn. (german. *Þrūþi »Kraft, Stärke«, in althochdeutscher Zeit umgedeutet zu trūt »vertraut, lieb« + ahd. lind »sanft, weich, mild«, auch beeinflusst durch ahd. linta »Linde, Schild aus Lindenholz«).

Trudo: männl. Vorn., Kurzform von ▸ Trudbert.

Trudpert: ▸ Trudbert.

Trudwin, (auch:) Trutwin; Trautwin, Trautwein: alter deutscher männl. Vorn. (german. *Þrūþi »Kraft, Stärke«, in althochdeutscher Zeit umgedeutet zu trūt »vertraut, lieb« + ahd. wini »Freund«).

Trudy: ▸ Trudi.

Trutwin: ▸ Trudwin.

Trutz: in neuerer Zeit aufgekommener männlicher Vorname, ältere oberdeutsche Form des deutschen Hauptwortes Trotz, etwa mit der Bedeutung »Gegenwehr, Widerstand«. Der Name kommt fast nur in adligen Familien vor.

Tünnes: männl. Vorn., rheinische Form von ▸ Anton. Aus dem kölnischen Volkshumor ist das Freundespaar Tünnes und Schäl (= der Schieler) bekannt.

Ture: ▸ Thure.

Turid: ▸ Thurid.

Tyra: ▸ Thyra.

Ubbina: weibl. Vorn., weibliche Bildung zu ▸ Ubbo.

Ubbo: männl. Vorn., friesische Kurzform zu ▸ Udalbert.

Uda: alter deutscher weibl. Vorn., Nebenform von ▸ Oda oder Kurzform von nicht mehr gebräuchlichen weiblichen Namen, die mit ahd. *uodal* »Erbgut, Heimat« gebildet sind. Die hochdeutsche Form ▸ Ute ist heute beliebter als Uda.

Udalbert: alter deutscher männl. Vorn. (ahd. *uodal* »Erbgut, Heimat« + ahd. *beraht* »glänzend«).

Udo: *Udo Lindenberg, deutscher Rockmusiker*

Udo: alter deutscher männl. Vorn., Nebenform von ▸ Odo oder Kurzform von männlichen Namen, die mit ahd. *uodal* »Erbgut, Heimat« gebildet sind, besonders von Uodalrich (▸ Ulrich). Der Name wurde durch die Ritterdichtung um 1800 neu belebt. ❖ Bekannte Namensträger: Udo Jürgens, deutscher Schlagersänger (20. Jh.); Udo Lindenberg, deutscher Rockmusiker (20. Jh.).

Ueli: männl. Vorn., schweizerische Koseform von ▸ Ulrich.

Uffo, (auch:) Uffe: männlicher Vorname, friesische Kurzform zu ▸ Ulfried oder von Namen, die auf »-ulf« (= ahd. *wolf* »Wolf«) ausgehen.

Ugo: männl. Vorn., italienische Form von ▸ Hugo.

Ula: weibl. Vorn., Nebenform von ▸ Ulla.

Ulbert: alter dt. männl. Vorn. (ahd. *uodal* »Erbgut, Heimat« + ahd. *beraht* »glänzend«).

Ulf: aus den skandinavischen Ländern übernommener männl. Vorn. (schwed. Ulv, Ulf, zu dän., norweg., schwed. *ulv* »Wolf«), ursprünglich Kurzform zu nordischen Namen, die mit »Ulf-« oder »-ulf« gebildet sind (z. B. ▸ Thorulf). In Ostfriesland tritt Ulf als Kurzform von ▸ Ulfhard auf. ❖ Bekannter Namensträger: Ulf Merbold, deutscher Physiker und Astronaut (20. Jh.).

Ulfert: männl. Vorn., Nebenform von ▸ Ulfried oder ▸ Ulfhard. Der Vorname kommt hauptsächlich in Friesland vor.

Ulfhard: alter deutscher männl. Vorn., Nebenform von ▸ Wolfhard.

Ulfhild: alter deutscher weibl. Vorn. (ahd. *wolf* »Wolf« + ahd. *hiltja* »Kampf«).

Ulfilas: männl. Vorn., gräzisierte Form des männlichen Vornamens Wulfila (»Wölfchen«). ❖ Bekannter Namensträger ist der gotische Bischof Ulfilas oder Wulfila (4. Jh.), der die gotische Bibelübersetzung geschaffen hat.

Ulfried: alter deutscher männl. Vorn. (ahd. *uodal* »Erbgut, Heimat« + ahd. *fridu* »Schutz vor Waffengewalt, Friede«).

¹Uli, (auch:) Ulli: weibl. Vorn., Koseform von Namen, die mit »Ul-« gebildet sind, besonders von ▸ Ulrike.

²Uli, (auch:) Ulli: männl. Vorn., Koseform von Namen, die mit »Ul-« gebildet sind, besonders von ▸ Ulrich. Bekannt sind Jeremias Gotthelfs Bauernromane »Uli der Knecht« und »Uli der Pächter« (1841/1849). ❖ Bekannter Namensträger: Ulli Beier, deutscher Afrikanologe (20. Jh.).

Uljana: weibl. Vorn., russische Form von ▸ Juliane.

Ulla, (auch:) Ula: weibl. Vorn., Kurzform von ▸ Ursula oder ▸ Ulrike. ◇ Bekannte Namensträgerinnen: Ulla Jacobsson, schwedische Filmschauspielerin (20. Jh.); Ulla Hahn, deutsche Schriftstellerin (20. Jh.); Ulla Berkéwicz, deutsche Schriftstellerin (20. Jh.).

¹Ulli: ▸ ¹Uli.

²Ulli: ▸ ²Uli.

Ullo, (auch:) Ulo: männl. Vorn., Kurzform von Namen, die mit »Ul-« gebildet sind.

Ulrich: männl. Vorn., jüngere Form von Uodalrich (ahd. *uodal* »Erbgut, Heimat« + ahd. *rihhi* »Herrschaft, Herrscher, Macht; reich, mächtig, hoch«). Als Vorname ist Ulrich seit dem Mittelalter besonders in Süddeutschland und der Schweiz beliebt, vor allem im Anschluss an die Verehrung des heiligen Ulrich, Bischofs von Augsburg (9./10. Jh.), der seine Stadt zweimal gegen die Ungarn verteidigte (955 Schlacht auf dem Lechfeld); NAMENSTAG: 4. Juli. Eine bekannte literarische Gestalt ist Ulrich, der Held von Robert Musils Roman »Der Mann ohne Eigenschaften«. ◇ Bekannte Namensträger: Ulrich von Lichtenstein (Liechtenstein), mittelhochdeutscher Minnesänger (13. Jh.); Ulrich von Türheim, mittelhochdeutscher Epiker (13. Jh.); Ulrich von Etzenbach, mittelhochdeutscher Epiker (13. Jh.); Herzog Ulrich von Württemberg (15./16. Jh., auch bekannt durch W. Hauffs Roman »Lichtenstein«); Ulrich von Hutten, deutscher Humanist (15./16. Jh.); Ulrich Zwingli, schweizerischer Reformator (15./16. Jh.); Ulrich Bräker, schweizerischer Handwerker und Schriftsteller (18. Jh.); Ulrich von Wilamowitz-Moellendorf, deutscher Altphilologe (19./20. Jh.); Ulrich Schamoni, deutscher Filmregisseur (20. Jh.); Ulrich Plenzdorf, deutscher Schriftsteller (20. Jh.); Ulrich Wickert, deutscher Fernsehmoderator und Journalist (20. Jh.).

Ulrik: männl. Vorn., niederdeutsche Nebenform von ▸ Ulrich.

Ulrike, (auch:) Ulrika: weiblicher Vorname, weibliche Form von ▸ Ulrich. In Deutschland kam der Name im 17./18. Jh. zuerst beim Adel auf. Namensvorbild war u. a. Prinzessin Luise Ulrike von Preußen, die Schwester Friedrichs des Großen, seit 1751 Königin von Schweden, die Stifterin der Kgl. Akademie in Stockholm. ◇ Bekannte Namensträgerinnen: Ulrike Eleonore, Königin von Schweden (17./18. Jh.); Ulrike von Kleist, Halbschwester des Dichters Heinrich von Kleist (18./19. Jh.); Ulrike von Levetzow, Freundin Goethes (19. Jh.).

Ulwig: alter deutscher männl. Vorn. (ahd. *uodal* »Erbgut, Heimat« + ahd. *wīg* »Kampf; Krieg«).

Umberto: männl. Vorn., italienische Form von ▸ Humbert. »Umberto« war traditioneller Name im Haus Savoyen, sodass zwei italienische Könige im 19. und 20. Jh. diesen Namen trugen. ◇ Bekannter Namensträger: Umberto Eco, italienischer Philosoph und Schriftsteller (20. Jh.).

Ummo: männl. Vorn., zweistämmige friesische Kurzform von Namen, die mit »Ot-« gebildet sind (z. B. ▸ Otmar).

Una: weibl. Vorn. irischer Herkunft (vielleicht zu gäl. *uan* »Lamm«).

Undine: weibl. Vorn., eigentlich die Bezeichnung der Wassernixe. Neulat. *undīna* »Nixe« ist eine Weiterbildung zu lat. *unda* »die Welle«, die zuerst bei Paracelsus (15./16. Jh.) in seinem Buch über die Nymphen vorkommt. Das Märchen von der Nixe Undine, die die Frau eines Menschen wird, um eine unsterbliche Seele zu erhalten, wurde besonders durch die Erzählung »Undine« von Friedrich de la Motte-Fouqué (1811) und die daran anschließenden gleichnamigen Opern von E. T. A. Hoffmann und A. Lortzing bekannt. ◇ Bekannte Namensträgerin: Undine Gruenter, deutsche Schriftstellerin (20. Jh.).

Unna: weibl. Vorn., weibliche Bildung zu ▸ Unno.

Unno, (auch:) Unne: männl. Vorn., friesische Kurzform eines nicht mehr erkennbaren Vornamens.

Urban: männlicher Vorname lateinischen Ursprungs, der auf einen römischen Beinamen (lat. *urbānus, -a, -um* »zur Stadt [Rom] gehörend; fein gebildet; weltmännisch; Städter«) zurückgeht. Den Namen Urbān, lateinisch Urbānus, trugen mehrere Päpste. Für die Ausbreitung des Namens im Mittelalter war vor allem die Verehrung des heiligen Papstes Urban I. (3. Jh.) entscheidend, der besonders in Süddeutschland und Tirol als Patron des Weinbaus bekannt ist; NAMENSTAG: 25. Mai.

Uri: männl. Vorn., Kurzform von ▸ Uriel.

Urias, (jetzt auch:) Urija: aus der Bibel übernommener männl. Vorn. hebräischen Ursprungs (»Jahwe ist Licht«). Nach der Bibel war Urias ein Hetiter, mit dessen Frau Batseba König David Ehebruch beging. Eine literarische Gestalt ist der Uriah Heep im Roman »David Copperfield« von Ch. Dickens.

Uriel: männl. Vorn. hebräischen Ursprungs (»Gott ist mein Licht«). In der altjüdischen Tradition ist Uriel der Name eines Erzengels. In der außerbiblischen christlichen Tradition ist Uriel der Erzengel, der beim Weltgericht die Tore der Unterwelt öffnet und die Verstorbenen vor den Richterstuhl Gottes führt. ◇ Bekannter Namensträger: Uriel Acosta, jüdischer Religionsphilosoph (16./17. Jh.).

Urs, (älter:) Ursus: männl. Vorn. lateinischen Ursprungs (lat. *ursus* »der Bär«). Der Vorname war früher in der Schweiz wegen der Verehrung des heiligen Ursus, der nach der Legende als Mitglied der Thebäischen Legion in Solothurn den Märtyrertod erlitt (3./4. Jh.), recht beliebt; NAMENSTAG: 30. September. ◇ Bekannte Namensträger: Urs Graf, schweizerischer Zeichner und Holzschnittmeister (15./16. Jh.); Hans Urs von Balthasar, schweizerischer katholischer Theologe und Schriftsteller (20. Jh.); Urs Widmer, schweizerischer Schriftsteller (20. Jh.).

Ursel: weibl. Vorn., Kurzform von ▸ Ursula.

Ursela: weibl. Vorn., Weiterbildung von ▸ Ursel.

Urselmarie, (auch:) Urselmaria: weibl. Vorn., Doppelform aus ▸ Ursel und ▸ Maria.

Urselrose: weibl. Vorn., Doppelform aus ▸ Ursel und Rose (▸ Rosa).

Ursula: weibl. Vorn. lateinischen Ursprungs (Verkleinerung von lat. *ursa* »Bärin«, also »kleine Bärin«). Zur Verbreitung des Vornamens im Mittelalter trug vor allem die Verehrung der heiligen Ursula bei. Die heilige Ursula war nach der Legende eine britannische Königstochter, die auf der Rückkehr von einer Romfahrt in Köln mit angeblich 11 000 Jungfrauen den Martertod erlitt; NAMENSTAG: 21. Oktober. »Ursula« gehört zu den beliebtesten Vornamen des 20. Jh.s. ◇ Bekannte Namensträgerin: Ursula Andress, schweizerische Filmschauspielerin (20. Jh.).

Ursulina, (auch:) Ursuline: weibl. Vorn., Weiterbildung von ▸ Ursula.

Ursus: ▸ Urs.

Urte: weibl. Vorn., baltische Kurzform von ▸ Dorothea.

Uschi: weibl. Vorn., Koseform von ▸ Ursula. ◇ Bekannte Namensträgerin: Uschi Glas, deutsche [Film]schauspielerin (20. Jh.).

Ute, (auch:) Uta, Utta: alter deutscher weibl. Vorn., hochdeutsche Form von ▸ Oda. Aus dem Nibelungenlied ist Frau Ute (mhd. Uote) als Mutter Kriemhilds und der Wormser Könige bekannt. In anderen dt. Heldensagen erscheinen ebenfalls Fürstinnen dieses Namens, z. B. die Frau Meister Hildebrands im jüngeren Hildebrandslied. Bis ins 12. Jh. war Ute ein verbreiteter Frauenname, der dann aber aus der Namengebung verschwand und erst im 20. Jh. neu aufgenommen wurde. Daran hat auch die Erinnerung an die Markgräfin Uta von Meißen (11. Jh.) großen Anteil, deren Standbild aus dem 13. Jh. zu den berühmten Stifterfiguren des Naumburger Doms gehört.

Uthelm: männl. Vorn., Neubildung aus ▸ Ut[e] und ▸ Helm[ut].

Utlinde: weibl. Vorn., Neubildung aus ▸ Ut[e] und dem Namenbestandteil »-linde« (ahd. *lind* »sanft, weich, mild«, auch beeinflusst durch ahd. *linta* »Linde«, Schild aus Lindenholz«).

Uto, (auch:) Utto: alter deutscher männl. Vorn., Nebenform von ▸ Udo.

Utta: weibl. Vorn., Nebenform von Uta (▸ Ute).

Utto: ▸ Uto.

Utz, (auch:) Uz: männlicher Vorname, Kurzform von Namen, die mit ahd. *uodal* »Erbgut, Heimat« gebildet sind, besonders von ▸ Ulrich. Diese Namensformen kommen vor allem in Südwestdeutschland und der Schweiz vor.

Uwe, (seltener:) Uwo; Uve, Uvo: männl. Vorn., wahrscheinlich verselbstständigte friesische Kurzform von Namen, die mit altinselnordfriesisch *Ova (zu german. *ōb- »tätig sein, ins Werk setzen«) gebildet wurden. Der Name wurde in der ersten Hälfte des 20. Jh.s durch Otto Ernsts Ballade »Nis Randers« (»Sagt Mutter, 's ist Uwe!«) und durch den Roman »Heideschulmeister Uwe Karsten« (1909) von Felicitas Rose allgemein bekannt. ◇ Bekannte Namensträger: Uwe Johnson, deutscher Schriftsteller (20. Jh.); Uwe Seeler, deutscher Fußballspieler (20. Jh.).

Uz: ▸ Utz.

Václav: aus dem Tschechischen übernommener männl. Vorn. (▸ Wenzeslaus). ◇ Bekannter Namensträger: Václav Havel, tschechischer Dramatiker und Politiker (20. Jh.).

Valborg: weibl. Vorn., dänische, schwedische, norwegische Form von ▸ Walburg, die früh aus dem Deutschen entlehnt worden ist.

Valentin: männl. Vorn. lateinischen Ursprungs, der auf Valentīnus, eine Ableitung des römischen Beinamens Valēns (zu lat. *valēns* »kräftig, stark, gesund, mächtig«; Valens hieß ein römischer Kaiser im 4. Jh.), zurückgeht. Zur Verbreitung des Vornamens Valentin in Deutschland hat vor allem die Verehrung des heiligen Bischofs Valentin (5. Jh.) beigetragen. Dieser ist Patron des Bistums Passau und wird auch als Schutzheiliger bei Epilepsie verehrt (volksetymologische Verbindung von »fallende Sucht« mit dem Namen »Valentin«); NAMENSTAG: 7. Januar. Ein anderer Heiliger gleichen Namens ist der römische Märtyrer Valentin (3. Jh.); NAMENSTAG: 14. Februar. Dieser Heilige gilt u. a. als Patron der Liebenden, weshalb der »Valentinstag« besonders in England und Nordamerika unter Freunden und bei Liebespaaren ein Glückwunsch- und Geschenktag ist. Aus der Literatur ist Valentin, der Bruder Gretchens in Goethes Faust, bekannt, ebenso der Tischler Valentin in Raimunds Schauspiel »Der Verschwender«. ◇ Bekannter Namensträger: Valentin Fey, genannt Karl Valentin, Münchner Komiker (19./20. Jh.). Engl. Form: Valentine ['væləntaɪn; 'væləntɪn]. Italien. Form: Valentino.

Valentina, (auch:) Valentine: weibl. Vorn., weibliche Form von ▸ Valentin.

Valentine ['væləntaɪn; 'væləntɪn]: männl. Vorn., englische Form von ▸ Valentin.

Valentino: männl. Vorn., italienische Form von ▸ Valentin.

Valer: männl. Vorn., deutsche Form von ▸ Valerius.

Valeria: ▸ Valerie.

Valerian: männl. Vorn. lateinischen Ursprungs (lat. Valeriānus, Weiterbildung von ▸ Valerius). ◇ Bekannte Namensträger: Publius Licinius Valerianus, römischer Kaiser (3. Jh.); der heilige Valerian, römischer Märtyrer, Bräutigam der heiligen Cäcilia (3. Jh.), NAMENSTAG: 14. April.

Valeriane: weibl. Vorn., weibliche Form von ▸ Valerian.

Valerie, (auch:) Valeria: weibl. Vorn., weibliche Form von ▸ Valerius. Eine literarische Gestalt ist die Valerie aus Wilhelm Raabes Roman »Unruhige Gäste«. ◇ Bekannte Namensträgerin: Valérie von Martens, österreichische Schauspielerin (20. Jh.). Französ. Form: Valérie [vale'ri]. Italien. Form: Valeria.

Valerio: männl. Vorn., italienische Form von ▸ Valerius.

Valerius, (auch:) Valer: männl. Vorn. lateinischen Ursprungs, der auf einen altrömischen Geschlechternamen (zu lat. *valēre* »kräftig, stark sein«) zurückgeht. Ein heiliger Valerius (3. Jh.?) soll zweiter Bischof von Trier gewesen sein; NAMENSTAG: 29. Januar. Italien. Form: Valerio.

Valeska: aus dem Polnischen übernommener weiblicher Vorname, Koseform von ▸ Valerie.

Valten, (auch:) Valtin: männl. Vorn., Kurzform von ▸ Valentin.

Vanadis: weibl. Vorn., der auf den Beinamen der altnordischen Göttin Freya (▸ Freia), die zum Göttergeschlecht der Vanen gehörte, zurückgeht. Eine literarische Gestalt ist die Vanadis in dem gleichnamigen Roman von Isolde Kurz.

Vanessa: aus dem Englischen übernommener weibl. Vorn., der von Jonathan Swift für sein autobiographisches Gedicht »Cadenus und Vanessa« (1726) geprägt wurde und z. T. ein Anagramm des Namens seiner Geliebten Esther Vanhomrigh ist. Der Name Vanessa, der in Deutschland erst Ende der 60er-Jahre durch die englische Filmschauspielerin Vanessa Redgrave bekannt wurde, ist heute ein international beliebter Name.

Vannina: weibl. Vorn., italienische Kurzform von Giovannina (▸ Johanna).

Varenka, (auch:) Varinka: aus dem Russischen übernommener weibl. Vorn., Koseform von Warwara (▸ Barbara).

Vasco: männl. Vorn. spanischer oder portugiesischer Herkunft, der sich aus Velasco/Belasco, einem auf der Iberischen Halbinsel im Mittelalter häufigen Namen baskischen Ursprungs (wohl zu bask. *belatz* »Krähe«), entwickelt hat. Die Namensform ist also nicht von dem gleich lautenden Adjektiv *vasco* »baskisch, Baske« abzuleiten. ◇ Bekannter Namensträger: Vasco da Gama, portugiesischer Seefahrer und Entdecker (15./16. Jh.).

Veit: männl. Vorn. lateinischen Ursprungs, der auf den römischen Namen Vitus (vielleicht zu lat. *vita* »Leben«, evtl. christlich aufgefasst als »ewiges Leben«) zurückgeht. Der Name Veit war im Mittelalter durch die Verehrung des heiligen Vitus oder Veit weit verbreitet. Der heilige Vitus soll nach späterer Legende um 303 in Sizilien den Martertod erlitten haben. Er gehört zu den 14 Nothelfern und wird u. a. als Helfer gegen Krämpfe, Fallsucht, Blindheit angerufen. Nach ihm heißen verschiedene mit Muskelzuckungen verbundene Krankheitsformen »Veitstanz«. Im Prager Veitsdom liegen die Reliquien des heiligen Vitus. Bekannt ist auch der »heilige Veit vom Staffelstein« (oberes Maintal) aus Scheffels Lied »Wohlauf, die Luft geht frisch und rein!«; NAMENSTAG: 15. Juni. ◇ Bekannte Namensträger: Veit Stoß, deutscher Bildschnitzer und Bildhauer (15./16. Jh.); Veit Valentin, deutscher Historiker (19./20. Jh.). Italien. Form: Vito.

Velten, (auch:) Veltin: männl. Vorn., Kurzform von ▸ Valentin.

Vera, (seltener:) Wera: aus dem Russischen übernommener weibl. Vorn. (russ. »Glaube, Zuversicht, Religion«). Eine literarische Gestalt ist die Vera in dem Roman »Ein Held unserer Zeit« von M. J. Lermontow (1840). ◇ Bekannte Namensträgerin: Vera Tschechowa, deutsche Filmschauspielerin (20. Jh.). Der Name Vera kann gelegentlich auch als Kurzform von ▸ Verena oder ▸ Veronika auftreten.

Veramaria: weibl. Vorn., Doppelform aus ▸ Vera und ▸ Maria.

Verena: weibl. Vorn., dessen Herkunft und Bedeutung ungeklärt sind. Der Vorname Verena ist besonders in der Schweiz üblich. Zu seiner Verbreitung hat vor allem die Verehrung der heiligen Verena von Zurzach (3./4. Jh.) beigetragen; NAMENSTAG: 1. September.

Verona: weibl. Vorn., oberdeutsche Kurzform von ▸ Veronika; teils auch nach der norditalienischen Stadt.

Veronika, (auch:) Veronica: weibl. Vorn. griechischen Ursprungs. Kirchenlateinisch Veronica hat sich aus makedonisch Beroníkē, griech. Pherenі́kē (zu griech. *phérein* »bringen« + *níkē* »Sieg«) entwickelt. Zur Ausbreitung des Namens, besonders seit dem späten Mittelalter, trug die Verehrung der heiligen Veronika von Jerusalem bei. Die heilige Veronika war nach der Legende eine Jüngerin Jesu, die diesem auf dem Kreuzweg ein Schweißtuch reichte, auf dem sich dann das Bild Christi abdrückte; NAMENSTAG: 4. Februar. Eine andere Heilige des Namens ist Veronica Giuliani, eine italienische Mystikerin und Stigmatisierte (17./18. Jh.); NAMENSTAG: 9. Juli. Französ. Form: Véronique [veroˈnik].

Véronique [veroˈnik]: weibl. Vorn., französische Form von ▸ Veronika.

Vesna: aus dem Tschechischen übernommener weibl. Vorn., der auf den Namen der legendären slawischen Göttin des Frühlings und der Jugend zurückgeht.

Vesta: weibl. Vorn. lateinischen Ursprungs. In der römischen Mythologie ist Vesta die Göttin des Herdfeuers, der Häuslichkeit und des Familienlebens. In ihrem Rundtempel auf dem Forum Romanum brannte das heilige Feuer des Staatsherdes, den die Vestalinnen bewahrten.

Veva, (auch:) Vevi: weibl. Vorn., Kurzform von ▸ Genoveva.

Vibeke: weibl. Vorn., dänische Form von ▸ Wiebke.

Vicco: männl. Vorn., Kurzform von ▸ Viktor.

Vicki: weibl. Vorn., Kurzform von ▸ Viktoria.

Vicky: weibl. Vorn., englische Kurzform von ▸ Viktoria. ◇ Bekannte Namensträgerin: Vicky Leandros, griech. Schlagersängerin (20. Jh.).

Vico: männl. Vorn., italienische Kurzform von Lodovico (▶ Ludwig). ◇ Bekannter Namensträger: Vico Torriani, schweizerischer Sänger und Unterhaltungskünstler (20. Jh.).

Victor: ▶ Viktor.

Victoria: ▶ Viktoria.

Victorine: ▶ Viktorine.

Viggo: männl. Vorn., Kurzform von ▶ Viktor.

Viktor, (seltener:) Victor: männl. Vorn. lateinischen Ursprungs (lat. *victor* »Sieger«, zu lat. *vincere* »siegen«, auch Beiname des Herkules und des Göttervaters Jupiter). Der Name Viktor wurde vielen christlichen Märtyrern als Ehrenname beigelegt. Im deutschen Sprachgebiet sind am bekanntesten die heiligen Märtyrer Viktor von Solothurn, NAMENSTAG: 30. September, und Viktor von Xanten, NAMENSTAG: 10. Oktober. Bekannt ist auch der heilige Papst Viktor I. (2. Jh.), NAMENSTAG: 28. Juli. Als Fürstenname erscheint Viktor im Hause Sardinien-Piemont, z. B. Viktor Emanuel II., erster König von Italien (19. Jh.). ◇ Andere bekannte Namensträger: Victor Marie Hugo, französischer Dichter (19. Jh.); Joseph Victor von Scheffel, deutscher Lyriker und Erzähler (19. Jh.); Viktor Freiherr von Weizsäcker, deutscher Internist (19./20. Jh.); Victor Gollancz, englischer Schriftsteller, Verleger und Philanthrop (19./20. Jh.); Victor de Kowa, deutscher [Film]schauspieler und Regisseur (20. Jh.); Victor de Vasarély (eigentlich Viktor Vásárhelyi), französischer Maler und Grafiker ungarischer Herkunft (20. Jh.).

Viktoria, (auch:) Victoria: weibl. Vorn. lateinischen Ursprungs (lat. *victōria* »der Sieg«, zu lat. *vincere* »siegen«, war auch der Name der altrömischen geflügelten Siegesgöttin Victōria). Zur Verbreitung des Namens »Viktoria« im 19. Jh. trugen Königin Viktoria von England (19./20. Jh.) und ihre Tochter Viktoria bei, die als Gemahlin Friedrichs III. Königin von Preußen und deutsche Kaiserin wurde (19./20. Jh.). Bekannt ist auch Victoria Sackville-West, englische Schriftstellerin (19./20. Jh.). Eine bekannte literarische Gestalt ist die Viktoria in Knut Hamsuns gleichnamiger Novelle. Eine beliebte Operettengestalt ist die Viktoria in »Viktoria und ihr Husar« von Paul Abraham. ◇ Bekannte Namensträgerin: Viktoria, Kronprinzessin von Schweden (20. Jh.). Engl. Form: Victoria [vɪkˈtɔːrɪə].

Viktoria: *Viktoria, Kronprinzessin von Schweden*

Viktorin: männl. Vorn., deutsche Form von lat. Victōrīnus, einer Weiterbildung von Victor (▶ Viktor).

Viktorine, (auch:) Viktorina; Victorine: weibl. Vorn., weibliche Form von ▶ Viktorin.

Vilja: weibl. Vorn. finnischen Ursprungs (»Reichtum, Güte«).

Vincent: männl. Vorn., deutsche, niederländische, englische [ˈvɪnsənt] und französische [vɛ̃ˈsã] (Neben-)Form von ▶ Vinzenz. ◇ Bekannter Namensträger: Vincent van Gogh, niederländischer Maler (19. Jh.).

Vincenzo [vinˈtʃɛntso]: männl. Vorn., italienische Form von ▶ Vinzenz. ◇ Bekannter Namensträger: Vincenzo Bellini, italienischer Komponist (19. Jh.).

Vinzent: männl. Vorn., deutsche Nebenform von ▶ Vinzenz.

Vinzentia, (auch:) Vinzenta: weibl. Vorn., weibliche Form von ▶ Vinzenz.

Vinzenz: männl. Vorn. lateinischen Ursprungs (lat. Vincentius, Weiterbildung von lat. *vincēns* »siegend«, zu *vincere* »siegen«). Zu der Verbreitung des Namens Vinzenz im Mittelalter trug vor allem die Verehrung des heiligen Vinzenz von Saragossa (3./4. Jh.) bei, der in der diokletianischen Verfolgung den Martertod erlitt. Der heilige Vinzenz ist der Patron der Weinbauern; NAMENSTAG: 22. Januar. Eine literarische Gestalt ist der Vinzenz in Robert Musils Posse »Vinzenz und die Freundin bedeutender Männer«. ◇ Bekannte Namensträger: Vinzenz von Beauvais, französischer Dominikaner, Verfasser einer großen Enzyklopädie (12./13. Jh.); der heilige Vinzenz von Paul, französischer Priester, Begründer der neuzeitlichen katholischen

Caritasarbeit (16./17. Jh.), NAMENSTAG: 27. September; Vincent van Gogh, niederländischer Maler (19. Jh.). Französ. Form: Vincent [vɛ̃ˈsã]. Engl. Form: Vincent [ˈvɪnsənt]. Niederländ. Form: Vincent. Italien. Form: Vincenzo [vinˈtʃɛntso].

Viola, (auch:) Viola: weibl. Vorn. lateinischen Ursprungs (lat. *viola* »Veilchen, Levkoje«). Eine bekannte literarische Gestalt ist die Viola in Shakespeares »Was ihr wollt«. Engl. Form Viola [ˈvaɪələ].

Violet [ˈvaɪəlɪt]: weibl. Vorn., englische Koseform von ▸ Viola.

Violetta: weibl. Vorn., italienische Koseform von ▸ Viola. Eine bekannte Operngestalt ist die Violetta Valéry in Verdis Oper »La Traviata«. ◇ Bekannte Namensträgerin: Violetta Ferrari, italienische Schauspielerin (20. Jh.).

Violette [vjɔˈlɛt]: weibl. Vorn., französische Koseform von ▸ Viola. Eine literarische Gestalt ist die Violette in Clemens Bretanos Roman »Godwi«.

Virgil: männl. Vorn. lateinischen Ursprungs, deutsche Form von lat. Virgilius, der jüngeren Schreibung von Vergilius. Lat. Vergilius ist ein altrömischer Geschlechtername, dessen eigentliche Bedeutung ungeklärt ist. Der Name ist bekannt durch den römischen Dichter Publius Vergilius Maro, den Verfasser der »Äneis« (1. Jh. v. Chr.). Nach ihm wurde seit der Humanistenzeit (16. Jh.) vereinzelt der Vorname Virgil[ius] gegeben. In Österreich schließt der Vorname Virgil jedoch an die Verehrung des heiligen Virgilius an. Der heilige Virgilius, ein irischer Mönch des 8. Jh.s, war Bischof von Salzburg und führte in Kärnten das Christentum ein; NAMENSTAG: 24. November.

Virginia, (auch:) Virginie: weibl. Vorn. lateinischen Ursprungs, der auf den römischen Geschlechternamen Verginius (jüngere Schreibung Virgīnius) zurückgeht, dessen eigentliche Bedeutung ungeklärt ist. Die jüngere Namensform Virgīnia wird gewöhnlich volksetymologisch mit dem lat. Eigenschaftswort *virgineus, -a, -um* »jungfräulich« (zu lat. *virgo* »Jungfrau«) zusammengebracht und als die »Jungfräuliche« verstanden. Bekannt aus der Antike ist die Geschichte von Verginia, Tochter des Decimus Verginius, die von ihrem Vater erstochen wurde, um sie dem Zugriff des Appius Claudius zu entziehen. Dieser Stoff erfuhr mehrere dramatische und

musikalische Verarbeitungen. Zur Bekanntheit des Namens trug auch der Roman »Paul et Virginie« (1787) von Bernardin de Saint Pierre bei. ◇ Bekannte Namensträgerin: Virginia Woolf, englische Schriftstellerin (19./20. Jh.). Französ. Form: Virginie [virʒiˈni]. Engl. Form: Virginia [vəˈdʒɪnjə].

Vita: weibl. Vorn. lateinischen Ursprungs (lat. *vita* »Leben«). Vita kann auch die weibliche Form von Vitus (▸ Veit) sein.

Vital: männl. Vorn., deutsche Form von ▸ Vitalis.

Vitale: männl. Vorn., italienische Form von ▸ Vitalis.

Vitalis, (auch:) Vital: männl. Vorn. lateinischen Ursprungs, der auf einen römischen Beinamen (zu lat. *vitālis* »das Leben erhaltend, Leben spendend«) zurückgeht. Der Vorname Vitalis erscheint vereinzelt in katholischen Gegenden im Anschluss an die Verehrung der heiligen Märtyrer Vitalis und Agricola, NAMENSTAG: 4. November, oder des heiligen Bischofs Vitalis von Salzburg (8. Jh.), NAMENSTAG: 20. Oktober. Italien. Form: Vitale.

Vito: männl. Vorn., italienische Form von ▸ Veit.

Vittoria: weibl. Vorn., italienische Form von ▸ Viktoria. Eine literarische Gestalt ist die Vittoria in der Novelle »Vittoria Accarombona« von Ludwig Tieck.

Vittorio: männl. Vorn., italienische Form von ▸ Viktor. ◇ Bekannter Namensträger: Vittorio De Sica, italienischer Filmschauspieler und Regisseur (20. Jh.).

Vitus: männl. Vorn., lateinische Form von ▸ Veit.

Viva: weibl. Vorn., Kurzform von ▸ Viviane oder von ▸ Viveca.

Viveca, (auch:) Viveka: weibl. Vorn., latinisierte Form des dänischen Vornamens Vibeke (▸ Wiebke).

Vivette: weibl. Vorn., Weiterbildung von ▸ Viva.

Vivia: weibl. Vorn., Kurzform von ▸ Viviane.

¹Vivian [ˈvɪvɪən]: weibl. Vorn. englischer Herkunft, Nebenform von ▸ Vivien.

²Vivian [ˈvɪvɪən]: aus dem Englischen übernommener männl. Vorn., der auf den römischen Personennamen Vibianus zurückgeht, der von dem altrömischen Geschlechternamen Vibius (wahrscheinlich etruskischer Herkunft und unbekannter Bedeutung) abgeleitet ist. Gelegentlich wird er auch als eine Weiterbildung von lat. *vivus* »lebendig, lebhaft« (zu lat. *vivere*

»leben«) verstanden. ◇ Bekannter Namensträger: der heilige Vivianus, Bischof von Saintes (5. Jh.), NAMENSTAG: 28. August.

Viviana, (auch:) Viviane: weibl. Vorn., weibl. Form von Vivianus (▸ ²Vivian). ◇ Bekannte Namensträgerin: die heilige Viviana bzw. Bibiana (4. Jh.), NAMENSTAG: 2. Dezember. Die Schreibweise Bibiana beruht auf der griechischen Wiedergabe des lat. V durch B.

Vivien ['vɪvɪən]: aus dem Englischen übernommener weibl. Vorn., der auf Tennysons Gedicht »Vivien and Merlin« (1859), das auf den keltischen Artusepen beruht, zurückgeht (vgl. ▸ Vivienne). ◇ Bekannte Namensträgerin: Vivien Leigh, englische [Film]schauspielerin (20. Jh.).

Vivienne [vi'vjɛn]: aus dem Französischen übernommener weibl. Vorn., der auf den Namen einer Gestalt aus der Artussage zurückgeht, die »Dame vom See«, Vivienne (Viviana). Die Fee Vivienne hält den Zauberer Merlin gefangen. Sie ist die Erzieherin des jungen Ritters Lancelot. Der Name beruht wahrscheinlich auf dem keltischen Namen Ninian.

Vladimir: ▸ Wladimir.

Volbert: männl. Vorn., jüngere Form von ▸ Volkbert.

Volbrecht, (auch:) Volprecht: männlicher Vorname, jüngere Form von den Vornamen ▸ Volkbert.

Volhard: männl. Vorn., jüngere Form von ▸ Volkhard.

Volkard, (auch:) Volkart: männl. Vorn., jüngere Form von ▸ Volkhard.

Volkbert: alter deutscher männl. Vorn. (ahd. *folc* »Haufe, Kriegsschar, Volk« + ahd. *beraht* »glänzend«).

Volker, (selten:) Volkher: alter deutscher männl. Vorn. (ahd. *folc* »Haufe, Kriegsschar, Volk« + ahd. *heri* »Kriegsschar, Heer«). Der Name ist allgemein bekannt durch den ritterlichen Spielmann des Nibelungenlieds, Volker von Alzey (= Alzey in Rheinhessen). »Volker« gehört zu den beliebtesten Vornamen deutscher Herkunft im 20. Jh. ◇ Bekannte Namensträger: Volker von Collande, deutscher [Film]schauspieler und Regisseur

(20. Jh.); Volker Schlöndorff, deutscher Filmregisseur (20. Jh.); Volker Braun, deutscher Schriftsteller (20. Jh.); Volker Lechtenbrink, deutscher Sänger und Schauspieler (20. Jh.).

Volkert: männl. Vorn., Nebenform von ▸ Volkhard.

Volkhard, (auch:) Volkard, Volkart; Volkert: alter deutscher männl. Vorn. (ahd. *folc* »Haufe, Kriegsschar, Volk« + ahd. *harti, herti* »hart, kräftig, stark«).

Volkher: ▸ Volker.

Volkhild, (auch:) Volkhilde: alter deutscher weibl. Vorn. (ahd. *folc* »Haufe, Kriegsschar, Volk« + ahd. *hiltja* »Kampf«).

Volkmann: alter deutscher männl. Vorn. (ahd. *folc* »Haufe, Kriegsschar, Volk« + ahd. *man* »Mann«).

Volkmar: alter deutscher männl. Vorn. (ahd. *folc* »Haufe, Kriegsschar, Volk« + ahd. *mâri* »bekannt, berühmt, angesehen«).

Volko: männl. Vorn., verselbstständigte Kurzform von Namen, die mit »Volk-« gebildet sind.

Volkrad, (auch:) Volrat: alter deutscher männl. Vorn. (ahd. *folc* »Haufe, Kriegsschar, Volk« + ahd. *rât* »Rat, Beratung, Ratgeber«).

Volkram: alter deutscher männl. Vorn. (ahd. *folc* »Haufe, Kriegsschar, Volk« + ahd. *hraban* »Rabe«).

Volkward, (auch:) Volkwart: alter deutscher männl. Vorn. (ahd. *folc* »Haufe, Kriegsschar, Volk« + ahd. *wart* »Hüter, Schützer«).

Volkwin: alter deutscher männl. Vorn. (ahd. *folc* »Haufe, Kriegsschar, Volk« + ahd. *wini* »Freund«).

Volprecht: ▸ Volbrecht.

Volmar: männl. Vorn., jüngere Form von ▸ Volkmar.

Volrat: männl. Vorn., Nebenform von ▸ Volkrad.

Vreni: weibl. Vorn., Koseform von ▸ Verena. Eine literarische Gestalt ist die Vreni in G. Kellers Novelle »Romeo und Julia auf dem Dorfe«.

Vroni: weibl. Vorn., oberdeutsche Koseform von ▸ Veronika. Eine bekannte Operettenfigur ist die Vroni Staudinger in Fred Raymonds »Saison in Salzburg«.

Walbert: männlicher Vorname, jüngere Form von dem Vornamen Waldebert (ahd. *walt-* zu *waltan* »walten, herrschen« + ahd. *beraht* »glänzend«).

Walburg, (auch:) Walburga; Walburgis; Waldburg, Waldburga; Walpurga, Walpurgis: alter deutscher weibl. Vorn. (ahd. *walt-* zu *waltan* »walten, herrschen« + ahd. *burg* »Burg, Zufluchtstätte, Schutz«). Zu der großen Verbreitung des Namens im Mittelalter trug vor allem die Verehrung der heiligen Walpurga bei. Die heilige Walpurga war eine angelsächsische Missionarin und Äbtissin in Heidenheim bei Gunzenhausen (8. Jh.); NAMENSTAG: 25. Februar. Früher feierte man ihr Gedächtnis am 1. Mai; daher heißt die Nacht vor diesem Tage, in der nach dem Volksglauben Hexen und Geister unterwegs sind, Walpurgisnacht. Dieses Zusammentreffen ist aber rein zufällig.

Waldemar, (auch:) Woldemar: alter deutscher männl. Vorn. (ahd. *walt-* zu *waltan* »walten, herrschen« + ahd. *māri* »bekannt, berühmt, angesehen«). »Waldemar« war im Mittelalter dänischer Königsname, z. B. König Waldemar I., der Große (12. Jh.), König Waldemar IV. Atterdag (14. Jh.). Waldemar (niederdt. Woldemar) hieß auch der letzte askanische Markgraf von Brandenburg (13./14. Jh.), nach dessen Tod ein Betrüger als »falscher Woldemar« auftrat (vgl. den Roman »Der falsche Woldemar« von Willibald Alexis). Im 19. Jh. wurde der Vorname Waldemar wieder häufiger. ◇ Bekannte Namensträger: Waldemar Bonsels, deutscher Schriftsteller (19./20. Jh.); Waldemar Kmentt, österreichischer Opernsänger (20. Jh.); Waldemar Besson, deutscher Politologe (20. Jh.).

Waldo: männl. Vorn., verselbstständigte Kurzform von Namen, die mit »Wald[e]-« oder »-wald« gebildet sind.

Waldtraut: weiblicher Vorname, durch volkstümliche Anlehnung an »Wald« und »traut« entstandene Nebenform von dem Namen ▸ Waltraud.

Walfried: alter deutscher männl. Vorn. (ahd. *walt-* zu *waltan* »walten, herrschen« oder ahd. *walah* »der Welsche« + ahd. *fridu* »Schutz vor Waffengewalt, Friede«). ◇ Bekannter Namensträger: Walahfried Strabo, deutscher Dichter und Theologe (9. Jh.).

Walfriede: weibl. Vorn., weibliche Form von ▸ Walfried.

Walli, (auch:) Wally: weibl. Vorn., Kurzform von ▸ Walburg oder auch von ▸ Valerie, ▸ Valentine. Der Name war besonders im 19. Jh. beliebt. Bekannte literarische Gestalten sind die Wally in F. K. Gutzkows Roman »Wally, die Zweiflerin« (1835) und die Geierwally in dem gleichnamigen Roman von Wilhelmine v. Hillern (1875).

Walpurga, (auch:) Walpurgis: ▸ Walburg.

Walram: alter deutscher männl. Vorn. (ahd. *wal* »Kampfplatz, Walstatt« + ahd. *hraban* »Rabe«). Der Rabe war in der germanischen Mythologie mit dem Gott Odin verbunden. Er ist auch der Totenvogel. Der Name bedeutet also »Schlachtrabe, Kampfrabe«). Der Vorname Walram war im Mittelalter besonders bei rheinischen Adelsfamilien (Nassau, Limburg, Kleve) verbreitet.

¹Walt: männl. Vorn., Kurzform von Namen, die mit »Wald(e)-« oder »-wald« gebildet sind. Eine literarische Gestalt ist der Walt (hier Kurzform von Gottwalt) in Jean Pauls Roman »Flegeljahre«(1804/05).

²Walt [wɔːlt]: männl. Vorn., englische Kurzform von Walter (▸ Walter). ◇ Bekannte Namensträger: Walt Whitman, amerikanischer Dichter (19. Jh.); Walt Disney, amerikanischer Trickfilmzeichner und Filmproduzent, Erfinder der Mickymaus (20. Jh.).

Walter, (auch:) Walther: alter deutscher männl. Vorn. (ahd. *walt-* zu *waltan* »walten, herrschen« + ahd. *heri* »Kriegsschar, Heer«). Der Name Walter war im Mittelalter weit verbreitet. Er erscheint auch als Sagengestalt (der westgotische Königssohn Walther von Aquitanien; vgl. das Waltharilied). Im 19. Jh. wurde der Vorname Walter im Anschluss an die historische Dichtung neu belebt. Aus Schillers »Wilhelm Tell« sind Tells Schwiegervater Walther Fürst und Tells Sohn Walther bekannt, aus Wagners Oper »Die Meistersinger von Nürnberg« der Ritter Walter von Stolzing. ◇ Bekannte Namensträger: Walther von der Vogelweide, mittelhochdeutscher Dichter (12./13. Jh.); Walter (niederdt. Wolter) von Plettenberg, Deutschordensmeister in Livland (15./16. Jh.); Sir Walter Raleigh, englischer Seefahrer (16./17. Jh.); Walter Scott, schottischer Dichter (18./19. Jh.); Walther Rathenau, deutscher Politiker (19./20. Jh.); Walter Kollo, deutscher Operettenkomponist (19./20. Jh.); Walter von Molo, österreichisch-deutscher Schriftsteller (19./20. Jh.); Walter Gropius, deutscher Architekt (19./20. Jh.); Walter Hasenclever, deutscher Dichter (19./20. Jh.); Walter Gieseking, deutscher Pianist (19./20. Jh.); Walter Benjamin, deutscher Schriftsteller und Literaturkritiker (19./20. Jh.); Walter Jens, deutscher Schriftsteller (20. Jh.); Walter Giller, deutscher [Film]schauspieler (20. Jh.); Walter Berry, österreichischer Opernsänger (20. Jh.); Walter Kempowski, deutscher Schriftsteller (20. Jh.). Engl. Form: Walter ['wɔːltə].

Walthild, (auch:) Walthilde: alter deutscher weibl. Vorn. (ahd. *walt-* zu *waltan* »walten, herrschen« + ahd. *hiltja* »Kampf«).

Walto: männl. Vorn., verselbstständigte Kurzform von Namen, die mit »Walt-« oder »Walde-« gebildet sind.

Waltram: alter deutscher männl. Vorn. (ahd. *walt-* zu *waltan* »walten, herrschen« + ahd. *hraban* »Rabe«).

Waltraud, (auch:) Waltraut; Waldtraut; Waltrud: alter deutscher weibl. Vorn. (ahd. *walt-* zu *waltan* »walten, herrschen« + german. **Þrūþi* »Kraft, Stärke«, in althochdeutscher Zeit umgedeutet zu *trūt* »vertraut, lieb«). ◇ Bekannte Namensträgerin: Waltraud Meier, deutsche Opernsängerin (20. Jh.).

Waltrun, (auch:) Waltrune: alter deutscher weibl. Vorn. (ahd. *walt-* zu *waltan* »walten,

herrschen« + ahd. *rūna* »Geheimnis; geheime Beratung«).

Wanda: aus dem Polnischen übernommener weibl. Vorn., dessen Herkunft ungeklärt ist. Eine bekannte literarische Gestalt ist die Wanda in Gerhart Hauptmanns gleichnamigem Roman. ◇ Bekannte Namensträgerin: Wanda Landowska, polnische Cembalistin (19./20. Jh.).

Wanja: männl. Vorn., russische Koseform von Iwan (► Johannes).

Warja: weibl. Vorn., russische Koseform von Warwara (► Barbara).

Warnfried: ► Wernfried.

Wasja: männl. Vorn., russische Koseform von Wassili (► Basilius).

Wassili, (auch:) Wassilij, Wassily: aus dem Russischen übernommener männl. Vorn., russische Form von ► Basilius. ◇ Bekannter Namensträger: Wassily Kandinsky, russischer Maler (19./20. Jh.).

Wastl: männl. Vorn., oberdeutsche, besonders bayerische und österreichische Koseform von ► Sebastian.

Weda: weibl. Vorn., vielleicht verselbstständigte Kurzform von Zusammensetzungen mit »Wig-« (ahd. *wīg* »Kampf, Krieg«) oder »Widu-« (ahd. *witu* »Wald«).

Wedekind: männl. Vorn., niederdeutsche Form von ► Widukind.

Weert, (auch:) Wert: männlicher Vorname, niederdeutsch-friesische Kurzform von ► Wighard.

Weerta, (auch:) Werta: weibl. Vorn., weibliche Form von ► Weert.

Wega, (auch:) Wege: weibl. Vorn., friesische Kurzform von Namen, die auf »-wig« (ahd. *wīg* »Kampf, Krieg«) ausgehen.

Weigand: männl. Vorn., Nebenform von ► Wigand.

Weike: weiblicher Vorname, friesische Kurzform von Namen, die mit »Wig-« oder »-wig« (althochdeutsch *wīg* »Kampf, Krieg«) gebildet sind.

Weikhard: männl. Vorn., jüngere oberdeutsche Form von ► Wighard.

Welf: alter deutscher männl. Vorn. (ahd. *hwelf* »Tierjunges, junger Hund«). Der Name war im Mittelalter traditionell im deutschen Fürstenhaus der Welfen.

Welfhard: alter deutscher männl. Vorn. (ahd. *hwelf* »Tierjunges, junger Hund« + ahd. *harti, herti* »hart, kräftig, stark«).

Wellem: männl. Vorn., niederdeutsche Form von ▸ Wilhelm.

Wencke: weibl. Vorn., der in der zweiten Hälfte des 20. Jh.s durch die norwegische Schlagersängerin Wencke Myhre in Deutschland bekannt wurde, ▸ Wenke.

Wendel: männl. Vorn., Kurzform von Namen, die mit »Wendel-« gebildet sind, z. B. ▸ Wendelbert, ▸ Wendelmar. Auch häufige Form des Heiligennamens ▸ Wendelin.

Wendela, (auch:) Wendula: weibl. Vorn., weibliche Form von ▸ Wendel.

Wendelbert: alter deutscher männl. Vorn. (der erste Bestandteil gehört zum germanischen Stammesnamen der Vandalen; der zweite Bestandteil ist ahd. *beraht* »glänzend«).

Wendelburg: alter deutscher weibl. Vorn. (der erste Bestandteil gehört zum germanischen Stammesnamen der Vandalen; der zweite Bestandteil ist ahd. *burg* »Burg, Zufluchtstätte, Schutz«).

Wendelgard: alter deutscher weibl. Vorn. (der erste Bestandteil gehört zum germanischen Stammesnamen der Vandalen; der zweite Bestandteil enthält german. **gardaz* »Zaun, Einfriedung«, vgl. ahd. *garto* »Garten«). Der Name Wendelgard tritt in der Volkssage als Name einer Gräfin im Bodenseegebiet auf.

Wendelin: männl. Vorn., Koseform von Namen, die mit »Wendel-« gebildet sind, z. B. ▸ Wendelbert und ▸ Wendelmar. Zur Verbreitung des Vornamens Wendelin, besonders in Südwestdeutschland, trug die Verehrung des heiligen Wendelin bei. Der Heilige Wendelin (6./7. Jh.) lebte als Hirt und Einsiedler im Saarland (Grab im Wallfahrtsort St. Wendel); er wird als Patron der Hirten und des Viehs verehrt; NAMENSTAG: 20. Oktober. ◇ Bekannte Namensträger: Wendelin Rauch, deutscher katholischer Theologe, Erzbischof von Freiburg (19./20. Jh.); Wendelin Überzwerch (eigentlich Karl Fuß), deutscher Schriftsteller und Schüttelreimdichter (19./20. Jh.).

Wendelina, (auch:) Wendeline: weibl. Vorn., weibliche Form von ▸ Wendelin.

Wendelinus: männl. Vorn., latinisierte Form von ▸ Wendelin.

Wendelka, (auch:) Wendelke: weibl. Vorn., Koseform von Namen, die mit »Wendel-« gebildet sind.

Wendelmar: alter deutscher männl. Vorn. (der erste Bestandteil gehört zum germanischen Stammesnamen der Vandalen; der zweite

Bestandteil ist ahd. *mâri* »bekannt, berühmt, angesehen«).

Wendi: weibl. Vorn., Koseform von Namen, die mit »Wendel-« gebildet sind, z. B. ▸ Wendelgard.

Wendula: ▸ Wendela.

Wendy [wɛndɪ]: aus dem Englischen übernommener weibl. Vorn., der auf die Wendy in J. M. Barries Stück »Peter Pan« (1904) zurückgeht. Der Ursprung dieses literarischen Namens ist der Spitzname »Friendy-Wendy« (= *friend* »Freund«), den der Verfasser von einem kleinen Mädchen bekam.

Wenke: weibl. Vorn., niederdeutsche Koseform von Namen, die mit »Win-« oder »-win« (ahd. *wini* »Freund«) gebildet sind.

Wenzel: *Wenzel IV., Römischer König und König von Böhmen*

Wenzel: männl. Vorn., deutsche Kurzform von ▸ Wenzeslaus. Der Name ist bekannt durch den heiligen Wenzel, Herzog von Böhmen (10. Jh.), den tschechischen Nationalheiligen, nach dem mehrere Könige von Böhmen benannt wurden (NAMENSTAG: 28. September), und durch den deutschen König und Böhmenkönig Wenzel IV., den Sohn Kaiser Karls IV. (14./15. Jh.). Als Wenzelskrone ist die böhmische Krone bekannt. Der Name war bei den Tschechen so verbreitet, dass Johann Fischart (16. Jh.) behaupten konnte: »Behemen [heißen] Wentzel, Polen Stenzel« (▸ Stanislaus). Auch der Bube im deutschen Kartenspiel wird als Wenzel bezeichnet.

Wenzeslaus: männl. Vorn., lateinische Form von alttschech. Venceslav, tschech. Václav, dt.

Wenzel (urslaw. *vętje, poln. więcej »mehr« + urslaw. *slava »Ruhm, Ehre«).

Wera: ▸ Vera.

Wernburg: alter deutscher weibl. Vorn. (der erste Bestandteil gehört zu dem germanischen Volksnamen der Warnen, dem ein german. Wortstamm mit der Grundbedeutung »bewahren, beschirmen« zugrunde liegt; der zweite Bestandteil enthält ahd. *burg* »Burg, Zufluchtstätte, Schutz«).

Werner, (selten auch:) **Wernher:** alter deutscher männl. Vorn., jüngere Form von Warinheri, Werinher (der erste Bestandteil gehört zum germanischen Volksnamen der Warnen, dem ein german. Wortstamm mit der Grundbedeutung »bewahren, beschirmen« zugrunde liegt; der zweite Bestandteil ist ahd. *heri* »Kriegsschar, Heer«). Der Name Wern[h]er war im Mittelalter weit verbreitet. Die lokale Verehrung des heiligen Werner von Oberwesel (13. Jh.; Wernerkapelle in Bacharach) hat daran nur begrenzten Anteil; NAMENS-TAG: 18. April. Im 19. Jh. wurde der Vorname Werner durch den Einfluss verschiedener literarischer Gestalten beliebt: durch den Werner Stauffacher in Schillers »Tell«, durch den Werner von Kiburg in Uhlands »Herzog Ernst« und durch den Werner Kirchhof in

Werner: *Werner von Siemens, deutscher Ingenieur und Industrieller*

Scheffels »Trompeter von Säckingen«. ❖ Bekannte Namensträger: Bruder Wernher, mittelhochdeutscher Spruchdichter (13. Jh.); Wernher der Gartenære (der Gärtner), mittelhochdeutscher Dichter des »Meier Helmbrecht« (13. Jh.); Werner von Siemens, deutscher Ingenieur und Industrieller (19. Jh.); Werner Krauss, deutscher Schauspieler

(19./20. Jh.); Werner Bergengruen, deutscher Schriftsteller (19./20. Jh.); Werner Egk, deutscher Komponist (20. Jh.); Werner Heisenberg, deutscher Physiker (20. Jh.); Werner Finck, deutscher Kabarettist und Schriftsteller (20. Jh.); Wernher Freiherr von Braun, amerikanischer Physiker und Raketeningenieur deutscher Herkunft (20. Jh.); Werner Tübke, deutscher Maler (20. Jh.); Werner Schroeter, deutscher Regisseur (20. Jh.); Werner Herzog, deutscher [Film]regisseur und -produzent (20. Jh.).

Wernfried, (auch:) **Warnfried:** alter deutscher männl. Vorn. (der erste Bestandteil gehört zum germanischen Volksnamen der Warnen, dem ein german. Wortstamm mit der Grundbedeutung »bewahren, beschirmen« zugrunde liegt; der zweite Bestandteil ist ahd. *fridu* »Schutz vor Waffengewalt, Friede«).

Wernhard: alter deutscher männl. Vorn. (der erste Bestandteil gehört zum germanischen Volksnamen der Warnen, dem ein german. Wortstamm mit der Grundbedeutung »bewahren, beschirmen« zugrunde liegt; der zweite Bestandteil ist ahd. *harti, herti* »hart, kräftig, stark«).

Wernher: männl. Vorn., ältere Form von ▸ Werner.

Wernhild, (auch:) **Wernhilde:** alter deutscher weibl. Vorn. (der erste Bestandteil gehört zum germanischen Volksnamen der Warnen, dem ein german. Wortstamm mit der Grundbedeutung »bewahren, beschirmen« zugrunde liegt; der zweite Bestandteil ist ahd. *hiltja* »Kampf«).

Werno: männl. Vorn., Kurzform von Namen, die mit »Wern-« gebildet sind, besonders von ▸ Werner.

Wernt: männl. Vorn., Nebenform von Wirnt. Der Name geht zurück auf ahd. *wisunt, wirunt* »Wisent«.

Wert: ▸ Weert.

Werta: ▸ Weerta.

Wiard: männl. Vorn., friesische Kurzform von ▸ Wighard.

Wiba: weibl. Vorn., verselbstständigte Kurzform von Namen, die mit »Wig-« (ahd. *wīg* »Kampf, Krieg«) gebildet sind.

Wibeke, (auch:) **Wibke:** weibl. Vorn., Nebenform von ▸ Wiebke.

Wibo: männl. Vorn., verselbstständigte Kurzform von Namen, die mit »Wig-« (ahd. *wīg* »Kampf, Krieg«) gebildet sind.

Wiburg: weibl. Vorn., Nebenform von ▸ Wigburg.

Wichard, (auch:) Wichard: ▸ Wighard.

Widmar: alter deutscher männl. Vorn. (ahd. *witu* »Wald, Holz« + ahd. *māri* »bekannt, berühmt, angesehen«).

Wido, (auch:) Wito; Widu: alter deutscher männl. Vorn., Kurzform von Namen, die mit »Wid-«, »Wit-« gebildet sind, z. B. ▸ Widukind und ▸ Witold. ◇ Bekannter Namensträger: Wido II., fränkischer Herzog von Spoleto, 891–894 römischer Kaiser. Italien. Form: Guido.

Widukind, (auch:) Wedekind, Wittekind: alter deutscher männl. Vorn., mit ahd. *kind* »Kind« gebildete Koseform zu Namen mit ahd. *witu* »Wald, Holz« als erstem Bestandteil. Der Name ist vor allem durch den Sachsenführer Widukind (8./9. Jh.), den Gegner Karls des Großen, bekannt, ferner durch den sächsischen Mönch und Geschichtsschreiber Widukind von Corvey (10. Jh.).

Wiebke, (auch:) Wibke; Wibeke: weibl. Vorn., niederdeutsche und friesische Koseform von Namen, die mit »Wig-« (ahd. *wīg* »Kampf, Krieg«) gebildet sind. Dän. Form: Vibeke.

Wiegand: ▸ Wigand.

Wieka, (auch:) Wieke; Wika: weibl. Vorn., Kurzform von ▸ Ludowika und Koseform von Namen, die mit »Wig-« (ahd. *wīg* »Kampf, Krieg«) gebildet sind.

Wieland: alter deutscher männl. Vorn. (wohl zu ahd. *wēla* »[Kampf-]Gewoge« + ahd. *nand* [nur noch in Namen belegt] »kühn, wagemutig«, vgl. ahd. *nenden* »wagen«; also »kühn im Kampf«). Unter dem Einfluss der alten Sage von Wieland dem Schmied kam der Name im Mittelalter vor. Nach der Neuentdeckung dieser Sage wurde er im 19. Jh. wieder belebt. ◇ Bekannte Namensträger: Wieland Wagner, deutscher Regisseur, Enkel Richard Wagners (20. Jh.); Wieland Schmied, deutscher Kunsthistoriker (20. Jh.).

Wienand: männl. Vorn., Nebenform von ▸ Winand.

Wigand, (auch:) Wiegand: alter deutscher männl. Vorn. (ahd. *wīgant*, 1. Mittelwort zu *wīgan* »kämpfen«, also »der Kämpfende«).

Wigbald: alter deutscher männl. Vorn. (ahd. *wīg* »Kampf, Krieg« + ahd. *bald* »kühn«).

Wigbert, (auch:) Wigbrecht; Wipert, Wiprecht: alter deutscher männl. Vorn. (ahd. *wīg* »Kampf, Krieg« + ahd. *beraht* »glänzend«). Zur Verbreitung des Namens im Mittelalter

trug die Verehrung zweier Heiliger bei: des heiligen Wigbert von Fritzlar, angelsächsischer Missionar unter Bonifatius (8. Jh.), NAMENSTAG: 13. August, und des heiligen Bischofs Wigbert von Augsburg (8. Jh.), NAMENSTAG: 18. April.

Wigberta: weibl. Vorn., weibliche Form von ▸ Wigbert.

Wigbrand: alter deutscher männlicher Vorname (ahd. *wīg* »Kampf, Krieg« + ahd. *brant* »Brand«, dichterische Umschreibung für das Schwert).

Wigbrecht: alter deutscher männl. Vorn., Nebenform von ▸ Wigbert.

Wigburg, (auch:) Wigburga: alter deutscher weibl. Vorn. (ahd. *wīg* »Kampf, Krieg« + ahd. *burg* »Burg, Zufluchtstätte, Schutz«).

Wiggo, (auch:) Wigo: männl. Vorn., verselbstständigte friesische Kurzform von Namen, die mit »Wig-« (ahd. *wīg* »Kampf, Krieg«) gebildet sind.

Wighard, (auch:) Wikhard; Wichard; Weikhard: alter deutscher männl. Vorn. (ahd. *wīg* »Kampf, Krieg« + ahd. *harti, herti* »hart, kräftig, stark«).

Wiglaf, (auch:) Wiklef: alter deutscher männl. Vorn. (ahd. *wīg* »Kampf, Krieg« + asächs. *leva* »Erbe, Nachlass; Sohn, Tochter«).

Wigmar, (auch:) Wimar: alter deutscher männl. Vorn. (ahd. *wīg* »Kampf, Krieg« + ahd. *māri* »bekannt, berühmt, angesehen«).

Wigmund: alter deutscher männl. Vorn. (ahd. *wīg* »Kampf, Krieg« + ahd. *munt* »Schutz, Schützer«).

Wignand: männl. Vorn., ältere Form von ▸ Winand.

Wigo: ▸ Wiggo.

Wika: ▸ Wieka.

Wikhard: ▸ Wighard.

Wiklef: ▸ Wiglaf.

Wilbert: ▸ Willibert.

Wilbrand, (auch:) Willibrand: alter deutscher männl. Vorn. (ahd. *willio* »Wille« + ahd. *brant* »Brand«, dichterische Umschreibung für das Schwert).

Wilbrecht: ▸ Willibert.

Wilbur ['wɪlbə]: männl. Vorn. angloamerikanischer Herkunft, der auf einen Familiennamen, dessen Bedeutung ungeklärt ist, zurückgeht.

Wilburg: alter deutscher weibl. Vorn. (ahd. *willio* »Wille« + ahd. *burg* »Burg, Zufluchtstätte, Schutz«).

Wilfried: alter deutscher männl. Vorn. (ahd. *willio* »Wille« + ahd. *fridu* »Schutz vor Waffengewalt, Friede«). ✧ Bekannter Namensträger: der heilige Wilfrith, Bischof von York (7./8. Jh.), NAMENSTAG: 24. April und 12. Oktober.

Wilfriede, (auch:) Wilfrieda: weibl. Vorn., weibliche Form von ▸ Wilfried.

Wilgard: alter deutscher weibl. Vorn. (ahd. *willio* »Wille« + german. **gardaz* »Zaun, Einfriedung«, vgl. ahd. *garto* »Garten«).

Wilgund, (auch:) Wilgunde: alter deutscher weibl. Vorn. (ahd. *willio* »Wille« + ahd. *gund* »Kampf«).

Wilhard, (auch:) Willhart: alter deutscher männl. Vorn. (ahd. *willio* »Wille« + ahd. *harti, herti* »hart, kräftig, stark«).

Wilhelm: *Wilhelm Busch, deutscher Dichter und Maler: Selbstbildnis, Federzeichnung; 1894*

Wilhelm: alter deutscher männl. Vorn. (ahd. *willio* »Wille« + ahd. *helm* »Helm«). Der Name Wilhelm war im Mittelalter in ganz Europa beliebt, wobei die Gestalt des Sagenhelden Wilhelm von Orange wohl von Einfluss war. Dieser Held, der nach der Sage zur Zeit Kaiser Ludwigs des Frommen (9. Jh.) gegen die Sarazenen kämpfte, trägt viele Wesenszüge des heiligen Wilhelm von Aquitanien (8./9. Jh.), eines Heerführers unter Karl dem Großen, der als Benediktinermönch starb (NAMENSTAG: 28. Mai). Das altfranzösische Wilhelmslied ist die Quelle für Wolfram von Eschenbachs Epos »Willehalm« (13 Jh.). Aus der mittelalterlichen Geschichte ist besonders Wilhelm der Eroberer bekannt, der erste normannische König von England (11. Jh.). Der Befreier und erste Statthalter der Niederlande war Wilhem von Nassau-Dillenburg, Prinz

von Oranien (»Wihelmus van Nassouwe«; 16. Jh.). In Deutschland war der Name Wilhelm u. a. bei den Grafen und Herzögen von Jülich traditionell und ging von ihnen im 17. Jh. auf die Hohenzollern in Brandenburg-Preußen über. Auch in anderen deutschen Fürstenfamilien trat der Name Wilhelm auf, z. B. in Hessen-Kassel und in Württemberg. »Wilhelm« wurde im 19. Jh. einer der beliebtesten deutschen Vornamen, sodass die Namenwahl oft nach dem Vorbild der deutschen Kaiser und Könige von Preußen, Wilhelms I. (18./19. Jh.) und Wilhelms II. (19./20. Jh.), erfolgt sein dürfte. Auch in Verbindung mit ▸ Friedrich erscheint Wilhelm in den Namen mehrerer Hohenzollernfürsten: Friedrich Wilhelm, der Große Kurfürst (17. Jh.), und Friedrich Wilhelm I., genannt der Soldatenkönig (17./18. Jh.). Aus der Literatur ist der Name besonders bekannt durch Schillers »Wilhelm Tell« und Goethes »Wilhelm Meister«. ✧ Bekannte Namensträger: der selige Abt Wilhelm von Hirsau, Führer der deutschen Klosterreform (11. Jh.), NAMENSTAG: 5. Juli; Wilhelm III. von Oranien, König von England, Schottland und Irland (17./18. Jh.); Wilhelm Heinse, deutscher Schriftsteller (18./19. Jh.); Wilhelm von Kobell, deutscher Maler (18./19. Jh.); Wilhelm Grimm, deutscher Philologe, Sagen- und Märchenforscher (18./19. Jh.); Wilhem von Humboldt, deutscher Gelehrter und Sprachphilosoph (18./19. Jh.); Wilhelm Müller, gen. Griechen-Müller, deutscher Dichter (18./19. Jh.); Wilhelm Hauff, deutscher Schriftsteller (19. Jh.); Wilhelm Raabe, deutscher Schriftsteller (19./20. Jh.); Wilhelm Trübner, deutscher Maler (19./20. Jh.); Wilhelm Conrad Röntgen, deutscher Physiker (19./20. Jh.); Wilhelm Busch, deutscher Dichter und Maler (19./20. Jh.); Wilhelm Wundt, deutscher Philosoph und Psychologe (19./20. Jh.); Wilhelm Klemm, deutscher Schriftsteller (19./20. Jh.); Wilhelm Backhaus, deutscher Pianist (19./20. Jh.); Wilhelm Furtwängler, deutscher Dirigent (19./20. Jh.); Wilhelm Kempff, deutscher Pianist (19./20. Jh.). Als zweiter Vorname: August Wilhelm von Schlegel, deutscher Kritiker, Dichter und Philologe (18./19. Jh.); Friedrich Wilhelm Joseph von Schelling, deutscher Philosoph (18./19. Jh.). Französ. Form: Guillaume [gi'jo:m]. Engl. Form: William ['wɪljəm].

Wilhẹlma: weibl. Vorn., weibliche Form von
▸ Wilhelm.

Wilhelmịne, (auch:) Wilhelmịna: weibl. Vorn.,
weibl. Form von ▸ Wilhelm mit der seit dem
17./18. Jh. beliebten Endung -ine/-ina. Eine
bekannte literarische Gestalt ist die Berlinerin
Wilhelmine Buchholz aus Julius Stindes
Roman »Die Familie Buchholz« (1885/86).
◇ Bekannte Namensträgerinnen: Wilhelmine
Friederike Sophie, Markgräfin von Bayreuth,
Lieblingsschwester Friedrichs des Großen
(18. Jh.); Wilhelmine Schröder-Devrient,
deutsche Sängerin (19. Jh.); Wilhelmina,
Königin der Niederlande (19./20. Jh.).

Wịlibald: ▸ Willibald.

Wịlibrord: ▸ Willibrord.

Wịlja: weibl. Vorn., Kurzform von Namen, die
mit »Wil-« gebildet sind.

Wịlka: weibl. Vorn., niederdeutsche und friesische Koseform von Namen, die mit »Wil-«
gebildet sind.

Wịlko: männl. Vorn., niederdeutsche und friesische Koseform von Namen, die mit »Wil-«
oder »Willi-« gebildet sind, meist aber von
▸ Wilhelm.

Wịll: männl. Vorn., Kurzform von Namen, die
mit »Wil-« oder »Willi-« gebildet sind, meist
aber von ▸ Wilhelm. ◇ Bekannter Namensträger: Will Quadflieg, deutscher Schauspieler
(20. Jh.).

Wịlla: weibl. Vorn., weibliche Form von ▸ Will.

Wịllard: männl. Vorn., Nebenform von ▸ Wilhard.

Wịllegis: ▸ Willigis.

Wịllehad: alter deutscher männl. Vorn. (ahd.
willio »Wille« + ahd. hadu »Kampf«).

Wịllehalm: männl. Vorn., Nebenform von
▸ Wilhelm.

Wịllem: männl. Vorn., niederdeutsche und niederländische Form von ▸ Wilhelm.

Willemịna: weibl. Vorn., weibl. Form von
▸ Willem.

Wịlleram: ▸ Williram.

Wịllhart: ▸ Wilhard.

Wịlli, (auch:) Wịlly: männl. Vorn., Kurzform
von Namen, die mit »Wil-« oder »Willi-« gebildet sind, meist aber von ▸ Wilhelm. Der
Vorname kam – wohl unter englischem Einfluss – im 18. Jh. auf, wurde aber erst um
1900 Modename. ◇ Bekannte Namensträger:
Willy Birgel, deutscher [Film]schauspieler
(19./20. Jh.); Willi Baumeister, deutscher
Maler (19./20. Jh.); Willy Millowitsch, deut-

scher [Film]schauspieler (20. Jh.); Willy
Brandt, deutscher Politiker (20. Jh.); Willy
Fritsch, deutscher Filmschauspieler (20. Jh.);
Willi Daume, deutscher Sportfunktionär
(20. Jh.).

William [ˈwɪljəm]: männl. Vorn., englische
Form von ▸ Wilhelm. ◇ Bekannte Namensträger: William Shakespeare, englischer
Dichter (16./17. Jh.); William Turner, englischer Maler (18./19. Jh.); William Somerset
Maugham, englischer Schriftsteller (19./
20. Jh.).

Wịllibald, (auch:) Wịlibald: alter deutscher
männl. Vorn. (ahd. willio »Wille« + ahd. bald
»kühn«). An der Verbreitung des Namens im
Mittelalter hat die Verehrung des heiligen
Willibald (8. Jh.) Anteil. Der heilige Willibald
war ein angelsächsischer Missionar, Bruder
der heiligen ▸ Wunibald und ▸ Walburg, der
im Auftrag des heiligen Bonifatius in Bayern
predigte und Bischof von Eichstätt wurde;
NAMENSTAG: 7. Juli. ◇ Bekannte Namensträger: Willibald Pir[c]kheimer, deutscher Humanist, Ratsherr in Nürnberg (15./16. Jh.);
Willibald Alexis (eigentlich Wilhelm Häring),
deutscher Schriftsteller (18./19. Jh.). Als
zweiter Vorname: Christoph Willibald Gluck,
deutscher Komponist (18. Jh.).

Wịllibert, (auch:) Wịlbert; Wịlbrecht; Wịlpert:
alter deutscher männl. Vorn. (ahd. willio
»Wille« + ahd. beraht »glänzend«).

Wịllibrord, (auch:) Wịlibrord: männl. Vorn.
angelsächsischer Herkunft (altengl. willa
»Wille« + altengl. brord »Spitze, Speer«). Der
Vorname Willibrord geht zurück auf den heiligen Willibrord (7./8. Jh.), der als angelsächsischer Missionar Bischof von Utrecht wurde
und das Kloster Echternach in Luxemburg
gründete. Er ist Schutzpatron gegen Epilepsie. Zu seinen Ehren wird die berühmte
Echternacher Springprozession abgehalten;
NAMENSTAG: 7. November.

Wịlligis, (auch:) Wịllegis: alter deutscher
männl. Vorn. (ahd. willio »Wille« + ahd. gisal
»Geisel, Bürge, Unterpfand«). Bekannt ist
der heilige Willigis, Erzbischof von Mainz
(10./11. Jh.). Späterer Legende nach war er der
Sohn eines Wagners und soll das Rad im
Mainzer Wappen eingeführt haben; NAMENS-
TAG: 23. Februar.

Wịllimar: ▸ Wilmar.

Wịlliko: männl. Vorn., Kurzform von Namen,
die mit »Will-« gebildet sind.

Williram, (auch:) Willeram; Wilram: alter deutscher männl. Vorn. (ahd. *willio* »Wille« + ahd. *hraban* »Rabe«). ◇ Bekannter Namensträger: Williram, Abt von Ebersberg, deutscher geistlicher Dichter (11. Jh.).

Willmar: ▸ Wilmar.

Willo: männl. Vorn., Kurzform von Namen, die mit »Wil-« oder »Willi-« gebildet sind, meist aber von ▸ Wilhelm.

Willy: ▸ Willi.

Wilm: männl. Vorn., Kurzform von ▸ Wilhelm.

Wilma: weibl. Vorn., Kurzform von ▸ Wilhelma.

Wilmar, (auch:) Willmar; Willimar: alter deutscher männl. Vorn. (ahd. *willio* »Wille« + ahd. *mari* »bekannt, berühmt, angesehen«). ◇ Bekannter Namensträger: Willmar Schwabe, deutscher Apotheker und Arzneimittelfabrikant (19./20. Jh.).

Wilmine: weibl. Vorn., Weiterbildung von ▸ Wilma.

Wilmke: weibl. Vorn., Weiterbildung von ▸ Wilma.

Wilmont: männl. Vorn., der sich aus der älteren Namensform Wil(l)mund entwickelt hat (ahd. *willio* »Wille« + ahd. *munt* »Schutz, Schützer«).

Wilpert: ▸ Willibert.

Wilram: ▸ Williram.

Wilrich: alter deutscher männl. Vorn. (ahd. *willio* »Wille« + ahd. *rihhi* »Herrschaft, Herrscher, Macht; reich, mächtig, hoch«).

Wilrun: alter deutscher weibl. Vorn. (ahd. *willio* »Wille« + ahd. *rūna* »Geheimnis; geheime Beratung«).

Wiltraud, (auch:) Wiltraut: ▸ Wiltrud.

Wiltrud, (auch:) Wiltrude; Wiltraud, Wiltraut: alter deutscher weibl. Vorn. (ahd. *willio* »Wille« + german. *þrūþi* »Kraft, Stärke«, in althochdeutscher Zeit umgedeutet zu *trū* »vertraut, lieb«). Die Verehrung von zwei Äbtissinnen dieses Namens hat dazu beigetragen, dass »Wiltrud« nicht in Vergessenheit geraten ist: Wiltrude, die Witwe Herzog Bertholds von Bayern (10. Jh.), Äbtissin des von ihr gegründeten Benediktinerinnenklosters Bergen bei Neuburg a. d. Donau, NAMENSTAG: 6. Januar, und Wiltrud von Hohenwart bei Schrobenhausen; NAMENSTAG: 30. Juli.

Wim: männl. Vorn., Kurzform von ▸ Wilhelm. ◇ Bekannte Namensträger: Wim Thoelke, deutscher Showmaster (20. Jh.); Wim Wenders, deutscher Filmregisseur (20. Jh.).

Wimar: ▸ Wigmar.

Winald: alter deutscher männl. Vorn. (ahd. *wini* »Freund« + ahd. *-walt* zu *waltan* »walten, herrschen«).

Winand, (älter auch:) Wignand: alter deutscher männl. Vorn. (ahd. *wīg* »Kampf, Krieg« + ahd. *nand* [nur noch in Namen belegt] »kühn, wagemutig«, vgl. ahd. *nenden* »wagen«).

Winfried: alter deutscher männl. Vorn. (ahd. *wini* »Freund« + ahd. *fridu* »Schutz vor Waffengewalt, Friede«). Winfried (altengl. Winfrið) war der Taufname des heiligen Bonifatius (7./8. Jh.), der als angelsächsischer Missionar nach Deutschland kam. ◇ Bekannter Namensträger: Winfried Zillig, deutscher Komponist und Dirigent (20. Jh.).

Winfrieda, (auch:) Winfriede: weibl. Vorn., weibliche Form von ▸ Winfried.

Winibald: alter deutscher männl. Vorn. (ahd. *wini* »Freund« + ahd. *bald* »kühn«).

Winibert: alter deutscher männl. Vorn. (ahd. *wini* »Freund« + ahd. *beraht* »glänzend«).

Winifred: weibl. Vorn., englische Form des walisischen Namens Gwenfrewi (walisisch *gwen* »weiß, gesegnet, heilig« + *frewi* »Versöhnung«), die in Anlehnung an die altenglischen Namenbestandteile *wynn* »Freude« und *frið* »Friede« entstanden ist. Eine heilige Gwenfrewi (latinisiert Wenefreda) lebte im 7. Jh. in Wales; NAMENSTAG: 3. November. ◇ Bekannte Namensträgerin: Winifred Wagner, geb. Williams, Ehefrau von Siegfried Wagner (19./20. Jh.).

Winimar, (auch:) Winnimar: alter deutscher männl. Vorn. (ahd. *wini* »Freund« + ahd. *mari* »bekannt, berühmt, angesehen«).

Winka: weibl. Vorn., Koseform von Namen, die mit »Win-« gebildet sind.

Winnie, engl. Aussprache: ['wɪnɪ]: aus dem Englischen übernommener weibl. Vorn., Kurzform von ▸ Winifred. ◇ Bekannte Namensträgerin: Winnie Markus, österreichische [Film]schauspielerin (20. Jh.).

Winnimar: ▸ Winimar.

Winno: männl. Vorn., Kurzform von Namen, die mit »Win-« oder »-win« gebildet sind.

Winrich: alter deutscher männl. Vorn. (ahd. *wini* »Freund« + ahd. *rihhi* »Herrschaft, Herrscher, Macht; reich, mächtig, hoch«). ◇ Bekannter Namensträger: Winrich von Kniprode, Hochmeister des Deutschen Ordens in Preußen, aus niederrheinischem Adel (14. Jh.).

Wintrud, (auch:) Wintrude: alter deutscher weibl. Vorn. (ahd. *wini* »Freund« + german. **PrūÞi* »Kraft, Stärke«, in althochdeutscher Zeit umgedeutet zu *trū* »vertraut, lieb«).

Wipert, (auch:) Wiprecht: männl. Vorn., Nebenform von ▸ Wigbrecht. ◇ Bekannter Namensträger: Wiprecht von Groitzsch, sächsischer Graf, Gegner Kaiser Heinrichs V. (11./12. Jh.).

Witigo, (auch:) Witiko; Wittiko: alter deutscher männl. Vorn., Kurzform von Namen, die mit »Wid-«, »Wit-« gebildet sind. Der Name ist vor allem bekannt durch den ritterlichen Helden in A. Stifters historischem Roman »Witiko« (1865–67), der im Böhmen des 12. Jh.s spielt.

Wito: Nebenform des männlichen Vornamens ▸ Wido.

¹**Witold:** alter deutscher männl. Vorn. (ahd. *witu* »Holz, Wald« + ahd. *-walt* zu *waltan* »walten, herrschen«).

²**Witold:** männl. Vorn. polnischer Herkunft, der auf litauisch Vytautas, den Namen des ersten christlichen Großfürsten von Litauen (14./15. Jh.), zurückgeht. ◇ Bekannte Namensträger: Witold Lutosławski, polnischer Komponist (20. Jh.); Witold Gombrowicz, polnischer Schriftsteller (20. Jh.).

Witta: weibl. Vorn., Nebenform von Wieta, einer friesischen Kurzform ungeklärter Herkunft (angelehnt an niederdt. *witt* »weiß«). ◇ Bekannte Namensträgerin: Witta Pohl, deutsche [Film]schauspielerin (20. Jh.).

Wittekind: männl. Vorn., Nebenform von ▸ Widukind.

Wittiko: ▸ Witigo.

Wladimir, (auch:) Vladimir; Wladimir: aus dem Russischen übernommener männl. Vorn. (altrussisch Volodiměrъ; der erste Bestandteil gehört zu kirchenslaw. *vlad-* »Macht«; der zweite Bestandteil ist urverwandt mit ahd. *māri* »bekannt, berühmt, angesehen« in Namen wie ▸ Dietmar, ▸ Waldemar, er wurde aber im Russischen volksetymologisch an russ. *mir* »Friede« angelehnt). Eine bekannte literarische Gestalt ist der Wladimir in Samuel Becketts Schauspiel »Warten auf Godot«. ◇ Bekannte Namensträger: Wladimir I., der Heilige, Großfürst von Kiew (9./10. Jh.), NAMENSTAG. 15. Juli; Wladimir Majakowskij, russischer Schriftsteller (19./ 20. Jh.); Vladimir Nabokov, russischamerikanischer Schriftsteller (19./20. Jh.);

Vladimir Horowitz, amerikanischer Pianist russischer Herkunft (20. Jh.).

Woldemar: männl. Vorn., niederdeutsche Form von ▸ Waldemar.

Wolf, (auch:) Wulf: alter deutscher männl. Vorn., Kurzform von Namen, die mit »Wolf-« gebildet sind, besonders von ▸ Wolfgang. Der Name des Raubtiers konnte aber in alter Zeit auch unmittelbar zum Männernamen werden: Der Wolf war ein Sinnbild des Kriegers (vgl. dazu auch die Vornamen ▸ Wolfgang und ▸ Wolfram). »Wolf« kommt oft auch in Verbindung mit anderen Namen vor, z. B. mit

Wolf: *Wolf Biermann, deutscher Schriftsteller und Liedermacher*

Dietrich (▸ Wolfdietrich). ◇ Bekannte Namensträger: Wolf Heinrich Graf von Baudissin, deutscher Schriftsteller und Übersetzer (18./19. Jh.); Wolf Albach-Retty, österreichischer [Film]schauspieler (20. Jh.); Wolf von Niebelschütz, deutscher Schriftsteller (20. Jh.); Wolf Biermann, deutscher Schriftsteller und Liedermacher (20. Jh.); Wolf Wondratschek, deutscher Dichter (20. Jh.).

Wolfbert: alter deutscher männl. Vorn. (ahd. *wolf* »Wolf« + ahd. *beraht* »glänzend«).

Wolfdieter: männl. Vorn., Doppelform aus ▸ Wolf und ▸ Dieter.

Wolfdietrich, (auch:) Wulfdietrich: männl. Vorn., Doppelform aus ▸ Wolf und ▸ Dietrich. Bekannt ist die Gestalt des Sagenhelden Wolfdietrich, die zuerst in einem mittelhochdeutschen Volksepos des 13. Jh.s überliefert ist, aber ursprünglich in die Merowingerzeit gehört. ◇ Bekannter Namensträger: Wolfdietrich Schnurre, deutscher Schriftsteller (20. Jh.).

Wolfgang: alter deutscher männl. Vorn. (ahd. *wolf* »Wolf« + ahd. *ganc* »Gang« mit der Bedeutung »Wolfsgänger«, d. h. Krieger in Tierverkleidung). Der Name Wolfgang war im Mittelalter besonders in Süddeutschland und Österreich verbreitet durch die Verehrung des heiligen Wolfgang; NAMENSTAG: 31. Oktober. Der heilige Wolfgang wurde als Benediktinermönch im 10. Jh. Bischof von Regensburg und war der Erzieher Kaiser Heinrichs II. Nach späterer Legende soll er zeitweise am Abersee (St.-Wolfgang-See) im Salzkammergut als Einsiedler gelebt haben. Er gehört als Patron der Hirten und Zimmerleute und als Wetterheiliger zu den vierzehn Nothelfern. Mit der Wallfahrt nach St. Wolfgang sind viele Volksbräuche verbunden. In der Neuzeit wurde »Wolfgang« u. a. als Vorname von Wolfgang Amadeus Mozart (18. Jh.) und Johann Wolfgang Goethe (18./19. Jh.) beliebt. ◇ Bekannte Namensträger: Wolfgang Menzel, deutscher Schriftsteller und Kritiker (18./19. Jh.); Wolfgang Liebeneiner, österreichischer Filmregisseur (20. Jh.); Wolfgang Staudte, deutscher Filmregisseur (20. Jh.); Wolfgang Koeppen, deutscher Schriftsteller (20. Jh.); Wolfgang Fortner, deutscher Komponist (20. Jh.); Wolfgang Schneiderhan, österreichischer Violinist (20. Jh.); Wolfgang Wagner, deutscher Regisseur (20. Jh.); Wolfgang Borchert, deutscher Dichter (20. Jh.); Wolfgang Sawallisch, deutscher Dirigent (20. Jh.); Wolfgang Neuss, deutscher Kabarettist und [Film]schauspieler (20. Jh.); Wolfgang Windgassen, deutscher Opernsänger (20. Jh.); Wolfgang Graf Berghe von Trips, deutscher Autorennfahrer (20. Jh.); Wolfgang Joop, deutscher Modeschöpfer und Designer (20. Jh.); Wolfgang Leonhard, deutscher Publizist (20. Jh.); Wolfgang Petersen, deutscher Filmregisseur (20. Jh.).

Wolfger: alter deutscher männl. Vorn. (ahd. *wolf* »Wolf« + ahd. *gēr* »Speer«). Aus der mittelalterlichen Literaturgeschichte ist Bischof Wolfger von Passau bekannt (12./13. Jh.), der Gönner Walthers von der Vogelweide.

Wolfgerd: männlicher Vorname, Doppelform aus ► Wolf und Gerd (Kurzform von ► Gerhard).

Wolfgünter, (auch:) Wolfgünther: männl. Vorn., Doppelform aus ► Wolf und ► Günter.

Wolfhard, (auch:) Wolfhart: alter deutscher männl. Vorn. (ahd. *wolf* »Wolf« + ahd. *harti,*

herti »hart, kräftig, stark«). Zur Verbreitung des Namens im Mittelalter trug die Verehrung des heiligen Wolfhard von Augsburg bei, der als Klausner bei Verona lebte (11./12. Jh.); NAMENSTAG: 27. April. Eine bekannte Gestalt der deutschen Heldensage ist Meister Hildebrands Neffe Wolfhart im Nibelungenlied. ◇ Bekannter Namensträger: Wolfhart Spangenberg, deutscher Dramatiker und Satiriker (16./17. Jh.).

Wolfheinrich: männl. Vorn., Doppelform aus ► Wolf und ► Heinrich.

Wolfhelm: alter deutscher männl. Vorn. (ahd. *wolf* »Wolf« + ahd. *helm* »Helm«).

Wolfhorst: männl. Vorn., Doppelform aus ► Wolf und ► Horst.

Wolfjürgen: männl. Vorn., Doppelform aus ► Wolf und ► Jürgen.

Wolfmar: alter deutscher männl. Vorn. (ahd. *wolf* »Wolf« + ahd. *māri* »bekannt, berühmt, angesehen«).

Wolfrad, (auch:) Wolrad: alter deutscher männlicher Vorname (althochdeutsch *wolf* »Wolf« + althochdeutsch *rāt* »Rat, Beratung, Ratgeber«).

Wolfram: alter deutscher männl. Vorn. (ahd. *wolf* »Wolf« + ahd. *hraban* »Rabe«; Wolf und Rabe spielen in der germanischen Mythologie eine Rolle). Zur Verbreitung des Namens im Mittelalter trug auch die Verehrung des heiligen Wulfram (7. Jh.) bei. Der heilige Wulfram war Erzbischof von Sens (Frankreich) und Missionar in Friesland; NAMENSTAG: 20. März. Aus dem deutschen Mittelalter ist besonders der mittelhochdeutsche Dichter Wolfram von Eschenbach bekannt, der Verfasser der epischen Dichtungen »Parzival«, »Willehalm« und »Titurel«. ◇ Bekannte Namensträger: Wolfram von den Steinen, deutscher Historiker (19./20. Jh.); Horst Wolfram Geißler, deutscher Schriftsteller (19./20. Jh.).

Wolfried, (auch:) Wolfrid: alter deutscher männl. Vorn. (ahd. *wolf* »Wolf« + ahd. *fridu* »Schutz vor Waffengewalt, Friede«).

Wolfrun: alter deutscher weibl. Vorn. (ahd. *wolf* »Wolf« + ahd. *rūna* »Geheimnis; geheime Beratung«).

Wolpert: männl. Vorn., Nebenform von ► Walbert.

Wolrad: männlicher Vorname, Nebenform von ► Wolfrad. Der Name kommt in Hessen vor und ist traditionell beim waldeckischen Adel.

Wolter: männl. Vorn., niederdeutsche Form von ▸ Walter.

Wulf: alter deutscher männl. Vorn., Nebenform von ▸ Wolf. Hierzu gehört als westgotische Koseform der Name des Bischofs Wulfila (4. Jh.), des Schöpfers der gotischen Bibelübersetzung.

Wulfbert: männl. Vorn., Nebenform von ▸ Wolfbert.

Wulfdietrich: männl. Vorn., Nebenform von ▸ Wolfdietrich.

Wulfger: männl. Vorn., Nebenform von ▸ Wolfger.

Wunibald, (auch:) Wunnibald: alter deutscher männlicher Vorname (althochdeutsch *wunn[i]a* »Verlangen, Lust, Wonne« + althochdeutsch *bald* »kühn«). Der Vorname geht zurück auf den heiligen Wunibald (8. Jh.), der als angelsächsischer Missionar besonders in Thüringen und der Oberpfalz wirkte. Er war der Bruder der heiligen ▸ Willibald und ▸ Walburg; NAMENSTAG: 15. Dezember.

Wunnibert: alter deutscher männlicher Vorname (althochdeutsch *wunn[i]a* »Verlangen, Lust, Wonne« + althochdeutsch *beraht* »glänzend«).

Wunna: weibl. Vorn., verselbstständigte Kurzform von Namen, die mit »Wuni-« gebildet wurden.

Xander: männl. Vorn., Kurzform von ▸ Alexander.

Xaver, (auch:) Xaverius: männlicher Vorname, eigentlich der verselbstständigte Beiname des heiligen Franz Xaver (Franciscus Xaverius). Der heilige Franz Xaver (16. Jh.) heißt ursprünglich nach seinem Geburtsort, dem Schloss Xavier (heute: Javier) in Navarra (Spanien). Er gehört zu den Gründern des Jesuitenordens und wirkte als Apostel in Indien und Japan; NAMENSTAG: 3. Dezember. Der Vorname [Franz] Xaver war und ist besonders in Bayern gebräuchlich. ✧ Bekannte Namensträger: Franz Xaver von Baader, deutscher Philosoph (18./19. Jh.); Franz Xaver Gabelsberger, deutscher Stenograph (18./19. Jh.); Franz Xaver Kroetz, deutscher Schriftsteller, Dramatiker und Schauspieler (20. Jh.).

Xaveria: weiblicher Vorname, weibliche Form von den Vornamen ▸ Xaver oder Xaverius.

Xaverius: männl. Vorn., Latinisierung von ▸ Xaver.

Xenia: weiblicher Vorname, der auf einen spätrömischen Personennamen griechischen Ursprungs (Xenius, Xenia zu griech. *xénios* »gastlich, gastfreundlich«) zurückgeht.

Xaver: *Franz Xaver Kroetz, deutscher Schriftsteller und Schauspieler*

Xenja: weibl. Vorn., russische Kurzform von Polyxenia (griech. *polý xénios* »sehr gastfreundlich«).

Y

Yannick, (auch:) Yannik; Yannic: männl. Vorn., bretonische Koseform von ¹Jean (▸ Johannes). Der Vorname wurde in Deutschland durch den französischen Tennisspieler Yannick Noah (20. Jh.) bekannt.

Yasmin, (auch:) Yasmina: weibl. Vorn., Nebenform von ▸ Jasmin.

Yola: weiblicher Vorname, Kurzform von ▸ Yolanthe.

Yolande, (auch:) Yolanda: weibl. Vorn., Nebenform von ▸ Iolanthe.

Yolanthe, (auch:) Yolantha: weibl. Vorn., Nebenform von ▸ Iolanthe.

Yorick: ▸ York.

York, (auch:) Yorick: männl. Vorn., dänische Form von ▸ Georg. Bekannt ist der Name besonders in der englischen Form Yorick durch den königlichen Spaßmacher Yorick in Shakespeares Tragödie »Hamlet, Prinz von Dänemark«. Eine weitere literarische Gestalt ist der Yorick in L. Sternes Erzählung »Eine empfindsame Reise durch Frankreich und Italien« (1768).

Yves, (auch:) Ives [i:v]: männl. Vorn., französische Form von ▸ Ivo. Der Vorname ist in Frankreich beliebt. ◇ Bekannte Namensträger: Yves Tanguy, amerikanischer Maler französischer Herkunft (20. Jh.); Yves Montand, französischer [Film]schauspieler und Sänger (20. Jh.); Yves [Mathieu] Saint Laurent, französischer Modeschöpfer (20. Jh.); Yves Klein, französischer Künstler (20. Jh.).

Yves: *Yves Montand, französischer Schauspieler und Sänger*

Yvette, (auch:) Ivette [i'vɛt]: aus dem Französischen übernommener weibl. Vorn., weibliche Form von ▸ Yves.

Yvon [i'võ]: männl. Vorn., französische Form von ▸ Ivo.

Yvonne, (auch:) Ivonne [i'vɔn]: aus dem Französischen übernommener weiblicher Vorname, weibliche Form von Yvon (▸ Ivo). Eine bekannte literarische Gestalt ist z. B. die Yvonne in M. Lowrys Roman »Unter dem Vulkan«.

Z

Zacharias: aus der Bibel übernommener männl. Vorn. (griechische Form von hebr. Sacharja/Secharja »Jahwe hat sich erinnert«). Der Vorname Zacharias geht zurück auf den Vater Johannes' des Täufers und Gemahl der biblischen heiligen Elisabeth. Nach dem Neuen Testament wurde er wegen seines Zweifels an der Engelsbotschaft, die ihm die Geburt eines Sohnes ankündigte, mit Stummheit bestraft und gewann erst nach der Geburt des Johannes die Sprache wieder; NAMENSTAG: 5. November. ◇ Bekannter Namensträger: Zacharias Werner, deutscher Dramatiker (18./19. Jh.).

Zacharias:
Zacharias Werner, deutscher Dramatiker

Zarah: ▶ Sarah.

Zäzilie, (auch:) Zäzilia: ▶ Cäcilie.

Zdenka: weibl. Vorn., weibliche Form von ▶ Zdenko.

Zdenko: männl. Vorn., slowakische Koseform von ▶ Sidonius. ◇ Bekannter Namensträger: Zdenko von Kraft, österreichischer Schriftsteller (19./20. Jh.).

Zella, (auch:) Cella: weibl. Vorn., Kurzform von ▶ Marzella.

Zeno, (auch:) Zenon: männl. Vorn. griechischen Ursprungs (griech. Zénōn, wahrscheinlich Kurzform von griechischen Männernamen wie Zēnódotos »Geschenk des Zeus«). Den Namen Zenon trugen verschiedene griechische Philosophen (Zenon von Elea, 5. Jh. v. Chr.; Zenon von Kition, Begründer der stoischen Schule, 4./3. Jh. v. Chr.) und der oströmische Kaiser Zeno[n] (5. Jh. n. Chr.). Auf die Vornamengebung hat vor allem der heilige Bischof Zeno von Verona (4. Jh.) eingewirkt, der auch in Bayern, in Tirol und am Bodensee verehrt wird; NAMENSTAG: 12. April. Eine bekannte literarische Gestalt ist der Zeno Cosini aus dem gleichnamigen Roman von Italo Svevo (20. Jh.).

Zenta: weibl. Vorn., Kurzform von ▶ Crescentia und von Vinzenta (▶ Vinzentia).

Zenz: männl. Vorn., Kurzform von ▶ Vinzenz.

Zenzi: weibl. Vorn., oberdeutsche Kurzform von ▶ Crescentia oder ▶ Innozentia.

Zilia: ▶ Cilia.

Zilla, (auch:) Cilla: weibl. Vorn., Kurzform von ▶ Zäzilie, Zäzilia.

Zilli: ▶ Cilli.

Zippora, (auch:) Zipporah; Sephora: aus der Bibel übernommener weibl. Vorn. hebräischen Ursprungs (»Vogel«). Nach der Bibel war Zippora die Frau des Mose.

Ziska: weibl. Vorn., Kurzform von ▶ Franziska.

Zissi, (auch:) Cissi: weibl. Vorn., Koseform von ▶ Franziska.

Zita: aus dem Italienischen übernommener weibl. Vorn., der wahrscheinlich auf das italienische Wort *zita* »Mädchen« zurückgeht. Zur Verbreitung des Namens hat die Verehrung der heiligen Zita beigetragen, die im 13. Jh. als Dienstmagd in Lucca (Toskana) lebte; sie wird als Schutzpatronin der Dienstboten und Hausangestellten verehrt; NAMENSTAG: 17. April. Nach ihr heißt die

Kaiserin Zita von Österreich, geborene Prinzessin von Bourbon-Parma (19./20. Jh.). Der Vorname Zita kann auch als Kurzform von ▸ Felizitas auftreten.

Zoe: weibl. Vorn. griechischen Ursprungs (griech. *zōé* »Leben«). Aus der Geschichte ist die byzantinische Kaiserin Zoe (10./11. Jh.) bekannt, die nacheinander mit drei Kaisern verheiratet war.

Zölestin, (auch:) Zölestinus; Cölestin, Cölestinus: männl. Vorn. spätlateinischen Ursprungs (lat. coelestinus, Erweiterung zu coelestis »himmlisch«, zu caelum, coelum »Himmel«). ◇ Bekannte Namensträger: die heiligen Päpste Cölestin I. († 432), NAMENSTAG: 6. April, und Cölestin V. (13. Jh.), NAMENSTAG: 19. Mai.

Zölestine, (auch:) Cölestine, Cölestina: weibl. Vorn., weibliche Form von ▸ Zölestin.

Zoltán ['zolta:n]: männl. Vorn. ungarischer Herkunft (»Sultan«). ◇ Bekannte Namensträger: Zoltán Kodály, ungarischer Komponist (19./20. Jh.); Zoltan Fábri, ungarischer Filmregisseur (20. Jh.).

Zora: weibl. Vorn. slowenischer, serbischer oder kroatischer Herkunft (Zora ['zɔrá] »Morgenröte«). Eine literarische Gestalt ist die Zora in dem Jugendbuch »Die rote Zora« von Kurt Held.

Zwanette, (auch:) Zwannette: weiblicher Vorname, friesische Koseform von ▸ Schwanhild.

Zyprianus, (auch:) Zyprian: ▸ Cyprianus.

Zyriakus, (auch:) Zyriak: ▸ Cyriacus.

Abkürzungsverzeichnis

ahd.	althochdeutsch
altengl.	altenglisch
altdän.	altdänisch
altfranzös.	altfranzösisch
altgriech.	altgriechisch
altisländ.	altisländisch
altnord.	altnordisch
altsächs.	altsächsisch
altschwed.	altschwedisch
alttschech.	alttschechisch
altwestnord.	altwestnordisch
Anf.	Anfang
arab.	arabisch
asächs.	altsächsisch
Bd.	Band
dän.	dänisch
dgl.	dergleichen
d. h.	das heißt
d. i.	das ist
dt.	deutsch
eigtl.	eigentlich
engl.	englisch
ev.	evangelisch
evtl.	eventuell
französ.	französisch
gäl.	gälisch
german.	germanisch
got.	gotisch
griech.	griechisch
hd.	hochdeutsch
hebr.	hebräisch
Hrsg./hrsg.	Herausgeber/herausgegeben
i. J.	im Jahre
isländ.	isländisch
italien.	italienisch
Jh.	Jahrhundert
Kap.	Kapitel

kelt.	keltisch
lat.	lateinisch
männl.	männlich
mhd.	mittelhochdeutsch
mittelengl.	mittelenglisch
mittellat.	mittellateinisch
mundartl.	mundartlich
n. Chr.	nach Christi Geburt
neugriech.	neugriechisch
neulat.	neulateinisch
nhd.	neuhochdeutsch
niederdt.v	niederdeutsch
niederländ.	niederländisch
norweg.	norwegisch
o. O.	ohne Ort
poln.	polnisch
röm.	römisch
rumän.	rumänisch
runendän.	runendänisch
russ.	russisch
S.	Seite
schwed.	schwedisch
schweiz.	schweizerisch
span.	spanisch
spätgriech.	spätgriechisch
St.	Sankt
südl.	südlich
tschech.	tschechisch
türk.	türkisch
u. a.	und andere; unter anderem
ungar.	ungarisch
urslaw.	urslawisch
v. Chr.	vor Christi Geburt
vgl.	vergleiche
Vorn.	Vorname
weibl.	weiblich
weißruss.	weißrussisch
z. B.	zum Beispiel
z. T.	zum Teil
†	gestorben

Bei der Umschrift griechischer Buchstaben
steht $\bar{e}$ für η und $\bar{o}$ für ω.

Namenwahl leicht gemacht
Beliebte weibliche Vornamen *

Alexandra
Alina/Aline
Amelia/Amelie/Amélie
Andrea
Anja
Anna/Anne
Annika
Antonia
Beatrice
Bettina
Bianca/Bianka
Carina
Carolin/Carolina/
   Caroline
Cathrin
Celina/Céline
Charlotte
Christiana/Christiane
Christin/Christina/
   Christine
Cindy
Claudia
Cori(n)na
Dana
Daniela
Denise
Désirée
Diana
Dominique
Doreen
Elena
Elisa
Elisabeth
Evelyn
Eva
Franziska
Friederike

Hanna(h)
Helene
Henriette
Isabel/Isabella
Jacqueline
Jana
Janina
Jasmin/Jasmina
Jeannine
Jennifer
Jenny
Jessica
Johanna
Josephine
Judith
Julia
Juliana/Juliane
Karolin/Karolina/
   Karoline
Katharina
Kat(h)rin
Katja
Kristin/Kristina/
   Kristine
Lara
Laura
Lea
Lena
Liesa
Leonie
Linda
Lisa
L(o)uisa/L(o)uise
Lydia
Madeleine/Madeline
Mandy
Maria/Marie

Melanie
Michaela/Michelle
Miriam/Mirjam
Nadine
Nancy
Nat(h)alie
Nicole/Nicola
Nina
Nora
Patrizia
Paula/Pauline
Rebecca
Sabrina
Sandra
Sara(h)
Saskia
Selina
Sofie/Sophia/Sophie
Stefanie/Stephanie
Susan/Susanna/
   Susanne
Svenja
Tanja
T(h)eresa/T(h)erese
Tina
Ulrike
Vanessa
Verena
Victoria/Viktoria
Vivien
Yvonne

* Diese Liste enthält
nur eine Auswahl
gegenwärtig beliebter
Vornamen, sie erhebt
keinen Anspruch auf
Vollständigkeit.

Namenwahl leicht gemacht
Beliebte männliche Vornamen*

Adrian
André / Andreas
Alexander
Armin
Bastian
Benedikt
Benjamin
Björn
Christian
Christof / Christoph
Christoffer /
  Christopher
Clemens
Daniel
David
Dennis
Dominic / Dominik
Elias
Eric / Erik
Fabian
Felix
Finn
Florian
Frank
Franz
Fynn
Hannes
Jacob / Jakob
Jan
Jannick / Jannik
Jens
Jeremias / Jeremy
Jerome
Johannes
Jonas
Jonathan
Jörg

Jos(c)hua
Julian
Kai / Kay
Kevin
Kilian
Konstantin
Kristof
Kristoffer
Leon
Lennart
Leon(h)ard
Luca / Lucas / Lukas
Malte
Manuel
Marc
Marcel
Marco / Marcus
Mario
Mark / Marko / Markus
Martin
Marvin
Matthias
Max
Maximilian
Michael / Michel
Moritz
Nicki
Niclas
Nico
Nicolas
Niels
Niklas
Nikolai
Nikolaus
Oliver
Pascal
Patrick

Paul
Peter
Philipp
Raoul
René
Ricardo
Richard
Robert
Robin
Ronny
Sascha
Sebastian
Simon
Stefan / Steffen
Stephan
Steve
Steven
Sven
Thomas
T(h)orsten
Tim(m)
Tobias
Tom
Tommy
Toni
Vincent
Yannick / Yannik

* Diese Liste enthält
nur eine Auswahl
gegenwärtig beliebter
Vornamen, sie erhebt
keinen Anspruch auf
Vollständigkeit.

Verzeichnis weiblicher Vornamen

A

Aalke	Aglae	Alfredina	Almut
Aaltien	Aglaia	Algund	Aloisa
Aaltje	Agnes	Alheid	Alrun
Abelena	Agnesa	Alice	Altje
Abelke	Agneta	Alicia	Altraud
Abigail	Agnette	Alida	Alwine
Ada	Agnita	Alina	Amalie
Adalberta	Aida	Alinde	Amanda
Adalie	Aila	Alisa	Amarante
Adda	Aileen	Alischa	Amaryllis
Addie	Ailina	Alison	Amata
Adela	Aimée	Alissa	Amber
Adelaide	Aischa	Alix	Ambrosia
Adele	Alba	Alja	Ambrosina
Adelena	Alberta	Alkandra	Amei
Adelgard	Albertina	Alke	Amelia
Adelgunde	Albina	Alkje	Amélie
Adelheid	Alda	Allegra	Amely
Adelhilde	Aldina	Allmut	Ämilia
Adelia	Aleid	Alma	Amina
Adelina	Aleka		
Adelinde	Alena		
Adeline	Alenka		
Adeltraud	Alessa		
Adina	Alessandra		
Adolfa	Alessia		
Adolfine	Aletta		
Adriana	Alexa		
Adrienne	Alexandra		
Ady	Alexandrine		
Afra	Alexia		
Agathe	Alfa		
Agda	Alfonsa		
Aggie	Alfonsina		
Agi	Alfreda		

Anmerkung: In den Namenverzeichnissen sind alle im Lexikonteil behandelten Namengrundformen enthalten. Über diese Grundformen kann man leicht die zugehörigen Namenvarianten in den entsprechenden Artikeln des Lexikonteils finden. Insbesondere wurden rein orthographische Varianten (z. B. *Addie* und *Addy*) nicht aufgenommen. Varianten, die im Alphabet voneinander entfernt stehen (z. B. *Carolin* und *Karolin*, *Liesa* und *Lisa*) erscheinen dagegen. Ebenfalls aufgenommen wurden Varianten, die sich in der Aussprache unterscheiden (z. B. *Martina* und *Martine* [mar'tin]). Dagegen sind die bei weiblichen Namen häufigen Varianten auf -*a* und -*e* (z. B. *Adelina/Adeline*) nicht durchgehend im Verzeichnis enthalten.

Amira	Anne	Aranka	Bärbel
Amke	Änne	Arantxa	Barbi
Amöna	Annedore	Arendje	Bea
Amrei	Annegret	Areta	Beate
Amy	Annekathrin	Ariadne	Beatrice
Ana	Anneke	Ariane	Beatrix
Anabel	Annelene	Arianka	Becky
Anahita	Anneli	Arianna	Beke
Anais	Anneliese	Arietta	Bele
Anastasia	Annelina	Arleen	Belinda
Andina	Annelise	Arlette	Bella
Andra	Annelore	Arline	Benedetta
Andrea	Annelotte	Armelle	Benedikta
Andreana	Annely	Armgard	Benigna
Andrée	Annemarie	Armida	Benita
Anemone	Annemarte	Arnhild	Berendine
Angela	Annemie	Arnolda	Berenike
Angèle	Annemieke	Arnoldina	Bergit
Angelika	Annerieke	Asgard	Berit
Angelina	Annerose	Ashley	Berna
Angélique	Anneruth	Asja	Bernadette
Angie	Annetraude	Aspasia	Bernadina
Anica	Annette	Assja	Bernarda
Aniela	Anni	Assunta	Bernardina
Anissa	Annik	Asta	Bernharde
Anita	Annika	Astrid	Bernhardine
Anitra	Annina	Athanasia	Bernhild
Anja	Annkathrin	Athena	Berta
Anjuli	Annkristin	Audrey	Berthild
Anjuscha	Annsophie	Auguste	Bertina
Anjuta	Annunziata	Augustine	Beryl
Anka	Anouk	Aurelia	Bess
Anke	Ansgard	Aurica	Bessy
Ann	Anthea	Aurora	Betsy
Anna	Antina	Ava	Betta
Annabella	Antje	Ayla	Bette
Annakathrin	Antoinette	Ayleen	Betti
Annalena	Antonella	Azalee	Bettina
Annaliesa	Antonetta		Betty
Annaluise	Antonia	**B**	Beverley
Annamaria	Antonietta		Bianca
Annarosa	Antonina	Babette	Bibiana
Annasophia	Anuschka	Balbina	Biggi
Ännchen	Apollonia	Barb	Bilke
Annchristin	Arabella	Barbara	Bille

Billie
Bine
Birgit
Birgitta
Birke
Birte
Biruta
Blanca
Blanche
Blanda
Blandine
Blanka
Bo
Bodil
Borghild
Bothild
Branka
Brenda
Bridget
Brigida
Brigitte
Bringfriede
Brinja
Brit
Britta
Bronja
Bruna
Brunhild
Bruni
Burga
Burgel
Burghild
Burglind
Burgunde

Cäcilie
Camilla
Candida
Candy
Cajetana
Cara
Carda
Careen

Caren
Carina
Caritas
Carla
Carleen
Carlina
Carlota
Carlotta
Carmela
Carmen
Carol
Carola
Carolin
Carolina
Carolyn
Carrie
Carsta
Cassandra
Catalina
Catarina
Caterina
Cathérine
Catherine
Cathleen
Cathrin
Catina
Catriona
Cay
Cécile
Cecilia
Cecily
Celia
Celina
Cella
Centa
Chantal
Charis
Charitas
Charleen
Charlie
Charline
Charlotte
Charmaine
Chelsea
Cheryl

Chiara
Chloe
Chlorinde
Chris
Christa
Christel
Christella
Christelle
Christhild
Christiane
Christien
Christin
Christine
Christl
Cilia
Cilla
Cilli
Cinderella
Cindy
Cinja
Cinzia
Cissi
Claire
Clara
Cläre
Clarissa
Clarita
Claude
Claudia
Claudine
Clea
Clelia
Clementine
Cleo
Clio
Clivia
Cölestine
Coletta
Colette
Colleen
Concetta
Connie
Conradina
Constance
Constanze

Consuelo
Cora
Coralie
Cordelia
Cordula
Corinna
Cornelia
Cornell
Corona
Cosima
Crescentia
Creszenz
Cristina
Cynthia

Dafne
Dagmar
Dagny
Dahlia
Daisy
Dajana
Dalia
Dalila
Damaris
Dana
Dania
Danica
Danice
Daniela
Daniella
Danielle
Danitza
Danja
Danuta
Dany
Daphne
Dara
Daria
Darja
Darleen
Davida
Davidia
Davina

Dayana	Dorkas	Elgin	Engel
Debbie	Dorle	Eliana	Enna
Debora	Dorota	Eliane	Enrica
Debra	Dorothea	Éliette	Erdmute
Deda	Dorothy	Elina	Erika
Deike	Dorrit	Elinor	Erma
Deirdre	Dorte	Elisa	Ermelind
Dela	Dörte	Elisabeth	Ermengard
Delfina	Dortje	Elisabetha	Ermgard
Delia	Dunja	Elisabetta	Erminia
Deliane		Elise	Erna
Delphina		Eliza	Ernesta
Denise		Elizabeth	Ernestine
Desdemona		Elke	Erwine
Désirée	Ebba	Ella	Esmeralda
Diana	Edda	Ellen	Esta
Diandra	Edel	Ellengard	Estella
Dianne	Edelgard	Elli	Estelle
Diemut	Edeltraud	Ellinor	Esther
Dieta	Edina	Elly	Estrella
Dietburg	Edith	Elma	Estrid
Dietgard	Editha	Elna	Etelka
Dietgund	Edna	Élodie	Ethel
Diethild	Edwine	Elrike	Etta
Dietlind	Effi	Elsa	Eugenie
Dietrun	Ehrengard	Elsabe	Eugénie
Dina	Ehrentraud	Elsbe	Eulalia
Dionysia	Eike	Elsbeth	Euphemia
Diotima	Eila	Else	Ev
Ditta	Eileen	Elsi	Eva
Djamila	Eilika	Elske	Evamaria
Dolly	Eilke	Elsmarie	Eve
Dolores	Eka	Elsy	Evelin
Domenika	Élaine	Elvira	Evelina
Dominika	Elda	Elwine	Evelyn
Dominique	Eldrid	Emanuela	Evi
Donata	Eleanor	Emerentia	Evita
Dora	Elena	Emerenz	Eyleen
Doreen	Eleonore	Emilie	
Dorena	Elfgard	Emily	
Dorette	Elfi	Emina	
Dorina	Elfriede	Emma	
Doris	Elfrun	Emmeline	
Dorit	Elga	Emmi	
Dorita	Elgard	Ena	Fabia
			Fabiane
			Fabienne

Fabiola	Fleur	Frohild	Gerhild
Fabrizia	Fleurette	Frolinde	Gerit
Fanni	Flora	Fulvia	Gerke
Farah	Florence		Gerlinde
Farhild	Florentia		Germaine
Fatima	Florentine		Gerrit
Fausta	Florenzia	Gabi	Gert
Faustina	Floretta	Gabriele	Gerta
Faye	Floria	Gabriella	Gertfriede
Fedora	Floriane	Gabrielle	Gerthild
Fee	Fokka	Gaby	Gertje
Feike	Fortuna	Galina	Gertke
Feli	Fortunata	Galla	Gertraud
Felicia	Franca	Garda	Gertrud
Felicitas	Frances	Gardi	Gertrun
Felicity	Francesca	Gea	Gerwine
Felina	Francine	Geba	Gesa
Felizia	Francisca	Gebharde	Gesche
Felizitas	Françoise	Gebke	Gese
Femke	Franka	Geelke	Gesina
Fenella	Fränze	Geerta	Gianna
Fenja	Franzi	Geertina	Giannina
Fenna	Franzine	Geertje	Gila
Feodora	Franziska	Geertke	Gilda
Ferdinande	Frauke	Geeske	Gillian
Ferhild	Fraukeline	Gela	Gina
Fernanda	Freda	Geli	Gine
Fernandine	Frederika	Gemma	Ginette
Fides	Freia	Geneviève	Giovanna
Fieke	Freja	Genia	Giovannina
Filiberta	Fricka	Genoveva	Gisa
Filomela	Frieda	Georgette	Gisela
Filomena	Friedeburg	Georgia	Giselle
Fina	Friedegard	Georgina	Gislind
Finetta	Friedegund	Geralde	Gitta
Finja	Friedel	Geraldine	Giulia
Finna	Friedelind	Gerarda	Giuliana
Finni	Friedemarie	Gerardina	Giulietta
Finola	Friederike	Gerburg	Gladys
Fiona	Friederun	Gerda	Glenda
Fiorella	Friedhild	Gerdi	Gloria
Fiorenza	Friedrun	Gerdina	Goda
Fioretta	Frigga	Gerharda	Godela
Fiorina	Fritzi	Gerhardina	Godelind
Flavia	Frogard	Gerheid	Godiva

Godje

HUS

Heilburg

Hilde

Grace

Heilgard

Hildegard

Grazia	Hadburg	Heilke	Hildegund
Graziella	Hadelind	Heilwig	Hildelies
Greet	Hadmut	Heimke	Hildrun
Greta	Hadumod	Heinke	Hilke
Gretchen	Haidée	Heinrike	Hilla
Grete	Haike	Hela	Hilma
Gretel	Haila	Helen	Hiltje
Gretje	Halina	Helene	Hiltrud
Griet	Halka	Hélène	Hiltrun
Grieta	Hanja	Helga	Hindrike
Grietje	Hanke	Helgamaria	Hinrike
Griselda	Hanna	Helgard	Hiske
Grit	Hannah	Helge	Hjördis
Grita	Hannalene	Heli	Holda
Guda	Hannaliese	Hella	Holkje
Gudrun	Hanne	Helli	Holma
Gudula	Hannedore	Helma	Hortense
Gunborg	Hannelore	Helmgard	Hortensia
Gunbritt	Hannerose	Helmine	Hroswitha
Gunda	Hanni	Helmke	Hulda
Gundalena	Hansi	Heloise	
Gundel	Harmina	Hemma	
Gundela	Harriet	Hendrike	I
Gundhilde	Hauke	Hendrikje	
Gundi	Hedda	Henni	Ida
Gundula	Hede	Henriette	Iduna
Gunhild	Hedi	Henrike	Ignatia
Gunthild	Hedwig	Hergard	Ildiko
Guntlinde	Hedwiga	Herlinde	Ileana
Guntrud	Hedy	Herma	Ilia
Guntrun	Heide	Hermine	Iliane
Gusta	Heidegard	Hermione	Iljana
Gustava	Heidegret	Hero	Ilka
Guste	Heideliese	Herta	Ilona
Gustel	Heidelinde	Hertraud	Ilonka
Gusti	Heidelore	Hester	Ilsabe
Gutrune	Heidelotte	Heta	Ilsabeth
Gwen	Heidemarie	Hetta	Ilse
Gwenda	Heiderose	Hidda	Ilsedore
Gwendolin	Heidi	Hilaria	Ilsegret
	Heidrun	Hilary	Ilselore
	Heike	Hilda	Ilselotte
	Heila	Hildburg	Ilsemaria
			Ilsetraude

Ilske	Ireen		Jocelyn
Ilva	Irene		Joelle
Imelda	Irina	Jackie	Johanna
Imke	Iris	Jacqueline	Johannette
Imma	Irma	Jadwiga	Johannina
Imogen	Irmalotte	Jael	Jolanthe
Ina	Irmburg	Jakoba	Jolina
Inamaria	Irmela	Jakobea	Jolinde
Indira	Irmelies	Jakobine	Jonna
Ineke	Irmelin	Jamila	Jördis
Ines	Irmelind	Jana	Jorina
Inessa	Irmgard	Jane	Jorinde
Inga	Irmhild	Janet	Jörna
Ingalisa	Irmi	Janette	Josceline
Inge	Irmina	Janice	Josefa
Ingeborg	Irmlind	Janina	Josefine
Ingeburg	Irmtraud	Janine	Josepha
Ingedore	Isa	Janka	Josephine
Ingehild	Isabe	Janna	Josi
Ingela	Isabel	Janneke	Josina
Ingelene	Isabella	Jannette	Josita
Ingelies	Isabelle	Jarmila	Jovanka
Ingelind	Isadora	Jasmin	Joy
Ingelore	Isamaria	Jean	Joyce
Ingelotte	Isburg	Jeanne	Juana
Ingemaren	Isgard	Jeannette	Juanita
Ingemarie	Ishild	Jeannine	Judith
Ingerid	Isidora	Jekaterina	Judy
Ingerose	Isis	Jelena	Julia
Ingeruth	Iska	Jelenka	Juliana
Ingetraud	Ismene	Jelka	Julianka
Inghild	Isolde	Jella	Julianna
Ingrid	Istraud	Jenni	Julie
Ingrun	Iva	Jennifer	Julienne
Inja	Ivana	Jenny	Juliet
Inka	Ivanka	Jessica	Juliette
Inken	Ivette	Jessie	Julika
Inna	Ivona	Jette	Julina
Innozentia	Ivonne	Jill	Julischka
Inse	Ivy	Jillian	Julitta
Inska	Iwana	Jo	Jurina
Inula	Iwanka	Joachime	Jurita
Iolanthe		Joan	Justa
Iphigenie		Joana	Justina
Ira		Joanna	Jutta

K	Katrina	Kunigunde	Leontina
	Katy	Kyra	Leopolda
Kai	Kay	Kyrilla	Leopoldine
Kaija	Kaya		Leska
Kaj	Kea	**L**	Leslie
Kaja	Kelly		Letta
Kajetana	Kerstin	Laila	Lexa
Kamilla	Kerstina	Lamberta	Lia
Kandida	Kim	Lana	Liane
Kara	Kimberley	Lara	Lianne
Kareen	Kira	Larissa	Libussa
Karen	Kirsten	Lätitia	Lida
Karena	Kirstin	Laura	Liddy
Karianne	Kitty	Laure	Lidia
Karin	Klara	Laureen	Liebetraud
Karina	Kläre	Laurentia	Liebgard
Karla	Klarina	Lauretta	Liebhild
Karlina	Klarinda	Laurette	Liebtraud
Karna	Klarissa	Laurina	Lies
Karola	Klasina	Lavinia	Liesa
Karolin	Klaudia	Lea	Liesbeth
Karoline	Klaudine	Leah	Lieschen
Karsta	Klementine	Leandra	Liese
Karstine	Klorinde	Leda	Liesel
Kassandra	Klothilde	Leena	Lieselore
Katarina	Konrade	Leila	Lieselotte
Kate	Konradine	Lelia	Liesemarie
Käte	Konstantine	Lena	Liesgret
Katerina	Konstanze	Lene	Lil
Katharina	Kora	Lenelies	Lili
Käthchen	Kore	Lenelore	Lilia
Käthe	Kordelia	Lenelotte	Lilian
Käthemarie	Kordula	Leni	Liliana
Katherine	Korinna	Lenja	Lill
Kathi	Kornelia	Lenka	Lilli
Kathleen	Kreszentia	Lenore	Lilly
Kathrein	Kreszenz	Leokadia	Lilo
Kathrin	Kriemhild	Leona	Lina
Kathrina	Kris	Leonarda	Linda
Kati	Krista	Leonharda	Linde
Katinka	Kristiane	Leonie	Lindgard
Katja	Kristin	Leonilda	Lindtraud
Katjana	Kristina	Leonina	Line
Katrein	Kristine	Leonor	Linette
Katrin	Kristy	Leonore	Linka

Linnea	Luchina	Magdalina	Margherita
Lintrud	Lucia	Magelone	Margit
Lioba	Luciana	Maggie	Margitta
Lis	Lucie	Magna	Margot
Lisa	Lucienne	Mai	Margret
Lisabeth	Lucilla	Maidie	Margrit
Lisamaria	Lucinde	Maie	Marguerite
Lisbeth	Lucretia	Maike	Maria
Lise	Lucy	Maiken	Mariamne
Liselore	Ludgard	Maite	Mariane
Liselotte	Ludmilla	Maj	Marianita
Liserose	Ludovica	Maja	Marianka
Lisette	Ludowika	Male	Marianne
Lisgret	Ludwiga	Maleen	Maribel
Liska	Luise	Mali	Maribella
Lissa	Luiselotte	Malika	Marie
Lissi	Luitgard	Malina	Mariechen
Liv	Luitgund	Malli	Marieke
Livia	Luithild	Malou	Mariele
Liz	Lukretia	Malve	Marielena
Lizzy	Lulu	Malwida	Marielies
Loisa	Lutgard	Malwine	Mariella
Lola	Luzia	Manda	Marielore
Lolita	Luzie	Mandy	Marielotte
Lona	Lydia	Manfreda	Marieluise
Loni	Lynn	Manja	Marierose
Lora	Lys	Manon	Marietheres
Lore		Manuela	Marietta
Loredana		Mara	Marija
Loreen		Marcella	Marika
Lorelies		Marcellina	Marilena
Loremarie	Maartje	Marcia	Marilis
Lorena	Mabel	Mareen	Marilu
Loretta	Maddalena	Marei	Marilyn
Lorita	Maddy	Mareike	Marina
Lorna	Madeleine	Maren	Marinella
Lotte	Madeline	Marena	Marinetta
Lotteliese	Madge	Maret	Marinka
Lotti	Madita	Marfa	Mariola
Lou	Madleen	Marga	Mariolina
Louisa	Madlena	Margaret	Marion
Louise	Mafalda	Margareta	Mariona
Lovisa	Magali	Margarete	Marisa
Lu	Magda	Margarita	Marischka
Luana	Magdalena	Margery	Marit
	Magdali		

Marita	Melissa	Minerva	Nadjana
Maritta	Melitta	Minetta	Nadjeschda
Marja	Melusine	Minette	Nadya
Marjana	Mena	Minja	Naila
Marjorie	Menna	Minka	Naima
Marketa	Mercedes	Minna	Nana
Marlen	Meret	Minni	Nancy
Marlene	Merle	Minnie	Nanda
Marlies	Merlind	Mira	Nanne
Martha	Merta	Mirabella	Nannette
Martina	Merula	Miranda	Nanni
Martine	Meta	Mireille	Nannina
Martje	Metta	Mirella	Nanon
Maruschka	Mettje	Miretta	Naomi
Marusja	Mettke	Miriam	Narcissa
Mary	Mia	Mirja	Nastasja
Marylou	Micaela	Mirjam	Natalie
Marzella	Micha	Mirka	Natalina
Marzellina	Michaela	Mirl	Natalja
Mascha	Michalina	Miroslawa	Natascha
Mathilde	Michèle	Mirta	Nathalie
Mattea	Micheline	Mizzi	Navina
Maud	Michelle	Moana	Neele
Maura	Mieke	Modesta	Neelkea
Maureen	Mientje	Modestina	Neeltje
Maxi	Mieze	Moira	Nele
Maximiliane	Mignon	Moll	Nelia
Maxine	Mikaela	Molly	Nella
May	Mikka	Mona	Nelleke
Mechthild	Mila	Moni	Nelli
Medea	Milana	Monika	Nelly
Meg	Milburg	Monique	Nena
Megan	Milda	Monja	Neta
Meggy	Mildred	Morena	Nette
Meike	Mile	Moyra	Netti
Meina	Milena	Muriel	Nicki
Meingard	Milenka	Myriam	Nicola
Meinharde	Milli	Myrta	Nicole
Meinhild	Millicent		Nicoletta
Mela	Milly		Nicolette
Melanie	Miloslawa	**N**	Nicoline
Melina	Miltraud	Nada	Nike
Melinda	Milva	Nadia	Niki
Meline	Mimi	Nadine	Nikola
Melisande	Mina	Nadja	Nina

Ninette
Ninon
Nita
Noelle
Noemi
Nolda
Nona
Nora
Noreen
Norhild
Norina
Norita
Norma
Nortrud
Notburg
Nuria

Obba
Octavia
Oda
Odette
Odile
Odilia
Odina
Oktavia
Olga
Olina
Oliva
Olivia
Olli
Olympia
Ophelia
Oriana
Ornella
Orthia
Orthild
Ortlind
Ortrud
Ortrun
Oswalda
Ota
Otfriede
Otgund

Othild
Otti
Ottilie

Paloma
Pamela
Pamina
Pankratia
Paola
Pat
Patricia
Patrizia
Patsy
Patty
Paula
Paulette
Pauline
Peggy
Penelope
Penny
Pepita
Perdita
Perpetua
Peterke
Petra
Petrina
Petrissa
Petronella
Petula
Philine
Philippa
Philippine
Philomela
Philomena
Phöbe
Phyllis
Pia
Piera
Pierrette
Pilar
Pina
Pippa
Piroschka

Piroska
Placida
Poldi
Polly
Polyxena
Praxedis
Pretiosa
Prisca
Priscilla
Priska

Quirina

Rachel
Rada
Radegund
Rafaela
Raffaella
Ragna
Ragnhild
Rahel
Raimunde
Raina
Raja
Ramona
Raphaela
Ratburg
Ratgard
Rathild
Rea
Rebekka
Reena
Regina
Regula
Reimunde
Reina
Reinburg
Reingard
Reinhild
Reinmut
Reintje

Reintraud
Rena
Renate
Renée
Renette
Reni
Renia
Renke
Renkea
Rentje
Renzi
Resi
Reta
Rhea
Rhonda
Ria
Riana
Ribanna
Rica
Ricarda
Richarda
Richhild
Richilde
Richlind
Rike
Rikea
Rina
Rita
Rixa
Roberta
Robertine
Robina
Rodehild
Rodelind
Rolanda
Rolfkea
Romana
Romea
Romi
Romika
Romilda
Romina
Romola
Romy
Ronja

Ronny	Salka	Sibyl	Sondra
Rosa	Sally	Sibylle	Sonja
Rosabella	Salome	Sidonie	Sonnele
Rosalba	Salomea	Siegberta	Sonngard
Rosalia	Salvia	Siegfriede	Sonnhild
Rosalinde	Samantha	Sieghild	Sonntraud
Rosamaria	Sandra	Sieglinde	Sonny
Rosamunde	Sandrina	Siegrun	Sophia
Rosanna	Sandy	Siegtraud	Soraya
Rose	Sanja	Sieke	Sörine
Rosel	Sanna	Sigi	Stanislawa
Roselene	Santina	Siglind	Stanze
Roseliese	Saphira	Signe	Stefania
Roselore	Sarah	Sigrid	Stefanie
Rosemarie	Sarina	Sigrun	Steffi
Rosemary	Sascha	Sigune	Stella
Rosetraud	Saskia	Siiri	Stephanie
Rosetta	Sassa	Silja	Stilla
Rosette	Scarlett	Silke	Stine
Rosi	Schirin	Silva	Su
Rosika	Scholastika	Silvana	Sue
Rosina	Schöntraud	Silvelin	Sulamith
Rosita	Schwanette	Silvetta	Suleika
Rosmarie	Schwanhild	Silvia	Suna
Roswith	Schwantje	Silviana	Sunhild
Roswitha	Sebalde	Silvina	Sunja
Rotraud	Sebastiana	Simona	Sünja
Rowena	Seffi	Simone	Sunna
Roxana	Selda	Simonetta	Sünne
Rudolfa	Seleke	Simonette	Sunnhild
Rudolfine	Selene	Sina	Sunniva
Rufina	Selina	Sindy	Susan
Runa	Selke	Sinja	Susanka
Runhild	Selma	Siri	Susanne
Ruperta	Senta	Sirid	Susannika
Rupertina	Sephora	Siska	Suse
Ruth	Serafina	Sissy	Susette
Ruthilde	Seraphia	Sita	Susi
Rutlind	Seraphine	Sitta	Suzanne
	Serena	Siv	Svana
S 	Severa	Sixta	Svanja
	Severine	Sofie	Svantje
Sabeth	Sharon	Sofiemarie	Svea
Sabine	Sheila	Solange	Svenda
Sabrina	Shirley	Solveig	Svenja

Svetlana
Swaantje
Swana
Swanhild
Swantje
Swetlana
Swinda
Sybille
Syke
Sylvana
Sylvelin
Sylvi
Sylvia
Sylvie

Tabea
Tabitha
Tale
Talea
Talena
Taletta
Talida
Talina
Talitha
Talke
Talkea
Tamara
Tamina
Tamsin
Tana
Tanja
Tara
Tascha
Tasja
Tatiana
Tatjana
Teetje
Teite
Telsa
Telsche
Teo
Teres
Teresa

Teresia
Teresina
Teresita
Terry
Terzia
Teska
Tess
Tessa
Tetje
Thea
Theamaria
Theda
Theia
Theite
Thekla
Thelma
Themke
Theo
Theoda
Theodelinde
Theodora
Theodosia
Theophila
Therese
Thérèse
Theresia
Thesi
Thetje
Thilde
Thirza
Thora
Thordis
Thorgard
Thorgund
Thorhild
Thorid
Thorina
Thurid
Thusnelda
Thyra
Tiana
Tietje
Tiffany
Tilde
Tilia

Tilla
Tilli
Timothea
Tina
Tinette
Tini
Tinka
Tirza
Tita
Tizia
Tiziana
Tjadina
Tomke
Tomma
Tona
Toni
Tonia
Tonja
Tonka
Tony
Tora
Tordis
Torhild
Torid
Torina
Tosca
Tracy
Traude
Traudel
Traudemarie
Trauderose
Traudhild
Traudlinde
Traute
Trautlind
Tressa
Trientje
Trina
Trix
Trixa
Trixi
Trude
Trudel
Trudeliese
Trudemarie

Trudgard
Trudhild
Trudi
Trudlinde
Trudy
Turid
Tyra

Ubbina
Uda
Ula
Ulfhild
Uli
Uljana
Ulla
Ulli
Ulrike
Una
Undine
Unna
Ursel
Ursela
Urselmarie
Urselrose
Ursula
Ursulina
Urte
Uschi
Ute
Utlinde
Utta

Valborg
Valentina
Valeria
Valeriane
Valerie
Valeska
Vanadis
Vanessa
Vannina

Varenka
Vera
Veramaria
Verena
Veronika
Véronique
Vesna
Vesta
Veva
Vibeke
Vicki
Vicky
Victoria
Victorine
Viktoria
Viktorine
Vilja
Vinzentia
Viola
Violet
Violetta
Violette
Virginia
Vita
Vittoria
Viva
Viveca
Vivette
Vivia
Vivian
Viviana
Vivien
Vivienne
Volkhild
Vreni
Vroni

Walburg
Walburga
Walburgis
Waldburg
Waldburga
Waldtraut

Walfriede
Walli
Walpurga
Walpurgis
Walthild
Waltraud
Waltrun
Wanda
Warja
Weda
Weerta
Wega
Weike
Wencke
Wendela
Wendelburg
Wendelgard
Wendelina
Wendelka
Wendi
Wendula
Wendy
Wenke
Wera
Wernburg
Wernhild
Werta
Wiba
Wibeke
Wiburg
Wiebke
Wieka
Wigberta
Wigburg
Wika
Wilburg
Wilfriede
Wilgard
Wilgund
Wilhelma
Wilhelmine
Wilja
Wilka
Willa
Willemina

Wilma
Wilmine
Wilmke
Wilrun
Wiltraud
Wiltrud
Winfrieda
Winifred
Winka
Winnie
Wintrud
Witta
Wolfrun
Wunna

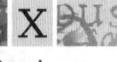

Xaveria
Xenia
Xenja

Yasmin
Yola
Yolande
Yolanthe
Yvette
Yvonne

Zarah
Zäzilie
Zdenka
Zella
Zenta
Zenzi
Zilia
Zilla
Zilli
Zippora
Ziska
Zissi
Zita

Zoe
Zölestine
Zora
Zwanette

Verzeichnis männlicher Vornamen

A

Aaron
Abbo
Abe
Abel
Abi
Äbi
Abo
Abraham
Absalom
Achatius
Achaz
Achill
Achilles
Achim
Achmed
Adalbero
Adalbert
Adalfried
Adalger
Adam
Adamo
Addi
Addo
Addy
Adelbert
Adelhard
Adeodatus
Adi
Ado
Adolar
Adolf
Adolfo
Adolphe
Adriaan
Adrian
Adriano
Adrien
Ady
Aegid
Aegidius
Ägid
Ägidius
Agilolf
Ago
Ahmet
Aiko
Ailt
Aimé
Aimo
Akim
Alain
Alan
Alban
Albano
Alberich
Albero
Albert
Alberto
Albin
Albinus
Alboin
Albrecht
Albuin
Aldo
Alec
Alek
Alessandro
Alessio
Alex
Alexander
Alexandre
Alexei
Alexis
Alexius
Alf
Alfio
Alfons
Alfonso
Alfred
Alfredo
Alfried
Alhard
Ali
Aljoscha
Allan
Alois
Aloisius
Alphons
Alphonse
Alram
Alrich
Alrik
Alwin
Amadeo
Amadeus
Amand
Amando
Amandus
Amatus
Ambros
Ambrosius
Amédé[e]
Amedeo
Ämilius
Amin
Amir
Amon
Amos
Anastasius
Anatol
Anders
Andi
Andór
András
Andre
André
Andrea
Andreas
Andrei
Andres
Andrew
Andries
Andy
Angelo
Angelus
Anno
Ansbert
Anselm
Anselmo
Ansgar
Answald
Antal
Anthony
Antoine
Anton
Antonio
Antonius
Apollonius
Arbo
Arbogast
Archibald
Arend
Ari
Arian

Aribert
Ariel
Arjan
Armand
Armando
Armin
Arnd
Arne
Arnfried
Arnim
Arno
Arnold
Arnolf
Arnolt
Arnt
Arnulf
Aron
Arp
Árpád
Art
Artur
Arwed
Arwid
Arwin
Ascan
Ascanius
Aschwin
Askwin
Asmus
Aswin
Athanasius
Attila
August
Augustin
Augustinus
Aurel
Aurelio
Aurelius
Axel

 B

Bahne
Balder
Balduin

Baldur
Baldwin
Balthasar
Baptist
Barnabas
Bartel
Barthold
Bartholomäus
Baruch
Basil
Basilius
Bastian
Bastien
Baudouin
Beat
Beatus
Beda
Béla
Ben
Bendix
Benedetto
Benedict
Benedikt
Benediktus
Bengt
Benito
Benjamin
Bennet
Benno
Benny
Benoît
Bent
Benvenuto
Berend
Berengar
Berhard
Bernard
Bernardo
Bernd
Bernfried
Bernhard
Bernhold
Berno
Bernold
Bernt

Bernward
Bero
Berold
Bert
Bertfried
Berthold
Berti
Bertil
Bertold
Bertram
Bertrand
Bertus
Bertwin
Bill
Billy
Birger
Birk
Bjarne
Björn
Blasius
Bo
Boas
Bob
Bobby
Bodo
Bogdan
Bogislaw
Boguslaw
Boje
Bolko
Bonaventura
Bonifatius
Bonifaz
Booz
Borchard
Börge
Boris
Borries
Börries
Borromäus
Bosse
Boto
Boy
Branko
Brian

Bringfried
Broder
Bruce
Brun
Bruno
Bryan
Burchard
Burghard
Burkhard
Buss
Byron

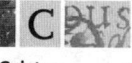 C

Cajetan
Cajus
Calvin
Camillo
Candid
Candidus
Carl
Carlo
Carlos
Carol
Carolus
Carsten
Cäsar
Casimir
Caspar
Cassian
Cassianus
Cassius
Cay
Cedric
Cees
Cesar
Cesare
Charles
Charlie
Che
Chlodwig
Chris
Christel
Christen
Christer

Christfried
Christhard
Christian
Christl
Christlieb
Christof
Christoffer
Christoph
Christopher
Claas
Clamor
Clark
Claude
Claudio
Claudius
Claus
Clemens
Clement
Cliff
Clifford
Clytus
Cölestin
Colin
Conni
Conrad
Conradin
Constantin
Corbinian
Cord
Corentin
Corin
Cornelis
Cornelius
Cosimo
Cosmas
Crispin
Crispinus
Curt
Curtis
Cyprianus
Cyriacus
Cyrill
Cyrillus
Cyrus

Dag
Dagobert
Damian
Damiano
Damien
Dan
Daniel
Danilo
Dankmar
Dankrad
Dankward
Danny
Dante
Dany
Dario
Darius
Darko
Dave
David
Dean
Degenhard
Delf
Demian
Denis
Dennis
Derik
Derk
Derrick
Detlef
Detmar
Dettmar
Dick
Didi
Diebald
Diederich
Diedrich
Diego
Diemo
Dierk
Dietbald
Dietbert
Dieter
Dietfried

Dietger
Diethard
Diethelm
Diether
Dietmar
Dietram
Dietrich
Dietwin
Dietz
Dimitri
Dimo
Dino
Dion
Dionys
Dionysius
Dirk
Dittmar
Dmitri
Dodo
Dolf
Domenic
Domenico
Domenik
Domingo
Dominic
Dominicus
Dominik
Dominikus
Dominique
Don
Donald
Donat
Donatus
Dorian
Douglas
Drees
Dries
Duncan
Durs
Dustin
Dylan

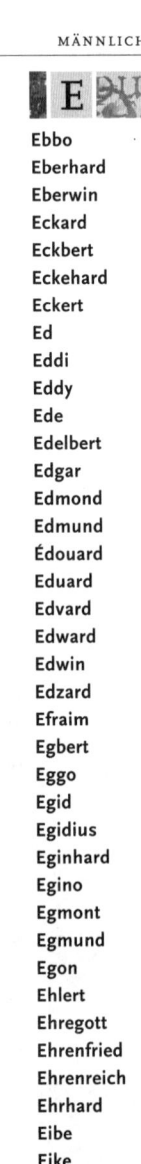

Ebbo
Eberhard
Eberwin
Eckard
Eckbert
Eckehard
Eckert
Ed
Eddi
Eddy
Ede
Edelbert
Edgar
Edmond
Edmund
Édouard
Eduard
Edvard
Edward
Edwin
Edzard
Efraim
Egbert
Eggo
Egid
Egidius
Eginhard
Egino
Egmont
Egmund
Egon
Ehlert
Ehregott
Ehrenfried
Ehrenreich
Ehrhard
Eibe
Eike
Eiko
Eilert
Eilhard
Eilke
Einar

Einhard	Erk	Felice	Francis
Eirik	Erkenbald	Felician	Francisco
Eitel	Erland	Felicianus	Franciscus
Ekkehard	Ermin	Felipe	Franco
Elberich	Ernest	Felix	François
Elger	Ernesto	Felizian	Frank
Elia	Erno	Feodor	Frans
Elias	Ernst	Ferdi	Franz
Elieser	Errol	Ferdinand	Franziskus
Eligius	Erwin	Ferdinando	Fred
Elija	Esra	Ferenc	Freddi
Elimar	Étienne	Fernando	Freddy
Elis	Ettore	Fidel	Frédéric
Elischa	Etzel	Fidelio	Frederick
Elko	Eugen	Fidelis	Frederik
Elmar	Eusebius	Fidelius	Freerk
Elmo	Eustach	Filibert	Freimund
Elrich	Eustachius	Filippo	Freimut
Elrik	Evangelist	Finn	Frek
Elvis	Everhard	Firmin	Frerich
Emanuel	Evert	Firminus	Frerik
Emerich	Ewald	Firmus	Frerk
Emil	Ezra	Fjodor	Friddo
Emilio	Ezzo	Flavio	Fridericus
Emmanuel		Florens	Fridiger
Emmeram		Florentin	Frido
Emmerich	**F**	Florentius	Fridolin
Endre		Florenz	Fridtjof
Engelbert	Fabian	Florestan	Fried
Engelhard	Fabien	Flori	Friedel
Ennio	Fabio	Florian	Friedemann
Enno	Fabius	Florin	Friedemar
Enoch	Fabrizio	Floris	Friedemund
Enrico	Falco	Florus	Frieder
Enzio	Falk	Focke	Friedger
Enzo	Falke	Folbert	Friedhard
Ephraim	Falkmar	Folke	Friedhelm
Erasmus	Falko	Folker	Friedhold
Erdmann	Faustinus	Folkert	Friedhorst
Erec	Fausto	Folko	Friedlieb
Erfried	Faustus	Folkwin	Friedmund
Erhard	Feddo	Fons	Friedo
Eric	Federico	Fortunat	Friedolin
Erich	Fedor	Fortunatus	Friedrich
Erik	Feike	Francesco	Friso
	Feiko		

Frithjof
Fritz
Frodebert
Frohmut
Frommhold
Fromund
Fromut
Frowin
Fulbert
Fulke
Fulvio
Fürchtegott
Fynn

Gábor
Gabriel
Gabriele
Gaetano
Gallus
Gandolf
Gangolf
Gard
Garlef
Garlieb
Garrelt
Garrit
Gary
Gaston
Gaudens
Gebbert
Gebbo
Gebhard
Gedeon
Geert
Geertje
Gellért
Geo
Geoffrey
Georg
George
Georges
Gerald
Gérard

Gerbald
Gerbert
Gerbod
Gerbodo
Gerbold
Gerbrand
Gerd
Gereon
Gerfried
Gerhard
Gerion
Gerit
Gerke
Gerko
Germain
German
Germanus
Germar
Germo
Gernot
Gero
Gerold
Gerolf
Gerret
Gerrit
Gert
Gertfried
Gerthold
Gertwin
Gerwig
Gerwin
Géza
Giacomo
Gianni
Gideon
Gil
Gilbert
Gilbrecht
Gildo
Gilles
Gilmar
Gino
Giorgio
Giovanni
Gisbert

Giselbert
Giselher
Giselmar
Gismar
Giso
Giulio
Giuseppe
Glaubrecht
Glenn
Godehard
Godo
Godwin
Gody
Golo
Göran
Gorch
Gordian
Gordianus
Gordon
Gorius
Gosbert
Gösta
Goswin
Gottbert
Gottfried
Gotthard
Gotthelf
Gotthilf
Gotthold
Gottlieb
Gottlob
Gottmar
Gottschalk
Gottwald
Gottwin
Götz
Gratian
Gregor
Gregorius
Gregory
Grigori
Grischa
Guido
Guillaume
Gumpert

Gumprecht
Gunar
Gundhard
Gundo
Gundolf
Gunnar
Guntbert
Gunter
Günter
Guntfried
Gunthard
Gunther
Günther
Guntmar
Guntrad
Guntram
Guntwin
Gus
Gustav
Gustel
Guy

Haakon
Hadebrand
Hademar
Hadrian
Hadwin
Hagen
Haidé
Haider
Haiko
Haimo
Haio
Hajo
Hakon
Haldor
Hammo
Hanfried
Hanjo
Hank
Hanke
Hanko
Hannes

Hannfried	Hartlieb	Helfrich	Hesso
Hanno	Hartmann	Helfried	Hias
Hanns	Hartmut	Helge	Hiddo
Hans	Harto	Helimar	Hieronymus
Hansbert	Hartwig	Hellfried	Hillar
Hansdieter	Hartwin	Hellmuth	Hilarius
Hänsel	Harwig	Helm	Hilbert
Hansgeorg	Hasse	Helmbrecht	Hildebrand
Hansgerd	Hasso	Helmer	Hildefons
Hansgünter	Hatto	Helmfried	Hildwin
Hansheiner	Haug	Helmke	Hilger
Hansheinz	Hauke	Helmko	Hilmar
Hansi	Haymo	Helmo	Hiltwin
Hansjakob	Hayo	Helmut	Hinderk
Hansjoachim	Hector	Helwig	Hindrik
Hansjochen	Heider	Hemmo	Hinnerk
Hansjörg	Heiderich	Hendrik	Hinrich
Hansjosef	Heike	Henner	Hinrik
Hansjürgen	Heiko	Hennes	Hinz
Hanskarl	Heilko	Hennig	Hiob
Hansmartin	Heilmar	Henning	Hippolyt
Hanspeter	Heilmut	Henno	Hippolytus
Hansrolf	Heilwig	Henoch	Hjalmar
Hansrudi	Heimeran	Henri	Hoimar
Hanswalter	Heimerich	Henrik	Holger
Hanswerner	Heimito	Henry	Holk
Harald	Heimko	Henryk	Holm
Harbert	Heimo	Herbert	Horant
Hard	Heimrich	Herbod	Horatio
Hardi	Hein	Herdan	Horst
Hardo	Heiner	Herfried	Horstmar
Hardy	Heinfried	Herger	Hosea
Haribert	Heini	Heribert	Hubert
Hark	Heinke	Herko	Hubertus
Harko	Heinko	Herm	Hugdietrich
Harm	Heino	Hermann	Hugo
Harmen	Heinrich	Hermin	Huldreich
Haro	Heintje	Hermo	Humbert
Harold	Heinz	Hero	Humfried
Harri	Heinzkarl	Herold	Hunfried
Harro	Heinzpeter	Hertwig	Hunno
Harry	Heio	Herwald	Hunold
Hartbert	Hektor	Herward	Hyacinthus
Hartfried	Helferich	Herwig	Hyazinth
Hartlef	Helfgott	Herwin	

Ian
Ibrahim
Ignatius
Ignaz
Igor
Ijob
Ildefons
Ilja
Immanuel
Immo
Imre
Ingbert
Ingenuin
Ingfried
Inghard
Ingmar
Ingo
Ingobald
Ingobert
Ingold
Ingolf
Ingomar
Ingram
Ingrid
Ingvar
Ingwald
Ingwar
Ingward
Ingwin
Inko
Inno
Innozentius
Innozenz
Iring
Irmbert
Irmfried
Irmin
Irmo
Irving
Isaak
Isbert
Isfried
Isger

Isidor
Ismael
Ismar
Iso
István
Italo
Ivan
Ivar
Ives
Ivo
Iwan
Iwo

Jaak
Jaap
Jack
Jacob
Jacques
Jaime
Jakob
James
Jan
Janek
Janfried
Janheinz
Janko
Jankó
Jannes
Jannik
Janning
Jannis
Janno
János
Janosch
Janpeter
Jans
Jaro
Jaromir
Jaroslaw
Jascha
Jasper
Jean
Jeff

Jeffrey
Jenning
Jenö
Jens
Jeremias
Jeremy
Jero
Jerome
Jérôme
Jerry
Jesse
Jim
Jimmy
Jo
Joachim
Job
Jobst
Jochem
Jochim
Jochen
Jockel
Jodok
Jodokus
Joe
Joel
Johann
Johannes
John
Johnny
Jon
Jona
Jonas
Jonathan
Jonni
Joost
Jopp
Jöran
Jordan
Jorg
Jörg
Jörgen
Joris
Jörn
Jos
Joscha

Joschka
Joschua
José
Josef
Joshua
Josias
Joss
Jost
Jostein
Josua
Jovan
Juan
Jul
Jules
Julian
Julien
Julius
Jupp
Jurek
Jürg
Jürgen
Jurij
Jürn
Just
Justin
Justinian
Justinianus
Justinus
Justus

![K]

Kai
Kajetan
Kajus
Kalle
Kálmán
Kamillo
Kandidus
Karel
Karim
Karl
Karl Borromäus
Karlernst
Karlfried

Karlhans	Krischan	Lazarus	Loisl
Karlheinrich	Krischna	Leander	Lorenz
Karlheinz	Krispin	Leberecht	Lorenzo
Karlmann	Krispinus	Lefert	Lothar
Karol	Krister	Leif	Lou
Károly	Kristian	Len	Louis
Karsten	Kristof	Lennart	Lovis
Kasimir	Kristoffer	Lennert	Lowik
Kaspar	Kunibald	Lenny	Lowis
Kastor	Kunibert	Lenz	Lu
Kay	Kuno	Leo	Lübbe
Kees	Kunz	Leon	Lübbert
Keith	Kurt	Léon	Luc
Ken	Kyrill	Leonard	Luca
Kenneth	Kyrillus	Léonard	Lucas
Kersten		Leonardo	Luciano
Kevin		Leonhard	Lucianus
Kilian		Leonid	Lucien
Kim	Ladewig	Leopold	Lucio
Kimberley	Ladislaus	Leslie	Lucius
Kirsten	Lajos	Leutfried	Ludbert
Klaas	Lambert	Leuthold	Lüde
Klaudius	Lambertus	Leutwin	Lüdeke
Klaus	Landelin	Levi	Lüder
Klausdieter	Landfried	Levin	Ludewig
Klausjürgen	Lando	Lew	Ludger
Klauspeter	Landolf	Lewin	Ludo
Klemens	Landolin	Lewis	Ludolf
Klytus	Landolt	Lex	Ludovico
Knut	Landuin	Liam	Ludovicus
Kolja	Landulf	Liborius	Ludvig
Koloman	Landwin	Liebfried	Ludwig
Konni	Larry	Liebhard	Lugge
Konrad	Lars	Liebrecht	Luigi
Konradin	Laslo	Liebward	Luis
Konstantin	László	Liebwin	Luitbald
Konz	Laurence	Lienhard	Luitbert
Korbinian	Laurent	Linnart	Luitger
Kord	Laurentius	Lino	Luithard
Kornelius	Laurenz	Linus	Luither
Kosmas	Laurids	Lion	Luitpold
Kosta	Laurin	Lionel	Luitwin
Kostja	Laurits	Livius	Lukas
Kraft	Lauritz	Lobgott	Luke
Kris	Lawrence	Lois	Lupold

Lüppe
Lutwin
Lutz
Lux
Luzius
Lyonel

Maarten
Magnus
Maik
Maksim
Malcolm
Malte
Manfred
Manfried
Manhard
Manolito
Manolo
Manuel
Marbert
Marbod
Marc
Marcel
Marcellino
Marcellinus
Marcello
Marcellus
Marco
Marcos
Marcus
Marek
Marhold
Marian
Marino
Marinus
Mario
Marius
Mark
Marko
Markolf
Markus
Markward

Marlon
Marold
Martin
Marvin
Marzell
Marzellinus
Marzellus
Massimiliano
Massimo
Mathieu
Mathis
Mats
Matteo
Mattes
Matthäus
Matthew
Matthias
Matti
Maurice
Mauritius
Maurizio
Mauro
Maurus
Max
Maxim
Maxime
Maximilian
Maximin
Maximus
Medard
Medardus
Meik
Meiko
Meinald
Meinard
Meinbod
Meineke
Meinert
Meinfried
Meinhard
Meinhold
Meino
Meinold
Meinolf
Meinrad

Meinulf
Mel
Melcher
Malchior
Melvin
Menard
Mendel
Menno
Meno
Merlin
Merten
Mewes
Micha
Michael
Michail
Michel
Michele
Mickel
Miguel
Mihály
Mikael
Mike
Mikko
Miklas
Miklós
Mikula
Milan
Milko
Milo
Miloslaw
Mirko
Miroslaw
Mischa
Mitja
Modest
Modestus
Mogens
Mombert
Momme
Moritz
Morris
Morten
Mortimer
Mosche
Mose

Moses
Mumme

Nahum
Nandolf
Nantwig
Nantwin
Narcissus
Narziss
Nat
Nathan
Nathanael
Naum
Ned
Nehemia
Neidhard
Nepomuk
Nestor
Niccolò
Nicholas
Nick
Nicki
Niclas
Nico
Nicol
Nicola
Nicolai
Nicolas
Nicolaus
Niels
Niki
Nikita
Niklas
Niklaus
Niko
Nikodemus
Nikol
Nikolai
Nikolaus
Nils
Nino
Nithard

NAMENSVERZEICHNISSE   296

Noach
Noah
Noel
Norbert
Norfried
Norman
Norwig
Norwin
Notker

Obbe
Oberon
Octavian
Octavio
Octavius
Odilo
Odo
Okke
Okko
Oktavian
Oktavius
Olaf
Ole
Oleg
Olf
Oliver
Olivier
Olof
Oluf
Omko
Ommo
Orell
Orlando
Ortfried
Ortger
Ortlieb
Ortnit
Ortolf
Ortolt
Ortulf
Ortwin
Osbert
Oskar

Osmund
Ossi
Ossip
Oswald
Oswin
Otbert
Otfried
Otger
Othmar
Otker
Otmar
Otmund
Ott
Ottavio
Ottfried
Otthein
Ottheinrich
Ottheinz
Ottmar
Otto
Ottokar
Ottomax
Otwald
Otwin

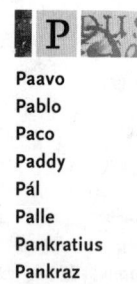

Paavo
Pablo
Paco
Paddy
Pál
Palle
Pankratius
Pankraz
Pantaleon
Paolo
Pär
Parsifal
Pascal
Paschalis
Pascual
Pasquale
Pat
Patricius

Patrick
Patrizius
Paul
Pavel
Pawel
Pedro
Peer
Pekko
Pepe
Peppo
Per
Percy
Perpetuus
Perry
Peter
Phil
Philibert
Philip
Philipp
Philippe
Pidder
Piero
Pierre
Piet
Pieter
Pietro
Pim
Pinkas
Pirmin
Pit
Pitter
Pius
Pjotr
Plácido
Placidus
Poldi
Polykarp
Primus
Prosper
Prosperus

Quentin
Quint

Quintin
Quintinus
Quintus
Quirin
Quirinus

Raban
Rabanus
Radbod
Radolf
Rafael
Raffaele
Ragnar
Raimar
Raimo
Raimund
Rainald
Rainer
Rainier
Ralf
Rambert
Rambod
Ramón
Rando
Randolf
Randolph
Randulf
Randwig
Raoul
Raphael
Rasmus
Rasso
Ratbert
Ratbod
Ratbold
Ratfried
Ratger
Rathard
Ratmar
Rato
Räto
Raul
Ray

Raymond
Redelf
Redlef
Reemt
Reent
Reginald
Reichard
Reik
Reiko
Reimar
Reimbald
Reimbert
Reimbold
Reimer
Reimert
Reimo
Reimund
Reinald
Reinar
Reinbald
Reinbert
Reinbod
Reinbold
Reineke
Reiner
Reinfried
Reinhard
Reinhold
Reinke
Reinmar
Reino
Reinold
Reinulf
Relf
Rembert
Remi
Remigius
Remko
Remmer
Remmert
Remo
Renato
Renatus
René
Renke

Renko
Rentius
Renz
Renzo
Reto
Rex
Ricardo
Riccardo
Richard
Richie
Richmar
Richwin
Rick
Rickert
Ricklef
Rickmer
Ricky
Rico
Ridsert
Ridzard
Rienzo
Righard
Riglef
Rik
Riklef
Riko
Rimbert
Rinaldo
Ringo
Ringolf
Rino
Roald
Rob
Robby
Robert
Roberto
Robin
Rocco
Rochus
Rodebert
Rodebrecht
Roderich
Roderick
Roderik
Rodewald

Rodger
Rodolfo
Rodolphe
Rodrigo
Roger
Roland
Rolf
Rollo
Rolof
Romain
Roman
Romano
Romanus
Romeo
Romolo
Romuald
Romulus
Ron
Ronald
Ronny
Ror
Roswin
Rotger
Rothard
Rother
Roy
Ruben
Rudgar
Rudi
Rudibert
Rüdiger
Rudmar
Rudolf
Rufin
Rufinus
Rufus
Rul
Rulle
Rumold
Runfried
Rupert
Rupertus
Ruprecht
Rurik
Rutger

Rütger
Ruthard
Rutmar
Ryan

 S

Sachso
Salomo
Salomon
Salvador
Salvator
Salvatore
Sam
Sammy
Samson
Samuel
Sander
Sándor
Sandro
Sandy
Santino
Santo
Sascha
Sasso
Saturnin
Saturninus
Saul
Schorsch
Schura
Scott
Sean
Sebald
Sebaldus
Sebastian
Sebastiano
Sébastien
Seff
Selmar
Semjon
Sepp
Seraphim
Seraphin
Seraphinus
Serenus

Serge	Sigismund	Sten	Teo
Sergei	Sigmund	Stenzel	Teodolius
Sergius	Sigo	Stephan	Terence
Serjoscha	Sigolf	Stephen	Terry
Servaas	Sigulf	Steve	Tetje
Servatius	Sigurd	Steven	Teunis
Servaz	Sikko	Stillfried	Teut
Severin	Silas	Stillo	Tewes
Severinus	Silko	Stinnes	Thaddäus
Severo	Silvan	Stoffel	Thankmar
Severus	Silvano	Stoffer	Thassilo
Siard	Silvanus	Sturmi	Theis
Sibo	Silvester	Sturmius	Theo
Sibrand	Silvian	Suitbert	Theobald
Sidonius	Silvianus	Sulpicius	Theodebert
Siebo	Silvio	Sulpiz	Theodegar
Siebold	Silvius	Sven	Theodemar
Siegbald	Simeon	Svend	Theoderich
Siegbert	Simon	Swen	Theodolius
Siegbod	Simson	Swidbert	Theodor
Siegbrand	Sirk	Swindbert	Theodore
Siegbrecht	Sirko	Switbert	Théodore
Sieger	Sisto	Sylvester	Theodosius
Siegerich	Sixt	Sylvio	Theofried
Siegert	Sixten		Theophil
Siegfried	Sixtus		Theophilus
Sieghard	Sizzo		Thetje
Siegher	Sjard	Tadeusz	Theunis
Siegmar	Sönke	Tage	Thido
Siegmund	Sonnfried	Tagino	Thiemo
Siegolf	Sonny	Tamino	Thierry
Siegram	Sophus	Tammo	Thies
Siegrich	Sören	Tanko	Thietmar
Siegulf	Spencer	Tankred	Thilo
Siegwald	Stachus	Tanno	Thimo
Siegward	Stan	Tarek	Thomas
Siegwin	Stanislaus	Tassilo	Thor
Siem	Stanislaw	Tasso	Thoralf
Siemen	Stanko	Täve	Thorben
Sierk	Stanley	Tebbo	Thorbjörn
Sievert	Steen	Ted	Thorbrand
Sigfrid	Stef	Teddy	Thore
Siggo	Stefan	Teetje	Thorger
Sigi	Stefano	Tell	Thorleif
Sigisbert	Steffen	Temmo	Thorolf

Thorsten	Toralf	Unno	Vivian
Thorwald	Torben	Urban	Vladimir
Thure	Torbjörn	Uri	Volbert
Tiberius	Tord	Urias	Volbrecht
Tibor	Tore	Uriel	Volhard
Tido	Torleif	Urs	Volkard
Tiede	Torolf	Ursus	Volkbert
Tiemo	Torsten	Uthelm	Volker
Tietje	Torwald	Uto	Volkert
Tilemann	Tracy	Utto	Volkhard
Till	Traugott	Utz	Volkher
Tillmann	Trauthold	Uwe	Volkmann
Tillo	Trautmar	Uz	Volkmar
Tilman	Trautwein		Volko
Tilo	Tristan		Volkrad
Tim	Trudbert		Volkram
Timmo	Trudo	Václav	Volkward
Timo	Trudpert	Valentin	Volkwin
Timon	Trudwin	Valentine	Volmar
Timotheus	Trutz	Valentino	Volprecht
Timothy	Tünnes	Valer	Volrat
Tino	Ture	Valerian	
Tito		Valerio	
Titus		Valerius	
Tizian		Valten	
Tiziano		Vasco	Walbert
Tjaard	Ubbo	Veit	Waldemar
Tjabbe	Udalbert	Velten	Waldo
Tjade	Udo	Vicco	Walfried
Tjalf	Ueli	Vico	Walram
Tjard	Uffo	Victor	Walt
Tjark	Ugo	Viggo	Walter
Tjarko	Ulbert	Viktor	Walto
Tobias	Ulf	Viktorin	Waltram
Toby	Ulfert	Vincent	Wanja
Tom	Ulfhard	Vincenzo	Warnfried
Tomheinz	Ulfilas	Vinzent	Wasja
Tomke	Ulfried	Vinzenz	Wassili
Tommy	Uli	Virgil	Wastl
Toni	Ulli	Vital	Wedekind
Tonio	Ullo	Vitale	Weert
Tönjes	Ulrich	Vitalis	Weigand
Tonke	Ulrik	Vito	Weikhard
Tönnies	Ulwig	Vittorio	Welf
Tony	Umberto	Vitus	Welfhard
	Ummo		Wellem

Wendel	Wilibrord	Wladimir	
Wendelbert	Wilko	Woldemar	
Wendelin	Will	Wolf	Zacharias
Wendelinus	Willard	Wolfbert	Zdenko
Wendelmar	Willegis	Wolfdieter	Zeno
Wenzel	Willehad	Wolfdietrich	Zenz
Wenzeslaus	Willehalm	Wolfgang	Zölestin
Werner	Willem	Wolfger	Zoltán
Wernfried	Willeram	Wolfgerd	Zyprian
Wernhard	Willhart	Wolfgünter	Zyprianus
Wernher	Willi	Wolfhard	Zyriak
Werno	William	Wolfheinrich	Zyriakus
Wernt	Willibald	Wolfhelm	
Wert	Willibert	Wolfhorst	
Wiard	Willibrord	Wolfjürgen	
Wibo	Willigis	Wolfmar	
Wichard	Williko	Wolfrad	
Widmar	Willimar	Wolfram	
Wido	Williram	Wolfried	
Widukind	Willmar	Wolpert	
Wiegand	Willo	Wolrad	
Wieland	Willy	Wolter	
Wienand	Wilm	Wulf	
Wigand	Wilmar	Wulfbert	
Wigbald	Wilmont	Wulfdietrich	
Wigbert	Wilpert	Wulfger	
Wigbrand	Wilram	Wunibald	
Wigbrecht	Wilrich	Wunnibert	
Wiggo	Wim		
Wighard	Wimar		
Wiglaf	Winald	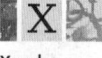	
Wigmar	Winand		
Wigmund	Winfried	Xander	
Wignand	Winibald	Xaver	
Wigo	Winibert	Xaverius	
Wikhard	Winimar		
Wiklef	Winnimar		
Wilbert	Winno		
Wilbrand	Winrich	Yannick	
Wilbrecht	Wipert	Yorick	
Wilbur	Witigo	York	
Wilfried	Wito	Yves	
Wilhard	Witold	Yvon	
Wilhelm	Wittekind		
Wilibald	Wittiko		

GESAMTVERZEICHNIS NACH ENDUNGEN

Ebba	Adda	Mafalda	Melinda	Neelkea
Gebba	Edda	Esmeralda	Ermelinda	Renkea
Obba	Dedda	Oswalda	Klarinda	Lea
Geba	Hedda	Elda	Swinda	Talea
Elischeba	Hidda	Imelda	Rhonda	Clea
Wiba	Eda	Thusnelda	Gunda	Salomea
Alba	Beda	Selda	Burgunda	Romea
Rosalba	Deda	Griselda	Oda	Linnea
Lioba	Theda	Gilda	Theoda	Linnéa
Jakoba	Frieda	Hilda	Goda	Rea
Rebecca	Wilfrieda	Mathilda	Carda	Andrea
Viveca	Winfrieda	Bothilda	Ricarda	Chelsea
Angelica	Leda	Milda	Garda	Hosea
Anica	Freda	Romilda	Richarda	Mattea
Danica	Alfreda	Leonilda	Leonharda	Svea
Domenica	Manfreda	Holda	Bernharda	Josefa
Dominica	Weda	Nolda	Gerharda	Genovefa
Monica	Agda	Arnolda	Leonarda	Alfa
Veronica	Magda	Leopolda	Bernarda	Adolfa
Rica	Nadjeschda	Hulda	Gerarda	Rudolfa
Erica	Ida	Blanda	Gerda	Marfa
Enrica	Aida	Rolanda	Uda	Wega
Aurica	Placida	Yolanda	Guda	Frigga
Jessica	Candida	Manda	Bea	Jadwiga
Ludovica	Kandida	Amanda	Tabea	Hedwiga
Bianca	Brigida	Nanda	Jakobea	Ludwiga
Blanca	Lida	Ferdinanda	Medea	Elga
Franca	Alida	Fernanda	Gea	Helga
Francesca	Talida	Miranda	Rhea	Olga
Francisca	Armida	Wanda	Thea	Inga
Prisca	Frida	Glenda	Anthea	Marga
Tosca	Elfrida	Brenda	Timothea	Burga
Luca	Davida	Svenda	Dorothea	Wigburga
Ada	Malvida	Gwenda	Kea	Notburga
Nada	Malwida	Lucinda	Rolfkea	Walpurga
Rada	Plazida	Linda	Rikea	Micha
Konrada	Alda	Belinda	Talkea	Jascha

Mascha	Lydia	Mia	Viktoria	Lätizia
Sascha	Theia	Nehemia	Vittoria	Florenzia
Tascha	Freia	Euphemia	Nuria	Laurenzia
Natascha	Sofia	Jeremia	Athanasia	Cinzia
Aischa	Georgia	Dania	Aspasia	Terzia
Alischa	Seraphia	Stefania	Anastasia	Luzia
Elischa	Sophia	Stephania	Teresia	Kaja
Mischa	Annasophia	Tania	Dionisia	Aglaja
Grischa	Cynthia	Genia	Hortensia	Maja
Joscha	Orthia	Eugenia	Theodosia	Raja
Aljoscha	Saskia	Renia	Ambrosia	Nadja
Serjoscha	Lia	Xenia	Alessia	Freja
Anjuscha	Dalia	Virginia	Dionysia	Kaija
Josepha	Eulalia	Erminia	Ignatia	Tobija
Adolpha	Amalia	Lavinia	Pankratia	Joschija
Agatha	Rosalia	Sidonia	Lucretia	Elija
Elisabetha	Natalia	Apollonia	Lukretia	Marija
Aretha	Elia	Bronia	Lätitia	Urija
Margaretha	Celia	Tonia	Innocentia	Alja
Tabitha	Delia	Antonia	Crescentia	Natalja
Editha	Adelia	Pia	Emerentia	Ilja
Talitha	Cordelia	Olympia	Florentia	Silja
Roswitha	Kordelia	Ria	Laurentia	Vilja
Hroswitha	Ophelia	Daria	Vinzentia	Wilja
Jolantha	Lelia	Hilaria	Innozentia	Kolja
Yolantha	Clelia	Maria	Kreszentia	Anja
Samantha	Amelia	Theamaria	Flavia	Danja
Martha	Nelia	Helgamaria	Octavia	Hanja
Bertha	Cornelia	Inamaria	Oktavia	Manja
Hertha	Kornelia	Annamaria	Livia	Sanja
Myrtha	Aurelia	Veramaria	Clivia	Tanja
Aglaia	Dahlia	Isamaria	Olivia	Svanja
Fabia	Ilia	Lisamaria	Vivia	Wanja
Alicia	Cilia	Rosamaria	Salvia	Fenja
Felicia	Cecilia	Evamaria	Silvia	Lenja
Patricia	Odilia	Heidemaria	Fulvia	Svenja
Marcia	Lilia	Annemaria	Sylvia	Xenja
Lucia	Ämilia	Loremaria	Alexia ,	Inja
Leocadia	Emilia	Ilsemaria	Ignazia	Cinja
Leokadia	Tilia	Urselmaria	Grazia	Finja
Nadia	Ottilia	Valeria	Lukrezia	Minja
Lidia	Zilia	Xaveria	Felizia	Brinja
Davidia	Zäzilia	Floria	Fabrizia	Sinja
Claudia	Giulia	Gloria	Patrizia	Monja
Klaudia	Julia	Victoria	Tizia	Ronja

Bronja	Susannika	Ivanka	Gela	Maribella
Sonja	Monika	Jovanka	Angela	Cella
Tonja	Veronika	Iwanka	Ingela	Marcella
Dunja	Rika	Zdenka	Hela	Hella
Sünja	Marika	Lenka	Aniela	Daniella
Sunja	Hendrika	Alenka	Daniela	Mariella
Darja	Hindrika	Jelenka	Gabriela	Gabriella
Marja	Erika	Milenka	Mela	Graziella
Warja	Friederika	Varenka	Pamela	Jella
Mirja	Frederika	Inka	Filomela	Armella
Asja	Ulrika	Linka	Philomela	Nella
Tasja	Henrika	Minka	Carmela	Fenella
Nastasja	Heinrika	Marinka	Irmela	Marinella
Wasja	Hinrika	Varinka	Nela	Petronella
Assja	Aurika	Tinka	Gisela	Antonella
Nastassja	Rosika	Katinka	Ursela	Ornella
Marusja	Scholastika	Winka	Manuela	Cinderella
Katja	Wika	Ilonka	Emanuela	Mirella
Mitja	Ludowika	Tonka	Consuela	Fiorella
Antja	Rebekka	Birka	Aila	Estrella
Kostja	Mikka	Mirka	Haila	Stella
Fricka	Fokka	Leska	Laila	Estella
Eka	Halka	Valeska	Naila	Christella
Beka	Salka	Teska	Eila	Zella
Rieka	Elka	Iska	Heila	Marzella
Wieka	Wendelka	Hiska	Sheila	Billa
Aleka	Jelka	Liska	Leila	Cilla
Viveka	Etelka	Priska	Gila	Priscilla
Julischka	Ilka	Siska	Theophila	Lucilla
Marischka	Heilka	Ziska	Dalila	Hilla
Joschka	Hilka	Franziska	Mila	Camilla
Piroschka	Silka	Inska	Jamila	Kamilla
Anjuschka	Wilka	Piroska	Djamila	Ludmilla
Anuschka	Imka	Toska	Jarmila	Petronilla
Maruschka	Anka	Micaela	Attila	Gunilla
Maika	Bianka	Rafaela	Thekla	Kyrilla
Suleika	Julianka	Michaela	Galla	Tilla
Malika	Arianka	Raphaela	Ella	Stilla
Angelika	Marianka	Mikaela	Raffaella	Willa
Eilika	Janka	Béla	Bella	Zilla
Julika	Blanka	Dela	Annabella	Ulla
Romika	Aranka	Adela	Arabella	Sibylla
Domenika	Branka	Wendela	Mirabella	Paola
Dominika	Franka	Gundela	Isabella	Nicola
Annika	Susanka	Godela	Rosabella	Fabiola

Mariola	Herma	Joana	Serena	Rudolfina
Viola	Irma	Moana	Verena	Rufina
Nikola	Norma	Tana	Dorena	Gina
Lola	Ana	Cajetana	Lorena	Regina
Romola	Dana	Kajetana	Morena	Georgina
Finola	Loredana	Juana	Jurena	Luchina
Carola	Ileana	Luana	Rowena	Josephina
Karola	Andreana	Ivana	Polyxena	Delphina
Yola	Fabiana	Silvana	Magna	Lina
Carla	Bibiana	Sylvana	Ragna	Alina
Karla	Luciana	Svana	Benigna	Magdalina
Ula	Diana	Iwana	Krischna	Galina
Paula	Liana	Swana	Krishna	Halina
Wendula	Eliana	Roxana	Ina	Michalina
Gundula	Iliana	Dayana	Raina	Malina
Cordula	Liliana	Ariadna	Bina	Talina
Kordula	Giuliana	Edna	Sabina	Catalina
Gudula	Juliana	Ena	Ubbina	Natalina
Regula	Riana	Leena	Albina	Elina
Mikula	Ariana	Reena	Balbina	Abelina
Inula	Mariana	Athena	Jakobina	Celina
Merula	Adriana	Lena	Robina	Adelina
Ursula	Oriana	Alena	Dina	Wendelina
Petula	Floriana	Maddalena	Adina	Felina
Ayla	Tiana	Magdalena	Tjadina	Angelina
Naima	Tatiana	Gundalena	Nadina	Melina
Cosima	Sebastiana	Annalena	Bernadina	Annelina
Fatima	Christiana	Talena	Edina	Selina
Diotima	Viviana	Madlena	Alfredina	Evelina
Alma	Silviana	Elena	Aldina	Ailina
Elma	Tiziana	Abelena	Arnoldina	Marcellina
Helma	Jana	Adelena	Andina	Marzellina
Wilhelma	Dajana	Helena	Blandina	Olina
Thelma	Nadjana	Marielena	Berendina	Mariolina
Selma	Iljana	Jelena	Odina	Jolina
Hilma	Uljana	Annelena	Bernhardina	Carolina
Wilma	Marjana	Milena	Gerhardina	Karolina
Holma	Katjana	Marilena	Bernardina	Carlina
Emma	Tatjana	Mena	Gerardina	Karlina
Gemma	Lana	Filomena	Gerdina	Paulina
Hemma	Milana	Philomena	Meina	Julina
Imma	Svetlana	Nena	Reina	Ursulina
Tomma	Swetlana	Rena	Fina	Mina
Paloma	Romana	Karena	Serafina	Amina
Erma	Nana	Marena	Delfina	Pamina

Tamina	Norina	Alwina	Karna	Ira
Emina	Torina	Elna	Erna	Indira
Willemina	Viktorina	Anna	Berna	Saphira
Helmina	Trina	Ribanna	Jörna	Kira
Wilhelmina	Katrina	Hanna	Lorna	Mira
Romina	Petrina	Johanna	Vesna	Amira
Harmina	Laurina	Gianna	Una	Moira
Hermina	Jurina	Julianna	Iduna	Elvira
Irmina	Sina	Arianna	Runa	Debora
Yasmina	Klasina	Marianna	Bruna	Cora
Nina	Gesina	Janna	Alruna	Dora
Janina	Teresina	Nanna	Suna	Isadora
Annina	Alfonsina	Joanna	Fortuna	Fedora
Johannina	Josina	Sanna	Philippa	Annedora
Giannina	Rosina	Rosanna	Pippa	Isidora
Nannina	Ambrosina	Susanna	Barbara	Feodora
Vannina	Tina	Giovanna	Cara	Theodora
Giovannina	Catina	Enna	Dara	Sephora
Leonina	Antina	Fenna	Fara	Thora
Antonina	Santina	Menna	Chiara	Kora
Pina	Konstantina	Inna	Kara	Lora
Rina	Valentina	Finna	Lara	Flora
Carina	Clementina	Minna	Clara	Nora
Katharina	Florentina	Corinna	Klara	Leonora
Karina	Leontina	Korinna	Mara	Eleonora
Klarina	Martina	Jonna	Tamara	Zippora
Marina	Bertina	Unna	Sara	Aurora
Sarina	Albertina	Sunna	Tara	Tora
Catarina	Geertina	Wunna	Debra	Zora
Katarina	Rupertina	Leona	Andra	Esra
Sabrina	Stina	Fiona	Leandra	Petra
Sandrina	Modestina	Mariona	Diandra	Anitra
Alexandrina	Ernestina	Catriona	Alkandra	Laura
Caterina	Cristina	Jona	Sandra	Maura
Katerina	Christina	Lona	Cassandra	Schura
Jekaterina	Kristina	Ilona	Kassandra	Bonaventura
Severina	Kerstina	Mona	Alessandra	Thyra
Kathrina	Faustina	Amöna	Alexandra	Kyra
Irina	Augustina	Ramona	Sondra	Moyra
Quirina	Justina	Desdemona	Piera	Tyra
Corina	Bettina	Simona	Vera	Ezra
Dorina	Davina	Nona	Severa	Gesa
Thorina	Navina	Corona	Wera	Liesa
Fiorina	Silvina	Tona	Afra	Annaliesa
Jorina	Edwina	Ivona	Allegra	Ingeliesa

Agnesa	Renata	Tita	Justa	Witta
Teresa	Donata	Vita	Etta	Carlotta
Isa	Fortunata	Evita	Betta	Charlotta
Gisa	Benedicta	Zita	Elisabetta	Utta
Lisa	Heta	Benedikta	Concetta	Jutta
Alisa	Dieta	Centa	Benedetta	Uta
Ingalisa	Grieta	Senta	Hetta	Anjuta
Elisa	Marketa	Zenta	Giulietta	Danuta
Ingelisa	Meta	Vinzenta	Antonietta	Biruta
Anisa	Neta	Assunta	Arietta	Sixta
Loisa	Agneta	Ota	Marietta	Joschua
Aloisa	Reta	Carlota	Henrietta	Joshua
Marisa	Areta	Dorota	Letta	Josua
Luisa	Margareta	Marta	Aletta	Perpetua
Louisa	Mareta	Berta	Taletta	Ava
Lovisa	Greta	Siegberta	Coletta	Stanislava
Lowisa	Tabita	Wigberta	Nicoletta	Miloslava
Elsa	Madita	Filiberta	Violetta	Miroslava
Telsa	Perdita	Alberta	Arletta	Gustava
Ilsa	Bergita	Adalberta	Metta	Eva
Insa	Anahita	Lamberta	Netta	Veva
Alfonsa	Nikita	Roberta	Finetta	Genoveva
Pretiosa	Talita	Geerta	Minetta	Iva
Preziosa	Lolita	Weerta	Marinetta	Godiva
Rosa	Nita	Gerta	Simonetta	Oliva
Annarosa	Anita	Herta	Antonetta	Sunniva
Sassa	Marianita	Merta	Miretta	Viva
Alessa	Juanita	Ruperta	Fioretta	Ilva
Vanessa	Benita	Werta	Loretta	Milva
Inessa	Agnita	Mirta	Floretta	Silva
Tressa	Pepita	Myrta	Lauretta	Minerva
Tessa	Rita	Asta	Rosetta	Stanislawa
Narcissa	Margarita	Esta	Silvetta	Miloslawa
Lissa	Clarita	Modesta	Ditta	Miroslawa
Alissa	Marita	Ernesta	Gitta	Lexa
Melissa	Margherita	Vesta	Brigitta	Alexa
Anissa	Grita	Christa	Margitta	Rixa
Larissa	Dorita	Krista	Birgitta	Trixa
Clarissa	Lorita	Gösta	Melitta	Arantxa
Klarissa	Norita	Kosta	Julitta	Kaya
Petrissa	Jurita	Carsta	Maritta	Soraya
Libussa	Sita	Karsta	Britta	Nadya
Beata	Teresita	Fausta	Gritta	Freya
Annunziata	Josita	Gusta	Juritta	Géza
Amata	Rosita	Augusta	Sitta	Eliza

Fiorenza	Fried	Hartfried	Arvid	Traudhild
Thirza	Liebfried	Bertfried	Arwid	Trudhild
Tirza	Landfried	Gertfried	Diebald	Rodehild
Danitza	Siegfried	Ortfried	Sebald	Ingehild
	Ingfried	Christfried	Siegbald	Ulfhild
Friedlieb	Bringfried	Ottfried	Wigbald	Sieghild
Garlieb	Alfried	Gottfried	Archibald	Inghild
Hartlieb	Adalfried	Leutfried	Wilibald	Borghild
Ortlieb	Walfried	Ahmed	Willibald	Burghild
Christlieb	Helfried	Achmed	Winibald	Richhild
Gottlieb	Wilfried	Ned	Wunnibald	Volkhild
Bob	Hellfried	Mildred	Kunibald	Adelhild
Jacob	Stillfried	Fred	Wunibald	Kriemhild
Hiob	Wolfried	Winifred	Reimbald	Krimhild
Job	Karlfried	Alfred	Erkenbald	Irmhild
Ijob	Ulfried	Manfred	Reinbald	Schwanhild
Jakob	Helmfried	Tankred	Theobald	Swanhild
Hansjakob	Irmfried	Ted	Ingobald	Ragnhild
Gottlob	Humfried	Arved	Gerbald	Meinhild
Rob	Hanfried	Arwed	Dietbald	Reinhild
Barb	Janfried	Candid	Luitbald	Sonnhild
	Manfried	Alheid	Rainald	Sunnhild
Alec	Ehrenfried	Adelheid	Meinald	Arnhild
Erec	Heinfried	Gerheid	Reinald	Bernhild
Domenic	Meinfried	Aleid	Reginald	Wernhild
Dominic	Reinfried	Ägid	Winald	Gunhild
Yannic	Winfried	Egid	Donald	Runhild
Cedric	Hannfried	Aegid	Ronald	Brunhild
Eric	Sonnfried	Birgid	Roald	Sunhild
Frédéric	Arnfried	Leonid	Harald	Frohild
Ferenc	Warnfried	Eldrid	Gerald	Farhild
Marc	Bernfried	Ingerid	Romuald	Ferhild
Luc	Wernfried	Sigfrid	Ewald	Gerhild
	Hunfried	Wolfrid	Rodewald	Thorhild
Willehad	Runfried	Arnfrid	Siegwald	Norhild
Árpád	Theofried	Sigrid	Ingwald	Torhild
Wolfrad	Erfried	Ingrid	Herwald	Ishild
Volkrad	Gerfried	Sirid	Thorwald	Rathild
Dankrad	Herfried	Thorid	Torwald	Diethild
Wolrad	Norfried	Torid	Answald	Mechthild
Meinrad	Isfried	Astrid	Oswald	Luithild
Conrad	Ratfried	Estrid	Otwald	Walthild
Konrad	Dietfried	Thurid	Gottwald	Gunthild
Guntrad	Guntfried	Turid	Liebhild	Othild
Ed	Otfried	David	Friedhild	Bothild

Berthild	Amand	Arnd	Elfgard	Ulfhard
Gerthild	Armand	Bernd	Elgard	Sieghard
Orthild	Wienand	Radegund	Adelgard	Righard
Christhild	Wignand	Friedegund	Edelgard	Wighard
Ruthild	Ferdinand	Hildegund	Wendelgard	Inghard
Siebold	Winand	Algund	Helgard	Burghard
Reimbold	Hadebrand	Wilgund	Heilgard	Weikhard
Reinbold	Hildebrand	Thorgund	Wilgard	Wikhard
Gerbold	Siegbrand	Dietgund	Helmgard	Volkhard
Ratbold	Wigbrand	Luitgund	Armgard	Burkhard
Ingold	Willibrand	Otgund	Ermgard	Alhard
Friedhold	Sibrand	Edmund	Irmgard	Adelhard
Frommhold	Wilbrand	Friedmund	Ellengard	Engelhard
Meinhold	Gerbrand	Friedemund	Ermengard	Eilhard
Reinhold	Thorbrand	Egmund	Ehrengard	Wilhard
Bernhold	Bertrand	Siegmund	Meingard	Volhard
Marhold	Erlend	Sigmund	Reingard	Manhard
Barthold	Arend	Wigmund	Sonngard	Degenhard
Berthold	Berend	Raimund	Frogard	Lienhard
Gerthold	Svend	Reimund	Hergard	Einhard
Gotthold	Wedekind	Freimund	Thorgard	Meinhard
Trauthold	Wittekind	Fromund	Asgard	Reinhard
Leuthold	Widukind	Sigismund	Isgard	Eginhard
Rumold	Rosalind	Osmund	Ansgard	Leonhard
Meinold	Adelind	Otmund	Ratgard	Bernhard
Reinold	Hadelind	Radbod	Dietgard	Wernhard
Arnold	Friedelind	Siegbod	Luitgard	Erhard
Bernold	Godelind	Rambod	Lutgard	Berhard
Hunold	Rodelind	Meinbod	Hard	Eberhard
Leopold	Ingelind	Reinbod	Gebhard	Gerhard
Luitpold	Ermelind	Marbod	Liebhard	Everhard
Lupold	Irmelind	Gerbod	Reichard	Ehrhard
Harold	Siglind	Herbod	Richard	Rathard
Marold	Burglind	Ratbod	Wichard	Diethard
Berold	Richlind	Hadumod	Borchard	Nithard
Gerold	Irmlind	Tjaard	Burchard	Luithard
Herold	Gerlind	Medard	Friedhard	Gunthard
Witold	Merlind	Gard	Neidhard	Rothard
Bertold	Gislind	Liebgard	Gundhard	Christhard
Wiegand	Dietlind	Lindgard	Godhard	Gotthard
Weigand	Ortlind	Ludgard	Godehard	Ruthard
Wigand	Trautlind	Trudgard	Eckehard	Siard
Wieland	Rutlind	Friedegard	Ekkehard	Wiard
Roland	Edmond	Heidegard	Welfhard	Sjard
Erland	Raymond	Hildegard	Wolfhard	Tjard

Eckard	Altraud	Tjabbe	Hilde	Linde
Volkard	Waltraud	Tebbe	Richilde	Alinde
Willard	Adeltraud	Obbe	Friedhilde	Rosalinde
Menard	Edeltraud	Lübbe	Gundhilde	Traudlinde
Meinard	Miltraud	Phoebe	Sundhilde	Trudlinde
Leonard	Wiltraud	Eibe	Trudhilde	Adelinde
Léonard	Irmtraud	Phöbe	Rodehilde	Hadelinde
Bernard	Ehrentraud	Elsbe	Sieghilde	Heidelinde
Gérard	Reintraud	Grace	Burghilde	Theodelinde
Eduard	Sonntraud	Alice	Volkhilde	Rodelinde
Édouard	Schöntraud	Felice	Adelhilde	Ingelinde
Edvard	Rotraud	Danice	Kriemhilde	Irmelinde
Liebward	Gertraud	Janice	Krimhilde	Sieglinde
Edward	Hertraud	Beatrice	Irmhilde	Burglinde
Siegward	Ortraud	Maurice	Schwanhilde	Richlinde
Ingward	Istraud	Constance	Swanhilde	Irmlinde
Volkward	Knud	Terence	Sonnhilde	Jolinde
Dankward	Liebtrud	Florence	Bernhilde	Frolinde
Markward	Ingetrud	Laurence	Wernhilde	Gerlinde
Bernward	Annetrud	Lawrence	Runhilde	Herlinde
Herward	Ilsetrud	Bruce	Gerhilde	Merlinde
Edzard	Siegtrud	Joyce	Ishilde	Dietlinde
Ridzard	Altrud	Tjade	Thilde	Guntlinde
Gerd	Waltrud	Konrade	Mathilde	Utlinde
Wolfgerd	Edeltrud	Ede	Diethilde	Trautlinde
Hansgerd	Hiltrud	Hede	Mechthilde	Rutlinde
Cord	Miltrud	Friede	Walthilde	Klarinde
Clifford	Wiltrud	Siegfriede	Gunthilde	Jorinde
Kord	Irmtrud	Bringfriede	Bothilde	Chlorinde
Wilibrord	Ehrentrud	Walfriede	Klothilde	Klorinde
Willibrord	Reintrud	Elfriede	Berthilde	Swinde
Tord	Lintrud	Wilfriede	Ruthilde	Radegunde
Curd	Wintrud	Winfriede	Leonilde	Hildegunde
Sigurd	Guntrud	Otfriede	Tilde	Kunigunde
Kurd	Gertrud	Gertfriede	Klotilde	Adelgunde
Maud	Hertrud	Tiede	Holde	Wilgunde
Liebtraud	Ortrud	Alfrede	Arnolde	Burgunde
Hildtraud	Nortrud	Adelaide	Leopolde	Rosamunde
Lindtraud	Istrud	Heide	Isolde	Raimunde
Liebetraud		Alide	Rolande	Reimunde
Ingetraud	Aglae	Davide	Yolande	Hildegarde
Annetraud	Abe	Sebalde	Ferdinande	Gebharde
Ilsetraud	Isabe	Geralde	Melisande	Meinharde
Rosetraud	Elsabe	Oswalde	Svende	Leonharde
Siegtraud	Ilsabe	Selde	Lucinde	Bernharde

Gerharde	Rodolphe	Ottilie	Marjorie	Wibke
Bernarde	Agathe	Zäzilie	Marjorie	Wencke
Gerarde	Käthe	Billie	Carrie	Focke
Claude	Margarethe	Charlie	Elsie	Beke
Traude	Iolanthe	Leslie	Jessie	Vibeke
Annetraude	Jolanthe	Julie	Sylvie	Wibeke
Ilsetraude	Yolanthe	Anjulie	Maxie	Lüdeke
Gertraude	Marthe	Annemie	Luzie	Beeke
Lüde	Dorthe	Stefanie	Arendje	Fieke
Trude	Dörthe	Stephanie	Godje	Mieke
Annetrude	Myrthe	Melanie	Hendrikje	Annemieke
Ilsetrude	Erdmuthe	Iphigenie	Alkje	Rieke
Wiltrude	Maie	Eugenie	Holkje	Marieke
Wintrude	Debbie	Eugénie	Anje	Annerieke
Gertrude	Lucie	Virginie	Sünje	Sieke
Amédée	Addie	Annie	Boje	Wieke
Haidée	Maidie	Lennie	Teetje	Aleke
Haydée	Candie	Minnie	Thetje	Seleke
Fee	Élodie	Winnie	Grietje	Nelleke
Azalee	Elfie	Connie	Tietje	Ineke
Aimée	Sofie	Ronnie	Gretje	Meineke
Renée	Annsofie	Sidonie	Tetje	Reineke
Andree	Aggie	Leonie	Altje	Anneke
Andrée	Maggie	Lonie	Aaltje	Janneke
Desiree	Angie	Appollonie	Neeltje	Haike
Désirée	Richie	Antonie	Hiltje	Maike
Uffe	Annasophie	Marie	Antje	Eike
Tage	Annsophie	Annamarie	Swaantje	Deike
Madge	Jackie	Evamarie	Svantje	Feike
Wege	Adalie	Friedemarie	Schwantje	Heike
Egge	Magalie	Heidemarie	Swantje	Meike
Frigge	Nathalie	Traudemarie	Mientje	Mareike
Lugge	Eulalie	Trudemarie	Trientje	Weike
Helge	Amalie	Ingemarie	Rentje	Mike
Solange	Coralie	Käthemarie	Heintje	Nike
Inge	Rosalie	Sofiemarie	Reintje	Berenike
Serge	Natalie	Annemarie	Gotje	Annike
Börge	Amelie	Loremarie	Maartje	Rike
George	Amélie	Liesemarie	Martje	Hendrike
Che	Annelie	Ilsemarie	Geertje	Hindrike
Blanche	Cornelie	Rosemarie	Gertje	Friederike
Gesche	Aurelie	Urselmarie	Dortje	Frederike
Telsche	Cäcilie	Elsmarie	Mettje	Elrike
Mosche	Odilie	Rosmarie	Gebke	Ulrike
Adolphe	Emilie	Valerie	Wiebke	Henrike

Heinrike	Hiske	Christelle	Ariadne	Geraldine
Hinrike	Elske	Bille	Athene	Arnoldine
Okke	Ilske	Sybille	Lene	Leopoldine
Fokke	Inske	Mireille	Alene	Andine
Alke	Geertke	Hille	Magdalene	Blandine
Aalke	Gertke	Leonille	Annalene	Fernandine
Falke	Mettke	Rulle	Hannalene	Berendine
Talke	Hauke	Sibylle	Madlene	Undine
Elke	Frauke	Ole	Abelene	Odine
Abelke	Luke	Nicole	Adelene	Bernhardine
Wendelke	Syke	Merle	Ingelene	Gerhardine
Geelke	Male	Dorle	Hélène	Gerardine
Selke	Tale	Aimé	Helene	Gerdine
Ilke	Vitale	Jaime	Annelene	Claudine
Bilke	Pasquale	Joachime	Selene	Klaudine
Eilke	Raffaele	Maxime	Roselene	Madeleine
Heilke	Bele	Momme	Marilene	Fine
Hilke	Dele	Mumme	Arlene	Serafine
Silke	Adele	Salome	Darlene	Josefine
Folke	Neele	Jerome	Charlene	Delfine
Fulke	Gele	Jérôme	Marlene	Adolfine
Amke	Angèle	Guillaume	Philomene	Rudolfine
Femke	Michèle	Ileane	Ismene	Gine
Themke	Michele	Fabiane	René	Regine
Imke	Mariele	Luciane	Marene	Elgine
Heimke	Gabriele	Diane	Irene	Georgine
Helmke	Philomele	Liane	Lorene	Seraphine
Wilmke	Nele	Eliane	Dafne	Josephine
Omke	Sonnele	Deliane	Signe	Line
Tomke	Cécile	Iliane	Bahne	Aline
Anke	Odile	Liliane	Daphne	Michaline
Hanke	Mile	Maximiliane	Élaine	Taline
Arianke	Kalle	Juliane	Charmaine	Joceline
Renke	Palle	Ariane	Germaine	Josceline
Wenke	Arabelle	Mariane	Bine	Josceline
Inke	Isabelle	Adriane	Sabine	Adeline
Heinke	Michelle	Valeriane	Albine	Madeline
Reinke	Michelle	Oriane	Jakobine	Wendeline
Sönke	Danielle	Floriane	Robine	Angeline
Tonke	Gabrielle	Sebastiane	Francine	Micheline
Marke	Armelle	Christiane	Dine	Fraukeline
Gerke	Joelle	Kristiane	Adine	Meline
Peterke	Noelle	Viviane	Nadine	Emmeline
Birke	Giselle	Jane	Konradine	Anneline
Geeske	Estelle	Svane	Aldine	Jacqueline

Eveline	Leontine	Julienne	Claire	Marliese
Philine	Martine	Adrienne	Elvire	Agnese
Oline	Bertine	Étienne	Imre	Therese
Nicoline	Albertine	Vivienne	Dore	Thérèse
Caroline	Robertine	Finne	Isadore	Terese
Karoline	Rupertine	Minne	Ingedore	Lise
Arline	Stine	Corinne	Annedore	Elise
Carline	Cölestine	Korinne	Hannedore	Annelise
Charline	Zölestine	Ivonne	Ilsedore	Denise
Pauline	Ernestine	Ivonne	Isidore	Françoise
Juline	Christine	Yvonne	Theodore	Heloise
Ursuline	Kristine	Unne	Théodore	Marise
Mine	Karstine	Sünne	Thore	Luise
Emine	Kerstine	Lynne	Kore	Annaluise
Helmine	Faustine	Hermione	Lore	Marieluise
Wilhelmine	Augustine	Lone	Heidelore	Louise
Wilmine	Justine	Magelone	Ingelore	Lowise
Hermine	Bettine	Anemone	Marielore	Else
Annine	Edwine	Simone	Lenelore	Telse
Jeannine	Alwine	Arne	Annelore	Ilse
Johannine	Malwine	Bjarne	Hannelore	Hortense
Antoine	Elwine	Sigune	Lieselore	Inse
Philippine	Erwine	Rune	Liselore	Alphonse
Alexandrine	Gerwine	Sigrune	Ilselore	José
Cathérine	Maxine	Alrune	Roselore	Mose
Catherine	Franzine	Dietrune	Lenore	Rose
Katherine	Mariamne	Waltrune	Leonore	Annarose
Severine	Anne	Gutrune	Eleonore	Heiderose
Corine	Änne	Joe	Aurore	Trauderose
Sörine	Jeanne	Chloe	Tore	Ingerose
Victorine	Hanne	Zoe	Salvatore	Marierose
Viktorine	Dianne	Pepe	Ettore	Annerose
Trine	Lianne	Felipe	Pierre	Hannerose
Katrine	Julianne	Penelope	Laure	Liserose
Klasine	Karianne	Giuseppe	Thure	Urselrose
Gesine	Marianne	Philippe	Ture	Hasse
Alfonsine	Janne	Lüppe	Gese	Jesse
Melusine	Nanne	Cläre	Liese	Lisse
Tine	Sanne	Kläre	Hannaliese	Clarisse
Aaltine	Susanne	Cesare	Heideliese	Bosse
Konstantine	Suzanne	André	Trudeliese	Suse
Valentine	Enne	Andre	Ingeliese	Beate
Clementine	Fenne	Alexandre	Anneliese	Käte
Klementine	Fabienne	Endre	Roseliese	Kate
Florentine	Lucienne	Deirdre	Lotteliese	Käte

Renate	Schwanette	Ute	Torleif	Sigulf
Hete	Zwanette	Traute	Alf	Ringulf
Nete	Renette	Hadmute	Tjalf	Meinulf
Agnete	Agnette	Erdmute	Ralf	Reinulf
Margarete	Finette	Almute	Thoralf	Arnulf
Grete	Ginette	Reinmute	Toralf	Ortulf
Annegrete	Linette	Angélique	Delf	Wulf
Maite	Minette	Dominique	Redelf	Frithjof
Theite	Ninette	Monique	Gotthelf	Fridtjof
Teite	Antoinette	Véronique	Relf	Redlof
Marguerite	Tinette	Sue	Welf	Olof
Malte	Annette	Dave	Gotthilf	Rolof
Dante	Jeannette	Täve	Olf	Christof
Amarante	Johannette	Eve	Dolf	Kristof
Marte	Jannette	Geneviève	Adolf	Oluf
Annemarte	Nannette	Steve	Radolf	Roluf
Alberte	Zwannette	Malve	Gandolf	
Adalberte	Simonette	Uve	Landolf	Dag
Roberte	Dorette	Uwe	Nandolf	Oleg
Geerte	Lorette	Faye	Randolf	Meg
Birte	Pierrette	Mieze	Gundolf	Solveig
Dorte	Laurette	Fränze	Ludolf	Hennig
Dörte	Fleurette	Stanze	Rudolf	Hedvig
Urte	Lisette	Constanze	Siegolf	Ludvig
Myrte	Rosette	Konstanze	Sigolf	Hedwig
Guste	Susette		Gangolf	Randwig
Auguste	Ivette	Wiglaf	Ingolf	Chlodwig
Bette	Vivette	Olaf	Ringolf	Ludwig
Babette	Silvette	Gustaf	Markolf	Ladewig
Bernadette	Yvette	Redlef	Agilolf	Ludewig
Odette	Gitte	Riglef	Meinolf	Helwig
Georgette	Brigitte	Ricklef	Arnolf	Heilwig
Éliette	Margitte	Riklef	Rolf	Ulwig
Juliette	Lotte	Wiklef	Gerolf	Harwig
Henriette	Irmalotte	Garlef	Thorolf	Gerwig
Jette	Heidelotte	Detlef	Torolf	Herwig
Alette	Ingelotte	Hartlef	Hansrolf	Norwig
Colette	Marielotte	Josef	Ortolf	Nantwig
Nicolette	Lenelotte	Hansjosef	Wolf	Hartwig
Violette	Annelotte	Stef	Ulf	Hertwig
Arlette	Lieselotte	Jeff	Radulf	Wolfgang
Paulette	Liselotte	Seff	Gandulf	Janning
Mette	Luiselotte	Cliff	Landulf	Henning
Nette	Ilselotte	Leif	Randulf	Jenning
Janette	Charlotte	Thorleif	Siegulf	Iring

Irving	Eustach	Randolph	Gardi	Cilli
Ingeborg	Huldreich	Rudolph	Hardi	Lilli
Valborg	Ehrenreich	Christoph	Ferdi	Milli
Gunborg	Diedrich	Sabeth	Gerdi	Tilli
Georg	Friedrich	Lisabeth	Rudi	Willi
Hansgeorg	Erich	Elisabeth	Hansrudi	Zilli
Jorg	Alberich	Ilsabeth	Trudi	Olli
Jörg	Elberich	Elizabeth	Sergei	Ulli
Hansjörg	Diederich	Liesbeth	Amei	Uli
Hadburg	Heiderich	Lisbeth	Marei	Anjuli
Hildburg	Theoderich	Elsbeth	Andrei	Noemi
Hadeburg	Roderich	Kenneth	Amrei	Remi
Friedeburg	Helferich	Edith	Alexei	Mimi
Ingeburg	Siegerich	Judith	Effi	Emmi
Wigburg	Emerich	Keith	Seffi	Mimmi
Wiburg	Heimerich	Sulamith	Steffi	Naomi
Walburg	Emmerich	Roswith	Elfi	Noomi
Wendelburg	Frerich	Hyacinth	Agi	Romi
Heilburg	Helfrich	Hyazinth	Biggi	Irmi
Milburg	Siegrich	Hadumoth	Siggi	Sturmi
Wilburg	Alrich	Helmuth	Luggi	Leni
Irmburg	Elrich	Heilmuth	Bigi	Reni
Reinburg	Wilrich	Hellmuth	Sigi	Vreni
Wernburg	Ulrich	Ruth	Luigi	Heini
Gerburg	Heimrich	Ingeruth	Uschi	Tini
Isburg	Heinrich	Anneruth	Kathi	Anni
Ratburg	Wolfheinrich		Nicki	Fanni
Dietburg	Karlheinrich	Kai	Vicki	Hanni
Notburg	Ottheinrich	Nicolai	Niki	Gianni
Jürg	Hinrich	Nikolai	Ali	Nanni
Haug	Winrich	Mai	Magdali	Giovanni
	Dietrich	Abi	Magali	Henni
Leah	Wolfdietrich	Gabi	Mali	Jenni
Daliah	Wulfdietrich	Barbi	Feli	Finni
Dinah	Hugdietrich	Adi	Geli	Minni
Hannah	Enoch	Addi	Heli	Conni
Noah	Henoch	Eddi	Anneli	Jonni
Farah	Gorch	Freddi	Ueli	Konni
Marah	Janosch	Hedi	Lili	Lonni
Sarah	Schorsch	Didi	Wassili	Leoni
Zarah	Baruch	Heidi	Malli	Loni
Deborah	Ashleigh	Poldi	Walli	Moni
Zipporah	Joseph	Andi	Elli	Vroni
Sittah	Ralph	Wendi	Helli	Toni
Noach	Adolph	Gundi	Nelli	Bruni

Ari	Frizzi	Hendrik	Vital	Lyonel
Siiri		Hindrik	Antal	Joel
Siri	Kaj	Erik	Chantal	Noel
Henri	Nikolaj	Derik	Pascual	Karel
Grigori	Maj	Diederik	Parzival	Aurel
Flori	Sergej	Frederik	Rafael	Liesel
Harri	Andrej	Roderik	Michael	Hänsel
Dmitri	Wassilij	Frerik	Raphael	Hansel
Dimitri	Grigorij	Eirik	Jael	Rosel
Uri	Dimitrij	Alrik	Mikael	Ursel
Juri	Jurij	Elrik	Ismael	Gretel
Thesi		Ulrik	Nathanael	Eitel
Resi	Jaak	Henrik	Abel	Bartel
Elsi	Isaak	Hinrik	Mabel	Christel
Hansi	Zyriak	Rurik	Anabel	Gustel
Josi	Jack	Lowik	Isabel	Miguel
Rosi	Dick	Falk	Maribel	Samuel
Thessi	Nick	Gottschalk	Bärbel	Manuel
Cissi	Jannick	Holk	Marcel	Emanuel
Lissi	Yannick	Hank	Edel	Emmanuel
Sissi	Rick	Frank	Friedel	Immanuel
Zissi	Frederick	Jodok	Fidel	Pavel
Ossi	Roderick	Hark	Mendel	Pawel
Susi	Yorick	Tjark	Wendel	Axel
Kati	Derrick	Clark	Gundel	Fränzel
Berti	Patrick	Mark	Traudel	Stenzel
Gusti	Alek	Erk	Trudel	Wenzel
Matti	Janek	Derk	Stoffel	Etzel
Betti	Marek	Hinderk	Engel	Burgl
Hetti	Tarek	Freerk	Burgel	Abigail
Netti	Erek	Dierk	Rahel	Michail
Otti	Derek	Sierk	Rachel	Bodil
Lotti	Frek	Hinnerk	Michel	Gil
Evi	Jurek	Frerk	Ethel	Virgil
Levi	Maik	Birk	Barthel	Phil
Vevi	Meik	Dirk	Daniel	Theophil
Sylvi	Reik	Sirk	Ariel	Jil
Maxi	Domenik	York	Ariël	Abigajil
Trixi	Dominik	Nepomuk	Gabriel	Lil
Franzi	Annik	Anouk	Uriel	Emil
Renzi	Jannik	Henryk	Muriel	Basil
Zenzi	Yannik		Mickel	Bertil
Mitzi	Rik	Pascal	Jockel	Annabell
Fritzi	Tarik	Parsifal	Mel	Mirabell
Mizzi	Cedrik	Pál	Lionel	Cornell

Orell	Willeram	Anselm	Korbinian	Stan
Tell	Heimeram	Wilm	Justinian	Florestan
Marzell	Emmeram	Malcolm	Arian	Tristan
Bill	Wolfram	Holm	Marian	Juan
Achill	Siegram	Timm	Brian	Ivan
Jill	Ingram	Abschalom	Adrian	Silvan
Lill	Williram	Absalom	Hadrian	Jovan
Cyrill	Volkram	Tom	Valerian	István
Kyrill	Alram	Harm	Dorian	Iwan
Till	Walram	Herm	Florian	Ryan
Will	Wilram	Naum	Zyprian	Bryan
Moll	Dietram	Nahum	Cassian	Adriaen
Beryll	Waltram		Gratian	Ben
Nicol	Guntram	Adriaan	Bastian	Thorben
Nikol	Bertram	Raban	Sebastian	Torben
Carol	Sam	Alban	Christian	Ruben
Karol	Jochem	Urban	Kristian	Maleen
Errol	Siem	Duncan	Octavian	Madleen
Anatol	Wellem	Ascan	Oktavian	Anneleen
Carl	Willem	Dan	Vivian	Cathleen
Karl	Efraim	Bogdan	Silvian	Kathleen
Hanskarl	Ephraim	Herdan	Grazian	Kathleen
Heinzkarl	Ibrahim	Jordan	Felizian	Aileen
Mirl	Achim	Dean	Tizian	Eileen
Liesl	Joachim	Jean	Jan	Colleen
Loisl	Hansjoachim	Sean	Arjan	Arleen
Wastl	Jochim	Stefan	Alan	Carleen
Christl	Jim	Megan	Milan	Darleen
Paul	Kim	Krischan	Allan	Charleen
Raul	Akim	Stephan	Dylan	Ayleen
Saul	Jojakim	Nathan	Kálmán	Eyleen
Jul	Arnim	Jonathan	Tilman	Careen
Raoul	Pim	Ian	Koloman	Kareen
Rul	Karim	Fabian	Roman	Mareen
Sibyl	Maksim	Felician	German	Ireen
Beryl	Tim	Gordian	Norman	Doreen
Cheryl	Wim	Kilian	Johanan	Loreen
	Maxim	Lilian	Joan	Noreen
Adam	Willehalm	Maximilian	Heimeran	Laureen
Abraham	Helm	Gillian	Göran	Maureen
Liam	Friedhelm	Jillian	Jöran	Steen
William	Wolfhelm	Julian	Susan	Steffen
Miriam	Wilhelm	Damian	Cajetan	Hagen
Myriam	Diethelm	Demian	Kajetan	Imogen
Mirjam	Uthelm	Corbinian	Zoltán	Jörgen

Jürgen	Merten	Karolin	Zölestin	Aswin
Wolfjürgen	Morten	Carlin	Christin	Oswin
Hansjürgen	Sten	Merlin	Annchristin	Goswin
Klausjürgen	Christen	Amin	Kristin	Roswin
Eugen	Carsten	Benjamin	Annkristin	Dietwin
Mariechen	Karsten	Maximin	Kerstin	Luitwin
Käthchen	Kersten	Armin	Kirstin	Hiltwin
Ännchen	Kirsten	Ermin	Dustin	Nantwin
Jochen	Thorsten	Hermin	Augustin	Guntwin
Hansjochen	Torsten	Irmin	Justin	Otwin
Lieschen	Sixten	Firmin	Albuin	Hartwin
Gretchen	Steven	Pirmin	Balduin	Bertwin
Stephen	Sven	Jasmin	Landuin	Gertwin
Fabien	Gwen	Yasmin	Ingenuin	Ortwin
Lucien	Swen	Saturnin	Baudouin	Gottwin
Julien	John	Alboin	Kevin	Trautwin
Damien	Alain	Krispin	Levin	Leutwin
Adrien	Romain	Karin	Calvin	Lutwin
Aaltien	Germain	Severin	Melvin	Trutwin
Bastien	Albin	Cathrin	Marvin	Ann
Sébastien	Robin	Kathrin	Liebwin	Johann
Christien	Conradin	Annakathrin	Ascwin	Erdmann
Vivien	Konradin	Annekathrin	Hadwin	Friedemann
Arjen	Hein	Annkathrin	Edwin	Tilemann
Ken	Otthein	Schirin	Baldwin	Volkmann
Maiken	Kathrein	Quirin	Hildwin	Tilmann
Inken	Katrein	Corin	Landwin	Tillmann
Len	Jostein	Florin	Godwin	Karlmann
Malen	Trautwein	Viktorin	Trudwin	Hermann
Madlen	Rufin	Katrin	Lewin	Normann
Helen	Elgin	Annakatrin	Siegwin	Hartmann
Glen	Seraphin	Laurin	Ingwin	Susann
Allen	Elin	Tamsin	Richwin	Glenn
Ellen	Landelin	Valtin	Aschwin	Finn
Siemen	Wendelin	Veltin	Folkwin	Fynn
Carmen	Irmelin	Constantin	Volkwin	Lynn
Harmen	Evelin	Konstantin	Askwin	Don
Caren	Silvelin	Valentin	Alwin	Gordon
Karen	Sylvelin	Corentin	Frowin	Gedeon
Maren	Colin	Florentin	Arwin	Gideon
Ingemaren	Friedolin	Quentin	Erwin	Léon
Sören	Fridolin	Quintin	Eberwin	Leon
Valten	Landolin	Martin	Gerwin	Pantaleon
Velten	Gwendolin	Hansmartin	Herwin	Simeon
Maarten	Carolin	Cölestin	Norwin	Gereon

Egon	Wolfrun	Francesco	Leo	Flavio
Dion	Siegrun	Francisco	Cleo	Octavio
Lion	Sigrun	Ado	Romeo	Ottavio
Marion	Ingrun	Addo	Teo	Silvio
Gerion	Alrun	Feddo	Matteo	Fulvio
Jon	Wilrun	Hiddo	Uffo	Sylvio
Semjon	Dietrun	Friddo	Adolfo	Fabrizio
Haakon	Waltrun	Friedo	Rodolfo	Maurizio
Hakon	Hiltrun	Tiedo	Ago	Enzio
Marlon	Guntrun	Alfredo	Diego	Jo
Amon	Gertrun	Plácido	Eggo	Hajo
Ramón	Ortrun	Thido	Siggo	Hanjo
Simon	Jocelyn	Frido	Viggo	Focko
Timon	Evelyn	Tido	Wiggo	Aiko
Salomon	Marilyn	Guido	Rodrigo	Haiko
Manon	Gwendolyn	Wido	Sigo	Ildiko
Nanon	Carolyn	Aldo	Witigo	Eiko
Zenon		Rinaldo	Wigo	Feiko
Mignon	Bo	Waldo	Ingo	Heiko
Ninon	Abo	Gildo	Domingo	Meiko
Ron	Abbo	Lando	Ringo	Reiko
Aron	Ebbo	Orlando	Ugo	Williko
Aaron	Gebbo	Amando	Hugo	Niko
Sharon	Tebbo	Armando	Botho	Riko
Oberon	Obbo	Ferdinando	Haio	Enriko
Byron	Ubbo	Fernando	Fabio	Witiko
Alison	Siebo	Rando	Lucio	Wittiko
Samson	Eibo	Gundo	Claudio	Pekko
Simson	Sibo	Odo	Heio	Mikko
Anton	Wibo	Bodo	Alfio	Sikko
Gaston	Arbo	Gerbodo	Giorgio	Okko
Yvon	Paco	Dodo	Clio	Fokko
Jörn	Vicco	Godo	Fidelio	Falko
Björn	Rocco	Riccardo	Aurelio	Elko
Thorbjörn	Nico	Ricardo	Emilio	Heilko
Torbjörn	Domenico	Hardo	Giulio	Milko
Jürn	Rico	Leonardo	Ennio	Silko
Brun	Federico	Bernardo	Tonio	Wilko
Friedrun	Enrico	Udo	Antonio	Bolko
Heidrun	Vico	Ludo	Dario	Folko
Hildrun	Ludovico	Trudo	Mario	Volko
Gudrun	Falco	Amadeo	Valerio	Fulko
Friederun	Franco	Amedeo	Vittorio	Remko
Friderun	Marco	Geo	Alessio	Heimko
Elfrun	Vasco	Theo	Horatio	Helmko

Omko	Carlo	Romano	Pedro	Ernesto
Hanko	Laslo	Gaetano	Sandro	Sisto
Jankó	Ulo	Silvano	Alessandro	Fausto
Janko	László	Jenö	Bero	Hatto
Branko	Adamo	Meno	Albero	Benedetto
Tanko	Diemo	Zeno	Adalbero	Otto
Stanko	Thiemo	Dino	Gero	Utto
Zdenko	Tiemo	Heino	Hero	Uto
Renko	Remo	Meino	Piero	Benvenuto
Inko	Aimo	Reino	Jero	Paavo
Heinko	Haimo	Gino	Severo	Ivo
Darko	Raimo	Tagino	Harro	Uvo
Harko	Dimo	Egino	Pietro	Iwo
Tjarko	Heimo	Lino	Mauro	Uwo
Marko	Reimo	Marcellino	Frieso	Hayo
Gerko	Thimo	Tamino	Sachso	Enzo
Herko	Cosimo	Nino	Iso	Vincenzo
Mirko	Massimo	Rino	Giso	Rienzo
Sirko	Timo	Marino	Friso	Renzo
Italo	Elmo	Tino	Alfonso	Lorenzo
Pablo	Helmo	Santino	Hasso	Ezzo
Angelo	Anselmo	Valentino	Rasso	Sizzo
Consuelo	Hammo	Anno	Sasso	
Odilo	Tammo	Hanno	Tasso	Jaap
Thilo	Hemmo	Janno	Hesso	Philip
Lilo	Temmo	Tanno	Bosso	Ossip
Milo	Immo	Enno	Busso	Sepp
Danilo	Timmo	Benno	Renato	Philipp
Thassilo	Ommo	Henno	Räto	Jopp
Tassilo	Mommo	Menno	Rato	Jupp
Tilo	Ummo	Inno	Räto	Arp
Raffaello	Giacomo	Winno	Reto	Polykarp
Marcello	Salomo	Unno	Manolito	
Camillo	Germo	Hunno	Heimito	Oscar
Kamillo	Hermo	Arno	Benito	ʼEdgar
Tillo	Irmo	Erno	Tito	Rudgar
Stillo	Haymo	Berno	Vito	Theodegar
Willo	Albano	Werno	Wito	Berengar
Rollo	Stefano	Kuno	Walto	Ansgar
Ullo	Luciano	Bruno	Santo	Lothar
Paolo	Massimiliano	Peppo	Boto	Ottokar
Niccolò	Damiano	Filippo	Harto	Oskar
Golo	Adriano	Lüppo	Alberto	Hilar
Romolo	Sebastiano	Haro	Umberto	Pilar
Manolo	Tiziano	Jaro	Roberto	Adolar

Widmar	Dietmar	Rodger	Otker	Xaver
Rudmar	Thietmar	Ludger	Notker	Oliver
Hademar	Guntmar	Theodeger	Valer	Eliezer
Friedemar	Otmar	Sieger	Raimer	
Waldemar	Horstmar	Wolfger	Reimer	Amir
Woldemar	Dettmar	Wulfger	Mortimer	Vladimir
Theodemar	Dittmar	Fridiger	Rickmer	Wladimir
Wolfmar	Ottmar	Rüdiger	Elmer	Casimir
Dagmar	Gottmar	Adalger	Helmer	Kasimir
Siegmar	Trautmar	Elger	Remmer	Jaromir
Wigmar	Rutmar	Hilger	Rainer	
Ingmar	Ragnar	Holger	Heiner	Gábor
Richmar	Einar	Roger	Hansheiner	Tibor
Othmar	Reinar	Herger	Reiner	Salvador
Raimar	Gunnar	Birger	Henner	Fedor
Reimar	Gunar	Thorger	Werner	Isidor
Elimar	Pär	Isger	Hanswerner	Haldor
Helimar	Caspar	Ratger	Per	Andor
Willimar	Kaspar	Dietger	Jasper	Andór
Winimar	Cäsar	Luitger	Prosper	Sándor
Winnimar	Balthasar	Otger	Elieser	Feodor
Hoimar	Cesar	Rotger	Dieter	Theodor
Wimar	Lotar	Ortger	Wolfdieter	Fjodor
Falkmar	Ingvar	Rutger	Hansdieter	Gregor
Volkmar	Ivar	Rütger	Klausdieter	Igor
Dankmar	Ingwar	Melcher	Pieter	Thor
Thankmar	Amber	Siegher	Peter	Melchior
Hjalmar	Spencer	Volkher	Janpeter	Clamor
Elmar	Pidder	Giselher	Hanspeter	Eleanor
Wendelmar	Frieder	Wernher	Klauspeter	Elinor
Selmar	Haider	Christopher	Heinzpeter	Ellinor
Giselmar	Heider	Diether	Walter	Leonor
Heilmar	Balder	Luither	Hanswalter	Ror
Gilmar	Leander	Walther	Wolter	Salvator
Hilmar	Sander	Gunther	Günter	Hector
Wilmar	Xander	Günther	Gunter	Victor
Willmar	Alexander	Gunther	Wolfgünter	Hektor
Volmar	Broder	Wolfgünther	Hansgünter	Viktor
Reinmar	Lüder	Hansgünther	Ester	Kastor
Ingomar	Peer	Rother	Hester	Nestor
Germar	Stoffer	Esther	Silvester	Pjotr
Ismar	Christoffer	Rainier	Sylvester	
Gismar	Kristoffer	Olivier	Christer	Wilbur
Ratmar	Jennifer	Folker	Krister	Baldur
Detmar	Friedger	Volker	Pitter	Fleur

Arthur	Drees	Francis	Luis	Thaddäus
Artur	Georges	Vanadis	Louis	Matthäus
Claas	Thies	Praxedis	Elvis	Claus
Klaas	Lies	Griseldis	Lovis	Klaus
Servaas	Heidelies	Mechtildis	Lewis	Niklaus
Barnabas	Hildelies	Thordis	Lowis	Nicolaus
Lucas	Ingelies	Jördis	Alexis	Nikolaus
Andreas	Marielies	Hjördis	Niels	Wenzeslaus
Ahas	Irmelies	Tordis	Nils	Ladislaus
Tobias	Lenelies	Theis	Hans	Stanislaus
Hias	Annelies	Willegis	Karlhans	Barthlomäus
Matthias	Lorelies	Willigis	Jans	Borromäus
Elias	Lottelies	Walpurgis	Frans	Karl
Jeremias	Marlies	Mathis	Gaudens	Borromäus
Zacharias	Tönnies	Lis	Mogens	Carolus
Urias	Dries	Paschalis	Jens	Borromäus
Josias	Andries	Vitalis	Clemens	Cyriacus
Pinkas	Borries	Elis	Klemens	Dominicus
Dorkas	Börries	Fidelis	Florens	Fridericus
Lukas	Tönjes	Annelis	Hanns	Ludovicus
Niclas	Gilles	Cornelis	Fons	Marcus
Douglas	Achilles	Marilis	Ildefons	Franciscus
Ulfilas	Charles	Phyllis	Hildefons	Placidus
Silas	Jules	Amaryllis	Alfons	Candidus
Klas	James	Marlis	Alphons	Kandidus
Miklas	Agnes	Denis	Marcos	Plazidus
Niklas	Ines	Jannis	Jos	Sebaldus
Nicolas	Hannes	Dennis	Lajos	Amandus
Nicholas	Johannes	Theunis	Miklós	Medardus
Thomas	Jannes	Teunis	Carlos	Amadeus
Cosmas	Hennes	François	Amos	Timotheus
Kosmas	Stinnes	Lois	János	Rufus
Jonas	Tünnes	Alois	Ambros	Gus
Boas	Andres	Charis	Lars	Stachus
András	Marietheres	Damaris	Anders	Rochus
Felicitas	Teres	Chris	Urs	Sophus
Caritas	Dolores	Iris	Durs	Hyacinthus
Charitas	Moses	Kris	Bess	Caius
Felizitas	Mattes	Boris	Thieß	Fabius
Laurids	Jacques	Doris	Tess	Eusebius
Frances	Ives	Joris	Narziß	Sulpicius
Mercedes	Yves	Floris	Joss	Patricius
Fides	Mewes	Morris	Buss	Lucius
Cees	Tewes	Isis	Mats	Ägidius
Kees	Anais	Curtis	Laurits	Egidius

Aegidius	Rentius	Romanus	Modestus	Rodebrecht
Claudius	Florentius	Germanus	Faustus	Liebrecht
Klaudius	Laurentius	Silvanus	Justus	Siegbrecht
Eligius	Innozentius	Serenus	Sixtus	Wigbrecht
Remigius	Octavius	Magnus	Clytus	Albrecht
Sergius	Oktavius	Albinus	Klytus	Gilbrecht
Eustachius	Livius	Rufinus	Hippolytus	Wilbrecht
Fidelius	Silvius	Linus	Perpetuus	Volbrecht
Cornelius	Alexius	Wendelinus	Gladys	Helmbrecht
Kornelius	Patrizius	Marcellinus	Lys	Glaubrecht
Aurelius	Luzius	Marzellinus	Dionys	Leberecht
Ämilius	Cajus	Firminus		Wiprecht
Basilius	Kajus	Saturninus	Beat	Volprecht
Theodolius	Zyriakus	Crispinus	Nat	Gumprecht
Teodolius	Dominikus	Krispinus	Donat	Ruprecht
Julius	Rikus	Marinus	Fortunat	Judit
Sturmius	Jodokus	Severinus	Pat	Alheit
Ascanius	Markus	Quirinus	Volrat	Veit
Sidonius	Franziskus	Quintinus	Benedict	Margit
Apollonius	Angelus	Zölestinus	Arendt	Bergit
Antonius	Theophilus	Faustinus	Arndt	Birgit
Pius	Gallus	Augustinus	Berndt	Schulammit
Darius	Marcellus	Justinus	Ekkehardt	Ortnit
Hilarius	Marzellus	Lazarus	Greet	Benoît
Marius	Cyrillus	Prosperus	Bridget	Pit
Tiberius	Kyrillus	Severus	Juliet	Marit
Valerius	Carolus	Florus	Piet	Brit
Xaverius	Romulus	Maurus	Griet	Berit
Liborius	Nikodemus	Cyrus	Harriet	Gerit
Gorius	Primus	Ursus	Violet	Grit
Gregorius	Maximus	Narcissus	Ahmet	Margrit
Blasius	Firmus	Adeodatus	Janet	Dorit
Athanasius	Asmus	Beatus	Bennet	Garrit
Anastasius	Rasmus	Amatus	Margaret	Gerrit
Theodosius	Erasmus	Renatus	Maret	Dorrit
Ambrosius	Hieronymus	Donatus	Meret	Benedikt
Cassius	Rabanus	Fortunatus	Heidegret	Walt
Dionysius	Felicianus	Titus	Annegret	Siegwalt
Bonifatius	Lucianus	Vitus	Ilsegret	Garrelt
Achatius	Gordianus	Benediktus	Margret	Ailt
Ignatius	Justinianus	Quintus	Liesgret	Landolt
Pankratius	Cyprianus	Bertus	Lisgret	Arnolt
Servatius	Zyprianus	Lambertus	Gerret	Bertolt
Mauritius	Cassianus	Hubertus	Kraft	Ortolt
Innocentius	Silvianus	Rupertus	Bengt	Reemt

Horant	Trudbert	Humbert	Wilpert	Ingetraut
Bent	Theodebert	Reinbert	Wolpert	Annetraut
Millicent	Rodebert	Dagobert	Gumpert	Rosetraut
Vincent	Frodebert	Ingobert	Rupert	Waltraut
Reent	Wolfbert	Robert	Ridsert	Wiltraut
Clement	Wulfbert	Harbert	Evert	Rotraut
Laurent	Egbert	Marbert	Sievert	Gertraut
Vinzent	Siegbert	Gerbert	Wert	Teut
Quint	Wigbert	Herbert	Curt	Hadmut
Egmont	Ingbert	Norbert	Kurt	Diemut
Wilmont	Rudibert	Isbert	Arbogast	Frohmut
Arnt	Filibert	Gisbert	Jobst	Freimut
Bernt	Philibert	Sigisbert	Modest	Almut
Wernt	Willibert	Ansbert	Ernest	Helmut
Margot	Winibert	Hansbert	Evangelist	Heilmut
Gernot	Wunnibert	Osbert	Baptist	Allmut
Art	Kunibert	Gosbert	Ernst	Reinmut
Armgart	Aribert	Ratbert	Karlernst	Fromut
Wolfhart	Haribert	Dietbert	Jost	Hartmut
Sieghart	Heribert	Luitbert	Joost	Knut
Burkhart	Eckbert	Suitbert	Horst	Rut
Alhart	Volkbert	Switbert	Friedhorst	Sixt
Adelhart	Albert	Guntbert	Wolfhorst	Hippolyt
Willhart	Adalbert	Otbert	August	
Manhart	Udalbert	Hartbert	Just	Widu
Erhart	Walbert	Gottbert	Babett	Mathieu
Eberhart	Adelbert	Hubert	Bernadett	Lu
Gerhart	Edelbert	Geert	Arlett	Marilu
Christhart	Wendelbert	Weert	Scarlett	Lulu
Eckart	Engelbert	Lefert	Annett	Lou
Volkart	Giselbert	Ulfert	Dorett	Malou
Burkart	Gilbert	Gert	Pitt	Marylou
Lennart	Hilbert	Siegert	Britt	Su
Linnart	Wilbert	Rickert	Gunbritt	
Siegwart	Folbert	Folkert	Gritt	Václav
Volkwart	Volbert	Volkert	Ott	Bogislav
Dankwart	Ulbert	Ehlert	Scott	Stanislav
Markwart	Fulbert	Eilert	Lobgott	Miloslav
Herwart	Lambert	Gellért	Ehregott	Jaroslav
Bert	Rambert	Reimert	Fürchtegott	Miroslav
Gebbert	Rembert	Remmert	Helfgott	Gustav
Lübbert	Reimbert	Meinert	Traugott	Ev
Swidbert	Rimbert	Lennert	Annelott	Detlev
Swindbert	Mombert	Trudpert	Charlott	Liv
Ludbert	Irmbert	Wipert	Waldtraut	Siv

Bogislaw	Hedy	Nelly	Ary	Lenz
Stanislaw	Andy	Billy	Gary	Renz
Miloslaw	Candy	Cilly	Hilary	Emerenz
Jaroslaw	Mandy	Lilly	Mary	Lorenz
Miroslaw	Sandy	Milly	Rosemary	Florenz
Boguslaw	Wendy	Tilly	Margery	Laurenz
Matthew	Cindy	Willy	Henry	Zenz
Lew	Sindy	Olly	Gregory	Vinzenz
Andrew	Sindy	Dolly	Carry	Innozenz
Siw	Gody	Molly	Harry	Creszenz
	Cardy	Polly	Larry	Kreszenz
Max	Hardy	Károly	Thierry	Heinz
Ottomax	Judy	Charly	Jerry	Karlheinz
Lex	Trudy	Beverly	Perry	Tomheinz
Alex	Ashley	Amy	Terry	Janheinz
Rex	Stanley	Jeremy	Daisy	Hansheinz
Bendix	Kimberley	Sammy	Elsy	Ottheinz
Alix	Beverley	Emmy	Bessy	Hinz
Felix	Shirley	Jimmy	Tessy	Konz
Trix	Audrey	Tommy	Lissy	Kunz
Beatrix	Jeffrey	Romy	Sissy	Booz
Lux	Geoffrey	Dany	Ossy	Tadeusz
	Aggy	Tiffany	Patsy	Dietz
Cay	Maggy	Leny	Betsy	Fritz
Fay	Meggy	Dagny	Susy	Moritz
Kay	Peggy	Danny	Katy	Lauritz
May	Biggy	Fanny	Felicity	Götz
Ray	Timothy	Benny	Kristy	Utz
Gaby	Dorothy	Henny	Patty	Lutz
Debby	Jacky	Jenny	Betty	Trutz
Bobby	Becky	Lenny	Hetty	Uz
Robby	Ricky	Penny	Jetty	
Toby	Vicky	Johnny	Netty	
Tracy	Mihály	Conny	Kitty	
Nancy	Amely	Jonny	Guy	
Percy	Annely	Konny	Ivy	
Lucy	Cecily	Lonny	Lizzy	
Ady	Lily	Ronny		
Addy	Emily	Sonny	Ignaz	
Maddy	Wassily	Anthony	Pankraz	
Paddy	Mally	Lony	Servaz	
Eddy	Sally	Tony	Liz	
Freddy	Wally	Boy	Sulpiz	
Teddy	Elly	Joy	Franz	
Liddy	Kelly	Roy	Gaudenz	

Literaturverzeichnis

ALBAIGÉS OLIVART, JOSÉ MARÍA: *Diccionario de Nombres de Personas*. 3. Auflage. Barcelona 1993.

BACH, ADOLF: *Deutsche Namenkunde*. Bd. I, 1 u. 2: *Die deutschen Personennamen*. 3. Auflage. Heidelberg 1978.

BAKER, MONA: *Common Names in the Arab World*. In: P. Hanks; F. Hodges: *A Dictionary of First Names*. Oxford, New York 1996. S. 351–386.

BARBÉ, JEAN-MAURICE: *Tous les prénoms*. 1994 (o. O.).

BESNARDE, PHILIPPE; DESPLANQUES, GUY: *La cote des prénoms en 1996*. Paris 1995.

BUBAK, JÓZEF: *Księga naszych imion* (Buch unserer Vornamen). Wrozław, Warszawa, Kraków 1993.

CAFFARELLI, ENZO: *L'onomastica personale nella città di Roma dalla fine del secolo XIX ad oggi. Per una nuova prospettiva di cronografia e sociografia antroponimica*. (= Patronymica Romanica 8.) Tübingen 1996.

DAUZAT, ALBERT: *Dictionnaire étymologique des noms de famille et prénoms de France*. Edition revue et augmentée par Marie-Thérèse Morlet. Paris 1951.

DEBUS, FRIEDHELM: *Reclams Namenbuch. Deutsche und fremde Vornamen nach Herkunft und Bedeutung erklärt*. Hrsg. von Friedhelm Debus. (= Reclams-Universalbibliothek 7399). Stuttgart 1987.

DE FELICE, EMIDIO: *Dizionario dei nomi italiani. Origine, etimologia, storia, diffusione e frequenza di oltre 18.000 nomi*. Milano 1986.

DE FELICE, EMIDIO: *Nomi e cultura. Riflessi della cultura italiana dell'Ottocento e del Novecento nei nomi personali*. Venezia 1987.

DROSDOWSKI, GÜNTHER: *Lexikon der Vornamen. Herkunft, Bedeutung und Gebrauch von mehreren tausend Vornamen*. 2., neu bearbeitete und erweiterte Auflage (= Duden-Taschenbücher, Bd. 4.) Mannheim 1974.

DROSDOWSKI, GÜNTHER: *Duden Etymologie. Herkunftswörterbuch der deutschen Sprache*. Nachdruck der 2. Auflage. (= Duden, Bd. 7.) Mannheim, Wien, Zürich 1997.

FALTINGS, VOLKERT F.: *Zur Bildung und Verwendung metronymischer Namenformen in Nordfriesland*. In: Beiträge zur Namenforschung, Neue Folge 32 (1997) S. 175–206.

FLEISCHER, WOLFGANG: *Die deutschen Personennamen. Geschichte, Bildung und Bedeutung.* 2., durchgesehene und ergänzte Auflage. (= Wissenschaftliche Taschenbücher, Bd. 20.) Berlin 1968.

FÖRSTEMANN, ERNST: *Altdeutsches Namenbuch*, Bd. 1: *Personennamen*. 2. Auflage. Bonn 1900. Nachdruck: München, Hildesheim 1966.

FOURNIER, MARIE-ANDRÉE: *Choisir parmi 3500 prénoms d'hier et d'aujourd'hui, traditionels et nouveaux, mythologiques, historiques, régionaux et écologiques*. Paris 1979.

GEORGES, KARL ERNST: *Ausführliches lateinisch-deutsches Handwörterbuch. Aus den Quellen zusammengetragen und mit besonderer Bezugnahme auf Synonymik und Antiquitäten unter Berücksichtigung der besten Hilfsmittel ausgearbeitet von K.E.Georges.* Nachdruck der 8., verbesserten und vermehrten Auflage (1913) von H. Georges. Darmstadt 1995.

HANKS, PATRICK; HODGES, FLAVIA: *A Dictionary of First Names.* Oxford, New York 1996.

HARTIG, JOACHIM: *Die münsterländischen Rufnamen im späten Mittelalter.* Köln, Graz 1967.

HERGEMÖLLER, BERND-ULRICH: *Die Geschichte der Papstnamen.* Münster 1980.

HORNBY, RIKARD: *Danske Personnavne.* København 1978.

ISETT, PHILIPP E.: *The Name Alexander at Athens.* In: Beiträge zur Namenforschung, Neue Folge 15 (1980) S. 223–236.

JANOWOWA, WANDA; SKARBEK, ALDONA; ZBIJOWSKA, BRONISŁAWA; ZBINIOWSKA, JANINA: *Słownik imion* (Vornamenwörterbuch). Wrozław, Warszawa, Kraków 1991.

KAUFMANN, HENNING: *Ergänzungsband zu Ernst Förstemann, Altdeutsche Personennamen.* München, Hildesheim 1968.

KLEINÖDER, RUDOLF: *Konfessionelle Namengebung in der Oberpfalz von der Reformation bis zur Gegenwart.* Frankfurt a.M. 1996.

KLEINTEICH, BERND: *Vornamen in der DDR: 1960–1990.* Berlin 1992.

KLUGE, FRIEDRICH: *Etymologisches Wörterbuch der deutschen Sprache.* Bearbeitet von Elmar Seebold. 23., erweiterte Auflage. Berlin, New York 1995.

KOHLHEIM, VOLKER: *Regensburger Rufnamen des 13. und 14. Jahrhunderts. Linguistische und sozio-onomastische Untersuchungen zu Struktur und Motivik spätmittelalterlicher Anthroponymie.* (= Zeitschrift für Dialektologie und Linguistik, Beihefte, Neue Folge 19.) Wiesbaden 1977.

KOPEČNÝ, FRANTIŠEK: *Průvodce našimi jmény* (Begleiter zu unseren Vornamen). Praha 1991.

KRISHNAMURTHY, RAMESH: *Common Names of the Indian Subcontinent.* In: P. Hanks; F. Hodges: *A Dictionary of First Names.* Oxford, New York 1996, S. 387–443.

LITTGER, KLAUS WALTER: *Studien zum Auftreten der Heiligennamen im Rheinland.* (= Münstersche Mittelalter-Schriften, Bd. 20.) München 1975.

L'Onomastique Latine. HRSG. von N. DUVAL unter Mitarbeit von D. BRIQUEL und M. HAMIAUX. (= Colloques Internationaux du CNRS 564.) Paris 1977.

LÜHR, ROSEMARIE: *Werturteile in germanischen Personennamen – Lexemersatz von Gallizismen?* In: *Grammatica Ianua Artium. Festschrift für Rolf Bergmann.* Hrsg. v. E. Glaser und M. Schlaefer. Heidelberg 1997. S. 445–462.

MACKENSEN, LUTZ: *Das große Buch der Vornamen. Herkunft, Ableitungen und Verbreitung, Koseformen, berühmte Namensträger, Gedenk- und Namenstage, verklungene Vornamen.* 9. Auflage. München 1990.

MANGOLD, MAX: *Duden Aussprachewörterbuch. Wörterbuch der deutschen Standardaussprache.* 3. Auflage. Mannheim, Wien, Zürich 1990.

MERRY, EMMA: *First Names. The definitive guide to popular names in England and Wales.* London 1995.

MITTERAUER, MICHAEL: *Ahnen und Heilige. Namengebung in der europäischen Geschichte.* München 1993.

MORLET, MARIE-THÉRÈSE: *Les noms de personne sur le territoire de l'ancienne Gaule du VIe au XIIe siècle. I. Les noms issus du germanique continental et les créations gallogermaniques. II. Les noms latins ou transmis par le latin.* Paris 1971–1972.

MÜLLER, GUNTER: *Studien zu den theriophoren Personennamen der Germanen.* (= Niederdeutsche Studien 17.) Köln 1970.

Namenforschung. Ein internationales Handbuch zur Onomastik. Hrsg. von E. EICHLER, G. HILTY, H. LÖFFLER, H. STEGER, L. ZGUSTA. (= Handbücher zur Sprach- und Kommunikationswissenschaft, Bd. 11.1 und 11.2.) Berlin, New York 1995–1996.

NAUMANN, HORST; SCHLIMPERT, GERHARD; SCHULTHEIS, JOHANNES: *Vornamenbuch.* Leipzig 1988.

NÜSSLER, OTTO: *Internationales Handbuch der Vornamen,* bearbeitet von Otto Nüssler. Mit einem Beitrag von Michael Coester. Frankfurt a. M. 1986.

Ökumenisches Verzeichnis der biblischen Eigennamen nach den Loccumer Richtlinien, hrsg. von den katholischen Bischöfen Deutschlands, dem Rat der Evangelischen Kirche in Deutschland und der Deutschen Bibelgesellschaft – Evangelisches

Bibelwerk. 2. Auflage, neu bearbeitet von Joachim Lange. Stuttgart 1981.

OTTERBJÖRK, ROLAND: *Svenska förnamn*. 4. Auflage. Stockholm 1981.

PETROVSKIJ, N. A.: *Slovar' russkich ličnych imen*. (Wörterbuch der russischen Vornamen). Moskva 1966 (2. Auflage 1980).

PFEIFER, WOLFGANG (HRSG.): *Etymologisches Wörterbuch des Deutschen*. Bd. 1–3. Berlin 1989.

PIEL, JOSEPH M.; KREMER, DIETER: *Hispano-gotisches Namenbuch: der Niederschlag des Westgotischen in den alten und heutigen Personen- und Ortsnamen der Iberischen Halbinsel*. Heidelberg 1976.

POKORNY, JULIUS: *Indogermanisches etymologisches Wörterbuch*. Bern, München 1959 (3. Auflage 1994); *Register*: Bern, München 1969.

RAVELING, IRMA: *Die ostfriesischen Vornamen. Herkunft, Bedeutung und Verbreitung*. 2. Auflage. Aurich 1972.

Reader zur Namenkunde II. Anthroponymie. Hrsg. von FRIEDHELM DEBUS UND WILFRIED SEIBICKE. Germanistische Linguistik 115–118 (1993).

ROSENFELD, HELLMUT: *Der Name Wieland*. In: Beiträge zur Namenforschung, Neue Folge 4 (1969) S. 53–62.

SALOMIES, OLLI: *Die römischen Vornamen. Studien zur römischen Namengebung*. (= Comentationes Humanarum Litterarum 82.) Helsinki 1987.

SCHIMMEL, ANNEMARIE: *Von Ali bis Zahra. Namen und Namengebung in der islamischen Welt*. (= Diederichs Gelbe Reihe 102.) München 1993.

SCHLAUG, WILHELM: *Die altsächsischen Personennamen vor dem Jahre 1000*. (= Lunder germanistische Forschungen 34.) Lund 1962.

SCHMOLDT, HANS: *Kleines Lexikon der biblischen Eigennamen*. (= Reclams Universal-Bibliothek 8632.) Stuttgart 1990.

SCHRAMM, GOTTFRIED: *Namenschatz und Dichtersprache. Studien zu den zweigliedrigen Personennamen der Germanen*. Göttingen 1957.

SCHÜTZEICHEL, RUDOLF: *Althochdeutsches Wörterbuch*. 5. überarbeitete und erweiterte Auflage. Tübingen 1995.

SEIBICKE, WILFRIED: *Die Personennamen im Deutschen*. (= Sammlung Göschen 2218.) Berlin, New York 1982.

SEIBICKE, WILFRIED: *Vornamen*. 2. Auflage. Frankfurt a. M. 1991.

SEIBICKE, WILFRIED: *Historisches deutsches Vornamenbuch*. Band 1, A–E. Berlin, New York 1996.

SEIBICKE, WILFRIED: *Die beliebtesten Vornamen des Jahres 1990.*
In: Der Sprachdienst 35 (1991) S. 1–6. *Die beliebtesten Vornamen des Jahres 1991.* In: Der Sprachdienst 36 (1992) S. 41–49. *Die beliebtesten Vornamen des Jahres 1992.* In: Der Sprachdienst 37 (1993) S. 41–48.

SEIBICKE, WILFRIED; JACOB, LUTZ: *Die beliebtesten Vornamen des Jahres 1993.* In: Der Sprachdienst 38 (1994) S. 1–7. *Die beliebtesten Vornamen des Jahres 1994.* In: Der Sprachdienst 39 (1995) S. 41–47. *Die beliebtesten Vornamen des Jahres 1995.* In: Der Sprachdienst 40 (1996) S. 41–47. *Die beliebtesten Vornamen des Jahres 1996.* In: Der Sprachdienst 41 (1997) S. 49–55.

SPECTRUM VOORNAMENBOEK. Samengesteld door dr. J. van der Schaar, bewerkt door drs. Doreen Gerritzen en dr. J. B. Berns. 21. Auflage. Utrecht 1994.

TICHONOV, A.N.; BOJARINOVA, L.Z.; RYŽKOVA, A.G.: *Slovar' russkich ličnych imen.* (Wörterbuch der russischen Vornamen). Moskva 1995.

TIEFENBACH, HEINRICH: *Der Name Kriemhilt.* In: Beiträge zur Namenforschung, Neue Folge 20 (1985) S. 19–26.

WAGNER, NORBERT: *Arminius und die Ingæwones.* In: Beiträge zur Namenforschung, Neue Folge 17 (1982) S. 291–304.

WAGNER, NORBERT: *Geno-veifa und Geno-baudes.* In: Beiträge zur Namenforschung, Neue Folge 22 (1987) S. 53–67.

WAGNER, NORBERT: *Faileuba/Fachileuua*, Emmerammus*, Flameris und andere.* In: Beiträge zur Namenforschung, Neue Folge 32 (1997) S. 287–302.

WEITERSHAUS, FRIEDRICH WILHELM: *Das neue Vornamenbuch. 8000 Vornamen. Herkunft und Bedeutung.* München 1990.

WIMMER, OTTO; MELZER, HARTMANN: *Lexikon der Namen und Heiligen.* Bearbeitet und ergänzt von Josef Gelmi. 6. Auflage. Innsbruck, Wien 1988.

WITHYCOMBE, E.G.: *The Oxford Dictionary of Christian Names.* 3. Auflage. Oxford, New York 1977.

Bildquellenverzeichnis

Archiv für Kunst und
Geschichte, Berlin.
255
Kunstarchiv Arntz,
Haag. 236
Bibliographisches Insti-
tut & F. A. Brockhaus,
Mannheim. 41, 45,
258
Bildarchiv Preußischer
Kulturbesitz, Berlin.
265
Deutsches Institut für
Filmkunde, Frankfurt
am Main. 147
dpa Bildarchiv, Frank-
furt am Main und
Stuttgart. 47, 51, 58,
66, 71, 77, 85, 94,
108, 112, 117, 118,
126, 138, 151, 153, 154,
157, 164, 165, 167,
175, 180, 184, 203,
207, 210, 213, 217,
221, 225, 227, 228,
230, 231, 238, 256,
264
J. R. Freeman, London.
195
Interfoto Friedrich
Rauch, München.
44, 82, 113, 116, 122,
131, 141, 148, 168,
169, 178, 186, 189,
201, 214, 261, 263
Karl Lagerfeld, Paris.
150

Keystone Pressedienst,
Hamburg und Zürich.
52, 73, 81, 99, 173,
245, 250
H. Müller, Düsseldorf.
232
I. Ohlbaum, München.
121, 198
N. Schmidt-Burgk,
München. 174, 192
Süddeutscher Verlag
Bilderdienst, Mün-
chen. 176, 242
H. Tappe, Montreux.
199
Ullstein Bilderdienst,
Berlin. 92, 135

Duden, Band 1-12

Duden, Band 1:
Die deutsche Rechtschreibung

Das umfassende Standardwerk zu allen Fragen der Rechtschreibung auf der Grundlage der neuen amtlichen Regeln. Mehr als 120 000 Stichwörter mit über 500 000 Bedeutungserklärungen und Angaben zur Worttrennung, Aussprache, Grammatik und Etymologie. Zahlreiche Infokästen mit Beispielen und Erklärungen für schwierige Zweifelsfälle. 1152 Seiten.

Duden, Band 2:
Das Stilwörterbuch

Die deutsche Sprache ist vielfältig – ihre umfassenden Ausdrucksmöglichkeiten stellt das Stilwörterbuch mit mehr als 100 000 Satzbeispielen, Wendungen, Redensarten und Sprichwörtern dar. 980 Seiten.

Duden, Band 3:
Das Bildwörterbuch

Wörter und vor allem Termini aus den Fachsprachen lassen sich oft nur mit einem Bild erklären. Im Bildwörterbuch beschreiben deshalb 384 zum Teil farbige Bildtafeln – nach Sachgebieten gegliedert –, was womit gemeint ist. Register mit 27 500 Stichwörtern. 784 Seiten.

Duden, Band 4:
Die Grammatik

Die Grammatik ist die vollständige Beschreibung der deutschen Gegenwartssprache. Von den Grundeinheiten Wort und Satz ausgehend, stellt sie alle sprachlichen Erscheinungen wissenschaftlich exakt und übersichtlich dar. 912 Seiten.

Duden, Band 5:
Das Fremdwörterbuch

Das unentbehrliches Nachschlagewerk für jeden, der wissen will, was Fremdwörter bedeuten und wie sie korrekt benutzt werden. Rund 500 000 Fremdwörter, mehr als 400 000 Angaben zu Bedeutung, Aussprache, Herkunft, Grammatik, Schreibvarianten und Worttrennungen. 864 Seiten.

Duden, Band 6:
Das Aussprachewörterbuch

Das Wörterbuch der deutschen Standardaussprache. Unterrichtet umfassend über Betonung und Aussprache sowohl der heimischen als auch der fremden Wörter. Über 130 000 Stichwörter. 894 Seiten.

Dudenverlag
Mannheim · Leipzig · Wien · Zürich

Duden, Band 7:
Das Herkunftswörterbuch

Stellt die Geschichte der Wörter von ihrem Ursprung bis zur Gegenwart dar und gibt Antwort auf die Frage, woher ein Wort kommt und was es eigentlich bedeutet.
844 Seiten.

Duden, Band 8:
Die sinn- und sachverwandten Wörter

In diesem Synonymwörterbuch sind die sinn- und sachverwandten Wörter in Gruppen zusammengestellt. Für alle, die den passenden Ausdruck suchen oder Texte lebendig gestalten wollen.
801 Seiten.

Duden, Band 9:
Richtiges und gutes Deutsch

Behandelt Zweifelsfälle der deutschen Sprache von A bis Z. Dieser Band bietet Antworten auf grammatische und stilistische Fragen, Formulierungshilfen und Erläuterungen zum Sprachgebrauch sowie zur neuen Rechtschreibung.
864 Seiten.

Duden, Band 10:
Das Bedeutungswörterbuch

Die Grundbausteine unseres Wortschatzes. Der Duden 10 vermittelt Zusammenhänge, ist wichtig für den Spracherwerb und fördert den schöpferischen Umgang mit der deutschen Sprache.
797 Seiten.

Duden, Band 11:
Redewendungen und sprichwörtliche Redensarten

Die geläufigen Redewendungen der deutschen Sprache. Alle Einträge werden in ihrer Bedeutung, Herkunft und Anwendung genau und leicht verständlich erklärt.
864 Seiten.

Duden, Band 12:
Zitate und Aussprüche

Vom Klassiker bis zum modernden Zitat aus Film, Fernsehen oder Werbung werden hier die Herkunft und der aktuelle Gebrauch der im Deutschen geläufigen Zitate erläutert. Mit einer umfangreichen Sammlung vieler Aussprüche, Bonmots und Aphorismen.
832 Seiten.

Dudenverlag
Mannheim · Leipzig · Wien · Zürich

Die universellen Seiten der deutschen Sprache

Duden –
Deutsches Universalwörterbuch

Umfassend und aktuell: das einbändige Bedeutungswörterbuch der deutschen Gegenwartssprache. Rund 140 000 Wörter und Wendungen sowie zahlreiche Neueinträge, ausführliche Worterklärungen und viele Verwendungsbeispiele dokumentieren auf 1892 Seiten topaktuell und besonders authentisch den deutschen Wortschatz in seiner ganzen Vielschichtigkeit. Mit einer Vielzahl aktueller Neuwörter aus allen Lebensbereichen und mehreren Hunderttausend Angaben zu Rechtschreibung, Aussprache, Herkunft, Grammatik und Stil.

Dudenverlag
Mannheim · Leipzig · Wien · Zürich

Ein Buch mit mehr als 85 000 Fremdwörtern

Duden –
Das große Fremdwörterbuch

Ein umfangreiches und aktuelles Fremdwörterbuch mit ausführlichen Herkunftsangaben und exakten Definitionen. Mehr als 85 000 Fremdwörter aus dem Allgemeinwortschatz und der Fachsprache mit Hinweisen zu Rechtschreibung, Worttrennung, Betonung, Aussprache und Grammatik. In einem eigenständigen Teil ist ein umgekehrtes Wörterbuch enthalten. Der Benutzer findet hier für über 15 000 deutsche Wörter den passenden fremdsprachigen Ausdruck. 1552 Seiten.

Dudenverlag
Mannheim · Leipzig · Wien · Zürich

Die Duden-Bibliothek für Schüler
die **Schülerduden**

Rechtschreibung und Wortkunde
Das Standardnachschlagewerk für den Schulgebrauch. Über 25 000 Stichwörter und zahlreiche Neuwörter wie ausloggen, Euro oder multimedial bringen den für Schülerinnen und Schüler wesentlichen Wortschatz der deutschen Sprache auf den aktuellen Stand. 480 Seiten.

Wortgeschichte
Warum heißt der Maulwurf Maulwurf? Hier findet sich die Antwort. Über 10 000 Stichwörter, zahlreiche Abbildungen und Tabellen. 491 Seiten.

Bedeutungswörterbuch
Ein Lernwörterbuch zur kreativen Wortschatzerweiterung, in dem der Grund- und der Aufbauwortschatz des Deutschen verzeichnet sind. 496 Seiten.

Grammatik
Eine Sprachlehre mit Übungen und Lösungen, speziell für den Deutschunterricht entwickelt. 522 Seiten.

Fremdwörterbuch
Wie schreibt man „relaxed", und was bedeutet dieses Wort eigentlich? Fremdwörter begegnen uns in Schule und Ausbildung. Und da ist es wichtig, sie sicher im Griff zu haben. Rund 20 000 Fremdwörter. 480 Seiten.

Lateinisch – Deutsch
Der Wortschatz für den modernen Lateinunterricht, berücksichtigt außerdem auch das Spät- und Mittellatein. 30 000 Stichwörtern. 465 Seiten.

Literatur
Rund 1 700 verständlich formulierte Stichwörter und zahlreiche überwiegend farbige Abbildungen bieten das grundlegende Wissen zur Literatur, zu Schriftstellern und ihrem Werk. Außerdem werden Theater-, Sprach- und Medienwissenschaft aufgezeigt. 432 Seiten.

Kunst
Von der Gotik bis zum Graffito: die wichtigsten Epochen und Stilrichtungen in Text und Bild. Rund 3 000 Stichwörter und 300 farbige Abbildungen, Register. 432 Seiten.

Musik
Was ist „Farbenhören", was „weißes Rauschen"? Rund 2 500 Stichwörter, Notenbeispiele, 250 Bilder und Zeichnungen, Literaturverzeichnis, Register. 504 Seiten.

Psychologie
Das Grundwissen der Psychologie in über 3 500 Stichwortartikeln. Kurzbiographien zu den wichtigsten im Text genannten Personen. Behandelt werden unter anderem Themen wie: die Dominanz der neuen Medien, Essstörungen und Medienpsychologie. 466 Seiten.

Pädagogik
Schule, Ausbildung und Erziehung. Rund 3 000 Stichwörter machen Pädagogik anschaulich. Zahlreiche Abbildungen, Tabellen, Diagramme, Literaturhinweise, Register. 419 Seiten.

Mathematik I
Ein umfassendes Sachlexikon zur Begleitung und Vertiefung des Mathematikunterrichts vom 5. bis 10. Schuljahr. Rund 1 100 Stichwörter. Mit klaren und verständlichen Erklärungen von Begriffen, Formeln und Sätzen. 544 Seiten.

Mathematik II
Das Abiturwissen zu Analysis, analytischer Geometrie und Stochastik ist hier mit rund 1 000 Stichwörtern und 500 Abbildungen kompakt zusammengefasst und verständlich aufbereitet. 480 Seiten.

Informatik
Dieses Fachlexikon für die Schule vermittelt ein fachliches Fundament in der Informatik. Rund 600 Abbildungen, zahlreiche Programmbeispiele, Register. 560 Seiten.

Dudenverlag
Mannheim · Leipzig · Wien · Zürich